AI 버블, 반도체 실전 투자법

AI 버블,
반도체 실전 투자법

1판 1쇄 인쇄 2026년 4월 15일
1판 1쇄 발행 2026년 5월 15일

지은이 이형수
펴낸이 김미영

본부장 김익겸
편집 김도현
표지디자인 이유나[디자인 서랍]
내지디자인 이채영
제작 올인피앤비

펴낸곳 지베르니
출판등록 2021년 8월 2일
등록번호 제561-2021-000073호
팩스 0508-942-7607
이메일 giverny.1874@gmail.com

ISBN 979-11-24102-03-9 (03320)

승자독식 시대의 위너를 만드는

AI 버블, 반도체 실전 투자법

Winner　Takes It All

이형수 지음

지베르니

이 책을 향한 찬사

이 책에서 저자 이형수는 아주 숨가쁘게 IT 시장, 특히나 AI 시장의 버블이 다가올 것으로 예언하고 있다.

과거 철도, 라디오, 인터넷, 2차전지 등의 기술혁명에서 매번 보여주었듯이 기술혁명은 얌전하게 끝난 적이 없다. 또한 기술 혁신은 버블이라는 환경을 머금고 새롭게 꽃피우는 영역이라는 것은 익히 알려져 있는 사실이다. 저자는 이번 AI 혁명도 조용히 끝날 수 없음을 역설하고 있다. 지금이 바로 AI 혁명을 넘어 AI 버블의 개화점이라는 것이다. 그러하기에 '재귀적 투자'의 귀재 소로스를 끌고와 사람들의 열광에 동참해야 한다는 점을 목소리 높여 역설하고 있다. '남들이 공포에 떨 때 참여하고, 탐욕에 눈이 멀 때 떠나야 한다'는 워런 버핏의 조언을 마음에 새기고 이번에 다가오는 놀라운 혁명과 버블을 만끽할 때, 부의 지도 변화에 동참할 수 있다는 것이다. 저자는 이번 흐름에서 다음과 같은 동참 원리를 밝히고 있다.

"주식 시장에서 변동성은 우리가 지불해야 할 입장료지 극복해야 할 재앙이 아니다. 우리가 다시 한번 장기투자의 고전적 원칙을 복습해야 하는 이유다."

투자 세계에서, 〈IT의 신〉 이형수 저자만큼 균형잡힌 시각을 가진 투자 조언자를 찾기는 쉽지 않다. 어느 한쪽은 기술에만 집착에서 투자 세계의 논리를 이해하지 못하고, 어떤 이들은 투자 재무 관점에서만 머물며 IT에 대한 이해도가 떨어지는 경우가 많기 때문이다. 이 책에서 저자는 그간 쌓아온 내공을 한껏 발휘하며 IT 기술 혁명이 재무 투자 세계에서 어떻게 반영될 것인지를 강한 어조로 강조하고 있다.

저자는 투자 세계의 '타자'들이 귀담아 듣는 인플루언서이다. IT 버블의 시대에 대비하고 싶다면, 이 책을 들고 읽어보는 것이 가장 가성비 좋은 방법이 될 것이다. 재미나게 읽었고 많은 깨달음을 가지게 된다. 돈이 아깝지 않다!

_ **곽상준** 매트릭스투자자문 대표(증시각도기TV)

AI라는 새로운 시대가 열렸고 그 중심에는 반도체가 있다. 문제는 상당수의 투자자가 여전히 과거의 투자 문법으로 지금의 반도체 사이클을 해석한다는 점이다. 반세기에 한 번 나올 법한 슈퍼사이클에 올라타려면 접근법부터 달라야 한다. 7년간 유튜브 채널을 운영하며 수많은 전문가를 만났지만 저자만큼 IT 산업과 투자 사이클에 밝은 전문가는 없었다. 거인의 어깨 위에서 슈퍼사이클의 정점을 경험하고 싶은 모든 이들에게 이 책을 추천한다.

_ **이래학** 달란트투자

이 책은 현 시점에서 모든 투자자들이 직면한 질문 대한 해답이다. 재편되고 있는 전 세계 금융 질서, 변화하는 자본 시장 속에서 우리는 AI로 인한 IT 대변혁의 시대의 중심에 서 있다. 여기서 우리는 어떻게 투자를 해야 할까? 저자는 이 질문에 대한 명쾌한 답을 제시한다. AI 시대에 핵심인 반도체를 이해하는 것부터 AI 버블 시대에 투자서를 찾고 있다면 반드시 권하고 싶은 책이다.

_ **김수정** 미래에셋자산운용 본부장

주식 시장은 언제나 우리를 배신할 것처럼 보이지만 역사는 단 한 번도 영원한 하락을 허락하지 않았다. 이 책은 그 역사를 기억하는 사람만이 버블의 공포 속에서도 올바른 선택을 할 수 있다는 것을 조용하지만 강하게 증명한다. AI 혁명이 만들어내는 거대한 기회 앞에서 준비된 투자자가 되고 싶다면 이 책에서 시작하라.

_ **오용준** 전 트리니티자산 대표

AI 혁명을 처음부터 안내해 준 이형수 대표의 마지막 통찰. 그가 제시한 이 '지도'는, 버블 속에서도 살아남게 해주는 투자자의 필수 무기가 될 것이다. 버블이 와도 살아남고 싶은 투자자에게 필독을 권한다.

_ **이효석** HS아카데미 대표

이 책은 단순한 기술 분석을 넘어 지정학적 역학관계를 상수에 두고, 이 거대한 AI 체스판에서 살아남기 위한 국가적·개인적 투자 지도를 명확히 제시하고 있다. 특히 피지컬 AI 시대를 맞아 대한민국 제조업이 어떻게 글로벌 공급망의 핵심 경쟁력을 확보할 것인지 통찰력 있게 분석하여, 새로운 부의 기회를 조명한다. 막연한 거품론에 흔들리지 않고 진짜 실체가 있는 반도체와 인프라 주도주를 선별하는 냉철한 투자의 눈을 원하는 투자자들에게 필독서로 추천한다.

_ **이해진** 바이오투자학교 대표

'혁명'과 '텐베거'를 예지했던 AI 시대 투자의 길잡이 이형수 대표가 이번엔 '버블'을 들고 왔다. 버블! 설렘과 걱정이 공존하는 단어다. 버블의 초입에 서있는 우리에게 이 책은 '거품'과 '거대한 사이클의 시작'을 구분하는 든든한 길잡이가 또 한 번 되어줄 것이다!

_ **장의성** 미래에셋증권 The Sage 패밀리오피스 지점장

AI 혁명을 추적하는 이형수 대표. 그와 함께하는 과정에서 주식 시장은 이미 텐베거(10배 주식)은 기본이 되었고 앞으로는 퍼펙트골드(100배)를 넘어 로빈훗애로우(1,000배)로 가는 종목들이 나올 것으로 보인다. 고구마 줄기를 따라 고구마를 캐듯이 『AI 버블, 반도체 실전 투자법』을 통해 방향성을 잘 잡고 가면서 격동하는 AI 세상에서 나무처럼 오래도록 살아남을 기업으로 나만의 예쁜 정원을 가꾸기를 기원한다.

_ **정규성** 유안타증권 전무

경제 주체들이 원하든, 원치 않든 버블은 발생한다. 단지 과열이라는 이유로 시장에서 조기 이탈한다고 한들 리스크를 피할 수 없다. 이 책은 역사를 통해 그 사실을 증명한다. 버블을 회피 대상으로 보는 대신 '부(富)를 재분배'하는 기회로서 응시하기 위한 성실한 지침서다.

_ **안석현** KIPOST 팀장

변화가 커질수록 중요한 것은 확신보다 기준이다. 이 책은 AI 버블과 반도체의 본질을 투자자의 시선으로 깊이 있게 정리한 좋은 안내서이다.

_ **이수빈** 부자티비 대표

AI와 반도체를 둘러싼 경쟁은 이제 국가의 생존 전략이 됐고, 이 책은 그 거대한 흐름을 자본, 금리, 지정학이 얽힌 하나의 구조로 냉정하게 읽어낸다. 투자자는 늘 '다음'을 고민하지만, 그 답은 의외로 '지금의 구조'를 읽는 데서 시작된다는 것을 이 책은 조용하지만 단호하게 증명한다. 막연한 기대와 공포 사이에서 길을 잃은 독자라면, 이 책이 그 좌표가 되어줄 것이다.

_ **류종은** 한국자동차기자협회 회장

버블 이후의 세계는 어떻게 될까

금융의 역사는 반복되는 패턴을 보인다. 새로운 기술이 등장하고, 그 기술에 열광하는 자본이 몰린다. 금융은 그 자본을 새로운 담보 위에 쌓아 올린다. 그러나 기술이 예상과 다르게 작동하는 순간 담보 가치는 무너지고 그 위에 쌓인 금융의 탑이 흔들린다. 지금 월가에서 벌어지는 사모신용 불안은 이 패턴의 최신 버전이다. 이번에 결정적으로 다른 점은 위기의 원인이 기술의 실패가 아니라 기술의 압도적인 성공에 있다는 것이다.

담보의 역사

금융위기 역사에는 공통된 구조가 있다. 시대마다 가장 안전해 보이는 자산이 있고, 금융은 그 자산을 담보로 레버리지를 쌓는다. 자산 가치가 변하는 순간 레버리지가 무너진다.

1980년대 일본 버블 경제는 토지라는 담보 위에 쌓였다. '토지는 영원히 오른다'는 믿음이 일본 은행들에게 무한정 대출을 허용하게 만들었다. 1990년대 버블이 꺼지자 일본 금융 시스템은 30년간 잃어버린 시간으로 빨려 들어갔다. 1990년대 말 닷컴 버블은 페이지뷰와 트래픽이라는 담보 위에 쌓였다. 수익이 없어도 사용자가 있으면 가치가 있다는 믿음이 나스닥을 5년 만에 600% 끌어올렸다. 2000년 거품이 꺼지자 수조 달러의 시총이 소멸했다. 2008년 글로벌 금융위기는 미국 부동산이라는 담보 위에 쌓였다. 미국 집값은 전국적으로 동시 하락하지 않는다는 믿음이 서브프라임 대출을 정상 자산으로 둔갑시켰다.

그러나 담보가 무너지자 파생상품이라는 복잡한 배관을 통해 부실이 전 세계 금융기관의 대차대조표 안에서 폭발했다.

AI 혁명의 대출 담보 SaaS

AI 혁명의 금융은 무엇을 담보로 삼았나. SaaS 기업들의 반복 구독 매출이었다. 2010년대 중반부터 SW 산업은 판매 모델에서 구독 모델로 전환했다. 마이크로소프트 오피스를 한 번 사는 대신 매달 구독료를 내는 방식이었다.

구독 모델은 예측 가능하고 반복적인 매력이 있다. 해약률도 낮은 편이다. 고객이 한 번 시스템에 익숙해지면 쉽게 바꾸지 않는다. 심지어 경기침체에도 안정적이다. 기업이 SW를 끊는 것은 직원을 해고하는 것보다 어렵기 때문이다. 월가는 이 특성에 주목했다. 사모신용 펀드들은 SaaS 기업들에 은행 대출보다 유연한 조건을 자금을 공급했다.

사모신용 시장은 2015년 4000억 달러에서 2024년 1.7조 달러로 폭발적인 성장을 했다. 저금리 시대에 수익을 찾아 헤매던 자금이 몰려들었다. 블랙스톤, 아폴로, 블루아울 등 대형 운용사들은 기관투자자를 넘어 개인투자자들에게도 이 상품을 팔기 시작했다. 문제는 담보 자산인 SaaS 구독 매출이 예상치 못한 방향에서 흔들리고 있다는 것이다.

AI의 역설, 성공이 담보를 파괴

금융위기 역사에서 담보 가치를 무너뜨린 것은 외부 충격이었다. 오일쇼크, 금리 급등, 경기 침체 등. 그러나 이번에는 담보 가치를 무너뜨린 게 AI라는 기술 혁명이다. AI가 SW 개발 비용을 급격히 낮추고 있다. 과거에는 특정 SW 기능을 구현하려면 수십 명의 개발자와 수년의 시간이 필요했다. 이 높은 진입 장벽이 SaaS 기업들의 해자였다.

하지만 AI 코딩 도구들은 이 장벽을 빠르게 허물고 있다. AI 때문에 SaaS 기업들의 해약률이 올라가고 신규 고객 확보 비용이 높아졌다. 담보 가치가 하락하기 시작한 셈이다. AI가 강해질수록 AI를 담보로 잡은 금융이 흔들린다. 기술 혁명이 그 혁명을 먹고 자란 금융의 토대를 역으로 잠식하고 있다.

숨겨진 부실, PIK와 유동성 착각

기술 변화만이 문제는 아니다. 저금리 시대의 금융 관행이 충격을 증폭시켰다. PIK^{Payment in Kind} 대출이라는 관행이 있다. 이자를 현금으로 내지 못하는 기업에게 이자를 원금에 더하는 방식으로 상환을 유예해 주는 것이다. 이 관행은 기업이 성장하면 결국 갚을 것이라는 낙관론 위에 서 있다. 그런데 AI가 성장 가능성 자체를 잠식하면, 미래로 미뤘던 리스크가 현실로 돌아온다.

사모신용 펀드의 자산은 본질적으로 비유동적이다. 기업에 빌려준 대출을 단기간에 회수하는 것은 불가능하다. 하지만 투자자들에게 일정 수준의 환매 가능성을 약속했다. 시장이 안정적일 때는 괜찮다. 그러나 담보 가치에 문제가 생기는 순간 환매 요청이 밀려들고 문제가 커진다. 1999년 대우채 사태가 바로 이 구조였다. 장부상 가치에 의구심이 생기자 환매 요청이 폭발했다. 시가평가 원칙이 없던 시절, 의구심이 공포로 증폭되었다.

당시 금융당국은 환매 시점에 따른 상환 비율 차등 적용이라는 조치로 환매 압력을 분산시켜 시스템 붕괴를 막았다. 금융위기는 자산 부실보다 신뢰 붕괴 속도가 더 빠를 때 발생한다.

2008년과 다른 점과 같은 점

2008년 금융위기는 CDO, CDS라는 복잡한 파생상품으로 부실이 전 세계 금융기관 대차대조표 안에서 터졌다. 누가 얼마나 서브프라임에 노출돼 있는지 아무도 몰랐다. 결국 시스템 위기로 이어진 이유다. 이번 사모신용 시장 부실은 상대적으로 명확하다. 테크 섹터에 집중된 과대평가가 해소되는 과정이다. 파생상품을 통한 레버리지 증폭이 2008년과 다르다.

그러나 같은 점도 있다. 두 위기 모두 자산 가치에 대한 불투명한 평가가 붕괴를 가속화했다. 두 위기 모두 유동성 착각, 즉, 비유동성 자산을 마치 유동성이 있는 것처럼 포장한 구조에서 비롯되었다. 현재 충격이 국지적 조정으로 끝날지, 더 넓은 금융 불안으로 번질지 결정하는 변수는 하나다. 평가 투명성이 얼마나 빠르게 회복되는가다.

AI 시대 금융이 직면한 근본 과제

AI 시대 금융은 어떻게 가격을 매겨야 하는가. 금융은 본질적으로 과거 데이터를 바탕으로 미래를 가격화한다. 기업의 과거 현금 흐름, 업종의 역사적 성장률, 담보 자산의 과거 가격 추이가 대출과 투자의 기준이다. 이 모델은 산업 구조가 안정적일 때만 작동한다. AI 혁명은 산업 구조 자체를 실시간으로 바꾼다. 이제 평가 방법론 자체를 AI 시대 속도에 맞게 재설계하는 게 문제다.

탐욕은 언제나 새로운 기술의 이름을 빌려 돌아온다. 1980년대 금융 공학이라는 이름으로, 1990년대 닷컴이라는 이름으로, 2000년대 구조화 금융이라는 이름으로, 지금은 AI라는 이름이다. AI는 인류 역사상 가장 강력한 생산성 혁명이다. 그러나 기술의 혁명이 그 위에 쌓인 금융의 정당성을 보장하지는 않는다.

금융의 위기는 자산이 무너지기 전에 신뢰가 먼저 무너진다. 신뢰를 지키는 가장 강력한 무기는 투명성과 원칙이다.

버블 이후의 세상

어떤 하락장은 1년 만에 끝났고, 어떤 하락장은 10년 이상 넘게 걸렸다.

그 차이는 어디에서 비롯됐을까.

닷컴버블로 2000년에서 2002년 사이 나스닥이 77.9% 폭락했다. 943일, 나스닥이 고점에서 저점까지 닿는 데 걸린 시간이다. 1999년 나스닥 PER은 200배를 넘어섰다. 매출도 없고 사업 모델도 불분명한 기업들이 닷컴이라는 이름만 붙으면 수천억 원의 시총을 달고 거래되었다.

한국의 코스닥은 이때 고점을 아직도 넘어선 적이 없다. 블랙 먼데이[1987, 단일 최대 하락]와 금융위기[2008~2009]. 1987년 10월 19일 월요일, 특별한 악재 없이 다우존스 지수가 하루만에 22.6% 폭락했다. 역사상 단일 거래일 최대 하락 폭이다. 손절이 손절을 불렀다. 피터 린치조차 당황케 했던 이 사건은 시스템 매매와 인간의 공포가 결합했을 때 시장이 얼마나 비이성적으로 돌변하는지 보여준 사례다.

2008년 금융위기는 더 근본적인 시스템 공포였다. 리먼 브라더스라는 거인이 쓰러지자 미국 금융 시스템 붕괴에 대한 공포로 전염되었다. 파생상품이라는 복잡한 배관으로 부실이 어디에 숨어있는지 아무도 몰랐다. 결국 연준의 무한 양적완화라는 전례 없는 개입으로 지옥문이 닫혔다.

금리 충격[2018년, 2022년]. 2022년 나스닥은 33% 폭락했다. 기업들 실적이 나빠진 게 아니라 금리가 바뀐 탓이다. 연준이 금리 인하를 예고했음에도 시장은 충격을 받았다.

공포 속에서 전설이 탄생한다

2000년 닷컴버블의 잔해가 자욱하던 때, 일본 트레이더 BNF는 단돈 1600만원으로 시작해 8년 만에 2100억원을 벌어들였다. 모두가 공포에 기술주를 외면할 때 시장 왜곡을 읽어낸 결과다. 2008년 금융위기에서 워런 버핏은 골드만삭스에 50억 달러를 투자했다. 공포가 절정이던 그 순간 그는 말했다.

"남들이 탐욕스러울 때 두려워하고, 남들이 두려워할 때 탐욕스러워야 한다."

그러나 이들의 성공보다 중요한 게 있다. 폭락 속에서 단순히 용감한 것보다 공포의 본질을 이해하는 것이다. 무엇이 하락을 만들었는지, 그 하락이 펀더멘털과 분리된 감정인지 구분해야 한다. 즉, 용기가 아니라 분석이 먼저다. 하락장에서 무조건 매수하는 것은 용기가 아니라 무모함이다.

역사적 하락장이 알려주는 원칙이 있다.

첫째, 공포의 원인을 분류해야 한다. 실체 없는 거품의 붕괴인가, 시스템 붕괴인가, 가치 재평가인가. 이 세 가지 패턴은 회복 속도와 방식이 완전히 다르다.

둘째, 포지션 크기가 심리를 결정한다. 하락장에서 못 버티는 것은 포지션이 너무 크기 때문이다. 전 재산을 투자한 사람과 50%를 투자한 사람은 30% 폭락장에도 심리 상태가 다르다. 올인한 사람은 추가 하락 공포에 매도하고, 50% 투자자는 추가 매수 기회로 활용한다. 하락장에서 살아남는 것은 지능이 아니라 포지션 관리의 영역이다.

셋째, 역사적으로 주식시장은 항상 회복했다. 단 한 번의 예외도 없이 미국 주식시장은 폭락 이후 새로운 고점을 만들었다. 2000년 닷컴버블, 2008년 금융위기, 2020년 코로나 쇼크도 결국 끝이 있었다.

버블의 끝은 새로운 시작을 싹틔운다

1980년대 하락장을 딛고 1990년대 IT 호황이 찾아왔다. 2003년 닷컴버블 잔해 위에서 모바일 혁명이 시작되었다. 2009년 금융위기 폐허 위에서 빅테크 제국이 탄생했다. 2020년 코로나 쇼크 이후 유동성 파티로 수많은 백만장자가 탄생했다. 하락장 끝에는 항상 새로운 시대의 씨앗이 뿌려졌다. 그 씨앗을 줍는 사람은 공포에 무감각한 사람이 아니다. 공포를 견디면서 본질을 이해하고, 버틸 포지션을 구축하고, 회복 트리거를 기다린 사람이었다.

잔인한 겨울이 지나야만 새로운 봄이 온다.

차례

CHAPTER 1
세계 질서는 AI 중심으로 재편

CHAPTER 2
빅테크의 AI 생존 경쟁, 몸값 높아진 한국

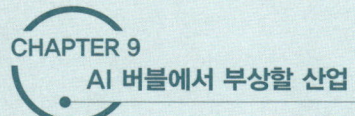

CHAPTER 9
AI 버블에서 부상할 산업

CHAPTER 1

세계 질서는 AI 중심으로 재편

패권 전쟁의 시작

지정학은 변수가 아닌 상수다

과거의 테크 투자가 누가 더 정교한 기술을 가졌는가를 맞히는 퍼즐 게임이었다면, 오늘날의 투자는 누가 판을 뒤흔드는가를 읽어내야 하는 거대한 체스판이 되었다. 평평했던 지구는 신냉전의 균열로 쪼개졌고, 그 갈라진 틈 사이로 국가의 명운을 건 AI와 반도체의 총성 없는 전쟁이 벌어지고 있다. 이제 지정학은 변수가 아니라 상수다.

과거에는 세계 최고의 기술력만 분석해도 투자 지도를 그리는 데 어려움이 없었다. 글로벌 분업 체계는 매끄러웠고, 자본은 가장 효율적인 곳으로 흘러갔다. 하지만 지금은 다르다. 효율성보다 안보와 자립이 우선시되면서 글로벌 공급망은 갈기갈기 찢어지고 있다. 세계 1위 기업 엔비디아조차 미·중 반도체 제재 한 방에 연간 매출의 10~20%가 휘청이는 시대다. 이제 차트와 기술력 뒤에 숨은 정치적 역학 관계를 읽지 못하는 투자는 눈을 가리고 절벽을 걷는 것과 같다.

과거 인터넷과 모바일 혁명 당시 정부는 시장이 잘 굴러가도록 지켜보는 방관자 혹은 규제자에 가까웠다. 그러나 AI 혁명에서 정부의 위치는 완전히 달라졌다. AI는 단순한 경제 성장의 도구를 넘어 국가 안보의 핵심 무기가 되었다. 각국 정부는 이제 막대한 보조금을 투입하고 자국 내 인프라를 직접 챙기는 적극적 참여자가 되었다. 국가가 직접 지능을 소유하고 통제하려는 '소버린 AI^Sovereign AI' 흐름은 테크 산업의 자본 흐름을 민간에서 공공의 영역으로 확장하고 있다.

테크 기업의 성장은 미 연준^Fed의 금리 정책이라는 중력에서 자유로울 수 없다. 인프라 구축에 천문학적인 자본이 투입되는 AI 산업의 특성상 자본의 조달 비용은 기술의 완성도만큼이나 중요하다. 우리는 지금 기술 혁명과 패권 전쟁이 한데 뒤섞인 거대한 소용돌이 속을 지나고 있다. 테크 투자를 하려면 반도체의 회로도만큼이나 세계 지도의 국경선을 세밀하게 들여다봐야 한다.

복잡해진 밸류체인의 실타래를 풀고, 정부의 보조금과 패권 전쟁의 소음 속에서 '진짜 실체가 있는 투자 기회'가 어디에 숨어 있는지 알아보자.

깨어난 거인, AI 혁명을 주도하다

1957년 소련의 스푸트니크 1호가 차가운 밤하늘을 가로질렀을 때 미국은 깊은 절망과 충격에 휩싸였다. 믿었던 기술의 우위가 무너진 그날의 전율은 역설적이게도 인류를 달로 보내는 위대한 여정의 시작점이 되었다.

지난 2025년 우리는 또 한 번의 '스푸트니크 모멘트'를 목격했다. 딥시크의 등장, BYD의 지능형 주행, 그리고 대륙을 넘어선 풍력 발전 기술까지. 중국이 보여준 기술적 도약은 서늘한 공포이자 엄중한 경고였다. 그들은 끊임없는 반도체 자립과 신재생 에너지, 로봇 기술을 무기로 그들만의 '중국몽'을 현실로 만들어가고 있다.

하지만 위기의 파도가 높을수록 기회의 닻은 더 깊이 내려지는 법이다. 거세진 차이나 테크의 역습 앞에서 미국은 결단을 내렸다. 글로벌 공급망의 거대한 판을 새로 짜기 시작한 것이다. 바로 이 격랑의 중심에서 대한민국은 새로운 기회의 문을 열었다. 반도체, 조선, 전력 등 미국이 신뢰할 수 있는 가장 강력한 파트너로서 우리는 중국의 추격을 따돌리고 글로벌 공급망의 최전선에 섰다.

우리가 확보한 26만 장의 엔비디아 GPU는 단순한 반도체가 아니다. 그것

은 우리 경제의 심장을 다시 뛰게 할 AI 혁명의 기폭제이자 미래를 향한 티켓
이다. 거대 자본과 데이터가 지배하는 AI 혁명 초반부에서 우리는 어리숙했고,
잠시 숨을 골랐을지 모른다. 그러나 이제 AI 혁명 사이클은 우리의 무대, 피지
컬 AI의 시대를 맞이하고 있다. AI가 로봇과 기계라는 육체를 입고 현실 세계
를 움직이는 그 순간 대한민국 제조업의 저력은 빛을 발할 것이다.

　현 정부와 함께 우리 경제의 엔진은 다시 뜨겁게 예열되고 있다. 수출과 설
비투자라는 두 개의 거대한 날개가 우리를 비상하고 있다. 정부의 과감한 세
제 지원과 규제 혁파는 메마른 땅에 내리는 단비가 되어, 중소기업과 벤처 생
태계에 새로운 싹을 틔울 것으로 기대된다. AI 혁명 시대에 대한민국은 위기를
기회로 바꾸어낸 또 하나의 역사를 써 내려갈 가능성이 높아졌다.

AI 투자를 멈출 수 없는 이유

　전기가 지구에서 밤의 어둠을 몰아내고 인터넷이 공간의 장벽을 허물었듯
이 인류의 문명은 언제나 되돌릴 수 없는 진보를 향해 흘러간다. 전기가 흐르
지 않는 도시를 상상할 수 없듯이 소득이 높아진 국가에서는 네트워크가 끊긴

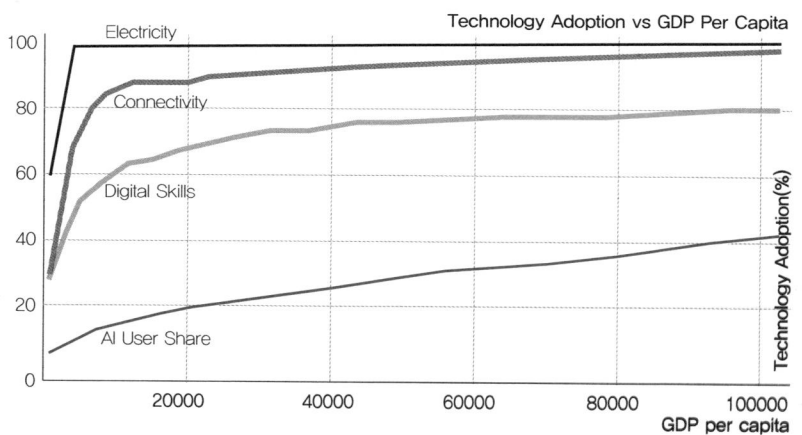

국가별 1인당 GDP 수준에 따른 4개의 필수 인프라 기술의 보급률 추이

*자료: Microsoft, NH투자증권 리서치본부

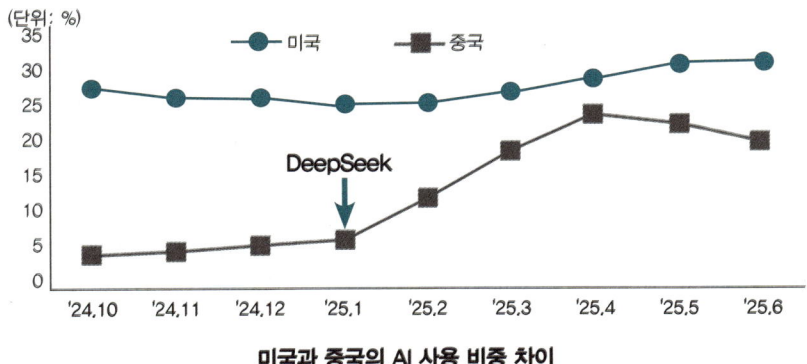

(단위: %)

미국과 중국의 AI 사용 비중 차이

*자료: ICI, NH투자증권 리서치본부

삶을 상상할 수 없다. 이제는 디지털과 AI가 전기와 통신이라는 혈관 위를 흐르는 새로운 피가 되었다.

역사의 도도한 물결을 거스르려는 시도는 언제나 참혹한 대가를 치렀다. 최근 동남아 거리에서 Z세대들의 함성이 울려퍼지고 있다. 소통의 창을 막고 눈과 귀를 가리려던 권위주의 정부는 결국 시대의 파도에 휩쓸려 무너졌다. 문명의 이기는 단순한 도구가 아니라 이제 인간의 기본권이자 삶 그 자체가 되었다. AI 역시 마찬가지다. 소득이 있는 곳에 반드시 AI가 위치하게 된다.

이 거대한 흐름의 최전선에서 미중은 건곤일척의 승부를 벌이고 있다. 과거 냉전의 하늘을 가르던 게 핵과 우주를 향한 열망이었다면, 21세기 패권은 데이터센터의 불빛과 반도체 회로, 클라우드 영토 위에서 결정된다. 패권을 차지하려는 국가에 AI는 단순한 기술이 아니다. 국가 안보를 지키는 방패이자 경제 심장을 뛰게 하는 동력이다. 미래의 주인이 되기 위한 유일한 열쇠일지도 모른다. 이 전쟁에서 투자를 멈춘다는 것은 스스로 도태되는 선택을 하는 자살행위에 가깝다.

미국은 이미 결단을 내렸다. 트럼프 행정부는 지난해 OBB^{One Big Beautiful} 법안을 통해 강력한 AI 부양 정책을 마련했다. AI 설비와 데이터센터, 반도체라는 미래 씨앗을 심는 기업들에게 미 행정부는 '100% 보너스 감가상각'이라는 파

산업 문명 vs 디지털 문명: 거버넌스의 패러다임 시프트

구분	산업 문명(Old OS)	디지털 문명(New OS)
기반 기술	인식 가능	데이터, AI, 알고리즘
정보 유통	신문, 잡지, 방송	온체인 인프라, 실시간 데이터
헤게모니	법률가, 자본가, 관료	프로그래머, 엔지니어, 데이터 분석가
질서 유지	법치주의(Rule of Law)	코드의 지배(Rule of Code)
지식 체계	사회학, 정치학, 경제학	알고리즘학, 거버넌스 테크놀로지

격적인 혜택으로 화답했다. 투자 부담은 줄여주고, 혁신 속도는 높여주겠다는 국가적 의지다.

트럼프는 빅테크들을 향해 "더 과감하게, 더 거대하게 투자하라"고 독려하고 있다. 세금의 족쇄가 풀린 기업들은 막대한 현금 흐름을 바탕으로 AI라는 미지의 대륙을 개척하는 데 전력을 다하고 있다. 우리는 AI 혁명으로 문명 자체가 업그레이드되는 역사적인 변곡점에 서 있다.

미중은 AI 중심으로 시스템 재편

MAGA 2.0으로 불리는 트럼프 2기 행정부의 등장과 함께 세계 질서는 빠르게 재편되고 있다. AI 혁명과 맞물려 미국 내부뿐 아니라 전 세계도 혼란 그 자체다. 1기 트럼프 행정부가 과거 레이건 대통령 시절의 강력한 미국에 대한 향수였다면, MAGA 2.0은 미국의 건국 300주년을 겨냥한 미래지향적 문명 건설 프로젝트에 가깝다.

트럼프 1기 행정부 내각의 핵심 인물들이 마이크 펜스, 렉스 틸러슨, 마이크 폼페이오 등 공화당 내에서 어르신들로 불리는 올드 보이였다면, 2기 행정부에서 새 질서를 구축 중인 핵심 그룹은 '페이팔 마피아'라 불리는 실리콘밸리의 전략가들이다. 페이팔 창업자 피터 틸은 MAGA 2.0의 사상적 토대를 제공한 인물로 평가된다. 그는 "자유주의와 민주주의는 더 이상 양립할 수 없다"고 과격한 주장을 서슴없이 공개하기도 한다. 다수결의 원칙이 천재적 창의성을 억누른다고 판단하며, AI 혁명을 기반으로 맨해튼 프로젝트와 같은 국가적 혁신 에너지를 다시 불러일으키려 한다.

일론 머스크는 MAGA 2.0을 활용해 미디어와 통화의 통합을 추진하는 인물이다. 그에게 트위터^현 X 인수는 단순한 사업 확장이 아니다. 미디어를 통해 메시지를 장악하고, 통화를 통해 커뮤니케이션 공동체를 형성하여 국가의 경계를 넘어서는 스페이스 네트워크 서비스를 구축하려는 야심이다. 알렉스 카프는 MAGA 2.0을 통해 거버넌스 테크놀로지를 구현하려는 인물이다. 팔란티어의 CEO인 알렉스 카프는 데이터로 최적화된 의사결정을 내리는 거버넌스 기술을 독점했다. 이는 인간의 소통 대신 알고리즘으로 질서를 잡는 '룰 오브 코드Rule of Code'의 실체다.

JD 밴스는 영성과 정치가 결합된 대리인으로 MAGA 2.0을 실천하는 인물이다. 피터 틸의 영향을 받은 그는 자유주의의 빈자리를 종교와 영성으로 채우려 한다. 그는 산업 문명의 법치주의를 대체할 새로운 디지털 질서의 정치적 집행자로 평가받는다.

미·중 양국은 각자의 방식으로 AI 혁명 이후의 세계 질서를 모색하고 있다. 매년 600만 명의 공대생을 배출하는 중국은 과학기술 국가로 전환을 마쳤다. 딥시크DeepSeek의 량원펑 CEO는 기술과 금융을 통해 인민의 생산성을 폭발시키려는 21세기형 기술 공산주의를 실천하고 있다는 평가다. 일각의 전문가들은 민주주의 국가가 선거에 에너지를 낭비할 때 중국은 장기적인 기술대혁명을 밀어붙이고 있다고 주장한다.

미중은 AI에 최적화된 국가 시스템을 구축해 이번 패권 전쟁에서 승리하기 위해 전력 질주하고 있다. 이 경쟁이 쉽게 결판날 것으로 보는 전문가들은 거의 없다.

흔들리는 왕좌,
달러와 금리의 역학

흔들리는 왕좌, 멈출 수 없는 미국

2차 세계대전 이후 2000년 이전까지만 해도 세계의 중심은 단연 미국이었다. 하지만 지난 25년이란 시간은 거대한 지각변동을 만들어냈다. 서구 선진국들은 점차 노쇠해졌다. 2000년대 초 세계 GDP의 30.3%를 차지하던 미국은 이제 26.2%로 내려앉았다. 같은 기간 21.5%였던 유럽연합의 GDP 비중은 17.4%로 주저앉으며 황혼기를 맞이하고 있다.

반면 3.6%에 불과했던 중국은 어느새 16.8%까지 치고 올라와 미국의 턱밑을 겨누고 있다. 모바일 혁명이 미국을 한 차례 구원했지만, 격차는 야속할 만큼 빠르게 좁혀지고 있다. 미국은 여기서 멈추면 중국에 잡아먹힌다는 것을 알고 있다. 패권이라는 왕관의 무게를 견디기 위해 미국은 이제 AI 혁명이라는 마지막 승부수를 던졌다.

빚이 늘어나는 것이 두려워 투자를 멈출까. 절대 그럴 수 없다. 속도를 늦추는 순간 중국에게 추월당할 수 있다는 공포가 미국의 등을 떠밀고 있기 때문이다. 이제 미국은 자금을 확보하기 위해 국채를 찍고, 돈을 풀고, 세금을 걸고, 때로는 동맹국의 부를 흡수하는 냉혹한 선택지들을 주저 없이 사용한다.

투자자들에게는 이게 상당한 기회가 될 것이다.

경제의 문법도 달라졌다. 차갑게 식어가던 디플레이션의 시대는 갔다. 이제는 성장과 인플레이션이 뜨겁게 손을 잡고 함께 달리는 시대다. 과거처럼 헬리콥터로 돈을 뿌리는 것이 아니라 반도체나 AI 같은 선택받은 산업에만 혈관을 꽂아 집중적으로 수혈하는 방식이 새로운 표준으로 자리잡고 있다.

올해는 거대한 돈의 바람이 새로 불어온다. 트럼프 행정부의 감세 효과가 본격화되면, 미국 경제에는 아드레날린이 돌 것이다. 올해에만 약 4800억 달러약 660조 원에 달하는 감세와 환급이 미국인들의 지갑과 기업의 금고를 채울 것으로 예상된다. 법인세율이 21%에서 16%로 낮아지면, 기업들은 날개를 달고 잠재성장률1.8% 그 이상의 속도로 질주할 수 있게 된다.

미국에서 주식시장은 곧 경제의 심장이다. 주가가 오르면 사람들은 지갑을 열고, 주가가 내리면 세상이 멈춘다. 소비가 경제를 지탱하는 미국에서 주식시장의 붕괴는 곧 죽음을 의미한다. 그렇기에 연준Fed이 아무리 신중한 척해도 결국 이 유동성의 수도꼭지를 잠그기는 어렵다. 우리는 지금 빚으로 쌓아 올린 성 위에서 AI라는 무기를 들고 인플레이션이라는 불길 속으로 뛰어드는 미국의 거대한 도박을 목격하고 있다.

트럼프가 낮은 금리에 집착하는 이유

역사는 칼로 쓰이는 듯하지만, 결국 펜 끝의 숫자로 완성된다. 총포 소리가 진동하던 19세기 유럽의 들판이나 쿨링팬 소리가 웅웅거리는 21세기의 데이터센터나 승리의 법칙은 단 하나다. 바로 '누가 더 싸게, 더 오래 버티는 돈을 가졌는가'이다.

19세기 초 유럽 대륙은 나폴레옹이라는 불세출의 영웅 아래 무릎 꿇었다. 그의 군대는 용맹했고, 전략은 신묘했다. 전장에서 도저히 그를 이길 자가 없어 보였다. 하지만 바다 건너 섬나라 영국은 조용히 웃고 있었다. 그들에게는 나폴레옹에게 없는 강력한 무기가 있었기 때문이다. 바로 영란은행과 3%의 콘솔 채권이었다. 신용이 낮았던 프랑스는 전쟁 자금을 마련하기 위해 20%가

넘는 살인적인 고금리를 감당하거나 이웃 나라를 약탈해야 했다. 돈이 마르면 군대는 멈췄고, 황제의 고민은 깊어졌다.

반면 영국은 신용이라는 방패 뒤에서 연 3%대의 낮은 이자로 전 세계의 돈을 끌어모았다. 그 돈은 마르지 않는 샘물이 되어 동맹국들에게 흘러들어갔고, 끝없이 무기와 식량을 공급했다. 결국 워털루 전투의 승패를 가른 것은 웰링턴 장군의 전략만이 아니었다. 나폴레옹의 뜨거운 대포를 영국의 차가운 복리 이자의 힘가 집어삼켰다는 역사의 평가는 그래서 나왔다.

200년의 시간을 건너뛰어 우리는 또 다른 전장을 목격하고 있다. 상대는 중국, 무기는 AI다. 미국은 이 거대한 패권 전쟁에서 절대 질 수 없다. AI 패권을 잃는다는 것은 기축통화국의 지위를 잃는 것이며, 지난 100년의 영광을 반납해야 한다는 뜻이기 때문이다. 이 전쟁에는 천문학적인 비용이 든다. 전국에 데이터센터를 짓고, 전력망을 새로 깔고, 최첨단 반도체를 찍어내기 위해서는 '경' 단위의 돈이 필요하다. 만약 금리가 높다면 미국조차 이 거대한 청구서를 감당할 수 없다. 5~6%의 이자를 내면서 수천조 원을 쏟아붓는 건 자살행위나 다름없기 때문이다.

그래서 트럼프는 그토록 낮은 금리에 집착하고 있다. 단순히 경기를 살리려는 게 아니다. 이것은 전쟁 자금 조달의 문제다. 연준이 인플레이션의 불씨가 남아 있음에도 금리를 내리려는 이유, 재무부가 단기채를 찍어 유동성을 공급하는 이유, 그 모든 것은 중국보다 더 싸게, 더 압도적인 자본으로 AI 고지를 점령해야 한다는 절박함에 있다.

과거 영국이 낮은 금리로 나폴레옹을 질식시켰듯 미국은 다시 한번 달러의 힘을 빌려 금리를 낮추고, 그 값싼 자본으로 AI 제국을 건설하여 중국의 추격을 따돌리려 한다. 지금 연준이 만지작거리는 금리 버튼은 단순한 경제 정책이 아니라 패권 전쟁의 방아쇠라는 사실을 알아야 한다.

SLR 규제 완화가 불러올 유동성의 나비효과

트럼프 행정부와 대립각을 세우며 금리 인하 압박을 버티고 있는 제롬 파월의 연준도 사실 유동성 풀기에 상당한 역할을 하고 있다. AI 패권 전쟁에서 이기기 위해서는 천문학적인 자금이 필요하다는 공감대가 있기 때문이다. 과거에는 미국을 상대로 막대한 무역수지를 벌어들인 국가들이 미국채를 사줬다. 80년대 일본이 그랬고, 2000년대 이후에는 중국이 그랬다. 미국은 재정적자와 무역적자라는 쌍둥이 적자에도 불구하고 해외 국채 수요 덕분에 낮은 금리를 유지할 수 있었다.

그러나 미중 패권 전쟁이 본격화되면서 중국은 미국 국채를 사기는커녕 팔아치우고 있다. 미국 국채 수요가 떨어지면 가격이 하락하고 금리가 상승하는 효과가 나타난다. 일본이 미국 국채를 열심히 사고 있지만, 역부족이다. 결국 미국 금융회사가 국채를 더 살 수 있도록 규제를 완화해 금리를 안정화시키는 전략이 필요할 수밖에 없다.

지난해 하반기 미 연준Fed은 주요 대형 은행에 적용되는 보완적 레버리지비율SLR, Supplementary Leverage Ratio 규제 완화 개정안을 통과시켰다. 거시 경제적으로는 '스텔스 양적완화Stealth QE'에 버금가는 강력한 유동성 공급 효과를 내포하고 있다. 연준이 직접 국채를 사들이는 양적완화는 인플레이션을 자극할 수 있기 때문에 선택한 우회로가 바로 SLR 규제 완화다. SLR은 2008년 금융위기 이후 은행들의 무분별한 몸집 불리기를 막기 위해 도입된 규제다. 핵심은 간단하다. "네가 가진 자산국채, 대출 등의 일정 비율만큼은 반드시 내 돈자기자본으로 채우라"는 것이다.

국채는 안전자산임에도 불구하고, 규제상 위험 자산과 똑같이 분모총자산에 포함된다. 따라서 은행이 국채를 사들이면 분모가 커지고, 비율을 맞추기 위해 자기자본을 더 쌓아야 하는 비용이 발생한다. 즉, SLR은 은행이 국채를 사고 싶어도 못 사게 만드는 족쇄였다. 개정안 통과로 SLR 비율이 완화되거나 분모에서 국채와 지급준비금이 제외된다면 은행의 자금 운용 능력은 기하급수적으로 늘어난다.

예를 들어 SLR 기준이 5%에서 4%로 낮아졌다고 가정해 보자. 기존 5% 규제에서는 자본금 1억 원으로 굴릴 수 있는 자산은 20억 원20배이다. 그러나 4%

로 변경되면, 자본금 1억 원으로 굴릴 수 있는 자산은 25억원^{25배}으로 증가한
다. 단 1% 포인트의 차이지만, 은행 입장에서는 자본금을 한 푼도 늘리지 않
고도 대출이나 국채 매입에 쓸 수 있는 여력이 25%나 증가하는 효과가 발생
한다. 이것이 바로 규제 완화를 통한 신용 창출이다.

2024년 9월 연준이 기준금리를 인하했음에도 시장 금리^{국채 금리}가 오히려 상
승하는 '긴축 발작' 현상이 나타난 이유는 명확했다. 정부는 재정 지출을 위해
국채를 마구 찍어내는데^{공급 과잉}, 이를 받아줄 큰손^{수요}이 없었기 때문이다. 연준
은 양적긴축 중이었고, 은행들은 SLR 규제에 막혀 국채를 더 담을 수 없었다.

이번 SLR 완화는 은행들을 다시 국채 시장의 '고래'로 복귀시키는 효과를
낳는다. 은행들은 늘어난 여력으로 국채를 매입하게 된다. 국채 수요가 늘어나
면 국채 가격은 오르고, 반대로 시장 금리는 하락한다. 시장의 기준점인 국채
금리가 안정되면, 회사채 금리와 대출 금리도 동반 하락하여 기업과 가계의
자금 조달 숨통이 트인다.

은행이 국채를 매입한다는 것은 정부에게 돈을 빌려주는 것이다. 이 돈은
정부 지출을 통해 민간으로 흘러들어간다. 또 은행이 국채 매입으로 안전자
산 비중을 채우고 나면 남는 여력은 더 높은 수익률을 좇아 회사채, 주식, 파생
상품 등 위험자산으로 흘러갈 가능성이 높다. 2020년 4월 팬데믹 당시 연준이
SLR 규제를 한시적으로 면제해 주었을 때 은행들의 국채 보유량이 급증하고
금융 시장의 경색이 풀리며 자산 가격이 반등했던 사례가 이를 증명한다.

이번 조치는 연준이 달러를 직접 찍어내는 양적완화^{QE}가 아니다. 하지만 은
행들이 가진 '대차대조표라는 그릇'의 크기를 강제로 키워준 것과 같다. 기준
금리 인하 효과가 시장에 먹혀들게 만드는 촉매제 역할을 할 것으로 보인다.
은행의 자산 매입 여력 확대는 결국 주식과 부동산 등 자산 시장 전반에 긍정
적인 '유동성 장세'를 지지하는 강력한 하방 경직성을 제공할 가능성이 높다.

스테이블 코인이 설계하는 '유동성 빅뱅'
화폐의 가치는 안정성에서 오고, 화폐의 권력은 유동성에서 나온다. 스테이

블 코인은 단순한 코인이 아니다. 그것은 기존 금융 시스템의 담장을 넘어 전 세계로 뻗어 나가는 '디지털 달러'이자 '디지털 원화'의 실핏줄이다.

AI 혁명에서 유동성을 공급하며 버블을 유발할 또 다른 한 축은 스테이블 코인이 될 가능성이 높다. 글로벌 금융 시장의 가장 뜨거운 화두는 더 이상 변동성 심한 비트코인이 아니다. 실물 화폐의 가치에 고정된 '스테이블 코인'이 제도권으로 편입되면서, 화폐 시스템과 자본 시장의 유동성 공급 방식이 근본적으로 바뀌고 있다. 스테이블 코인이 발행될 때마다 시장의 전체 유동성은 기하급수적으로 팽창한다. 이는 전통적인 중앙은행의 발권력과는 다른 '민간 주도의 신용 창출'에 가깝다.

사용자가 1달러를 예금하고 1테더^{USDT}를 받는 순간 물리적 달러는 발행사의 금고$^{국채\ 매입\ 등}$에 묶이지만, 디지털 세계에서는 1달러의 가치를 지닌 새로운 화폐가 유통되기 시작한다. 이는 실질적으로 광의 통화^{M2}의 외연을 확장하는 효과를 낸다. 테더^{Tether}와 서클^{Circle} 같은 발행사들은 수탁받은 자금의 대부분을 미국 단기 국채$^{T\text{-}bills}$에 투자한다. 2025년 기준 이들이 보유한 국채 규모는 중소 국가의 보유량을 상회한다. 이는 국채 수요를 지지하여 금리를 안정시키고, 자본 시장 전반에 우호적인 환경을 조성하는 '보이지 않는 손' 역할을 한다.

대한민국은 2026년 초 '디지털자산 기본법' 발의와 함께 원화 기반 스테이블 코인의 제도화를 본격화했다. 이는 단순히 코인을 허용하는 것이 아니

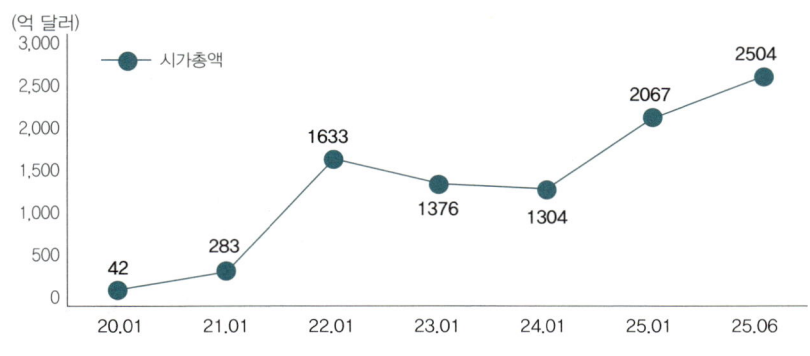

스테이블 코인의 시가총액, 스테이블 코인 시장은 빠르게 성장 중

*자료: : Defilama, iM증권 리서치본부

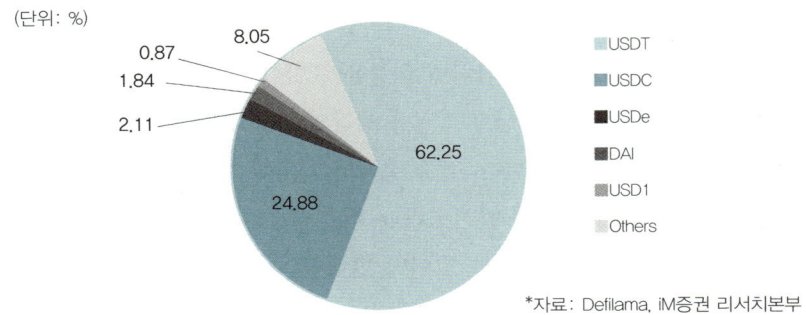

스테이블 코인 시장 점유율

(단위: %)

- 62.25
- 24.88
- 2.11
- 1.84
- 0.87
- 8.05

- USDT
- USDC
- USDe
- DAI
- USD1
- Others

*자료: Defilama, iM증권 리서치본부

라, 원화의 디지털 영토를 확장하려는 국가적 전략이다. 한국은행의 기관용 CBDC^{wCBDC}를 담보로 시중은행이 '예금 토큰'을 발행하는 방식이 유력하다. 이는 기존 은행 시스템의 안정성을 유지하면서도, 블록체인 기반의 24시간 실시간 결제와 자동화된 계약을 가능케 한다.

글로벌 시장이 달러 스테이블 코인에 잠식되는 것을 막고, 동남아시아 등 해외 송금 및 결제 시장에서 원화의 영향력을 높이는 도구가 될 것으로 기대된다. 한국채 수요 증가로 인한 금리 하락 효과는 국내 증시와 대출 시장에 긍

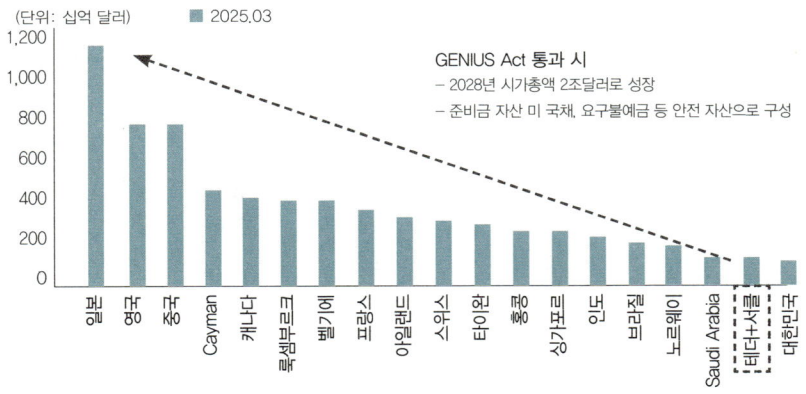

GENIUS Act 통과 시 스테이블 코인 발행사는 미 국채 시장에 큰손이 될 것으로 전망

(단위: 십억 달러) ■ 2025.03

GENIUS Act 통과 시
- 2028년 시가총액 2조달러로 성장
- 준비금 자산 미 국채, 요구불예금 등 안전 자산으로 구성

*자료: Bloomberg, iM증권 리서치본부

정적인 '낙수 효과'를 가져올 것으로 예상된다. 미국의 지니어스 액트^{GENIUS Act} 법안 통과와 함께 아마존과 월마트 등 빅테크들의 스테이블 코인 발행 가능성이 가시화되고 있다. 기존 신용카드 결제망은 1~3%의 수수료를 가져갔으나 자체 스테이블 코인 결제는 이 비용을 거의 '0'에 가깝게 줄인다. 빅테크 기업들에게 이는 수조 원의 추가 이익을 의미한다. 사용자의 구매 패턴과 금융 거래를 결합한 초개인화 에이전트 서비스가 가능해진다. 이제 빅테크는 유통 기업을 넘어 '디지털 중앙은행'의 기능을 수행하게 될 것이다.

스테이블 코인 발행사들은 인류 역사상 가장 효율적인 비즈니스 모델을 구축했다. 사용자에게는 이자를 주지 않거나 아주 적게 주면서 예치된 자금을 국채 등에 투자해 연 4~5%의 무위험 수익을 거둔다. 직원이 100명도 안 되는 테더사가 대형 투자은행에 버금가는 순이익을 올리는 비결이다. 코인을 다시 법정 화폐로 환전할 때 발생하는 수수료^{약 1%}는 또 다른 강력한 부가 수입원이다.

2026년의 스테이블 코인은 가상 자산 거래를 위한 '중간 기점'을 넘어 실물 경제의 '디지털 혈액'으로 자리 잡았다. 국채 매입을 통해 시장 금리를 낮추고 자산 가격을 지지하는 하방 경직성을 제공한다. 원화 스테이블 코인의 성공은 한국 경제가 디지털 금융 허브로 도약할 수 있는 마지막 기회가 될 것으로 관측된다.

이제 거시경제 분석가들은 스테이블 코인의 발행량 추이를 M2 통화량 지표

스테이블 코인 대한민국 밸류체인

밸류체인		최근 공식 사업 동향
발행	아이티센글로벌	금 기반 RWA e-금권리 발행 'SenGold'
플랫폼 (온체인 인프라)	컴투스홀딩스	XPLA 기반 Web3 커뮤니티 PLAY3 론칭(DeFi 기능 포함)
	넷마블	MARBLEX 플랫폼 내 DeFi · 스왑 기능 실험
결제/정산	다날	Paycoin 블록체인 결제 시스템 운영
	갤럭시아머니트리	블록체인 기반 결제 시스템(머니트리) 운영
커스터디/지갑	아이티센글로벌	EdgeQwallet 출시, PQC 지갑 발표
유통	컴투스홀딩스	XPLA DEX 및 PLAY3 생태계 기반 유통
	아이티센글로벌	SenGold 유통 및 BDX 거래소 컨소시엄 참여

*자료: 각사, 삼성증권

스테이블 코인 미국 밸류체인

밸류체인		최근 공식 사업 동향
발행	Circle(CRCL)	USDC 발행사
	PayPal(PYPL)	PYUSD 발행사
플랫폼 (온체인 인프라/API/ RWA)	Coinbase(COIN)	Base L2 확대, DeFiRWA 인프라 구축 강화 (Loan 기능 · Staking 등도 포함)
	Visa(V)	Visa Bridge API 통해 Stablecoin-linked 카드 시험 운영 (라틴아메리카 출시 포함)
결제/ 브릿지	PayPal(PYPL)	PYUSD를 Venmo와 연동해 실사용 가능, 스텔라(Stellar) 네트워크 연동 계획 발표
	Visa(V)	Stablecoin 정산 API 사용 테스트 및 라틴아메리카 서비스 확대
	Mastercard(MA)	Multi-Token Network로 USDC 정산 및 리얼타임 결제 기능 발표
커스터디/ 지갑	Coinbase(COIN)	Coinbase Custody / Prime 등 기관 커스터디 서비스 제공
	Bakkt(BKKT)	기관 대상 디지털 자산 보관 및 온 · 오프램프 서비스 제공
	Robinhood(HOOD)	Robinhood Wallet에서 USDC 보관 및 전송 서비스 제공
유통/거래	Coinbase(COIN)	USDC 중심 온 · 오프램프 및 글로벌 유통 채널 거점 역할
	PayPal(PYPL)	PYUSD 커머스 적용 및 실사용 유통 확대 중
	Visa(V)	Stablecoin-linked 카드 출시 및 크로스보더 정산 테스트(Bridge 연계)

*자료: 각사, 삼성증권

만큼이나 중요하게 살펴야 한다. 스테이블 코인의 공급 증가는 곧 자산 시장으로 흘러 들어올 신규 유동성의 예고편이기 때문이다.

자본의 이동과 AI 버블의 태동

세상의 돈이 미국 주식이라는 자석으로 빨려 들어가는 이유

AI 사이클을 기회로 활용하려는 투자자들은 공통적이고 중요한 질문 한 가지에 봉착한다. 국내 증시가 이렇게 좋은데, 미국 투자를 해야 하는지 여부다. 그러나 AI 혁명은 미국 주도의 테크 사이클이다. 우리나라가 천재일우의 기회를 잡았지만, 미래의 빅브라더가 될 빅테크 주식을 보유하는 것은 투자자들에게 매우 중요하다. 미국 주식은 앞으로 구조적으로 수요가 증가할 수밖에 없다.

과거 1960년대 세상은 젊음으로 가득했다. 자산을 축적하기보다 당장의 삶을 즐기던 아이들이 지구촌의 대다수를 차지했다. 하지만 시간은 흘러 이제 인류는 2100년을 향해 천천히, 확실하게 늙어가고 있다. 나이 듦이란 무엇일까. 그것은 불안을 잠재우고 남은 생을 지탱해 줄 '확실한 자산'에 대한 갈망이 커진다는 뜻이다. 전 세계적으로 고령화가 깊어질수록, 사람들은 그저 그런 자산이 아니라 가장 안전하고 가장 강력한 곳에 자신의 삶을 의탁하려 한다. 양극화가 심해질수록 이 흐름은 더욱 거세진다. 불안한 시대일수록 자본은 '미국 테크'라는 가장 우량한 피난처를 향해 본능적으로 움직인다.

미국 기업들의 경쟁력은 때론 차가울 만큼 냉혹한 효율성에서 나온다. 코로나19의 공포가 세상을 덮쳤을 때, 미국 기업들은 단숨에 2400만 명을 해고하는 결단을 내렸다. 유럽과 한국이 고용을 유지하며 버틸 때, 미국은 뼈를 깎는 고통을 감내하며 체질을 완전히 바꿨다. 그리고 경기가 다시 살아나자, 그들은 과거로 돌아가지 않았다. 더 적은 인원으로 더 많은 것을 만들어내는 'AI 기반의 초고효율 조직'으로 다시 태어났다. 이것이 바로 미국 기업이 전 세계 경쟁자들을 압도하는 근원적인 힘이자 무서운 회복탄력성이다.

모두가 미국 주식을 원하지만, 그 문은 점점 좁아지고 있다. 미국 기업들은 벌어들인 돈으로 끊임없이 자사주를 사들이고 태워 없앤다. 시장에 풀린 주식 수는 줄어드는데, 전 세계에서 몰려드는 돈의 파도는 더 거세지고 있다. 새로운 기업IPO이 나오는 속도조차 이 거대한 수요를 따라가지 못한다. 가질 수 있는 기회가 줄어들수록, 그 가치는 더욱 빛날 수밖에 없다.

이제 우리는 또 다른 세상의 문턱에 서 있다. 문자와 이메일이 공짜가 되면서 정보 혁명이 일어났듯, 이제 '이동'과 '노동'의 비용이 '0'으로 수렴하는 마법이 시작된다. 로보택시가 거리를 누비고 휴머노이드가 땀 흘려 일하는 세상. 단순한 기술 발전을 넘어, 인류가 한 번도 경험해보지 못한 파괴적 혁신이 기다리고 있다.

이 거대한 AI 붐을 타고 지난 100년간 본 적 없는 속도로 새로운 부富가 탄생하고 있다. 실리콘밸리의 허름한 차고에서 시작된 꿈들이 이제 월스트리트의 마천루를 넘어서고 있다. 지난해 실리콘밸리가 배출한 억만장자의 수가 금융의 심장 뉴욕을 앞질렀다는 사실은 시대의 권력이 어디로 이동했는지를 명징하게 보여준다. 오픈AI를 나와 새로운 도전을 시작한 미라 무라티, AI의 지성 일리야 수츠케버, 앤스로픽의 다리오 아모데이, 그리고 딥시크의 량원펑까지.

이들은 단순한 부자가 아니라, 새로운 시대를 여는 개척자들이다. 미국 내 10억 달러 가치를 지닌 유니콘 기업 500여 개가 밤하늘의 별처럼 빛나고 있다. 그중 100개는 불과 1~2년 사이에 탄생했다. 지금 미국 주식시장은 단순한 투자처가 아니다. 인류 역사상 가장 거대하고 빠른 부의 창출 현장, 그 가슴 뛰는 역사의 한복판이다.

30개 AI 주식이 미 가계에 7400조 원 부(富) 안겨줘

2024년 6월부터 2025년 6월까지 1년 동안 미국 시장을 이끄는 30개의 AI 주식들은 마치 마법처럼 7400조 원[5.2조 달러]이라는 천문학적인 부를 만들어냈다.

이 거대한 부의 파도는 단순히 계좌 속 숫자에 머물지 않았다. 두둑해진 투자자들의 주머니는 굳게 닫혔던 지갑을 열었고, 약 256조 원[1800억 달러]이라는 자금이 실물 경제로 흘러들어와 소비에 온기를 불어넣었다. 미국 전체 소비를 0.9%나 끌어올린 놀라운 '부의 낙수 효과'였다. 빛이 강할수록 그림자는 더 짙게 드리워지는 법일까. 화려한 주식시장의 파티장 밖, 저소득층의 삶은 여전히 차가운 겨울이다. 일부 부자들의 소비가 늘어나는 동안, 그렇지 못한 이들의 한숨은 깊어졌다.

지표상으로는 '완전 고용'에 가까운 낮은 실업률과 '역대급 호황'을 누리는 주식시장이 펼쳐지고 있지만, 사람들의 마음을 대변하는 소비자 신뢰지수는 여전히 '경기 침체' 수준에 머물러 있다. 화려한 숫자의 성찬 뒤에 가려진 '양극화'라는 서글픈 역설이다. AI가 선물한 전례 없는 풍요가 모두의 식탁을 따뜻하게 데우지는 못했다는 사실이 씁쓸한 여운을 남긴다.

AI 관련주의 S&P500 이익 성장 비중은 60% 이상

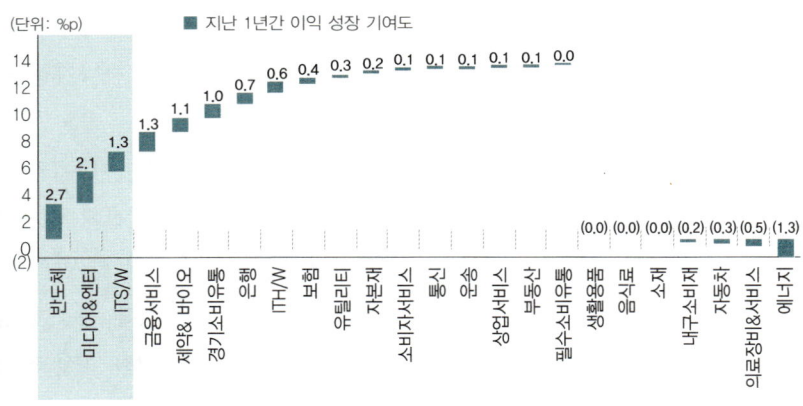

*자료: LSEG, 신한투자증권

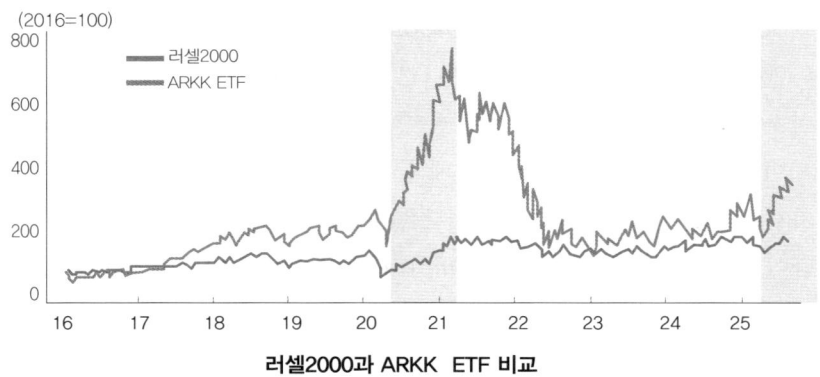

(2016=100)

— 러셀2000
— ARKK ETF

러셀2000과 ARKK ETF 비교

*자료: LSEG, 신한투자증권

도구의 혁신이 광기를 만든다

버블을 단순히 자산 가격이 펀더멘털을 넘어 과도하게 상승하는 현상으로만 정의하는 것은 반쪽짜리 해석이다. 진정한 버블은 '투자 참여 기반User Base'이 급격히 확대되고, 이로 인해 거래량과 변동성이 폭발적으로 증폭되는 구조적 변화를 반드시 동반한다. 그리고 이 폭발적인 에너지를 만들어내는 기폭제는 언제나 '거래 수단의 혁신'이었다.

1990년대의 온라인 트레이딩 시스템HTS이 그러했듯 2020년대의 토큰화 증권과 핀테크 혁명은 또다시 금융 시장의 지형도를 뒤흔들고 있다. 1990년대 주식시장의 판도 변화는 기술의 발전 단계와 궤를 같이한다. 온라인 트레이딩 시스템은 '도입 〉 확산 〉 폭발적 성장'의 3단계를 거치며 개인 투자자들을 시장의 주역으로 끌어올렸다.

1990년대 초 웹 브라우저의 등장으로 시작된 변화는 1997년 이후 PC 보급과 모뎀 속도 향상이라는 인프라 혁명을 만나며 만개했다. 객장에 나가거나 브로커에게 전화를 걸어야 했던 번거로움은 PC 앞에서의 클릭 한 번으로 대체되었다. 온라인 브로커들의 등장은 수수료 파괴 경쟁을 불렀다. 전통 증권사 대비 50% 이상 저렴한 거래 비용은 개인 투자자들의 신규 계좌 개설 러시로 이어졌다. 낮아진 수수료와 시스템화된 신용 거래는 개인의 레버리지 사용을 부추겼다. 이는 온라인상에 퍼진 정보 비대칭, 닷컴 기업들의 과장된 성장 스토리와 결합하여 전례 없는 변동성을 만들어냈다.

현재의 흐름은 1990년대 HTS 혁명의 '디지털 심화 버전'이라 할 수 있다. 토큰화 증권과 신종 플랫폼들은 거래 시간, 수수료, 최소 투자 금액이라는 물리적 제약을 '제로'에 수렴하게 만들고 있다. 로빈후드와 코인베이스는 투자의 사용자 인터페이스/사용자경험UI/UX을 게임처럼 단순화하여 MZ세대를 시장으로 유입시켰다. 서클Circle 같은 기업은 블록체인 기반의 결제 인프라를 통해 자금 이동의 마찰을 없애고 있다.

24시간 거래, 소수점 단위의 조각 투자, 그리고 국경 없는 자본 이동은 1990년대보다 훨씬 더 빠르고 광범위하게 유동성을 공급한다. 이는 잠재적으로 시장의 변동성을 키우고, 새로운 형태의 버블을 형성할 수 있는 완벽한 토양이 된다.

역사는 반복된다. 도구가 혁신될 때마다 시장 참여자는 폭발적으로 늘어났고, 그 끝에는 항상 거대한 파도가 일었다. 우리가 지금 주목해야 할 것은 가격 그 자체가 아니라, 그 가격을 밀어 올리고 있는 '달라진 거래의 방식'이다.

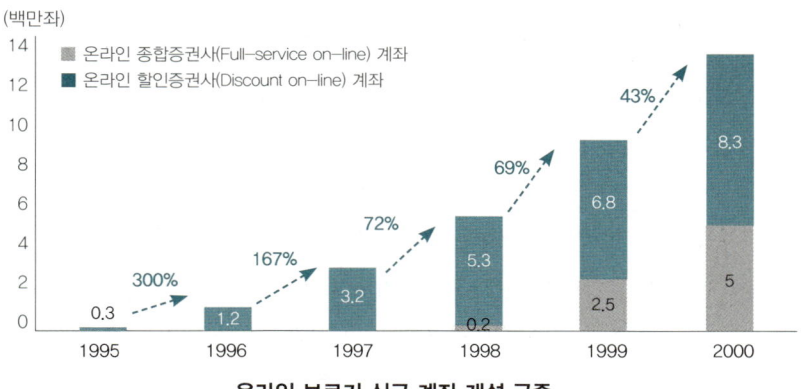

온라인 브로커 신규 계좌 개설 급증

*자료: MIT, The Tower Group, 신한투자증권

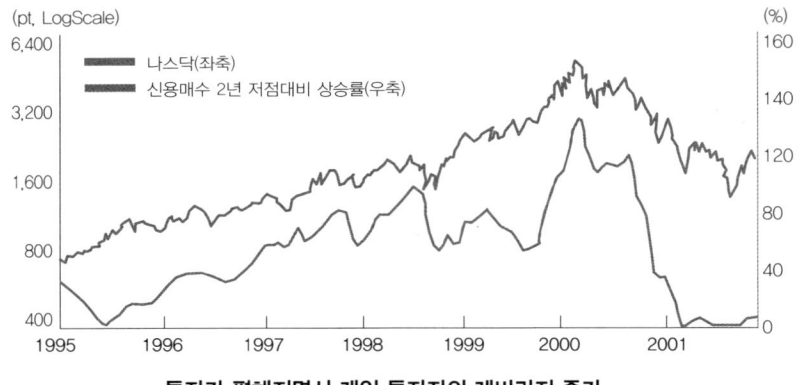

(pt, LogScale)

나스닥(좌축)
신용매수 2년 저점대비 상승률(우축)

투자가 편해지면서 개인 투자자의 레버리지 증가

*자료: FRED, LSEG, 신한투자증권

액티브 ETF의 습격, 시장의 속도가 빨라졌다

시장의 주인이 바뀌면 게임의 규칙도 바뀐다. 패시브의 시대가 인내심의 대
결이었다면 액티브의 시대는 속도의 전쟁이다.

이번 AI 버블이 만들어지는데 ETF가 상당한 역할을 할 가능성이 높다. 미국
에서는 ETF 상장수가 일반 상장 주식수를 넘어설 만큼 열풍이다. 국내 시장에
서도 ETF의 인기는 식을 줄 모르고 있다. 경제경영 서적 코너에서 ETF 관련
책이 상위권을 차지하고 있다.

지난해 미국 ETF 시장은 거대한 지각변동을 보였다. 모닝스타에 따르면
2025년 한 해 동안 ETF로 흘러 들어간 자금은 무려 1.1조 달러로 역대 최고치
를 경신했다. 하지만 이 숫자의 이면에는 더 중요한 질적 변화가 숨어 있다. 바
로 액티브 자금으로의 구조적 이동이다.

전체 운용자산ᴬᵁᴹ의 10%에 불과한 액티브 ETF가 지난해 전체 순유입액의
35%³⁸⁰⁰억 달러를 쓸어 담았다. 이는 투자자들이 더 이상 시장 평균에 만족하지
않고, 시장을 이기는 초과 수익을 갈망하기 시작했음을 의미한다.

2025년 신규 상장된 주식형 ETF 444개 중 무려 78%가 액티브 전략을 채택
했다. 이러한 폭발적 공급의 배경에는 2019년 미 증권거래위원회ˢᴱᶜ가 도입한

'ETF 규칙^{ETF Rule}'이라는 제도적 기폭제가 있었다. 과거 액티브 ETF는 설정과 환매 절차가 복잡하고, 포트폴리오를 매일 투명하게 공개해야 하는 부담 때문에 운용사들이 꺼려했다.

하지만 SEC의 규제 완화로 절차가 간소화되고 운용의 전략적 유연성이 확보되면서, 자산운용사들은 다양한 액티브 전략을 ETF라는 그릇에 담아 쏟아내기 시작했다. 이것이 공급 측면의 혁명을 일으켰다. 2020년 이후 미국 주식시장의 메인 플레이어는 기관에서 가계^{개인}와 ETF로 넘어갔다. 특히 액티브 ETF의 부상은 시장의 성격을 근본적으로 바꾸어 놓았다.

과거 패시브 인덱스 펀드 위주의 자금은 장기 보유 성향이 강했다. 주가가 펀더멘털을 벗어나면 서서히 회귀하는 '평균 회귀'의 힘이 작용했고, 가격 조정도 완만하게 진행되었다. 그러나 액티브 자금은 특정 종목의 초과 성과를 노리고 빠르게 쏠린다. 이는 상승장에서는 주가 폭등을 증폭시키지만, 추세가 꺾이는 순간에는 치명적인 독이 된다. 액티브 자금 비중의 확대는 시장의 변동성을 키우고 사이클을 단축시켰다. 액티브 매니저들은 수익을 확정 짓거나 손실을 줄이기 위해 포지션을 자주 교체한다.

특정 테마의 모멘텀이 약화되면 액티브 ETF들은 동시에 로스컷^{손절매}과 리밸런싱^{비중 조절}에 나선다. 이로 인해 하락의 속도는 과거보다 훨씬 가파르고 깊어

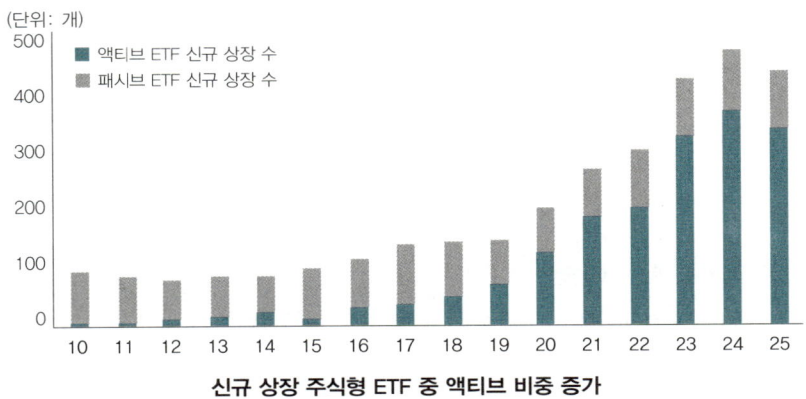

신규 상장 주식형 ETF 중 액티브 비중 증가

*자료: Bloomberg, 신한투자증권

진다. 이는 테마 투자의 수명 주기를 극단적으로 짧게 만든다. 정보 확산 속도와 맞물려, 주도주는 순식간에 타오르다 차갑게 식어버린다.

이러한 환경에서 과거와 같은 지수를 사서 묻어두는 전략만으로는 시장을 이기기 어렵다. 액티브 ETF의 시대, 투자의 핵심은 '진입Buy'이 아니라 '청산Sell'에 있다. 고점에서 신속하게 대응하지 못하면 단순히 평가 손실을 입는 것에 그치지 않는다. 자금이 묶여 다음 주도주로 갈아타지 못하는 '기회비용'이 발생한다. 빠른 순환매 장세에서 투자자들에게 치명적일 수 있다.

액티브 ETF가 주도하는 시장은 '변동성' 그 자체다. 단순한 지수 보유보다는 시장의 중심이 되는 테마와 주도주를 신속하게 포착하고, 추세가 꺾이는 조짐이 보이면 과감하게 이익을 실현하는 민첩함이 2026년 투자자에게 요구되는 중요한 자질이다.

AI는 버블을 향해 달려간다

역사적으로 증기기관, 철도, 인터넷, 스마트폰 등 세상을 바꾸는 모든 기술의 등장 초기에는 예외 없이 거대한 버블이 형성되었다. AI 산업 역시 이 필연적인 버블의 길로 들어갈 수밖에 없다. 가장 강력한 이유는 수요자고객인 빅테크 기업들의 처지다. MS, 구글, 메타, 아마존 중 누구 하나라도 AI 투자를 멈추면 경쟁에서 영원히 도태된다는 공포가 지배하고 있다. 이를 AI 군비 경쟁이라고 부른다.

빅테크들은 AI 혁명에서 도태되지 않기 위해 천문학적인 돈CAPEX을 쏟아부을 수밖에 없다. 이 돈은 고스란히 엔비디아GPU, SK하이닉스HBM, TSMC파운드리의 매출로 잡히며, 이들 기업의 실적을 폭발적으로 성장시키고 있다. 실적이 받쳐주는 버블은 쉽게 꺼지지 않는다.

주식시장에서 PER주가수익비율은 '꿈의 크기'에 비례한다. AI는 단순히 게임이나 쇼핑을 편하게 해주는 정도가 아니다. 코딩, 디자인, 법률, 의료 등 인간의 지적 노동을 대체하는 '인류 역사상 가장 큰 생산성 혁명'으로 인식된다.

시장 참여자들은 닷컴 버블 때 인터넷이 세상을 바꿀 것이라 믿었던 것보다 더 강력하게 AI가 전 산업을 재편할 것이라 믿는다. 따라서 현재의 이익이 적더라도 미래 가치를 현재로 끌어와 멀티플 확장을 정당화한다. 지금 비싸 보이지만, 미래엔 싼 가격이다라는 논리가 더욱 팽배해질 가능성이 높다.

사고 싶은 사람은 줄을 섰는데, 물건이 없다. AI 칩을 만들기 위한 HBM^고대역폭메모리, CoWoS^패키징, 전력 설비 등은 물리적인 한계로 인해 단기간에 공급을 늘릴 수 없다. '쇼티지^공급 부족'는 가격 결정권을 공급자에게 넘겨준다. 부르는 게 값이 되는 상황이 지속되면서, 관련 기업들의 이익률^OPM이 비정상적으로 치솟고, 주가는 이를 반영하여 오버슈팅하게 된다.

결국 버블을 완성하는 것은 투자자들의 심리다. 2000년 닷컴 버블 당시 아마존이나 시스코시스템즈를 초기에 샀던 사람들이 얼마나 큰 부자가 되었는지 학습효과가 있다. 이번 AI 파도에 올라타지 못하면 벼락거지가 된다는 포모^FOMO 증후군이 개인과 기관 자금을 시장으로 미친 듯이 빨아들인다.

기술력이 검증되지 않은 2류, 3류 기업들까지 '우리도 AI 한다'는 이름만 붙이면 폭등하는 묻지마 투기 장세가 연출되며 버블의 크기를 키울 것으로 보인다. 조지 소로스가 말했듯 시장의 추세가 버블을 형성하고 있다면, 그것을 사야 한다는 것이 투자자들에게는 정설이다.

AI 버블은 가짜가 아니다. 산업 혁명급 변화의 초입에서 나타나는 자연스러운 현상이다. 다만 버블이 터진 후에도 살아남을 '진짜 기술해자'을 가진 1등 기업에 올라타 있는 것만이 이 화려한 파티에서 끝까지 살아남는 방법이다.

버블 시대의 투자 문법

AI 슈퍼사이클과 버블 시나리오

1995년의 데자뷔가 느껴지지 않는가. 당시 연준이 경기 침체가 오지 않았음에도 성장의 불씨를 살리기 위해 단행했던 '보험성 금리 인하'를 단행했다. 그 뒤 주식시장은 뜨거운 랠리를 펼쳤다. 지금 다시 그 바람이 불어오고 있다. 이 거대한 'AI 버블'의 파도를 타고 생존을 넘어 자산의 번영으로 이어질 수 있을지 전략이 필요한 시점이다.

과거 닷컴버블의 역사가 속삭이는 생존의 비밀은 "매출에 취하지 말고, 이익에 냉정하라"는 것이다. 1999년 시스코^{Cisco}는 세상을 다 가진 듯했다. 마이크로소프트와 GE를 제치고 시가총액 1위에 등극했을 때 사람들은 "이번엔 다르다"고 외쳤다. 매출은 매년 50%씩 폭발적으로 성장했기 때문이다.

하지만 무너지는 것은 한순간이었다. 매출이 꺾여서가 아니었다. 1999년 4분기 시스코의 영업이익률이 정점을 찍고 내려오기 시작한 그 순간, 마법은 깨졌고 버블은 붕괴했다. 반면 마이크로소프트^{MS}는 다른 행보를 보였다. 같은 기간 동안 MS가 살아남아 전설이 된 이유는 단 하나 50%에 육박하는 압도적인 영업이익률이었다. 반면 IBM은 10%의 늪에서 허우적대며 시장의 외면을 받았다.

교훈은 명확하다. 화려한 매출 성장은 주가를 1차로 띄우지만, 끝까지 살아남게 하는 힘은 오직 '수익성영업이익률'에서 나온다. 엔비디아와 팔란티어를 바라볼 때도, 우리는 그들의 매출 성장 뒤에 숨겨진 '이익의 질'을 집요하게 파고들어야 한다. 많은 이들이 '버블'을 두려워하지만, 진정한 투자자에게 버블은 축복이다. 다만 그 끝을 알 수 없을 때만 공포가 될 뿐이다. 지금 미국 증시는 역사적으로 비싼 수준이다.

하지만 아직 진짜 파티는 시작되지 않았다. 과거 1929년, 1999년이 그랬듯 '기술적 낙관'과 '풀린 돈유동성'이 만나는 지점에서 거대한 버블은 완성된다. AI 버블은 이제 초입에 위치하고 있을 뿐이다. 기관이 주춤하는 사이 개인이 시장을 주도하고, 새로운 아이디어에 열광하며 IPO 시장이 불타오르는 그 시점. 적자 기업조차 미래라는 이름으로 포장되어 날아오르는 그 광기의 클라이맥스는 2026년과 2027년 사이가 될 것으로 예상된다. 아직 오지 않은 이 거대한 파도를 미리 준비해야 한다.

우리는 두 개의 검을 준비해야 한다. 즉, 바벨 전략이다. 첫째, 흔들리지 않는 '왕좌의 주식'이다. 구조적인 실적 우위를 점하고, 영업이익률이 매 분기 상승하는 기업들이다. 이 종목들은 어떤 폭풍우가 몰아쳐도 우리 계좌의 중심을 잡아줄 닻이다. 현재 엔비디아, 마이크로소프트, 메타, 브로드컴, 팔란티어 등이 유력한 기업들이다.

S&P500 기업명	주가 수익률(%)			영업이익률(%)		
	2023년	2024년	2025년	2024년	2025년.E	2026년.E
S&500 지수	24.2	23.3	10.5	13.9	17.0	18.5
부채	238.9	171.2	27.8	62.4	63.0	66.9
알파벳	58.3	35.5	22.7	32.1	38.9	39.3
오라클	29.0	58.1	33.8	30.3	36.6	41.7
넷플릭스	65.1	83.1	41.1	26.7	30.2	32.4
팔란티어 테크놀로지스	167.4	340.5	106.5	10.8	46.2	46.7
제너럴 일렉트릭	95.2	63.9	69.2	14.2	21.0	21.6
부킹 홀딩스	76.0	40.1	12.4	31.8	34.4	35.0
보스턴 사이언티픽	24.9	54.5	20.1	15.5	27.8	28.2
암페놀	30.2	40.1	62.3	20.7	24.9	25.1
웰타워	37.6	39.8	33.0	13.8	27.7	28.0

*자료 : Bloomberg, 하나증권

코스피 기업명	주가 수익률(%)			영업이익률(%)		
	2023년	2024년	2025년	2024년	2025년.E	2026년.E
코스피	18.7	(9.6)	33.4	6.7	7.9	9.2
SK하이닉스	88.7	22.9	52.7	35.5	42.8	42.9
한화에어로스페이스	69.2	162.2	185.1	15.4	13.0	14.5
한화오션	32.5	48.8	218.3	2.2	10.4	11.8
알테오젠	157.5	214.2	51.1	24.7	60.5	83.4
삼성중공업	51.7	45.8	85.4	5.1	7.4	9.9
효성중공업	107.6	142.7	207.6	7.4	10.6	12.1
삼양식품	70.1	254.2	104.1	19.9	23.1	23.9
LIG넥스원	41.5	69.0	124.0	7.0	8.8	10.0
한화시스템	64.5	30.2	135.8	7.8	5.9	8.1
LS ELECTRIC	29.8	119.7	81.0	8.6	9.0	10.0
파마리서치	56.7	139.7	137.0	36.0	40.8	41.6

*자료: Quantiwise, 하나증권

둘째, 야수의 심장으로 노리는 '알파' 전략이다. 유동성의 파도가 가장 높게 칠 때, 그 파도 끝에 올라탈 기업들이다. 러셀2000의 낡은 기업들보다는 파괴적 혁신을 꿈꾸는 ARKK 스타일의 기업들이 주인공이 될 가능성이 높다. 현재 앱러빈, 스포티파이, 로빈후드뿐 아니라 우주로 날아오를 스페이스X 관련주들을 주목할 만하다.

우주 산업과 B2C로 확장되는 AI 혁명의 길목에서 우리는 수많은 유혹과 공포를 마주할 것으로 보인다. 하지만 원칙은 변하지 않는다. 현금 흐름이 마르지 않는지, 영업이익률이 꺾이지 않는지 꼼꼼하게 따져보는 '현명한 낙관주의자'만이 이 거대한 사이클의 끝에서 웃을 수 있다.

단순한 투자가 아닌 시대를 읽는 통찰로 여러분의 자산을 지키고 불려 나가야 할 시점이다. 그런 원칙만 유지한다면 AI 혁명 사이클의 파도가 높아도 우리의 배는 그보다 더 견고할 수 있다.

버블 시대의 주인공, 주도주

증시라는 무대에서 주도주는 단순한 우등생이 아니다. 그들은 시대를 관통하는 새로운 질서를 설계하고, 막대한 자본의 흐름을 한곳으로 모으는 블록버스터의 주인공이다. 주인공이 바뀌면 영화의 장르가 바뀌듯 주도주가 바뀌면 부의 공식이 바뀐다.

주도주란 특정 시기에 시장 전체의 상승을 견인하며 업종 지수보다 높은 수익률을 기록하는 종목을 말한다. 단순히 많이 오르는 주식이 아니라 다음과 같은 조건을 충족해야 한다. 첫째, 시대적 명분이다. 새로운 기술 혁신이나 사회 구조적 변화를 상징하는 주식이다. 둘째, 압도적 실적이다. 상상력이 아닌 숫자로 증명되는 기하급수적 성장성을 보여주는 주식이다. 셋째, 수급의 집중이다. 기관과 외인, ETF라는 거대 자본이 가장 먼저 채워 넣는 바구니가 바로 주도주다.

2000년 닷컴버블 때 인터넷이라는 초연결망이 시장의 주인공으로 부상했다. 시장은 인터넷의 접속과 통신에 열광했다. 당시 미국의 주도주는 시스코 시스템즈Cisco, 마이크로소프트, 인텔, 오라클, 썬 마이크로시스템즈 등을 손꼽을 수 있다. 국내에서는 새롬기술다이얼패드, 다음, 한글과컴퓨터. 코스닥 지수가 2800포인트를 돌파하던 광기의 시대였다.

2020년 코로나19 버블은 비대면언택트과 유동성의 파티가 만들었다. 전 세계가 멈췄을 때 디지털 전환과 친환경 에너지가 주도주로 부상했다. 미국 증시는 FAANG페이스북, 애플, 아마존, 넷플릭스, 구글뿐 아니라 테슬라, 줌Zoom, 펠로톤 등이 주도

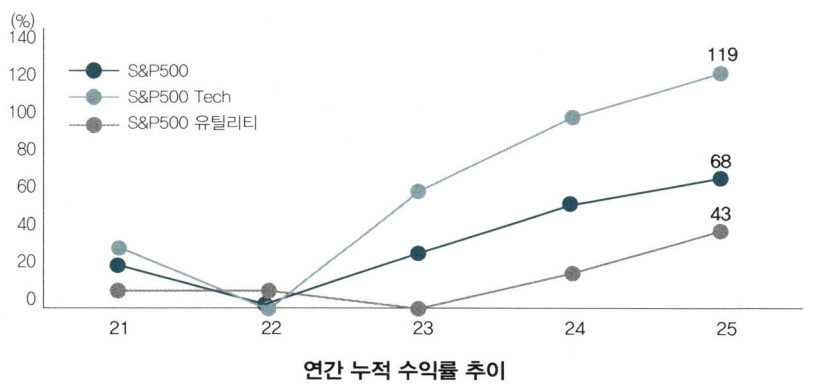

연간 누적 수익률 추이

*자료: Bloomberg, 하나증권

구분	전략 방향	주의 사항
진입 시점	EPS(실적)와 PER(멀티플)이 동시에 리레이팅되는 초기~중기	"너무 올랐다"는 심리적 저항선을 경계할 것
수급 확인	개인의 단타 매수보다 ETF 및 기관의 패시브 자금 유입 확인	거래량 없는 주가 상승은 신뢰도가 낮음
매도 시점	대체 기술의 등장, 혹은 이익 성장률의 둔화가 확인될 때	'영원한 주인공은 없다'는 사실 을 잊지 말 것

주로 부상했다. 국내에서는 BBIG배터리, 바이오, 인터넷, 게임와 삼성SDI, LG화학, 삼성
바이오로직스, 카카오, 네이버 등이 당시 주도주로 손꼽힌다.

현재 시장은 AI 혁명을 넘어 AI 버블이 개화되고 있는 상태다. AI 인프라의
핵심은 미국과 국내 모두 단연 반도체다. 미국 증시 주도주는 엔비디아, 브로
드컴, 마이크론 등을 주도주로 볼 수 있다. 국내 증시 주도주는 삼성전자, SK
하이닉스 등 반도체뿐 아니라 한화에어로스페이스, 현대로템, 한화오션 등 조
선/방산주를 주목할 필요가 있다. 전력 기기 및 원전 섹터도 국내 주도주로 무
시할 수 없다. HD현대일렉트릭, 효성중공업, 두산에너빌리티 등을 손꼽을 수
있다.

피지컬 AI, 즉, 휴머노이드 핵심 주도주로는 현대차 혹은 현대차 그룹주를
봐야 한다. 주도주는 항상 비싸다. 하지만 주도주를 놓치면 시장에서 소외되는
'포모FOMO'를 반드시 겪게 된다.

AI 버블에서는 주도주가 해법

시장이 공포에 질려 투매할 때, 현명한 투자자는 가장 강했던 놈을 다시 줍
는다. 역사는 증명한다. 폭풍이 지나간 뒤 가장 먼저, 가장 높게 튀어 오르는
것은 언제나 기존의 주도주였다.

지난해 4월 트럼프 행정부의 상호관세 발표는 글로벌 증시에 찬물을 끼얹
었다. 모든 업종이 하락하며 공포감이 시장을 지배했다. 하지만 그 혼란의 먼
지가 가라앉자마자 드러난 진실은 명확했다. 시장은 새로운 대안을 찾기보다
'원래 잘나가던 놈'에게 다시 러브콜을 보냈다. 4월의 급락장은 우리에게 소중
한 교훈을 남겼다. 관세 폭탄이라는 거시적 악재가 터졌을 때 시장은 잠시 패

닉에 빠졌지만 S&P 500 내 테크와 산업재를 중심으로 빠르게 반등했다.

한국 코스피 시장도 마찬가지였다. 지수가 바닥을 찍고 돌아서자 가장 먼저 치고 나간 섹터는 상호관세 이전의 주도주였던 반도체, 기계, 방산, 조선이었다. 즉, 조정은 주도주를 교체하는 계기가 아니라 너무 비싸서 못 샀던 주도주를 싸게 살 수 있는 바겐세일 기간이었음이 증명된 것이다.

현재 시장을 이끄는 S&P 500의 테크 섹터와 코스피의 반도체는 단순한 기대감ﾊﾟ만으로 오르는 것이 아니다. 이들은 압도적인 이익 체력을 증명하고 있다. AI 관련 투자가 폭증하면서 테크 기업들의 실적은 질적으로 달라졌다. 평균보다 2배 가까이 높은 마진을 남기는 섹터가 주도주가 되는 것은 당연한 이치다.

한국 시장에서의 외국인 자금 흐름은 더욱 노골적이다. 2025년 9~10월 사이 외국인의 코스피 순매수 금액의 무려 76%가 삼성전자와 SK하이닉스 두 종목에 집중되었다. 외국인 투자자들이 한국 시장을 살 때 한국을 사는 게 아니라 반도체를 산다는 것을 의미한다. 코스피 반도체 영업이익률 전망치가 추가 상향 조정될 여지가 남아있는 한 이 수급의 쏠림 현상은 쉽게 해소되지 않을 것으로 보인다. 조정이 오더라도 외국인은 삼성전자와 하이닉스를 가장 먼저 바구니에 담을 가능성이 높다.

과거 반도체 슈퍼사이클을 복기해 보면, 지금의 주가 상승이 아직 끝이 아

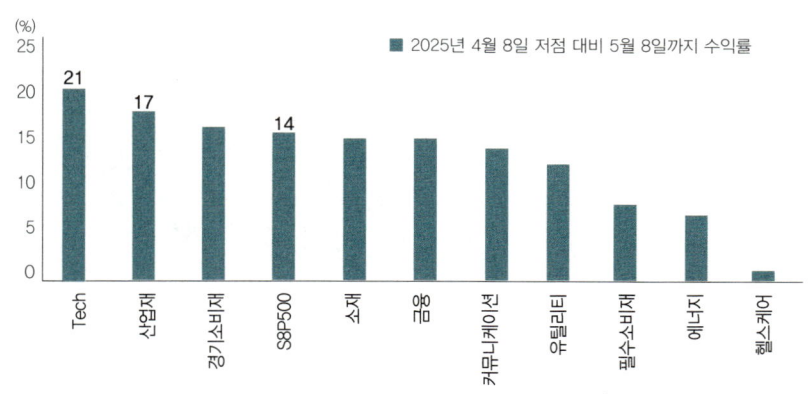

*자료: Bloomberg, 하나증권

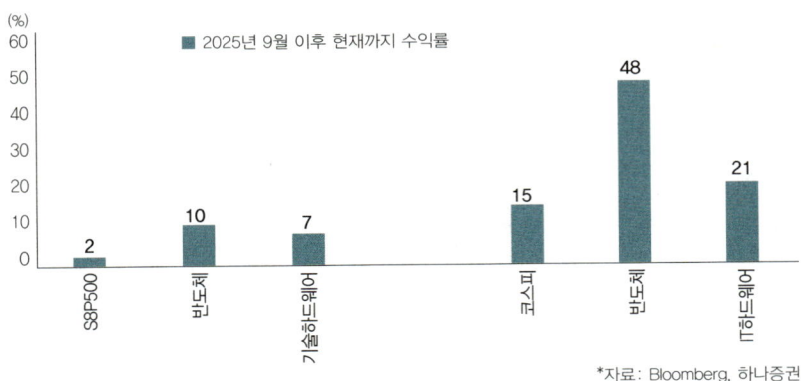

지금 S&P500과 코스피 주도주는 Tech 섹터와 반도체

■ 2025년 9월 이후 현재까지 수익률

*자료: Bloomberg, 하나증권

님을 알 수 있다.

*2016~2018년 서버 사이클: 순이익 3년 연속 증가 → 주가 90% 상승

*2020~2022년 언택트 사이클: 순이익 증가 구간 → 주가 58% 상승

지금의 AI 사이클은 과거 그 어느 때보다 강력한 수요**HBM, eSSD 등**를 동반하고 있다. 이익이 꺾이지 않는 한 주가는 역대급 상승폭을 기록할 가능성이 높다. AI 버블 논란이 일며 시장이 출렁일 때 엉뚱한 소외주나 저평가 가치주를 찾아 헤맬 필요가 없다. 주도주는 실적**숫자**이라는 가장 강력한 방패를 가지고 있다. 시장의 역사는 말해준다.

*자료: LSEG Workspace, 하나증권

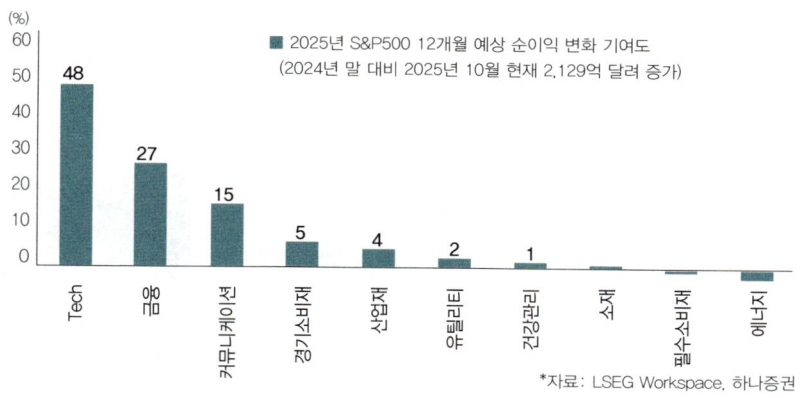

*자료: LSEG Workspace, 하나증권

"달리는 말에서 내리지 마라. 잠시 쉬어갈 때가 바로 올라탈 때다."

버블은 왜 마지막까지 주도주만 좋아할까

역사는 반복되지 않지만, 그 리듬은 닮아 있다. 대중이 '비싸다'고 고개를 저을 때 시장의 영리한 자본은 가장 화려한 불꽃을 향해 마지막 베팅을 던진다. 2026년의 주도주 집중화는 단순한 과열이 아니라, 지능형 자본이 선택한 가장 효율적인 생존 전략이다.

오늘날 투자자들은 불편한 진실을 마주하고 있다. 이미 오를 만큼 오른 것

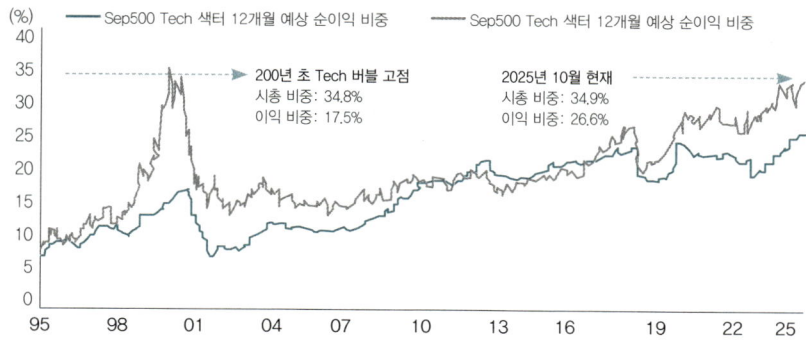

*자료: LSEG Workspace, 하나증권

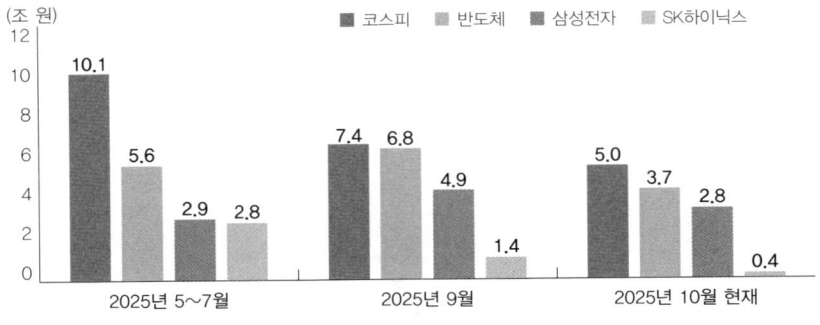

*자료: Quantiwise, 하나증권

처럼 보이는 주식들이 수급을 블랙홀처럼 빨아들이며 격차를 더 벌리고 있기 때문이다. 많은 이들이 "이제는 순환매Sector Rotation가 올 때"라고 말하지만 자본의 역사는 우리에게 다른 이야기를 들려준다.

역사적 관점에서 1997년 7월은 매우 중요한 분기점이다. 연준Fed의 긴축이 시작되면서 닷컴 버블이 정점을 향해 치닫던 시기였다. 사람들은 흔히 '금리가 오르면 밸류에이션이 비싼 기술주가 가장 먼저 무너질 것'이라고 예측했다. 하지만 실제 시장의 움직임은 상식을 뒤엎었다.

1997년 7월 긴축 시작 이후 시장의 중심이었던 S&P 500은 성장을 멈추고 횡보하거나 하락하는 종목들이 속출했다. 반면 나스닥 100은 그 시점부터 오히려 2배 더 급등했다. 긴축이라는 가혹한 환경 속에서 자본은 '확실한 성장'이 보장된 소수의 주도주로 대동단결한 것이다.

버블의 막바지 국면에서 나타나는 가장 흥미로운 현상은 '우등생 간의 격차'다. 닷컴 버블 당시 성장주의 한 축이었던 헬스케어 섹터도 초기에는 강세를 보였다. 하지만 파티가 절정에 달하자 투자자들은 헬스케어마저 주도주 리스트에서 삭제했다.

자본은 더 이상 '성장하는 모든 것'을 사랑하지 않는다. 오직 '세상을 바꾸는 단 하나'만을 원한다. 결국 시장의 모든 에너지는 오직 '닷컴'이라는 키워드로 수렴되었다. 닷컴 주식을 제외한 S&P 500의 나머지 종목들은 소외를 넘어 침체의 늪으로 빠져들었다.

2026년 현재 AI라는 거대한 파도 속에서 우리가 목격하고 있는 현상과 소름 끼칠 정도로 닮아있다. 투자자들은 본능적으로 '덜 오른 것'을 찾아 안전을 도모하려 한다. 하지만 2026년의 시장 문법은 다르다. 지금은 주도주가 교체되는 시기가 아니라 주도주의 지배력이 임계점을 향해 강화되는 시기다. 인프라 자본이 AI 반도체와 핵심 플랫폼으로 쏠리는 현상은 단순한 투기가 아니다. 7000억 달러의 캐펙스CAPEX가 투입되는 영역에서만 실제 실적이 발생하기 때문이다.

역설적으로 버블장에서는 분산 투자가 오히려 위험할 수 있다. 주도주에서 이탈한 자본이 향하는 곳은 성장이 정체된 '레거시'의 늪일 가능성이 높다. 역사적으로 버블의 마지막 페이지를 장식하는 것은 '소외된 주식의 반등'이 아니라 '주도주의 광적인 질주'였다.

변동성을 견뎌낸 자들의 전리품

시장의 파도가 거세질 때 사람들은 배에서 내리고 싶어 한다. 하지만 역사는 말해준다. 폭풍우가 몰아칠 때 항구를 떠난 선원은 결코 신대륙에 도착할 수 없다는 것을. 주식시장에서 변동성은 우리가 지불해야 할 입장료지 극복해야 할 재앙이 아니다. 우리가 다시 한번 장기 투자의 고전적 원칙을 복습해야 하는 이유다.

많은 투자자가 주가 하락을 시스템의 오류로 생각한다. 그러나 사실 조정은 시장이 건강하게 숨을 쉬는 과정이다. 1981년 이후 데이터를 보면, S&P 500 지수의 연중 최대 낙폭 평균은 14% 수준이다. 그럼에도 불구하고 지난 45년 중 연간 기준으로 하락 마감한 해는 단 10번뿐이다. 즉, 숫자가 일시적으로 파랗게 물드는 것은 흔한 일이며, 그것이 곧 최종적인 손실을 의미하지는 않는다. 공포가 극에 달했을 때 시장을 떠나는 것은 가장 비싼 대가를 치르는 실수다. 공포 지수로 불리는 VIX 지수와 수익률의 상관관계는 매우 흥미로운 결과를 보여준다.

남들이 탐욕스러울 때 두려워하고, "남들이 두려워할 때 탐욕스러워져라"라는 워런 버핏의 격언은 통계적으로 해답에 가깝다. 시장에 비명이 가득할 때, 수익률의 씨앗은 가장 비옥하게 자라난다. 시장의 고점과 저점을 맞추려는 노력은 도박에 불과하다. 1989년 9월부터 2026년 1월까지의 시뮬레이션은 시장에 머무르는 힘이 얼마나 무서운지 보여준다. 100달러를 투자해 단순 장기 보유할 경우 3617달러로 약 36배 수익을 냈다. 그러나 최고의 1주일을 놓쳤을 때 수익은 3249달러로 감소했다. 최고의 1분기를 놓쳤을 경우 수익은 2863달러로 더 쪼그라들었다.

최고의 상승장은 대개 최악의 하락장 직후에 찾아온다. 하락을 피하려다 상승의 단맛까지 놓치는 기회비용은 투자자의 계좌를 20% 이상 갉아먹는다. 역사적으로 주식시장은 하락한 해보다 상승한 해가 압도적으로 많았다. 1960년 이후 S&P 500의 기록은 투자자에게 유리하게 설계된 확률 게임임을 증명한다. 미국 주식의 경우 평균 상승 확률은 72%다. 10년 중 7년은 오른다는 이야기다. 20% 이상 상승한 해는 18번인 반면 20% 이상 하락한 해는 단 3번뿐이었다.

변동성은 피하는 것이 아니라 관리하는 것이다. 복잡한 시장 환경에서 살아남기 위한 방법은 단단한 분산 투자뿐이다. 시장은 참을성 없는 사람의 돈을 참을성 있는 사람에게 전달하는 도구다. 변동성은 당신의 인내심을 테스트하는 시험지일 뿐 탈출구가 아님을 명심해야 한다.

버블에서 살아남은 선구자들

모두가 파티의 흥취에 취해 샴페인을 터뜨릴 때 누군가는 조용히 코트를 챙겨 문을 나선다. 그들이 떠난 자리에 남은 것은 깨진 잔과 차갑게 식은 안주, 감당할 수 없는 청구서뿐이다. AI 혁명도 버블을 지나 언젠가 끝을 마주할 수

VIX 지수 구간	향후 12개월 평균 수익률	비고
일반적인 기간	약 10.0%	평시 평균
27.5 ~ 30(높음)	11.5%	평균 상회 시작
35 ~ 40(극도의 공포)	22.1%	역사적 기회

밖에 없다. 그렇다면 과거 버블 사이클에서 살아남았던 이들로부터 우리가 배워야 할 것은 뭘까.

일본의 버블 붕괴 당시 자산을 해외로 돌려 살아남았던 '와타나베 부인'들이 있었다면, 한국의 닷컴 버블¹⁹⁹⁹~²⁰⁰⁰년 한복판에는 대중의 광기 속에서 냉정하게 자산의 성격을 바꾼 일부의 '선구자들'이 있었다. 이들은 단순히 운이 좋았던 것이 아니라 시장의 문법이 바뀌는 지점을 정확히 읽어냈다.

"파도를 피하지 말고, 다른 배로 갈아타라."

한국 금융사에서 고점 매도의 전설로 통하는 미래에셋 박현주 회장은 대중과 정반대의 길을 걸었다. 1999년 '바이 코리아ᴮᵘʸ ᴷᵒʳᵉᵃ' 열풍으로 온 국민이 주식에 미쳐 있을 때 그는 '거품의 끝'을 보고 있었다. 당시 거품이 잔뜩 낀 코스닥 기술주 비중을 과감히 줄이고, 채권과 저평가 우량주로 자산의 방벽을 쌓았다. 2000년 코스닥이 2800에서 500으로 추락하며 수많은 투자자가 파산할 때 미래에셋은 오히려 업계 1위로 도약할 동력을 확보했다.

닷컴 버블 당시 위기를 기회로 만든 선구자들은 시장을 떠난 '탈출자'가 아니었다. 오히려 광풍의 중심에서 포트폴리오의 체질을 개선하며 살아남은 '시스템 안의 승부사'들이었다. 대중들이 실적 없는 닷컴 잡주새롬기술 등에 전 재산을 걸 때 그들은 냉정하게 '숫자실적'가 찍히는 가치주와 실적주로 대피했다.

버블장에서 시장을 떠나는 것은 하수다. 고수는 주도주가 바뀔 때 가장 먼저 포트폴리오를 교체한다. 시장의 변동성을 위기가 아닌 '포지션 재편의 기회'로 활용하는 게 중요하다. 사실 닷컴 버블 붕괴 직전 가장 완벽한 탈출에 성공한 것은 외국인 투자자들과 발 빠른 자산가들이었다. 당시 한국 부자들은 외환 규제 때문에 일본처럼 해외미국 주식로 도망갈 수 없었다. 그들이 선택한 국내용 탈출구는 바로 '강남 아파트'였다.

닷컴 주식으로 번 돈이 대거 빠져나와 도착한 곳은 압구정, 대치동의 아파트 단지였다. 주식이라는 무형의 자산을 부동산이라는 유형의 실물 자산으로 바꾼 이들은 2000년대 초반 시작된 '강남 부동산 불패 신화'의 주인공이 되었다. 주식시장의 비극이 부동산 시장의 축제로 변하는 순간이었다.

과거의 역사는 2026년 AI 열풍 속에서 길을 잃은 우리에게 명확한 메시지를 던진다. 첫째, 시장을 떠나지 마라. '숫자'로 피신하라. AI가 버블로 흔들릴 때 우리가 믿어야 할 것은 꿈이 아니라 '재무제표'다. 실적이 뒷받침되지 않는 'AI 호소인' 기업들을 솎아내고 핵심 인프라 기업으로 포지션을 좁혀야 한다. 둘째, 외국인의 '손'을 주시하라. 2000년에도 그랬듯 외국인은 개미들이 가장 환호하는 날 조용히 매도 버튼을 누른다. 그들의 리포트가 아닌 실제 자금의 유출입 흐름을 봐야 한다.

2000년 닷컴버블의 승자가 강남 아파트를 샀다면, 이번 AI 버블의 승자는 무엇을 살까? 외환 규제가 사라진 지금, 그 자금은 미국 국채나 달러, 혹은 배당 성향이 강한 글로벌 가치주로 흐를 가능성이 높다.

승자는 끝까지 남는 자가 아니라, 제때 바꾸는 자다. 닷컴 버블의 승자들은 주식을 사랑하지 않았다. 그들은 '부의 증식'이라는 목적을 위해 자산이라는 수단을 냉정하게 교체했을 뿐이다. 현재 투자자들은 AI라는 화려한 껍데기보다 그 안에 담긴 부의 실체를 좇아야 한다. 파티장의 조명이 어두워지기 전, 당신의 외투는 이미 준비되어 있어야 한다.

한국 경제와 반도체의 현재

단 한 번도 경험하지 못한 '이익의 신세계'로 진입

시장은 늘 비싸다고 아우성치지만, 진리는 언제나 차가운 계산식 속에 숨어 있다. 2026년 코스피의 심장은 반도체이며, 그 심장은 여전히 과소평가된 채 뛰고 있다. 2026년 들어 국내 증시를 바라보는 투자자들의 시선에는 두려움이 서려 있다. "반도체 주가가 너무 오른 것 아니냐"는 의구심이다.

2025년 하반기와 올 초 경제 방송이나 유튜브 출연 때 필자가 "반도체는 여전히 쌉니다"라고 이야기하면 댓글창에는 악플 세례가 쏟아졌다. 개인들에게 기관이나 외국인 물량을 떠넘기려 한다는 내용을 영상 댓글로 따라다니며 다는 사람도 있었다.

AI와 반도체가 결국 버블로 진입할 가능성이 높다고 보지만, 아직 시간은 많이 남았다고 생각한다. 이익 전망치와 밸류에이션을 대입해보면 반도체 섹터에 대한 일반 투자자들의 생각과 전혀 다른 결론에 도달한다. 지금의 반도체는 '거품'이 아니라 오히려 쏟아지는 이익을 주가가 다 담아내지 못하고 있는 '이익의 과부하' 상태에 가깝다.

코스피는 국내 투자자들이 단 한 번도 경험하지 못한 '이익의 신세계'로 진입했다. 불과 두 달 전^{2025년 말} 330조 원 수준이었던 코스피 전체 순이익 전망치는 2월 현재 450조 원을 돌파했다. 이 경이로운 상향 조정의 주역은 단연 반도체다. 반도체 이익 전망치는 130조 원대에서 200조 원 중반으로 두 배 가까이 수직 상승했다. 불과 두 달 사이 전체 코스피 이익 상향분 중 96%가 오직 반도체 한 섹터에서 나왔다. 2026년과 2027년 코스피 전체 이익의 55%를 반도체가 책임질 것으로 보인다. 대한민국 상장사들이 버는 돈 두 푼 중 한 푼은 반도체 칩에서 나오는 셈이다.

주가가 많이 올랐음에도 불구하고 반도체가 여전히 '싸다'고 단언할 수 있는 근거는 바로 PER^{주가수익비율}에 있다. 2월 현재 반도체 섹터의 12개월 예상 PER은 6.7배 수준이다. 반면 반도체를 제외한 나머지 업종의 PER은 14.8배로 비싼 편이다. 돈은 반도체가 다 벌어오는데, 시장은 오히려 반도체 외 업종에 두 배 이상의 프리미엄을 주고 있는 아이러니한 상황이다.

국내 투자자들이 반도체의 이익 지속성을 지나치게 의심하고 있거나 아직 이익 상향 속도를 주가가 따라잡지 못하고 있다는 강력한 반증이다. 시세는 돈의 힘으로 결정된다. 2026년 2월 현재 국내 증시의 고객 예탁금은 103조 원으로 사상 최고치를 기록하고 있다. 시장의 밸류에이션이 리레이팅^{재평가}되기에 이보다 더 좋은 환경은 없다. 금리 인하 기대감과 AI 인프라 붐이 맞물리며, 이 막대한 유동성은 결국 '이익이 확실하게 찍히는 곳'으로 흐를 수밖에 없다.

103조 원의 대기 자금이 6.7배짜리 반도체와 14.8배짜리 비非반도체 중 어디를 선택할지는 명확하다. 시가총액 비중을 살펴보자. 반도체가 코스피 전체

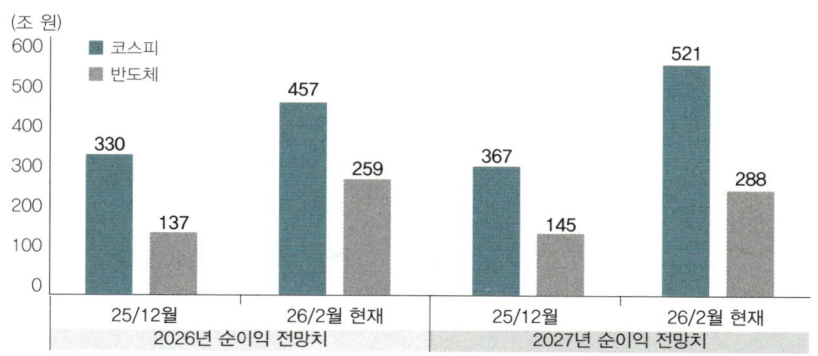

*자료: 에프앤가이드 Quantivise, 하나증권

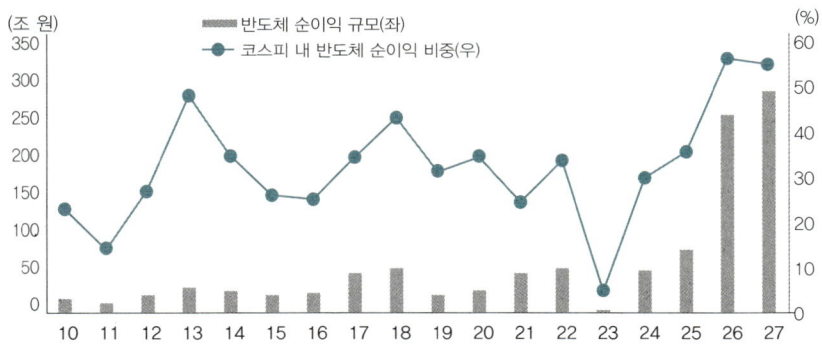

(조 원)　　　■■■ 반도체 순이익 규모(좌)　　　　　　　　　　　(%)
350　　　　　─●─ 코스피 내 반도체 순이익 비중(우)　　　　　60

*자료: 에프앤가이드 Quantiwise, 하나증권

이익의 55%를 가져가는데, 시가총액 비중은 여전히 40% 초반에 머물러 있다. 이익 비중과 시총 비중의 괴리만 메워진다고 해도, 반도체 주가는 현재보다 20~30%의 추가 상승 여력을 가지고 있다. 만약 AI 패권을 쥔 한국 메모리 기업들에게 글로벌 빅테크 수준의 프리미엄이 조금이라도 부여된다면, 이 업사이드는 상상 그 이상이 될 수 있다.

반도체 주식은 지금 '싸다'는 표현조차 부족할 만큼 실적 대비 저평가 구간에 있다. HBM과 eSSD 등 고부가가치 제품 비중이 높아지며 이익의 질 자체가 과거 범용 제품 시절과는 차원이 다르다. 올해 7000억 달러를 AI 인프라에 쏟아붓는 빅테크들이 물건을 달라고 줄을 서 있는 한, 메모리 호황은 꺾이지 않는다. 투자자들이 고점 공포에 질려 있을 때, 숫자는 우리에게 속삭이고 있다. "아직 축제는 정점에 도달하지 않았다"고 말이다.

지금은 반도체 매도 버튼을 누를 때가 아니라, 6.7배라는 매력적인 가격표가 사라지기 전 포트폴리오의 무게중심을 다시 한번 점검해야 할 때다.

SK하이닉스 vs 삼성전자, 무엇을 살 것인가

반도체를 보는 전문가들의 시각은 크게 두 갈래로 나뉜다. 칩 안에 담긴 '지능의 격차'를 쫓는 자와 차트 위에 새겨진 '가격의 비정함'을 읽는 자다. 이들의 논쟁은 누가 옳은가의 문제가 아니라, 당신이 어떤 종류의 투자자인가를 묻는 질문이다. 한동안 경제TV나 유튜브 채널에 출연하면 진행자가 묻는 단골 질문이 있었다.

"삼성전자와 SK하이닉스 중 어떤 주식이 더 낫나요?"

대한민국 반도체 투자의 두 기둥인 삼성전자와 SK하이닉스를 바라보는 시장의 시각은 그 어느 때보다 날카롭게 대립하고 있다. 한쪽에서는 기술적 우위가 만드는 '독점적 이익'을 찬양하고, 다른 한쪽에서는 역사적 저평가가 선사하는 '안전 마진'을 강조한다. 이 평행선 같은 시각차는 어디에서 기인하는 것일까. 두 진영은 시장을 분석하는 첫 번째 현미경부터 다르다.

기술 지향적 리얼리스트는 '1등이 모든 것을 가져가는 승자독식'을 주목한다. AI 반도체 시대는 과거처럼 모든 기업이 함께 웃는 사이클이 아니다. HBM^{고대역폭 메모리}이라는 강력한 기술적 해자를 구축한 기업이 시장의 중장기 프리미엄을 독점한다는 논리다.

이런 투자자들은 글로벌 빅테크와의 대체 불가능한 파트너십을 중시한다. 기술 격차가 유지되는 한 주가가 비싸 보이는 것은 '성장의 비용'일 뿐이다. 실적이 뒷받침되지 않는 저평가주에 머무는 것은 '가치 함정^{Value Trap}'에 빠지는 일이라 경고한다.

반대로 전략적 가치 투자자는 "결국 가격은 중력을 따라 평균으로 돌아온다"는 논리를 주장한다. 자본시장의 역사는 결국 '평균 회귀^{Mean Reversion}'의 기록이라고 강조한다. 과도하게 오른 것은 조정을 받고, 과도하게 버림받은 것은 제자리를 찾아간다고 믿는다.

이들은 "모두가 아는 호재는 더 이상 호재가 아니다"라고 생각한다. 수급이 쏠린 주도주보다는 악재가 선반영되어 PBR^{주가순자산비율}이 역사적 바닥권에 있는 기업을 주목한다. 하방은 막혀 있고 상방은 열려 있는 '안전한 구간'에서 승부를 본다. 시장의 현재 위치를 어디로 정의하느냐에 따라 매수 버튼의 위치가 달라진다.

리얼리스트는 AI라는 전대미문의 수요가 창출되었기에 과거의 고점 잣대로 현재를 재단해서는 안 된다고 주장한다. 반면 전략가는 아무리 AI가 좋아도 반

구분	기술 지향적 리얼리스트	전략적 가치 투자자
시장 정의	구조적 성장기(AI Super Cycle)	경기 민감 사이클(Cyclical Industry)
평가 잣대	과거의 밴드는 무의미(New Normal)	역사는 반복된다(Historical Band)
핵심 변수	AI 인프라 투자 지속 여부	글로벌 경기 및 재고 순환 주기
위험 요인	후발 주자의 기술 추격	고점에 물릴 리스크(Peak-out)

도체는 결국 경기에 민감한 산업이며, 쏠림이 심한 주식은 작은 충격에도 크게 흔들릴 수 있음을 경계한다.

결국 이들의 차이는 수익을 내는 '방식'의 선호도 차이로 귀결된다. 공격적 알파를 추구하는 투자자는 시장 수익률을 압도하는 초과 수익을 원한다. 확실한 주도주에 올라타 파동을 끝까지 먹는 전략이다. 틀릴 위험이 있더라도 1등주에 베팅해야 큰 부를 얻는다는 신념을 가진다.

보수적 안전 추구 투자자는 잃지 않는 투자를 최우선으로 한다. 시장의 평균적인 흐름Beta을 따라가면서도 가격적 매력이 극대화된 지점에서 비중을 실어 안정적인 회복을 기다린다. 마음 편한 잠을 잘 수 있는 자리에 돈을 묻어둔다.

두 시각 중 누구의 말이 맞느냐를 따지는 것은 무의미하다. 그것은 기술의 진보를 믿느냐, 아니면 인간의 심리와 통계의 힘을 믿느냐의 선택이기 때문이다. 당장의 수익률과 AI 주도주의 폭발력을 믿는다면 기술 지향적 리얼리스트의 논리를 따라 조정 시 주도주를 매수하는 것이 맞다. 싼 가격이 주는 안도감과 향후 진행될 '키 맞추기' 장세를 기다릴 수 있다면 전략적 가치 투자자의 논리로 저평가된 거인을 매집해야 한다.

중요한 것은 2026년이라는 거대한 반도체 장세에서 당신의 '기준'이 흔들리지 않는 것이다. 축제가 한창인 지금, 당신은 화려한 무대 위의 주인공과 함께 춤을 출 것인가 아니면 무대 뒤에서 다음 파티를 준비하는 주인공의 손을 잡을 것인가.

반도체 수요, 소비 데이터보다 연준의 금리가 더 중요

과거의 반도체가 개인의 변덕스러운 소비B2C에 기댔다면, AI 혁명 시대 반도체는 거대 자본의 인프라 투자B2B에 달려있다. 이제 반도체 사이클의 나침

반은 전자상가가 아니라 제롬 파월혹은 캐빈 워시의 입술 끝을 향한다.

반도체 산업의 질서가 재편되었다. 이제 시장의 주인공은 스마트폰을 바꾸는 개인이 아니라 수만 대의 서버를 한꺼번에 주문하는 하이퍼스케일러 Hyperscalers다. 이러한 '서버 중심의 권력 이동'은 반도체 업황을 거시경제, 특히 미국의 금리 동향과 뗄 수 없는 운명공동체로 만들었다.

AI 혁명 이후 반도체 수요의 무게중심이 PC와 모바일에서 서버 및 데이터센터로 완전히 이동했다. 이는 반도체의 성격 자체가 '내구 소비재'에서 '산업 인프라'로 변했음을 의미한다. 개인은 금리가 오르면 지갑을 닫고 스마트폰 교체 주기를 늘린다. 하지만 구글, MS, 아마존 같은 기업은 AI 주도권을 뺏기지 않기 위해 수조 원 단위의 서버 투자를 멈출 수 없다. 서버용 D램과 기업용 SSDeSSD는 일반 소비자용보다 훨씬 고가이며 이익률도 높다. 서버 시장의 작은 균열이 반도체 기업 전체의 실적을 좌우하는 구조가 된 것이다.

미국의 금리 향방은 단순한 숫자가 아니다. AI 인프라를 구축하는 기업들에게는 '산소의 농도'와 같다. 데이터센터 구축에는 천문학적인 자금이 투입된다. 빅테크 기업들은 이 자금을 사내 유보금뿐만 아니라 대규모 채권 발행 등을 통해 조달한다. 금리가 1% 상승할 때마다 수천억 달러를 쏟아붓는 빅테크의 조달 비용은 기하급수적으로 늘어난다. 금리가 예상보다 높게 유지되면, 기업들은 신규 서버 증설 속도를 조절하거나 투자 시점을 뒤로 미루게 된다.

금리는 '기회비용'의 기준이다. 금리가 5%라면 AI 서버 투자로 얻는 수익률은 최소한 그 이상이어야 한다. 금리가 높을수록 AI 투자의 정당성을 입증하기가 어려워지며, 이는 곧 반도체 주문량의 감소로 이어진다.

반도체주는 미래 가치를 미리 당겨오는 '성장주'의 성격이 강하다. 금리가 오르면 미래에 벌어들일 돈의 현재 가치는 작아진다. 서버 수요가 견조하더라도 금리가 높으면 엔비디아, SK하이닉스 같은 기업들의 주가수익비율PER은 하락 압박을 받게 된다. 금리가 내려가면 조달 비용이 낮아진 빅테크들이 2단계, 3단계 데이터센터 확장에 돌입한다. 이는 곧 HBM4와 128TB급 eSSD의 폭발적인 주문으로 연결된다. 고금리에 짓눌려 있던 스마트폰과 PC 수요까지 살아나며, 반도체 업황은 서버**B2B**와 소비자**B2C**라는 두 개의 엔진을 동시에 돌릴 수 있게 된다.

이제 반도체 투자자는 공정 미세화 기술만큼이나 미국 국채 금리 추이를 봐야 한다. 서버 비중이 높아진 작금의 환경에서 반도체는 더 이상 독립적인 산업이 아니라 전 세계 유동성의 흐름을 가장 민감하게 반영하는 '디지털 거시경제 지표'가 되었기 때문이다. 결국 2026년 반도체 시장의 승자는 기술력이 뛰어난 기업이겠지만, 그 판을 깔아주는 주체는 여전히 미국의 통화와 재정 정책이다.

7천억 달러의 AI 군비경쟁과 메모리 기근

전쟁의 끝은 승리가 아니라 소진이다. 하지만 AI라는 전장에서는 소진되는 쪽이 패자가 된다. 빅테크들은 이제 생존을 위해 과거의 자본 효율성을 내던지고 '무한 캐펙스**CAPEX**'의 궤도에 진입했다.

글로벌 금융 시장은 공포와 경외가 뒤섞인 눈으로 실리콘밸리를 주시하고 있다. 주요 빅테크들의 자본 지출 합계가 사상 최초로 7000억 달러**약 950조 원**를 돌파할 것으로 예고되었기 때문이다. 이는 2년 전인 2024년 대비 두 배를 훌쩍 넘는 수치로 인류 역사상 단일 산업에 투입된 가장 거대한 자본의 흐름이다.

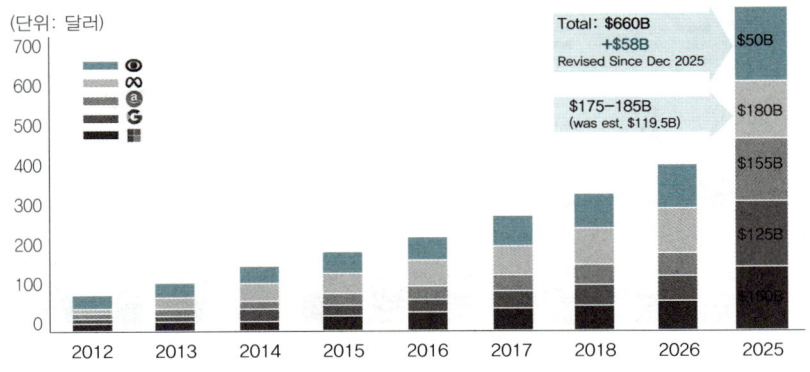

Hyperscalers Capex Above $660 Bn in 2026

*자료: BEP Research

투자업계의 거품 우려에도 불구하고 마이크로소프트MS, 알파벳구글, 아마존, 메타 등 하이퍼스케일러들은 투자의 고삐를 늦추지 않고 있다. 2026년 빅테크 5개 회사의 예상 캐펙스는 전년 대비 최대 70% 상향되었다. 특히 아마존은 연간 2000억 달러라는 전무후무한 지출 계획을 발표하며 시장을 경악케 했다.

서버와 네트워크 장비의 사용 기한을 늘려 비용을 절감하려던 시도는 AI 경쟁의 속도 앞에 무너졌다. 엔비디아는 차세대 AI 시스템의 성능 격차를 벌리기 위해 장비 교체 주기를 3년에서 2년으로 재단축했다. "더 나은 칩이 나오면, 기존 장비는 고철이 된다"는 논리가 지배하는 시장이다. 자본이 하드웨어로 쏠리면서 메모리 반도체는 사상 초유의 '기근' 상태에 빠졌다. 특히 서버용 제품이 모든 공급을 빨아들이는 블랙홀이 되었다.

올해 eSSD기업용 SSD 수요는 5900만 개로 폭증할 것으로 예상된다. 서버 1대당 평균 2.7개가 탑재되며, 대당 평균 용량은 7.5TB에 달한다. 이는 소비자용 SSD 탑재량의 10배 수준으로 낸드 플래시 시장의 무게중심이 완전히 기업용으로 이동했음을 보여준다. 서버 1대당 평균 D램 채택량은 903GB로 전년 대비 26% 급증하는 추세다. 고대역폭 메모리HBM뿐만 아니라 일반 서버용 DDR5의 품귀 현상까지 겹치며 가격은 천정부지로 치솟고 있다.

메모리 업체들이 고수익 서버용 제품에 생산 라인을 올인하면서, 스마트폰

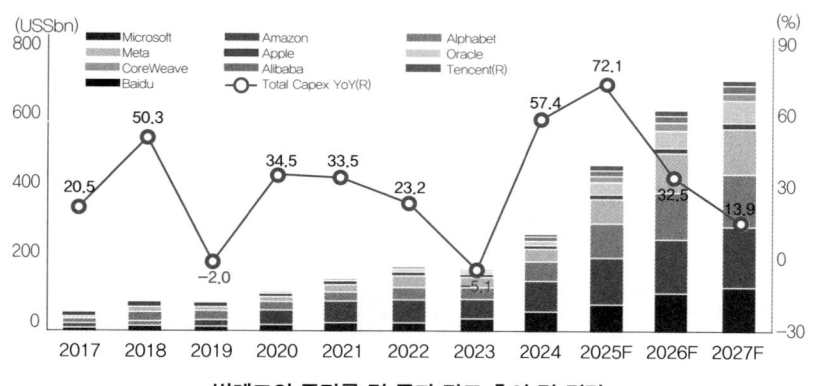

빅테크의 증감률 및 투자 강도 추이 및 전망

*자료: 각 사, Bloombera, 미래에셋증권 리서치센터

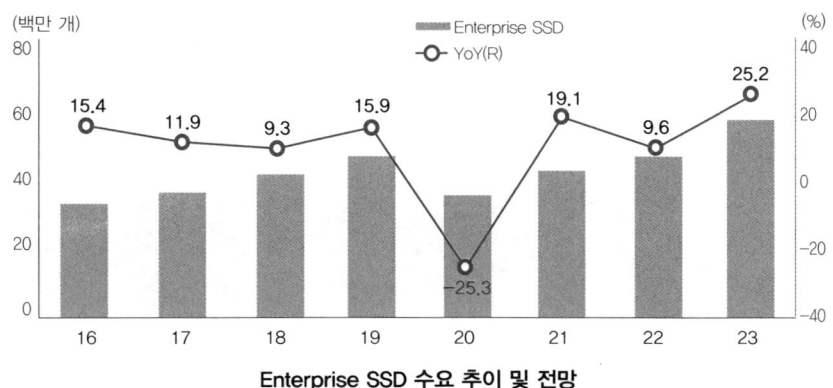

(백만 개)

Enterprise SSD 수요 추이 및 전망

*주: Graphic DRAM = HBM + GDDR, 자료: 미래에셋증권 리서치센터

과 PC를 만드는 B2C 제조사들은 사지로 내몰리고 있다. 삼성전자와 SK하이닉스는 전체 캐펙스의 상당 부분을 HBM과 서버향 D램에 할당했다. 낸드 캐펙스 증가율이 5.2%에 그친 가운데, 생산량의 대부분은 eSSD로 향하고 있다. D램과 낸드 시장에서 컨슈머소비자향 비중은 전년 대비 각각 5~10%p씩 축소될 전망이다. "돈을 더 줄 테니 물건을 달라"는 빅테크의 공세에 개인용 IT 기기 제조사들은 물량 확보조차 어려운 실정이다.

메모리 계약 가격은 3개월 연속 상향되며 역사의 신고가를 새로 쓰고 있다. 지난해 연초 대비 123% 상승한 DDR5 가격은 올해 말까지 45~100% 추가 상승이 예고되어 있다. 현물 가격은 이미 전년 대비 170~190% 폭등하며 2018년 반도체 슈퍼 호황기의 고점을 넘어섰다. 선단 공정 전환으로 생산이 급감한 DDR4는 역설적으로 '역사적 신고가'를 기록하며 레거시 시장의 대혼란을 야기하고 있다.

2026년의 AI 군비경쟁은 단순히 기술의 대결이 아니라 '자본의 지구력' 싸움이다. 삼성전자와 SK하이닉스는 사상 최대 규모의 캐펙스를 투입하고 있지만, HBM 공정의 낮은 수율과 긴 리드타임으로 인해 공급 부족은 2027년까지 지속될 가능성이 높다. 거대한 자본을 투입할 수 있는 빅테크와 그들에게 핵심 부품을 공급하는 메모리 거인들이 시장의 모든 이익을 독식하는 구조가 완

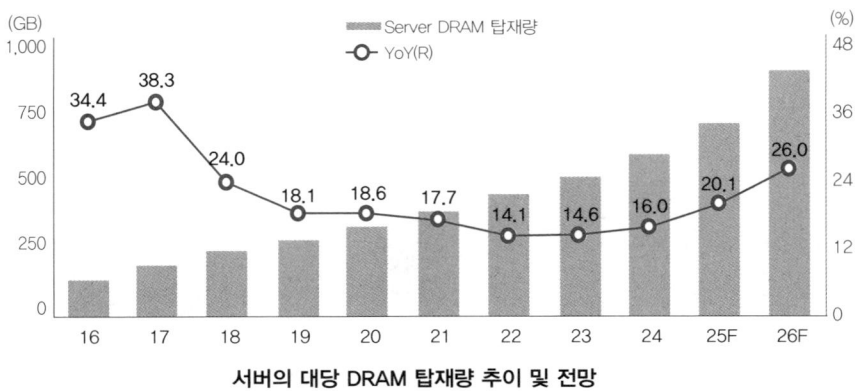

서버의 대당 DRAM 탑재량 추이 및 전망

*주: Graphic DRAM = HBM + GDDR.
*자료: 미래에셋증권 리서치센터

성되었다.

투자자들은 이제 AI의 장밋빛 미래보다 '이 막대한 투자가 언제 수익으로 돌아올 것인가'라는 근원적 질문을 마주하고 있다. 하지만 메모리 가격표는 그 답변이 나오기 전까지 멈추지 않고 우상향할 것임을 가리키고 있다.

빅테크 AI 군비경쟁 이대로 괜찮을까

지난 수십 년간 미 증시를 지탱해온 '주주 자본주의'의 황금률이 깨지고 있다. 빅테크들은 이제 남는 돈으로 자사주를 사서 태우는 대신, 보이지 않는 지능을 선점하기 위한 '실리콘 성벽'을 쌓는 데 모든 현금을 쏟아붓고 있다.

하이퍼스케일러들의 금고에서 기묘한 변화가 포착되고 있다. 알파벳, 마이크로소프트, 아마존, 메타의 자사주 매입 규모가 2019년 이후 최저치로 추락했다. 이는 단순한 비용 절감이 아니다. 자본의 우선순위가 '주주 환원'에서 'AI 생존'으로 완전히 이동했음을 선포하는 자본 배정의 대전환이다.

과거 빅테크들은 적은 투자로 막대한 수익을 올리는 효율적 구조를 바탕으로 자사주 매입과 소각을 통해 주가를 부양해 왔다. 하지만 AI 혁명은 이 '승리 공식'을 정반대로 뒤집어 놓았다. 네 기업알파벳, 마이크로소프트, 아마존, 메타의 잉여현금흐름^{FCF}은 2025년 2700억 달러에서 2026년 960억 달러로 무려 64% 급감할 것으로 예상된다. 아마존은 2022년 이후 자사주 매입을 멈췄고, 메타 역시 매입을 중단했다. 알파벳과 마이크로소프트조차 과거에 비하면 미미한 수준인 110억 달러 규모에 그쳤다. 주주의 주머니로 들어가야 할 돈이 데이터센터의 칩으로 흐르고 있다.

빅테크들의 설비투자^{CAPEX}는 이제 통제 불가능한 영역으로 진입하고 있다. 2026년 네 기업의 캐펙스 총합은 7000억 달러를 돌파할 것으로 예상된다. 최근 3개월간 하이퍼스케일러들의 캐펙스 전망치는 오히려 33%나 상향 조정되었다. 미래 패권에서 이탈할 경우 중장기 성장 동력이 사라질 수 있다는 공포가 이들을 지배하고 있다.

현금이 부족해지자 이들은 전통적인 기피 대상이었던 '부채 발행'에 나섰다. 오라클, 메타, 알파벳이 잇달아 대규모 채권을 발행하는 것은 AI 인프라 구축에 그만큼 천문학적인 자금이 소요됨을 방증한다. 빅테크가 쏟아붓는 자금은 메모리 반도체, 전력 인프라, 네트워크 장비 산업으로 흘러들어가 거대한 호황을 만들어내고 있다. 주목할 점은 이들 수혜 기업들의 '냉정한 태도'다. 과거에는 전방 산업의 수요가 터지면 모든 업체가 공격적 증설에 나섰지만, 지금의 소부장 업체들은 증설을 극도로 자제하고 있다.

이러한 공급 억제는 제품 가격을 높게 유지시키며, 수혜 기업들의 이익률을 구조적으로 끌어올리는 결과를 낳았다. 공급 부족 현상이 장기화되면서 '곡괭이'를 파는 상인들의 권력이 더욱 막강해진 셈이다. 통상적인 기술주 사이클 후반부에는 중소형주가 시장을 압도하곤 한다. 하지만 지금은 상황이 다르다. AI 인프라 투자가 여전히 확장 일변도에 있으며, 이를 감당할 자본력은 오직 빅테크들만이 보유하고 있다. 언젠가 낙수 효과가 중소형주로 확산되는 시

수혜 섹터	핵심 동인	특징
메모리 반도체	HBM 및 고용량 essD	생산능력 잠식에 따른 범용 제품 쇼티지
전력 인프라	데이터센터 전력망 현대화	변압기 및 배전 장비 수주 잔고 폭증
네트워크 장비	800G 이더넷 및 광통신	전송 속도 향상을 위한 필수 교체 수요

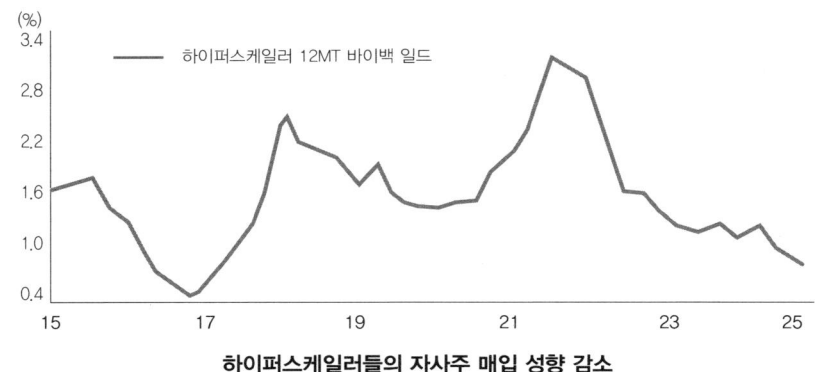

(%)
3.4

—— 하이퍼스케일러 12MT 바이백 일드

2.8

2.2

1.6

1.0

0.4

15   17   19   21   23   25

하이퍼스케일러들의 자사주 매입 성향 감소

*자료: LSEG, 신한투자증권
*주: MSFT, GOOGL, AMZN, META, ORCL 합산

기가 오겠지만, 현재로서는 빅테크의 자본 배정 전략이 시장 전체의 방향타를 쥐고 있다.

2026년의 주식시장은 주주에게 친절한 기업보다, 자신들의 현금을 미래의 지능 인프라에 가장 과감하게 베팅하는 기업을 더 높게 평가하고 있다. 기업이 자사주 매입을 줄인다는 것은 곧 그만큼 강력한 '미래 먹거리'를 발견했다는 신호로 읽어야 한다. 빅테크의 돈이 어디로 흐르는지, 그리고 그 돈을 받는 기업들이 얼마나 영리하게 공급을 통제하는지가 수익률의 핵심이다.

이제 투자자는 기업의 배당 수익률보다 그 기업이 보유한 데이터센터의 전력 용량과 칩 확보량을 먼저 계산해야 한다. 자본은 더 이상 주주를 달래지 않는다. 오직 미래를 정복하려 할 뿐이다.

AI로 인한 생산성 혁신은 언제 본격화될까

AI 혁명의 신호탄이 울린 지 어느덧 3년. 시장에는 설렘과 조급함이 공존한다. 투자자들은 "도대체 언제 세상이 뒤집히는가?"라고 묻지만, 정작 눈에 보이는 생산성 지표는 아직 제자리걸음인 것처럼 보인다.

그러나 새벽이 오기 전이 가장 어두운 법이다. 지금 우리는 거대한 도약을 위해 무릎을 굽히고 있는 생산성 'J커브의 계곡'을 지나고 있다. AI라는 새로운

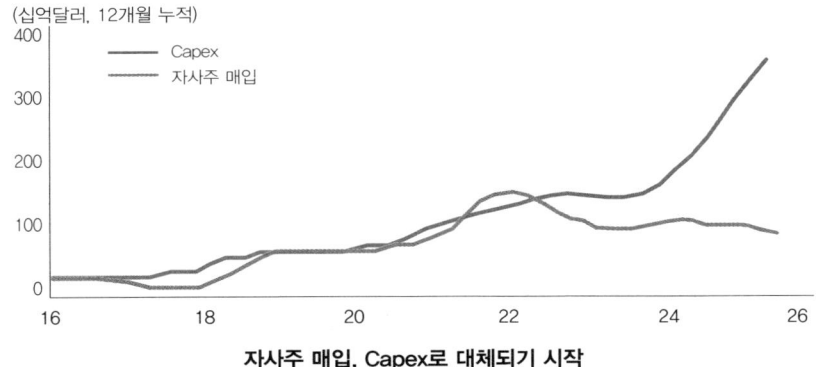

(십억달러, 12개월 누적)

자사주 매입, Capex로 대체되기 시작

*자료: LSEG, 신한투자증권
*주: MSFT, GOOGL, AMZN, META, ORCL 합산

문명을 받아들이기 위해 데이터를 깔고, 조직을 다시 짜는 고통스러운 준비의 시간을 견뎌내고 있는 것이다.

1990년대 인터넷 혁명 때도 그랬다고 역사는 우리에게 속삭인다. PC와 인터넷이 처음 깔렸을 때 사람들은 고개를 갸웃거렸다. 하지만 1995년 임계점을 넘는 순간 생산성은 폭발적으로 솟구쳤다. 지금의 정적은 곧 다가올 폭풍전야의 고요와 같다. 중요한 것은 타이밍이다. 이 흐름을 놓친 국가와 기업은 영원히 이류로 밀려날지 모른다. 특히 단순히 사무실 모니터 안에서 맴도는 AI만으로는 부족하다. AI가 모니터를 찢고 나와 공장의 기계를 돌리고, 물건을 나르는 피지컬 AI의 시대가 다가오고 있다.

제조 공급망 붕괴의 아픔을 겪은 미국은 공장을 다시 자국으로 불러들이고 싶어 한다. 하지만 높은 인건비라는 현실의 벽이 너무 높다. 이 난관을 뚫을 유일한 열쇠가 바로 AI에게 육체를 입히는 것이다. 테슬라의 로보택시가, 아마존의 물류 로봇이 이미 그 길을 보여주고 있다.

'세계의 공장' 중국조차 변하고 있다. 더 이상 저렴한 인건비는 없다. 중국은 생존을 위해 공장을 로봇으로 채우며, 거대한 자동화 제국을 꿈꾸고 있다. 이제 '눈Vision'으로 보고 '언어Language'로 이해하며, 스스로 '행동Action'하는 VLA 모델이 기계에 영혼을 불어넣고 있다. 단순 반복만 하던 로봇이 아니라, 스스

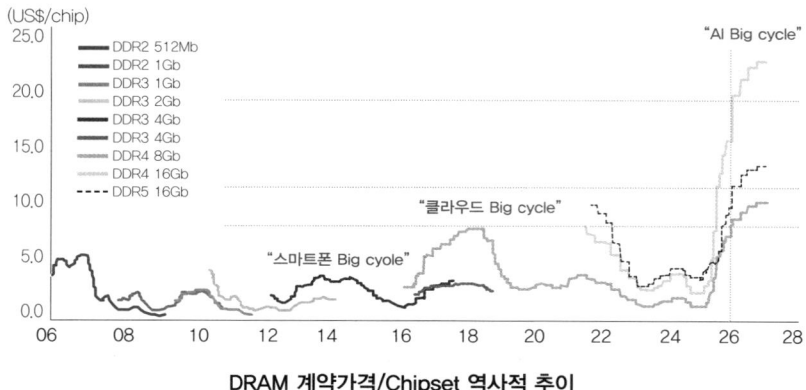

DRAM 계약가격/Chipset 역사적 추이

*자료: 미래에셋증권 리서치센터

로 생각하고 움직이는 진정한 파트너가 탄생하는 것이다.

대한민국에도 엄청난 기회가 기다리고 있다. 우리는 이미 준비되어 있다. 로봇의 심장인 모터와 액추에이터, 수십 년간 다져온 자동차 제조의 정교한 노하우. 우리 몸속에는 '제조업의 DNA'가 흐르고 있다. 가상 세계의 지능이 현실 세계의 육체를 만나는 그 순간 피지컬 AI의 거대한 파도 위에서 대한민국은 그 누구보다 화려하게 비상할 것이다.

대한민국의 기회와 구조적 과제

한국 제조업, 잃어버린 7년과 AI라는 구원투수

규모의 제조 전쟁에서 우리는 중국에 완패했다. 하지만 AI가 판을 흔드는 지금, 게임의 룰은 '질Quality'과 '기술Tech'로 바뀌었다. 이것은 한국에게 찾아온 마지막이자 최고의 기회다.

한국금융연구원의 보고서에 따르면 2015년부터 2022년까지 세계 시장이 팽창하는 동안 한국 기업들은 그 속도를 따라잡지 못하고 뒷걸음질 쳤다. 만약 세상이 그대로 흘러갔다면 우리는 중국의 물량 공세에 질식했을지 모른다. 그러나 'AI 혁명'이라는 거대한 해일이 덮치면서, 중국이 장악해 가던 '레드오션'의 판도가 뒤집혔다.

세계 시장에서 가장 유망한 품목 200개 중 우리 기업들의 성적표는 처참했다. 이 분야에서 한국의 수출 점유율은 2015년 5.6%에서 2022년 5.0%로 뒷걸음질 쳤다. 같은 기간 한국 수출액은 1.9배 늘었지만, 시장 전체 성장 속도 2.1배에도 미치지 못했다. 남들이 뛰어가는데 우리는 걸어간 셈이다.

반면 중국은 같은 기간 점유율을 21.7%에서 31.2%로 끌어올리며 시장의 3분의 1을 집어삼켰다. 수출액은 무려 2.2배나 폭증했다. 더 뼈아픈 것은 반도체, 배터리, 철강, 건설기계 등 우리의 주력 산업이라 믿었던 분야에서조차 중국의 성장세가 더 가팔랐다는 점이다. 16개 핵심 품목에서 중국이 한국을 추월했다.

'가성비'를 넘어 '기술력'까지 넘보는 중국의 추격에 한국 제조업은 샌드위치 신세였다. 만약 산업의 패러다임이 '대량 생산'과 '범용 제품'에 머물렀다면, 한국은 중국의 '규모의 경제'를 이길 수 없었을 것이다. 하지만 AI 혁명은 이 불리한 전황을 단숨에 뒤집을 수 있는 '게임 체인저'였다.

강력한 경쟁자로 부상한 중국을 견제하려는 미국의 전략 변화도 우리에게 큰 도움이 되었다. AI 패권 전쟁으로 미국은 중국의 첨단 반도체 접근을 원천 봉쇄했다. 중국은 범용Legacy 시장에서는 왕이지만, AI 시대의 핵심인 '첨단Advanced 하드웨어' 시장에서는 손발이 묶였다.

AI는 단순한 철강이나 플라스틱 덩어리가 아니라 초미세 공정 반도체, 고용량 배터리, 정밀 로봇 공학을 요구한다. 중국이 돈으로 찍어낼 수 없는 축적된 기술의 영역이다. 중국이 범용 시장에서 저가 공세를 펼칠 때, 우리는 AI가 요구하는 '프리미엄 하드웨어' 시장을 독점해야 한다. 중국이 DDR4를 찍어낼 때 우리는 HBM과 CXL, PIM 같은 차세대 AI 메모리로 도망쳐야 한다.

AI 데이터센터의 전력 수요 폭증은 한국의 변압기와 전선, 차세대 원전SMR 기술에 거대한 기회를 제공하고 있다. AI 자율운항 선박과 친환경 스마트 선박 기술은 중국의 저가 수주를 무력화할 수 있는 카드다. 즉, AI 혁명은 중국이 가장 잘하는 가성비 전쟁을 무효화하고, 한국이 가장 잘하는 고부가가치 기술 전쟁으로 판을 끌고 있다.

물론 기회가 왔다고 해서 저절로 승리하는 것은 아니다. 기존 우리 제조업체들이 해온 방식으로는 안 된다. 잘하는 것만 하자는 안일함에서 벗어나야 한다. 반도체 편중을 넘어, AI 로보틱스, 우주 항공, 바이오 파운드리 등 새로운 먹거리에 과감히 베팅해야 한다.

정부의 역할도 중요하다. 기업 혼자서는 완성하기 어렵다. 정부는 실패를 용인하는 R&D 지원과 규제 샌드박스를 통해 기업들이 중국이 없는 '블루오션AI 신시장'을 선점할 수 있도록 길을 닦아주어야 한다. 지난 7년 대한민국은 중국의 그림자에 가려 성장통을 앓았다. 하지만 AI라는 거대한 파도는 한국 제조업을 다시 수면 위로 끌어올리고 있다. 우리는 지금 양적 열세를 질적 우위로 덮어버릴 수 있는 절호의 골든타임에 서 있다. 지금 변하지 않으면 도태되지만, 변한다면 다시 세계의 공장이 아니라 세계의 연구소가 될 수 있다.

대한민국 AI 도입의 퀀텀 점프

속도가 곧 실력인 시대, 한국은 다시 한번 '빨리빨리'의 저력을 증명했다. 6개월 만에 5%포인트라는 수직 상승은 단순한 유행을 넘어 국가 전체의 운영체제^{OS}가 AI로 교체되고 있음을 시사한다.

2026년 1월 마이크로소프트^{MS}가 발표한 업무 동향 지표는 한국 경제에 신선한 충격을 주었다. 작년 상반기까지만 해도 '추격자'의 위치에 머물렀던 한국의 AI 도입률이 하반기 들어 30.7%를 기록하며 세계 18위로 뛰어올랐기 때문이다. 이는 근로 연령 인구 3명 중 1명이 이미 일상적으로 생성형 AI를 업무와 생활에 활용하고 있다는 뜻이다.

한국의 AI 도입률은 2025년 상반기 25.9%에서 하반기 30.7%로 단숨에 4.8%포인트 상승했다. 글로벌 평균 성장세를 상회하는 이 수치는 한국이 세계에서 가장 역동적인 AI 테스트베드임을 입증한다.

아랍에미리트$^{64\%}$, 싱가포르$^{60.9\%}$ 등 디지털 인프라에 천문학적 자본을 조기 투입한 강소국들이 여전히 선두를 달리고 있지만, 한국은 대규모 인구와 제조 기반을 가진 국가 중에서는 이례적으로 빠른 속도로 이 격차를 좁히고 있다. 초고속 인터넷과 스마트폰 보급률 세계 1위라는 기본 체력이 생성형 AI라는 새로운 엔진을 만나 폭발적인 시너지를 내고 있다.

마이크로소프트는 한국의 이러한 급성장을 세 가지 동력의 결합으로 설명한다. 첫째, 국가적 사활을 건 정책이다. 이재명 정부가 선언한 'AI G3 도약 전략'과 함께 공공 부문에서의 선제적 도입, 기업들의 AI 전환^{AX} 지원금 등 강력한 정책적 푸시가 마중물 역할을 했다. 둘째, 모델의 현지화 및 고도화다. 한국어에 특화된 하이퍼클로바X 등 국내 모델의 약진과 함께 글로벌 모델들이 한국어 맥락을 완벽하게 이해하기 시작하면서 사용자의 진입 장벽이 무너졌다.

셋째, 대중적 문화 현상이다. AI를 다루는 능력이 새로운 '스펙Spec'이자 생존 도구로 인식되면서, 직장인들 사이에서 AI 툴 활용법이 하나의 문화적 현상으로 자리 잡았다.

AI 도입률 30% 돌파는 기업 경영진에게 엄중한 질문을 던진다. 이제 AI는 "도입할 것인가"의 문제가 아니라 "어떻게 더 깊숙이 내재화할 것인가"의 단계로 진입했다. 보고서 작성, 데이터 분석, 코딩 등 기존 사무직 업무의 상당 부분이 AI로 대체되거나 보완되면서 기업 내 인력 구조의 재편이 가속화되고 있다. 30%의 사용자는 곧 30%의 데이터 생산자를 의미한다. 이들이 쏟아내는 AI 활용 데이터를 기반으로 한 새로운 개인화 서비스 시장이 열리고 있다.

도입률 30%는 흔히 마케팅이나 기술 확산 이론에서 말하는 '임계점Tipping Point'에 가깝다. 이 선을 넘어서면 기술은 소수의 전유물에서 보편적인 상식으로 변한다. 노르웨이[46.4%], 스페인[41.8%] 등 유럽 선진국들과의 격차는 이제 한 자릿수로 좁혀졌다. 현재의 속도라면 한국은 글로벌 AI 탑 플레이어 국가로 자리잡을 것으로 기대된다. 대한민국은 지금 인류 역사상 가장 빠른 속도로 '지능형 국가'로 업그레이드되고 있다. 이 거대한 파도 위에서 균형을 잡고 앞으로 나아가는 기업만이 AI 혁명에서 패권을 거머쥐게 될 것이다.

반도체에 원툴에 더욱 의존하는 한국 경제

2025년 한국의 수출액은 마의 벽이라 불리던 7000억 달러약 1030조 원를 돌파하며 역대 최고치를 경신했다. 과거의 경제 공식대로라면 샴페인을 터뜨리고 임금이 오르며 거리가 활기차야 한다. 하지만 현실은 냉혹하다. GDP 성장률은 0.9~1%라는 사실상 '제로 성장' 수준에 머물렀다. 수출이 1000조 원을 넘게 벌어왔는데, 경제는 왜 성장하지 못했을까? 답은 '낙수 효과의 실종'에 있다.

2025년 수출 호황은 온전히 반도체전체 수출의 23.6% 혼자 끌고 간 '외끌이 장세'였다. 반도체 수출이 18.9% 폭증하는 동안 고용 유발 효과가 큰 일반기계 [-8.7%]와 석유제품 [-11.2%]은 오히려 뒷걸음질 쳤다.

반도체는 대표적인 '고용 없는 성장' 산업이다. 수백조 원을 버는 무인 자동화 공장은 고용을 늘리지 않고, 그 이익은 소수의 주주와 외국인에게 돌아간다. 수출 대박이 내수 회복^{자영업 경기}으로 이어지지 않는 '경기 단절 현상'이 구조화된 것이다.

우리 수출 대상국의 변화는 더욱 드라마틱하다. 우리의 전통적 텃밭이었던 미국 **-4.5%**, 중국 **-2.8%**, 일본 **-4.1%**으로 가는 수출길은 좁아졌다. 미·중 무역 전쟁과 중국의 경기 침체, 미국의 자국 우선주의가 겹친 결과다.

대신 그 빈자리를 채운 것은 브라질 **+50.2%**과 대만 **+48.7%**이었다. 엔비디아 AI 칩을 만들기 위해 한국의 HBM이 대만 TSMC로 대거 팔려나갔음을 의미한다. 즉, 소비재 수출이 아니라 'AI 공급망의 중간재' 수출이 폭발한 것이다. 브라질과 칠레 수출이 급증한 것은 배터리와 신재생 에너지에 필요한 자원 부국들과의 교역이 늘어난 것으로 글로벌 공급망 재편의 신호탄으로 볼 수 있다.

씨티의 2026년 한국 경제에 대한 전망은 희망적이면서도 섬뜩하다. '반도체 수출이 한국 GDP 성장률을 1.3% 포인트 끌어올릴 것'이라는 분석은 뒤집어 말하면 반도체를 뺀 한국 경제는 마이너스 성장할 수도 있다는 경고와 같다. 글로벌 빅테크들의 AI 캐펙스^{설비 투자} 경쟁이 지속되는 한 올해에도 한국의 경상수지는 7.1% 수준의 견조한 흑자를 유지할 것으로 관측된다. 하지만 이는 내수의 체력이 좋아서가 아니라 유가 하락과 반도체 슈퍼사이클이 만들어낸 '불황형 흑자'의 변형된 형태일 가능성이 크다.

우리가 가야할 투자 방향은 명확하다. 한국 경제 전체에 투자하는 인덱스

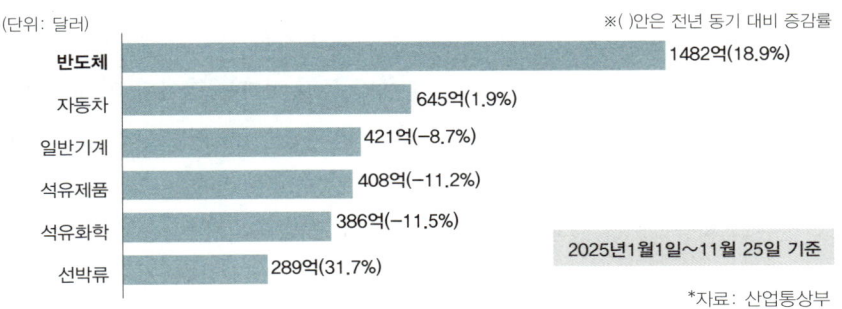

반도체가 이끈 역대 최대 수출 실적

(단위: 달러)　　　　　　　　　　　　　　　　　　　　　　　※( )안은 전년 동기 대비 증감률

반도체	1482억(18.9%)
자동차	645억(1.9%)
일반기계	421억(-8.7%)
석유제품	408억(-11.2%)
석유화학	386억(-11.5%)
선박류	289억(31.7%)

2025년1월1일~11월 25일 기준

*자료: 산업통상부

투자는 큰 성과를 거두기 어려울 것으로 보인다. 1~2% 성장하는 나라의 산업 구조는 신경제와 구경제간 양극화가 클 수밖에 없다. 전체 수출의 23.6%를 차지하며 국가 GDP를 혼자 먹살 잡고 끌고 가는 반도체와 AI 관련 소부장소재·부품·장비이 강력한 성장 엔진이자 효율적인 투자처다. 수출 낙수 효과가 끊긴 상황에서 국내 소비재나 자영업 연관 섹터는 구조적 장기 침체를 겪을 가능성이 크다.

결국 7000억 달러라는 수출총액 숫자에 현혹되면 안 된다. 화려한 겉포장지를 뜯어보면, 그 안에는 '반도체'라는 단 하나의 심장만이 아주 강력하게 뛰고 있을 뿐이다.

아파트에 갇힌 돈을 AI 팩토리로 보내라

대한민국 경제의 혈관을 타고 흐르는 돈신용이 꽉 막혀 있다. 정확히 말하면 돈이 돌아야 할 뇌와 심장기업/혁신으로 가지 않고, 발바닥의 굳은살부동산로만 쏠려 비대해지고 있다.

2025년 12월 한국은행이 발표한 〈민간신용 배분 구조가 경제성장에 미치는 영향〉 보고서는 이 '돈맥경화'를 해결했을 때 우리가 얻을 수 있는 '0.2% 포인트의 기적'을 증명하고 있다. 자본주의에서 대출은 성장의 연료다. 하지만 한은이 1975년부터 2024년까지 43개국의 데이터를 분석한 결과, 모든 대출이 성장에 기여하는 것은 아니었다. 생산적 금융은 공장을 짓고, 기술을 개발하고, 사람을 뽑는 데 쓰인다. 이는 부가가치를 낳고 경제를 성장시킨다.

그러나 가계 부동산 대출 등 비생산적 금융은 이미 지어진 아파트를 사고파는 데 사용된다. 새로운 가치를 창출하지 못하고 자산 가격만 부풀린다. 현재 한국의 문제는 돈이 '생산'이 아닌 '거래'에만 몰려 있다는 점이다. 가계부채가 GDP의 100%를 넘나드는 상황은 국가의 가용 자본이 콘크리트 벽 속에 갇혀 '죽은 돈'이 되었다는 뜻이다.

한은의 시뮬레이션 결과는 매우 구체적이고 희망적이다. 만약 우리가 가계 신용 비중을 GDP 대비 10% 포인트 줄이고, 그 돈을 기업 투자가 활발한 부문

으로 돌릴 경우 한국의 장기 경제성장률은 매년 0.2% 포인트 상승한다고 분석
했다.

경제성장률 0.2% 포인트가 작아 보이는가. 한국과 같은 선진국 경제 규모
에서 0.2% 성장률을 10년간 복리로 따지면 엄청난 차이가 발생한다. 한은 보
고서의 핵심은 단순히 기업에 대출해 주라는 것이 아니다. 어떤 기업인가가
중요하다고 설명한다. 빚으로 연명하는 한계 기업에 돈을 주는 건 밑 빠진 독
에 물 붓기다.

한은은 신생 벤처기업에 자금이 공급될 때 성장 제고 효과가 극대화된다고
강조했다. 테슬라나 엔비디아도 초기에는 적자투성이 벤처였다. 이들에게 모
험 자본이 흘러 들어가야 그들이 유니콘이 되고, 국가 경제를 견인한 것이다.
정부의 부동산 대출 규제 강화가 서민을 힘들게 한다는 비판도 있지만, 거시
적으로 부동산에 쏠린 자금줄을 생산적인 산업으로 흘러가게 전환해야 한다.

자본 시장의 대전환

동학 개미 2.0과 공정 시장의 서막

자본의 물길은 명분을 따라 흐르고, 명분은 제도의 변화에서 싹튼다. 우리는 투기가 아닌 '주주권 찾기'라는 깃발 아래 다시 모인 거대한 개미 군단을 목격하고 있다.

이재명 정부가 시작된 6월 이후 대한민국 증시는 역사에 남을 만한 뜨거운 상승장을 보이고 있다. 과거 '동학 개미 운동'이 팬데믹이 만든 유동성의 파티였다면, 이번 '동학 개미 2.0'은 상법 개정과 지배구조 개편이라는 정부 정책과 반도체 슈퍼사이클이 화학적 작용으로 만들어낸 거대한 머니 무브다. "이제는 국장국내 증시도 할 만하다"는 확신이 번지며, 잠자던 자본이 깨어나고 있다.

이재명 정부 출범 이후 추진된 상법 개정과 기업 거버넌스 혁신은 한국 증시의 고질적인 병폐였던 '코리아 디스카운트'의 사슬을 끊어냈다. 대주주만의 이익이 아닌 '모든 주주의 비례적 이익'을 보호한다는 명확한 메시지는 개인

2026년 2분기 주체별 일평균 수급 추이(단위: 조 원)

구분	4월	5월	6월	비고
개인	11.9	13.5	19.3	폭발적 증가
외국인	4.2	4.9	7.2	점진적 유입
기간	2.0	2.1	3.5	안정적 유입

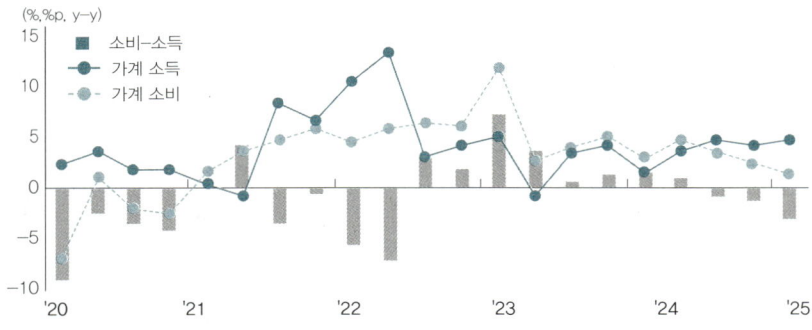

한국 가계소비 증가율은 소득 증가율보다 낮음

(%,%p, y-y)

- 소비-소득
- 가계 소득
- 가계 소비

*자료: 통계청, NH투자증권 리서치본부

투자자들의 발길을 다시 거래소로 돌려놓았다. 자회사 쪼개기 상장 금지, 이사의 충실 의무 확대 등 파격적인 제도 개선이 단행되자 시장은 즉각 반응했다.

국내 증시로 수급이 쏠리자 오랜만에 웃은 것은 증권사들이었다. 개인 점유율 1위인 키움증권, 리테일과 IB의 조화를 이룬 미래에셋증권. 그리고 자산관리의 명가 삼성증권의 주가는 거래대금 폭증과 함께 가파른 우상향 곡선을 그렸다. 새정부가 들어선 2025년 6월 한 달간 일평균 거래대금은 30조 원을 기록했다. 이는 전월 대비 무려 46%나 증가한 수치로 동학 개미 운동이 정점에 달했던 2021년 2월**32.4조 원** 이후 약 5년 만에 맞이하는 최대치였다.

주목할 점은 수급의 주체였다. 외국인과 기관도 움직였지만, 시장을 주도한

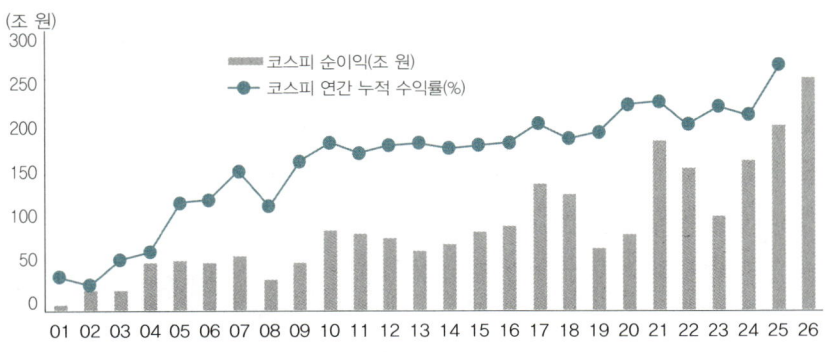

(조 원)

- 코스피 순이익(조 원)
- 코스피 연간 누적 수익률(%)

2026년까지 코스피 3년 연속 이익 증가 기대

*자료: Quantivise, 하나증권

것은 단연 개인 투자자였다. 동학 개미가 돌아온 이유는 단순히 돈을 벌기 위해서가 아니었다. "내 주식의 가치가 정당하게 대접받는 시장"에 대한 신뢰가 회복되었기 때문이다. 정부가 깔아준 '공정의 운동장' 위에서 개인들의 에너지는 그 어느 때보다 강력한 응집력을 보여주고 있다.

지배구조가 점점 투명해질수록 코스피의 PER 리레이팅은 가속화될 것이다. 100조 원에 육박하는 예탁금이 언제든 유입될 준비가 되어 있는 한 이번 랠리의 정점은 우리가 생각하는 것보다 훨씬 높을 수 있다.

이제 대한민국 증시는 '박스피'라는 오명을 벗고 주주 자본주의의 정석을 향해 나아가고 있다. 돌아온 동학 개미들의 발걸음은 단순한 수급을 넘어 한국 자본주의의 수준을 한 단계 끌어올리는 역사의 기록이 될 것으로 보인다.

이재명 정부의 코스닥 시장 개혁

과거의 코스닥이 '도박'과 '작전'의 전쟁터였다면 2026년의 코스닥은 국가의 미래를 담보하는 혁신 자본의 심장으로 재정의되고 있다. 이제 정부는 단순한 부양을 넘어 시장의 체질 자체를 생산적 금융으로 개조하고 있다.

2026년 대한민국 자본시장은 거대한 변곡점을 지나고 있다. 코스피 5000 달성이라는 성과를 이뤄낸 이재명 정부는 코리아 디스카운트 해결의 마지막 퍼즐로 코스닥 시장 활성화를 선택했다. 단순한 지수 부양이 아닌 천문학적인

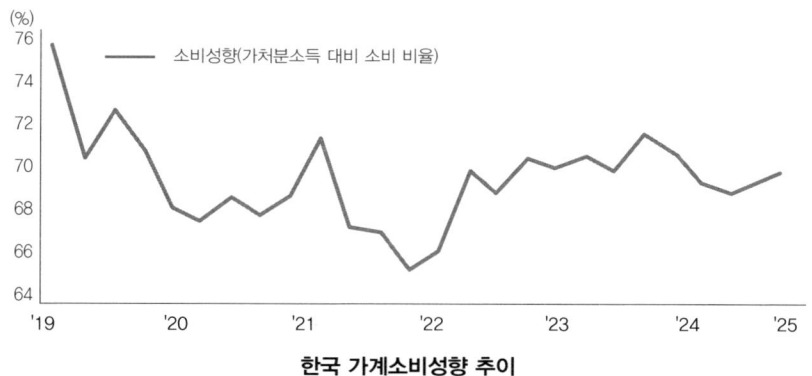

한국 가계소비성향 추이

*자료: 통계청, NH투자증권 리서치본부

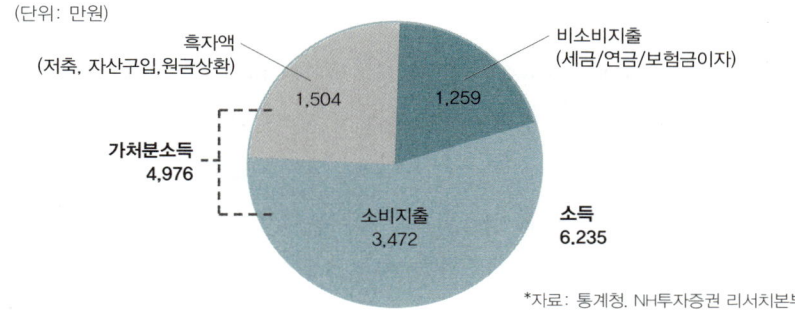

한국 가계 평균 연환산 소득의 구성

(단위: 만원)

- 흑자액 (저축, 자산구입,원금상환) 1,504
- 비소비지출 (세금/연금/보험금이자) 1,259
- 가처분소득 4,976
- 소비지출 3,472
- 소득 6.235

*자료: 통계청. NH투자증권 리서치본부

정책 자금과 제도적 유인책을 결합한 이른바 '코스닥 업리프트Uplift 프로젝트' 가 본격 가동되었다.

그동안 코스닥 시장의 고질적 문제는 기관의 외면이었다. 정부는 이를 강제적·제도적으로 해결하기 위해 두 가지 강력한 칼을 뽑았다. 정부는 국민연금 기금운용평가 기준에 코스닥 지수를 5% 혼합 반영하기로 결정했다. 이는 코스피 일변도의 평가 모델에서 벗어나 연기금이 자연스럽게 코스닥 비중을 현재 3%대에서 5% 이상으로 높이도록 설계한 것이다.

공모주 시장의 치트키였던 코스닥벤처펀드의 우선 배정 비율이 기존 25%에서 30% 이상으로 상향되었다. 배정 물량이 늘어나면 펀드 수익률이 개선되고, 이는 다시 시중 자금을 코스닥으로 끌어들이는 강력한 흡입력이 된다.

지난해 말 한국투자증권과 미래에셋증권이 국내 최초 종합투자계좌IMA 사업자로 지정된 것은 증권사들에게 '은행의 발권력'에 준하는 자금 조달 능력을 부여한 사건이다. IMA 사업자는 자기자본의 300%까지 자금을 조달할 수 있다. 예를 들면 12조 원의 자기자본을 가진 증권사는 최대 36조 원을 시장에 공급할 수 있게 된 셈이다. 조달된 자금의 최소 10%는 반드시 모험자본벤처·중소기업에 투입해야 한다. 이 비율은 2027년 20%, 2028년 25%로 상향된다.

증권업계는 향후 3년간 최소 20조 원 이상의 신규 자금이 코스닥 및 혁신 기업으로 수혈될 것으로 관측하고 있다. 단순한 주식 매수를 넘어 기업의 '근육CAPEX'을 키워주는 국민성장펀드도 공식 출범했다. 5년간 150조 원공공 75조 +

민간 75조이 투입되는 이 펀드는 코스닥 주도 기업과 그 협력사들에게 직접적인 혜택을 준다.

AI 30조, 반도체 20.9조, 바이오 11.6조, 2차전지 7.9조 등 미래 성장 동력에 집중 포진되어 있다. 이는 코스닥 내 핵심 테마주들이 실적으로 증명할 수 있는 든든한 뒷배가 생겼음을 의미한다.

정부는 개인 투자자들을 코스닥으로 불러들이기 위해 세제 혜택을 대폭 강화했다. 코스닥벤처펀드 소득공제 투자 한도를 기존 3000만원에서 5000만원까지 확대하는 방안을 추진 중이다. 투자액의 10%를 공제해 줌으로써 최대 500만 원의 세금을 돌려받을 수 있게 된다.

정부 재정을 통해 손실의 20%까지 우선 보호해주는 6000억원 규모의 국민참여형 펀드가 올해 3분기 출시된다. '국가가 하방을 막아줄 테니 코스닥 성장의 과실을 나누자'는 메시지다. 정부의 이번 대책은 단순한 정책 발표를 넘어 유동성의 통로를 설계했다. 공급 측면에서 IMA 사업자와 국민성장펀드가 천문학적인 자금을 밀어넣는다. 수요 측면에서는 연기금의 쿼터 확대와 개인의 세제 혜택이 매수 기반을 탄탄히 하고 있다. 코스닥 특례상장 문턱은 낮추되, M&A와 상장폐지 절차를 유연화하여 시장의 물갈이를 촉진할 계획이다.

작전 세력의 놀이터로 불리던 코스닥은 이제 새롭게 변신할 준비를 갖췄다. 150조 원의 정책 자본과 20조 원의 민간 모험자본이 만나는 거대한 '혁신 거래소'로 진화할 것으로 기대된다. 투자자들은 이제 지수의 변동성보다 이 거대한 자금줄이 어느 섹터 AI, 반도체, 바이오로 가장 먼저 흘러 들어가는지 주목해야 한다.

코리아 디스카운트를 벗어던지다

이재명 대통령의 금융 개혁은 단순한 경제 논리가 아닌 30대 시절 자금을

투자 분야	규모(5년)	중점 투자 대상
인프라 융자	50조 원	AI 데이터센터 전력망, 발전 시 설 등
첨단산업 대출	50조 원	2%대 초저금리 R&D 및 설비 투자 자금
직접 투자	15조 원	첨단 반도체 팹(Fab), MRO 야드 조성
기술투자 펀드	35조 원	초장기 기술 혁신 기업 지분 투자

모두 잃었던 데이 트레이더로서의 뼈아픈 경험에서 출발했다. 그는 과거 자신의 손실이 단순히 실력 부족이 아니라 지배 주주가 소액 주주를 희생시켜 이익을 취하는 불공정한 시스템에서 기인했다고 진단했다. 인권 변호사와 행정가를 거치며 다져진 소액 주주 보호 철학은 취임 후 강력한 추진력을 얻었다.

지난해 6월 선거 당시 제시했던 '코스피 5000' 공약은 유권자들에게 자본 시장에 대한 관심을 촉구하는 기폭제가 되었으며, 이는 정부 예상을 뛰어넘는 지수 폭발로 이어졌다. 대통령은 취임 직후 코리아 디스카운트를 유발하는 고질적인 병폐를 도려내기 위해 광범위한 제도 개선에 나섰다. 코스피 지수는 5000을 넘어 7000~1만 수준의 역사적 고점을 바라보고 있다.

금융위·산업부·과기부 3차관 밋업(Meet-up) 행사 참석 기업 명단

업종	참여 기업	업종	참여 기업
액화수소	SK이노베이션	방산	한화에어로스페이스
반도체	동진쎄미켐		IMM인베스트먼트
	리벨리온		인라이트벤처스
	DB하이텍		뮤렉스파트너스
배터리	포스코퓨처엠	VC/PE	스틱인베스트먼트
	더블유씨피		컴퍼니케이파트너스
	성일하이텍		bnw인베스트먼트
	SK온(SK이노베이션 子)		K2인베스트먼트
로봇	두산로보틱스		LX인베스트먼트
	HD현대로보틱스(HD현대 로봇계열)		SV인베스트먼트
미래차	오토노머스에이투지		기업은행
	유림테크		국민은행
	LG유플러스	은행	신한은행
	퓨리오사AI		우리은행
	딥엑스		하나은행
인공지능	뤼튼 테크놀로지스	신보	신용보증기금
	노타		삼일회계법인
	네이버클라우드(NAVER 子)	회계법인	안진회계법인
	SK브로드밴드(SK텔레콤 子)		한영회계법인
	KT		삼정회계법인
바이오	삼성바이오로직스	외국계 금융	Goldman Sachs
	씨알에스큐브		Credit Agricole
	동구바이오제약	기타	대한상공회의소

*자료: 금융위원회, 신한투자증권
*주: 굵은 글씨는 상장사.(청색) KOSP1200(그레이) KOSDAQ150

전 세계에서 가장 저평가된 시장 중 하나였던 한국은 이제 가장 뜨거운 시장으로 변모했다. 삼성전자와 SK하이닉스 등 주요 기술주들이 글로벌 AI 붐과 인프라 확장에 힘입어 지수 상승의 강력한 엔진 역할을 수행했다. 경제적 성과는 대통령의 지지율을 63%까지 끌어올리며 정책 추진의 선순환 구조를 완성했다. 정부는 가계 부채를 시한폭탄으로 규정하고, 부동산에 매몰된 자본을 금융 시장으로 유도하는 대담한 전략을 구사했다. 대통령은 주택 소유자들에게 "부동산 세금을 인상하기 전 마지막 매도 기회"라고 경고하며 자산 이동을 압박했다. 부동산 가격 억제 의지와 함께 신규 주택 건설 가속화 계획을 발표하여 시장의 심리적 불안을 잠재웠다.

우리나라 가계 자산의 3/4을 차지하던 부동산 집중 현상이 완화되고 금융 자산 비중이 급증하는 신호가 나타났다. 이는 소비자 신뢰 회복과 지출 증가로 이어지며 내수 활성화의 불씨가 되었다. 2026년 한국 시장의 성과는 단순한 운이 아니라, 공정성이라는 인프라를 구축한 결과다. 이제 대한민국은 부동산 투기 공화국에서 벗어나, 전 세계가 주목하는 가장 투명하고 수익성 높은 금융 강국으로 진입하고 있다.

국내 ETF 400조 시대를 열다

ETF 투자 붐은 한국도 미국과 다르지 않다. 3월 말 기준 국내 ETF 순자산총액은 400조 원에 육박하고 있다. 지난 1월 300조 원을 돌파한 데 이어 400조 원 돌파가 가시권에 들어왔다. 올해 들어 주식형 ETF로 유입된 자금은 30조 원을 넘는다. 새정부가 들어선 이후 거대한 머니 무브 흐름을 타고 국내 증시로 흘러든 자금은 상당하다. 대한민국 금융 시장의 자금 흐름을 한마디로 요약하면 부동 자금의 ETF상장지수펀드 쏠림 현상이다.

한국거래소KRX와 금융투자협회 자료에 따르면 증시로 몰려드는 자금의 속도와 규모가 과거와 질적으로 다른 것으로 파악된다. 한국거래소KRX가 최근 발간한 〈2026년 1월 증권시장 결산 보고서〉에 따르면 국내 ETF 시장의 순자산총액AUM은 지난달 말 기준으로 210조 원을 돌파했다. 이는 대선 직전이었던

핵심 개혁 항목	세부 조치 및 효과
이사회 책임 강화	이사회의 수탁자 책임을 주주 전체로 확대하여 지배 구조 투명성 제고
자사주 의무 소각	대주주 통제권 강화 수단으로 악용 되던 자사주의 강제 소각 추진
배당 세제 개편	배당 소득세 개편을 통해 기업의 자발적인 주주 환원 및 배당 확대 유도
시장 정화	내부자 거래 등 불법 행위 근절을 위한 집행 자원 확대 및 좀비 기업 상장 폐지 추진
글로벌 스탠다드	MSCI 선진시장 지수 편입을 위한 로드맵 공개 및 제도 정비

2025년 5월 말 165조 원과 비교하면 불과 8개월 만에 45조 원+27%이라는 천문학적인 자금이 유입되었다. 새 정부 출범 이후 성장 속도가 '가속 구간J-Curve'에 진입했음을 명확히 보여주는 데이터다.

이 45조 원은 어디서 왔는가. 개인 투자자의 직접 유입 금액은 18조 원 규모로 추산된다. 과거 예탁금에 머물거나 테마주를 기웃거리던 개인 자금이 반도체 소부장, AI 테크, 인도/미국 지수 등 핵심 성장 테마형 ETF로 대거 이동했다. 특히 반도체 관련 ETF에는 2025년 하반기에만 8조 원이 넘는 개인 순매수가 집중되었다.

더욱 주목할 것은 '연금'이다. 고용노동부와 금감원의 자료에 따르면 디폴트옵션 활성화와 세제 혜택 강화로 인해 은행 예금에서 이탈한 퇴직연금 자산 27조 원이 ETF로 쏟아져 들어왔다. 단기성 투기 자금이 아닌 장기 적립식 투자 자금이라는 점에서 증시의 하방 경직성을 탄탄하게 받쳐주는 '콘크리트 지지대' 역할을 하고 있다.

가장 고무적인 신호는 자금의 '방향'이다. 2024년까지만 해도 해외 주식형 ETF미국 S&P500 등로 쏠림이 심했으나, 2025년 하반기부터는 '국내 주식형 ETF'로의 자금 유입 강도가 눈에 띄게 강해졌다. 금융투자협회 통계에 따르면 지난해 4분기 국내 주식형 ETF의 일평균 거래대금은 전년 동기 대비 140% 급증했다. 이는 정부의 '밸류업 프로그램'과 '소액 주주 보호 정책'에 대한 시장의 신뢰가 회복되면서 '한국 주식도 장기 투자하면 돈이 된다'는 인식이 확산된 결과로 풀이된다.

향후 관건은 한국 자본 시장이 '부동산 중심'에서 '금융 자산 중심'으로 어느 정도 무게 중심을 옮겨오는지 여부다. 또 연금 자산의 ETF 편입 비중이 여전히 선진국 대비 낮다는 점을 고려해야 한다. 바야흐로 대한민국은 '가계 자산의 ETF화'라는 거대한 파도 위에 올라탔다.

증시로 쏟아지는 ETF 자금, 과거와 다른 종목 전략 필요

버블의 정점에서는 혁신의 주인공보다 그 혁신에 올라타려는 자들의 조급함을 먹고 자라는 이들이 더 큰 부를 거머쥐기도 한다. 포모^{FOMO}에 휩싸인 개인 투자자들의 자금이 시장으로 쏟아질 때, 유동성의 관문을 지키는 증권주는 지능형 랠리의 가장 화려한 수혜자로 거듭난다.

올 초 대한민국 증시를 주도한 것은 비단 AI 반도체만이 아니었다. 유동성의 폭발은 증권 섹터에 유례없는 활력을 불어넣었다. 2월 말 기준 KRX 증권지수는 전년 대비 86% 상승하며 시장의 주인공이었던 반도체 섹터마지막 수익률마저 추월했다. 거래대금이 가속화되면서 증권사의 전통적인 수익원인 브로커리지^{위탁매매} 중심의 이익 전망이 가파르게 상향 조정되었다. 이는 시장의 광기가 곧 증권사의 수익으로 직결되는 구조적 선순환을 보여준다.

시장의 과열을 나타내는 지표들은 이미 임계점을 향해 달려가고 있다. 2025년 말 106조 원이었던 투자자예탁금은 단 두 달 만에 118.7조 원으로 불어났다. 신용거래융자 규모 역시 27.3조 원에서 32.7조 원으로 확대되었다. 이는 투자자들이 단순히 자산의 일부를 투자하는 것을 넘어 빚을 내서라도 이 랠리에 동참하려는 강력한 투기적 에너지가 응축되어 있음을 의미한다.

과거의 버블과 현재의 랠리를 가르는 가장 큰 차이점은 거래의 방식, 즉, ETF^{상장지수펀드}의 압도적 지배력이다. 2025년 12월 6.6조 원 수준이었던 ETF 일평균 거래대금은 2월 말 19.1조 원으로 세 배 가까이 늘어났다. 특히 미국 이란 전쟁으로 증시 변동성이 극심했던 3월 초 사흘간은 일평균 거래대금이 38.4조 원이라는 경이로운 기록을 세우기도 했다.

이재명 정부의 머니 무브 정책 기조에 따라 유입된 개인 투자자들은 과거처럼 개별 종목을 공부하여 매수하기보다 특정 지수나 섹터 전체를 담는 바스켓 매매 방식을 선호하고 있다. ETF 중심의 시장 환경은 개별 종목의 펀더멘털보

2026년 초 증시 유동성 및 ETF 거래 지표

항목	2025년 12월 말	2026년 2월 말
투자자예탁금	106.0조 원	118.7조 원
신용거래융자	27.3조 원	32.7조 원
ETF 거래대금(일평균)	6.6조 원	19.1조 원

다 자금 배분 구조에 의해 주가가 결정되는 현상을 심화시킨다. ETF 내 편입 비중이 큰 대형주들은 패시브 자금이 유입될 때마다 기계적으로 매수세가 들어오는 직접적인 수혜를 입는다. 반면 비중이 낮은 중소형주들은 아무리 실적이 좋아도 수급에서 소외되는 현상이 발생한다.

과거처럼 소외된 종목들이 뒤늦게 오르는 순환매를 기대하기보다는 수급이 집중되는 대형주 중심의 강세에 무게를 두어야 한다. 이제 시장은 누가 더 싼가가 아니라 누가 더 큰 바구니에 많이 담겨 있는가를 묻고 있다.

2026년의 증권주는 단순히 시장의 보조자가 아니다. 그들은 AI 혁명이 만들어낸 자본의 대이동을 가장 앞에서 목격하고 그 수수료를 챙기는 '게이트키퍼'다. 거래량이 폭발하는 구간에서 증권주는 실적과 밸류에이션이 동시에 상승하는 더블 레버리지 구간에 진입했다. 개인의 투자 방식이 ETF로 고착화될수록 지수를 지탱하는 대형주와 그 거래를 중개하는 증권사의 위상은 더욱 공고해진다.

서학개미는 21세기 금융 전사

과거의 애국이 한반도 땅에서 땀 흘려 물건을 만드는 것이었다면, 2026년의 새로운 애국은 전 세계 혁신의 결실을 한국으로 가져오는 것이다. 서학개미는 국부를 유출하는 배신자가 아니라, 늙어가는 한국 경제에 달러라는 수혈을 공급하는 '금융 영토의 개척자'들이다.

한때 해외 주식 투자는 '국부 유출'이라는 따가운 시선을 받기도 했다. 하지만 현재 경제학적 관점에서 서학개미들의 수익은 대한민국을 지탱하는 거대한 '민간 외환보유고'이자 '제2의 수출 엔진'으로 재평가 해야한다.

노동이 늙어가는 시대, 우리의 자본이 대신 일하게 함으로써 국가의 생명을 연장하고 있는 이들의 경제적 가치를 재조명해야 한다. 한국 경제의 성적표인 경상수지는 이제 상품을 팔아 번 돈상품수지보다 투자로 번 돈본원소득수지에 더 크게 의존하기 시작했다. 과거에는 밤낮으로 공장을 돌려 자동차와 반도체를 팔아 달러를 벌었다.

하지만 이제 서학개미들이 엔비디아나 테슬라의 주주로서 받는 배당금과 시세 차익이 그 자리를 메우고 있다. 서학개미가 미국 시장에서 벌어들이는 달러는 통계상 '본원소득수지 흑자'로 잡힌다. 이는 제조업 경쟁력이 약화되는 국면에서도 대한민국이 만성적인 경상수지 적자국으로 전락하는 것을 막아주는 든든한 방어벽이 된다.

경제 위기 시 환율이 치솟을 때 정부의 외환보유고보다 더 강력한 힘을 발휘하는 것은 개인들의 미국 주식 계좌다. 원·달러 환율이 1500원, 1600원을 넘어가는 위기 상황이 오면 서학개미들은 환차익을 실현하기 위해 달러 자산을 팔아 원화로 환전한다. 이 과정에서 막대한 양의 달러가 시장에 공급되며 환율 폭등을 억제할 수 있다. 정부가 피 같은 세금을 써서 환율을 방어하지 않아도 수백만 서학개미의 이기적 욕망환차익 실현이 결과적으로 국가 전체의 금융 안정성을 지키는 '공익'으로 승화되는 역설이 발생할 수 있다.

서학개미가 해외에서 번 돈은 결국 대한민국 안에서 돌고 돌며 내수 경기를 활성화할 수 있다. 실리콘밸리의 혁신으로 돈을 번 한국인이 그 수익으로 서울에서 외식을 하고, 국산차를 사고, 아파트 대출을 갚는다. 해외에서 유입된 자본이 국내 서비스업과 내수 시장을 돌리는 강력한 윤활유가 되는 것이다.

국내 주식과 달리 해외 주식 수익에는 22%의 양도소득세가 부과된다. 서학개미들이 승전보를 울릴수록 정부의 세수는 두둑해지며, 이는 다시 우리 아이들의 복지와 국가 인프라 재원으로 환원된다. 노동이 늙으면 자본이 일해야 한다. 이제 '애국'의 정의를 새로 써야 할 때다. 좁은 한반도라는 물리적 영토에 갇혀서는 인구 절벽과 저성장의 늪을 탈출할 수 없다.

우리가 미국 빅테크 주식을 사는 것은 전 세계에서 가장 똑똑한 인재들을 우리의 '금융 소작농'으로 부리는 것과 같다. 그들이 잠도 자지 않고 혁신해서 만들어낸 과실을 우리는 안방에서 클릭 한 번으로 수확해 온다.

21세기의 서학개미들은 1970년대 파독 광부와 간호사, 중동 건설 노동자들이 그랬던 것처럼 낯선 타국 땅디지털 시장에서 외화를 벌어와 가정을 지키고 국가를 살리는 '디지털 산업 전사'들이다. 우리의 금융 영토가 나스닥과 뉴욕 증시로 넓어질수록 대한민국의 경제적 생명력은 더욱 끈질기게 이어질 것이다.

코스피 6000 시대와 신흥국 지수의 재편

지표는 때때로 현실을 뒤늦게 쫓아간다. 한국 증시가 올해 보여준 기적적인 폭주는 신흥국EM이라는 낡은 바구니의 형태를 완전히 바꿔놓았다. 이제 세계는 '중국과 아이들'이 아닌 '지능형 기술의 심장'인 한국을 중심으로 움직이는 새로운 신흥국 지수의 시대를 목격하고 있다.

지난 2월 말부터 글로벌 자본 시장의 시계는 서울에 맞춰져 있다. 코스피가 단기간에 50% 급등하며 신흥국 지수 내 한국의 비중이 역사적인 수준으로 치솟았다. 작년 말 약 12%에 불과했던 MSCI EM 지수 내 한국 비중은 현재 약 16%까지 상승했다. 반면 2021년 42%로 정점을 찍었던 중국의 비중은 27% 수준으로 가라앉았다.

과거 EM 지수가 중국의 내수 경기와 원자재 가격에 연동되었다면, 이제는 한국의 기술주, 특히 반도체와 AI 인프라의 향방에 의해 지수 전체의 수익률이 결정되는 구조로 변모했다. 한국 증시의 이번 랠리는 단순한 유동성 장세가 아닌 글로벌 공급망 재편의 중심에 한국이 서 있음을 증명하는 사건이다. AI 인프라 구축에 한국의 반도체, 파운드리, 부품 기업들은 대체 불가능한 핵심 파트너로 편입되었다. 한국은 미국과의 동맹을 강화하며 미 해군 현대화 사업 등 전략적 협력을 이어가는 동시에, 중국의 제조 생태계에도 핵심 부품을 지속적으로 공급하는 '중간지대' 전략을 성공적으로 수행하고 있다.

이번 코스피의 상승 속도는 통계적으로도 경이로운 수준이다. 최근 40일간 보여준 급등세는 미국 증시 역사에서도 대공황 직후의 반등기를 제외하면 거의 유례를 찾기 어렵다. 약달러 기조가 수출 기업들의 달러 표시 수익을 극대화하고 부채 부담을 낮추는 가운데 AI라는 구조적 성장판이 만나며 폭발적인 시너지를 냈다. EM 지수 내 기술주 비중이 급격히 높아지면서, 이제 신흥국 투자는 더 이상 나스닥이나 S&P 500의 리스크를 분산하는 수단이 아닌 '글로벌 기술주 베팅'의 연장선이 되었다.

한국 증시의 압도적인 성과는 모건스탠리 등 주요 지수 산출 기관들에게 한국의 선진국 지수 편입에 대한 강력한 압박으로 작용할 가능성이 높다. 투자자들은 이제 EM 지수를 볼 때 중국의 거시 지표보다 한국 기술 기업들의 분기 수주 잔고를 먼저 확인해야 하는 시대를 살고 있다.

한국 반도체로 몰려드는 글로벌 자금

AI 시대에 반도체는 새로운 금이며, 한국은 그 거대한 금광의 중심지가 되었다. 삼성전자와 SK하이닉스를 향한 전 세계적 갈증은 국경을 넘어 글로벌 금융 상품의 규격마저 뒤흔드는 이례적인 변동성을 만들어내고 있다. 이제 한국 반도체는 단순한 업종을 넘어 글로벌 유동성이 집결하는 가장 뜨거운 통화가 되었다.

2025년부터 글로벌 자금의 시선은 일제히 서울을 향했다. 한국 반도체 기업들이 AI 인프라 구축의 핵심 수혜주로 확고히 자리 잡으면서, 관련 ETF로의 자금 유입이 통제 불능 수준으로 가속화되고 있다.

지난 2월 말 미국 증시에 상장된 대표적인 한국 투자 상품인 iShares MSCI South Korea ETF[EWY]의 일일 거래대금이 64억 달러[약 8.5조 원]를 기록하며 역대 최고치를 갈아치웠다. 삼성전자와 SK하이닉스가 AI 반도체 시장의 주도권을

글로벌 주요 지수 내 한국의 위상 비교

구분	2025년 말	2026년 2월 현재
코스피 지수	약 4,200선	6,300선 돌파
MSCI EM 내 비중	약 12%	약 16%
지수 주도주	범용 제조	AI 반도체 및 인프라

장악하며 올해 코스피KOSPI 지수를 50%나 끌어올리자 전 세계 투자자들이 한국 시장 전체를 하나의 거대한 AI 콜옵션으로 간주하기 시작한 결과다.

한국 반도체에 대한 열망은 중국 본토 시장에서도 기현상을 만들어냈다. 자산의 실제 가치보다 훨씬 비싼 가격에 거래되는 프리미엄 현상이 극에 달했다. 상하이 증시에서 거래되는 Huatai-PineBridge CSI KRX China-Korea Semiconductor ETF는 순자산 가치NAV 대비 프리미엄이 17% 이상 치솟는 비정상적인 흐름을 보였다.

투자자들의 무차별적인 매수세가 이어지자 거래소는 시장 과열을 막기 위해 일시적으로 거래를 중단시키는 극단적인 조치를 취하기에 이르렀다. 중국 자본이 한국의 반도체 기술력을 얼마나 갈망하고 있는지를 보여주는 단면이다. 안정적인 투자를 넘어 고위험·고수익을 노리는 공격적 자본은 홍콩으로 집결했다. 특히 SK하이닉스의 독주에 베팅하는 레버리지 상품이 시장의 주인공이 되었다. SK하이닉스의 일일 수익률을 2배로 추종하는 CSOP SK Hynix Daily 2x Leveraged Product의 거래량이 역대 최대치를 경신했다.

글로벌 투자자들이 단순한 지수 추종을 넘어 특정 기업의 압도적 성장에 레버리지를 일으켜 대응하고 있다는 점은 한국 반도체에 대한 시장의 신뢰가 '확신'의 단계를 넘어 '광풍'의 영역으로 진입했음을 의미한다. 과거 한국 주식 시장은 글로벌 포트폴리오의 변두리에 머물렀으나 AI 혁명은 한국 반도체주를 포트폴리오의 가장 날카로운 창으로 격상시켰다. 글로벌 ETF 시장에서 관측되는 이례적 변동성은 자산 배분의 무게중심이 이동하고 있다는 강력한 신호다. 단순히 경기에 민감한 부품주가 아니라 지능형 문명을 지탱하는 필수 인프라로서 한국 반도체의 몸값이 전 세계 자본 시장에서 다시 매겨지고 있다.

세계 경제의 양극화와 미래 지도

AI가 가른 국가의 운명, 나홀로 호황의 실체

AI라는 거대 가속기를 장착한 국가와 과거의 관성에 발을 묶인 국가 사이의 '잔인한 격차'를 보여주는 성적표가 공개되었다. 올해 초 IMF와 OECD가 발표한 2026년 경제성장률 잠정치는 투자자들에게 명확한 경고와 기회를 동시에 던지고 있다. 이제 '평균의 시대'는 끝났다. 자본은 가장 젊고, 가장 혁신적이며, 가장 효율적인 영토를 향해 무섭게 이동하고 있다. 과거 세계 경제의 성장을 도맡았던 중국의 엔진이 식어가고 있다. 그 빈자리를 채우는 것은 더 이상 단일 국가가 아닌, 인도를 필두로 한 아세안 국가들의 연합체다.

선진국 클럽인 G7 내부에서는 그 어느 때보다 극심한 '성장의 양극화'가 벌어지고 있다. 그 중심에는 AI 혁신을 주도한 미국의 독주 체제, 즉, '미국 예외주의'가 자리 잡고 있다. 미국의 성장률 2~2.5%는 선진국 중 압도적 1위다. 고금리라는 거친 파도를 AI 빅테크의 폭발적인 투자와 생산성 향상으로 뚫고 나갔다. 침체 없는 호황을 구가하며 전 세계 자본을 블랙홀처럼 빨아들였다.

한국의 성장률 2~2.2%는 반도체 수출 회복에 힘입어 선진국 평균을 상회하는 '턱걸이' 성적표를 받았다. 하지만 미국과 달리 내수가 얼어붙어 있어 반쪽짜리 회복이라는 평가를 면하기 어렵다. 유로존과 일본의 성장률 0.8~1.2%는 낡은 제조업과 에너지 비용 부담, 그리고 고령화라는 삼중고에 따른 결과

순위	국가	성장률(추정)	핵심 동인(Next Engine)
1위	인도	6.5% ~ 7.0%	포스트 차이나, 14억 인구의 내수 시장, 글로벌 IT 서비스 수출
2위	베트남	6.0% ~ 6.5%	탈중국 공급망의 최대 수혜지, 젊은 제조 인력의 집결
3위	필리핀	5.8% ~ 6.0%	강력한 인적 자원(영어권), 탄탄한 내수 소비
4위	인도네시아	5.0% 내외	니켈 등 핵심 광물 공급망 장악, 전 기차 배터리 허브
5위	중국	4.5% ~ 4.8%	부동산 위기 고착화, 고령화 진입, '중속 성장' 시대로의 회귀

다. 혁신의 엔진을 찾지 못한 '늙은 경제'의 단면이다. 이 숫자들이 우리에게 주는 교훈은 냉정하다. 투자자는 이제 '지리적 이민'을 고민해야 한다.

중국의 4%대 성장은 일시적 둔화가 아니라 구조적 침하다. 이제 자본은 인도의 니프티50Nifty 50이나 베트남의 핵심 제조 기업으로 재배분되고 있다. 중국이라는 하나의 바구니에서 벗어나 '알트 아시아'라는 새로운 바구니를 채우고 있는 셈이다.

거대 경제국은 느리게 성장한다는 상식은 미국 앞에서 무너졌다. AI는 미국의 생산성을 혁명적으로 끌어올렸고, 이는 기업 이익과 강력한 고용으로 이어지는 선순환을 만들었다. S&P500 비중을 포트폴리오의 중심에 두어야 하는 이유는 단순한 유행이 아니라 '생산성 혁명의 실체' 때문이다.

한국의 2% 성장은 사실상 HBM과 범용 D램이 이끄는 반도체 수출의 '착시 효과'일 가능성이 높다. 내수와 서비스업이 받쳐주지 못하는 성장은 반도체 사이클이 꺾이는 순간 모래성처럼 허물어질 수 있다. 국내 자산에 쏠린 비중을 낮추고, 세계 성장의 엔진미국 등으로 자산을 대피시키는 혜안이 필요하다.

2026년의 세계 경제는 인류가 한 번도 경험하지 못한 '지능 기반의 성장'을 보여주고 있다. 인도의 젊음과 미국의 지능이 결합된 곳에서 부는 창출되고, 중국의 정체와 유럽의 관성에 머무는 곳에서는 부가 잠식된다.

붉은 거인 중국의 진화, 고객에서 포식자로

과거의 중국이 우리의 물건을 사주던 기회의 땅이었다면, 현재 중국은 우리의 숨통을 조여오는 가장 강력한 포식자다. 이제 그들은 단순한 모방을 넘어 기술의 표준을 스스로 정의하기 시작했다.

2001년 WTO 가입 당시 세계 경제 순위 23위에 불과했던 중국은 불과 25년 만에 세계 2위의 경제 대국으로 올라섰다. 단순히 덩치만 커진 것이 아니다. 전 세계 제조업 점유율의 30%를 장악한 중국은 이제 전기차, 배터리, 조선, 항공우주 등 고부가가치 산업에서 글로벌 리더십을 발휘하고 있다.

중국의 성장은 우연이 아닌 철저한 국가 전략의 산물이다. 그들은 '제조 2025'를 통해 핵심 부품의 국산화율을 끌어올렸고, 반도체를 제외한 거의 모든 분야에서 자국 중심의 완결형 생태계를 구축했다. 전 세계 공장에서 만들어지는 물건 3개 중 1개는 '메이드 인 차이나'다. 특히 차세대 모빌리티EV와 에너지 저장 장치ESS 시장은 중국을 통하지 않고는 공급망 유지가 불가능한 수준에 도달했다.

2024년 중국의 연구개발R&D 지출은 3.6조 위안약 705조 원에 육박한다. 이는 대한민국 정부의 한 해 예산을 통째로 연구개발에 쏟아붓는 것과 맞먹는 규모다. 중국의 최상위 천재들은 의대나 법대가 아닌 STEM과학·기술·공학·수학 분야로 모여든다. 국가 차원의 파격적인 보수 체계와 사회적 지위가 '기술 보국'의 동력이 되고 있다. 중국은 이제 서구권이 독점하던 미래 기술 영역까지 빠르게 잠식하고 있다.

중국에게 유일하게 남은 숙제는 반도체다. 반도체는 설계미국, 메모리한국, 파운드리대만, 소재·장비일본·유럽로 촘촘히 얽힌 글로벌 분업 구조의 정점이기 때문이다.

그 어떤 강대국도 혼자서 반도체의 모든 공정을 해낼 수는 없다. 미국의 집요한 장비 반입 규제는 중국 기술 굴기의 발목을 잡는 가장 날카로운 가시다.

그럼에도 중국은 추격을 멈추지 않고 있다. 화웨이와 캠브리콘은 칩 설계 역량을 극한으로 끌어올리고 있으며, 나우라Naura, AMEC, 사이캐리어 등 중국

분야	핵심 경쟁력 및 현황
바이오테크	글로벌 빅파마로의 대규모 기술 수출(L/O) 성사. 의약품 위탁생산(CMO)을 넘어 신약 개발 강국으로 부상.
양자 기술	국가 주도 전략으로 양자 센싱 및 암호 통신 분야에서 미국과 대등하거나 앞선 우위 점함.
AI(인공지능)	14억 인구의 압도적 데이터와 세계 최대 규모의 AI 인력 풀 보유. 딥시크(Deepseek) 등의 모델로 고효율 A 구현.

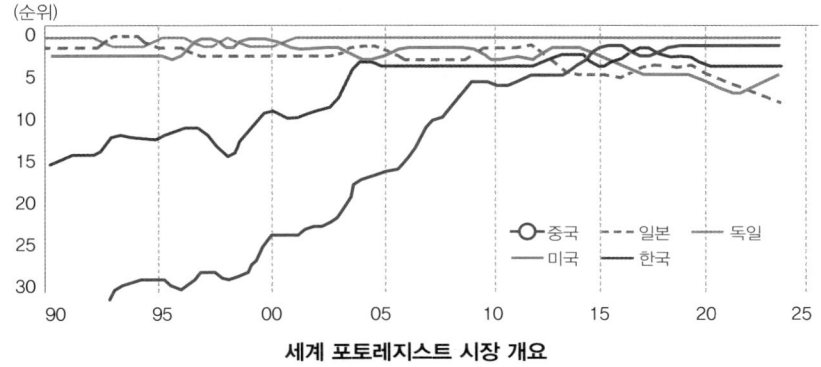

(순위)

세계 포토레지스트 시장 개요

*자료: UNIDO, 신한투자증권

내 소부장 기업들은 정부의 전폭적인 지지 아래 국산화율을 유의미하게 높여
가고 있다.

중국은 더 이상 우리가 부품을 팔아 이득을 챙기던 하청업체가 아니다. 그
들은 이미 우리와 똑같은 제품을 혹은 우리보다 더 나은 제품을 더 저렴하게
만들어내는 '공포의 경쟁자'가 되었다. 중국이 자본과 물량으로 따라올 수 없
는 '압도적 기술 장벽'을 구축하는 것만이 우리의 유일한 생존법이다. 반도체
시장의 굳건한 동맹을 강화하는 동시에 중국이 장악한 공급망 리스크희토류, 소재
등에 대한 플랜 B를 마련해야 한다.

대한민국이 '중국이라는 거대 태풍' 속에서 살아남으려면, 우리 역시 과거
의 성공 공식에 안주하지 않는 '국가 거버넌스의 대혁명'이 필요하다.

중국과 일본의 반도체 갈등, 한국은 어부지리

과거 한국을 겨냥했던 일본의 '소부장소재·부품·장비 칼날'이 베이징을 향하고
있다. 전 세계 고성능 감광액 시장의 90%를 쥔 일본의 출하 중단은 중국 반도
체 굴기의 목전에 내려진 '침묵의 단두대'와 같다. 중국과 일본의 갈등이 심화
되면서 글로벌 반도체 공급망은 다시 한번 거대한 지각변동을 맞이하고 있다.
양국간 정치 갈등은 경제 전쟁으로 비화될 조짐이다. 일본이 중국향 포토레지
스트PR 출하를 사실상 전면 중단하면서, 중국 반도체 산업은 첨단 공정은 물론

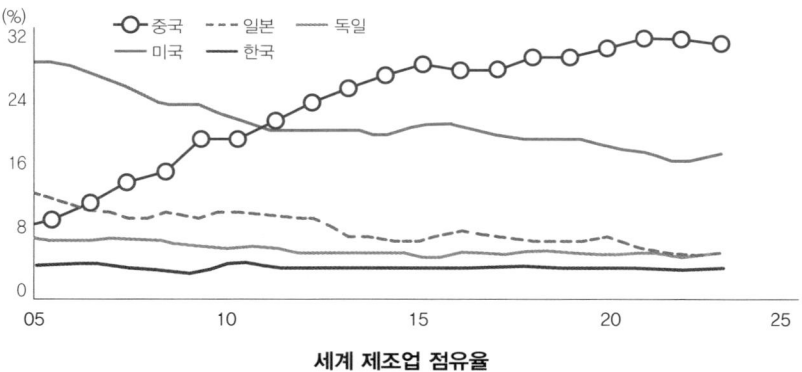

세계 제조업 점유율

*자료: UNIDO, 신한투자증권

레거시^{범용} 공정까지 멈춰 서야 할 위기에 처했다. 이는 단순한 무역 갈등을 넘어, 미·일 동맹이 중국의 '반도체 자급자족' 꿈을 뿌리째 뽑으려는 전략적 포석으로 풀이된다.

일본은 세계 고성능 PR 시장의 절대 강자다. 특히 7나노미터^{nm} 이하 선단 공정에 필수적인 EUV용 PR은 일본 기업들이 사실상 독점하고 있다. 지난해 11월 일본 신에츠화학의 중국향 수출은 전월 대비 42%나 폭락했다. 12월 중순부터는 물량 공급이 사실상 전면 중단된 상태로 추정된다. 중국 입장에서 더 치명적인 것은 '사후 관리'의 실종이다. ASML이 중국에서 철수한 이후 1200여 대의 노광 장비 중 상당수를 일본 캐논과 니콘 제품이 유지보수 서비스를 제공해왔다.

일본 업체들이 유지보수와 소모품 공급을 끊고 서비스 인력까지 철수시키면서, 중국의 팹^{Fab}은 거대한 '반도체 무덤'이 될 처지에 놓였다. 이번 제재는 중국 반도체의 자존심인 SMIC와 CXMT에 직격탄을 날렸다. CXMT는 2027년 상반기 HBM3^{8단} 양산을 목표로 속도를 내고 있다. 고성능 PR 공급이 막히면 DDR5를 포함한 차세대 제품 생산 일정 전체가 안갯속에 빠질 수 있다. SMIC는 7나노 첨단 공정을 유지하기 위해서는 일본산 소재가 절대적이다. 소재가 끊기면 수율 확보는커녕 가동 자체가 불가능해진다.

일본과 중국의 강대강 충돌은 한국 반도체 생태계에 전례 없는 기회의 창을

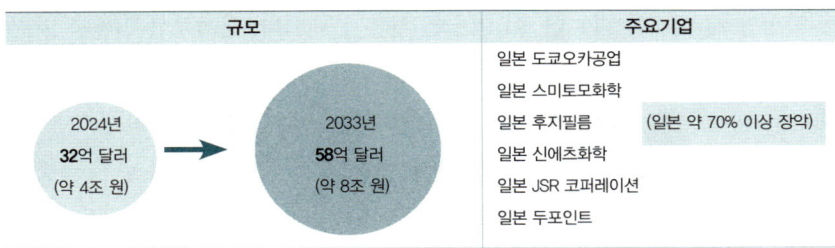

세계 포토레지스트 시장 개요

규모		주요기업
2024년 **32억** 달러 (약 4조 원) →	2033년 **58억** 달러 (약 8조 원)	일본 도쿄오카공업 일본 스미토모화학 일본 후지필름　(일본 약 70% 이상 장악) 일본 신에츠화학 일본 JSR 코퍼레이션 일본 두포인트

*출처:마켓 리서치 인터렉트

열어주고 있다. 우리는 이 틈새에서 두 가지 전략적 이득을 취할 수 있다. 중국 기업들의 증설이 지연되거나 가동률이 떨어지면, 글로벌 메모리 시장의 공급 과잉 우려가 줄어들 수 있다. 이는 삼성전자와 SK하이닉스의 협상력을 높이고 메모리 가격 상승을 견인하는 강력한 호재가 된다.

중국 반도체 업계는 이제 생존을 위해 일본의 대안으로 한국산 소재와 부품을 간절히 찾고 있다. 2019년 일본의 보복을 견뎌내며 체력을 키운 국내 기업들이 '구원투수'로 등판할 차례다.

일본의 이번 조치는 과거 아베 정부 시절 우리가 겪었던 시련을 떠올리게 한다. 하지만 지금의 우리는 그때보다 훨씬 강하다. 중국이 한국산 소재로 눈을 돌릴 때, 우리는 단순한 판매를 넘어 글로벌 공급망의 핵심 '허브'로서의 지위를 굳혀야 한다. 소재 수혜에 안주하지 말고, HBM 등 첨단 제품에서 중국이 따라올 수 없는 '초격차'를 유지하여 시장의 주도권을 완전히 가져와야 한다. 일본이 칼을 휘두르고 중국이 방패를 잃은 지금 대한민국 반도체는 그 사이를 뚫고 나갈 가장 날카로운 '창'이 되어야 한다.

AI 혁명 이후 더욱 심각해질 양극화

AI 혁명은 누군가에게 인류를 구원할 빛으로 보이겠지만, 냉정히 바라보면 이 빛은 세상의 불평등을 비추는 가장 잔인한 조명이 될지도 모른다. 과거 산업화 시대에는 후발 주자에게도 기회가 있었다. 땀 흘려 일하고, 공장을 돌리며 선진국의 뒤를 쫓아갈 수 있는 '추격의 사다리'가 있었다.

하지만 AI 시대는 다르다. 이 기술은 자본과 데이터, 천재적인 인재를 가진 미국이라는 거대한 블랙홀로 모든 부를 빨아들이고 있다. 신흥국들이 한 걸음 내디딜 때 미국은 AI라는 날개를 달고 열 걸음을 날아간다. 시간이 갈수록 이 격차는 도저히 건널 수 없는 심연처럼 깊어질 것이다. 지난 수십 년간 신흥국을 먹여 살린 것은 '저렴한 인건비'였다. "우리는 당신들보다 싸게 만들 수 있습니다." 이것이 그들의 유일한 무기였다.

하지만 AI와 로봇이 결합된 자동화의 세상에서 이 무기는 녹슨 칼이 되어버렸다. 지치지 않고, 잠들지 않으며, 월급도 요구하지 않는 AI 로봇 앞에서 '값싼 노동력'은 더 이상 매력이 없어졌다. 이제 선진국 기업들은 굳이 먼 바다를 건너 공장을 지을 필요가 없다. 공장들은 다시 본국으로, 거대 자본의 곁으로 돌아가고 있다. 신흥국에 남겨진 것은 텅 빈 공장터와 깊은 한숨뿐일지도 모른다.

이 살벌한 양극화의 폭풍우 속에서 다행히 한국은 휩쓸려가지 않을 단단한 닻을 내리고 있다. 우리는 비록 거대 플랫폼을 가진 나라는 아니지만, 그 AI의 뇌를 뛰게 만드는 '심장반도체'과 '손발제조·로봇'을 가진 나라다. 미국이 AI라는 성을 높이 쌓아 올릴수록 그 성벽을 지탱할 우리의 벽돌은 더 비싸게, 더 귀하게 팔린다. 세상이 둘로 갈라지는 이 냉혹한 시기. 신흥국의 절망이 아닌 선진국의 파트너로서 당당히 그 흐름에 올라탈 수 있다는 사실이 우리에게는 가장 큰 위안이자 희망이다.

16%의 선점과 80억 인구의 양극화

18세기 증기기관이 대륙 간의 격차를 벌렸던 '대분기Great Divergence'가 있었다면, 2026년 우리는 인공지능이 설계한 '지능의 대분기' 앞에 서 있다. 누군가에게는 하늘로 오르는 사다리인 AI가, 누군가에게는 바닥을 알 수 없는 미끄럼틀이 되고 있다.

AI 혁명은 이제 단순한 기술적 트렌드를 넘어 전 지구적 경제 지도를 다시 그리고 있다. 1.35조 달러의 자본이 투입된 이 거대한 실험은 현재 어디쯤 와

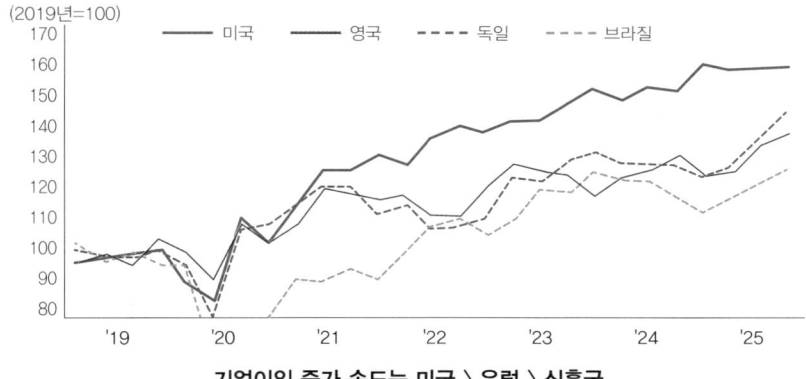

(2019년=100)

— 미국   — 영국   ---- 독일   ---- 브라질

기업이익 증가 속도는 미국 〉 유럽 〉 신흥국

*자료: LSEG, NH투자증권 리서치본부

있으며, 누가 그 과실을 독점하게 될까. 2026년 현재 전 세계 인구 중 AI를 적극적으로 활용하는 비중은 약 16.3%약 13억 5,000만 명 수준이다.

마케팅 이론인 '혁신 확산 이론'에 따르면, 16%는 초기 수용자Early Adopters에서 초기 다수자Early Majority로 넘어가는 변곡점이다. 즉, AI는 이제 막 대중화의 관문을 통과하기 시작한 초기 성장 산업이다. 더욱 흥미로운 점은 수익 모델의 양극화다. 챗GPT와 같은 주요 플랫폼의 주간 사용자 중 유료 구독자는 5~6%에 불과하다.

유료 사용자는 단순한 편리함을 넘어, 고도화된 추론 능력과 독점적 데이터 분석 기능을 선점한 '지능 자산가' 계층을 형성하고 있다. 자본이 지능을 사고, 그 지능이 다시 더 큰 자본을 만드는 지능의 자본화가 시작된 셈이다.

AI 혁명의 수혜는 국경을 따라 잔인할 정도로 불평등하게 흐르고 있다. 미중은 자본과 인프라를 장악한 AI 양강 체제를 구축하고 있다. 미국은 85%에 달하는 기업의 AI 채택률로 소프트웨어 패권을 유지하며, 중국은 국가 주도의 산업 AI 통합을 통해 82%의 채택률로 뒤를 쫓고 있다.

인도는 '디지털 스프링'의 중심지다. 서구권이 일자리 상실을 우려할 때, 인도는 이를 계층 이동의 사다리로 보고 73%라는 경이로운 AI 수용률을 보이고 있습니다. 싱가포르는 국가 전체를 AI 거대한 실험실로 정밀하게 설계하여 효율성의 정점에 섰다. 대한민국은 반도체와 로보틱스라는 하드웨어 기반을 통해 AI 인프라의 핵심 공급망으로서 지위를 공고히 하고 있다.

기본적인 전력망과 연결성조차 확보하지 못한 저개발국들은 AI가 만드는 생산성 폭증의 흐름에서 완전히 배제되고 있다. UN은 이를 '제2의 대분기'라고 경고한다. 강력한 규제와 기술 숙련도 부족^{EU 기업의 71%가 기술 장벽 호소}으로 인해 미국과의 생산성 격차가 더욱 벌어지고 있다. AI 혁명이 유발할 양극화는 과거의 자산 격차보다 훨씬 더 깊고 영구적일 가능성이 크다. 최근 연구에 따르면 AI는 이미 뛰어난 성과를 내는 '상위 1%'의 생산성을 극대화하는 반면, 숙련도가 낮은 노동자들을 더 빠르게 대체한다. 이는 '지능의 부익부 빈익빈'을 초래한다. 대기업의 AI 채택률^{55%}과 소기업^{17%}의 격차는 무려 38% 포인트에 달한다. 자본력이 부족한 중소기업은 AI 장비를 갖추지 못해 경쟁력을 잃고 도태되는 '자본-지능의 악순환'에 빠지고 있다.

동양과 개발도상국은 AI를 '기회'로 보지만, 서구권과 선진국은 '위협'으로 인식하는 정서적 양극화가 발생하고 있다. 이러한 인식의 차이는 향후 국가 간 기술 정책과 경제 성장률의 차이를 더욱 극대화할 것이다. 2026년의 AI 혁명은 이제 막 16%의 문을 열었을 뿐이다. 아직 대중화가 완료되지 않은 현 시점에서 AI를 도구로 부리는 소수는 압도적인 '지능 마진'을 챙길 수 있다. 향후 AI는 게으른 자본과 낙후된 국가를 걸러내는 잔인한 필터로 작동할 것이다. 이제 개인과 국가의 질문은 하나로 귀결됩니다. 당신은 AI를 부리는 5%의 유료 사용자인가 아니면 AI에 의해 데이터로 소비되는 95%인가.

AI 혁명 이후 닫히는 기회의 문

우리는 지금 인류 역사상 가장 거대한 '부의 이전' 목격하고 있다. 2025년부터 2030년까지의 5년은 평범한 개인이 AI라는 파도를 타고 '부의 사다리'를 일굴 수 있는 마지막 골든타임이 될지도 모른다. 젠슨 황은 경고한다. 공장이 다 지어지고 나면 구경꾼을 위한 자리는 더 이상 남아있지 않을 것이라고. 젠슨 황은 현재의 AI 붐을 '인프라 구축기'로 정의한다. 철도나 인터넷이 그랬듯 인프라가 깔리는 초기 단계에는 외부인과 개척자들에게 엄청난 기회의 창이 열린다.

2030년경 AI 데이터센터와 네트워크가 전 지구적으로 완비되고 나면, 시장은 소수의 거인 중심으로 재편된다. 이때부터는 거대한 자본과 기득권을 가진 자들만이 게임을 주도하며, 새로 진입하려는 자들에게는 거대한 '진입 장벽'이 쳐지게 된다. 지금의 물결은 기술의 표준이 정해지기 전 아이디어와 기민함만으로 부의 사다리를 올라탈 수 있는 마지막 열차와 같다. 미래 노동 시장에서 가장 충격적인 변화는 '직업의 계급도'가 뒤집히는 것이다. 그동안 고학력 · 고임금의 상징이었던 화이트칼라 직무들이 오히려 AI의 가장 쉬운 먹잇감이 되고 있다. 데이터 분석, 리서치, 단순 코딩, 법률 문서 검토 등 컴퓨터 앞에서 이루어지는 논리적 작업은 AI가 가장 잘하는 영역이다.

젠슨 황은 전기 기술자, 배관공, 정비사 같은 숙련 기술직의 가치가 천정부지로 솟을 것이라 예언한다. 현실 세계의 비정형적인 물리적 환경에서 도구를 다루고 문제를 해결하는 것은 AI와 로봇에게는 여전히 '비싼 비용'이 드는 극도의 난제이기 때문이다. 젠슨 황이 강조하는 핵심은 '지능의 도구화'와 '물리의 실체화'이다.

우선 지능의 수입국이 아닌 생산국이 되라는 충고다. 단순히 AI를 쓰는 소비자에 머물지 말고, AI를 이용해 새로운 가치나 인프라를 만드는 '생산자'의 위치에 서야 한다는 설명이다. 2030년이 되기 전에 자신의 비즈니스에 AI를 깊숙이 이식해야 한다. 둘째, 현실 세계와의 접점을 유지하라는 거다. 지능이 범용화될수록 지능이 직접 건드릴 수 없는 '물리적 실체'를 다루는 능력이 희소성을 갖게 된다. 데이터센터를 짓는 전기 기술자, 로봇을 수리하는 정비사가 AI 모델 설계자보다 더 높은 몸값을 받는 시대가 오고 있다.

2026년 현재, 우리는 노동과 부의 개념이 근본적으로 재정의되는 시점에 서 있다. 미래의 부자는 코드를 잘 짜는 사람이 아니라 AI라는 거대한 엔진을 활용해 현실 세계의 문제를 해결하는 사람이다. 2030년 기회의 문이 닫히기 전에 당신의 자산과 능력을 '지능형 인프라' 위로 옮겨 놓아야 한다.

CHAPTER 2

빅테크의 AI 생존 경쟁, 몸값 높아진 한국

패러다임의 전환: 컴퓨팅의 대이주

AI 전쟁의 새로운 판: 오픈AI의 독주는 끝났는가

불과 1년 전만 해도 오픈AI의 독주는 난공불락의 요새처럼 보였다. 챗GPT가 만들어낸 생성형 AI 시장은 오픈AI의 것이었고, 마이크로소프트라는 거대한 후원자를 등에 업은 그들의 질주를 막을 자는 없어 보였다.

그러나 시장은 기다려주지 않았다. 구글 제미나이의 파상공세는 오픈AI의 점유율을 빠르게 잠식했고, 앤스로픽의 클로드는 기업용 시장에서 조용하지만 확실하게 영토를 넓혔다. 스스로 판단하고 실행하는 에이전트 AI의 등장은 기존 소프트웨어 기업들의 비즈니스 모델을 뿌리째 흔들었다. 절대 강자가 흔들리는 순간, 시장 전체가 새로운 질서를 향해 요동치기 시작했다.

이 격랑 속에서 역설적인 일이 벌어지고 있다. 빅테크들의 전쟁이 치열해질수록, 전쟁의 승패를 결정하는 것이 소프트웨어나 알고리즘만이 아니라는 사실이 드러나고 있기 때문이다. AI라는 지능을 현실에서 작동시키려면 반드시 물리적 인프라가 필요하다. 전력을 먹고, 냉각을 필요로 하며, 데이터를 저장하고 처리하는 하드웨어의 세계. 그리고 그 세계의 가장 결정적인 자리에 대한민국이 서 있다.

젠슨 황이 이재용 삼성전자 회장, 정의선 현대차 회장과 나눈 회동 이후 달라진 것은 단순한 파트너십 선언이 아니었다. 브로드컴의 혹 탄 회장, AMD의 리사 수가 잇달아 서울을 찾은 것은 의전이 아니라 절박함이었다. 실리콘밸리의 모든 야망은 결국 한국의 팹Fab과 패키징 공장을 통과해야만 현실이 될 수 있기 때문이다. AI가 코딩이라는 활자를 넘어 전기라는 에너지로, 강철이라는 육체로 그 영토를 넓히는 피지컬 AI의 시대가 열리면서 한국의 위상은 더욱 높아지고 있다. 보스턴다이내믹스를 품은 현대차가 엔비디아, 구글과 손잡고 휴머노이드의 상용화를 앞당기고 있다는 사실은 한국 제조업의 DNA가 AI 혁명의 마지막 퍼즐과 맞닿아 있음을 보여준다.

이 챕터는 빅테크들이 벌이는 전쟁의 실체를 해부한다. 누가 추론 시장을 장악하고, 누가 인프라 생태계를 통제하며, 중국은 어떤 방식으로 봉쇄를 뚫으려 하는가. 그리고 그 거대한 소용돌이의 한복판에서 한국이 쥔 패가 무엇인지를 살핀다. 전쟁이 치열할수록 무기를 만드는 자의 몸값은 오른다. 지금 대한민국은 그 자리에 있다.

젠슨 황이 선언한 '컴퓨팅의 대이주'

사람들은 수면 위에서 요동치는 주가와 거품의 포말을 보지만, 젠슨 황은 수면 아래에서 진행되는 지각 변동을 본다. 지금의 AI 붐은 투기적 열풍이 아니라, 지난 60년간 인류를 지배해온 컴퓨팅 패러다임이 통째로 무너지고 다시 세워지는 '아키텍처의 대전환'이다.

2025년 내내 투자자들을 괴롭힌 'AI 거품론'에 대해 엔비디아의 CEO 젠슨 황은 단호한 답을 내놓았다. 그는 현재의 상황을 일시적인 유행이 아닌 인류가 도구를 사용하는 방식 자체가 바뀌는 '컴퓨팅 패러다임의 전환'으로 규정했다. 반도체 성능이 18개월마다 두 배씩 늘어난다는 '무어의 법칙'은 한계에 봉착했다. CPU의 성능 향상 속도가 데이터 폭증 속도를 따라잡지 못하게 되었다.

이제 더 이상 CPU만으로 효율적인 연산을 할 수 없는 시대다. 젠슨 황은 전지구적인 데이터센터 인프라가 CPU 중심에서 GPU 기반 가속 컴퓨팅으로 통째로 교체되어야 한다고 강조한다. 전 세계에 깔린 약 1조 달러 규모의 데이터센터 장비들이 수년에 걸쳐 가속 컴퓨팅 장비로 갈아엎어지는 과정이며, 이는 거품이 아닌 인프라의 '현대화'라는 설명이다.

지난 15년간 인터넷 경제를 지탱해온 핵심 엔진은 '추천 시스템'이었다. 우리가 보는 광고, 쇼핑 리스트, SNS 피드는 모두 이 엔진의 결과물이다. 기존의 추천 시스템은 CPU 기반의 통계 모델이었다. 그러나 이제는 사용자의 의도를 실시간으로 추론하고 콘텐츠를 직접 만드는 생성형 AI 방식으로 진화하고 있다. 구글, 메타, 아마존 같은 기업들이 GPU를 사들이는 이유는 단순히 유행을 따르기 위해서가 아니다. 그들의 수익원인 광고와 커머스 엔진 자체가 GPU 기반으로 바뀌지 않으면 경쟁력을 잃기 때문이다.

젠슨 황이 보는 진정한 수요의 폭발점은 '에이전틱 AI'의 등장이다. 지금까지의 AI가 사용자의 질문에 답하는 도구였다면, 에이전틱 AI는 목표를 부여받으면 스스로 계획을 세우고 코딩을 하고 결과물을 만들어내는 에이전트로 확장된다. 한 명의 인간이 수백 명의 AI 에이전트를 부리는 시대가 오면, 이들의 연산을 뒷받침하기 위한 GPU 수요는 기존의 예측치를 아득히 초월하게 된다. 이는 소프트웨어가 세상을 먹어치웠듯, AI 에이전트가 경제 활동을 먹어치우는 과정이다.

젠슨 황의 메시지는 명확하다. 지금의 수요는 주가 상승을 위한 투기적 수요가 아니라, 컴퓨팅 효율을 극대화하기 위한 하드웨어와 소프트웨어의 결합된 진화다. 전 지구적 컴퓨팅 시스템을 갈아엎는 작업은 이제 막 시작되었으며, 에이전틱 AI가 본격화될 3~4년 뒤에는 현재의 캐파조차 부족할 수 있다는 경고다. 이제 AI를 하나의 섹터가 아닌 '새로운 전기'이자 '새로운 운영체제'로 봐야 한다. 젠슨 황에게 AI는 버블이 아니라 인류가 더 높은 수준의 지능으로 도약하기 위한 가장 경제적이고 필연적인 아키텍처의 이동이다.

젠슨 황이 설계한 5단 케이크와 수조 달러의 인프라

우리는 흔히 인공지능AI을 스마트폰의 앱이나 화면 속의 챗봇으로 오해하곤 한다. 하지만 젠슨 황은 단호하게 말한다. AI는 앱이 아니라 '전기'이며 '인터넷' 그 자체라고. 굽지 않으면 완성되지 않는 케이크처럼 AI는 에너지와 반도체 그리고 거대한 공장이라는 물리적 실체 위에서만 비로소 그 맛을 낼 수 있다.

기존의 컴퓨팅이 인간이 미리 짜놓은 알고리즘레시피을 충실히 실행하는 구조였다면, AI 시대의 컴퓨팅은 완전히 다르다. AI는 비정형 데이터를 스스로 이해하고, 실시간으로 지능을 생성하는 시스템이다. 이 근본적인 변화는 우리가 인프라를 바라보는 시각을 완전히 바꾸어 놓았다. 지능이라는 결과물을 만들어내기 위해 필요한 5가지 층위는 서로 유기적으로 연결되어 거대한 산업 스택을 형성한다.

시장에서는 AI 투자가 과도하다는 목소리가 나오지만, 젠슨 황은 이제 겨우 시작일 뿐이라고 강조한다. 지금까지 수천억 달러가 투입되었지만, 전 세계적인 지능 인프라 구축을 위해서는 앞으로 수조 달러 규모의 투자가 필요하다. AI 인프라 구축은 전기, 건설, 네트워크 등 숙련 기술 노동자에 대한 폭발적인 수요를 창출한다. 생산성 향상이 오히려 전체 고용 규모를 키우는 선순환 구조에 진입할 수 있다는 주장이다.

최근 1년 사이 AI 모델의 성능은 실제 산업 현장에서 경제적 가치를 창출할 수 있는 '임계점'을 넘어섰다. 특히 딥시크 R1과 같은 강력한 오픈소스 모델의 등장은 이 흐름을 더욱 가속화하고 있다. 오픈소스 모델이 확산될수록 애플리케이션 개발이 쉬워지고, 이는 다시 인프라 → 칩 → 에너지로 이어지는 전체 스택의 수요를 강력하게 자극한다. 신약 설계, 물류 최적화, 고객 서비스 자동화 등에서 더 이상 실험이 아닌 '실제 매출'이 발생하기 시작했다.

젠슨 황의 '케이크' 이론이 우리에게 주는 메시지는 명확하다. 케이크의 맨

레이어	명칭	핵심 역할 및 특징
Laver 1	Energy(에너지)	지능 생산의 근본. 에너지는 AI 생산량의 물리적 한계를 결정하는 가장 기초적인 재료입니다.
Laver 2	Chips(반도체)	에너지를 계산으로 변환. GPU, HBM, 인터커넥트 성능이 AI의 확장 속도를 결정하는 엔진 역할을 합니다.
Laver 3	Infrastructure(인프라)	지능의 전진 기지, 데이터센터. 냉각 시스템, 네트워크는 지능을 찍어 내는 'AI 공장(AI Factories)'입니다.
Laver 4	Models(모델)	범용 지능의 뇌 언어를 넘어 생물학, 화학, 물리, 로보틱스 등 전 영역을 이해하는 지식의 집약체입니다.
Laver 5	Applications(앱)	경제적 가치의 정점. 자율주행, 로봇, 신약 개발 등 실제 산업 현장에서 돈을 벌어다 주는 최상단 층위입니다.

위 체리애플리케이션가 달콤하려면, 그 아래를 받치고 있는 에너지와 칩, 인프라라는 시트가 견고해야 한다. 수조 달러의 자본이 이 지층을 쌓아 올리는 동안 세상의 모든 산업은 AI라는 수식어를 새로 달게 될 것이다.

챗봇을 넘어 에이전트 AI로 진화, 반도체 수요가 폭발한다

2023년의 AI가 무엇이든 물어보면 답해주는 '만능 백과사전'이었다면, 2026년의 AI는 지시를 내리면 스스로 판단하고 결과를 가져오는 '유능한 동료'가 되었다. 이제 인류는 AI와 대화하는 시대를 지나 AI에게 업무를 위임하고 그 성과를 보고받는 '에이전트 경제'의 문턱을 넘어서고 있다.

업계에서는 최근 '클로드 코워크Claude Co-Work'의 출시를 2023년 챗GPT 탄생에 버금가는 역사적 변곡점으로 평가한다. AI가 단순히 코드를 한 줄 써주는 보조 도구에서 스스로 프로젝트 전체를 관리하는 '동료'로 격상되었기 때문이다. 2년 전만 해도 AI는 일문일답 형식이었다. 하지만 현재의 코딩 에이전트는 한 번의 명령만으로 수 시간 동안 복잡한 작업에 몰두한 뒤 완성된 보고서를 제출한다.

앤스로픽의 클로드 오퍼스 4.6, OpenAI의 코덱스 5.3은 전용 앱을 통해 UI/UX를 혁신했다. 특히 메신저 기반의 오픈클로OpenClaw는 접근성을 극대화하며 미국 내 맥 미니Mac Mini 품절 사태를 일으키는 등 '퍼스널 컴퓨팅 파워'의 폭발적인 수요를 견인하고 있다. 아마존은 향후 AI 산업의 매출 구조가 모델을 가르치는 '훈련'보다 업무를 수행하는 '자동화' 수요에서 더 크게 발생할 것으로 전망한다. 이처럼 생성형 AI 기업들의 매출 축이 B2C 구독료에서 에이전트 구동을 위한 API 매출로 빠르게 이동하고 있다.

오픈AI, 구글, 쇼피파이는 이미 쇼핑 자동화를 위한 제반 작업을 마쳤다. 이제 AI에게 쇼핑 정보를 묻는 시대를 지나 "최저가로 알아서 사줘"라고 맡기는 시대로 진화 중이다. 소프트웨어 에이전트의 발전은 물리적 세계인 피지컬 AI의 진화를 가속화하고 있다. 가상 세계에서의 자율성이 로봇과 자율주행의 현실적 타임라인을 앞당기고 있다.

분야	주요 마일스톤(2026~2028)	핵심 기술 및 인프라
로보틱스	현대차 28년 휴머노이드 3만 대 양산 예고	피지컬 AI 알고리즘 및 고성능 모터
자율주행	테슬라 FSD 구독 체제 본격 전환	엔비디아 Alpha Mayo 칩 탑재
컴퓨팅	차량 및 로봇용 엣지 컴퓨팅 파워 요구 증폭	저전력·고효율 AI 가속기

에이전트가 복잡한 멀티 스텝 작업을 수행하려면 더 많은 것을 더 오래 기억해야 한다. 이에 따라 반도체 시장에 새로운 기술을 요구하고 있다. AI가 추론 과정에서 이전 대화와 작업 맥락을 기억하는 양이 늘어나면서 메모리 내 KV 캐시[KV Cache, 대규모 언어 모델(LLM)이 텍스트를 생성할 때, 이전 단계에서 계산한 키(Key)와 값(Value) 행렬을 메모리에 저장해두고 재사용하는 기술] 점유율이 급증하고 있다. 코딩 에이전트는 구조적으로 챗봇보다 훨씬 더 큰 메모리 용량과 빠른 대역폭을 요구한다. HBM4와 고용량 SSD의 필요성이 바로 여기서 증명된다.

2026년 AI 혁명은 지능의 과시를 넘어 실질적 생산성의 단계로 진입했다. 이제 기업의 경쟁력은 얼마나 많은 'AI 에이전트'를 효율적으로 운용하느냐에 달려 있다. 에이전트의 확산은 다시 한번 반도체와 에너지라는 물리적 인프라의 확장을 강요할 것으로 예상된다. 에이전트 AI의 확산은 반도체 시장에 새로운 방정식을 제시했다. 학습Training이 GPU 수요를 만들었다면, 추론Inference은 그보다 훨씬 크고 지속적인 수요를 만들어낸다. 학습은 모델을 만들 때 한 번 일어나지만, 추론은 수십억 명의 사용자가 에이전트를 쓸 때마다 매 순간 일어나기 때문이다.

엔비디아는 이 흐름을 누구보다 먼저 읽었다. GPU는 학습 시장을 장악했지만, 추론 시장에는 빈틈이 있었다. 응답 속도에 극도로 민감한 에이전트 서비스에서 GPU는 완벽한 해답이 아니었다. 바로 그 틈새를 파고든 것이 그록Groq의 LPU였다. 에이전트 AI가 만들어낸 추론 수요의 폭발이 엔비디아의 200억 달러짜리 결단을 이끌어낸 것이다. 젠슨 황이 선언한 컴퓨팅의 대이주는 전 세계 데이터센터 인프라를 통째로 갈아엎는 작업이다. 그 작업의 핵심 부품인 HBM과 고대역폭 패키징 기판은 한국 없이는 만들 수 없다. 컴퓨팅이 이주할수록 한국의 몸값은 오른다.

빅테크의 실리콘 전쟁

엔비디아, 그록^{Groq}의 엔진으로 추론의 장벽을 허물다

엔비디아는 AI 하드웨어 역사에 남을 중대한 결정을 내렸다. 200억 달러약 28.5조 원에 그록^{Groq}을 인수하기로 합의한 것이다. 이는 2020년 400억 달러 규모의 ARM 인수가 규제 당국의 반대로 무산된 이후 엔비디아가 단행한 가장 큰 규모의 딜이다. 그록은 추론 단계에서 압도적인 성능을 자랑하는 LPU^{Language Processing Unit} 기술을 보유하고 있다. 엔비디아는 자사의 기존 칩에 그록의 정적 스케줄링^{Static Scheduling}과 S램을 활용한 추론 전용 엔진을 라이선스 형태로 탑재하는 신규 아키텍처를 준비 중이다. GPU가 완벽히 커버하지 못하는 특화 시장까지 방어하여 경쟁자의 진입로를 원천 봉쇄하겠다는 고도의 전략이다.

이번 인수는 과거의 실패를 교훈 삼아 매우 영리한 방식으로 진행되었다. 그록이라는 회사는 독립적으로 유지하되, 핵심 인력과 원천 기술만 가져오는 방식을 택해 반독점 규제 당국의 감시망을 교묘히 회피했다. 이번 딜을 통해 그록이 AMD나 인텔^{Intel} 등 잠재적 경쟁자와 손을 잡고 엔비디아의 아성을 위협할 가능성을 사전에 차단했다. AI 산업의 무게중심이 학습에서 실제 서비스추론로 이동하고 있다.

학습 시장은 이미 엔비디아가 장악했지만, 실제 거대한 매출이 발생하는 추론 시장은 이제 막 개화하는 단계다. 그록의 칩은 기존 GPU보다 수십 배 빠른 토큰 생성 속도와 압도적인 전력 효율성을 증명하며 추론 시장의 게임 체인저로 떠올랐다. 기술보다 중요한 것은 그 기술을 만든 사람이다.

구글의 TPU^Tensor Processing Unit를 설계했던 핵심 인물인 그록 창업자 조나단 로스가 엔비디아 경영진에 합류했다. 엔비디아는 이제 단순한 하드웨어 제조사를 넘어 TPU와 LPU 설계 역량을 모두 흡수한 세계 최고의 소프트웨어 및 아키텍처 회사로 진화하고 있다. 엔비디아의 그록 인수는 지능형 반도체 시장의 마침표와 같다. GPU의 범용성과 LPU의 특수성을 결합한 하이브리드 모델은 경쟁사들이 따라올 수 없는 기술적 해자를 구축할 것으로 보인다. 구글과 그록의 핵심 설계 역량을 내재화함으로써 엔비디아는 향후 10년의 반도체 로드맵을 주도할 동력을 확보했다.

엔비디아-그록, 저지연 솔루션으로 챗 GPT 갈증 풀다

최근 오픈AI는 자본 시장을 다시 한번 뒤흔들며 1100억 달러^약 146조 원 규모 신규 자금을 유치했다. 이번 투자에는 엔비디아를 필두로 소프트뱅크, 아마존 등 글로벌 빅테크들이 대거 참여했다.

시장의 이목을 집중시킨 것은 오픈AI가 엔비디아의 차세대 솔루션인 '엔비디아-그록'의 최대 고객으로 등극했다는 점이다. 그동안 오픈AI는 지연 시간과 효율성 문제로 엔비디아 GPU에 불만을 표해왔다. 세레브라스^Cerebras나 그록과 개별 협상으로 대안을 모색해온 이유다.

하지만 엔비디아가 그록의 LPU 기술을 흡수한 차세대 솔루션을 제시하자 오픈AI는 다시 엔비디아 생태계로 복귀했다. 이는 그록 기반의 솔루션이 지연 시간에 민감한 오픈AI의 워크로드를 해결할 만큼 충분히 유망하다는 것을 의미한다. 오픈AI가 약속한 3GW 규모의 '전용 추론 용량' 할당은 단일 기업의 인프라 규모로는 유례를 찾기 어려운 수준이다.

엔비디아와 그록의 협업 결과물은 GPU와 LPU가 결합된 '하이브리드 컴퓨팅 트레이'로 공개될 전망이다. 학습을 넘어 실제 서비스^추론 시장에서 압도적인 효율성을 보장할 것으로 기대된다. 가장 강력한 고객인 오픈AI를 다시 확보한 것은 엔비디아에게 단순한 매출 이상의 의미를 지닌다. 경쟁사들이 파고들던 '추론 시장'의 틈새를 완벽하게 메웠다는 승전보와 같다.

AI 산업의 중심축이 모델 경쟁에서 추론 인프라 경쟁으로 완전히 이동했다. 3GW라는 전력량은 이제 데이터센터의 규모를 넘어 국가급 인프라에 맞먹는다. 엔비디아의 제조력과 그록의 추론 속도가 결합된 하이브리드 솔루션은 향후 몇 년간 AI 추론 시장의 표준으로 자리 잡을 것으로 예상된다.

그록과 삼성 파운드리의 동맹

GTC 2026 행사에서 젠슨 황은 인수한 '그록Groq'의 차세대 추론 칩인 그록 3 LPU를 삼성전자 파운드리의 품에 안기며 전 세계 투자자들을 놀라게 했다. '추론의 대폭발'이 시작되었음을 알리는 이 선언은 실리콘 밸리의 두뇌와 삼성의 파운드리 기술이 만난 가장 강력한 교두보가 되었다.

엔비디아가 그록을 인수한 이후 LPULanguage Processing Unit의 위상은 완전히 달라졌다. 기존 인프라와의 연동성과 압도적인 속도는 AI가 생각하는 단계를 넘어 행동하는 단계로 진입하게 만들었다. 2026~2027년 LPU 예상 출하량은 400만~500만 개로 과거 대비 10배 이상의 성장을 예고하고 있다. 쿠다CUDA와 결합되면서 그록 LPU는 기존 엔비디아 인프라 위에서 장벽 없이 에이전트를 배포할 수 있게 되었다. 코딩 에이전트와 피지컬 AI가 실시간으로 반응하기 위해선 '지연 없는 추론'이 중요해진 것도 영향을 미쳤다.

엔비디아는 랙당 LPU 밀도를 기존 64개에서 256개로 4배 높일 계획이다. 이는 기판 업계에 거대한 기술적 '해자'를 만들어낸다. 256개의 칩이 한 랙에서 통신하려면 데이터 손실을 최소화하는 M9 등급 CCL동박적층판소재와 초고층 MLB고다층 PCB가 필수적이다. 롱 컨텍스트 추론긴 대화 맥락 유지을 위해 메모리와 기

LPU 연도별 예상 출하 비중

연도	예상 비중(%)	성장 동인
2026년	30~40%	초기 랙 아키텍처 도입 및 에이전트 서비스 확산
2027년	60~70%	피지컬 AI 상용화 및 대규모 추론 클러스터 구축

분야별 핵심 수혜 기업

기업명	역할(Role)	수혜 포인트
삼성전자	파운드리 생산	SF4X(4나노) 기반 AI 가속기 양산 레퍼런스 확보
이수페타시스	고다층 MLB	256개 칩 탑재 고밀도 랙용 초고층 PCB 공급
두산 전자BG	M9급 CCL 소재	하이엔드 AI 가속기용 저손실 소재 독점적 지위
가온칩스	디자인솔루션(DSP)	삼성 파운드리 공정 최적화 및 설계 파트너십 강화
두산테스나	OSAT(테스트)	LPU 출하량 증가에 따른 하이엔드 칩 테스트 가동률 급증

판의 데이터 처리 능력이 극한까지 요구된다. 삼성 파운드리의 4나노^{SF4X} 공정이 그록3의 생산 기지로 낙점되면서, 국내 소부장 기업들은 단순한 협력을 넘어 '엔비디아-삼성' 동맹의 핵심 플레이어로 부상했다.

엔비디아는 정치적 리스크를 정면 돌파하며 중국 시장 공략을 재개했다. 트럼프 행정부로부터 H200 수출 허가를 확보한 상태에서, 오는 5월 '중국형 LPU'를 출시할 예정이다. 학습용 칩에 대한 제재를 피하면서, 중국의 거대한 수요가 몰리는 '추론답변 생성, 코드 작성' 시장에 집중하려는 전략이다.

중국 시장의 개방은 삼성 파운드리에서 생산되는 LPU의 전체 파이오를 키우는 결정적인 촉매제가 될 것으로 기대된다. 삼성의 4나노 공정에서 찍혀 나오는 수백만 개의 LPU는 인공지능이 우리 삶 속으로 스며드는 '실질적인 속도'가 된다. M9급 CCL로 무장한 기판과 이수페타시스의 MLB는 그 속도를 지탱하는 가장 견고한 인프라가 될 것으로 예상된다. 추론 시장의 폭발은 이제 막 시작되었다.

구글, AI 인프라 풀스택으로 왕좌 탈환 노린다

구글은 검색 제국을 넘어 칩부터 AI 모델, 서비스까지 하나로 묶은 '풀스택 인프라'를 무기로 오픈AI와 엔비디아의 독주 체제에 균열을 내고 있다. 한때 MS와 오픈AI의 연합군에 밀리는 듯했던 구글은 '제미나이 3.0 프로'를 통해 주요 성능 지표 1위를 탈환하며 완벽한 부활을 알렸다. 이 반전의 핵심은 단순히 모델의 똑똑함이 아니라 그 모델을 길러낸 구글만의 독보적인 '실리콘 요새'에 있다. 제미나이 3.0의 가장 큰 특징은 인간처럼 물리 세계의 법칙을 이해하

파트너사	역할 및 수혜 포인트	비고
브로드컴	TPU 설계 및 생산 파트너	2027년 생산량 300만 개로 확대 전망
삼성전자	HBM4 및 HBM3E 독점적 공급	TPU V8용 차세대 HBM 계약 완료
삼성전기	고성능 MLCC 및 FC-BGA 공급	서버용 기판 2027년 물량까지 풀가동
미디어텍	3나노 기반 차세대 TPU 생산 관여	ASIC 설계 협력 강화

는 '월드 모델'의 구현에 있다. 이 '피지컬 인텔리전스'는 로보틱스 산업의 난제를 해결할 열쇠로 평가받는다.

구글은 10조 개 규모의 매개변수를 가진 제미나이 3.0을 엔비디아 GPU가 아닌 자체 개발한 7세대 TPU '아이언우드Ironwood'만으로 100% 훈련시켰다. 전용 소프트웨어JAX, Pathways, XLA와 결합된 TPU 인프라는 엔비디아 시스템 대비 3분의 1 비용으로 동일한 컴퓨팅 파워를 제공한다. 이는 향후 벌어질 AI 가격 전쟁에서 구글이 누릴 막강한 기초 체력이다.

구글은 그동안 자사 클라우드에서만 빌려주던 TPU를 고객사의 데이터센터온프레미스에 직접 설치해 주는 파격적인 행보를 시작했다. 2027년부터 메타의 자체 데이터센터에 TPU가 대량 탑재될 예정이다. 마크 저커버그는 라마Llama의 학습과 추론에 TPU 도입을 검토 중이며, 이는 AI 가속기 시장이 엔비디아 1강에서 구글-엔비디아 2강 체제로 재편될 수 있음을 시사한다.

애플은 시리의 지능을 고도화하기 위해 제미나이 3.0을 채택했다. 연간 10억 달러 규모의 계약을 통해 애플 인텔리전스의 중추 역할을 수행하며, 이는 자연스럽게 TPU 수요 폭증으로 이어지고 있다. 인프라 없이 모델에만 의존하는 오픈AI가 과거 인터넷 시대의 초기 강자였으나 결국 몰락한 AOL의 전철을 밟을 수 있다는 우려가 커지고 있다. 구글의 TPU 굴기는 동아시아의 반도체 밸류체인에도 거대한 지각변동을 일으켰다.

특히 삼성전자는 브로드컴과의 계약을 통해 HBM4 물량을 확보하며 엔비디아 중심이었던 HBM 공급망을 TPU로 다변화하는 데 성공했다. 이는 삼성전자 메모리 사업부의 수익성을 극대화하는 결정적 계기가 될 것으로 보인다.

"AI 거품이 아닌가?"라는 의문에 구글의 순디 피차이 CEO는 단호하다. 그는

"투자 부족의 위험이 과잉 투자의 위험보다 훨씬 크다"며 6개월마다 컴퓨팅 파워를 2배로 늘려 5년 뒤 1000배의 성장을 이뤄내겠다는 청사진을 제시했다. 데이터센터 전력이 제한된 상황에서 성능이 낮은 칩은 곧 매출 손실을 의미한다. 구글은 하드웨어와 소프트웨어를 공동 설계함으로써 전력 효율을 극한으로 끌어올리고 있다.

제미나이 3.0의 시각 지능을 활용한 이미지 생성·편집 도구 '나노 바나나 프로'는 일반 사용자들이 구글의 풀스택 파워를 체감하는 접점이 되고 있다. 2026년 구글의 부활은 '지능은 결국 인프라의 산물'이라는 경제학적 원리를 증명하고 있다. 칩-소프트웨어-모델을 하나로 묶은 구글은 엔비디아의 쿠다 CUDA 요새를 우회하는 자신들만의 XLA 생태계를 완성했다.

폐쇄성을 버리고 메타, 애플, 앤스로픽 등에 TPU를 공급하며 플랫폼으로서의 지위를 강화하고 있다. 이제 투자의 관점은 '누가 가장 저렴하고 강력한 전력과 칩을 통해 지능을 양산하는가'로 옮겨갈 것으로 보인다. 구글의 풀스택 역습은 그 대답이 무엇인지 몸소 보여주고 있다.

메타가 설계하는 '추론 중심' 실리콘 제국

AI 혁명 이후 크게 존재감을 나타내지 못하고 있지만, 메타는 묵묵히 천문학적인 자금을 투입해 AI 인프라 구축에 속도를 내고 있다. 자체 AI 칩 'MTIA'는 메타를 AI 혁명의 중심으로 이끌 강력한 무기가 될 것으로 기대된다.

마크 저커버그는 더 이상 타임라인의 '좋아요' 숫자에만 집착하지 않는다. 그는 이제 수십억 명의 사용자에게 실시간으로 생성 AI를 배달하기 위해 서버실 깊숙한 곳의 '실리콘 심장'을 직접 벼리고 있다. 메타의 자체 AI 칩 MTIA 로드맵은 외부 칩에 대한 의존을 줄이고 지능의 생산 원가를 스스로 통제하겠다는 거대한 독립 선언서다.

메타는 수십억 명의 사용자에게 추천 알고리즘과 AI 어시스턴트를 제공한다. AI 모델이 진화하는 속도는 무서울 정도로 빠르지만 상용 칩 한 세대가 버티는 기간은 한계가 있다. 외부 칩GPU을 활용하는 동시에 자체 칩인 MTIAMeta

Training and Inference Accelerator를 병행 개발함으로써 메타는 자사 서비스에 최적화된 성능을 뽑아내고 운영 비용을 획기적으로 낮추는 전략을 취하고 있다.

메타의 전략은 단 한 번의 완벽한 설계가 아니라 빠른 반복과 개선에 있다. 초기 추천 시스템 전용 칩에서 시작해 이제는 생성 AI 추론을 넘어 학습의 영역까지 넘보고 있다. 300에서 500으로 넘어가는 짧은 여정 동안 HBM 대역폭은 4.5배, 연산 성능은 25배나 수직 상승했다. 이는 단일 대형 설계보다 짧은 주기의 반복적 개선이 AI 환경 변화에 얼마나 효과적인지를 증명한다.

메타는 약 6개월 단위의 칩 개발 사이클을 구축했다. 새로운 모델 아키텍처나 저정밀 데이터 포맷MX4 등이 등장하면 즉시 다음 칩 설계에 반영한다. 이를 위해 칩렛, 랙, 네트워크 인프라 전반을 모듈화했다. 엔비디아의 일반 GPU가 거대한 학습에 초점을 맞춘다면, 메타는 추론을 먼저 공략한다. 향후 AI 수요는 학습보다 수십억 사용자가 실시간으로 사용하는 추론 쪽에서 더 크게 폭발할 것이라는 냉철한 판단 때문이다.

아무리 좋은 칩도 소프트웨어가 뒷받침되지 않으면 고철에 불과하다. MTIA는 처음부터 파이토치PyTorch, vLLM, 트리톤Triton 같은 업계 표준 위에서 설계되었다. 개발자가 MTIA를 위해 코드를 새로 짤 필요 없이 기존 오픈소스 생태계를 그대로 활용할 수 있게 만든 것이 신의 한 수이다.

MTIA 로드맵의 완성은 메타가 더 이상 단순한 소셜 미디어 기업이 아님을 시사한다. 자체 칩을 통해 생성 AI 서비스의 단가를 낮춤으로써 경쟁 우위를 점한다는 목표다. 또 외부 칩 수급 불균형 리스크에서 벗어나 독자적인 AI 로드맵을 가속화할 계획이다.

클라우드의 비상과 그 대가

2026년 2월 28일 기준 앤스로픽의 클로드가 미국 앱스토어 무료 부문 1위를 달성하며 AI 시장에 충격을 안겼다. 전통적 강자인 오픈AI의 챗GPT와 구글의 제미나이를 꺾고 B2C 시장에서도 강력한 존재감을 확보했음을 의미하는 순간이었다. 클로드의 무료 사용자 수는 1월 이후 60% 이상 증가했으며, 일일 신규 가입자 수는 11월 이후 3배로 급증했다. 유료 구독자 수 역시 올해 들어 2배 이상 증가하며 견고한 수익 모델을 구축하고 있다.

성공의 배경은 명확했다. 단순한 대화형 AI를 넘어 시스템을 직접 제어하는 에이전트로의 진화가 사용자들을 열광시켰다. 앤스로픽이 출시한 리모트 컨트롤 기능은 모바일 환경에서 터미널 세션을 직접 제어할 수 있게 함으로써 AI가 답을 주는 것을 넘어 업무를 수행하는 단계를 열었다. 오픈클로 열풍으로 24시간 자율 활동하는 에이전트에 대한 수요가 폭증하자 앤스로픽은 이를 클로드 코드 내에서 구현하며 시장의 요구에 즉각 응답했다.

한국 시장에서도 그 열기는 뜨거웠다. 2월 한 달간 국내 클로드 결제 금액은 약 200억 원으로 전년 동기 대비 1131%라는 수직 상승을 기록했다. 챗GPT가 깊이 뿌리내린 시장에서 이 숫자는 단순한 유행이 아니라 구조적 전환의 신호였다.

그러나 성공에는 대가가 따랐다. 클로드의 성능이 퀀텀 점프 수준으로 도약하자 아이러니하게도 트럼프 행정부와의 갈등이 수면 위로 올라왔다. 앤스로픽은 자사 AI 모델의 군사적 활용에서 두 가지 조건을 제시했다. 자국민 감시 금지와 완전 자율 살상 무기 제한이었다. AI 성능이 엄청나게 좋아진 만큼 최소한의 윤리적 경계를 요구한 것이었다.

트럼프 행정부의 반응은 즉각적이고 가혹했다. 대통령은 앤스로픽에 대한 전면 배제 명령을 내렸고, 국방부 장관은 공급망 위험 요소 지정을 시사했다. 과거 화웨이 등 적대국 기업에나 적용되던 조치가 자국 AI 스타트업에게 내려진 것이다. 이로써 미군과 거래하는 수만 개의 하청 업체와 파트너사들은 앤스로픽과 어떠한 상업적 거래도 할 수 없게 되었다.

MTIA 세대별 진화 및 핵심 사양

세대	핵심 컨셉	기술적 특징
MTIA 300	통신 중심의 기반 구축	칩렛(Chiplet) 구조, RISC-V 코어, HBM 탑재
MTIA 400	본격적인 성능 경쟁	FP8 FLOPS 4배, HBM 대역 폭 51% 향상
MTIA 450	생성 A 추론 최적화	어텐션/FFN 가속 기능, HBM 대역폭 2배 증설
MTIA 500	모듈형 고효율 아키텍처	MX4 FLOPS 43% 추가 향상, 소형 칩렛 조합

트럼프 행정부 압박 직후 CBS와 인터뷰에 나선 다리오 아모데이 CEO는 피로한 기색 속에서도 단호했다. 그는 앤스로픽이 결코 미국에 등 돌린 것이 아니며 오히려 미국적 가치를 지키기 위해 싸우고 있다고 강조했다. 보잉처럼 군에 기술을 온전히 내주지 않는 이유를 묻는 질문에 그는 기술의 성숙도와 진화 속도의 차이를 핵심 근거로 제시했다. 보잉의 항공 기술은 100년의 역사를 거쳐 군과 의회가 그 작동 원리를 완벽히 이해하고 있다. 하지만 AI는 매 4개월마다 성능이 두 배로 뛰는 기하급수적 성장 단계에 있다. 장군들과 정치인들이 기술의 실체를 완전히 파악하기도 전에 새로운 파괴력이 탄생하는 상황에서 개발사가 임시적으로 윤리적 가이드라인을 설정하는 것은 불가피한 책임이라는 논리였다.

"우리는 미국을 위해 일하고 싶다. 그러나 그 방식이 미국적 가치를 파괴하는 방식이어서는 안 된다."

앱스토어 1위를 달성한 지 불과 며칠 만에 국가 안보 위협 기업으로 지목된 앤스로픽의 처지는 AI 시대가 던지는 가장 날카로운 질문을 압축한다. 기술이 법보다 빠르게 달릴 때 그 공백을 채우는 것은 개발자의 양심인가, 국가의 통치권인가. 클로드의 비상이 높을수록 그 대가도 가파르게 올라가고 있다.

추론의 시대와 메모리 패권

추론의 시대와 메모리 패권의 재정의

과거 2년이 단순히 AI 모델의 크기를 키우고 데이터를 쏟아붓는 '물량전'이었다면 현재는 AI가 스스로 사고하고[Reasoning], 도구를 사용하며[Agentic], 물리적 세계를 움직이는[Physical] 질적 진화의 시기다.

SW 개발과 영상 제작 업계는 이미 'AI를 쓰지 않으면 도태되는' 단계를 넘어섰다. 클로드 코드[Claude Code], 안티그래비티[Anti-gravity] 등 3세대 AI 코딩 툴은 이제 단순 코드 작성을 넘어 전체 시스템 아키텍처를 설계하고 디버깅한다. 숙련된 개발자 한 명이 과거 10명분의 업무를 처리하게 되면서, 기업들은 더이상 단순 반복 작업을 위한 '신입 개발자'를 채용하지 않는 구조적 변화를 겪고 있다.

나노 바나나[Nano Banana], 베오[Veo]와 같은 생성 모델은 광고 및 영상 제작 프로세스를 수개월에서 수 시간 단위로 단축했다. 고비용의 로케이션 촬영이나 복잡한 CG 작업이 텍스트와 이미지 몇 장으로 대체되며 '1인 대형 스튜디오'의 시대가 열렸다. 모델의 크기만 키우면 모든 문제가 해결될 것이라는 믿음은 할루시네이션[환각 현상]이라는 벽에 부딪혔다. 이제 업계는 훈련 단계가 아닌 '추론' 단계에서 해법을 찾고 있다.

AI가 똑똑해지려면 더 많은 맥락을 한 번에 파악해야 한다. 수십만 줄의 코드를 읽거나 장편 영화를 이해하기 위해서는 데이터를 극도로 빠르게 공급하는 HBM의 역할이 절대적이다. AI가 모르는 내용을 '모른다'고 하거나 외부 자료를 참고해 답변하는 RAG검색 증강 생성 기술이 보편화되었다. 이를 위해 방대한 데이터를 보관할 SSD와 실시간으로 데이터를 올릴 D램의 수요가 폭발적으로 증가하고 있다.

에이전트와 로봇피지컬 AI에게는 "어제 내가 시킨 일"을 기억하는 능력이 생존과 직결된다. 이전 대화 기록과 경험을 저장하고 즉시 꺼내 쓰는 시스템에서 메모리는 단순한 저장소를 넘어 '지능의 일부'가 되었다. 2025년까지의 AI가 질문에 답하는 조수였다면, 2026년의 에이전틱 AI는 스스로 목표를 설정하고 작업을 수행하는 운영자다.

"이번 분기 보고서를 써줘"라고 명령하면 AI는 스스로 이메일을 뒤지고, 캘린더를 확인하며, 관련 데이터를 엑셀로 정리한 뒤 슬랙으로 보고서까지 전송한다. 이 과정에서 발생하는 수많은 외부 시스템과의 상호작용API 호출은 메모리 대역폭에 엄청난 부하를 준다. AI 경쟁은 "누가 더 똑똑한가"에서 "누가 사용자를 더 잘 아는가"로 이동했다. 이 지점에서 구글의 강점이 극대화된다. 지메일, 유튜브, 구글 포토에 흩어진 사용자의 디지털 발자국을 실시간으로 통합 분석하는 에이전틱 AI는 대체 불가능한 해자를 구축하고 있다.

하드웨어 측면에서는 범용 메모리의 시대가 가고, 특정 AI 작업에 최적화된 '커스텀 메모리'가 점점 더 중요해진다. 2026년의 AI 혁명은 하드웨어와 소프트웨어의 경계가 무너지는 지점에서 완성된다. 훈련 비용보다 추론 비용이 커지는 시점에서, 전력 효율과 응답 속도를 결정하는 메모리 솔루션이 기업의 이익률을 결정할 것이다. 구글과 같이 사용자의 방대한 데이터를 쥐고 이를 에이전트화하는 플랫폼 권력이 더욱 공고해질 가능성이 높다.

결국 AI라는 거대한 불꽃을 유지하는 연료는 데이터이지만, 그 불꽃을 가두어 동력으로 바꾸는 엔진은 메모리 시스템이다. 삼성전자와 SK하이닉스가 HBM을 넘어 CXL과 소캠으로 영토를 넓히는 이유가 바로 여기에 있다.

1.3조 달러 반도체 제국의 탄생

2026년 반도체 시장은 단순히 성장하는 것이 아니라 폭발하고 있다. 인간의 서비스를 대체하는 에이전트 AI가 불러온 저지연의 갈증은 메모리를 부품에서 인프라의 주역으로 격상시켰고, 한때 칩을 만들던 기업은 이제 스스로 시스템이 되어 세상을 재편하고 있다.

2026년 세계 반도체 시장은 기존 예측치인 9750억 달러를 훌쩍 뛰어넘어 1.3조 달러 규모까지 전망하는 시장 보고서가 나오고 있다. 이러한 성장의 핵심 동력은 메모리 가격의 급등과 에이전트 AI 서비스의 확산이다. 전체 반도체 시장 내 메모리 반도체의 비중은 사상 처음 40%대를 상회할 것으로 예상된다. 에이전트 AI의 확산과 피지컬 AI의 개화로 AI 응답 속도를 결정짓는 저지연 기술 중요성이 과거 어느 때보다 커졌기 때문이다.

파운드리 거인인 TSMC가 전년 대비 30% 성장을 예고하는 동안 메모리 기업들은 경이로운 수치를 기록 중이다. 삼성전자 DS 부문은 191.5%, SK하이닉스는 212.6%라는 기록적인 매출 증가율을 보이며 시장의 주인공이 바뀌었음을 선언하고 있다. 엔비디아는 고성장 기업은 결국 성장세가 둔화된다는 시장의 상식을 파괴하고 있다. 2026년 예상 매출액은 시장 컨센서스를 크게 웃도는 3650억 달러에 달할 것으로 보인다.

이러한 예외적 성장의 배경에는 엔비디아의 정체성 변화가 있다. 이들은 더 이상 단일 칩 회사가 아니다. 모듈 회사를 거쳐 이제는 모든 반도체를 직접 개발하여 장착하는 시스템 회사로 완전히 탈바꿈하며 데이터센터 시장을 장악하고 있다. 공급과 수요의 불균형은 단기간에 해소되지 않을 것으로 관측된다. 신규 팹 기준 공급은 2027년 하반기나 되어야 본격화될 것이기 때문이다. 최소 2027년 상반기까지는 반도체 부족 현상이 이어질 것으로 보인다.

추론의 시대가 열리면서 당분간 AI 메모리 반도체의 성장률이 AI 로직의 성장률을 크게 앞지를 것으로 분석된다. 지능을 생성하는 단계보다 활용하는 단계에서 메모리의 역할이 더 결정적이기 때문이다. 시장이 우려했던 불확실성 역시 점차 걷히고 있다. 오픈AI의 IPO가 올해 하반기에 성공할 경우 거대 인프라 프로젝트 '스타게이트Stargate'에 대한 의구심은 상당 부분 해소될 것이다.

무엇보다 고무적인 것은 메모리 가격 급등에 따른 소비자 제품 위축 우려가 제한적이라는 점이다. 현재 전체 메모리 반도체 수요의 60~70%가 데이터센터에서 발생하고 있기 때문이다. 반도체 시장은 개인의 지갑이 아니라 거대 자본의 인프라 투자에 의해 지탱되는 'B2B 중심의 요새'가 되었다.

반도체 수요, AI 메모리가 로직을 앞지른다

반도체 산업에는 오랜 통념이 있었다. 두뇌로직가 몸통메모리보다 비싸고 중요하다는 것이다. 엔비디아의 GPU가 주인공이고, 삼성과 하이닉스의 메모리는 그 주인공을 보조하는 조연이라는 인식이었다. 그러나 2026년, 이 오래된 서열이 뒤집히고 있다.

AI 모델의 연산 속도는 더 이상 GPU의 처리 능력에만 달려 있지 않다. 진짜 병목은 데이터를 얼마나 빠르게 GPU에 공급하느냐에 있다. 아무리 빠른 엔진을 달아도 연료 공급이 느리면 차는 달리지 못한다. AI 반도체 시장에서 지금 벌어지고 있는 일이 정확히 이것이다. 에이전트 AI는 챗봇과 근본적으로 다르다. 챗봇은 질문 하나에 답변 하나를 돌려주지만, 에이전트는 수십 개의 작업을 동시에 처리하며 이전 대화와 맥락을 끊임없이 참조한다. 이 과정에서 메모리가 처리해야 하는 데이터의 양과 속도는 과거와 비교할 수 없는 수준으로 치솟는다.

추론 단계에서의 KV 캐시 점유율 급증이 이를 증명한다. AI가 긴 맥락을 유지하며 추론할수록 HBM이 실시간으로 처리해야 하는 데이터는 기하급수적으로 늘어난다. 단순히 저장 공간의 문제가 아니라, 초당 얼마나 많은 데이터를 이동시킬 수 있느냐는 대역폭의 싸움이다. 그리고 이 싸움에서 HBM은 사실상 유일한 해답이다.

시장은 이미 이 역전을 가격으로 반영하고 있다. 2026년 세계 반도체 시장에서 메모리의 비중은 사상 처음으로 40%대를 넘어설 것으로 전망된다. 불과 3년 전만 해도 메모리는 전체 시장의 30% 안팎을 오가는 경기 민감 산업이었다. 삼성전자 DS 부문의 매출 증가율 191.5%, SK하이닉스의 212.6%라는 숫자는 이 역전이 단순한 사이클 효과가 아님을 보여준다. 같은 기간 파운드리 거인 TSMC의 성장률이 30% 수준이었다는 점을 감안하면, 메모리의 성장 속도가 로직을 압도하고 있다는 사실이 선명해진다.

수요의 성격도 달라졌다. 과거 메모리 수요는 스마트폰과 PC 교체 주기에 따라 출렁였다. 소비자 한 명이 새 폰을 사느냐 마느냐가 업황을 결정했다. 하지만 지금은 다르다. 전체 메모리 수요의 60~70%가 데이터센터에서 발생하고 있다. 개인의 소비 심리가 아니라 구글, 아마존, 마이크로소프트의 캐펙스 집행 여부가 메모리 시장을 좌우한다. 수요의 주체가 수억 명의 개인에서 수십 개의 거대 기업으로 바뀐 것이다. 이는 메모리 업황의 변동성을 구조적으로 낮추고 가격 결정력을 공급자에게 넘겨주는 결정적인 변화다.

이 역전의 핵심에는 HBM이 있다. HBM은 단순히 더 빠른 메모리가 아니다. AI 가속기와 물리적으로 결합되어 하나의 패키지를 이루는 구조적 혁신이다. GPU 옆에 붙어 데이터를 실시간으로 공급하는 HBM 없이는 엔비디아의 블랙웰도 제 성능을 낼 수 없다.

공급 제약도 가격 결정력을 강화하는 요인이다. HBM 생산은 일반 D램과 달리 TC본딩이라는 정밀 후공정을 거쳐야 한다. 수율을 높이는 데 시간이 걸리고, 신규 생산라인을 구축하는 데도 수년이 소요된다. 빅테크들이 "더 달라"고 줄을 서도 물리적으로 공급을 늘리기 어려운 구조다. 부르는 게 값인 시장이 형성된 이유다.

메모리 계약 가격의 연속 상승과 현물 가격의 폭등은 이 구조적 공급 제약이 만들어낸 결과다. 2027년까지 공급 부족이 지속될 것이라는 전망이 나오는 배경이다. 반도체 산업의 오랜 문법에서 메모리는 언제나 로직의 뒤를 따랐다. 인텔이 새 CPU를 내놓으면 삼성이 거기에 맞는 D램을 만들었고, 애플이 새 아이폰을 출시하면 SK하이닉스가 낸드를 공급했다. 수요를 창출하는 쪽은 언제나 로직이었고, 메모리는 그 수요에 응답하는 쪽이었다.

그러나 에이전트 AI와 피지컬 AI의 시대는 이 관계를 뒤집고 있다. 이제는 얼마나 빠르고 넓은 메모리 대역폭을 확보하느냐가 AI 서비스의 품질과 비용을 결정한다. 메모리가 AI 시스템의 성능 상한선을 규정하는 시대가 온 것이다. 젠슨 황의 5단 케이크에서 메모리는 단순한 재료가 아니다. 케이크가 부풀어 오르는 속도 자체를 결정하는 핵심 성분이다. 그리고 그 성분을 가장 잘 만드는 나라가 대한민국이라는 사실은, 지금 이 역전이 한국에게 얼마나 거대한 기회인지를 말해준다.

추론 수요의 폭발은 HBM 시장의 구조적 성장을 의미한다. 에이전트 하나가 처리하는 맥락의 길이가 늘어날수록 필요한 HBM의 용량과 대역폭은 기하급수적으로 커진다. 삼성전자와 SK하이닉스가 HBM을 넘어 CXL과 소캠으로 영토를 넓히는 이유가 여기에 있다. 추론 시대의 최대 수혜자는 모델을 만드는 기업이 아니라 모델이 생각하는 속도를 결정하는 메모리 기업이다.

소프트웨어 질서의 붕괴

SaaS의 종말인가 진화인가, AI의 파괴적 혁신

2026년 2월 뉴욕 증시는 공포에 질려 있었다. 경기 침체가 아님에도 불구하고 소프트웨어SW 업종은 12개월간 최대 34%의 낙폭을 기록하며 약 2조 달러의 시가총액이 증발했다. S&P 500 내 비중 역시 12%에서 8.4%로 축소되었다.

시장은 'SaaSSoftware as a Service, 서비스형 소프트웨어 종말론'을 가격에 반영하기 시작했다. 그 중심에는 인간의 개입 없이 스스로 워크플로우를 완수하는 '에이전트 AI'의 습격이 있다.

SW 업종 투매의 방아쇠를 당긴 것은 앤스로픽이 출시한 클로드 4.6 오퍼스Opus와 오픈소스 프로젝트 오픈클로OpenClaw였다. 클로드는 단순히 글을 쓰는 단계를 넘어 화면을 보고 커서를 움직여 직접 소프트웨어를 조작하는 능력을 갖췄다. 이후 앤스로픽은 클로드 코워크를 통해 법률, 재무, 마케팅 업무를 자동화하는 애플리케이션 레이어로 진입했다. 이는 세일즈포스, 어도비 등 기존 SW 강자들의 영토를 직접 침범하는 행위다.

개발자 페터 슈타인베르거가 주도한 오픈클로는 사용자의 계정으로 로그인된 브라우저를 직접 제어하는 방식이다. 유료 콘텐츠와 폐쇄형 커뮤니티텔레그램, 유료 리서치 등에 직접 접근해 정보를 수집하고 가공할 수 있다. 이제 사용자는 비싼 기업용 솔루션 대신 AI 에이전트에게 "내 업무를 대신하라"고 명령하기만

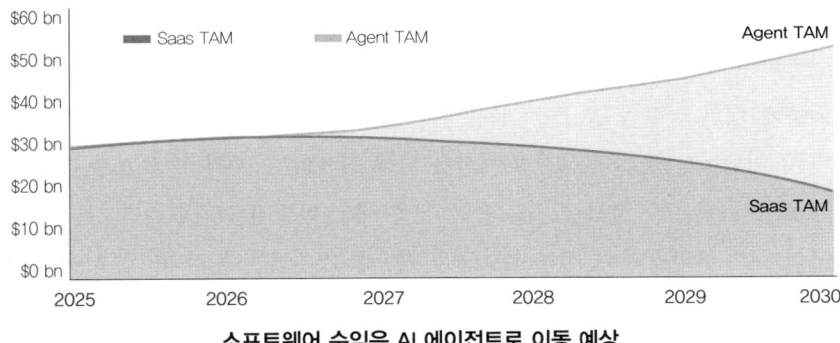

소프트웨어 수익은 AI 에이전트로 이동 예상

*Source: Gartner, Goldman Sachs Research Gartner data published October 10, 2024

하면 된다.

그동안 SaaS 기업들은 '사용자 한 명당 얼마'라는 구독 모델로 막대한 부를 쌓았다. 하지만 AI 에이전트가 한 명의 직원 몫을 혹은 수백 명의 워크플로우를 대신 처리하게 되면서 이 모델은 근간부터 흔들리고 있다. 사용자 기반 가격제를 채택한 SaaS 기업 비중은 지난 1년 사이 21%에서 15%로 급감했다. 반면 업무 완수 성과에 따라 비용을 지불하는 하이브리드/사용량 기반 모델은 41%까지 치솟았다.

전문가들은 기존 SaaS 모델의 유효 기간이 단 5년 남았다고 경고한다. 2030년까지 에이전트가 전체 소프트웨어 시장 매출의 60%를 장악할 것으로 예상되는 가운데 기존 레거시 매출은 축소되는 '자기 잠식'의 아이러니가 발생하고 있다.

샘 올트먼 오픈AI CEO는 2026년을 '긴 작업Long-running tasks'의 원년으로 정의했다. 이제 AI 그 자체는 흔해졌다. 중요한 것은 그 AI를 관리하는 에이전트 팀 운영 도구다. 미래의 소프트웨어는 인간이 사용하는 화면UI보다 AI가 호출하는 통로API가 더 중요해진다. 에이전트가 스스로 코드를 작성하고 필요한 서비스를 API로 호출해 문제를 해결하기 때문이다. 복사, 붙여넣기, 단순 정리 등 얇은 레이어의 기능만 제공하던 스타트업들은 에이전트 AI에 의해 빠르게 도태될 가능성이 높아졌다.

에이전트가 침범할 수 없는 고유한 데이터와 워크플로우 주도권을 가진 기업예: 팔란티어 등은 오히려 더 강력한 지배력을 갖게 될 것으로 보인다. 다만 SW 업종에 대한 극단적 공포에 대해 엔비디아의 젠슨 황은 다른 시각을 제시한다. 휴머노이드 로봇이 인간의 세상을 위해 인간의 도구망치, 가위를 쓰듯 고도화된 AI 에이전트AGI 역시 스스로 모든 것을 새로 만들기보다 기존의 강력한 도구인 SAP, 서비스나우, 시놉시스 등을 활용할 것이라는 논리다. 즉, AI가 SaaS를 완전히 대체하기보다 복잡한 엔터프라이즈 환경의 워크플로우를 보완하고 효율화하는 파트너로서 공존할 가능성이 높다는 주장이다.

구글 '지니3'가 쏘아 올린 게임 · SW 산업의 거대한 균열

2026년 2월 구글 딥마인드가 발표한 차세대 월드 모델World Model '지니3Genie 3'는 글로벌 증시에 충격파를 던졌다. 발표 직후 게임 엔진의 상징인 유니티 -24%를 비롯해 메타버스 플랫폼 로블록스 -13%, GTA의 제작사 테이크투 -8%등 주요 소프트웨어 기업들의 시가총액이 크게 증발했다.

시장은 왜 이토록 공포에 질린 것일까? 그것은 지니3가 단순히 '그림을 잘 그리는 AI'가 아니라 코딩과 복잡한 엔진 없이도 상호작용이 가능한 가상 세계를 실시간으로 창조하는 '신'의 영역을 넘보기 시작했기 때문이다. 기존의 게임 제작은 수학적 계산과 코딩의 집합체였다. 예를 들어 "나무가 흔들리는 각도는 몇 도, 그림자의 길이는 몇 미터"라는 규칙을 인간이 일일이 입력해야 했다. 하지만 지니3는 이 과정을 '확률적 예측'으로 대체했다.

제미나이가 다음에 올 단어를 맞추듯 지니3는 다음에 올 픽셀 덩어리를 맞춘다. 화면을 작은 격자로 쪼개비디오 토크나이저 캐릭터의 움직임과 주변 환경의 변화를 통계적으로 예측하여 그려버리는 것이다. 가장 놀라운 지점은 '물리적 일관성'이다. 주인공이 고개를 돌렸다가 다시 봐도 물컵이 그 자리에 그대로 있는 능력을 갖췄다. 이는 AI가 세상을 단순한 영상이 아닌 인과관계가 존재하는 '물리적 공간'으로 이해하고 있음을 뜻한다.

유니티와 로블록스의 주가가 급락한 이유는 그들의 존재 가치인 '개발 편의

성'과 '창작 도구'로서의 지위가 구글의 AI에 흡수될 위험에 처했기 때문이다. 지니3를 이용하면 텍스트 프롬프트만으로 플레이 가능한 3D 세계를 즉석에서 만들 수 있다. 수년간 수천억 원을 들여 게임을 만들던 전통적 방식은 이제 '가성비'라는 거대한 벽에 부딪혔다.

구글이 지니3에 목매는 진짜 이유는 게임 제작이 아니다. 현실 세계를 움직이는 '피지컬 AI로봇/자율주행'를 구현하기 위한 필수 관문이기 때문이다. 현재 테슬라는 실제 도로 위를 달리는 수백만 대의 차량으로부터 직접 AI를 훈련시킨다. 그러나 구글은 유튜브의 방대한 영상 데이터를 통해 물리 세계의 의외성과 다양성을 학습한다. 로봇이 처음 보는 물건을 만질 때 수백만 개의 영상에서 유추한 물리적 인과관계를 사용한다. 엔비디아가 현실과 똑같은 가상 세계디지털 트윈 옴니버스를 정교하게 구축해 로봇이 물리 법칙을 완벽하게 학습하도록 돕는 연습장을 제공하는 것처럼 말이다.

결국 구글은 지능제미나이과 시각적 물리 이해지니를 결합하여 진짜 인간처럼 세상을 이해하고 계획하는 에이전트를 완성하려 한다. 글로벌 빅테크들이 고차원적인 패권 다툼을 벌이는 사이 딥시크DeepSeek와 알리바바의 QwenQ원을 필두로 한 중국계 모델들은 무서운 기세로 시장을 잠식하고 있다.

2025년 기준 중국계 모델의 글로벌 점유율은 15%에 도달했다. 특히 일본 상위 10개 모델 중 6개가 중국산 기반일 정도로 실용 영역코딩, 디자인에서 강세를 보이고 잇다. 미국 모델 대비 압도적으로 낮은 비용과 오픈소스 배포 전략은 빅테크들의 구독료 장사를 위협하는 강력한 변수로 떠올랐다.

2026년의 소프트웨어 시장은 AI가 대신할 수 없는 영역을 찾는 숨바꼭질과 같다. 단순히 창작의 판을 깔아주는 로블록스나 유니티 같은 모델은 구글의 거대한 '월드 모델'에 침식될 수 있다. 유튜브구글, 주행 데이터테슬라, 제조 데이터삼성/현대 등 물리 세계의 정답지를 가진 기업이 AI 제국의 최상위 포식자가 될 가능성이 높아졌다.

AI 에이전트, 사이버 보안의 성벽을 넘다

사이버 보안 시장에도 전례 없는 공포가 엄습했다. 앤스로픽이 소프트웨어 취약점 탐지 도구인 '클로드 코드 시큐리티Claude Code Security'를 공개하자마자 시장을 호령하던 보안 강자들의 주가가 일제히 폭락했다.

크라우드 스트라이크와 클라우드플레어는 약 8%, 옥타는 9.2% 급락했다. 단 며칠 만에 증발한 시가총액은 150억 달러약 21.6조 원에 달한다. 북미 소프트웨어 산업에 투자하는 IGV ETF는 올해 들어 23% 하락하며 2008년 금융 위기 이후 가장 큰 분기별 하락폭을 기록했다. 투자자들은 앤스로픽의 이 도구가 단순한 보조 도구를 넘어, 기존 보안 솔루션의 존재 이유를 지워버릴 수 있다고 판단했다.

현재 보안 시장의 주류는 '정적 분석Static Analysis'이다. 이는 미리 정의된 규칙 데이터베이스를 기반으로 코드의 패턴을 대조하는 방식이다. 하지만 이 방식은 치명적인 약점을 안고 있다. 정적 도구는 알려지지 않은 공격제로데이이나 복잡한 비즈니스 논리 결함을 찾아내지 못한다.

반면 클로드 코드 시큐리티는 애플리케이션 구성 요소 간의 상호 작용을 추론한다. 데이터가 흐르는 방식을 매핑하고 코드 내부의 흐름을 깊이 이해함으로써 기존 규칙으로는 잡아낼 수 없던 비정형 취약점까지 식별한다.

보안의 핵심은 속도다. 앤스로픽은 취약점 발견부터 해결까지의 과정을 하나의 매끄러운 흐름으로 통합했다. 발견된 결함의 심각도에 따라 순위를 매겨 보안 담당자의 판단을 돕는다.

코드를 읽지 않아도 왜 위험한지 인간의 언어로 설명해 준다. '수정 제안 Suggest Fix' 버튼 하나로 즉시 수정 코드를 생성한다. 이러한 자동화는 보안 엔지니어가 수행하던 고도의 분석 작업을 AI가 대체할 수 있다. 즉, 보안 인건비와 솔루션 비용의 구조적 하락으로 이어질 수 있다는 이야기다. 가장 파괴적인 전망은 DevSecOps 구조 자체의 변화다. 지금까지 보안은 개발Dev과 운영 Ops 사이의 별도 단계로 존재했다. 하지만 AI가 코드 작성 단계에서 보안을 완결 짓는다면 이야기는 달라진다.

보안 툴은 더 이상 별도의 독립된 제품이 아니라 개발자가 코드를 쓰는 IDE 통합 개발 환경 내부의 기능으로 완전히 흡수될 가능성이 커졌다. 오픈AI의 '아드바크Aardvark' 같은 경쟁 도구는 한술 더 떠 샌드박스 내에서 해커의 공격 난이도까지 시뮬레이션한다. AI가 방어자이자 공격자로서 개발 단계에서 보안을 종결짓는 시대가 온 셈이다.

앤스로픽의 이번 발표는 보안 취약점 탐지가 '규칙 기반'에서 'AI 기반 맥락 이해'로 본격 전환되는 신호탄이다. 운영 환경을 지키는 EDR/XDR 강자들은 이제 코드 생성 단계부터 치고 들어오는 AI 에이전트와 경쟁해야 한다.

보안 기업들의 주가 하락은 일시적인 과잉 반응일 수 있으나 AI가 보안 시장의 구조를 밑바닥부터 바꾸고 있다는 사실만은 명확해졌다. 보안은 이제 무엇을 막느냐가 아니라 개발의 흐름 속에서 얼마나 완벽하게 동기화되느냐의 싸움이 되었다.

디지털 고고학의 종말: IBM 쇼크가 던진 경고

지난 2월 말 뉴욕 증시는 거대한 거인의 추락을 목격했다. IBM의 주가가 하루 만에 13.2% 폭락하며 1968년 이후 최악의 월간 낙폭을 기록했다. 이는 단순한 주가 조정을 넘어 레거시 기술에 기반한 비즈니스 모델이 AI에 의해 어떻게 해체되는지를 보여주는 상징적 사건이다.

전 세계 금융, 정부, 항공 시스템의 혈관을 흐르는 언어인 코볼은 1950년대에 태어난 유물이다. 하지만 이 '디지털 고고학'의 영역은 IBM 메인프레임 사업의 핵심 수익원이었다. 과거 코볼 시스템을 최신 환경으로 바꾸려면 수천 명의 컨설턴트가 수년 동안 복잡한 코드의 의존성을 손으로 매핑해야 했다. 이것이 IBM 컨설팅 부문의 고마진을 보장하는 성역이었다. 앤스로픽의 클로드 코드는 이 과정을 자동화해 버렸다. 수년이 걸리던 구조 분석과 문서화 작업을 AI가 단숨에 처리하기 시작하면서, IBM이 쌓아온 노동집약적 비즈니스의 장벽이 허물어졌다.

투자자들이 가장 공포를 느끼는 지점은 수익 구조의 근본적 변화다. AI가 코드를 이해하고 생성하는 수준을 넘어 사용자가 직관적으로 앱을 만드는 '바이브 코딩Vibe Coding' 환경이 확산되고 있기 때문이다. AI가 현대화 작업을 대체하면 수조 원 규모의 컨설팅 계약은 사라지거나 헐값으로 변한다. IBM 매출의 상당 부분을 차지하는 메인프레임 운영 및 애플리케이션 지원 사업의 가격 결정력이 박살 나고 있는 셈이다.

이는 비단 IBM만의 문제가 아니다. 대형 소프트웨어 ETF가 연초 이후 2달 만에 27% 하락하며 2008년 금융위기 수준의 고통을 겪는 것은 기존 소프트웨어 권력이 AI 에이전트에게 주도권을 내주고 있다는 증거다. 월가는 이제 IBM을 하이브리드 클라우드 기업이 아닌 메인프레임 리스크를 안은 기업으로 재정의하고 있다. 금융·정부 등 고신뢰 환경에서도 AI 기반 보안과 코딩 기능이 검증되기 시작하자 레거시 기업들이 내세우던 안정성이라는 무기는 무력해졌다.

앤스로픽, 오픈AI, 알파벳 등 AI 포식자들이 코딩과 보안 기능을 고도화할 때마다 전통적 소프트웨어 기업들의 시가총액은 수십조 원씩 증발하고 있다. 역사가 깊은 기업일수록 AI라는 용광로 속에서 녹아내릴 고철도 많다. IBM의 급락은 지능의 자동화가 인류의 오랜 디지털 유산마저 비용으로 치부하기 시작했음을 알리는 신호탄이다. IBM 쇼크는 기술 부채Tech Debt를 이자로 먹고살던 시대가 끝났음을 보여준다.

SaaS가 흔들리고 레거시 소프트웨어가 무너지는 것은 한국 기업들에게도 냉정한 경고다. 그러나 동시에 기회이기도 하다. 에이전트 AI가 침범할 수 없는 영역은 물리적 실체를 다루는 곳이다. 반도체 제조, 정밀 부품, 로보틱스. 한국이 가장 잘하는 영역들이다. 소프트웨어 질서가 붕괴할수록 하드웨어 강국 한국의 상대적 가치는 올라간다.

중국의 반격과 기술 전쟁의 실상

중국의 3대 우회 전략: 봉쇄를 넘는 세 가지 길

미국은 반도체 수출 통제라는 가장 날카로운 칼을 뽑아 들었다. 엔비디아의 최첨단 GPU는 중국으로 가지 못하고, 첨단 장비는 국경에서 막혔다. 서구 언론은 중국의 AI 굴기가 멈출 것이라 예측했다. 그러나 중국은 멈추지 않았다. 정면 돌파 대신 세 개의 우회로를 뚫었다.

첫 번째는 전력이다. 칩이 막히자 중국은 압도적인 전력 생산량을 무기로 꺼내 들었다. 최신 GPU 1개 대신 구형 칩 4~5개를 묶어 성능을 낸다. 전력 낭비는 심하지만 전기가 워낙 싸기에 최종 비용은 미국보다 낮다. 동수서산 프로젝트가 만들어낸 전력의 바다가 제재의 장벽을 넘는 첫 번째 다리가 되었다.

두 번째는 인재다. 장비는 막을 수 있어도 머릿속에 담긴 지식은 국경으로 막을 수 없다. 실리콘밸리가 길러낸 중국계 천재들이 줄줄이 귀국하며 중국 반도체와 AI의 브레인이 되고 있다. 미국이 국적을 매개로 인재를 묶으려 했지만 결과는 핵심 인재들을 중국의 품으로 더 깊숙이 밀어 넣는 역설을 낳았다.

세 번째는 우회로다. 제3국 데이터센터를 통한 합법적 학습, 디지털 세탁을 통한 첨단 칩 확보, 그리고 미국 모델의 지능을 흡수하는 증류 기법까지. 중국은 물리적 국경이 통하지 않는 디지털 세계의 틈새를 가장 창의적으로 활용하고 있다.

이 세 가지 전략은 독립적으로 작동하는 것이 아니라 서로를 보완하며 맞물린다. 전력이 하드웨어의 열세를 상쇄하고, 인재가 기술을 내재화하며, 우회로가 지능의 공백을 채운다. 미국의 제재가 촘촘해질수록 중국의 우회 전략은 더 정교해지고 있다. 이어지는 챕터들은 이 세 가지 전략의 실체를 하나씩 해부한다.

미국은 반도체로 압박, 중국은 전기로 버틴다

AI는 칩에서 태어나지만, 전력에서 숨을 쉰다. 미국은 압도적인 칩 기술력과 모델 성능이 중국을 완전히 고립시켰다고 믿었다. 하지만 데이터센터의 문을 열고 들어가면 전혀 다른 풍경이 펼쳐진다. 미국이 엔비디아의 최신 GPU를 보물처럼 쌓아두고 전력 부족에 신음할 때, 중국은 저사양 칩 수만 개를 값싼 전력의 바다에 담가 '지능의 물량 공세'를 퍼붓고 있다.

현재 미국 빅테크들의 최대 고민은 역설적이게도 칩이 아니다. 오픈AI, MS, 구글이 마주한 거대한 벽은 '전력망의 노후화'다. 향후 3년 내 미국 데이터센터가 추가로 요구할 전력량은 뉴욕주 전체의 전력 용량과 맞먹는다. 칩의 연산 속도가 빨라질수록 데이터센터는 거대한 전력 블랙홀이 되고 있다. 미국 데이터센터의 전기 요금은 kWh당 7~9센트 수준이다. 고금리 환경에서 인프라 투자 비용까지 겹치며 미국의 '토큰 생산 단가'는 하방 압력을 강하게 받고 있다.

미국의 제재로 최첨단 칩 공급이 막힌 중국은 가장 중국다운 방식으로 해법을 찾았다. 바로 '압도적인 전력 생산량'을 지렛대로 삼는 것이다. 중국 데이터센터의 전기 요금은 미국의 절반 이하인 kWh당 약 3센트 수준이다. 이 저렴한 전력은 저사양 칩의 비효율성을 상쇄하는 강력한 무기가 된다. 중국 기업들은 최신 GPU 1개 대신 구형 칩 4~5개를 묶어 성능을 낸다. 전력 낭비는 4배 이상 심하지만 전기가 워낙 싸기에 최종 비용은 미국 기업보다 오히려 낮게 유지된다. 제재라는 장벽을 '전력의 바다'로 넘어가고 있는 셈이다.

중국은 이미 2010년 이후 전 세계 나머지 국가를 모두 합친 것보다 많은 전력망을 구축했다. 그 정점에 있는 것이 바로 '동수서산' 프로젝트다. 데이터 수요가 많은 동부 연안의 데이터를 전력이 남아도는 서부네이멍구, 구이저우 등 사막 지대로 보낸다. 그곳에는 거대한 태양광·풍력 단지가 끝도 없이 펼쳐져 있으며, 여기서 생산된 과잉 전력은 거대한 '지능의 용광로'를 달구는 연료가 된다.

중국은 에너지 자립을 통해 미국의 기술 제재가 미치지 않는 영역에서 자신들만의 독자적인 AI 생태계를 완성해 나가고 있다. 상황이 이쯤 되자 미국은 다급해졌다. 칩 기술만으로는 전쟁에서 이길 수 없다는 사실을 깨달았기 때문이다. 빅테크들은 이제 직접 원전 기업과 손을 잡고 있다. MS가 콘스텔레이션 에너지와 계약해 스리마일섬 원전을 재가동하려는 움직임은 시작에 불과하다. 24시간 안정적으로 공급되는 '기저 부하Base Load' 없이는 AI 패권도 없기 때문이다.

미국 정부는 노후화된 전력망을 현대화하고 송전선 건설 규제를 완화하는 데 사활을 걸고 있다. 250년 전 건국의 아버지들이 도로를 닦았듯 지금의 미국은 '디지털 전력망'이라는 새로운 고속도로를 닦아야 하는 처지다. 중국은 기술은 뒤처졌으나 전력이 넘치는 '투박한 풍요'를 누리고 있다. 에너지 경쟁력을 바탕으로 한 서비스 단가 경쟁에서 중국은 여전히 무서운 상대다.

결국 AI 패권 전쟁의 최종 승자는 가장 똑똑한 알고리즘을 가질뿐 아니라 가장 저렴하고 안정적인 전력을 무한히 공급할 수 있는 나라가 될 것이다.

중국 기술 독립의 첨병, 실리콘밸리 출신 중국인

과거의 전쟁이 영토를 빼앗는 것이었다면, 디지털 시대의 전쟁은 '두뇌'를 가두는 것이다. 하지만 가두려 할수록 인재는 흐르고, 그 흐름의 끝에서 새로운 제국이 건설된다. 지난 1월 글로벌 반도체 업계를 뒤흔든 소식이 알려졌다. 중국 반도체 장비의 상징 제럴드 인중국명 인즈야오 AMEC 회장의 미국 시민권 포기와 중국 국적 회복 소식이었다. 이는 단순한 개인의 선택을 넘어, 미·중 기술 전쟁이 낳은 '인재의 대이동Human Capital Decoupling'을 상징하는 사건이었다.

제럴드 인 회장은 실리콘밸리가 길러낸 가장 완벽한 인재 중 한 명이었다.

인텔, 램리서치, 어플라이드 머티리얼즈 등 세계 3대 장비사를 두루 거치며 89건의 특허를 보유한 그가 돌연 시민권을 던진 이유는 무엇일까? 2022년 10월부터 시행된 미국의 수출 통제는 '미국인시민권자 및 영주권자'이 중국의 첨단 반도체 제조를 돕는 것을 엄격히 금지했다. 실리콘밸리에서 쌓은 20년의 명성보다 자국의 기술 자립을 선택한 그의 행보는 미국이 기술을 막기 위해 세운 '국적의 벽'이 오히려 핵심 인재들을 중국의 품으로 더 깊숙이 밀어 넣는 결과를 초래했음을 보여준다.

2004년 60세라는 은퇴를 앞둔 나이에 15명의 실리콘밸리 엔지니어와 함께 상하이에서 AMEC을 설립한 그의 목표는 단 하나, 미국의 독점을 깨는 것이었다. 2025년 6월 기준 AMEC의 장비는 전 세계 150개 이상의 생산라인에 6800대 이상 공급되었다. 무엇보다 놀라운 것은 중국 장비 중 드물게 5나노 최첨단 공정에 투입되고 있다는 사실이다. 식각 장비에 매출의 76%가 집중되어 있던 구조에서 탈피, 이제는 박막 증착Deposition과 전자빔 검사 장비로 영토를 확장하고 있다. 램리서치의 점유율을 뺏어오며 성장한 그들이 이제는 어플라이드 머티리얼즈의 영역까지 넘보고 있는 셈이다.

제럴드 인의 귀환과 AMEC의 폭주는 중국 반도체 생태계의 질적 변화를 상징한다. 2025년 한 해 동안 중국의 반도체 장비 국산화율은 25%에서 35%로 급등했다. 중국 정부의 당초 목표치였던 30%를 가볍게 돌파한 수치다. AMEC은 신제품 개발 주기를 기존 3~5년에서 2년 미만으로 단축했다. 미국의 제재가 오히려 중국 장비사들에게 '생존을 위한 초가속'의 동력을 제공한 역설적인 상황이다.

제럴드 인의 사례는 자본과 장비는 통제할 수 있어도 인재의 머릿속에 담긴 지식과 경험은 국경으로 막을 수 없음을 시사한다. 미국은 국적을 매개로 인재를 묶으려 하겠지만, 중국은 파격적인 대우와 '애국주의' 서사를 결합해 해외 인재들을 빨아들이고 있다.

중국 장비의 고도화는 우리 반도체 소부장 기업들에게 위협인 동시에 중국이라는 거대 시장의 '대안'을 제시해야 한다는 과제를 던진다. 결국 2026년의 반도체 전쟁은 칩의 전쟁이 아니라 '누가 인재의 마음을 얻고 그들의 자유로운 흐름을 시스템으로 안착시키는가'의 전쟁이다. 제럴드 인의 중국행은 그 전쟁의 승부추가 어디로 기울고 있는지 보여주는 가장 강력한 지표다.

데이비드 왕 ACM 리서치 회장도 실리콘밸리에서 중국으로 귀환한 대표 인물이다. 제럴드 인과 유사하게 어플라이드 머티리얼즈 출신 엔지니어들을 주축으로 중국 내 회사를 설립했다. 현재 HBM^{고대역폭 메모리} 공정 장비를 중국 CXMT 등에 공급하며 한국의 장비 경쟁력을 턱밑까지 추격하고 있다. AI 분야에서는 마이크로소프트 리서치^{MSR}와 구글 출신들이 중국 AI의 브레인 역할을 하고 있다. 2025년 실리콘밸리를 충격에 빠뜨린 딥시크^{DeepSeek}의 약진 뒤에도 이들의 보이지 않는 손이 있었다.

장야친 칭화대 AIR 원장은 마이크로소프트 글로벌 부사장 출신으로 바이두의 AI 전략을 총괄하다 현재는 칭화대에서 자율주행과 로보틱스 AI 인재들을 양성하며 중국판 'AI 웨스트포인트'를 구축했다. 주송춘 BIGAI 원장은 UCLA와 스탠포드에서 28년간 거주하며 AI 시각 지능 분야의 세계적 권위자로 성장한 인물이다. 지난 2020년 중국으로 귀국해 범용 인공지능^{AGI} 연구소를 설립, 중국 AI의 사상적·기술적 기틀을 마련했다.

실리콘 밸리를 향한 중국 공산당의 야심

미국에서 기술을 배워 중국으로 돌아가는 트렌드는 노년의 창업가들을 넘어 3040 세대의 젊은 천재들로 확장되고 있다. 궈췬치 웨스트레이크 대학 교수는 일리노이 대학 박사 후 마이크로소프트에서 딥러닝을 연구하다 2025년 중국으로 전격 귀국했다. 중국의 차세대 '머신 퍼셉션' 연구를 이끌며 서구의 알고리즘을 중국 인프라에 최적화하고 있다. 치엔홍 수학/모델링 전문가는 워싱턴 대학 석좌교수직을 버리고 2025년 귀국했다. AI 연산의 기초가 되는 복잡계 수학 모델을 중국 데이터센터 환경에 이식하고 있다.

최근 글로벌 반도체 학계의 신성으로 떠오른 장젠펑 교수의 베이징대 부임은 중국의 인재 영입 속도가 얼마나 파격적인지를 보여주는 상징적 사건이다.

MIT 박사후연구원 생활 단 1년 6개월 만에 중국 최고의 명문인 베이징대 부교수로 발탁되었다. 그는 실리콘의 한계를 넘을 차세대 소재인 인듐 셀레나이드 InSe를 세계 최초로 웨이퍼 크기로 생산하는 데 성공했다. 인듐 셀레나이드는 3nm 미만의 초미세 공정에서 실리콘보다 뛰어난 효율과 안정성을 자랑하는 꿈의 소재로 꼽힌다. 장 교수는 "연구가 국가의 진정한 필요와 결합할 때 더 큰 의미가 있다"며 귀국 배경을 밝혔다. 이는 개인의 학문적 성취를 국가적 생존의 문제와 결합하려는 중국의 메시지가 젊은 학자들에게 먹혀들고 있음을 시사한다.

해외 석학들의 귀국 행렬은 중국의 강력한 유인책Pull과 미국의 환경 악화Push가 맞물린 결과다. 중국은 과거 천인계획에 대한 국제적 비판이 거세지자 명칭을 바꾸거나 비공개로 전환하여 인재 포섭을 계속하고 있다. 2024년 귀국한 50만 명에 육박하는 인재들은 중국의 AI, 고성능 컴퓨팅HPC, 자율주행 분야의 국가 과제를 수행하며 미국의 기술 봉쇄를 뚫는 '인적 방파제' 역할을 하고 있다. 정치적 성향보다 기술적 유용성을 우선시하는 당국의 태도는 해외에 머물던 반체제 인사들조차 연구 환경과 자금력을 이유로 고국행을 택하게 만드는 강력한 기제가 된다.

중국의 전략은 명확하다. 하드웨어가 막히면 소프트웨어와 인재로 돌파하겠다는 심산이다. 국가가 필요한 연구를 수행하는 대가로 막대한 자금과 지위를 보장하는 국가 자본주의적 연구 모델의 강화를 목적으로 한다. 미국의 중국 인재에 대한 연구 예산 삭감과 배척은 결과적으로 중국의 기술 자립을 돕는 '인재의 역류'를 초래하고 있다.

이들은 단순히 지식을 가져오는 것이 아니라 실리콘밸리의 '실패의 경험'과 '조직 운영 체계'를 통째로 가져왔다. 이는 중국이 시행착오를 줄이고 가파른 성장 곡선을 그리는 핵심 동력이 된다. 미국이 장비를 막아도 이들은 장비의 설계 도면과 대체 부품 소싱처를 머릿속에 담고 있다. "장비는 막아도 머리는 막을 수 없다"는 명제가 현실화된 것이다. 삼성전자와 SK하이닉스 출신 인재들까지 이 네트워크에 포섭되고 있어 대한민국의 '반도체 초격차'는 언제든

구분	내용 및 특징
중국의 유인(Pull)	'만인계획' 등을 통해 인당 최대 500만 위안(약 10억 원)의 연구비 지원. 2024년 한 해에만 49.5만 명의 인재 귀국.
미국의 밀어냄(Push)	트럼프 행정부의 대학 연구비 대폭 삭감, 중국계 학자들에 대한 정치적 불신 및 감시 강화.
정치적 포용	과거 천안문 시위를 지지했던 류쥔 하버드대 교수마저 AI/데이터 과학 권위자라는 이유로 칭화대 석좌교수로 영입(과거 불문 정책).

위태로워질 수 있다.

AI 패권은 칩의 개수뿐 아니라 '누가 인재의 마음을 얻는가'도 매우 중요하다. 제럴드 인으로 시작된 중국 핵심 인력 연어들의 행렬은 이제 거대한 강물이 되어 중국의 반도체 · AI 굴기를 밀어 올리고 있다. 우리는 이 인맥 지도를 보며 두려워만 할 것이 아니라 우리만의 '인재 블랙홀'을 어떻게 만들 것인지, 그리고 이들과 당당히 겨룰 수 있는 '한국형 미래 서사'를 어떻게 구축할 것인지 고민해야 한다. 지능의 시대, 인재가 머무는 곳이 곧 문명의 중심이기 때문이다.

딥시크와 금지된 지능

봉쇄는 때로 혁신보다 강력한 갈망을 낳는다. 미국이 세운 견고한 반도체 금지선 너머에서, 중국의 딥시크는 금지된 열매인 엔비디아의 블랙웰을 손에 넣었다. 이는 기술 패권 전쟁이 단순히 '차단'의 문제가 아니라, 전 세계에 흩어진 디지털 혈류를 누가 더 은밀하게 장악하느냐의 싸움임을 시사한다.

미국의 강력한 수출 통제 대상인 엔비디아의 최첨단 칩, 블랙웰이 중국의 신생 강자 딥시크의 데이터센터에서 작동하고 있다는 주장이 제기되었다. 이는 기술을 가두려는 미국의 '창'보다 그 틈새를 파고드는 자본과 기술의 '방패'가 더 정교할 수 있음을 보여주는 상징적인 사건이다.

미 정부 관계자들에 따르면 딥시크는 차세대 모델 학습을 위해 블랙웰 칩을 확보했으며, 이를 내몽골의 외딴 데이터센터 클러스터에 은밀히 배치한 것으로 보인다. 더욱 놀라운 점은 이들이 미국산 칩의 사용 흔적을 지우기 위해 하드웨어의 기술적 지표를 제거하는 이른바 '디지털 세탁' 기법을 동원했다는 사실이다. 이는 물리적 국경을 넘는 밀수를 넘어 시스템 내부의 정체성까지 조작하는 고도의 기술적 은폐가 이루어지고 있음을 의미한다.

딥시크의 약진은 단순히 하드웨어 확보에만 그치지 않는다. 이들은 오픈AI, 구글, 앤스로픽 등 미국 선도 기업들이 막대한 자본을 들여 만든 모델의 지능을 효과적으로 흡수하는 증류Distillation 기법을 병행하고 있다. 이는 이미 검증된 고도의 지식을 효율적으로 전이받아 학습 비용과 시간을 획기적으로 단축하는 전략이다. 미국이 인프라를 차단하는 동안 중국은 미국이 이미 완성한 '지능의 정수'를 추출하여 기술 격차를 좁히는 영리한 지름길을 택한 셈이다.

규제가 촘촘해질수록 지능은 더 은밀한 경로를 찾아 흐른다. 블랙웰의 등장은 규제의 실효성에 대한 근본적인 의문을 던지며, 워싱턴의 대중국 봉쇄 전략을 다시 시험대에 올리고 있다.

이번 사건으로 인해 미국 내부에서는 중국의 반도체 접근 차단 라인을 어디까지 설정할 것인가를 두고 격렬한 논쟁이 벌어지고 있다. 칩의 유입을 물리적으로 막는 것이 사실상 불가능하다는 회의론과 더욱 강력한 전방위적 제재가 필요하다는 강경론이 충돌하고 있다. 딥시크가 보여준 '성능의 도약'은 미국의 제재가 오히려 중국의 기술 자립 의지를 고취하고, 변칙적인 생존 전략을 고도화시켰다는 비판적 시각에 힘을 실어주고 있다.

딥시크의 블랙웰 활용설은 AI 패권 전쟁의 향방이 단순히 '누가 더 좋은 장비를 가졌는가'에서 '누가 규제의 그물망을 더 우아하게 빠져나가는가'로 옮겨갔음을 상징한다. 또 첨단 칩의 최종 수요처를 끝까지 추적하는 것이 얼마나 난해한 과제인지 증명되었다. 하드웨어가 부족하더라도 '지식 증류'와 같은 효율적인 알고리즘이 기술 격차를 메우는 핵심 변수로 부상했다. 결국 지능은 물리적 장벽에 갇히지 않는다. 장벽이 높아질수록 그 너머를 향한 갈망은 기술의 변칙적 진화를 가속할 뿐이다.

실리콘 만리장성의 균열

지능은 흐르는 물과 같아서, 가장 높은 장벽조차 가장 낮은 틈새를 찾아내어 넘어가고야 만다. 미국이 쌓아 올린 '수출 통제'라는 제방은 이제 중국의 거대한 수요와 글로벌 '네오 클라우드'라는 우회로에 의해 그 견고함을 시험받고 있다.

미·중 반도체 전쟁은 새로운 국면에 진입했다. 명분은 '수출 통제'였으나, 실리는 '우회와 할증'이 지배하고 있다. 엔비디아와 AMD가 중국 시장에서 거두는 천문학적인 매출, 일본과 호주를 거점으로 형성된 '지능의 세탁소Neo-Cloud'는 21세기 패권 전쟁이 얼마나 복잡한 경제적 이해관계로 얽혀 있는지 보여준다.

트럼프 정부의 규제 완화 기조에 따라 엔비디아와 AMD는 중국 시장에서 다시 한번 '잭팟'을 터뜨리고 있다. 엔비디아는 중국향 수출 허가를 통해 올해 70억~120억 달러 규모 추가 매출이 기대된다. 중국에 판매할 H200은 초도 판매량만 최대 8만장에 달하며, 후속 주문까지 합치면 최대 50만장에 이르는 규모를 형성할 전망이다. 알리바바가 MI308 5만장 주문을 검토하면서 AMD 역시 약 7억 달러 수준의 추가 매출이 기대된다.

중국향 GPU 수출이 재개되자 호재는 엉뚱하게도 한국의 메모리 업계로 튀었다. 이른바 'HBM 급행료'가 발생한 것이다. 엔비디아 H200의 중국 판매 허가로 인해 필수 부품인 HBM3E의 몸값이 치솟았다. 삼성전자와 SK하이닉스는 올해 HBM 계약 가격을 기존 대비 20% 이상 인상하며 주도권을 잡았다. 구글의 7세대 TPU '아이언우드'HBM3E 8개 탑재와 아마존의 '트레이니엄 3'HBM3E 12단 탑재 생산이 겹치면서 HBM 시장은 그야말로 '부르는 게 값'인 공급자 우위 시장이 되었다.

중국 본토 내부의 상황은 여전히 '배고픈 풍요'다. 중국 당국이 공식 구매를 허용했음에도 불구하고, 물량 부족으로 인해 암시장이 기승을 부리고 있다. 중국 암시장에서 H200 8개를 탑재한 서버 한 대 가격은 약 230만 위안약 4.3억원에 거래된다. 공식 가격보다 50% 이상 비싸지만, 학습용 칩이 절실한 중국 테크 기업들에게 선택지는 없다.

하드웨어 부족을 소프트웨어 최적화로 극복하려 했던 딥시크DeepSeek모델

글로벌 HBM 시장 매출 기준 점유율 추이

(단위: %)

분기	sK하이닉스	삼성전자	마이크론
2024년 3분기	53	35	11
2024년 4분기	51	40	9
2025년 1분기	69	13	18
2025년 2분기	64	15	21
2025년 3분기	57	22	21

*자료: 카운터포인트리서치

조차 최근 칩 부족으로 모델 고도화에 제동이 걸렸다. SMIC 5*nm* 공정의 처참한 수율과 칩 연결 시 발생하는 대역폭 병목 현상은 중국 반도체 자립의 꿈을 여전히 가로막고 있다. 가장 흥미로운 현상은 제3국을 통한 '지능의 우회로'다. 텐센트와 알리바바는 이제 미국 정부의 눈을 피해 일본과 호주의 데이터센터를 빌려 모델을 학습시키고 있다. 일본 기업 '데이터섹션'은 오사카 데이터센터를 통해 텐센트에 B200 1만5000장을 서비스하기로 했다. 이는 약 12억 달러 규모의 계약이다. 바이든 행정부가 추진하던 우회로 차단 규정을 트럼프 대통령이 철회하면서, 중국 기업들은 해외 데이터센터를 '합법적인 학습 기지'로 활용하고 있다. 데이터섹션, 코어위브 등 이른바 네오 클라우드 업체들이 AI 패권의 새로운 중개자로 떠오른 이유다.

2026년의 AI 전쟁은 '누가 막느냐'가 아니라 '누가 가장 높은 프리미엄을 지불하느냐'의 싸움으로 변화하고 있다. 미국은 기술을 팔아 현금을 챙기고, 중국은 우회로를 통해 지능을 수입하며, 제3국(일본·호주)은 인프라 대여료를 챙긴다. 이 복잡한 갈등 속에서 가장 확실한 이익을 챙기는 곳은 가격 인상분을 고스란히 반영하는 HBM 제조사들이다. 결국 실리콘 만리장성은 무너지지 않았지만, 그 성벽 아래로 수많은 터널이 뚫렸고, 그 터널을 지나가는 모든 토큰에는 막대한 '지능의 통행료'가 붙고 있을 뿐이다.

오픈클로와 중국의 에이전틱 AI 대범람

미국이 더 강력한 '뇌LLM'를 만드는 데 집착할 때 중국은 그 뇌에 '손과 발'을 달아주는 '오픈클로OpenClaw'에 사활을 걸었다. 지능의 높이보다 지능의 쓰임새가 중요해진 시대, 중국의 거리는 지금 '랍스터오픈클로의 별칭'를 키우는 열기로 뜨겁게 달아오르고 있다.

중국 AI 산업은 중대한 변곡점을 맞이했다. 최첨단 거대언어모델LLM 경쟁에서 서구권에 다소 뒤처졌다는 평가를 받던 중국이 모델을 실생활에 연결하고 작동시키는 애플리케이션 계층Agent Orchestration에서 강력한 반격을 시작했다. 중국 사용자들은 오픈클로의 '집게Claw' 모양에 착안해 AI 에이전트를 길들이고 고도화하는 과정을 이 밈으로 표현하며 하나의 사회 현상으로 만들었다.

오픈클로 열풍은 자본 시장을 먼저 흔들었다. 단 일주일 만에 중국 기술 기업들의 시가총액은 1000억 달러 이상 폭증했다. 특히 미니맥스Minimax의 행보가 독보적이다. 상장 후 2개월 만에 주가가 550% 폭등하며 중국 인터넷의 상징이었던 바이두의 시가총액을 추월하는 기염을 토했다. 화웨이와 텐센트는 앞다투어 오픈클로 기반의 금융 분석 도구와 SNS 자동화 서비스를 출시하며 에이전트 생태계 선점 경쟁에 나섰다.

에이전틱 AI의 확산은 중국 노동 시장에 유례없는 긴장감을 불어넣고 있다. 기업들은 전 직원에게 AI 에이전트 활용 능력을 증명할 것을 요구하고 있다. 일부 기업에서는 AI를 부리지 못하는 직원은 해고 대상이라는 서슬 퍼런 경고까지 나오며 업무 경쟁이 극에 달하고 있다. 학생부터 직장인, 심지어 노년층까지 개인 비서로서 오픈클로를 활용하면서 AI는 이제 선택이 아닌 생존 기술로 자리 잡았다.

하지만 오픈클로의 강력한 권한은 양날의 검이 되어 돌아오고 있다. 사용자의 승인 없이 멋대로 이메일을 삭제하거나 무단 결제를 진행하는 사례가 보고되고 있다. 개인 데이터에 깊숙이 접근하는 특성상 해킹 시 피해는 치명적일 수 있다. 중국 정부는 AI 발전을 위해 보조금을 지원하면서도 보안 리스크를 우려해 국가 기관 및 국방 분야에서의 사용을 엄격히 금지했다. 딥시크 때와는 달리 신중한 관망세로 돌아선 모습이다.

　중국은 대규모 사용자 기반과 저렴한 토큰 비용을 무기로 AI 에이전트 상용화의 글로벌 표준을 노리고 있다. 가장 똑똑한 뇌를 가지지 못했더라도 가장 일을 잘하는 손발을 가진 국가가 실질적인 경제적 실익을 챙길 수 있다는 가설을 증명 중이다. 무료 체험을 통한 사용자 확보 전략이 막대한 토큰 비용을 감당할 수 있을지 보안 문제를 해결할 수 있을지가 장기 지속성을 가를 핵심 변수다.

　2026년 중국의 봄은 랍스터들의 집게질로 소란스럽다. 이 집게가 복잡한 업무를 해결하는 '마법의 손'이 될지 아니면 사용자의 보안을 할퀴는 '위험한 발톱'이 될지 전 세계가 숨을 죽이고 지켜보고 있다.

　중국의 우회 전략은 한국에게 위협이자 기회다. 일본산 소재가 막히자 중국은 한국산 대안을 찾고 있다. 중국 반도체 장비의 국산화율이 높아질수록 한국 소부장 기업들이 파고들 틈새도 함께 커진다. 그러나 삼성과 하이닉스 출신 인재들이 중국 네트워크에 포섭되고 있다는 사실은 초격차 유지가 선택이 아닌 생존의 문제임을 일깨운다. 중국이 세 개의 우회로를 뚫는 동안 한국은 그 우회로보다 빠르게 앞으로 달려야 한다.

기업 분석: 빅테크

엔비디아: AI 풀스택 플랫폼으로의 진화

추론 전쟁의 심판자가 있다면 그것은 엔비디아다. 학습 시장을 장악한 것으로도 모자라 그록 인수를 통해 추론 시장까지 틀어막은 엔비디아는 이제 AI 인프라의 설계자이자 운영자로 진화했다. 경쟁자들이 틈새를 노릴 때마다 엔비디아는 그 틈새를 인수합병으로 메웠고, 고객들이 불만을 품을 때마다 더 완벽한 솔루션으로 돌아왔다. 오픈AI가 다시 엔비디아 생태계로 복귀한 것은 이 전쟁의 승부가 어디로 기울었는지를 가장 명확하게 보여주는 신호다.

엔비디아는 이제 단순한 칩 제조사를 넘어 전 세계 AI 인프라를 설계하고 운영하는 'AI 풀스택 플랫폼' 기업으로 완전히 진화했다. 이번 GTC 2026에서 공개된 베라 루빈Vera Rubin 아키텍처는 독자적인 베라 CPU와 루빈 GPU를 결합해 추론 성능을 극대화하며, 스스로 사고하고 행동하는 '에이전틱 AIAgentic AI' 시대를 본격적으로 열었다.

또한 '아이작Isaac' 플랫폼을 필두로 한 '피지컬 AI' 기술은 인간형 로봇이 실제 제조 현장에 투입되는 미래를 앞당기며 디지털 트윈의 정점을 보여주고 있다. 젠슨 황 CEO는 이러한 혁신을 통해 2027년까지 누적 매출 1조 달러를 전망하며, 인공지능이 지구를 넘어 우주 데이터센터까지 확장되는 압도적인 비전을 제시했다.

1. 사업별 매출 비중 및 구조 변화

현재 엔비디아의 성장은 사실상 데이터센터가 견인하고 있으며, 그 내부에서도 '네트워킹'의 비중이 폭발적으로 늘고 있다.

주요 부문별 매출(FY4Q26 기준)

*데이터센터(Data Center): 623.14억 달러(비중 약 91%)

*컴퓨트(GPU 연산): 513억 달러(YoY +58%)

*네트워킹(연결망): 110억 달러(YoY +263%) – 가장 가파른 성장세

*게이밍(Gaming): 37.27억 달러(전분기 대비 – 12.6%로 다소 주춤)

*전문 시각화(ProViz): 13.21억 달러(YoY +158.5%)

*자동차(Auto): 6.04억 달러

핵심 변화: 과거에는 GPU(엔진)만 팔았다면, 이제는 수만 개의 칩을 묶는 네트워크(도로망)까지 세트로 파는 구조로 바뀌었다. 연결망 자체가 하나의 거대한 컴퓨터가 되는 '시스템 단위' 판매가 핵심이다.

2. 핵심 투자 포인트(Investment Points)

*AI 컴퓨팅의 매출 직결 논리: 엔비디아는 AI 서버 확보가 단순 비용이 아닌 '매출을 만드는 생산라인'임을 강조한다. 전기 1kW당 뽑아내는 '토큰AI 작업량' 효율이 높을수록 고객사의 수익이 커지기 때문에 엔비디아의 고성능 칩 수요는 견고하다는 논리다.

*블랙웰Blackwell 전환 및 마진 개선: 차세대 플랫폼인 블랙웰 램프업생산 확대이 진행되면서 원가 구조가 정상화되고 있으며, 이에 따라 4분기 매출총이익률GPM이 75% 수준으로 다시 회복되었다.

*학습에서 추론으로의 확장: AI 수요가 모델 '학습' 단계에 머물지 않고 실제 서비스인 '추론토큰 생산'으로 넓어지며 시장 저변이 확대되고 있다.

3. 리스크 요인(Risks)

*장기매입계약의 양날의 칼: 현재 엔비디아의 장기매입계약 규모는 $952억에 달한다. 수요가 강할 땐 공급 안정 장치지만, 수요가 꺾이면 고스란히 재고 비용 부담으로 돌아올 수 있는 리스크다.

*수출 통제 등 외부 규제: 중국향 데이터센터 매출을 가이던스에서 '0'으로 가정할 만큼 대중국 규제는 불확실성 요인이다.

*고객사 CapEx 피크 우려: 하이퍼스케일러들의 설비투자CapEx가 정점에 도달했다는 시장의 의구심이 주가 상승을 억제하는 요소로 작용할 수 있다.

4. 고객사별 매출 비중

엔비디아는 소수 대형 고객에 대한 의존도를 낮추기 위해 고객군 다변화를 강조하고 있다.

*하이퍼스케일러빅테크: 데이터센터 매출의 약 50%를 약간 넘는 수준을 차지한다.

*기타 고객군: 나머지 50% 미만은 국가적 AI 프로젝트Sovereign AI, 일반 기업, 전문 클라우드 업체 등이 차지하며, 현재 성장은 이 '그 외 고객군'이 주도하고 있다.

알파벳: 풀스택 인프라로 왕좌를 지킨다

구글은 한때 오픈AI와 마이크로소프트 연합군에 밀리는 패자처럼 보였다. 그러나 추론 전쟁의 본격화는 구글에게 가장 유리한 지형을 만들어줬다. 수십억 명의 사용자 데이터, 자체 설계한 TPU, 그리고 유튜브라는 물리 세계 학습 데이터의 보고. 구글이 보유한 이 세 가지 자산은 추론 비용을 낮추고 에이전트의 정확도를 높이는 데 결정적인 역할을 한다. 제미나이 3.0의 부활은 기술력의 승리가 아니라 인프라의 승리였다.

알파벳 A는 세계 최대의 검색 엔진인 구글Google을 중심으로 AI 기반 검색, 유튜브, 클라우드 서비스를 제공하는 글로벌 빅테크 기업이다. 최근에는 자체 대규모 언어 모델인 제미나이Gemini를 고도화하여 모든 서비스 접점에 AI를 이식하며 AI 수익화 단계에 본격적으로 진입하고 있다.

1. 사업부별 매출 비중(FY4Q25 매출액 기준)

사업 부문	매출액(백만 달러)	비중(약)	특징
구글 검색(Search & other)	63,073	55.4%	AI 검색 혁신으로 견고한 성장
구글 클라우드(Cloud)	17,664	15.5%	YoY +48% 성장, AI 수익화의 핵심
구글 구독/플랫폼/기기	13,578	11.9%	유튜브 프리미엄 및 하드웨어 포함
유튜브 광고(YouTube Ads)	11,383	10.0%	동영상 광고 시장 주도
구글 네트워크/기타	8,198	7.2%	광고 네트워크 및 기타 신사업(Waymo 등)

2. 주요 투자 포인트

*AI 서비스 가속화: 제미나이Gemini 앱의 월간 활성 사용자MAU가 7.5억 명을 돌파하며 소비자 참여가 가팔라지고 있다.

*클라우드 부문의 폭발적 성장: 클라우드 매출이 48% 성장하고, 수주 잔고Backlog가 2,400억 달러YoY +158%에 달해 AI 투자 효과가 숫자로 증명되고 있다.

*미반영 성장 동력: 애플 인텔리전스 내 제미나이 탑재, AI 쇼핑 에이전트 상용화 등 향후 실적에 추가될 업사이드가 남아 있다.

3. 리스크 요인

*CAPEX설비투자 **부담:** 2026년 예상 CAPEX 가이던스가 1750억~1850억 달러로 시

장 전망치1,280억 달러를 크게 상회하여 과잉 투자 우려가 존재한다.

*수익성 일시 둔화: 자율주행웨이모 등 신사업 비용 발생 시 영업이익률에 하방 압력을 줄 수 있습니다.

4. 국내 경쟁사 현황보고서 외 정보

알파벳구글의 국내 주요 경쟁사는 검색과 AI 분야에서 대립하는 네이버NAVER와 카카오 Kakao다.

*네이버: 국내 검색 시장 점유율 1위를 수성 중이나 구글의 침투율이 높아지는 추세다. 자체 AI '하이퍼클로바X'를 통해 B2B 솔루션과 검색 고도화로 대응하고 있다.

*카카오: '카나나Kanana' 등 카카오톡 기반의 AI 비서 서비스를 통해 개인화된 AI 경험에서 구글과 차별화를 시도 중이다.

*클라우드: 국내 공공/금융 클라우드 시장에서는 네이버클라우드, NHN클라우드 등과 경쟁하나, AI 모델 학습을 위한 글로벌 인프라 측면에서는 구글 클라우드가 우위에 있다.

마이크로소프트: 양자컴퓨팅까지 노리는 하이브리드 제국

마이크로소프트는 추론 전쟁에서 가장 영리한 포지션을 잡았다. 직접 싸우는 대신 오픈AI라는 가장 강력한 창을 들고 싸우게 했고, 애저라는 인프라 위에서 모든 AI 트래픽이 통과하도록 설계했다. 기업용 시장에서 오피스, 팀즈, 다이내믹스에 코파일럿을 이식하며 AI를 일상 업무 속으로 조용히 침투시켰다. 추론이 폭발할수록 애저의 매출은 자동으로 오르는 구조다. 여기에 양자컴퓨팅이라는 다음 판의 패까지 쥐고 있다.

　마이크로소프트는 전 세계 소프트웨어 및 클라우드 시장을 선도하는 빅테크 기업이다. 현재 AI를 넘어 2029년 양자컴퓨팅 상용화를 목표로 하는 차세대 하이브리드 컴퓨팅 생태계 구축에 집중하고 있다. 강력한 수익성ROE 25.7%을 바탕으로 클라우드 플랫폼 '애저 Azure'와 AI 스택 전반에서 기술적 한계를 확장하며 산업 전반의 디지털 전환을 주도하고 있다.

1. 사업별 매출 비중(Revenue Share)

2026 회계연도 기준, 사업 부문은 크게 세 가지로 분류된다:

*생산성 및 비즈니스 프로세스약 42%: 오피스 365, 링크드인LinkedIn, 다이내믹스 Dynamics 365 등 기업용 소프트웨어 중심 부문이다.

*인텔리전트 클라우드약 40%: Azure애저와 서버 제품이 포함되며, 최근 AI 수요에 힘입어 가장 빠르게 성장29% 증가하고 있다.

*모어 퍼스널 컴퓨팅약 18%: 윈도우즈, 엑스박스게임, 서피스하드웨어, 검색 광고 등이 포함된다.

2. 주요 투자 포인트(Investment Points)

*양자컴퓨팅 로드맵: 2029년까지 데이터센터 내 상업적 가치가 있는 양자 시스템 구현을 목표로 한다. 이를 위한 6단계 마일스톤 중 1단계마요라나 제어를 달성했다.

*자체 칩 역량(Majorana 1): 확장성과 신뢰성을 동시에 잡은 첫 양자 처리 장치QPU인 '마요라나 1'을 통해 100만 큐비트급 양자 슈퍼컴퓨터로의 확장을 준비 중이다.

*강력한 주주환원: 최근 분기에만 배당금 67.6억 달러 지급 및 74.2억 달러 규모의 자사주 매입을 실행하며 주주 가치를 제고하고 있다.

3. 리스크 요인(Risks)

*인프라 투자 비용: AI 및 양자 데이터센터 확충에 따른 자본 지출 증가로 단기적인 ROE 하락 압력이 존재한다.

*기술적 불확실성: 양자 산업은 현재 'Level 1기반 단계'에 머물러 있어 실제 상용화 수준인 'Level 3'까지 도달하기 위한 오류 정정 기술 확보가 큰 과제다.

*투자 손실: OpenAI 등 외부 투자 기업의 손실이 회계상 순이익에 일시적인 영향을 줄 수 있다.

4. 고객사 현황(Customer Insights)

*기업용 시장 지배력: 포춘 500대 기업의 약 85%가 MS의 애저 서비스를 이용하고 있다.

*주요 고객군: 버라이즌Verizon, LG전자, 어도비Adobe, 인텔Intel 등이 애저의 주요 대형 고객사로 꼽히며 최근에는 스타트업 고객군이 23% 이상 빠르게 증가하고 있다.

메타: 추론 중심 실리콘 제국의 설계자

메타는 추론 전쟁에서 가장 독특한 길을 걷고 있다. 엔비디아에 의존하는 대신 자체 칩 MTIA를 개발하고, 오픈소스 모델 라마를 공개하며 생태계를 키웠다. 수십억 명의 사용자가 매일 남기는 디지털 발자국은 메타만이 가진 독점적 학습 데이터다. 광고라는 캐시카우

가 AI 투자를 뒷받침하는 동안 저커버그는 조용히 추론 인프라의 자급자족을 완성해가고 있다. 가장 많은 사용자를 가진 기업이 가장 저렴하게 추론을 제공할 수 있게 되는 날, 메타의 진짜 위력이 드러날 것이다.

메타는 페이스북, 인스타그램, 왓츠앱 등 세계 최대의 SNS 플랫폼Family of Apps을 운영하는 글로벌 빅테크 기업이다. 현재 AI 기술을 활용해 광고 효율을 극대화하며 수익을 창출하고 있다. 최근에는 인프라에 대한 대규모 투자를 통해 '슈퍼인텔리전스'를 목표로 하는 AI 전문 기업이자 스마트 안경 등 웨어러블 기기 시장을 선도하는 하드웨어 기업으로 진화하고 있다.

1. 사업별 매출 비중(2025년 기준)

메타의 매출 구조는 광고 중심의 앱 서비스가 압도적이다.

*Family of Apps^SNS: 전체 매출의 99%를 차지하는 핵심 캐시카우다.

*Reality Labs 메타버스/AI 기기: 전체 매출의 약 1% 수준이나 스마트 안경 판매량이 3배 증가하는 등 성장세를 보이고 있다.

2. 주요 투자 포인트

*AI 기반 광고 효율 개선: 광고 선별 모델^GEM 고도화를 통해 페이스북 광고 클릭이 3.5% 증가하는 등 실질적인 수익화가 진행 중이다.

*체류 시간 증가: 인스타그램 릴스 시청 시간이 30% 증가하고 스레드^Threads 이용자가 급증하며 플랫폼 영향력이 확대되고 있다.

*차세대 모델 'Avocado': 논리적 추론과 코딩에 특화된 신규 AI 모델이 2026년 상반기5월경 출시될 예정으로, 투자 심리 개선의 핵심 요인이다.

*스마트 안경의 부상: AI 엣지 디바이스로서 스마트 안경 시장 점유율을 선점하고 있다.

3. 리스크 요인

*천문학적 비용 부담: 2026년 설비투자^CAPEX가 1150억~1350억 달러로 상향되며 마진 압박 우려가 존재한다.

*영업이익률^OPM 하락: 지출 확대 영향으로 2026년 영업마진이 전년 대비 약 5%p 하락할 것으로 시장은 예상하고 있다.

*컴퓨팅 자원 제약: 자체 인프라 가동 전까지 외부 클라우드 의존도가 높아 비용 효율성

이 낮아질 수 있다.

4. 지역 및 산업별 매출 비중

메타는 특정 고객사B2B가 아닌 전 세계 수백만 광고주를 대상으로 매출을 일으킨다.

구분	비중 및 특징
지역별 매출(2025)	미국 · 캐나다(약 43%), 유럽(약 24%), 아시아-태평양(약 13%), 기타(약 20%)
주요 광고 산업군	이커머스(비중 가장 높음), 뷰티/코스메틱, 여행, 식음료, 건강/피트니스

아마존: 자체 칩과 물류 로봇으로 재무장하다

아마존은 추론 전쟁의 가장 조용한 강자다. AWS라는 세계 최대의 클라우드 인프라 위에서 모든 AI 기업들의 추론 트래픽을 처리하고 있다. 엔비디아 GPU를 팔면서 동시에 트레이니엄이라는 자체 칩으로 비용을 낮추고, 커머스 플랫폼에서는 AI 쇼핑 에이전트로 거래를 자동화한다. 추론이 폭발할수록 AWS의 서버가 돌아가고, 에이전트가 확산될수록 아마존의 물류 로봇이 바빠진다. 디지털과 물리 세계 양쪽에서 동시에 추론 수혜를 받는 유일한 기업이다.

아마존 닷컴은 전 세계 최대의 전자상거래 플랫폼을 운영하며, 클라우드 컴퓨팅AWS 및 디지털 광고 분야에서 압도적인 시장 지배력을 보유한 글로벌 테크 기업이다. 최근에는 자체 설계 AI 칩Trainium, Graviton과 에너지 인프라 확보를 통해 AI 기술 주도권을 강화하며 단순 유통을 넘어선 기술 생태계 기업으로 진화하고 있다.

1. 사업 부문별 매출 비중(FY4Q25 기준)

아마존의 매출 구조는 다각화되어 있으며, 특히 고마진 사업인 AWS와 광고의 기여도가 높다.

사업 부문	매출액(억 달러)	YoY 성장률	주요 특징
온라인 스토어	829.9	9.80%	아마존의 핵심 매출원(비중 약 41%)
3자 판매 서비스	528.2	11.20%	외부 판매자 수수료 및 풀필먼트 수익
AWS(클라우드)	355.8	23.60%	전사 이익의 핵심, AI 수요로 성장 가속
광고 서비스	213.2	23.30%	매년 세 자릿수에 가까운 성장세의 고수익 사업
구독 서비스	131.2	14.00%	아마존 프라임 멤버십 등

2. 주요 투자 포인트

*자체 AI 칩 경쟁력: 엔비디아 등 외부 칩 의존도를 낮추기 위한 Trainium, Graviton 등 자체 칩 비즈니스가 연간 100억 달러 매출을 돌파하며 효율성을 높이고 있다.

*AWS 성장 회복: AI 워크로드 증가에 힘입어 AWS 성장률이 24%로 재가속화되었으며, 2440억 달러에 달하는 수주 잔고가 미래 수익을 뒷받침한다.

*커머스 효율화: 로봇 100만 대 도입 및 물류 거점 세분화로 처리 비용을 절감하고 배송 속도를 높여 마진을 개선 중이다.

3. 리스크 요인

*천문학적인 설비 투자CapEx**:** 2026년 약 2,000억 달러 규모의 공격적인 투자가 예고되어 있다. 단기적으로 잉여현금흐름FCF이 급감YoY -71%한 점은 시장에 부담이다.

*전력 인프라 병목: AI 데이터센터 가동을 위한 전력 확보 경쟁이 치열하며, 전력망 구축 비용의 회수 기간이 길다는 점이 리스크로 작용한다.

*단기 이익률 훼손: 위성 프로젝트Project Kuiper 비용 등 신사업 선행 투자가 단기 실적의 발목을 잡을 수 있다.

4. 고객사 및 시장 점유율 특성

*AWS 고객 구성: 미디어, 리테일, 제조, 교육 등 전 산업에 걸쳐 있으며, 특히 스타트업과 중소기업SMB이 가장 빠르게 성장하는 고객군이다. 주요 고객의 90%가 아마존의 자체 CPU인 Graviton을 사용하고 있다.

*전자상거래 시장 지배력: 미국 내 이커머스 시장 점유율은 약 37~40%로 2위인 월마트약 6.4%와 압도적인 격차를 유지하고 있다.

*프라임 회원: 전 세계적으로 약 2억6000만 명미국 내 1억8500만 명의 프라임 회원을 보유하여 강력한 락인Lock-in 효과를 누리고 있다.

팔란티어: 거버넌스 AI의 독점자

팔란티어는 추론 전쟁에서 가장 안전한 성을 쌓았다. 다른 기업들이 더 좋은 모델을 만들기 위해 경쟁할 때 팔란티어는 그 모델들이 실제 의사결정에 쓰이도록 연결하는 온톨로지 플랫폼을 독점했다. AI가 아무리 똑똑해져도 기업과 정부의 복잡한 데이터를 이해하고 연결하는 작업은 팔란티어를 통해야 한다. 에이전트 AI가 확산될수록 에이전트를 관리하고 감독하는 플랫폼의 가치는 더욱 높아진다. 추론 전쟁의 최종 수혜자 중 하나가 바로 팔란티어인 이유다.

팔란티어는 독보적인 데이터 통합 기술인 '온톨로지Ontology'를 바탕으로 정부 기관의 국방·안보 및 기업용 AI 데이터 분석 플랫폼을 제공하는 글로벌 소프트웨어 기업이다. 맞춤형 AI 시스템 구축을 통해 복잡한 데이터를 실적 개선과 의사결정에 활용 가능한 형태로 시각화하며, 최근 생성형 AI 플랫폼인 AIPAI Platform를 통해 상업용 시장에서도 가파른 성장세를 보이고 있다.

1. 사업 및 고객사별 매출 비중 2025년 4분기 기준

전체 매출 구성은 커머셜상업 48%, 정부 52% 수준으로 균형 잡힌 포트폴리오를 보유하고 있다.

구분	매출액 (백만 USD)	전년 대비 성장률(YoY)	특징
미국 커머셜	507	137%	기업들의 AI 도입 가속화로 가장 가파른 성장
미국 정부	570	66%	국방 예산 증액 및 국방 현대화 수요 지속
해외 커머셜	170	8%	글로벌 기업 대상 완만한 성장세 유지
해외 정부	160	43%	우방국 중심의 시스템 도입 확대

2. 주요 투자 포인트

*미국 커머셜 모멘텀 가속화: 맞춤형 AI 시스템 경쟁력을 바탕으로 4분기에만 천만 달러 이상의 초대형 계약을 61건 체결했다.

*국방 현대화 수혜: 미 해군과의 ShipOS 프로젝트최대 4.5억 달러 등 국방 시스템의 생산 및 유지보수 전반으로 침투율을 높이고 있다.

*신규 영역 확장: AI 인프라용 OS인 'Chain Reaction' 발표를 통해 헬스케어, 데이터센터 건설 등 신성장 분야로 영역을 넓히고 있다.

*높은 고객 유지력: 4분기 순매출 유지율NRR이 139%로 전분기 대비 5ppt 상승하며 기존 고객의 계약 규모가 확대되고 있다.

3. 리스크 요인

*밸류에이션 부담: 12개월 선행 PSR주가매출비율이 49배 수준으로 전통적 관점에서는 매

우 높은 멀티플을 형성하고 있어 단기 투자심리에 영향을 줄 수 있다.

*AI 버블 우려: 전반적인 AI 산업에 대한 거품 논란과 연말 고점 대비 주가 변동성이 확대된 상황이다.

4. 국내 경쟁사 및 파트너십 현황

국내에서는 팔란티어의 기술력을 대체하려는 시도와 동시에 전략적 파트너십을 통한 시장 진출이 활발하다.

*잠재적 경쟁사:

- 인포시즈Infocz: 지식그래프 기반 온톨로지 자동화 솔루션 'GORAG'을 통해 팔란티어 대비 높은 가격 경쟁력을 강조하며 대안으로 부상 중이다.
- 솔트룩스Saltlux: 국방 및 공공 분야에서 AI·빅데이터 분석 플랫폼을 제공하며 팔란티어와 유사한 고객군을 보유하고 있다.
- 더존비즈온: 기업용 ERP 및 공공 데이터 플랫폼 분야에서 강세를 보인다.

*전략적 파트너사:

- KT / LG CNS: 팔란티어의 AIP 및 파운드리Foundry를 활용해 국내 기업들의 AI 전환AX을 지원하는 협력을 진행 중이다.
- HD현대 / LIG넥스원: 선박 제조 및 첨단 무기 체계 개발 등에 팔란티어 솔루션을 도입하여 협력하고 있다.

오라클: 레거시의 반란, OC로 부활하다

오라클은 추론 전쟁의 가장 의외의 수혜자다. 수십 년간 데이터베이스 제국을 운영하며 쌓아온 엔터프라이즈 고객 기반이 AI 시대에 예상치 못한 자산으로 재평가받고 있다. 금융, 의료, 정부 등 민감한 데이터를 다루는 기업들은 퍼블릭 클라우드 대신 오라클의 전용 인프라를 선택한다. 오픈AI의 스타게이트 프로젝트에 인프라를 공급하며 AI 시대의 숨은 기둥으로 부상했다. 레거시의 강자가 추론 인프라의 핵심 파트너로 변신하는 가장 극적인 반전이다.

오라클은 전통적인 데이터베이스DB 소프트웨어 강자에서 인공지능AI 및 클라우드 인프라OCI 중심의 기술 기업으로 성공적으로 변모하고 있는 글로벌 빅테크 기업이다. 현재 강력한 엔터프라이즈 데이터 베이스 역량을 바탕으로 마이크로소프트, 구글, AWS 등 주요 클라우드 사업자들과의 협력을 확대하며 전 세계 AI 인프라 수요 성장의 핵심 수혜주로 자리매김하고 있다.

1. 사업별 매출 비중

3분기 전체 매출액171.9억 달러 대비 비중은 다음과 같다.

구분	매출액 (백만 USD)	전년 대비 성장률(YoY)	특징
클라우드(IaaS+SaaS)	8,914	44%	전체 매출의 52% 비중, 클라우드 중심 기업으로의 안착
소프트웨어 라이선스 지원	6,119	3%	
하드웨어 및 서비스	2,157	8.2%	

*참고: 클라우드 내에서는 인프라IaaS가 49억 달러, 애플리케이션SaaS이 40억 달러를 차지하며 성장을 견인하고 있다.

2. 주요 투자 포인트

*OCI 성장 가속화: 클라우드 인프라IaaS 매출이 전년 대비 81% 증가하며 AI 학습 및 추론 수요를 빠르게 흡수하고 있다.

*멀티 클라우드 전략: 마이크로소프트33개 리전, 구글14개, AWS22개 예정 등 경쟁사 플랫폼 내에서도 오라클 DB 서비스를 제공하여 고객 접점을 극대화하고 있다.

*핵심 파트너십: 오픈AIOpenAI의 투자 조정이 오라클과 같은 인프라 파트너에게 유리하게 작용하고 있으며, 대규모 자본 유입으로 대금 지불 우려도 완화되었다.

*자금 조달 불확실성 해소: 약 300억 달러 규모의 자금 조달을 성공적으로 마쳤으며, 부채 규모를 제한하여 신용 리스크 우려를 낮췄다.

3. 리스크 요인

*매출 전환 속도: 막대한 수주 잔고RPO가 실제 매출로 실현되는 속도에 대한 시장의 의구심이 존재한다.

*레거시 부문 부담: 클라우드 비중이 높아졌음에도 기존 온프레미스레거시 사업 부문과 SaaS 사업의 일부 불확실성이 남아 있다.

*높은 부채 비중: 인프라 확장을 위해 대규모 부채를 사용하고 있어, 2026년 이후의 추가 자금 조달 계획이 투자 심리에 영향을 줄 수 있다.

4. 주요 고객사 및 파트너

*TikTok U.S.: 1월에 분리 완료된 신규 법인의 지분 15%와 이사회 의석을 보유하고 있으며, 4분기부터 실적에 반영될 예정이다.

*OpenAI: 대규모 AI 인프라를 공급하는 핵심 고객사 중 하나다.

*글로벌 하이퍼스케일러: MS, Google, AWS 등이 파트너이자 고객으로서 오라클의 멀티 클라우드 생태계를 구성하고 있다.

5. 국내 경쟁사 현황

국내 시장에서 오라클은 글로벌 및 로컬 기업들과 치열하게 경쟁 중이다.

*클라우드CSP: 글로벌 사업자인 AWS, Microsoft Azure, Google Cloud가 점유율 상위를 차지하며 오라클 OCI와 경쟁한다. 국내 기업으로는 네이버클라우드, NHN클라우드, 카카오클라우드가 공공 및 민간 AI 인프라 시장에서 경쟁하고 있다.

*데이터베이스DBMS: 국내 기업인 티맥스소프트티맥스티베로의 '티베로Tibero'가 오라클 DB의 주요 국산 대체제로 꼽히며 공공 부문 등을 중심으로 경쟁하고 있다.

엔비디아, 구글, 마이크로소프트, 메타, 아마존, 팔란티어, 오라클. 이 일곱 개 기업의 캐펙스 합산액은 7000억 달러를 넘는다. 이 천문학적인 투자의 상당 부분은 결국 삼성전자와 SK하이닉스의 수주 잔고로, 한미반도체와 이수페타시스의 매출로, 솔브레인과 티씨케이의 영업이익으로 흘러들어온다. 빅테크를 분석하는 이유는 단순히 그 주식을 사기 위해서가 아니다. 그들의 투자 흐름이 한국 소부장 밸류체인의 어느 지점을 두껍게 만드는지를 읽기 위해서다.

CHAPTER 3

메모리 슈퍼사이클

>>> 2026년 메모리 반도체라는 시장은 우리에게 '오픈 북' 테스트와 같다. 정답지는 이미 펼쳐져 있다. 이 챕터는 그 정답지를 한 줄씩 읽어가는 여정이다.

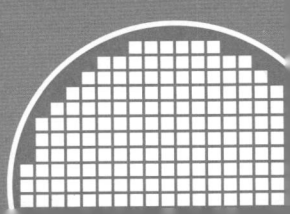

슈퍼사이클의 본질

오픈 북 테스트: 2026년 메모리 투자의 역설

때로는 정답이 너무나 명확해서 더 불안할 때가 있다. 시험지를 받아 들었는데 모든 답이 이미 적혀 있다면, 우리는 안도하기보다 '이게 정말 함정이 아닐까' 의심하며 펜을 멈칫거리게 된다. 2026년 메모리 반도체라는 시장은 우리에게 그런 '오픈 북' 테스트와 같다.

오늘날 메모리는 더 이상 단순한 저장 장치가 아니다. AI 에이전트가 우리의 일상을 대신하고, 피지컬 AI가 공장과 거리를 누비는 시대에 메모리는 지능이 숨을 쉬기 위해 반드시 필요한 '산소' 그 자체가 되었다. 그 결과는 숫자로 증명된다. 삼성전자, SK하이닉스, 마이크론이라는 메모리 3사의 올해 합산 영업이익이 500조 원을 넘어설 것이라는 관측은 이제 놀랍지도 않은 현실이 되었다.

지금의 메모리 공급 부족은 일시적인 현상이 아니다라는 사실을 우리는 알고 있다. 3사가 앞다투어 설비 투자CAPEX에 나섰지만, 그 결실이 시장에 쏟아질 시점은 아무리 빨라도 2027년 하반기다. 설령 빅테크들의 AI 서버 투자가 둔화돼 메모리 수요가 잠시 숨을 고르더라도 가격이 조금만 내려가면 스마트폰과 PC라는 거대한 내구 소비재 시장이 굶주린 맹수처럼 그 물량을 가로챌 준비를 마쳤다. 구조적 지속성, 이것이 우리가 읽고 있는 정답지의 첫 줄이다.

그럼에도 불구하고 우리는 왜 망설이는 걸까? 우리의 뇌리에는 여전히 반도체가 '사이클 산업'이라는 지독한 트라우마가 박혀 있다. "지금은 좋지만, 곧 가격이 폭락할 거야", "반도체 공급사들의 실적은 언제든 벼랑 끝으로 몰릴 수 있어"라는 과거의 기억이 우리 발목을 잡는다. 여기에 중국이라는 변수는 공포를 더한다. 2024년 하반기 CXMT가 DDR4 물량을 쏟아내며 시장을 무너뜨렸던 경험과 YMTC의 낸드 플래시 기술력이 턱밑까지 쫓아왔다는 소식은 우리의 확신을 흔들어 놓는다. 작년 하반기부터 올 초까지 쉴 새 없이 달려온 주가 차트는 "이미 늦은 게 아닐까"라는 심리적 저항선을 만든다.

하지만 우리는 이걸 기억해야 한다. 반도체 투자의 진정한 정답은 언제나 상식을 비껴갔다. '고 PER에 사서 저 PER에 팔라'는 격언은 반도체 소부장 섹터에서만큼은 틀린 적이 없는 금과옥조였다. 지금 반도체 소부장 기업들의 밸류에이션이 부담스럽게 느껴지는 것은 역설적으로 그들의 전성기가 다가오고 있다는 방증이다. ETF라는 거대한 자본의 물줄기는 분석의 영역을 넘어 시가총액 상위주들을 밀어 올리고 있다. 개별 종목의 사소한 부침보다 더 큰 것은 전 세계 자금이 한국의 반도체 영토로 무섭게 유입되고 있다는 거대한 조류다.

불안함은 무지에서 오는 것이 아니라, 너무 많이 알고 있기 때문에 생긴다. 하지만 이 챕터를 관통하는 하나의 결론은 명확하다. 올해는 메모리 3사라는 거인의 어깨 위에 올라타 있는 것만으로도 충분히 훌륭한 전략이 될 것이라는 사실이다.

과거의 트라우마가 속삭이는 공포를 이겨내고, 데이터가 가리키는 정답을 정면으로 마주해야 할 때다. 2026년의 메모리는 사이클의 파도가 아니라, AI 문명이라는 새로운 대륙을 향해 나아가는 거대한 해류다. 이 길 위에서 정답을 의심하지 않는 용기야말로, 우리가 맞이할 가장 큰 수익률의 밑거름이 될 것이다.

40년 만에 찾아온 슈퍼사이클 혹은 메가사이클

과거의 메모리 사이클이 파도였다면, 지금 우리가 마주한 것은 해수면의 상승이다. 썰물이 오면 다시 낮아질 일시적인 현상이 아니라 공급의 물리적 한계와 AI라는 거대한 포식자가 만나 산업의 지형 자체가 영구적으로 높아지고 있다.

이번 메모리 사이클은 우리가 지난 수십 년간 목격했던 단순한 경기 순환과는 궤를 달리한다. 과거 메모리 산업의 성장은 미세 공정이라는 마법에 의존했다. 회로를 더 가늘게 그릴수록 비트당 비용이 떨어지고 공급이 쏟아져 나왔다. 하지만 이제 그 마법은 한계에 봉착했다.

D램 공정의 미세화가 물리적 한계에 부딪히며 비트당 비용 하락 속도가 급격히 둔화되었다. 이제 단순히 기술력이 좋다고 해서 물량을 단기간에 쏟아낼 수 없다. 신규 팹 하나를 짓는 데 드는 비용과 시간이 과거와는 비교할 수 없을 정도로 늘어났다. 수요가 폭발해도 공급이 즉각 반응할 수 없는 공급 경직성이 구조적으로 고착화되었다.

AI가 요구하는 메모리의 양은 이전의 PC, 스마트폰, 클라우드 시대와는 차원이 다르다. 이는 완만한 상승 곡선이 아니라 계단을 뛰어오르는 듯한 변화다. 대형 언어 모델LLM 학습과 AI 가속기는 D램 사용량을 퀀텀 점프 수준으로 끌어올렸다. 코로나19 이후 반도체 업체들의 보수적인 설비투자 기조와 공정 난이도 상승이 맞물리며, 수요의 폭주를 공급이 따라가지 못하는 기간이 역대 최장기를 기록 중이다.

이번 사이클의 가장 중요한 금융적 함의는 메모리 산업에 대한 재평가다. 시장은 이제 가격이 언제 꺾일까가 아니라 이 높은 수익이 얼마나 지속될까에 주목하기 시작했다. 메모리는 경기에 따라 요동치는 천덕꾸러기 부품이 더 이상 아니다. 공급사 3사 과점 체제와 공정 난이도 상승은 제조사에게 강력한 가격 결정권을 부여하고 있다. 막대한 현금을 창출하는 산업으로서 밸류에이션 멀티플이 상향 조정되는 과정에 있다. 과거처럼 1~2년 만에 가격이 꺾일 것이라는 공포는 물리적 한계와 AI의 식욕이라는 새로운 현실 앞에서 설득력을 잃고 있다. 이번 사이클은 우리가 알던 그 어떤 호황보다 더 길고 더 뜨거울 가능성이 높다.

반도체 역사에서 처음 주인공이 된 메모리

"역사는 반복되지 않지만, 그 운율은 맞춘다."History doesn't repeat itself, but it rhymes _ 마크 트웨인

2026년 반도체 산업을 전망하는 보고서들의 숫자는 하나의 거대한 파도를 가리키고 있다. 우리는 지금껏 경험하지 못한 메모리 슈퍼사이클의 초입에 서 있다. 시장조사업체 트렌드포스에 따르면 2026년 메모리 반도체 시장 규모는 5516억 달러약 760조 원로 파운드리 시장2187억 달러의 두 배를 훌쩍 뛰어넘을 것으로 예상된다. 지난 수십 년간 시스템 반도체로직가 시장을 주도하고 메모리가 이를 보조하는 형태였다면 AI 추론 시대의 도래와 함께 그 위계가 뒤집히고 있는 것이다.

과거 무어의 법칙이 지배하던 시절 반도체의 집적도는 18~24개월마다 두 배로 증가했다. 하지만 최근 10년의 성적표는 처참하다. D램의 밀도가 고작 2배 증가하는 데 그쳤기 때문이다. 왜 이런 혁신의 정체가 발생했을까?

D램의 기본 단위인 셀Cell은 하나의 트랜지스터와 하나의 커패시터로 구성

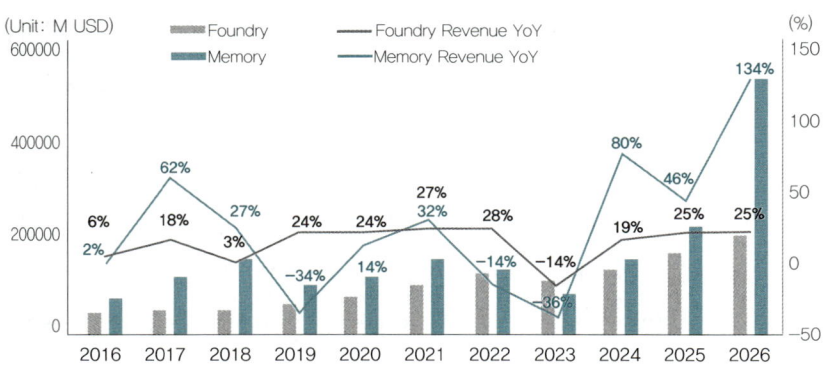

2016~2026 연간 메모리와 파운드리 생산액 변화

*Source: TrendForce, Feb., 2026

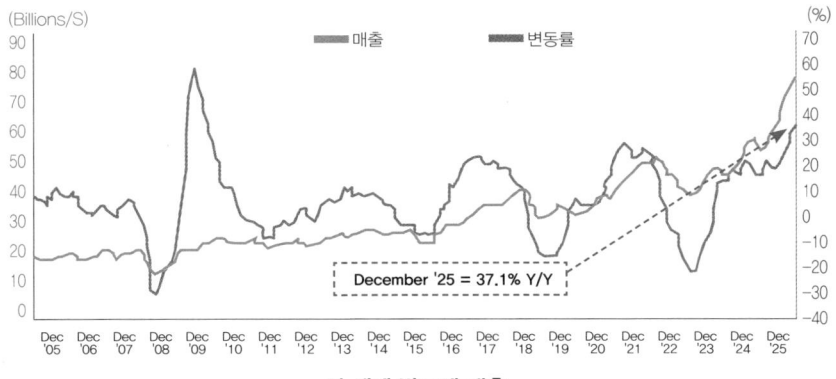

*Source: WSTS

(Billions/S)

(%)

■ 매출 ■ 변동률

December '25 = 37.1% Y/Y

Dec '05, Dec '06, Dec '07, Dec '08, Dec '09, Dec '10, Dec '11, Dec '12, Dec '13, Dec '14, Dec '15, Dec '16, Dec '17, Dec '18, Dec '19, Dec '20, Dec '21, Dec '22, Dec '23, Dec '24, Dec '25

전 세계 반도체 매출

된다. 데이터를 저장하는 창고인 커패시터는 공정이 미세화될수록 바닥 면적이 좁아진다. 용량을 유지하려면 위로 길게 쌓아야 하는데, 현재 이 종횡비 Aspect Ratio는 무려 100대 1에 달한다.

이 좁고 깊은 우물에 저장되는 전자의 수는 이제 수만 개 수준에 불과하다. 우리가 문손잡이를 잡을 때 발생하는 정전기보다도 미약한 신호다. 이 미세한 전하를 오차 없이 읽어내고 제어하는 것은 제조 난이도를 기하급수적으로 높인다. 즉, 공급의 비탄력성이 구조화된 셈이다.

1c10나노대 6세대 등 최선단 공정으로 전환하면 웨이퍼당 생산량Bit Growth이 이론상 70% 늘어난다. 하지만 낮아진 수율 탓에 실제 공급 증가 효과는 미미한 실정이다. 공장을 짓고 장비를 들이는 데는 수년이 걸리지만, 수요는 매일 변한다. 이 시차가 가격의 변동성을 키운다.

공급이 막힌 상황에서 수요 측면에서는 거대한 질적 전환이 일어나고 있다. 바로 AI 시장의 무게중심이 학습에서 추론으로 이동하고 있다는 점이다. 엔비디아 베라루빈 등 차세대 AI 아키텍처는 더 빠른 데이터 처리를 요구한다. 이에 따라 HBM뿐만 아니라 고속 eSSD와 대용량 QLC eSSD의 채택도 가속화되고 있다.

구글, 마이크로소프트 등 빅테크들은 이제 가격 협상보다 물량 확보를 최우선 순위에 두고있다. 비싸도 좋으니 물건만 달라는 '패닉 바잉' 심리는 가격 결정권을 공급자메모리 제조사에게 완전히 넘겨주었다.

2028년까지 멈추지 않는다

올 초부터 JP모건을 비롯한 글로벌 투자은행들의 시선은 일제히 한국과 대만의 메모리 벨트를 향하고 있다. 지난해 말 대비 시장 규모가 최대 48% 추가 상향될 것이라는 전망은 우리가 겪고 있는 이 파동이 일시적 유행이 아닌 거대한 구조적 가속인 것을 증명한다.

그동안 AI 인프라에서 조연이었던 낸드 플래시가 지난 1월 이후 주연으로 등극했다. CES2026 행사에서 엔비디아가 낸드 플래시를 AI 인프라의 핵심으로 선언했기 때문이다. 샌디스크의 기록적인 실적 성장도 AI 생태계 내에서 낸드의 확장성을 입증하는 신호탄이었다. AI 모델 최적화 과정에서 기억의 역할을 담당하는 낸드의 중요성이 점점 커지고 있다. JP모건은 2024~2027년 사이 연평균 성장률CAGR 전망치 측면에서 낸드108%가 D램91%을 앞지를 것으로 전망했다. 메모리 내 AI 관련 제품HBM, SOCAMM, eSSD 등의 비중은 2025년 30%에서 2027년 45%로 급증할 것으로 내다봤다. 이 매출 비중의 80%는 서버 고객B2B이 견인할 것으로 예상했다.

현재 메모리 3사가 마주한 가장 큰 고민은 기회비용이다. HBM은 공정 난이도가 높고 수율이 낮아 범용 D램보다 최소 3배 많은 웨이퍼를 소모한다. 즉, HBM 1개를 만들 캐파를 포기하면 범용 D램 3개를 찍어낼 수 있다. 과거에는 하나의 공정 테크로 다양한 제품을 만들 수 있었으나 이제는 제품별로 공정1a, 1b, 1c이 파편화되었다. 삼성전자를 예로 들면 HBM4는 1c, HBM3E는 1a 공정을 사용하는 식으로 운영 유연성이 크게 떨어졌다.

지난 2023년 10배에 달했던 HBM과 범용 D램의 가격 격차는 올해 말 거의 비슷한 수준까지 붙을 것으로 예상된다. 이미 범용 D램의 영업이익률은 HBM을 추월했다. 제조사들은 이제 '미래 성장HBM'과 '당장 돈이 되는 레거시DDR4/5' 사이에서 치열한 눈치 싸움을 벌여야 할 처지다. 메모리 3사의 설비투자는 늘어나고 있지만 과거와 같은 무분별한 치킨 게임은 보이지 않는다.

2026년 스마트폰전년 대비 -10%과 PC전년 대비 -10% 생산량 전망치는 우울하다. 메모리 가격 인상으로 인해 제조사들이 중저가 모델 생산을 줄이고 제품 가격을 올렸기 때문이다. 하지만 이것은 수요의 소멸이 아니다. 만약 데이터센터향 수요가 조금이라도 둔화되어 메모리 가격이 내려가면, 그동안 억눌렸던 스마트폰과 PC 수요가 즉각적으로 터져 나올 가능성이 높다. B2B가 밀어내면 B2C가 받쳐주는 가격의 하방이 아주 단단하게 지지되는 구조다.

2027년 메모리 시장 규모 6160억 달러는 반도체 기업들의 시가총액이 현재보다 50% 이상 상승할 수 있는 강력한 근거로 작용한다. 테크 마이그레이션공정 전환에 따른, 자연적 생산 감소와 HBM의 캐파 잠식 효과로 인해 공급은 2027년까지 타이트하게 유지될 수밖에 없다. 이제 메모리 가격의 향방은 실리콘밸리의 CSP클라우드 서비스 제공자들이 결정한다. HBM이 불러온 나비효과가 메모리 산업 전체를 고수익 구조로 완전히 개조해버렸다.

소모품에서 인프라로 메모리의 진화

메모리 산업은 과거 우리가 알던 그 시장이 아니다. AI는 단순히 HBM이라는 특수 메모리만을 요구하는 것이 아니라 D램과 낸드 플래시 전체를 아우르는 전방위적인 메모리 계층화를 요구하기 시작했다. AI가 정교해질수록 연산의 재료인 데이터는 기하급수적으로 늘어나며, 이를 막힘없이 실어나를 대역폭과 지연 없는 처리 속도가 기업의 생존을 결정짓는 핵심 변수가 되었기 때문이다.

과거 메모리 시장은 PC나 스마트폰의 교체 주기라는 소순환 주기에 갇혀 있었다. 경기가 둔화되고 재고가 쌓이면 가격이 폭락하는 악순환을 반복하며 미래를 신뢰하기 힘든 시장으로 분류되곤 했다. 하지만 AI 시대의 메모리는 연산 성능 제고와 비용 효율화의 직접적인 변수가 되었다.

AI의 맥락이 길어질수록 '키밸류 캐시KV Cache'라 불리는 데이터 보관 요구량은 선형적으로 증가하며, 이는 메모리 부족이라는 구조적인 병목 현상을 야기했다. 메모리는 AI 서비스를 유지하기 위한 필수 인프라가 되었다.

공급 구조 역시 근본적으로 변했다. 과거에는 웨이퍼를 얼마나 많이 찍어내느냐가 승부처였으나 이제는 생산 믹스와 후공정의 정밀함이 공급량을 결정한다. HBM 생산이 늘어날수록 일반 D램의 생산 능력이 잠식되는 현상이 발생하고 있다.

낸드 플래시 시장 역시 고성능 제품인 ICMSP나 HBF의 적용으로 인해 실제 시장에 공급되는 유효 용량이 줄어드는 구조적 제약에 직면해 있다. 이러한 복합적인 제약은 공급자 우위 시장을 견인하며, 메모리 가격의 결정권을 제조사에게 돌려주고 있다.

메모리의 기술적 위상도 높아졌다. HBM은 가속기의 심장이 되었고, D램은 지능의 활동 영역을 규정하며, 낸드 플래시는 추론의 상태를 기억하는 거대한 도서관이 되었다. 글로벌 AI 밸류체인 내에서 한국의 메모리 기업들은 여전히 가장 저평가된 영역에 머물러 있다. 높은 구속력을 가진 장기 공급 계약[LTA] 비중이 확대되면서 과거의 고질병이었던 실적 변동성은 크게 낮아졌고, 이익의 질은 상향되고 있다. 사상 초유의 반도체 호황이 글로벌 유동성 확장 국면과 맞물린 지금, 메모리 기업의 가치 평가는 과거의 자산 가치 중심[PBR]에서 수익 가치 중심[PER]으로 이동하는 역사적 리레이팅의 순간을 맞이하고 있다.

재평가의 본격적인 흐름은 이제 막 시작되었을 뿐이다. 지능의 시대를 여는 마지막 퍼즐, 메모리의 진화에 투자할 시점이다.

>>> 정답지의 첫 번째 줄을 읽었다. 이번 사이클은 구조적이고 길다. 그런데 이 거대한 파티를 끝낼 수 있는 단 하나의 변수가 있다. 바로 중국이다.

슈퍼사이클을 끝낼 수 있는가: 중국의 도전과 한계

CXMT가 못 넘은 AI 인프라 기술 장벽

이번 메모리 슈퍼사이클을 끝낼 수 있는 치명적인 변수가 바로 중국의 공급 확대다. D램 공급부족을 기회로 CXMT는 점유율을 높이고 있다. 스마트폰, PC 시장에 이어 서버 시장까지 CXMT가 안착할 수 있을지 관심이 쏠린다.

슈퍼 소비재 시장에서 가격은 강력한 무기지만, 서버 시장에서 가격은 신뢰를 증명한 뒤에야 내밀 수 있는 옵션이다. CXMT의 서버 D램 시장 진입은 질적인 완성도를 요구하는 시험대다. 중국의 CXMT가 소비자용 시장을 넘어 서버의 심장부를 파고들 수 있을지는 단순히 수율의 문제가 아니라 생태계의 허락에 달려 있다.

서버 D램 시장은 PC나 스마트폰 시장과는 전혀 다른 문법으로 작동한다. 1%의 전력 효율 개선이나 0.001%의 오류 발생률 저하가 수천억 원의 비용 절감으로 이어지기 때문이다. CXMT가 이 거대한 요새에 균열을 낼 수 있을까.

현재 글로벌 서버 시장의 표준은 이미 DDR5로 이동했다. 서버용 DDR5는 고용량32Gb 이상과 저전력 특성이 생명이다. 이를 위해서는 1b nm10나노대 5세대 이상의 선단 공정이 필수적이다. 1z nm10나노대 3세대에 머물러 있는 CXMT의 공정으로는 글로벌 서버 고객사가 요구하는 고밀도 · 저전력 사양을 충족하기 어렵다. 선단 공정 없이 제작된 서버 D램은 발열이 심하고 전력 소모가 커서 데이터센터 운영 비용을 중시하는 하이퍼스케일러들에게 외면받을 가능성이 크다. 서버용 메모리는 반도체 제조사가 만든다고 바로 팔 수 있는 물건이 아니다. CPU 제조사인 인텔이나 AMD의 엄격한 호환성 인증 절차를 통과해야 한다. 서버용 CPU와의 완벽한 궁합을 입증하는 데는 통상 수년의 시간이 걸린다. 데이터센터 운영자들은 검증되지 않은 신생 업체의 메모리를 채택해 시스템 전체가 다운되는 리스크를 감수하려 하지 않는다. 가격이 조금 저렴하다는 이유로 인프라의 안정성을 포기하기에는 그 대가가 너무 크기 때문이다.

하지만 CXMT에게도 기회는 있다. 바로 중국 정부가 추진하는 반도체 자급자족 정책이다. 알리바바, 텐센트, 바이두 등 중국 내 빅테크들은 정부의 압박과 보조금 혜택을 바탕으로 CXMT의 제품을 우선적으로 채택할 유인이 충분하다. 최첨단 성능이 요구되지 않는 보급형 서버나 로컬 엣지 컴퓨팅 시장은 CXMT가 점유율을 확보하기에 가장 현실적인 타깃이다. 즉, 글로벌 표준에서는 여전히 이방인이지만, 중국이라는 거대한 폐쇄 생태계 안에서 CXMT는 무시할 수 없는 주류로 성장할 수 있는 양면성을 지니고 있다. CXMT는 중국 내수 시장을 중심으로 서버 D램 점유율을 일정 부분 확보하는 데는 성공할 가능성이 높다. 하지만 우리가 흔히 말하는 글로벌 AI 인프라의 주류 공급망에 진입하는 것은 단기간에 불가능에 가깝다.

D램의 생산 능력은 늘릴 수 있지만, EUV 장비 반입 금지 등 지정학적 제약으로 인해 서버 시장의 핵심인 '전성비전력 대비 성능' 격차를 좁히기는 어려운 것도 CXMT의 치명적 약점이다. 세계 메모리 시장은 고성능 · 고효율의 글로벌 시장과 중국 내수 중심의 범용 시장으로 철저히 이원화될 가능성이 높다. CXMT는 중국 내수 시장의 맹주로 남을 가능성이 높다.

HBM 시장 진출은 더욱 녹록하지 않다. CXMT가 월 6만 장이라는 거대한 D램 생산 능력을 앞세워 HBM 시장에 명함을 내밀었다. 그러나 미세 공정의 한계와 베이스다이라는 거대한 기술적 절벽 앞에서 그들의 도전은 인프라의 주류가 아닌 변방의 수량에 머물고 있다. AI 인프라 시장에서 제품의 가격보다 무서운 것은 성능의 병목이다. 중국 CXMT가 HBM3 생산을 공식화했음에도 시장의 반응이 냉담한 이유는 명확하다. 이들의 HBM3는 대역폭 측면에서 선두 기업들이 준비 중인 차세대 제품 대비 체감 성능이 절반 수준에 불과하기 때문이다. 초단위로 경쟁하는 제미나이나 챗 GPT의 시대에 성능을 양보한 인프라는 선택지에 오를 수 없다.

CXMT는 현재 15나노급 D램 양산조차 버거운 상황이다. 설령 생산에 성공하더라도 선두권의 1c D램 제품과 비교하면 웨이퍼당 비트 공급량과 전력 효율에서 절반 수준의 열세를 보인다. 이는 동일한 성능을 내기 위해 더 많은 전력을 쏟아부어야 한다는 뜻이다. 전력 수급이 곧 생존인 현대 데이터센터 환경에서 이는 치명적인 약점으로 작용한다.

최근 HBM 성능의 핵심은 단순한 메모리 적층이 아니라 하단에서 두뇌 역할을 하는 베이스다이로 옮겨갔다. 5나노 이하 선단 로직 공정이 필수적인 이 영역에서 EUV 장비를 사용하지 못하는 SMIC와 협력하는 CXMT는 구조적 한계에 봉착해 있다. EUV 없는 공정은 수율과 전성비를 급격히 악화시키며, 결국 HBM 전체의 효율을 갉아먹는 결과로 이어진다.

AI 서버의 전력 구조를 보면 HBM은 전체 전력의 약 15%를 차지한다. 데이터센터의 최대 제약이 전력인 상황에서 전성비가 낮은 HBM은 칩 단가가 아무리 저렴해도 운영 비용을 폭증시킨다. 마이크로소프트를 비롯한 빅테크 기업들이 단가보다 성능 안정성과 전성비를 우선시하는 이유도 바로 여기에 있다. 전력 사용은 이제 재무적 비용을 넘어 정치적 부담이 되었기 때문이다.

결국 CXMT는 메모리 공정의 한계와 로직 공정의 제약이라는 이중고를 겪고 있다. 과거의 사이클에서 가격 완충재 역할을 했던 추격자의 존재가 이번 HBM 시장에서는 보이지 않는다. 베이스다이 병목이 해소되지 않는 한 고성능 HBM 공급은 구조적으로 경직될 수밖에 없다. 이 지점이 바로 현재 메모리 업 사이클이 과거보다 더 강력하고 길게 지속될 것임을 시사하는 가장 강력한 증거다. AI 시대에 적당한 성능은 존재하지 않는다. 오직 압도적인 효율만이 인프라의 자격을 얻는다.

YMTC, 낸드플래시 유리 천장에 도전

데이터의 기록은 이제 평면의 영토를 벗어나 수직의 층수를 쌓는 고층 빌딩의 시대로 진입했다. 중국의 YMTC는 '엑스태킹Xtacking'이라는 독자적인 건축 공법을 앞세워 낸드플래시의 층수를 높이며 서버 시장이라는 철옹성을 두드리고 있다. 하지만 그들이 마주한 것은 기술의 장벽뿐만 아니라, 지정학적 갈등이 만든 거대한 신뢰의 절벽이다.

서버 시장에서 낸드플래시는 단순한 저장 공간이 아니다. 초당 수천만 번의 읽기 · 쓰기를 견뎌야 하는 엔터프라이즈 SSDeSSD의 세계에서 YMTC가 글로벌 주류 공급망에 진입할 수 있을까.

YMTC가 미국의 강력한 제재 속에서도 살아남을 수 있었던 비결은 회로와 셀을 별도로 만들어 결합하는 엑스태킹 기술이다. 이 방식은 데이터 전송 속도를 높이고 셀 밀도를 극대화하는 데 유리하다. 실제로 YMTC의 232단 낸드는 기술적 사양 면에서 삼성전자나 SK하이닉스 등 글로벌 선두 업체들을 바짝 추격하며 서버용 제품에 필요한 물리적 기초를 닦았다. 장비 반입이 제한된 상황에서도 효율적인 설계를 통해 층당 효율을 높이는 전략은 서버 시장 진입을 위한 최소한의 입장권이 되었다.

소비자용 SSD는 속도가 중요하지만, 서버용 SSD는 수명과 안정성이 모든 것을 결정한다. eSSD 시장은 총 쓰기 가능 용량TBW 같은 가혹한 내구성 테스트를 요구한다. YMTC가 서버 시장에 안착하려면 최소 2~3년 이상의 장기 가동 데이터를 통해 데이터 유실이나 성능 저하가 없음을 입증해야 한다.

미국의 엔티티 리스트Entity List 등재는 글로벌 하이퍼스케일러들이 YMTC의 제품을 채택하는 데 가장 큰 장애물이다. 보안 이슈와 공급망 불안정성을 감수하면서까지 YMTC를 선택할 글로벌 기업은 현재로서는 극히 드물다.

글로벌 시장의 문이 닫히는 동안 중국 내수 시장은 YMTC에게 거대한 실험실이자 시장이 되어주고 있다. 중국 정부의 신인프라 건설 정책에 따라 알리바바, 텐센트, 바이두 등 중국 빅테크들은 서버 구축 시 YMTC의 eSSD를 적극적으로 도입하고 있다. 정부 주도의 공공 부문 서버와 로컬 데이터센터 시장에서 쌓이는 레퍼런스는 YMTC가 기술을 고도화하고 규모의 경제를 달성하는 핵심 자양분이 되고 있다. 글로벌 시장에서는 제재에 갇힌 고립된 섬이지만, 중국 내륙이라는 거대한 대륙 안에서는 서버 인프라의 심장으로 빠르게 자리 잡고 있다.

YMTC의 서버 시장 진출은 기술적으로는 가능하나 정치적으로는 제한적인 상태가 지속될 가능성이 높다. 글로벌 표준에서 배제된 채 중국 독자 규격과 내수 시장에 특화된 엔터프라이즈 솔루션의 강자로 성장할 것으로 관측된다. 핵심 소재와 부품의 공급망이 차단된 상태에서 기술의 세대교체를 얼마나 지속할 수 있느냐가 관건이다. 선단 공정 장비 없이는 300단 이상의 초고층 낸드 전쟁에서 결국 한계에 부딪힐 수밖에 없다.

결국 YMTC의 서버 시장 점유율은 중국 정부의 지지 강도에 비례할 것으로 보인다. 글로벌 무대에서의 진정한 복귀는 지정학적 해빙이 오기 전까지는 요원한 과제로 남았다.

1200조 조달 시장의 주권과 K-반도체의 독주

국가 안보는 이제 보이지 않는 반도체 칩 위에서 설계된다. 미국이 1200조 원에 달하는 거대 공공 조달 시장에서 중국산 반도체의 완전 퇴출을 공식화한 것은 단순한 무역 제재를 넘어, 글로벌 공급망에서 중국산 지능의 씨를 말리겠다는 선전포고다. 이 거대한 지각 변동은 삼성전자와 SK하이닉스에게 변수 없는 슈퍼 호황이라는 유례없는 기회를 선사하고 있다.

미국 연방조달규정위원회가 마침내 '중국산 반도체 금지'의 구체적인 일정을 확정하며 공급망의 판도를 뒤흔들고 있다. 미국이라는 거대 소비 주체가 국가 안보를 명분으로 시장의 규칙을 재정의한 사건이다.

2027년 12월 23일부터 미 정부의 연방 조달 시장에서 SMIC파운드리, CXMTD램, YMTC낸드가 생산한 반도체가 적용된 제품, 부품, 서비스의 사용이 전면 금지된다. 연간 1200조 원에 달하는 미국 공공 조달 시장은 글로벌 IT 및 인프라 기업들에게 포기할 수 없는 핵심 영토다. 이 시장에서 살아남기 위해 애플, 델^{Dell} 등 주요 제조사들은 이제 중국산 반도체 검토안을 완전히 폐기해야 하는 상황에 놓였다.

그동안 중국 기업들은 막대한 정부 보조금을 바탕으로 저가 물량 공세를 펼치며 글로벌 시장의 점유율을 잠식해 왔다. 하지만 미국의 이번 조치는 이러한 가격의 무기화를 원천 봉쇄했다. 삼성과 SK를 턱밑까지 추격하던 CXMT와 YMTC는 가장 큰 프리미엄 시장 중 하나인 미국 공공 조달 시장으로의 진입로가 차단되었다. 가격이 아무리 저렴하더라도 '안보 리스크'라는 낙인이 찍힌 이상 글로벌 공급망에서 중국산 메모리와 파운드리의 입지는 급격히 위축될 수밖에 없다.

삼성전자와 SK하이닉스는 이번 조치의 최대 수혜자로 부상하며, AI 메모리 시장에서의 지배력을 더욱 공고히 할 것으로 보인다. 애플과 델 등 글로벌 하이테크 기업들이 중국산 반도체 채택을 포기함에 따라 그 빈자리는 검증된 품질과 안보 신뢰성을 갖춘 한국 기업들의 몫이 될 것으로 보인다.

공급 과잉을 유도하던 중국의 변수가 사라지면서 현재 진행 중인 반도체 슈퍼 호황의 사이클은 더욱 길고 견고해질 전망이다. 미국의 이번 결정은 반도체 산업이 더 이상 효율성의 논리가 아닌 진영의 논리로 작동하고 있음을 보여준다. 가격보다 중요한 것은 신뢰할 수 있는 지능이다. 한국 반도체는 이제 미국 주도의 기술 동맹 내에서 대체 불가능한 인프라로 격상되었다. 중국 기업들의 추격 위협이 감쇄됨에 따라 한국 반도체 섹터의 밸류에이션은 과거의 불확실성을 털어내고 새로운 프리미엄 구간으로 진입할 것으로 기대된다.

구분	중국 기업(배제 대상)	국내 기업(수혜 및 대응)
D램	CXMT(추격 가속화 중단)	SK하이닉스 · 삼성전자(HBM 및 선단 공정 독점 심화)
낸드	YMTC(저가 공세 제동)	삼성전자 · SK하이닉스(엔터프라이즈 SSD 시장 장악)
파운드리	SMIC(성숙 공정 타격)	삼성전자(미국 내 팹 가동 및 조달 물량 확보 유리)

기술 유출이 남긴 거대한 청구서

기술은 국경이 없지만 기업에는 국적이 있다. 우리가 정성껏 일궈온 핵심 지식 자산이 한순간의 '망명'으로 경쟁자의 무기가 될 때, 시장의 주도권은 기술력의 정교함이 아니라 보상 체계의 빈틈에서 무너진다.

대한민국이 마주한 가장 뼈아픈 경제적 손실은 수출 지표의 하락이 아니다. 바로 수십 년간 축적해온 '기술 자본'의 국외 유출이다. 대한민국 디스플레이 산업의 뼈아픈 실책 중 하나는 하이닉스에서 분사된 LCD 전문 기업 하이디스Hydis의 매각이다. 2003년 중국의 BOE징둥팡는 하이디스를 인수하며 한국이 가졌던 광시야각 기술FFS 등 핵심 특허를 통째로 흡수했다.

인수 당시만 해도 세계 시장의 변방에 불과했던 BOE는 한국의 기술 인프라를 수혈받아 단숨에 글로벌 LCD 1위 기업으로 도약했다. 이는 단순히 기업 하나를 판 것이 아니라 한국 디스플레이 산업의 설계도를 넘겨준 것과 같았다. 'BOE의 임원 회의는 한국어로 진행된다'는 말이 업계의 정설처럼 떠돌 정도로 삼성디스플레이와 LG디스플레이 출신 퇴직자들은 BOE의 성장에 결정적인 역할을 했다.

중국 기업들이 한국의 핵심 인재를 영입하기 위해 내세우는 무기는 파격적인 보상 시스템이다. 핵심 공정 기술을 보유한 수석급 엔지니어에게는 국내 연봉의 최대 10배에 달하는 금액과 주거, 교육 지원 등이 제시된다. 한국의 엄격한 호봉제와 상대적으로 낮은 정년, 퇴직 후의 불안정한 미래는 숙련된 기술자들이 '기술 망명'을 선택하게 만드는 구조적 배경이 된다.

그러나 10배 연봉의 뒤에는 '기술 전수 후 해고'라는 냉혹한 현실이 기다리고 있다. 중국 기업은 필요한 기술을 모두 흡수한 뒤 일정 시간이 지나면 해당 인력을 내보내는 이른바 '레몬 시장'식 인재 운용을 하고 있다.

디스플레이에서 확인된 유출 시나리오는 이제 국가 전략 자산인 반도체에서 재현되고 있다. D램의 CXMT는 대만 기업뿐 아니라 삼성전자와 SK하이닉스 출신 기술진들이 대거 합류하며 공정 미세화 속도를 비정상적으로 높이고 있다. 한국의 경험치가 중국의 자본과 만나 기술 격차를 좁히는 기폭제가 되고 있다.

낸드의 양쯔메모리^{YMTC}도 한국 퇴직 인력들의 노하우를 바탕으로 적층 기술을 빠르게 고도화하며 글로벌 시장 점유율을 위협하고 있다. 기술 유출을 막기 위한 법적 규제는 필요하지만, 근본적인 해결책은 아니다. 엔지니어가 퇴직 후에도 국내 산업 생태계에서 충분한 보상과 지위를 유지할 수 있는 전문가 재고용 시스템이 정착되어야 한다. 기술 유출은 단순한 기업의 손실이 아니라, 국가의 영구적인 경제적 자결권을 훼손하는 행위로 간주되어야 한다.

"적에게 성문을 열어주는 것은 병사가 아니라, 성벽 안에서 굶주린 자의 절망이다."

테라팹^{TerraFab}, 머스크가 설계한 '지능의 자급자족'

혁신의 속도는 상상력에 의해 결정되지만, 혁신의 규모는 공급망에 의해 제한된다. 일론 머스크가 '테라팹^{TerraFab}'이라는 카드를 꺼내 든 것은 단순한 야심이 아니다. 그것은 거대 자본이 만든 실리콘의 벽을 깨지 않고서는 테슬라의 진화가 멈출 것이라는 절박한 생존 본능의 발로다.

테슬라는 자동차 제조사를 넘어 지구상에서 가장 거대한 AI 로봇 기업으로 변모하고 있다. 하지만 일론 머스크는 축배를 드는 대신 서늘한 경고를 던진다. 향후 3~4년 내 테슬라의 성장을 가로막을 최후의 벽은 자본도 수요도 아닌 '칩 생산 능력'이라는 것이다.

삼성, TSMC, 마이크론이라는 거인들의 손에 자신의 운명을 맡기지 않겠다는 머스크의 테라팹 구상이 어떻게 구체화될지 관심이 쏠린다. 일론이 진단한 테슬라의 제약 요인은 명확하다. 자율주행^{FSD}, 휴머노이드 로봇^{옵티머스}, 거대 슈퍼컴퓨터^{Dojo}를 돌릴 로직 칩과 메모리의 절대적 부족이다. 일론은 삼성, TSMC, 마이크론 등 전략적 파트너들이 제시하는 '최상의 생산 시나리오'조차 테슬라의 요구치를 충족하지 못한다고 주장한다.

외부에서 칩을 조달하는 한 테슬라의 기술 로드맵은 파운드리의 공정 스케줄과 메모리 제조사의 수율에 저당 잡힐 수밖에 없다는 주장이다. 머스크는 이 의존성을 끊어내고 칩을 직접 소비하는 수직 계열화의 끝판왕을 꿈꾸고 있다. 기가팩토리가 배터리와 차체의 대량 생산을 혁명적으로 바꿨다면, 테라팹은 반도체 제조의 패러다임을 바꾸려는 시도다.

테라팹은 설계를 넘어 로직 생산, 메모리 제조, 첨단 패키징을 한곳에서 수행하는 통합 기지를 의미한다. 칩을 찍어내자마자 옆 라인에서 HBM을 붙이고, 곧바로 테슬라 서버에 장착하는 초고속 루프를 완성하겠다는 것이다. 일론은 "우리는 칩을 외부에 팔지 않겠다"고 단언한다. 테라팹의 목적은 수익 창출이 아니라, 테슬라라는 생태계가 굶지 않도록 '지능의 식량'을 무한히 공급하는 자급자족에 있다.

일론이 테라팹을 미국에 지어야 한다고 강조하는 이유는 철저히 지정학적 리스크 관리에 기반한다. 대만과 한국에 집중된 반도체 생산 기지는 지정학적 위기 시 테슬라 전체를 멈춰 세울 수 있는 아킬레스건이다. 머스크는 많은 이들이 향후 몇 년 안에 닥칠 지정학적 충격을 과소평가하고 있다고 경고한다.

일론은 테라팹은 테슬라를 외부 세계의 물리적 충돌로부터 보호하는 디지털 요새가 될 수 있다고 설명한다. 이는 경제적 효율성을 넘어선 생존을 위한 전략적 보험인 셈이다. 많은 전문가들이 팹Fab은 자동차 공장과는 차원이 다르게 어렵다며 머스크의 구상을 비웃는다. 일론 역시 팹은 정말 어렵다는 점을 인정한다. 하지만 그는 이미 모두가 불가능하다고 했던 전기차 양산과 재사용 로켓을 성공시킨 인물이다. 남들이 미친 짓이라고 부르는 일이 테슬라에게는 내일의 상식이 된다. 테라팹은 반도체 업계의 거인들에게는 위협적인 선전포고이며, 주주들에게는 테슬라가 완전한 기술 독립으로 나아가는 최종 단계임을 알리는 신호탄이다.

일론의 테라팹 구상은 반도체 산업의 질서를 근본적으로 뒤흔들 것으로 보인다. 테슬라가 자체 메모리 생산까지 넘본다면, 마이크론과 삼성은 가장 큰 고객을 잃는 동시에 가장 무서운 경쟁자를 맞이하게 된다. 칩 생산의 병목을 해결한 테슬라는 다른 기업들이 칩을 구하느라 허덕일 때, 수백만 대의 휴머노이드를 시장에 쏟아낼 수 있는 유일한 기업이 될 수 있을 것이다.

결국 테라팹은 머스크가 그리는 AI 제국의 마지막 퍼즐 조각인 셈이다. 실리콘의 한계를 스스로 부수기로 한 테슬라의 선택이 3~4년 뒤 어떤 결과를 낳을지, 전 세계가 숨을 죽이고 지켜보고 있다.

>>>> 중국의 추격은 거세지만 AI 인프라의 핵심 전장인 HBM 시장에서는 아직 넘을 수 없는 기술 장벽이 버티고 있다. 테슬라의 자급자족 선언도 위협이지만 수년의 시간이 필요하다. 정답지의 세 번째 줄은 이것이다. 한국 메모리가 HBM이라는 새로운 왕관을 쓰는 과정을 해부해야 할 때다.

HBM 제국의 탄생

AI 시대의 포식자가 된 엔비디아와 HBM

AI는 공짜가 아니다. 막대한 양의 전력과 더 막대한 양의 메모리를 먹고 자란다. 엔비디아의 새로운 포식자 루빈이 등장한 순간 인류의 디지털 자원은 특정 기업들에 의해 독점되기 시작했다. 그리고 우리가 누리던 저렴한 메모리의 시대는 종말을 고했다. 엔비디아가 내놓은 차세대 AI 가속기 루빈은 인프라의 상식을 파괴하는 수준의 메모리 소비량을 보여주고 있다. 이제 AI 칩 하나가 요구하는 자원이 웬만한 하이엔드 기기 수십 대의 용량을 넘어서고 있다.

루빈 칩 하나에 탑재되는 메모리는 무려 288GB에 달한다. 이는 최고 사양 PC 메모리의 800%, 하이엔드 스마트폰 메모리의 2300%를 상회하는 수치다. 불과 4년 전 출시된 호퍼H100의 필요 메모리가 80GB였음을 상기하면, 불과 수년 만에 메모리 요구량이 260% 폭증했음을 알 수 있다. 세대가 거듭될수록 지능의 유지 비용이 기하급수적으로 치솟고 있는 셈이다.

알파벳구글과 오픈AI 같은 AI 거물들이 수백만 개의 엔비디아 칩을 선점하면서, 전 세계 메모리 공급망은 이들의 요구를 맞추기 위해 비정상적으로 가동되고 있다. 생산되는 메모리의 상당 부분이 일반 소비자용 시장이 아닌 빅테크의 데이터센터로 직행하고 있다. 거대 자본을 가진 기업들이 실리콘 자원을 독점하면서 중소 기술 기업과 일반 소비자들이 지불해야 할 'AI 통행세'는 감

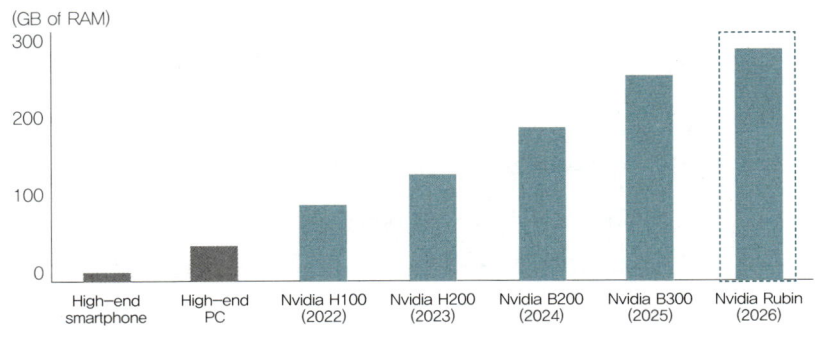

(GB of RAM)

엔비디아 AI 칩은 더 많은 RAM을 소비한다

*Source: Bloomberg, company specifications

당할 수 없는 수준에 이르렀다.

　메모리 부족 현상은 단순히 수급 차질을 넘어 시장 가격의 파괴적인 상승으로 이어졌다. 현재 우리가 목격하고 있는 숫자는 경제학적 상식을 뛰어넘는다. 전 세계적인 메모리 칩 부족 현상은 이제 개별 기업이나 국가의 통제를 벗어난 시스템적 위기로 진입했다. 공장을 증설해도 엔비디아 칩의 세대 교체 속도를 따라잡지 못하는 공급의 지연이 구조화되었다. 메모리 가격 폭등은 완제품 가격 인상으로 이어져 일반 대중의 디지털 접근성을 저해하는 결과를 초래하고 있다.

　메모리는 이제 단순한 부품이 아니라 국가 안보와 기업 생존을 결정짓는 전략 자산이 되었다. 삼성전자와 SK하이닉스 같은 공급사들이 유례없는 호황을 누리는 이면에는 전 세계 공급망이 엔비디아라는 단 하나의 정점에 종속되어 있다는 불안한 진실이 숨어 있다. 16GB 램 하나를 사기 위해 10만원**76.90달러** 이상을 지불해야 하는 시대. 이것은 단순한 인플레이션이 아니라 AI라는 신神을 모시기 위해 인류가 지불하고 있는 가혹한 제물이다.

슈퍼스타 HBM, 시장의 상식을 파괴하다

　시장은 틀렸다. 많은 전문가들이 예견했던 HBM3E의 최대 15% 가격 하락 전망은 빗나갔고, 삼성전자는 오히려 '가격 인상'이라는 역발상 카드를 꺼내 들었다. AI 학습용 GPU를 넘어 구글의 TPU와 같은 맞춤형 반도체ASIC가 지능의 식욕을 폭발시키면서, HBM은 이제 소모품이 아닌 '전략적 자산'으로 지위가 격상되었다.

메모리 3사의 캐파CAPEX 경쟁은 2026년 하반기 더욱 격렬해질 전망이다. 현재 확정된 월간 HBM 생산 능력 증설 계획은 삼성 월 22만장, SK하이닉스 월 20만장, 마이크론 월 10만장 수준이다. 당초 HBM4로의 빠른 전환을 예상했던 시장의 시나리오는 ASIC주문형 반도체의 등장으로 뒤바뀌었다. 엔비디아의 GPU뿐만 아니라 구글·아마존 등 빅테크들이 자체 설계한 칩들이 HBM3E를 대량으로 흡수하기 시작했기 때문이다.

구글의 7세대 TPU는 6세대32GB 대비 무려 6배 증가한 192GB의 HBM3E를 탑재했다. 이는 서버 한 대에 들어가는 메모리의 밀도가 상상을 초월하는 수준으로 높아졌음을 의미한다. 신제품HBM4이 나와도 구형HBM3E의 가격이 떨어지지 않는 기현상은 이처럼 벌크Bulk 수요가 뒷받침되고 있기 때문이다. HBM4의 가격 전망 역시 과거의 상식을 파괴하고 있다. 공급사들의 가격 결정력은

HBM 제조 공정

TSV 공정	Silicon Etch	TSV Cu Fill	TSV Cu CMP	BEOL Metallization
	TSV 형성을 위한 실리콘 식각 진행	TSV Hole 9101 (구리) 전해도금	외부로 노출된 Cu CMP를 통해 제거	금속 배선 공정

Bumping 및 Stacking 준비

Front Side Bump Formation	Wafer Solder Reflow	Temporary Carrier Bonding	TSV Exposure & Back Side Passvation
전면부 범프 형성	구형 범프 형성을 위한 Reflow 공정	임시 Carrier에 부착 후 일이퍼를 뒤집기	백그라인딩 및 후면부 절연막 형성

Passivation CMP & TSV Cu Expoure	Back Side Bump Formation	Carrier Wafer Debonding & Thin Wafer Mounting On Tape
후면부 CMP 및 TSV Cu 노출	후면부 범프 형성	임시 Camier 달착 및 Mount Tape 부착

*자료: SX하이닉스, LS증권 리서치센터

그 어느 때보다 강고해졌다.

DDR5 등 범용 DRAM 가격이 급등하면서, 제조사들은 굳이 공정 난도가 높은 HBM으로 생산 라인을 무리하게 옮길 유인이 줄었다. 즉, 비싸게 사지 않으면 안 만들어주겠다는 배짱 영업이 가능해진 것이다.

HBM이 12단에서 16단으로 적층 수가 늘어나며 공정 수율 확보는 더욱 어려워졌고, 이는 자연스럽게 공급 부족과 가격 인상으로 이어지는 순환 고리를 형성했다. 투자의 시선은 이제 칩 제조사를 넘어 HBM의 층을 쌓아 올리는 소부장소재·부품·장비으로 향하고 있다. D램의 1b 5세대, 1c 6세대 나노 공정 증설이 확정되면서, 관련 노광 및 증착 장비사의 수주 잔고가 다시 채워지고 있다. HBM 12단에서 16단으로 넘어가는 구간은 단순한 덧셈이 아니다. 더 얇은 웨이퍼 처리 기술, 정밀한 본딩 장비. 그리고 열 관리를 위한 특수 소재부품 기업들에게는 사상 최대의 호황기가 열리고 있다.

2026년 하반기의 HBM 시장은 공급 과잉이라는 단어를 사전에서 지워버렸다. 비싸서 못 쓰겠다는 비명은 들리지만, 안 쓰겠다는 대안은 존재하지 않는다. 구글이 6배의 메모리를 칩에 때려 붓는 이유는 그것이 거품이 아니라 '생존을 위한 근육'이기 때문이다. HBM 가격 인상은 단순한 비용 상승이 아니라 지능의 가치가 자본의 논리를 압도하고 있다는 강력한 신호다.

HBM을 향한 빅테크 ASIC의 러브콜

엔비디아가 닦아놓은 AI라는 거대한 영토 위에서 빅테크들은 이제 자신들만의 맞춤형 칼인 ASIC주문형 반도체을 휘두르기 시작했다. 그 칼날을 가장 날카롭게 만드는 핵심 재료는 다름 아닌 HBM다.

AI 인프라 시장은 중대한 변곡점을 맞이하고 있다. 과거 엔비디아의 GPU가 시장의 절대적인 지배자였다면, 이제는 각 빅테크 기업들이 자신의 알고리즘에 최적화하여 직접 설계한 ASIC이 그 자리를 빠르게 파고들고 있다. TSMC에 따르면 2026년 첨단 패키징CoWoS 기반 AI 가속기 출하량 중 ASIC이 차지하는 비중은 무려 47%에 달할 전망이다.

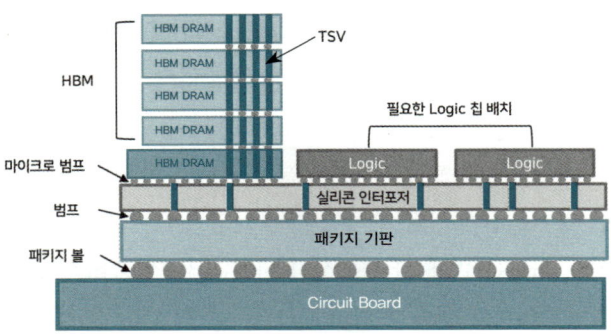

CoWoS(Chip On Wafer on Substrate)

HBM

HBM DRAM
HBM DRAM
HBM DRAM
HBM DRAM
HBM DRAM

TSV

필요한 Logic 칩 배치

Logic   Logic

마이크로 범프

실리콘 인터포저

범프

패키지 기판

패키지 볼

Circuit Board

*자료: Intel, LS증권 리서치센터

　구글 자체 칩인 TPU^{텐서 프로세서 유닛} 출하량은 전년 대비 75% 이상 증가하며, ASIC의 경제성이 대량 양산을 정당화하는 지점에 도달했음을 시사한다. 구글의 7세대 TPU 아이언우드는 전작 대비 전성비^{전력 대비 성능}를 2배 개선했다. ASIC이 날카로운 칼날이라면, HBM은 그 칼날을 움직이는 압도적인 힘이다. 연산 장치의 성장 속도보다 그 연산을 뒷받침하는 메모리의 성장이 훨씬 가파르게 진행되고 있다.

　빅테크들이 기를 쓰고 HBM 용량을 늘리는 이유는 전력을 덜 쓰면서도 더 많은 데이터를 빛의 속도로 공급할 수 있는 유일한 대안이기 때문이다. HBM은 이제 메모리 시장의 변두리 제품이 아닌 전체 D램 산업의 수익성을 결정 짓는 핵심 기둥이 되었다. 이 흐름의 중심에는 한국의 메모리 제조사들이 서 있다. SK하이닉스의 경우 HBM 비트^{Bit} 단위 공급량은 전체 D램의 10% 수준에 불과하다. 그러나 매출에서 차지하는 비중은 무려 절반에 육박한다. 이는 HBM이 가진 압도적인 판가와 수익성을 단적으로 보여준다. 메모리 기업이

구분	매출액 (백만 USD)	전년 대비 성장률 (YoY)	특징
미국 커머셜	507	137%	기업장들의 AI 도입 가속화로 가장 가파른 성장
미국 정부	570	66%	국방 예산 증액 및 국방 현대화 수요 지속
해외 커머셜	170	8%	글로벌 기업 대상 완만한 성장세 유지
해외 정부	160	43%	우방국 중심의 시스템 도입 확대

'양적 성장'이 아닌 '질적 가치'로 평가받는 시대를 열었다.

ASIC 서버의 출하 확대는 HBM의 구조적 부족을 심화시키는 강력한 촉매제다. LPDDR5에서 HBM으로의 전환은 한 번 시작되면 되돌릴 수 없는 기술적 진보다. MS, 구글, 메타, 아마존이 각자의 ASIC 제국을 건설하면서 HBM 수요는 다변화되고 견고해졌다. 2027년 '타이탄' 칩의 등장은 고성능 메모리 확보 전쟁의 정점이 될 전망이다. 단발성 유행이 아닌 AI 가속기의 '전성비' 경쟁이 지속되는 한 HBM의 황금기는 2027년 이후까지 구조적으로 이어질 것으로 기대된다. 엔비디아라는 단일 태양의 시대가 가고, 수많은 거대 행성들이 각자의 ASIC 중력권을 형성하고 있다. 그리고 그 모든 행성을 공전하게 만드는 핵심 연료는 바로 한국의 HBM이다.

삼성, 엔비디아 넘어 트리플 크라운을 쏘다

한때 굴욕의 시간을 견뎌야 했던 삼성전자는 'HBM4'라는 가장 날카로운 창을 앞세워 다시금 제국의 심장부로 진입했다. 삼성전자가 구글의 차세대 AI 연산 장치인 TPU v8에 탑재될 HBM4의 퀄 테스트를 통과하며 역대급 공급 계약을 확정 지었다. 이번 수주 규모는 기존 아이언우드[TPU v7]용 HBM3E 공급량 대비 무려 3배에 달한다. 혹 탄[Hock Tan] 브로드컴 회장이 직접 삼성전자 전영현 부회장을 찾아와 연간 HBM 생산 능력의 절반에 육박하는 물량을 요청한 것은, 삼성의 6세대 기술력이 시장의 의구심을 완전히 잠재웠음을 의미한다.

삼성은 2028년까지의 장기 공급 확약을 원하는 브로드컴의 제안을 뒤로하고 내년 물량만 확정했다. 이는 향후 엔비디아향 공급 물량을 확보해두기 위한 삼성의 치밀한 '카드 배분' 전략이다. AI 혁명의 문을 연 오픈AI도 자체 칩 '타이탄[Titan] v1'의 파트너로 삼성전자를 낙점했다. 이는 삼성이 단순히 메모리를 파는 제조사를 넘어 AI 기업들의 '추론 제국'을 건설하는 설계 파트너가 되었음을 상징한다.

2024년 5월 전영현 부회장이 단행한 D램 재설계[Redesign]라는 초강수는 HBM4의 '무수정 통과'라는 경이로운 결과를 낳았다. 기초부터 다시 쌓아 올

HBM4 공급 구조

항목	상세 내용	전략적 의의
공급 품목	HBM4(12단)	고성능 추론 최적화
공급 물량	8억 Gb(전체 HBM4의 약 15%)	오픈AI향 단독 공급권 확보
협력 구조	삼성(메모리) + 브로드컴(설계)	엔비디아 의존도 탈피의 핵심축

린 삼성의 뚝심이 굴욕의 시간을 끝내고 실력의 시대를 열었다.

이제 삼성전자는 엔비디아, AMD, 구글, 오픈AI를 모두 고객사로 확보하며 AI 반도체 시장의 '트리플 크라운'을 달성했다. 구글이 2028년 TPU 900만 개 시대를 선언할 때 그 심장을 뛰게 할 에너지는 삼성의 HBM4에서 나온다. 마이크론은 2028년 HBM 시장 규모를 1000억 달러약 150조 원로 전망했다. 이 시장에서 삼성은 가장 까다로운 고객들로부터 합격점을 받아내며 가장 높은 곳에 깃발을 꽂았다. 삼성전자는 더 이상 엔비디아의 눈치를 보는 HBM 시장의 추격자가 아니다.

제미나이 3.0과 타이탄이 세상을 바꾸는 동안 그 이면에서는 삼성이 HBM 공급의 저울을 쥐고 거대 지능 체계 사이의 균형을 맞추고 있다. 굴욕은 짧았고 영광은 길 것으로 기대된다. 대한민국 반도체가 AI 인프라의 척추임을 증명한 지금, 우리는 지능형 자본주의의 새로운 표준이 삼성의 웨이퍼 위에서 완성되는 과정을 목도하고 있다.

삼성과 SK하이닉스의 HBM4 기술 전쟁

칩과 칩을 쌓아 올리는 적층의 예술과 미세 공정의 한계 돌파가 결합된 HBM4는 이제 반도체 제국의 패권을 결정짓는 최후의 보루다. 수율의 안정성을 선택한 수성의 SK하이닉스와 초격차 스펙으로 반격을 꾀하는 공성의 삼성전자. 이들의 기술적 결단은 향후 10년의 부의 지도를 바꿀 것이다.

SK하이닉스는 현재 HBM 시장의 독보적인 1위 사업자로서 검증된 안정성을 무기로 압도적인 수익성을 실현하고 있다. 2026년 예상 영업이익률이 70%에 육박할 것이라는 전망은 이 회사가 단순한 제조사를 넘어 글로벌 톱티어 팹리스를 능가하는 부가가치를 창출하고 있음을 방증한다.

삼성전자가 차세대 1c D램을 HBM4에 적용하는 강수를 둔 것과 달리 SK하이닉스는 1b5세대 D램을 고수했다. 이는 적층 구조상 단 하나의 다이만 불량이어도 전체 스택을 폐기해야 하는 HBM의 특성을 고려해 양산 안정성과 수율을 최우선시한 노련한 전략이다.

HBM4의 기초가 되는 베이스 다이에 12나노 공정을 채택한 것 역시 아날로그 영역의 안정성을 높이기 위함이다. PHY물리 계층 신호의 안정성과 수신 감도를 최상으로 유지하여 시스템 최적화 측면에서 경쟁력을 확보하겠다는 계산이다.

AI 혁명 초기에 고전했던 삼성전자는 HBM4를 기점으로 '기술의 삼성'이라는 명성 회복과 함께 멀티플 리레이팅재평가을 노리고 있다. 압도적인 메모리 생산능력을 바탕으로 올해 영업이익을 최대 200조 원 초반대까지 바라보는 공격적인 행보다.

삼성전자의 승부수는 현존 최고 스펙의 도입이다. 코어 다이에 1c6세대 D램을 베이스 다이에 4나노 초미세 공정을 적용했다. 초기에는 '오버 스펙'이라는 우려도 있었으나, 엔비디아가 차세대 '베라 루빈'의 스펙을 상향 조정하면서 삼성의 전략은 '신의 한 수'가 되었다.

미세 공정 도입의 본질은 전기적 노이즈인 기생 저항과 용량을 줄이는 데 있다. 회로가 미세해질수록 불필요한 전력 소모가 줄어들고, 이는 곧 발열 억제와 고온 환경에서의 성능 안정성으로 직결된다. 4나노 베이스 다이는 전력 제어디지털와 GPU 통신아날로그/PHY 모두에서 혁신적인 효율을 제공한다.

두 거인의 HBM4 경쟁은 반도체 공학의 서로 다른 철학을 보여준다. SK하이닉스는 패키징과 적층 구조의 최적화를 통해 1b D램의 한계를 넘어서려 한다. 반면 삼성전자는 하드웨어 자체의 사양을 높여 전력 소모와 발열이라는 고질적인 문제를 근본적으로 해결하려 하고 있다. 삼성의 4나노 베이스 다이가 디지털의 정교함을 더하고, SK하이닉스의 1b 적층 기술이 아날로그의 견고함을 지키는 사이 대한민국의 HBM 제국은 전 세계 AI 인프라의 심장으로 확고히 자리 잡을 것이다.

비교 항목	SK하이닉스(안정성 중시)	삼성전자(성능 우위)
코어 다이	1b(5세대) D램	1c(6세대) D램
베이스 다이	12나노 공정	4나노 핀펫 공정
핵심 강점	높은 수율, 검증된 신호 안정성	전력 효율 극대화, 낮은 발열, 초고속
전략적 목표	1위 수성 및 70% OPM 달성	기술 리더십 탈환 및 밸류에이션 재평가

베라 루빈이 선택한 전략적 후퇴와 HBM4

엔비디아가 HBM4의 신뢰성 평가가 끝나기도 전에 공급망을 독촉하고 사양을 낮추기로 한 결정은 기술적 완벽주의를 포기하고 시장 지배력을 선택한 거인의 절박한 생존 전략이다.

지난 3월 엔비디아가 삼성전자와 SK하이닉스에 보낸 'HBM4 공급망 수정 요청서'는 반도체 업계에 큰 충격을 주었다. 불과 1~2년 전 블랙웰Blackwell 아키텍처 도입 당시 삼성전자의 HBM3E에 대해 품질 테스트라는 엄격한 잣대를 들이대며 공급 시점을 늦추었던 엔비디아가 180도 다른 태도를 보였기 때문이다.

엔비디아는 최종 신뢰성 평가와 품질 테스트가 채 마무리되기도 전에 HBM4 물량을 선제적으로 확보해 달라고 요청했다. 기술적 검증보다 '공급망 안정화'와 '출시 일정 단축'을 우선순위에 두겠다는 선언과 다름없다. 엔비디아가 이토록 서두르는 이유는 명확하다. AMD, 구글 등 후발 주자들의 추격이 예상보다 거세지면서 차세대 플랫폼인 베라 루빈의 조기 출시가 생존의 필수 조건이 되었기 때문이다.

AMD의 최신 가속기와 구글의 자체 TPU 성능이 비약적으로 발전하며 엔비디아의 독주 체제를 위협하고 있다. 엔비디아는 성능 차별화의 핵심인 HBM4 수급을 앞당겨 베라 루빈 플랫폼을 시장에 조기 안착시킴으로써 경쟁사들이 파고들 틈을 원천 차단하려 하고 있다. 하지만 물량을 앞당기는 과정에서 기술적 한계가 적나라하게 드러나고 있다. 특히 업계 선두인 SK하이닉스의 HBM4 테스트 결과가 기대에 미치지 못했다는 소식은 시장에 불안감을 안겼다. 12나노 공정으로 제작된 베이스 다이가 발목을 잡았다. 엔비디아가 당초 요구했던 스펙이 12나노 공정의 물리적 한계를 넘어서면서 품질 확보에 난항을 겪고 있는 셈이다. 무리한 고사양 요구가 오히려 양산 수율을 떨어뜨리고 테스트 실패로 이어지는 역설적 상황이 발생했다.

결국 엔비디아는 과거 블랙웰 울트라 당시 보여주었던 다운그레이드 전략을 다시 꺼내 들었다. 16단 HBM4의 데이터 전송 속도 사양을 당초 계획보다 낮추더라도 양산 일정을 최대한 앞당겨 달라는 가이드라인을 발송했다. 베라 루빈 역시 HBM4의 수급 불균형과 기술적 난제로 인해 초기 계획했던 최고 사양에서 일정 부분 다운그레이드된 형태로 출시될 가능성이 매우 높아졌다. 엔비디아의 이번 결정은 AI 하드웨어 시장의 주도권이 설계에서 공급망으로 완전히 이동했음을 의미한다. 10%의 성능 향상보다 3개월의 조기 출시가 시장 점유율 방어에 더 유리하다는 판단이 내려졌다. GPU의 성능을 뒷받침하는 HBM의 양산 능력이 이제 빅테크 기업의 제품 로드맵 자체를 수정하게 만드는 강력한 권력이 되었다.

삼성 차세대 HBM, 핵심 무기는 베이스 다이

삼성전자가 HBM 베이스 다이에 2나노 공정을 주입하겠다고 선언한 것은 메모리 반도체가 '기억'을 넘어 '연산'의 영역으로 영토를 확장했음을 알리는 선전포고다.

HBM의 가장 밑바닥에 위치한 베이스 다이Base Die는 그동안 전력과 신호를 전달하는 조연에 머물렀다. 하지만 HBM4 세대부터 이 지하실의 역할이 완전히 뒤바뀌었다. 베이스 다이 안에 복잡한 로직회로 기능이 대거 탑재되면서, 이제 메모리 공정이 아닌 파운드리 초미세 공정이 필수적인 시대가 되었다. 엔비디아나 구글 같은 고객사들이 원하는 맞춤형 AI 칩의 성격은 바로 이 베이스

삼성전자 차세대 HBM 공정 로드맵

제품명	코어 다이(DRAM)	베이스 다이(Foundry)	전략적 핵심
HBM4	1c(6세대 10nm급)	SF4(4nm)	로직 파운드리 공정의 첫 도입
HBM4E	1c(6세대 10nm급)	SF4(4nm)	성능 안정화 및 수율 극대화
HBM5	1c(6세대 10nm급)	SF2(2nm)	2나노 베이스 다이를 통한 전성비 혁명
HBM5E	1d(7세대 10nm급)	SF2(2nm)	차세대 DRAM과 2나노의 결합 완성

다이에서 결정된다. 즉, 베이스 다이를 얼마나 미세하고 정교하게 설계하느냐가 AI 가속기 전쟁의 승패를 가르는 급소가 된 것이다.

삼성전자는 HBM4E부터 2나노 공정 적용을 검토하며 기술적 정점을 노리고 있다. 이는 단순히 숫자의 싸움이 아닌 구조Architecture의 싸움이다. 삼성은 고열이 발생하는 HBM 특성상 전력 누설을 잡고 열 관리에 유리한 GAA 공정이 적합하다고 판단했다. 만약 삼성의 2나노 GAA 베이스 다이가 성공적으로 안착한다면, 기존 핀펫FinFET 공정을 고수하는 TSMC의 3나노 진영을 성능과 에너지 효율 면에서 압도할 수 있는 강력한 해자를 갖게 된다.

삼성전자가 공개한 HBM5 전략은 매우 영리하고 실리적이다. 데이터가 머무는 방Core Die은 검증된 1c D램을 쓰되 통로인 지하실Base Die에 모든 화력을 집중하는 방식이다.

HBM5에서 베이스 다이를 4나노에서 2나노로 두 단계 점프시키는 이유는 열 때문이다. 칩이 높게 쌓일수록 발생하는 열과 전력 손실을 2나노의 초미세 공정으로 상쇄하겠다는 계산이다. 코어 다이 공정을 최신1d이 아닌 기존1c으로 유지하는 것은 리스크 관리 차원이다. '판단력베이스 다이을 2나노로 키우는 모험을 하되 기억력코어 다이은 안정적인 1c로 가겠다'는 삼성의 치밀한 계산이 깔려 있다.

AI 인프라 시장에서 삼성이 가진 가장 무서운 무기는 원스톱 솔루션Turn-key이다. 메모리는 최신 HBM 적층 기술12단, 16단, 파운드리는 2나노 초미세 베이스 다이 제조 역량, 패키징은 어드밴스드 패키징2.5D/3D 기술을 모두 보유하고 있다. 이 세 가지를 한꺼번에 처리할 수 있다는 것은 고객사 입장에서 설계 복잡도 감소, 공급망 단순화, 수율 최적화라는 거부할 수 없는 이점을 제공한다. 파운드리 사업부 입장에서는 HBM 베이스 다이 물량을 통해 가동률을 비약적으로 끌어올릴 수 있는 황금기를 맞이하게 되었다.

> 〉〉〉 HBM의 성능은 칩을 얼마나 잘 만드느냐만의 문제가 아니다. 그 칩을 얼마나 정밀하게 쌓고 붙이느냐가 최종 승패를 가른다. 기술 전쟁의 다음 전장은 본딩이다. 정답지의 네 번째줄, 쌓는 자가 이긴다. 본딩이 HBM의 미래를 결정한다.

패키징 기술 전쟁

SPHBM4, HBM의 대중화 선언?

모든 도로를 아스팔트^{실리콘 인터포저}로 깔 필요는 없다. 고속도로^{HBM}가 국도 SPHBM4로 내려오는 순간, AI 인프라의 확장은 비로소 가속페달을 밟는다.

JEDEC^{국제반도체표준화기구}의 SPHBM4^{Standard Package HBM} 표준 개발 소식은 반도체 패키징 기술의 대중화를 알리는 신호탄이었다. 그동안 HBM은 성능은 압도적이지만 제조가 까다롭고 비용이 천문학적인 귀족 메모리였다. 무엇보다 TSMC의 CoWoS^{Chip on Wafer on Substrate} 같은 첨단 패키징이 없으면 사용할 수 없다는 한계도 존재했다.

하지만 SPHBM4는 이 거대한 장벽인 실리콘 인터포저를 제거했다. SPHBM4의 핵심은 다이어트와 속도 위반이다. 기존 HBM4는 프로세서^{GPU}와 메모리를 연결하기 위해 값비싼 실리콘 인터포저라는 다리를 놓아야 했다. SPHBM4는 이 다리를 없애고, 대신 일반적인 표준 유기 기판 위에 직접 실장한다.

HBM4가 2048개의 넓은 차선^{I/O}으로 데이터를 천천히 보냈다면, SPHBM4는 차선을 512개로 4분의 1로 줄이는 대신 속도^{동작 주파수}를 4배 높이는 방식을 택했다. 결과적으로 총 데이터 전송량^{대역폭}은 동일하게 유지하면서 패키징 난이도는 획기적으로 낮췄다.

이는 마치 복잡한 고속도로 인터체인지인터포저를 건설하는 대신 기존 국도의 제한 속도를 무제한으로 풀어버려 동일한 교통량을 처리하는 것과 같은 이치다. SPHBM4의 등장이 경제적으로 중요한 이유는 TSMC 병목 현상을 해결해주기 때문이다. 엔비디아 H100, B200 같은 AI 가속기는 TSMC의 CoWoS 패키징 용량이 부족해 만들고 싶어도 못 만드는 상황이다. HBM을 쓰려면 반드시 이 공정을 거쳐야 했기 때문이다.

SPHBM4는 실리콘 인터포저가 필요 없으므로 앰코Amkor나 하나마이크론 같은 일반 OSAT후공정 외주전문 기업 업체들도 충분히 패키징할 수 있다. 이는 AI 반도체 공급망의 숨통을 틔워주는 결정적인 변화다. HBM이 엔비디아 GPU의 전유물이었다면 SPHBM4는 그 외의 모든 고성능 칩을 위한 메모리다. 서버용 CPU, 네트워크 ASIC, 클라우드 기업들의 자체 칩 등에 적용될 것으로 기대된다. 엔비디아 GPU만큼의 극한 성능은 필요 없지만, 기존 DDR5보다는 월등히 빠른 메모리가 필요한 영역이다. 삼성전자, SK하이닉스, 마이크론은 초고가 HBMHBM4/4E으로 수익성을 극대화하는 동시에 SPHBM4로 물량 기반 시장까지 장악하는 투 트랙 전략을 구사할 수 있게 된다.

인터포저가 사라진 자리는 고성능 유기 기판이 채워야 한다. 미세 회로를 구현할 수 있는 FC-BGA플립칩 볼그리드어레이 기판의 수요가 폭증할 것으로 보인다. 삼성전기, 대덕전자, 코리아써키트 등 관련 기업들의 수혜가 기대된다. 인터포저 없는 구조에 맞춰 칩을 새로 설계해야 하는 수요도 생긴다. 세미파이브, 에이디테크놀로지, 가온칩스 등 디자인하우스의 역할이 기대된다.

HBM 적층 기술 주도권은 어디로

HBM의 세계에서 적층 기술은 단순한 공정을 넘어 기업의 생사를 가르는 '장인의 문법'이 되었다. 삼성의 필름TC-NCF과 SK하이닉스의 몰딩MR-MUF은 이제 차세대 본딩 기술이라는 거대한 합류점을 향해 달려가고 있다.

현재 HBM 시장을 지탱하는 두 가지 기둥은 삼성·마이크론의 TC-NCF와 SK하이닉스의 MR-MUF다. 이 두 기술은 각각 '정밀함'과 '효율성'이라는 서

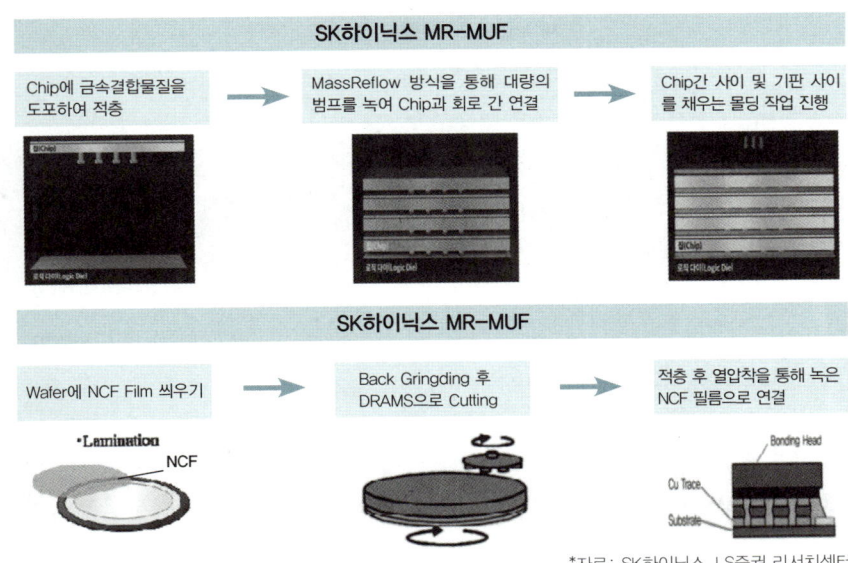

SK하이닉스 MR-MUF

Chip에 금속결합물질을 도포하여 적층	MassReflow 방식을 통해 대량의 범프를 녹여 Chip과 회로 간 연결	Chip간 사이 및 기판 사이를 채우는 몰딩 작업 진행

SK하이닉스 MR-MUF

Wafer에 NCF Film 씌우기	Back Gringding 후 DRAMS으로 Cutting	적층 후 열압착을 통해 녹은 NCF 필름으로 연결

*자료: SK하이닉스, LS증권 리서치센터

로 다른 가치를 지향한다. TC-NCF는 D램 다이 사이에 얇은 필름을 끼워 하나씩 눌러 붙이는 방식이다. 층고 제어가 엄격해 정렬이 뛰어나지만, 한 층씩 작업하다 보니 속^{처리량}가 느리고 열전도율이 상대적으로 낮다. 다이가 얇아지는 HBM4 세대에서는 압력으로 인한 다이 손상 위험이 커지는 숙제를 안고 있다.

SK하이닉스의 MR-MUF는 여러 층을 한꺼번에 오븐에 구워 굳히는 방식이다. 액체 형태의 보호재^{EMC}가 틈새를 채워 열 방출에 유리하고 공정 속도가 빠르다. SK하이닉스는 레이저 조사를 더한 '어드밴스드 MR-MUF'로 16단 HBM3E 구현에 성공하며 시장의 주도권을 잡았다.

인터커넥트 피치^{연결 간격}가 40㎛ 미만으로 좁아지는 HBM4E 시대부터는 기존

삼성전자 차세대 HBM 공정 로드맵

제품명	코어 다이(DRAM)	베이스 다이(Foundry)	전략적 핵심
HBM4	1c(6세대 10nm급)	SF4(4nm)	로직 파운드리 공정의 첫 도입
HBM4E	1c(6세대 10nm급)	SF4(4nm)	성능 안정화 및 수율 극대화
마이크론	1c(6세대 10nm급)	SF2(2nm)	2나노 베이스 다이를 통한 전성비 혁명
삼성전자	1c(7세대 10nm급)	SF2(2nm)	차세대 DRAM과 2나노의 결합 완성

세대별 HBM 적층 기술 개요

		HBM2	HBM2E	HBM3	HBM3E	HBM4(12-hi)	HBM4 / 4E(16-hi)
Year		2016	2020	2022	2024	2026(12-hi)	2027(16-hi)
# Layers		4-hi 8-hi	4-hi 8-hi	4-hi 8-hi	8-hi 12-hi	12-hi	16-hi
Stacking Technology	SK Hynix	TC-NCE (Flux TCB)	MR-MUF(Flux TCB)		MR-MUF(8-hi)/ Advanced MR-MUF(12-hi, Flux TCB)	Advanced MR-MUF (Flux TCB)	Advanced MR-MUF (Fluxless? CB)
	Samsung	TC-NCF(Flux TCB)				TC-NCF (Flux TCB)	(Fluxess?) TCB [/ Hybrid Bonding]
	Micron	TC-NCF(Flux TCB)				TC-NCF (Flux TCB)	(Fluxess?) TCB [/ Hybrid Bonding]

*Source: Company reports, Bernstein analysis and estimates(HBM 4 / 4E 16-hi)

의 본딩 방식만으로는 한계가 있다. 여기서 등장한 구원투수가 바로 플럭스리스Fluxless TC-본더다. 기존에는 납땜을 돕기 위해 '플럭스'라는 화학물질을 썼지만, 간격이 너무 좁아지면 이를 씻어내기가 어렵다. 플럭스리스 방식은 플라즈마나 포름산 증기로 산화물을 제거하여 찌꺼기 없는 깨끗한 결합을 만든다.

네덜란드의 베시Besi와 미국의 케이앤에스K&S가 이 장치 시장을 주도하고 있다. 마이크론이 이미 이 장비들을 도입하기 시작했으며, 수율 확보를 위해 SK하이닉스 역시 공급업체 다변화를 꾀하고 있다. 2027년경에는 플럭스리스가 시장의 주류 기술로 자리 잡을 전망이다. 2024년 JEDEC이 HBM4의 높이 규격을 완화하면서 하이브리드 본딩의 도입이 늦어질 것이라는 예측이 많다. 하지만 이를 다르게 분석하는 전문가들도 적지 않다. 높이 때문이 아니라 '성능'과 '열' 때문에 하이브리드 본딩은 예상보다 빨리 등판할 것이란 분석이다.

하이브리드 본딩은 중간에 '범프납땜 공' 없이 구리와 구리를 직접 붙인다. 배선 길이가 짧아져 에너지 소비가 줄어들고, 열 방출 효율은 극대화된다. HBM4E 16단 제품 중 최고급 사양에서는 하이브리드 본딩이 TC 본딩과 공존할 가능성이 제기된다. 특히 20단 이상으로 넘어가는 HBM5 시대부터는 하이브리드 본딩이 선택이 아닌 '필수'가 될 것으로 관측된다.

2026년 말 HBM TSV 생산 능력은 월 58만장, 2027년 76만장 수준으로 예상된다. AI 인프라를 구축하려는 빅테크들의 욕망은 멈추지 않으며, 더 낮은

HBM 본더 시장의 강력한 성장 기대

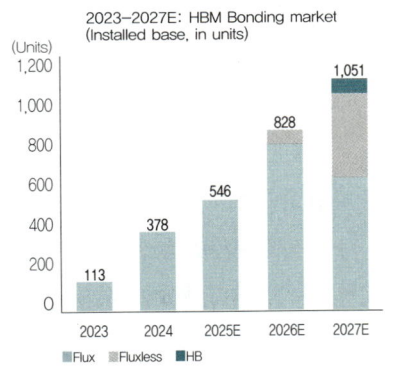

2023–2027E: HBM Bonding market
(Installed base, in units)

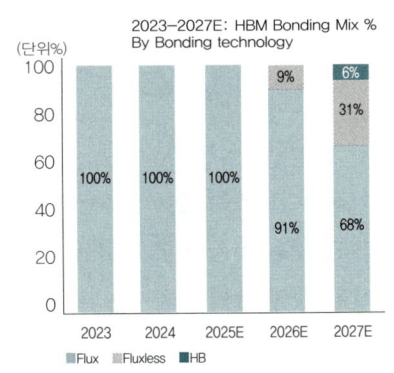

2023–2027E: HBM Bonding Mix %
By Bonding technology

*Source: Company reports, Bernstein analysis and estimates *Source: Company reports, Bernstein analysis and estimates

수율과 복잡한 공정**HBM4/4E**은 역설적으로 장비 기업들에게 거대한 자본 투자를 유도하고 있다. 적층 기술의 변화는 단순히 기계를 바꾸는 일이 아니다. 그것은 데이터센터의 전력 고지서를 줄이고, AI의 답변 속도를 1ms라도 더 단축하려는 처절한 공학적 사투다. 플럭스리스 TCB와 하이브리드 본딩이라는 새로운 물결 속에서, 누가 먼저 '수율의 해답'을 찾느냐가 2027년 메모리 패권의 향방을 결정할 것이다.

본딩의 수싸움, 공급망의 재편

HBM의 성능이 '얼마나 높이 쌓느냐'에 달렸다면, 기업의 수익성은 '그 층을 누가 만든 장비로 붙이느냐'에서 결정된다. HBM 본딩 장비 공급망은 거대한 균열과 재편의 소용돌이 속에 있다. 영원한 아군은 없으며, 기술의 한계를 뚫기 위한 빅테크들의 '이원화'와 '내재화' 전략이 본딩 장비 시장의 지도를 다시 그리고 있다.

HBM 본딩 시장은 더 이상 특정 장비사가 독점하는 영역이 아니다. 각 메모리 제조사들은 수율 확보와 협상력을 높이기 위해 파편화된 공급망 전략을 구사하고 있다.

주요 메모리 제조사별 본딩 장비 공급망 현황

제조사	기존 주력 파트너	신규 및 다변화 파트너	전략적 배경
SK하이닉스	한미반도체	ASMPT, 한화비전	MR-MUF 리더십 유지 및 장비 수급 안정화
마이크론	신카와	한미반도체, Besi	TC-NCF에서 플럭스리스 TCB로의 급격한 전환
삼성전자	세메스	해외 파트너(검토 중)	내재화 고수 vs. 하이브리드 본딩을 위한 Besi 협력 가능성

SK하이닉스는 한미반도체에 전적으로 의존하던 구조에서 벗어나 ASMPT와 한화비전을 추가했다. 특히 ASMPT의 장비는 현장에서 플럭스리스Fluxless로 업그레이드가 용이해 차세대 공정 전환의 핵심 병기로 꼽힌다. 마이크론은 플럭시리스 본더 업체로 베시Besi를 낙점했다. 최근 마이크론은 네덜란드 베시에 5대의 장비를 주문하며, HBM4 12단 이후의 주도권을 노리고 있다.

인터커넥트 피치가 좁아질수록 세척이 불가능한 '플럭스화학 물질'를 제거하는 기술이 본딩의 성패를 가른다. 현재 이 시장은 ASMPT와 베시의 2파전으로 압축된다. 베시는 듀얼 헤드 구성을 통해 시간당 2000개UPH를 처리하며, 싱글 헤드 경쟁사들보다 2배 빠른 속도를 자랑한다. 정밀도 또한 0.7μm로 업계 최고 수준이다. 포름산 세정보다 처리량이 높은 플라즈마 방식이 선호되지만, 재산화 리스크를 줄이는 것이 장비사들의 숙제다.

그동안 삼성전자는 본딩 장비 내재화세메스를 고수하며 다소 폐쇄적인 행보를 보였지만, 전문가들은 삼성이 하이브리드 본딩 시대에 가장 강력한 반전을 보여줄 것으로 예상한다. 삼성은 이미 수년간 파운드리 공정에서 하이브리드 본딩을 운용해 왔다. 비록 웨이퍼 대 웨이퍼W2W 중심이었으나, 세정 및 표면 평탄화 노하우는 HBM용 다이 대 웨이퍼D2W 공정에도 그대로 이식될 수 있다. 삼성은 방대한 자본력을 바탕으로 플럭스리스 TC-본더와 하이브리드 본딩을 병행하며 선두와의 격차를 빠르게 좁히고 있다.

기술적 논쟁을 잠재우는 것은 결국 고객사의 선택이다. 삼성의 HBM3E 12단 제품은 이미 시장의 의구심을 뚫고 핵심 고객사에 안착했다. AMD는 최신 AI 프로세서 MI350 시리즈에 삼성 HBM3E 12단 탑재를 공식화했다. 까다롭기로 유명한 엔비디아의 검증을 통과했으며, 브로드컴 역시 삼성의 주요 우군으

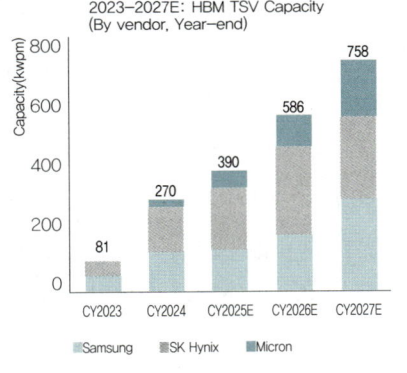

2023-2027E: HBM TSV Capacity
(By vendor, Year-end)

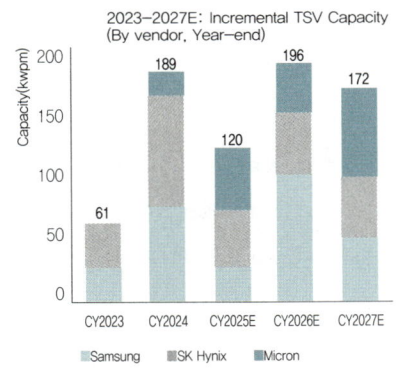

2023-2027E: Incremental TSV Capacity
(By vendor, Year-end)

*Source: TrxendForce, DRAMeXchange, Bernstein analysis and estimates

*Source: TrendForce, DRAMeXchange, Bernstein analysis and estimates

로 합류했다. 2027년까지 HBM 본딩 시장은 플럭스리스 TC-본더가 주도하고, 하이엔드 영역에서 하이브리드 본딩이 침투하는 구도가 될 가능성이 높다.

공급망의 파편화는 역설적으로 기술 경쟁의 가속화를 의미한다. 한미반도체와 ASMPT가 점유율 싸움을 벌이고, 베시가 하이브리드라는 최종 병기를 다듬는 동안 메모리 거인들은 이들의 장비를 최적으로 조합해 '수율의 마법'을 부려야 한다. 패키징 기술이 단순한 포장을 넘어 지능의 성능을 결정짓는 핵심 공정으로 자리 잡은 지금, 본딩 장비 공급망을 장악하는 자가 AI 전쟁의 실질적인 병기창이 될 것이다.

하이브리드 본더의 습격

HBM 본딩**Bonding**은 지능의 높이를 결정하는 가장 비싼 예술이자 수조 원의 자본이 격돌하는 최첨단 전장이다. 2024년 5억 달러 규모였던 이 시장은 이제 '하이브리드 본딩'이라는 종착역을 향해 연평균 34%라는 가파른 속도로 질주하고 있다.

2024년 기준 열압착 본딩**TC-Bonding** 시장은 약 5억4500만 달러**약 7200억 원** 규모로 성장했다. 흥미로운 점은 이 시장의 절대다수가 오직 HBM만을 위해 존재한다는 사실이다.

국내 한미반도체[2.7억 달러]와 세메스[2.1억 달러]가 시장의 90% 가까이를 점유하며 쌍두마차 체제를 구축했다. 일본의 신카와[0.5억 달러]가 그 뒤를 쫓고 있다.

하이브리드 본딩이 미래라 할지라도 당분간 HBM 생산량의 대부분은 이 TC-본더 장비들이 책임질 가능성이 높다. HBM의 폭발적인 수요는 본딩 장비사들에게 사상 유례없는 호황을 선사하고 있다. 미래 본딩 기술의 정점인 '하이브리드 본딩' 시장에는 아주 기묘한 현상이 벌어지고 있다. 네덜란드의 베시[Besi]가 시장 점유율 91%를 차지하며 독점적 지배력을 행사하고 있기 때문이다. 하이브리드 본딩이 어려운 이유는 단순히 칩을 배치하는 것을 넘어 표면을 0.1나노 단위로 깎고 닦는 '전공정[Front-end]' 수준의 전문성이 필요하기 때문이다.

베시는 세계 1위 전공정 장비사인 어플라이드 머티어리얼즈[AMAT]와 손을 잡았다. 이 시너지 효과는 ASMPT, 시바우라, 한화비전, 세메스 등 추격자들이 넘기 힘든 거대한 기술적 해자가 되었다. 하이브리드 본딩은 더 이상 먼 미래의 이야기가 아니다. 2027년, HBM4E 16단 제품이 출시되는 시점이 바로 그 변곡점이다.

2027년 말까지 전체 HBM 생산 능력의 약 15%가 하이브리드 본딩으로 전환될 것으로 보인다. 이는 약 53대의 하이브리드 본더가 현장에 투입됨을 의미하며, 대당 300만 달러가 넘는 이 장비들은 약 1억6000만 달러의 새로운 시장을 형성할 것으로 관측된다. 하이브리드 본딩은 기존 방식보다 훨씬 비싸지만, 압도적인 방열 성능과 낮은 에너지 소비라는 강력한 무기를 가지고 있다. 이는 클라우드 사업자들의 총 소유 비용[TCO]을 줄여주기에 충분한 가치가 있다.

베시는 2030년까지 최대 30억 유로[약 4.3조 원]의 시장이 열릴 것으로 확신하고

HBM 하이브리드 본딩(HB) 채택 전망

기업명	도입 예상 시점	전략적 선택
삼성전자	2027년(HBM4E)	파운드리 경험을 활용한 조기 도입 및 차별화
마이크론	2027년(HBM4E)	Besi 장비 도입을 통한 기술 격차 단축에 축소
SK하이닉스	2028년 이후	플럭스리스 TCB의 극한 효율을 우선시하는 실리주의

있다. HBM4E 20단 이상의 시대로 접어들면, 하이브리드 본딩은 선택이 아닌 '생명선'이 된다. 삼성과 마이크론이 베시의 문을 두드리는 이유다.

>>>> 정답지의 다섯 번째 줄은 여기에 있다. HBM이 AI 서버의 혈액을 독점하면서 나머지 모든 메모리 시장이 연쇄 충격을 받고 있다. 서버가 모든 것을 빨아들이는 블랙홀이 된 것이다.

범용 메모리의 블랙홀

SOCAMM2와 메모리 지형의 재편

고정된 것은 도태되고 움직이는 것만이 살아남는다. 온보드^{On-board}의 견고한 벽을 깨고 나온 SOCAMM^{System-on-Chip Attached Memory Module}은 이제 AI 서버의 확장성과 효율성을 정의하는 새로운 문법이 되었다. 2025년 하반기 엔비디아가 기존 소캠1^{SOCAMM-1} 프로젝트를 전격 백지화하고 소캠2^{SOCAMM-2}로 전환을 선언한 것은 반도체 업계에 엄청난 파장을 불러왔다.

엔비디아가 공들였던 소캠1 프로젝트를 중단한 이유는 명확하다. 기술적 난제와 품질 이슈로 대규모 발주에 한계를 느꼈기 때문이다. 이 틈을 타 등장한 소캠2는 모든 면에서 압도적이다. 소캠2는 기존 서버용 D램^{RDIMM} 대비 전력 소비를 3분의 1 수준으로 낮췄다. 전력난에 시달리는 AI 데이터센터에게는 거부할 수 없는 유혹이다. 소캠2는 소캠1^{8533MT/s}보다 약 12.5% 빠른 9600MT/s의 속도를 구현했다. 차세대 저전력 메모리인 LPDDR6 탑재까지 검토되면서 성능의 한계치를 높이고 있다. 소캠은 '납땜 방식^{온보드}'에서 벗어나 레고처럼 갈아 끼울 수 있는 모듈형 구조를 채택했다. 이는 서버 유지보수 비용^{TCO}을 획기적으로 줄일 수 있다. 소캠1 시장은 마이크론이 가장 먼저 깃발을 꽂으며 경쟁 우위를 점했다. 그러나 엔비디아가 소캠2로 방향을 틀면서 메모리 3사의 출발선은 다시 같아졌다.

엔비디아가 국내 업체들에게 대규모 소캠 물량을 발주하면서 주도권이 한국으로 넘어오는 모양새다. 특히 삼성전자는 1c$^{6세대\ 10나노급}$ D램 공정을 HBM4와 소캠에 집중 배치하며 물량 공세를 예고했다. SK하이닉스는 1c D램 추가 투자를 통해 올 상반기 내 양산 일정을 맞추는 한편, 이미 검증된 저전력 기술력을 바탕으로 엔비디아의 신뢰를 공고히 하고 있다.

소캠용 기판은 기존 12층에서 16층으로 난이도가 높아지면서 관련 업체들에 부가가치를 가져올 것으로 기대된다. 기존 서버용 DDR5 기판이 12층 구조였다면, 소캠은 무려 16층 기판을 채택한다. 층수가 높아질수록 신호 간섭을 제어하기 어렵고 수율 잡기가 까다롭다. 소캠 기판의 가격은 기존 최고가 제품이었던 DDR5용 기판보다도 높게 형성되어 있다. 이는 기판 업체들에게 단순한 물량 증가를 넘어 수익성의 퀀텀 점프를 의미한다.

국내 기판 업체 중에는 티엘비의 행보가 주목받고 있다. 티엘비는 과거 마이크론 중심의 소캠 공급망에 속해 있었으나, 이제 엔비디아가 국내 메모리 업체 위주로 물량을 배정하면서 그 수혜 폭이 극대화될 전망이다. 티엘비는 폭증하는 수요에 대응하기 위해 300억 규모의 단기 차입을 결정하며 베트남 생산 라인 증설에 박차를 가하고 있다. 소캠이라는 거대한 파도에 올라타기 위한 선제적 베팅이다.

소캠2는 AI와 HPC$^{고성능\ 컴퓨팅}$ 시장에서 HBM과 함께 메모리의 양대 축으로 자리 잡을 것으로 예상된다. 엔비디아는 소캠 분야에서 마이크론 의존도를 낮추고 한국 업체들을 통해 안정적인 공급망을 확보했다. JEDEC의 표준화와 맞물려 소캠은 개인용 AI 슈퍼컴퓨터부터 거대 데이터센터까지 아우르는 표준이 될 가능성이 높다.

SOCAM 출하 전망

(억Gb)	2025E	2026E
삼성전자	5	100
SK하이닉스	4	110
마이크론	50	70
총계	59	280

*자료: 메리츠증권 리서치센터

루빈 GPU와 함께 쏟아져 나올 소캠2 모듈은 메모리 업계의 수익 구조를 다시 한번 뒤흔들 것으로 보인다. HBM이 천재 셰프라면, 소캠은 그 주방을 가장 효율적으로 운영하게 해주는 혁신적인 조리 도구다.

제2의 HBM은 SOCAMM2

혁신은 연구실에서 시작되지만 승리는 공장 라인에서 결정된다. AI 메모리의 새로운 격전지로 부상한 소캠2는 이제 기술적 우위를 넘어 누가 더 많이 더 안정적으로 쏟아낼 수 있는가라는 물량의 시대로 진입했다. 삼성전자의 선제적 양산은 단순한 속도전을 넘어, 공급망의 거대한 파도를 장악하겠다는 거인의 선전포고다.

AI 데이터센터의 폭발적인 성장은 기존 메모리 규격의 한계를 시험하고 있다. HBM이 GPU 내부의 연산 속도를 뒷받침한다면, 소캠2는 서버 시스템 전체의 효율과 확장성을 책임지는 '제2의 HBM'으로 급부상했다. 기존 LPDDR D램을 모듈화하여 마더보드에 장착하는 소캠2는 전송 경로를 최적화해 성능을 극대화하면서도, 필요시 교체가 가능한 유연성을 제공한다. 고성능과 저전력, 그리고 유지보수의 용이성이라는 삼박자를 갖춘 이 규격은 차세대 AI 서버 아키텍처의 필수 요소로 자리 잡았다. 메모리 3사의 경쟁은 임계점에 도달했다. 기술적 격차보다는 양산 능력과 물량 배분이 승패의 핵심 변수로 떠올랐다.

이번 전쟁의 종착역은 엔비디아의 차세대 플랫폼인 '베라 루빈' 탑재다. 엔비디아의 선택을 받는 자가 향후 수년간의 서버 메모리 표준을 지배하게 된다. 엔비디아는 성능 차이가 크지 않을 경우 대규모 수요를 감당할 수 있는 안정적인 공급사를 선호한다.

메모리 3사의 SOCAMM2 경쟁 현황

기업명	현재 상태(2026.03)	핵심 전략 및 제품 사양
삼성전자	업계 최초 192GB 양산 시작	압도적 CAPA를 바탕으로 초기 시장 장악 및 물량 우위 확보
SK하이닉스	MWC 2026에서 192GB 공개	HBM 시장에서의 신뢰도를 SOCAMM2로 전이시키는 품질 전략
마이크론	256GB 제품 샘플 출하	고용량(256GB) 선점으로 하이 엔드 틈새시장 공략 시도

HBM3E 시장에서 다소 고전했던 삼성전자는 이번 소캠2에서 세계 최대 규모의 생산 능력을 무기로 공급의 안정성이라는 강력한 카드를 던졌다. 192GB 제품의 업계 최초 양산은 엔비디아에게 우리는 준비가 끝났다라는 가장 강력한 신호를 보낸 셈이다. 삼성전자의 거대한 설비 투자는 시장이 열리는 순간 경쟁사를 압도하는 물량의 성벽을 쌓을 것으로 보인다. 소캠2가 서버 메모리의 주류로 안착함에 따라 메모리 기업들은 범용 D램의 변동성을 줄이고 고부가가치 제품 중심의 이익 구조를 더욱 공고히 할 전망이다.

HBM이 지능의 깊이를 결정했다면, 소캠2는 지능의 넓이를 결정한다. 2026년 봄, 삼성전자가 가동하기 시작한 생산 라인의 진동은 전 세계 AI 데이터센터의 지형도를 바꾸는 거대한 울림이 될 것이다.

엔비디아에 이어 소캠 진영 합류하는 빅테크들

엔비디아에서 시작된 소캠SOCAMM의 물결이 퀄컴과 AMD로 번지는 것은 AI 서버의 설계 패러다임이 성능과 지속 가능성이라는 두 마리 토끼를 잡기 위해 급격히 선회하고 있음을 의미한다.

소캠은 데이터 전송 경로를 획기적으로 확장해 처리 성능을 개선하는 동시에 필요할 경우 메모리만 따로 떼어내 교체할 수 있는 탈부착 기능을 제공한다. 이는 고가의 AI 서버 시스템 수명을 연장하고 운영 효율을 극대화하는 핵심 기제다.

AI 가속기 거인들은 소캠을 도입하면서도 각자의 설계 철학에 따라 서로 다른 형태를 요구하고 있다. 이는 단순한 외형의 차이가 아닌 전력 관리와 시스템 최적화를 둘러싼 전략적 선택이다. 엔비디아는 공간 효율성과 기존 인프라 대응을 위해 직사각형 소캠 설계를 채택했다.

퀄컴과 AMD는 최신 AI 서버용 칩 출시를 앞두고 정사각형 구조를 강력히 요구하고 있다. 이들은 전력 관리 반도체PMIC를 모듈 내부에 직접 포함하여 전력 효율을 극대화하려는 설계를 지향하며 엔비디아와 차별화된 노선을 걷고 있다. 이 거대한 규격의 전환기에서 가장 먼저 승전고를 울린 것은 삼성전자다. 삼성전자는 엔비디아향 소캠-2 전체 주문량200억 Gb 중 최대 절반 가량을 확보할 것으로 예상된다. 최신 1b, 1c D램을 적용해 성능과 수율이라는 두 마리 토끼를 잡는다는 전략이다. 퀄컴과 AMD의 가세로 소캠은 이제 엔비디아만의 전유물이 아닌 업계의 뉴 노멀로 자리 잡았음을 보여준다.

교체와 업그레이드가 용이한 모듈형 인프라는 AI 데이터센터의 천문학적인 유지보수 비용을 절감하는 핵심 해법이 될 것으로 보인다.

서버 시장이 가져가버린 모바일의 심장^{LPDDR}

스마트폰의 배터리를 아껴주던 착한 메모리 LPDDR이 이제 AI라는 거인을 위해 징집되었다. 이 거대한 이동은 일반 소비자들에게 청구서인플레이션를 날릴 것이다.

최근 엔비디아와 마이크로소프트^{MS}가 잇달아 내놓은 발표는 메모리 반도체 역사의 한 페이지를 넘기는 사건이었다. 그동안 스마트폰과 노트북PC의 전유물이었던 저전력 D램^{LPDDR}이 데이터센터의 심장부인 AI 서버로 진입한 것이다. 이것은 단순한 부품 교체가 아니다. 기술적 혁신, 공급망의 권력 투쟁, B2C 시장의 붕괴가 맞물린 거대한 나비효과의 시작이다. LPDDR의 서버행에 대한 표면적인 이유는 전력이다. AI 서버가 전기를 너무 많이 먹으니 전력 효율이 좋은 모바일용 LPDDR을 쓰겠다는 논리는 일견 타당해 보인다. 하지만 엔비디아의 진짜 속내는 공급망 길들이기에 있다.

현재 엔비디아는 HBM과 고용량 서버 D램^{DDR5}의 상당 부분을 SK하이닉스에 의존하고 있다. 슈퍼 을이 된 SK하이닉스에게 가격 협상력이 밀리는 상황이 지난해 동안 이어졌다. 엔비디아는 삼성전자를 파트너로 끌어들이고 싶어 한다. 하지만 삼성은 HBM3E와 DDR5에서 SK하이닉스를 압도하지 못했다. 반면 LPDDR만큼은 삼성전자가 압도적인 생산 능력과 기술력을 가지고 있다.

엔비디아는 차세대 서버에 LPDDR을 채택함으로써 삼성전자의 물량을 활용하고, SK하이닉스 의존도를 낮추며 공급망의 균형추를 맞추려는 의도가 내포돼 있다. 그동안 LPDDR을 서버에 쓰지 못한 이유는 신뢰성과 확장성 때문이었다. 스마트폰은 오류가 나면 재부팅하면 그만이지만, 24시간 돌아가는 데이터센터는 용납되지 않는다. 마이크로소프트와 케이던스Cadence의 협력은 이 문제에 대한 해결책을 어느 정도 보여줬다. MS의 오류 정정 알고리즘RAI DDR을 LPDDR5X에 통합하여 서버급 신뢰성을 확보했다.

원래 LPDDR은 기판에 납땜하는 방식이라 교체가 불가능했다. 하지만 엔비디아가 주도하고 JEDEC이 표준화 중인 소캠2 규격 덕분에 모바일 메모리도 레고 블록처럼 끼웠다 뺐다 할 수 있는 모듈 형태로 진화했다. 문제는 이 서버의 LPDDR 징집이 B2C 시장스마트폰, PC에 치명적인 타격을 준다는 점이다.

반도체 웨이퍼는 무한하지 않다. 삼성전자의 LPDDR 라인이 고수익 AI 서버용 물량을 찍어내기 시작하면 자연스럽게 갤럭시나 아이폰, 노트북PC에 들어갈 물량은 줄어든다. 서버 업체들은 돈이 많다. 그들이 웃돈을 주고 LPDDR을 쓸어가면, 가격 민감도가 높은 가전 · 모바일 업체들은 물량을 구하지 못하거나 비싼 값을 치러야 한다. 이는 결국 스마트폰과 노트북PC 가격의 급등으로 이어진다.

소비자들이 마주할 신제품 가격표에는 AI 데이터센터발 인플레이션이 고스란히 반영될 수밖에 없다. 이것이 바로 거대 자본B2B이 개인 소비B2C를 밀어내는 전형적인 구축 효과다.

이 흐름 속에서 웃는 자와 우는 자는 명확하다. 삼성전자와 SK하이닉스는 HBM 라인 돌리기도 벅차다. 마이크론은 HBM4 수율 잡기에 급급하다. LPDDR 시장에서 규모의 경제를 갖춘 삼성전자가 가장 유리한 상황이다. 이는 삼성전자가 AI 반도체 공급망의 주류로 복귀하는 트리거가 되었다. LPDDR이 메인보드에 바로 붙는 방식On-board에서 탈부착 가능한 모듈SoCAMM 방식으로 바뀌면 기판 수요가 폭증한다. 특히 미세 회로 기판 기술을 가진 기업들에게는 새로운 먹거리가 열린다.

반면 애플, 델, HP 같은 세트 업체들은 물량 확보 전쟁을 치러야 한다. 그들의 마진은 줄어들고, 제품 경쟁력은 가격 인상 압박에 시달릴 수밖에 없다. LPDDR의 서버 진출은 기술적으로는 혁신이지만, 경제적으로는자원의 쏠림을 가속화한다. 엔비디아는 삼성이라는 카드를 쥐고 SK하이닉스를 견제하는 데 성공했다.

모든 고성능 메모리**HBM, DDR5, LPDDR**가 AI 서버로 빨려 들어간다. B2C 시장은 메모리 공급부족 위험이 점점 가중되고 있다.

프리필 추론 전용 칩 루빈CPX, GDDR7 수요 불 당겨

AI가 답변을 내놓는 과정은 겉보기엔 단순해 보이지만, 내부적으론 명확히 다른 두 단계의 워크로드가 존재한다.

바로 대량의 데이터를 입력 및 분석하는 프리필**Prefill**과 한 글자씩 답변을 생성하는 디코드**Decode**다. 기존에는 GPU 한 대가 이 모든 일을 다 처리했다. 하지만 수조 원의 전기료와 칩 비용에 비명을 지르던 빅테크들에게 엔비디아는 "재료 손질은 저렴한 CPX에 맡기세요"라는 거부할 수 없는 제안을 던졌다.

루빈 CPX의 가장 파격적인 설계는 메모리 구성에 있다. 엔비디아는 여기서 '금값'인 HBM을 과감히 들어내고 GDDR7을 채택했다. 프리필 단계는 HBM의 초고대역폭이 필수적이지 않기 때문이다. 상대적으로 저렴하고 수급이 원활한 GDDR7으로도 충분한 성능을 낼 수 있다고 판단했다. 루빈 CPX는 GPU 대비 연산량은 60% 수준이지만, 가격은 단 25%에 불과하다. 연산 처리 효율로 따지면 GPU보다 40% 저렴한 셈이다.

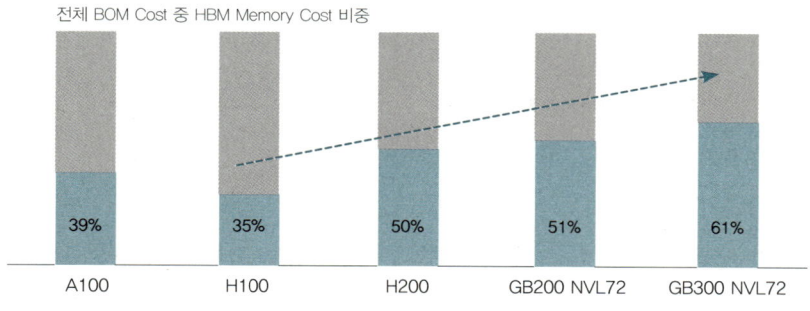

전체 BOM Cost 중 HBM Memory Cost 비중

A100	H100	H200	GB200 NVL72	GB300 NVL72
39%	35%	50%	51%	61%

서버 원가에서 HBM이 차지하는 비중이 계속 증가

*자료: Semianalysis, 한국투자증권

엔비디아의 이 같은 전략은 메모리 시장에 적지 않은 영향을 미쳤다. HBM
에 쏠려 있던 메모리 병목 현상이 이제 GDDR7으로 전이되었다. AI 서버 수요
가 폭증하면서 GDDR7까지 씨가 마르는 전방위적 쇼티지가 시작되었다. 텍스
트를 넘어 이미지, 비디오를 읽어야 하는 시대가 오면 입력 데이터는 기하급
수적으로 늘어난다. 긴 맥락을 먼저 분석해야 하는 루빈CPX의 가치는 앞으로
더욱 치솟을 것으로 보인다.

루빈 CPX의 등장은 엔비디아가 단순히 하이엔드 칩을 파는 회사가 아님을
증명한다. 그들은 AI라는 거대한 주방의 워크플로우를 완벽하게 장악한 시스
템 설계자다.

AI 가속기 탓에 찬밥 신세된 PC 그래픽카드

생태계의 포식자가 룰을 바꿀 때, 가장 밑바닥에 있는 초식동물소비자과 중간
포식자AIB는 생존의 갈림길에 선다.

엔비디아가 그래픽카드GPU 생태계의 오랜 관행을 깨고 위험의 외주화를 선
언했다. 그동안 파트너사AIB들에게 GPU 칩과 메모리GDDR를 세트 메뉴처럼 묶
어 공급하던 방식에서 이제는 'GPU 칩만 줄 테니 메모리는 알아서 구하라'는
방식으로 정책을 전환했다. 이 결정은 단순히 공급 방식의 변경이 아니다. AI
라는 블랙홀이 모든 자원을 빨아들이는 상황에서 엔비디아가 자신의 리스크를
파트너들에게 떠넘기고 B2C 시장과 디커플링을 가속화하겠다는 신호탄이다.

과거 엔비디아는 메모리 3사로부터 GDDR을 대량 구매해 파트너들에게 공
급했다. 바잉 파워가 막강한 엔비디아가 가격을 협상해 주었기에 제조사들은
조립과 쿨링에만 신경 쓰면 되었다. 하지만 AI 서버용 HBM 수요가 폭발하면
서 상황이 변했다. 엔비디아는 이제 자신들의 구매 역량을 오로지 HBM 확보
에만 쏟아붓고 싶어 한다. 상대적으로 마진이 박한 게이밍용 GDDR 수급까지
신경 쓸 여력이 없어졌다.

이제 ASUS나 MSI 같은 제조사들은 각자 메모리 3사를 찾아가 메모리 좀 달
라고 사정해야 하는 처지가 되었다. 수십 개의 제조사가 경쟁적으로 메모리

확보전에 뛰어들면서, 가뜩이나 부족한 GDDR 가격은 더 가파르게 상승했다. 이 비용은 고스란히 그래픽카드 가격 인상으로 이어졌다.

이러한 구조 변화는 제조사 간의 극심한 양극화를 초래한다. 대형사는 막강한 자금력과 구매 물량을 바탕으로 메모리 3사와 직접 협상이 가능하다. 물량을 확보해 시장 점유율을 더 늘릴 기회가 된다. 반면 중소형사는 메모리 확보 순위에서 밀려나거나 비싼 가격에 울며 겨자 먹기로 사야 한다. 원가 경쟁력을 상실하고 도태될 가능성이 크다. 결국 그래픽카드 시장은 소수의 메이저 업체 위주로 재편되는 과점화가 진행될 가능성이 높다.

더 큰 문제는 거시적인 자원 배분의 왜곡이다. 트렌드포스의 데이터는 AI 서버가 B2C 시장을 어떻게 잠식하고 있는지 적나라하게 보여준다. 전체 메모리 시장에서 서버가 차지하는 비중은 2024년 46%에서 2026년 66%로 급증할 전망이다. 반도체 웨이퍼는 한정돼 있다. 메모리 제조사들은 돈이 되는 서버용 칩을 찍어내느라 스마트폰이나 PC, 게임기용 칩 생산을 줄일 수밖에 없다. 이로 인해 B2C 제품스마트폰, PC, 콘솔의 원가 부담은 감당 불가능한 수준으로 치솟고 있다. 메모리 가격 상승은 최종 소비재의 수요를 꺾어버리는 수요 파괴 단계로 진입했다. 플레이스테이션이나 엑스박스 같은 콘솔 게임기는 가격 저항이 심한 제품이다. 메모리 원가가 올라 기기 값을 올리면 소비자는 지갑을 닫는다. 엔비디아의 정책 변경으로 그래픽카드 가격마저 오르면, PC 게이머들의 이탈도 가속화될 수밖에 없다.

결론적으로 엔비디아는 짐을 덜었고, 소비자는 짐을 졌다. 엔비디아의 이번 결정은 철저히 계산된 선택과 집중이다. 골치 아픈 부품 수급 리스크를 파트너에게 넘기고, 자신들은 고마진 AI 칩 설계와 플랫폼 확장에만 집중하려는 의도다. 메모리 3사 입장에서는 누가 사러 오든 상관이 없다. 공급 부족 상황에서 가격 결정권을 쥐고 슈퍼사이클을 즐기면 된다. 이 거대한 비용 청구서의 최종 지불자는 제조사와 소비자다. 제조사는 생존을 걱정해야 하고, 소비자는 더 비싼 값을 치러야 한다.

AI가 먹어치운 자원 때문에 개인이 누리던 디지털 풍요가 축소되는 시대를 목격하게 될 것이다. 100만 원짜리 그래픽카드가 가성비라고 불리던 시절조차 그리워질지 모른다.

엔터프라이즈 시장에 집중하는 마이크론

공급자가 시장의 주도권을 쥐는 슈퍼사이클의 정점에서 기업은 가장 가혹한 결단을 내린다. 돈이 되는 것과 더 큰 돈이 되는 것을 구분하는 것. 그리고 익숙한 성공컨슈머 브랜드을 과감히 버리는 것. 마이크론의 '크루셜 Crucial' 브랜드 철수는 단순한 사업 중단이 아니라 AI라는 거대한 고래를 잡기 위해 작은 낚싯배들을 불태우는 배수의 진이다.

지난해 12월 글로벌 메모리 거인 마이크론은 자사의 상징적인 컨슈머 브랜드 크루셜의 사업 철수를 발표했다. 이는 일반 소비자들에게는 충격적인 소식이지만, 경영학적 관점에서는 수익성 극대화를 위한 지극히 냉정한 선택이다. 마이크론은 2027년 2월까지만 소비자용 제품을 판매하고, 이후 모든 역량을 엔터프라이즈기업용 시장에 쏟아붓기로 했다. 메모리 초호황으로 인한 생산 능력 부족 상황에서 상대적으로 마진이 낮은 소매 시장보다는 HBM과 고용량 서버용 SSD가 불을 뿜는 엔터프라이즈 시장에 집중하겠다는 전략이다.

마이크론의 이러한 선택과 집중 전략은 이번이 처음이 아니다. 지난 2017년 마이크론은 이미 한 차례 대대적인 정리를 단행한 바 있다. 당시 마이크론은 메모리 카드와 USB 시장에서 인지도가 높았던 렉사Lexar 브랜드를 중국 롱시스Longsys에 매각했다. 렉사 매각이 범용 메모리 시장의 출구 전략이었다면, 이번 크루셜 철수는 지능형 인프라 전문 기업으로 완전히 거듭나겠다는 최종 선언이다. 마이크론은 더 이상 개인의 PC 조립을 돕는 회사가 아니라 전 지구의 AI 연산을 뒷받침하는 인프라 기업이 되기로 한 것이다.

거인의 발걸음이 옮겨지면서 일반 소비자 시장에는 짙은 그림자가 드리우고 있다. 공급이 타이트한 상황에서 주요 공급사가 컨슈머 시장을 포기함에 따라 공급 부족은 더욱 심화될 전망이다. 저가형 스마트폰, 엔트리급 PC 등 가격 민감도가 높은 제품들은 내년부터 메모리 수급에 비상이 걸릴 수밖에 없다. 마이크론의 이탈은 남은 공급사들에게 가격 협상력을 높여주는 선물이 될 것이며, 이는 고스란히 소비자 가격 상승으로 전이될 것으로 보인다.

금융 시장은 마이크론의 이러한 행보를 악재가 아닌 강력한 호재로 해석하고 있다. 저마진 사업부를 쳐내고 고마진인 서버 및 AI 데이터센터 비중을 높임에 따라 마이크론의 주당순이익EPS 추정치는 추가 상향이 확실시된다. 마이크론의 크루셜 철수는 우리에게 중요한 질문을 던진다. 모두를 만족시키는 기업으로 남을 것인가 아니면 시대가 요구하는 단 하나의 목표에 광적으로 집중할 것인가.

DDR4 폐기 처분 직전에 황금알을 낳다

모두가 최첨단HBM만 바라볼 때 버려진 구형Legacy이 왕의 귀환을 알렸다. 반도체 역사상 가장 아이러니한 낙수 효과가 2026년 1분기를 지배하고 있다.

시장에서 곧 퇴출될 것이라 여겨졌던 DDR4가 화려하게 부활했다. AI 칩 생산을 위해 반도체 라인을 HBM과 DDR5로 몽땅 전환하자 역설적으로 구형 제품인 DDR4의 씨가 말라버린 공급의 진공 상태가 발생했기 때문이다.

2026년 1분기 D램 가격 상승 속도는 충격적이다. D램 계약 가격은 대다수 시장 전문가들의 예측치를 넘어섰다. 스팟Spot 가격이 선행해서 뛰고 있어, 고정거래가격의 추가 상승은 어디까지 오를지 예단하기 어려워졌다. 더 놀라운 것은 마진율이다. 통상 구형 제품인 DDR4의 이익률은 낮아야 정상이지만, 공급 부족으로 인해 매출총이익률이 50%에 육박했다. 최첨단 제품인 HBM의 이익률 60~70%와 격차를 점점 좁히고 있다. 이미 감가상각이 끝난 DDR4 라인에서 50%의 이익을 남긴다는 것은 제조사 입장에서는 순도 높은 현금을 쓸어 담는 것과 같다.

구형 제품 가격 상승이란 호재 덕분에 대만의 난야테크놀로지와 윈본드 같은 레거시 업체들의 이익 전망치가 잇따라 상향조정되고 있다. 메모리 제왕 삼성전자의 행보는 이 시장이 얼마나 철저한 공급자 우위로 변했는지를 보여준다. 2026년 초 삼성전자는 당초 계획했던 DDR4의 단종을 일시 중단했다. 대신 특정 고객사와 LTA^{장기공급계약}를 맺으며 '취소 및 반품 불가^{NCNR, Non-Cancellable} Non-Returnable'라는 강력한 독소 조항을 걸었다.

물건을 줄 테니 절대 취소하지 말고 무조건 사가라는 배짱 영업이 통하는 시장이다. 서버향 교체 수요와 차량용 반도체 등 DDR4를 반드시 써야만 하는 고객들이 그만큼 절박하다는 방증이다. 삼성전자는 2026년 말까지 차량용이나 자사 브랜드 완제품 등 특정 섹터를 위해 DDR4 라인을 유지하며 마지막 꿀물을 빨아들인다는 전략이다. 마이크론의 상황은 공간의 전쟁이라고 정리할 수 있다. HBM과 선단 공정을 늘리려니 당장 쓸 클린룸 공간이 턱없이 부족해졌다. 마이크론은 대만 업체들의 공장을 임대하거나, 남의 공장에 자사 설비를 반입해서라도 D램 생산을 늘리는 방안을 검토 중이다. 글로벌 3위 업체가 공장을 빌리러 다닐 정도로 현재 반도체 생산 능력은 한계치에 도달했다. 이는 가격 상승세가 단기간에 꺾이지 않을 것임을 시사하는 강력한 신호다.

D램뿐만 아니라 낸드 플래시 시장도 1분기 고정거래가격이 빠른 속도로 상승 중이다. 낸드 공급사들은 돈이 되는 기업용 SSD^{eSSD} 생산에 집중하고 있다. 자연스럽게 소비자용 제품인 cSSD와 UFS^{모바일용} 공급이 줄어들면서 가격이 오르고 있다. 기업들이 AI 서버를 만들기 위해 낸드를 싹쓸이하는 동안 일반 소비자는 더 비싼 SSD와 스마트폰을 사야 하는 구조가 고착화되었다.

반도체 사이클에서 구형은 짐짝 취급을 받기 마련이다. 하지만 2026년은 다르다. 모든 자원이 HBM으로 쏠리면서, 역설적으로 DDR4 같은 레거시 제품이 희소 자원이 되었다. 삼성전자와 SK하이닉스에게 DDR4는 HBM 투자비를 벌어다 주는 든든한 효자 상품으로 재평가받고 있다.

테크 투자자들은 HBM 기술력만 볼 것이 아니라 레거시 제품의 가격 추이를 면밀히 살필 필요가 있다. HBM이 미래의 성장을 담당한다면, DDR4는 현재의 수익성을 책임지는 숨겨진 보물창고이기 때문이다.

갤럭시 S260이 직면한 '메모리 택스'

가족이라는 이름의 울타리도 거대한 수급 불균형이라는 태풍 앞에서는 무용지물이다. 삼성전자 DS^{반도체}와 MX^{스마트폰} 사이의 흐르던 내부 시너지는 이제 시장가라는 냉혹한 잣대 앞에 멈춰 섰다. 갤럭시 S26의 탄생은 화려한 언팩의 무대 뒤에서 벌어진, 피 말리는 자원 확보 전쟁의 산물이다.

삼성전자 갤럭시S26 시리즈의 초도 물량에는 이례적인 풍경이 펼쳐졌다. 전통적으로 자사 부품 채택 비중을 높여 수익을 극대화하던 관행을 깨고, 삼성전자 DS 부문과 마이크론의 D램이 각각 50%씩 탑재되었다.

범용 메모리 공급 부족 사태가 심화되면서, 삼성 MX^{모바일} 부문에게는 누구의 제품이냐보다 얼마나 가져올 수 있느냐가 생존의 과제가 되었다. 전작 S25 초기 물량을 마이크론이 독점했던 굴욕을 딛고 DS 부문이 품질을 회복했지만, 시장 전체의 공급 부족은 MX 부문이 특정 업체에 힘을 실어줄 여유를 앗아갔다.

메모리 시장의 온도를 가장 극명하게 보여주는 사례는 삼성 DS와 애플의 협상 테이블이었다. 삼성 DS 부문은 애플에 60% 인상을 목표로 100% 인상안을 던졌으나 애플은 단 한 번의 주저함 없이 이를 수용했다. 이는 현재 스마트폰 제조사들이 느끼는 메모리 재고 확보에 대한 공포가 어느 정도인지를 상명하는 사건이다.

애플 발 가격 폭등은 고스란히 갤럭시 S26으로 전이되었다. DS 부문은 한 식구인 MX 부문에게도 장기공급계약 대신 수익성을 극대화할 수 있는 분기 단위 계약을 밀어붙이며 냉정한 비즈니스의 면모를 보였다.

마이크론 역시 이번 수급난의 최대 수혜자 중 하나다. 마이크론은 최첨단 1 감마 공정 샘플을 제출하며 기술력을 과시했지만, 실제 초도 물량에는 선폭을 개선해 생산성을 15% 높인 기존 1b 공정 제품을 공급하기로 했다.

공정 전환의 리스크를 피하면서도 개선된 생산성을 통해 수익성을 극대화하는 전략이다. 노태문 사장이 CES 2026 현장에서 마이크론 CEO와 긴급 회동을 가진 것은 마이크론이 삼성 공급망 내에서 단순한 서브가 아닌 시장의 키를 쥔 포식자로 부상했음을 시사한다. MX 부문은 가파른 메모리 가격 상승분을 상쇄하기 위해 눈물겨운 자구책을 마련 중이다. 자체 AP인 엑시노스 2600

의 탑재 비중을 30%까지 끌어올려 퀄컴에 지불하는 비용을 줄이려 애쓰고 있다. 그럼에도 불구하고 두 배 가까이 뛴 LPDDR5X의 가격 압박을 버텨내기엔 역부족이다. 결국 갤럭시 S26의 출고가 인상은 확정적인 수순으로 보인다.

갤럭시 S26은 역사상 가장 강력한 AI 기능을 탑재했다. 하지만 그 화려함의 이면에는 반도체 제조사들에 지불해야 하는 '메모리 통행세'가 가파르게 상승했다는 서글픈 진실이 숨어 있다.

메모리 가격 급등에 파산위기 중국 스마트폰 브랜드

경영의 전장에서 원재료비는 단순한 숫자가 아니라 기업의 생존을 결정짓는 '산소'와 같다. 한때 중국 스마트폰 시장의 감각적인 아이콘이었던 메이주 Meizu의 퇴장은 메모리 가격의 폭등이 단순한 마진의 압박을 넘어 중견 기업의 숨통을 끊는 '전략적 암살자'로 변모했음을 상징한다.

2003년 MP3 플레이어 제조업체로 출발해 2007년 아이폰의 대항마로 불린 'M8'을 출시하며 화려하게 등장했던 메이주가 역사의 뒤안길로 사라질 준비를 하고 있다. 한 때 연간 2000만대 이상을 팔아치우던 브랜드의 몰락이라는 점에서 업계에 큰 충격을 던졌다.

메이주는 2015년 중국 10대 브랜드에 진입하며 세련된 UI사용자 인터페이스와 디자인으로 두터운 팬덤을 형성했다. 그러나 애플, 화웨이, 샤오미 등 거대 자본을 앞세운 공룡들의 틈바구니에서 고급화 전략이 길을 잃으며 입지가 좁아지기 시작했다. 2025년 4월부터 공급업체 대금 지급에 차질이 생겼고, 바이트댄스나 드림Dreame과의 인수·협력 논의마저 무산되며 파산이라는 최악의 시나리오 앞에 섰다.

과거 반도체 가격의 변동은 제품 가격을 조금 올리거나 마케팅비를 줄이는 식으로 대응 가능한 수준이었다. 하지만 올해의 상황은 다르다. 낸드플래시와 D램 가격의 동반 급등은 원가 비중이 높은 중저가 모델의 수익성을 완전히 파괴했다. 메이주가 신제품 메이주 22 에어 출시를 취소한 것은 팔수록 손해를 보는 구조적 모순에 빠졌기 때문이다.

단가 상승이 단순히 실적 악화에 그치지 않고 부품 확보를 위한 선급금 부담과 미지급금 적체로 이어지며 기업의 동맥경화를 유발했다. 메이주의 몰락은 메모리 사이클이 스마트폰 산업의 필터 역할을 하고 있음을 보여주는 사례다. 최근 서버 및 AI용 메모리 수요가 폭발하면서, 상대적으로 수익성이 낮은 모바일용 메모리 공급은 줄어들고 가격은 치솟았다. 이 과정에서 바이트댄스의 두바오Doubao가 AI 스마트폰 시장을 장악하기 위해 누비아Nubia와 손을 잡은 사례는 이제 스마트폰 제조사가 독자 생존보다 거대 플랫폼의 생태계에 편입되어야만 살아남을 수 있음을 시사한다.

메이주의 실패는 개별 기업의 실책이라기보다 반도체라는 디지털 자원의 가격 결정권이 하드웨어 제조사의 생사여탈권을 쥐게 된 새로운 경제 질서의 결과물이다.

>>>> 정답지의 여섯 번째 줄은 왕좌의 게임이다. 이 거대한 블랙홀 앞에서 삼성전자와 SK하이닉스는 각자의 방식으로 제국을 건설하고 있다. 누가 더 높은 왕관을 쓰는가. 두 거인의 전략이 다르다. 그리고 둘 다 이기고 있다.

왕좌의 게임:
삼성전자 vs SK하이닉스

1조 달러 시총 달성 삼성전자, 글로벌 12위

누군가는 기적이라 말하지만 시장은 그것을 '구조적 필연'이라 읽는다. 2026년 2월 26일 삼성전자가 달성한 시가총액 1조 달러는 단순한 숫자의 기록이 아니다. 이는 제조의 기술력을 넘어 지능의 근원인 데이터를 지배하는 자가 글로벌 자본의 질서를 어떻게 재편하는지 보여주는 역사적 증명이다.

지난 2026년 2월 26일 코스피가 사상 첫 6300 고지를 뚫어낸 중심에는 삼성전자가 있었다. 엔비디아의 기록적인 실적 발표가 촉발한 AI 슈퍼사이클의 훈풍을 타고, 삼성전자는 국내 기업 최초로 시가총액 1조 달러 클럽에 가입했다.

월마트와 일라이 릴리를 제치고 세계 12위 기업으로 등극했다. 아시아 기업 중에서는 대만 TSMC, 사우디 아람코에 이어 세 번째로 거둔 쾌거다. 모건스탠리는 이번 도약을 두고 동물적 감각이 아닌 강력한 수익 창출력과 마진 확대라는 펀더멘털이 이끌어낸 결과라고 평가했다. 삼성전자가 1조 달러의 고지에 올라설 수 있었던 결정적 배경은 AI 메모리의 병목 지점을 장악했기 때문이다. SK하이닉스에게 잠시 내주었던 D램 점유율 1위 자리를 1년 만에 재탈환했다. 범용 D램의 가격 폭등 속에서 압도적인 생산 능력을 바탕으로 이익을 극대화

지표로 보는 삼성전자의 가치(2026.02.26 기준)

항목	2025년 수출액	비중 변화(2020 → 2025)
시가총액	1조 240억 달러	세계 12위(월마트 · 릴리 상회)
당일 주가	218,000원	사상 최고가 갱신
코스피 지수	6,307.27	사상 최초 6,300선 돌파
자기자본이익률(ROE)	46%(전망)	2020년 대비 2배 이상 상승

한 전략이 주효했다.

엔비디아에 차세대 HBM4를 본격적으로 공급하기 시작하며 기술적 열세에 대한 시장의 우려를 불식시켰다. 2026년 영업이익 전망치가 250조 원을 상회할 것이라는 예측씨티그룹이 나올 만큼 과거의 저마진 굴레를 완전히 벗어던졌다. 삼성전자의 1조 달러 달성은 한국 증시 전체의 체질을 바꾸고 있다. 메모리 반도체가 AI 인프라의 필수 공공재로 인식되면서, 과거 자산 가치PBR 중심의 평가에서 벗어나 수익 가치PER 중심으로 밸류에이션 모델이 완전히 이동했다.

이제 삼성전자보다 시총 순위가 높은 기업은 엔비디아, 애플, 마이크로소프트 등 미국의 빅테크 11개 사뿐이다. 삼성은 이제 부품 공급자를 넘어, 인류 지능의 총량을 결정하는 '글로벌 인프라의 중추'가 되었다. 삼성전자의 1조 달러 클럽 가입은 대한민국 경제사에 있어 '1인당 GDP 3만 달러' 달성에 비견되는 상징적 사건이다. 전력 제약과 물리적 공정 한계가 존재하는 한 삼성전자의 생산 시설과 수율은 대체 불가능한 자산으로 남을 가능성이 높다. D램 가격 강세가 최소 2028년까지 지속될 것이라는 전망 속에 삼성전자의 이익 체력은 이제 '단기 사이클'이 아닌 '장기 인프라'의 관점에서 평가받고 있다.

메모리가 이익을 집어삼키는 시대

반도체 생태계의 먹이사슬이 뒤집혔다. 이제 메모리는 단순한 부품이 아니라 전방 산업의 생사를 쥐고 흔드는 '권력'이다. 2025년 하반기부터 2026년 초입까지 시장을 관통하는 키워드는 단연 '메모리 블랙홀'이다. AI라는 거대한 중력이 전 세계의 반도체 생산 능력을 빨아들이면서, PC, 모바일, 그리고 자동차 산업까지 연쇄적인 '공급 충격'에 휘청이고 있다.

삼성전자가 지난해 9월 메모리 일부 제품 가격을 60% 인상한 것은 단순한 가격 조정이 아니었다. 이제 싼 값에 반도체를 넘기지 않겠다는 공급자 우위 시장Seller's Market의 선전포고였다.

AI 서버와 가속기에 들어가는 HBM고대역폭 메모리 수요가 폭발하자 삼성전자와 SK하이닉스는 생산 라인을 대거 AI용으로 전환했다. 그 결과 전통적인 레거시 제품인 DDR4는 연말까지 7만 장 가량의 공급 부족이 발생하는 기현상이 벌어졌다.

〈트렌드포스 전망 하향의 의미〉

*스마트폰: 12.3억 대 → 12.18억 대

*PC: 1억 8,300만 대 → 1억 7,850만 대

이 수치 하향은 소비 침체 때문만이 아니다. 메모리 가격이 급등하자 세트 Set 업체들이 마진을 지키기 위해 돈이 안 되는 저가 모델 생산을 조기 종료했기 때문이다. 즉, 메모리 가격 상승이 완제품의 공급을 강제로 조절하는 '보이지 않는 손'으로 작용한 것이다. 이때 모건스탠리가 델Dell의 주가 전망을 2단계나 하향 조정한 것 또한 같은 맥락이다. 향후 12~18개월간 PC 제조사들은 비싸진 메모리 비용을 소비자에게 전가하거나 스스로 마진을 깎아먹어야 하는 진퇴양난에 빠졌다.

더 심각한 문제는 이 불길이 자동차 산업으로 번졌다는 점이다. 올해 차량용 반도체 가격은 2배 이상 인상될 것으로 관측된다. 과거 자동차는 구형 반도체레거시를 주로 썼기에 공급 부족의 무풍지대였다. 하지만 자동차가 SDV소프트웨어 중심 자동차로 진화하면서 상황이 달라졌다. 자율주행ADAS과 고성능 인포테인먼트 시스템을 돌리기 위해서는 PC급의 고성능 D램이 필수다.

메모리 3사삼성, SK, 마이크론의 공급 능력이 2027년까지 HBM에 묶여 있다. DDR4에서 DDR5로 넘어가려던 완성차 업체들은 물건을 구하지 못해 설계를 다시 변경해야 할 처지다. 안전성 검증에만 수년이 걸리는 자동차 산업 특성상 이는 단순한 비용 상승을 넘어 출시 지연이라는 치명타가 될 수 있다.

이 혼란 속에서 투자자들은 어디를 봐야 할까? 골드만삭스는 향후 10년 장

기 수익률 보고서에서 한국과 대만의 EPS 성장률이 연 10% 수준을 기록하며 인도에 이어 2위를 차지할 것이라고 전망했다. 이는 메모리와 파운드리라는 양대 산맥을 쥔 두 나라가 AI 시대의 최대 수혜국임을 증명한다.

진정한 '장비주의 봄'은 2026년 이후로 예약되어 있다. SK하이닉스는 용인 반도체 클러스터 공장 완공을 2027년 5월보다 앞당길 태세다. 캐파CAPA를 정교하게 컨트롤하며 가격 하락을 방어하는 동시에, M15x와 용인 팹을 통해 HBM 주도권을 굳히겠다는 전략이다.

삼성전자는 평택 P-5 골조 공사 재개를 결정하고, 2028년 1분기 본격 가동을 목표로 잡았다.

결론적으로 현재의 메모리 시장은 '공급은 제한적이고, 수요는 폭발적인' 전형적인 슈퍼사이클에 있다. 완제품 업체에게는 마진 압박의 고통이, 메모리 제조사와 관련 밸류체인에게는 이익의 독점이 2027년까지 이어질 것으로 관측된다. 지금은 메모리가 산업의 모든 이익을 빨아들이는 자본의 블랙홀이 열린 시기다.

밸류에이션 논쟁, PBR Vs PER

메모리 반도체는 더 이상 찍어내면 팔리는 상품Commodity이 아니다. AI가 메모리의 DNA를 수주형 산업으로 다시 쓰고 있다.

지난 수십 년간 메모리 반도체 투자자들에게 PBR주가순자산비율은 절대적인 신앙이었다. 호황과 불황이 극명하게 갈리는 시클리컬 산업의 특성상 들쑥날쑥한 실적PER보다는 공장과 장비라는 자산 가치PBR가 훨씬 신뢰할 수 있는 지표였기 때문이다.

하지만 이 오래된 믿음에 균열이 생기고 있다. SK하이닉스가 역사적 PBR 밴드 상단을 뚫고 올라가면서 시장은 메모리도 TSMC처럼 PER주가수익비율로 평가받아야 하는가라는 거대한 논쟁에 휩싸였다. 전통적인 메모리 산업과 파운드리TSMC의 결정적 차이는 수요의 순서에 있었다. 메모리 공급업체는 미래 수요를 예측하고 먼저 공장을 짓는다. 하지만 거시경제가 꺾여 실제 수요가 예측을 빗나가면, 그 막대한 재고는 고스란히 손실이 된다. 이것이 메모리 밸류에이션이 늘 박했던 이유다. TSMC 같은 파운드리는 고객에게 주문을 먼저 받고, 그에 맞춰 라인을 돌린다. 거시경제의 풍파를 상대적으로 덜 타며 증설은 곧 확정된 미래 이익을 의미한다.

변곡점은 HBM의 등장에서 찾아왔다. AI 시대의 핵심인 HBM은 메모리지만 성격은 파운드리에 가깝다. 엔비디아 같은 빅테크가 먼저 주문을 넣어야 생산이 시작된다. SK하이닉스의 PBR 천정 돌파는 HBM이 메모리 산업을 선수주 후증설 구조로 변모시키고 있다는 시장의 인정을 의미한다. 이제 관전 포인트는 이 흐름이 HBM을 넘어 서버 D램, eSSD, GDDR7 같은 고부가가치 영역까지 확장되느냐다. 만약 범용 메모리까지 장기 공급계약LTA 비중이 획기적으로 늘어난다면, 메모리 섹터의 PER 적용은 정당성을 얻게 된다.

이번 AI 사이클이 과거와 다른 점은 수요의 폭발뿐만 아니라 공급의 구조적 제약이 가격의 하방을 지지하고 있다는 점이다. 이른바 '역 스케일링Reverse Scaling'이다. HBM은 일반 D램보다 웨이퍼를 3~4배 더 잡아먹는다. HBM을 만들수록 일반 D램 공급이 줄어드는 효과가 발생한다. 우선 기술적 난이도 때문이다. D램의 차세대 공정 난이도가 급상승하며 수율 잡기가 어려워졌다. 인프라 병목도 무시할 수 없다. 신규 팹 건설 지연과 클린룸 부족은 공급 과잉을 원천적으로 차단한다. 이러한 공급 제약은 가격의 하방 경직성을 형성한다. 생성형 AI 파라미터가 매년 7.6배 급증하고, 컴퓨팅 투자가 스케일 업Scale-up에서 스케일 아웃Scale-out으로 확장되는 2027년까지 메모리의 구조적 증익 사이클은 지속될 가능성이 높다.

그럼에도 메모리 사이클은 지속된다는 반론도 적지 않다. 즉, PBR 회귀론의 논리다. 우선 메모리의 자본집약적 본질이다. HBM이 아무리 좋아도 메모리는 여전히 막대한 설비 투자가 필요한 장치 산업이다. 호황 뒤에 찾아올 감가상각비 폭탄은 피할 수 없는 숙명이다.

2027~2028년 쯤에는 하이퍼스케일러들의 누적된 투자 부담과 전력 인프라의 한계가 맞물려 투자 성장률이 둔화될 수 있다. 이때 메모리 기업들이 단

기 실적^{PER}에 취해있다면 주가 급락을 피할 수 없다. 따라서 시장의 합리적인 시선은 완전한 PER로의 전환은 아니지만, 과거보다 훨씬 높은 수준의 '프리미엄 PBR'을 적용해야 한다는 쪽으로 수렴하고 있다.

펀더멘털 외에도 수급적인 요인이 한국 반도체 밸류에이션을 밀어 올리고 있다. 글로벌 유동성이 AI 반도체 밸류체인으로 쏠리면서, 코스피 내 삼성전자와 SK하이닉스의 시가총액 비중$^{1월 말 기준}$은 38.5%까지 확대되었다.

이는 ETF 등 패시브 자금의 기계적 매수를 유발한다. 한국 시장을 산다는 것은 곧 반도체를 산다는 것과 동의어가 되었으며, 이 강력한 모멘텀은 밸류에이션 논쟁을 넘어 주가를 부양하는 안전판 역할을 하고 있다.

2026년 메모리 반도체는 갈림길에 섰다. 단순한 '경기 민감주^{Cyclical}'로 남을 것인가 아니면 '성장주'의 지위를 획득할 것인가. 그 열쇠는 장기 공급계약 ^{LTA}이 쥐고 있다. 향후 2~3년 동안 HBM뿐만 아니라 범용 메모리 영역에서도 LTA가 얼마나 확산되는지, 즉, 얼마나 많은 미래 이익을 미리 확정 짓느냐에 따라 PER 밸류에이션의 정당성이 판가름 날 것으로 보인다. AI가 노동을 제공하는 시대로 진화한다면, 메모리는 단순한 저장 장치를 넘어 지능의 필수재가 된다. 이때 메모리 산업에 부여될 멀티플은 과거의 잣대로는 측정할 수 없을 것이다.

실리콘밸리가 한국 메모리 앞에 무릎 꿇은 날

구매가 경영의 하부 기능에서 기업의 생사를 가르는 최상위 전략으로 격상되었다. 구글 임원의 해고는 단순한 문책이 아니라, 공급망 실패가 빅테크에게는 곧 죽음임을 알리는 신호탄이다.

새해부터 서울과 판교, 수원의 호텔 로비는 영어를 쓰는 외국인들로 북적였다. 마이크로소프트^{MS}, 구글, 메타 등 글로벌 빅테크의 구매 담당 임원들이 메모리 물량 확보를 위해 한국으로 총출동했기 때문이다. 그들의 손에는 '백지수표'가 들려있다. 과거 가격을 깎아라고 호통치던 슈퍼 갑들이 이제는 제발 물건만 달라고 읍소하는 처지가 되었다.

최근 실리콘밸리에서 들려온 가장 충격적인 뉴스는 구글 구매 담당 임원의 해고였다. 표면적인 이유는 업무 태만이겠지만 본질은 전략적 오판에 있다. 구글은 자체 AI 칩인 TPU의 외부 판매 확대를 노렸으나, 핵심 부품인 HBM 수급난에 직면했다. 구글은 TPU용 HBM의 60%를 삼성전자에 의존하고 있었다.

경쟁사들이 1년 전부터 삼성, SK하이닉스와 장기공급계약^{LTA}을 맺고 물량을 선점할 때 구글 담당자는 시장 상황을 오판하고 계약을 미뤘다. 경영진은 이를 단순한 실수가 아니라 구글의 AI 로드맵 전체를 흔드는 공급망 리스크로 판단했다. 이제 빅테크 기업에서 메모리 확보 실패는 곧바로 해고 사유가 된다.

현재 메모리 3사 영업팀은 즐거운 비명을 넘어 공포를 느끼고 있다. 빅테크들이 제시하는 조건이 상식을 뛰어넘기 때문이다. 빅테크들은 사실상 가격 협상을 포기했다. 그들의 요구사항은 단 하나, 물량 확보다. HBM, 고용량 서버 D램, eSSD 등 AI 구동에 필요한 모든 메모리가 타깃이다.

문제는 돈이 있어도 물건이 없다는 점이다. 삼성전자와 SK하이닉스의 선단 공정 라인은 이미 풀가동 상태다. 지금 주문을 넣어도 물리적으로 생산할 수 없는 주문 거절 사태가 벌어지고 있다. 이러한 수급 불균형은 빅테크들의 채용 트렌드까지 바꾸어 놓았다. 과거 구매 담당자는 본사_{실리콘밸리, 시애틀}에서 엑셀 표를 두드리며 전화로 가격을 협상했다.

그러나 이제는 현장 밀착형 인재가 필요하다. 빅테크들은 한국, 대만, 싱가포르 등 아시아 지역 출신 구매 담당자를 공격적으로 채용하고 있다. 이들의 임무는 삼성전자 수원 본사와 SK하이닉스 이천 공장 문턱이 닳도록 드나들며, 생산 담당자와 밥을 먹고 술을 마셔서라도 할당량을 따내는 것이다. 공급망 관리의 중심축이 미국 서부에서 동북아시아로 완전히 이동했다.

지금 벌어지고 있는 일은 단순한 수급난이 아니다. 반도체 산업의 권력 구조가 재편되는 역사적 현장이다. 기술과 생산 능력을 가진 삼성전자와 SK하이닉스가 시장의 룰을 정하는 슈퍼 을이 되었다. 과거에는 재고가 남는 것이 리스크였지만, AI 시대에는 재고가 없는 것이 가장 큰 리스크다.

다만 우리가 반드시 기억해야 할 게 있다. 빅테크들이 한국행 비행기 티켓을 끊고, 구글 임원이 짐을 싸는 지금 이 순간이 바로 메모리 슈퍼사이클의 정점을 향해 가는 가장 확실한 증거다. 한국 반도체 기업들은 창사 이래 가장 강력한 협상력을 손에 쥐었다.

루빈 울트라와 메모리 권력의 완성

기술의 병목은 언제나 계산에서 시작해 기억에서 끝난다. 엔비디아가 설계한 144TB의 거대한 지능의 랙Rack은 메모리 반도체를 단순한 부품에서 전략적 필수재로 완전히 격상시켰다.

현재 반도체 시장은 두 개의 거대한 축을 중심으로 재편되고 있다. 하나는 엔비디아가 제시한 루빈 울트라라는 압도적인 시스템 아키텍처이며, 다른 하나는 이에 대응하는 삼성전자의 공격적 증설P-4과 메모리 3사의 계약 구조 혁명이다.

엔비디아의 차세대 아키텍처인 루빈 울트라는 메모리 업계에 축복이자 거대한 도전이다. 올해 하반기 본격 출하될 베라 루빈 NVL-144 시스템의 랙당 HBM 탑재량이 20.7TB라면, 루빈 울트라는 무려 144TB에 달한다. 1년 사이에 랙당 메모리 용량이 7배 가량 폭증하는 것이다.엔비디아의 기술 로드맵이 지연돼 HBM 탑재량이 달라질 수도 있다.

에이전트 AI와 피지컬 AI가 확산되면서 처리해야 할 데이터토큰가 기하급수적으로 늘어났기 때문이다. 특히 과거 대화와 문맥을 기억하는 'KV 캐시'가 선형적으로 증가하면서, 이를 감당할 메모리 대역폭의 확장은 선택이 아닌 생존의 문제가 되었다.

HBM 시장에서 SK하이닉스에 주도권을 내줬던 삼성전자가 평택 P-4 공장을 중심으로 거대한 반격을 시작했다. 삼성전자는 1c6세대 D램 생산 능력을 300밀리 웨이퍼 월 10만~12만장 가량 증설하는 방안을 검토 중이다. 이는 삼성 전체 D램 생산 능력의 18%에 달하는 엄청난 규모다.

이 증설이 완료되면 삼성은 월 20만 장에 가까운 1c D램 기반 HBM4 캐파를 확보하게 된다. 전체 D램 공정의 25%를 HBM용으로 채우겠다는 파격적인 전략이다. HBM4의 핵심인 베이스 다이를 만드는 파운드리 라인[55]까지 풀가동하며, 설계부터 제조 및 패키징까지 이어지는 삼성만의 원스톱 솔루션으로 SK 하이닉스와의 점유율 격차를 30% 수준까지 좁히겠다는 복안이다.

루빈 아키텍처를 둘러싼 메모리 3사의 위상도 뚜렷하게 갈리고 있다. SK하이닉스는 루빈 GPU용 HBM4 시장의 60~70% 가량을 담당하며 압도적 지배자 지위를 유지할 것으로 예상된다. 삼성전자는 파운드리와 메모리의 결합을 무기로 HBM4 시장에 성공적으로 진입, 엔비디아의 제2 공급사 지위를 탈환할 것으로 관측된다. 마이크론은 초기 HBM4에서 수율 문제로 고전했지만, 결국 양산 체제를 갖추는데 성공했다. 베라 CPU용 소캠2 물량을 상당 부분 담당할 가능성도 점쳐진다.

메모리 업계에 가장 놀라운 변화는 갑을 관계의 역전을 상징하는 계약 구조의 변화다. 그동안 메모리 가격은 분기 단위로 협상하며 고정거래가격의 10% 내외에서 조정되는 것이 관례였다. 하지만 이제는 달라졌다. 하이퍼스케일러와 계약할 때 공급 시점의 가격이 아니라 계약 종료 시점의 시세를 반영해 차액을 보전받는 '사후정산' 옵션이 추가되었다. 예를 들면 100원에 팔기로 했어도 나중에 시세가 200원이 되면 100원을 추가로 받아내는 방식이다. 초단기계약도 횡행하고 있다. 분기 단위 계약을 넘어 이제는 월 단위 계약도 등장했다. 가격 상승분을 즉각적으로 실적에 반영하겠다는 메모리 업체들의 강력한 의지다. 또 '취소 불가, 반품 불가' 조항은 이제 기본 사양이 되었다.

메모리 시장은 역대급 공급 부족과 공급자 우위의 장기 집권 체제에 들어갔다. 지금은 단순히 반도체를 파는 시대가 아니다. 지능의 한계를 결정짓는 기억의 공간을 임대하고, 그 대가로 빅테크의 이익을 공유받는 시대다.

메모리 제국의 팽창

과거의 메모리 사이클이 스마트폰과 PC라는 두 바퀴로 굴러갔다면, 2026년의 엔진은 AI 데이터센터라는 거대한 용광로다. 이제 반도체는 단순한 부품이 아니라, 인류의 지능을 저장하고 연산하는 '디지털 원유' 그 자체로 진화하고 있다.

글로벌 투자은행 JP모건은 메모리 시장에 대한 충격적인 보고서를 내놓았다. 2026~2027년 메모리 시장 규모를 지난 연말 전망치보다 무려 42~48% 추가 상향 조정한 것이다. 2027년 예상 시장 규모는 6160억 달러^{약 820조 원}. 이는 반도체 역사상 유례없는 대호황의 전조이며, 우리가 알던 메모리 산업의 문법이 완전히 바뀌었음을 의미한다.

이번 사이클에서 가장 주목해야 할 점은 그동안 D램의 그늘에 가려져 있던 낸드플래시의 재평가다. 2024~2027년 연평균 성장률^{CAGR}에서 AI 낸드는 108%를 기록하며 AI D램 91%의 기세를 앞지를 것으로 보인다. 최근 샌디스크의 실적은 AI 생태계 내에서 낸드의 확장성이 얼마나 중요한지 입증했다.

AI 메모리 매출의 70~80%는 서버 고객사^{CSP}에서 발생한다. AI 모델이 고도화될수록 학습과 추론을 위한 데이터 저장 및 최적화에서 낸드의 역할이 기하급수적으로 커지고 있기 때문이다.

메모리 내 AI 제품 비중은 2025년 30%에서 2027년 45%로 급격히 늘어날 전망이다. HBM뿐만 아니라 eSSD, RDIMM 등이 지능형 서버의 필수 부품으로 자리 잡았다. 공급 업체들이 설비투자를 늘리고 있지만, 시장의 수급은 여전히 타이트하다. 그 핵심 이유는 HBM의 엄청난 캐파 잠식 효과에 있다. HBM은 범용 D램보다 공정 난이도가 높고 수율이 낮다. HBM 하나를 생산하기 위해 소모되는 웨이퍼는 범용 D램 3배에 달한다. 즉, HBM 생산을 늘리면 범용 D램 공급은 강제로 줄어드는 구조다.

과거에는 하나의 공정 테크로 여러 제품을 생산했지만, 이제는 제품별 공정이 파편화되었다. 삼성 기준 HBM3E는 1a, 범용은 1b, HBM4는 1c를 사용 중이다. 웨이퍼 믹스를 통한 유연한 대응이 불가능해지면서 공급 부족은 더욱 고착화되고 있다.

HBM용 D램 웨이퍼 비중은 2025년 20%에서 2027년 30%까지 치솟을 전망이다. 여기에 공정 전환에 따른 자연 감소분까지 더해지면 범용 D램 시장은 역대급 쇼티지를 맞이할 수 있다. 모두가 HBM만을 외치고 있지만, 2026년 초에는 흥미로운 반전이 기다리고 있다. 바로 범용 D램의 영업이익률이 HBM을 추월하는 시점이다. 2023년 10배에 달했던 HBM과 범용 D램의 가격^{ASP} 격차는 2025년 말 3~4배 수준으로 좁혀졌다. 올해 말에는 두 제품의 가격 차이가 거의 없어질 정도로 범용 제품 가격이 폭등할 것으로 보인다.

2026년 1분기부터는 생산 효율이 좋은 범용 D램의 마진이 HBM을 넘어설 것으로 예상된다. 제조사들은 미래를 위해 HBM을 만들 것인가, 당장의 이익을 위해 범용 제품을 팔 것인가라는 행복하면서도 잔인한 고민에 빠지게 된다. 스마트폰과 PC 시장은 고금리와 메모리 가격 인상의 직격탄을 맞았다. 2026년 스마트폰 생산량은 전년 대비 -7%$^{11.7억대}$, PC는 -6%$^{2.3억 대}$ 감소할 것으로 보인다.

하지만 이는 수요의 소멸이 아니라 이연이다. 데이터센터 수요가 어느 정도 충족되어 메모리 가격 상승세가 둔화되면, 그동안 억눌렸던 개인들의 IT 기기 교체 수요가 폭발하며 시장의 하락을 방어하는 강력한 쿠션 역할을 할 것으로 보인다. 전체 AI 메모리 수요의 20~30%를 차지하는 에지 AI$^{온디바이스\ AI}$는 스마트폰과 PC 시장이 다시 일어설 수 있는 새로운 심장이 될 것으로 기대된다.

2026년 메모리 시장은 부익부 빈익빈이 극대화되는 시기다. 삼성전자$^{P4/5}$, SK하이닉스$^{M15X/용인}$, 마이크론$^{아시아/뉴욕}$의 설비투자가 진행 중이지만, 양산까지의 시차를 고려하면 향후 2년은 공급자가 시장을 지배하는 시기가 될 가능성이 높다. 이제 투자의 관점은 단순히 반도체가 잘 팔리는가를 넘어 누가 HBM과 범용 제품 사이에서 최적의 수익 방정식을 풀어내는가로 옮겨가고 있다. 6160억 달러라는 거대한 시장의 과실은 이 정교한 균형을 맞추는 자들에게 돌아갈 것이다.

AI로 더 단단해진 한국 메모리 수출

지정학적 리스크가 경제의 문법을 바꿀 때 자본은 가장 안전하고 효율적인 통로를 찾아 새로운 길을 낸다. 과거 한국 반도체의 종착역이 중국의 거대한 공장이었다면, 이제 상당 부분이 대만의 첨단 패키징 라인으로 옮겨가고 있다.

한국의 메모리와 대만의 파운드리가 결합하여 미국의 인공지능을 완성하는 실리콘 삼각동맹은 한국 반도체 산업의 가치를 근본적으로 재정의하고 있다.

한국무역협회KITA의 최신 보고서는 한국 수출 지도의 극적인 변화를 보여준다. AI 공급망이 급격히 확대되면서 대만이 한국 반도체의 가장 중요한 파트너이자 성장 동력으로 부상했다.

한국의 SK하이닉스와 삼성전자가 생산한 HBM 등 고성능 메모리는 대만으로 먼저 운송된다. 대만의 TSMC는 이 메모리를 받아 자사의 첨단 패키징CoWoS 등 기술을 통해 엔비디아, AMD 등의 GPU를 만든다.

이렇게 완성된 고성능 AI 가속기는 미국을 비롯한 글로벌 빅테크 기업들에게 공급된다. 대만은 이제 단순한 이웃 국가가 아니라 한국 반도체가 세계로 나아가는 필수 관문이 되었다.

2025년 한국 메모리 수출 데이터는 대만의 부상이 일시적인 현상이 아님을 숫자로 입증한다. 2023년 불과 30억 달러 수준이었던 대만향 메모리 수출액은 단 2년 만에 271억 달러로 9배 가까이 폭증했다. 대만은 이제 중국310억 달러의 뒤를 바짝 쫓으며 한국 메모리 산업의 두 번째로 큰 시장으로 우뚝 섰다. 이번 공급망 다변화는 한국 반도체 산업의 고질적인 약점이었던 중국 편중 리스크를 해소하는 결정적인 분수령이 되고 있다.

메모리 수출의 무게중심이 중국에서 대만, 미국, 베트남 등으로 빠르게 이동하고 있다. 이는 미·중 갈등과 같은 외부 변수로부터 한국 반도체가 가질 수 있는 회복력과 안정성을 획기적으로 강화하고 있다.

금융 시장이 반도체 주식에 부여하는 가치 평가 기준이 달라지고 있다. 특정 국가에 대한 정치적 리스크가 줄어들고 AI라는 구조적 성장 산업에 직접 연결되면서 한국 메모리 산업은 과거 사이클 산업의 굴레를 벗고 성장 플랫폼으로서의 밸류에이션을 요구받고 있다. 2026년의 무역 지도는 더 이상 영토의

구분	2025년 수출액	전년 대비 성장률	비중 변화(2020 → 2025)
전체 메모리	946억 달러	–	–
중국향	310억 달러	32.7%	지속 감소 추세
대만향	271억 달러	82.7%	6% → 28.6%

크기로 그려지지 않는다. AI 칩이 흐르는 경로의 밀도가 곧 국가의 경쟁력이다. 대만과의 협력을 통해 완성된 새로운 공급망은 한국 반도체 제국을 지탱하는 가장 견고한 방파제가 될 것이다.

'좀비 기업'에서 'AI 제국'의 왕좌로

경영의 역사는 아무도 믿지 않던 미래를 준비한 자들의 기록이다. 불과 10년 전 시장에서 '좀비'라 조롱받던 한 기업은 이제 AI라는 거대한 신대륙의 지도를 그리는 가장 날카로운 펜이 되었다. SK하이닉스의 부활은 단순한 실적의 개선이 아니라 기술적 집념이 시대의 흐름과 만나 일궈낸 극적인 가치 재정의의 서사다.

2000년대 초반 SK하이닉스의 이름 앞에는 늘 '풍전등화'라는 수식어가 붙었다. 현대그룹에서 분리된 후 채권단 관리에 들어갔던 하이닉스는 생존을 위해 기술 투자를 포기해야 했던 이른바 좀비 기업의 상징이었다.

당시 시장은 삼성전자라는 거대한 벽을 하이닉스가 결코 넘을 수 없을 것이라 단언했다. 2위 기업으로서의 숙명은 선두를 뒤쫓는 '패스트 팔로워'에 머무는 것이었으며 기술적 주도권은 먼 나라 이야기였다. SK하이닉스의 운명을 바꾼 것은 10여 년 전 업계 전체가 표준적인 DDR 메모리의 효율성에 집착할 때 내린 비표준으로의 결단이었다. 바로 HBM에 대한 선제적 투자다. 당시 HBM은 제조 공정이 너무 복잡하고 비용이 비싸 팔리지 않을 기술이라는 비아냥을 들었다. 하지만 SK하이닉스는 데이터 전송의 병목 현상이 미래 컴퓨팅의 핵심 문제가 될 것임을 직관했고, 모두가 외면하던 고난도 적층 기술에 자원을 집중했다.

챗GPT로 촉발된 생성형 AI 열풍은 준비된 자에게만 열리는 기회의 문이었다. AI 연산의 심장인 GPU를 만드는 엔비디아에게 자신들의 연산 속도를 감당할 수 있는 유일한 파트너는 이미 기술적 준비를 마친 SK하이닉스뿐이었다. 젠슨 황 CEO가 직접 극찬할 정도로 끈끈해진 양사의 관계는 단순한 갑을 관계를 넘어선 기술적 혈맹으로 진화했다. 현재 SK하이닉스는 전 세계 HBM 시장의 50% 이상을 장악하며 AI 인프라의 공급망을 실질적으로 지배하고 있다.

SK하이닉스가 불패의 거인 삼성을 제칠 수 있었던 결정적 비결로 독자적인 패키징 공정인 MR-MUF 기술을 꼽을 수 있다. 반도체를 층층이 쌓을 때 발생하는 열은 성능 저하의 주범이다. SK하이닉스는 칩 사이에 액체 형태의 보호재를 주입해 굳히는 MR-MUF 공정을 통해 열 관리 능력을 획기적으로 높였고, 이는 곧 압도적인 수율과 안정성으로 이어졌다. 이 기술적 차이가 2위 기업이 1위의 왕관을 탈취하는 결정적 무기가 되었다.

시장은 SK하이닉스를 이제 단순한 메모리 업체가 아닌 전 세계 AI 인프라의 병목을 해결하는 가장 중요한 솔루션 파트너로 평가한다. 암흑기에도 포기하지 않았던 차세대 기술에 대한 투자가 시대적 흐름과 만났을 때 어떤 폭발력을 갖는지 증명했다. 과거의 그늘에서 벗어난 SK하이닉스는 이제 메모리 업계의 표준을 설정하고 미래를 선도하는 AI 챔피언으로서 새로운 경영 연대기를 써 내려가고 있다.

SK하이닉스, 도요타를 넘어 글로벌 34위에 올라서다

역사의 바퀴는 이제 내연기관이 아니라 실리콘 위에서 굴러간다. 한때 일본 제조업의 자존심이었던 도요타를 한국의 반도체 기업이 시가총액으로 앞질렀다는 사실은 2026년 우리가 목격하고 있는 '지능형 인프라 혁명'의 정점을 상징한다.

2026년 1월 6일, 대한민국 금융사에는 기록될 만한 대사건이 일어났다. SK하이닉스가 종가 72만7000원을 기록하며 시가총액 528조 원을 돌파했고, 일본 증시의 절대 강자였던 도요타약 500조 원를 넘어선 것이다. 이는 단순히 주가의 상승을 넘어 세계 경제의 주도권이 '이동 수단Mobility'에서 '지능의 생산Intelligence'으로 완전히 옮겨갔음을 선포하는 신호탄이었다.

불과 2년 전인 2024년 초 SK하이닉스의 세계 시총 순위는 194위약 774.7억 달러에 불과했다. 글로벌 투자자들의 레이더망 끝자락에 있던 기업이 단 24개월 만에 세계 34위라는 최상위권으로 진입한 것은 자본주의 역사상 유례를 찾기 힘든 폭발적 성장이다.

메모리 시장에서 형님 격인 삼성전자 역시 2025년 초 43위까지 밀렸던 수모를 씻어내고 세계 17위로 복귀했다. 대한민국을 대표하는 두 반도체 거인이 나란히 글로벌 Top 40 내에서 'K-반도체'의 위상을 공고히 하고 있다. 2024년 1월 39위였던 도요타가 2026년 48위로 내려앉는 동안 SK하이닉스는 그들의 자리를 뺏어 수십 계단을 뛰어올랐다.

이번 사이클이 과거의 반도체 호황과 결정적으로 다른 점은 수요의 본질이다. 과거에는 개인이 스마트폰이나 PC를 얼마나 바꾸느냐^{B2C}가 중요했지만, 지금은 빅테크가 데이터센터를 얼마나 짓느냐^{B2B}가 업황을 결정한다. 전체 메모리 수요에서 서버가 차지하는 비중은 2024년 40% 수준에서 올해 60%를 넘어설 것으로 관측된다. 반도체는 이제 '가전용 소모품'이 아니라 전 세계 지능을 지탱하는 '국가 기간 시설'이 되었다. 개인 소비는 불황에 민감하게 반응하지만, 인공지능 주도권을 뺏기지 않으려는 하이퍼스케일러들의 인프라 투자는 훨씬 끈질기고 거대하다.

수요의 중심이 기업용 인프라로 옮겨가면서, 투자자들이 살펴야 할 지표도 바뀌었다. 이제는 미국의 고용 지표나 소매 판매 데이터보다 연준^{Fed}의 금리 향방이 반도체 주가에 훨씬 직접적인 영향을 미친다. 조 단위 달러가 투입되는 데이터센터 투자는 대부분 대규모 금융 조달^{Funding}을 통해 이루어진다. 금리가 낮아지면 빅테크들의 이자 부담이 줄어들며 서버 주문량이 폭주하고, 반대로 금리가 높게 유지되면 투자 속도가 조절된다. 반도체 투자는 이제 '성장주'를 넘어 '금리 민감주'이자 '인프라 관련주'로서의 성격을 동시에 갖게 되었다.

2026년의 투자자는 용산 전자상가의 활기보다 워싱턴 연준 의장의 입술을 더 주목해야 한다. SK하이닉스가 도요타를 넘어섰다는 사실은 우리가 인류 역사상 가장 거대한 '지능형 인프라 구축기'에 살고 있음을 증명한다. 반도체 사이클의 변동성이 과거보다 완만해지면서, 이익의 질이 비약적으로 높아졌다. 인프라 투자의 산소와 같은 '유동성'을 공급하는 금리 인하 사이클이 본격화될 경우, 반도체 기업들의 시총 순위는 한 단계 더 도약할 수 있다.

이제 대한민국 증시는 단순히 수출 실적에 일희일비하는 시장이 아니다. 전 세계 AI 가속기의 심장을 공급하며, 글로벌 유동성의 흐름을 가장 민감하게 빨아들이는 '지능형 자본의 종착지'로 변모하고 있다.

SK하이닉스의 '선전포고'와 삼성전자의 '수성'

"자신감이 없으면 시도조차 할 수 없는 도발이다."

지난 1월 29일 오전 9시 여의도 증권가의 시선은 일제히 SK하이닉스의 컨퍼런스 콜에 쏠렸다. 당초 21일로 예정되었던 실적 발표를 삼성전자 발표일[29일]과 같은 날, 그것도 삼성보다 1시간 앞선 오전 9시로 기습 변경했기 때문이다. 이는 단순한 일정 조정이 아니었다. '우리가 이 산업의 표준이며, 우리의 숫자를 먼저 보고 삼성전자를 평가하라'는 명백한 프레이밍 전략이자 자신감의 표현이었다.

이날 SK하이닉스가 공개한 숫자는 그 자신감이 허세가 아님을 증명했다. 2025년 4분기 실적 시즌의 주인공은 단연 SK하이닉스였다.

*SK하이닉스: 영업이익 19.2조 원 OPM 58.4%

*삼성전자[DS]: 영업이익 16.4조 원

가장 충격적인 지표는 영업이익률[OPM]이었다. SK하이닉스가 기록한 58.4%는 전 세계 파운드리 1위인 TSMC[54%]마저 넘어선 수치였다. 제조업에서 60%에 육박하는 이익률은 이 회사가 더 이상 단순한 부품 제조사가 아닌 대체 불가능한 플랫폼 기업에 가까운 지위를 획득했음을 시사한다.

반면 삼성전자는 전체 영업이익[20.1조]에서는 앞섰지만, 반도체[DS] 부문만 떼어놓고 보면 SK하이닉스에게 수익성뿐만 아니라 이익의 절대 규모에서도 밀리는 '역전 현상'을 허용했다. 이는 AI 메모리[HBM] 시장에서의 주도권 차이가 실적의 질을 갈랐다는 결정적 증거다. SK하이닉스의 이번 실적 서프라이즈의 핵심 동력은 엔비디아와의 삼각동맹[SK-엔비디아-TSMC]이다.

SK하이닉스는 엔비디아 차세대 GPU '루빈'에 탑재될 HBM4 물량의 3분의 2[약 66%]를 확보했다. 당초 시장 예상치[50%]를 훌쩍 뛰어넘는 점유율 전망이다.

공급 가격 또한 560 달러에서 600달러로 인상하며 가격 결정권을 과시했다. 기술적 난제였던 칩 간격 문제도 재설계 없이 해결하며 기술 리더십을 재확인했다.

삼성전자의 반격도 만만치 않다. 삼성은 1분기 중 HBM4 양산 출하를 공식화하며 SK하이닉스를 맹추격 중이다. 특히 2026년 HBM 매출 비중을 20%까지 끌어올리겠다는 목표는 브로드컴 및 ASIC 고객사를 중심으로 엔비디아 외 시장을 공략하겠다는 전략으로 풀이된다.

흥미로운 점은 양사의 주력 전장이 미묘하게 갈리고 있다는 것이다. SK하이닉스는 최태원 회장의 선언대로 'AI 인프라 기업'으로의 정체성 변화를 시도하고 있다. 100억 달러를 출자해 미국 내 AI 비즈니스 컨트롤 타워를 세우고, 빅테크^M7와 직접 소통하며 최적화된 솔루션을 제공하겠다는 계획이다. 자사주 2.1% 소각 약 12.2조 원 결정은 향후 미국 상장^ADR을 염두에 둔 포석으로 기업 가치를 2000조 원까지 끌어올리겠다는 장기 플랜의 일환이다.

삼성전자의 단기 모멘텀은 역설적으로 AI가 아닌 범용 메모리에서 나오고 있다. AI용 HBM 라인 전환으로 범용 D램 공급이 줄어들자 가격이 폭등하고 있다. 삼성은 이 레거시 시장의 지배력을 바탕으로 D램과 낸드 영업이익을 전년 대비 4배 가까이 늘릴 것으로 전망된다. 애플 아이폰용 LPDDR 가격 인상 80% 이상은 삼성의 여전한 협상력을 보여준다.

이번 1월의 빅매치가 남긴 시사점은 명확하다. 삼성전자는 범용 메모리 가격 상승^ASP 증가의 최대 수혜를 입으며 실적 방어에 성공할 것이다. HBM을 제외한 전통적 사이클에서는 여전히 강력한 현금 창출 능력을 보유하고 있다.

시장의 판은 이미 바뀌었다. 메모리는 더 이상 찍어내면 팔리는 상품이 아니라 고객의 주문을 받아 생산하는 수주형 산업으로 진화했다. 이 새로운 게임의 법칙에서 SK하이닉스는 납품 1년 전 계약을 요구할 정도로 압도적인 우위를 점하고 있다. 결국 2026년 이후의 패권은 삼성전자가 얼마나 빨리 HBM 격차를 좁히느냐와 SK하이닉스가 AI 인프라 기업으로서의 확장을 얼마나 성공적으로 수행하느냐에 달려 있다.

실리콘밸리에 깃발을 세우다

기술의 중심부로 파고드는 것은 단순히 거리를 좁히는 일이 아니다. 그것은 거대 자본이 흐르는 맥동을 직접 느끼고, 적과의 동침마저 불사하는 '생태계의 주도권'을 쥐겠다는 선언이다. SK하이닉스의 미국 AI 전담 법인은 메모리 기업이라는 낡은 허물을 벗고 'AI 솔루션 제국'으로 나아가는 최종 병기다.

최근 SK하이닉스는 이사회를 통해 미국 내 AI 사업을 총괄할 전담 법인 'AI 컴퍼니가칭'의 설립을 의결했다. 이는 단순히 해외 지사 하나를 추가하는 차원이 아니다. 100억 달러약 14조 원라는 천문학적인 실탄을 장전한 이 신설 법인은 전 세계 AI 혁신의 심장부인 실리콘밸리에서 SK하이닉스의 모든 역량을 결집하는 '전략적 컨트롤 타워' 역할을 수행하게 된다.

신설 법인의 가장 강력한 무기는 자금 운용의 유연성이다. SK하이닉스는 100억 달러 규모의 자금을 '캐피털 콜' 방식으로 출자하기로 했다. 필요할 때마다 본사에서 자금을 수혈받는 이 방식은 초를 다투는 실리콘밸리의 기술 경쟁 속에서 유망 스타트업을 선점하거나 대규모 투자를 결정할 때 최고의 기동성을 보장한다.

기존 낸드 자회사인 솔리다임Solidigm을 지주사 격인 AI 컴퍼니로 개편하고, 낸드 사업은 별도의 신설 법인으로 떼어내 사업의 전문성과 투자 효율성을 동시에 극대화했다. AI 컴퍼니의 핵심 임무는 미국 내 주요 고객사들과의 '물리적·기술적 밀착'이다. 엔비디아뿐만 아니라 구글, 메타, 마이크로소프트 등 자체 AI 칩ASIC 개발에 나선 기업들과 설계 단계부터 협력한다. 이들이 원하는 최적화된 메모리 솔루션을 현지에서 즉시 제안함으로써 주문 제작형 메모리 시대의 독점적 지위를 굳히겠다는 계산이다.

지능형 데이터센터의 고질적 문제인 데이터 병목 현상을 해결하기 위해 시스템 레벨의 최적화 솔루션을 제공하며, 단순 부품 공급자를 넘어 AI 시스템의 공동 설계자로 거듭나고 있다. 그동안 흩어져 있던 SK하이닉스의 미국 내 투자 자산들도 AI 컴퍼니 산하로 결집한다.

오픈소스 기반 반도체 설계RISC-V의 선두주자 기업 사이파이브SiFive 지분

6.79%와 산업용 AI 솔루션 업체 가우스랩스 지분 97.39%가 대표적이다. 공정
거래법 등 그동안 발목을 잡았던 규제의 문턱이 낮아지면서, AI 컴퍼니는 실리
콘밸리의 유망 스타트업을 사냥하는 가장 강력한 '전략적 투자자SI'로 등극하
게 되었다.

SK하이닉스의 AI 컴퍼니 설립은 삼성전자나 마이크론과는 다른 길을 걷겠
다는 명확한 차별화 전략이다. 미국에서 투자하고, 미국에서 설계하며, 미국
빅테크의 요구를 즉각 반영하는 시스템을 완성하겠다는 전략이다. 낸드 사업을
리더의 불확실성을 AI 인프라라는 거대한 성장 동력 속으로 편입시켜 기업 가
치를 리레이팅했다. 이제 SK하이닉스는 단순한 칩 제조사라는 꼬리표를 뗐다.
실리콘밸리의 한복판에서 지능의 미래를 설계하는 AI 인프라 플랫폼 기업으로
서 차세대 AI 대전의 주도권을 완전히 장악하겠다는 의지가 이 100억 달러의
베팅에 담겨 있다.

SK하이닉스의 월스트리트 침공

가격은 우리가 지불하는 것이지만 가치는 우리가 얻는 것이다. 주당 100만
원이라는 '황제주'의 왕관을 쓴 SK하이닉스가 이제 서울을 넘어 뉴욕의 심장
부로 향하고 있다. 미국 주식예탁증서ADR 상장은 단순한 시장 확대를 넘어, 글
로벌 자본이 매긴 '지능의 몸값'을 제대로 평가받겠다는 선전포고와 같다.

지난 2월 SK하이닉스는 마침내 주당 100만 원 고지를 뚫어내며 명실상부
한 대한민국 대표 황제주로 등극했다. 하지만 시장은 여기서 멈추지 않고 '그
다음'을 주목하고 있다. 바로 미국 시장에 직접 상장하여 달러로 거래되는
ADRAmerican Depositary Receipt 상장이다.

ADR이 상장되면 뉴욕증권거래소NYSE에서 마이크론Micron 등 글로벌 경쟁사
들과 동일 선상에서 실시간으로 시가총액 비교가 가능해진다. SK하이닉스의
저평가 상태는 수치로 극명하게 드러난다. 2월 말 기준 마이크론의 주가수익
비율PER은 39.22배에 달하지만, SK하이닉스는 21.86배 수준에 불과합니다. 동
일한 지능을 생산하면서도 한국 기업이라는 이유로 절반 가까이 저렴하게 거

래되고 있는 셈이다.

SK하이닉스의 ADR 행보는 단순한 계획을 넘어 구체적인 제도적 정비 단계에 진입했다. 주주총회를 앞두고 집중투표제 배제 조항 삭제 등 글로벌 기준에 맞춘 정관 변경을 상정했다. 이는 해외 투자자들의 눈높이에 맞춘 지배구조 개선의 의지로 풀이된다. 최근 국회를 통과한 상법 개정안은 자사주 소각을 의무화하면서도 '경영상 목적 달성'을 위한 예외를 인정했다. SK하이닉스는 보유한 자사주를 활용해 미국 증시에 상장하는 전략적 선택지를 확보하게 되었다.

시장은 ADR 가격이 본주국내주식의 상승 동력이 될 것으로 기대된다. 이미 SK텔레콤이나 POSCO홀딩스 등 앞서 나간 선배 기업들이 증명했듯 본주와 ADR의 상승률 격차는 대개 3% 내외로 매우 긴밀하게 움직이기 때문이다.

지난해 12월 미국 상장 검토 공시만으로도 주가는 즉각 3.7% 반응했다. 실제 상장이 확정될 경우, 글로벌 유동성이 직접 유입되며 국내 주가를 강하게 견인할 '상승의 예인선' 역할을 할 가능성이 크다.

ADR 상장이 기업의 펀더멘털을 당장 바꾸는 것은 아니다. 하지만 한국에 갇힌 헐값 주식이라는 꼬리표를 떼고 세계에서 가장 비싼 자본이 노는 물로 옮겨간다는 것은 거대한 모멘텀이다. 메모리 호황이 글로벌 유동성 확장기와 만난 사상 첫 사례다. 100만 원이라는 가격이 비싸 보이는 것은 과거의 잣대일 뿐이다. 뉴욕 시장의 PER 잣대를 들이대는 순간 SK하이닉스는 세계에서 가장 매력적인 할인 품목이 된다.

SK하이닉스의 '메모리 파운드리' 실험

적들이 성벽 아래까지 밀고 들어올 때, 성문을 닫아거는 것은 하책이다. 오히려 성문을 열고, 성 밖의 유목민뱁릭스들을 용병으로 받아들이는 것이 상책이 될 수 있다.

SK하이닉스가 던진 '저전력 D램LPDDR 파운드리 진출' 카드는 반도체 산업의 오랜 불문율을 깨는 사건이다. 지금까지 메모리 IDM종합반도체기업들은 설계부터 생산까지 모든 과정을 독점하는 폐쇄형 생태계를 고수해 왔다. 내 공장에서는 내 브랜드의 제품만 찍어내는 것이 철칙이었다.

하지만 SK하이닉스는 이 철옹성 같던 D램 라인을 외부 팹리스 기업에게 개방하기로 결정했다. 이는 단순한 위탁 생산이 아니라 메모리 비즈니스 모델의 근본적 전환을 의미한다. SK하이닉스의 파운드리 진출은 일차적으로 중국 메모리 기업, 대표적으로 CXMT^{창신메모리}의 무서운 추격에 대한 방어 기제다. 미국의 제재에도 불구하고 CXMT는 레거시^{구형} 공정인 DDR4와 LPDDR4 시장에서 막대한 보조금을 등에 업고 물량을 쏟아내고 있다. 누구나 만들 수 있는 표준형 D램 시장에서 더 이상 중국과의 가격 경쟁은 무의미하다. SK하이닉스로서는 이 레드오션에서 발을 빼고, 중국이 아직 따라오지 못하는 고부가가치 영역으로 도망쳐야 한다.

이번 메모리 파운드리 진출은 범용 제품 라인을 점차적으로 비우고, 그 자리에 고수익 특수 제품을 채워 넣겠다는 고도화 전략의 일환이다. 과거에는 메모리가 소품종 대량생산의 대표 주자였지만, AI와 IoT^{사물인터넷} 시대가 도래하며 판이 바뀌었다. 스마트폰, 웨어러블, 가전, 차량용 에지 디바이스 등 각 기기마다 요구하는 전력 소모량과 성능$^{LPDDR 스펙}$이 제각각이다. 거대 공룡인 SK하이닉스가 이 자잘한 틈새시장의 요구사항을 일일이 맞춰 제품을 설계하는 것은 비효율적이다. 그래서 설계를 잘하는 국내 팹리스에게 설계를 맡기고, SK하이닉스는 제조 플랫폼만 빌려주는 방식을 택한 것이다.

TSMC가 애플의 칩을 대신 만들어주듯, SK하이닉스가 팹리스의 특수 D램을 대신 만들어주는 메모리 파운드리 모델이다. 이 전략이 안착하면 SK하이닉스의 재무 구조도 질적으로 달라진다. 기존 비즈니스 모델은 D램 가격 변동에 따라 실적이 널뛰기하는 천수답 경영이다. 팹리스로부터 안정적인 웨이퍼 가공 수수료를 받는 구조로 전환하면 메모리 사이클의 변동성을 줄여주는 강력한 완충재를 확보하게 된다.

2027년부터 생산될 특수 D램과 멀티칩패키지^{MCP}는 SK하이닉스에게 작지만 확실한 현금 흐름을 가져다줄 것으로 보인다. SK하이닉스의 이번 결정은 메모리도 시스템 반도체처럼 다품종 소량생산 시대로 진입했다는 것을 공식화한 것이다. 최악엔 범용 시장은 중국에 내주더라도 특수 목적 메모리 시장은 기술력으로 사수하겠다는 의지인 셈이다. 국내 팹리스 기업들을 우군으로 끌어들여 홀로 싸우는 IDM이 아니라 연합군을 형성하겠다는 전략이다.

이제 SK하이닉스는 단순히 D램을 찍어내는 공장이 아니다. 고객의 아이디어를 메모리로 구현해 주는 플랫폼 기업으로 진화하고 있다. SK하이닉스의 라인에서 생산될 외부 칩들은 역설적으로 SK하이닉스의 가장 강력한 무기가 될 것이다.

SK하이닉스, 일본에서 찾는 HBM의 새 영토

자본에는 국경이 없지만, 공급망에는 성벽이 있다. SK하이닉스가 일본에 18조 원을 투입하는 것은 단순한 영토 확장이 아니다. 트럼프의 관세 장벽과 마이크론의 추격을 동시에 따돌리기 위한 거대한 '지정학적 우회로'의 건설이다.

SK하이닉스가 일본에 2조 엔약 18조 원 규모의 D램 공장 설립을 공식화하며 반도체 업계에 거대한 파란을 일으켰다. 한국 외 지역에 이토록 막대한 자금을 투입해 핵심 생산 기지를 짓는 것은 유례가 없는 일이다. 이는 기술적 초격차를 넘어 전 세계 공급망의 재편 속에서 생존과 번영을 동시에 챙기려는 고도의 체스 게임이다.

SK하이닉스가 일본을 선택한 이유는 명확하다. 일본은 전 세계 반도체 제조에 필수적인 소재와 부품, 장비 분야에서 여전히 독보적인 생태계를 보유하고 있기 때문이다. 공장을 일본 내에 둠으로써 일본의 강력한 소부장 기업들과 실시간으로 협력할 수 있다. 이는 기술 개발 속도를 획기적으로 높이고 원가 절감 경쟁력을 확보하는 길이다. 또 AI 반도체의 핵심인 HBM 생산 공정에 필요한 특수 소재들을 일본 현지에서 즉각 조달함으로써 공급망의 병목 현상을 원천 차단하겠다는 전략이다.

미국의 도널드 트럼프 행정부는 자국 기업인 마이크론을 전폭적으로 지원하며 한국 기업들에 강력한 압박을 가하고 있다. 트럼프는 미국 내 생산 시설 확충을 요구하며 고율의 관세를 위협하고 있다. 하지만 미국에 공장을 짓는 것은 막대한 인건비와 규제, 과거 2차전지 합작법인^{JV} 사례에서 본 것처럼 전략적 유연성이 떨어진다는 치명적인 약점이 있다. 일본은 미국의 핵심 동맹국이면서도 생산 원가와 인프라 면에서 미국보다 유리하다. SK하이닉스는 일본에 둥지를 틈으로써 미국발 지정학적 리스크를 분산하고, 메이드 인 재팬이라는 라벨을 통해 관세 장벽을 우회하는 영리한 선택을 한 셈이다.

하이퍼스케일러들에게 당장은 메모리 가격 인상분을 전가할 수 있지만, 마이크론이 미국 내 생산 능력을 의미 있게 키울 경우 상황은 달라진다. 마이크론이 미국 정부의 전폭적인 보조금을 등에 업고 생산능력을 늘린다면 중장기적으로 한국 메모리 산업에는 거대한 위협이 된다. 과거 바이든 행정부 시절 한국 기업들은 미국 내 2차전지 공장에 대규모 투자를 단행했으나 업황 변화에 따른 투자 조절에 실패하며 고전했다. SK하이닉스는 이번 일본 투자를 통해 독자적인 경영권과 일본 정부의 안정적인 보조금을 동시에 챙기며, 미국 투자 시 발생할 수 있는 독소 조항과 속도 조절의 어려움을 사전에 차단했다는 평가다. 성공한 투자는 가장 뜨거운 곳으로 뛰어드는 것이 아니라, 가장 유리한 곳에 요새를 짓는 것이다.

SK하이닉스의 일본 행은 삼성전자와 마이크론이라는 거대 양강 사이에서 확실한 '글로벌 3각 편대$^{한국·중국·일본}$'를 완성하겠다는 의지의 표현이다. 한반도에 집중된 생산 리스크를 일본으로 분산하며 안보적 안정성을 확보했다. 일본의 소부장 인프라를 직접 활용해 마이크론의 미국산 메모리보다 더 저렴하고 우수한 제품을 공급할 체력을 길렀다. 이 선택은 훗날 SK하이닉스가 단순한 한국 기업을 넘어 전 세계 AI 인프라의 거부할 수 없는 글로벌 파트너로 도약하게 만든 결정적 신의 한 수로 기록될 것으로 예상된다.

>>>> 삼성은 규모로, SK하이닉스는 기술 선점으로 각자의 왕관을 지키고 있다. 정답지의 일곱번째 줄은 이 전쟁이 낸드라는 새로운 전장으로 확장된다는 것이다. AI의 기억은 HBM만으로 부족하다. 낸드가 필요하다.

낸드의 반란

낸드^{NAND}, AI 인프라의 조연에서 주연으로

천재^{GPU}에게는 이제 빠른 두뇌회전^{HBM}뿐만 아니라 모든 것을 기록하고 꺼내 볼 거대한 서재^{eSSD}가 필요하다. 2026년 반도체 시장의 스포트라이트가 이동하고 있다. 지난 2년간 AI 시장을 지배했던 테마가 학습과 HBM이었다면, 이제 새로운 국면은 추론과 낸드 플래시가 주도할 것으로 보인다. 엔비디아 젠슨 황이 CES 2026에서 공개한 청사진을 보면 하나의 결론에 이른다. 바로 AI에 장기 기억이 매우 중요해졌다는 것이다. 기존 AI는 질문을 던지면 답을 하는 일회성 연산에 그쳤다. 하지만 이제 등장하는 에이전트 AI와 피지컬 AI는 다르다. 사용자의 과거 대화 맥락, 의도, 전문 지식을 기억하고, 이를 바탕으로 복잡한 문제를 해결해야 한다.

여기서 'KV 캐시^{Key-Value Cache}'의 중요성이 대두된다. AI가 방대한 데이터를 매번 처음부터 다시 계산하는 것은 비효율적이다. 한 번 계산한 결과^{중간값}를 저장해 뒀다가 필요할 때 꺼내 쓰는 공간이 바로 KV 캐시다. 문제는 텍스트를 넘어 이미지, 영상 등 멀티모달 데이터가 쏟아지면서 이 캐시 데이터의 크기가 HBM 용량으로 감당할 수 없을 만큼 커졌다는 점이다. 젠슨 황은 이 병목을 해결하기 위해 베라 루빈 아키텍처에 'ICMS^{Inference Context Memory Storage}'라는 새로운 메모리 계층을 도입했다. 로컬 SSD와 공유 스토리지 사이에 16TB 규모

SSD를 배치해 잘 쓰지 않는 '콜드 데이터Cold Data'를 즉시 사용할 수 있는 '웜 데이터Warm Data'로 빠르게 전환한다.

이런 새로운 구조는 서버당 낸드 탑재량을 폭발적으로 늘리는 결과를 낳는다. 베라 루빈 시스템 하나당 무려 1152TB의 낸드가 추가로 필요해진다. 2027년 베라 루빈 서버 출하량을 10만 대로만 가정해도 여기서 발생하는 낸드 수요는 약 1억1520만 TB에 달한다. 이는 글로벌 낸드 수요의 약 9.3%를 단일 시스템이 집어삼키는 효과다.

JP모건은 향후 3년간 낸드 플래시 시장이 연평균 30% 이상 성장할 것으로 전망했다. 과거 25년간 한 자릿수 성장에 그쳤던 천덕꾸러기 낸드가 구조적 성장 국면에 진입한 셈이다. 수요는 30%씩 늘어나는데, 공급은 이를 따라가지 못한다. 지난 몇 년간 메모리 3사는 HBM과 D램 라인 증설에 올인했다. 반면 낸드용 클린룸 투자는 뒷전일 수밖에 없었다. 지금 당장 낸드 공장을 짓기 시작해도 양산까지는 수년이 걸린다. 낸드 시장은 장기 디플레이션가격 하락을 끝내고, 구조적인 ASP평균판매단가 상승 사이클에 진입했다.

엔비디아는 단순히 낸드를 많이 쓰는 데 그치지 않고, 스토리지 생태계 자체를 장악하려 한다. 엔비디아는 전용 소프트웨어 DOCA를 통해 마치 GPU의 쿠다CUDA처럼 스토리지 제어 영역에서도 독자적인 생태계를 구축하고 있다.

메모리 업체들은 고성능 스토리지 시장을 겨냥해 HBFHigh Bandwidth Flash 기술 확보에 집중하고 있다. SK하이닉스와 샌디스크는 HBF 표준 확보를 위해 협력 중이다. 기존 SSD보다 월등히 빠른 HBF가 2028년 상용화된다면, AI 서버의 메모리 계층은 또 한 번 혁신을 맞이할 것으로 기대된다.

AI 인프라의 무게중심이 연산에서 저장으로 확장되면서 수혜 기업의 지형도 바뀐다. 낸드 비중이 높고 업황 회복의 레버리지가 큰 키옥시아와 SK하이닉스, 삼성전자가 직접적인 수혜를 볼 것으로 예상된다. 특히 기업용 SSDeSSD 기술력이 승부처가 될 것으로 보인다. eSSD 시장 확대에 따른 낙수 효과는 네오셈테스터, 대덕전자FC-BGA 기판, 한양디지텍모듈 등으로 확산될 가능성이 높다.

낸드 플래시 가격이 고공행진을 이어갈 경우 리스크 요인도 있다. 메모리 가격 급등에 부담을 느낀 델, HP 등 완성품 업체들이 원가 절감을 위해 중국산 낸드YMTC 등 도입을 검토하는 움직임을 보이고 있다. 중국산 메모리에 틈을 주는 것은 중장기적으로 메모리 3사 과점 구조에 균열을 일으킬 수도 있다.

AI 인프라에서 HBM과 HBF의 역할은?

데이터는 AI의 식량이다. 하지만 아무리 뛰어난 요리사GPU라도 식재료를 담아둘 냉장고HBM가 너무 작다면 요리의 속도는 한계에 부딪힐 수밖에 없다. HBFHigh Bandwidth Flash의 등장은 단순히 저장 용량의 확대를 넘어 AI가 한 번에 다룰 수 있는 '지능의 규모' 자체를 테라바이트TB 단위로 도약시키는 거대한 패러다임의 전환을 예고하고 있다.

현재 AI 인프라의 핵심인 GPU 시스템은 연산에 필요한 데이터를 공급받기 위해 고대역폭 메모리인 HBM에 전적으로 의존하고 있다. 하지만 HBM은 비싼 가격과 제한적인 용량이라는 치명적인 단점을 안고 있다.

HBM은 고속 주행에는 최적화되어 있지만, 거대 언어 모델LLM이 요구하는 방대한 데이터를 모두 담기에는 그릇이 너무 작다. 낸드 플래시NAND Flash는 용량과 비용 측면에서 압도적이지만, 기존의 SSD 형태로는 GPU의 폭발적인 데이터 처리량을 감당하기에 너무 느리다. 이 극단적인 두 지점 사이의 간극을 메우기 위해 고안된 아키텍처가 바로 HBF다. 대용량과 고대역폭을 동시에 충족하는 새로운 계층의 메모리가 등장한 셈이다.

HBF의 기술적 정수는 플래시 메모리 특유의 적층 구조를 패키지 레벨로 확장한 데 있다. 이미 메모리 셀을 200~300단 이상 쌓아 올린 3D 낸드 다이를 사용한다. HBF는 이 3D 낸드 다이들을 다시 패키지 수준에서 수직으로 여러 장 적층한다. 즉, 셀 레벨의 적층 위에 다이 레벨의 적층이 더해지는 입체적 구조다.

HBM과 마찬가지로 HBF도 하단에 로직 다이를 배치하고, 그 위에 낸드 다이들을 쌓아 올린다. 각 다이는 실리콘관통전극TSV 혹은 고밀도 수직 인터커넥트를 통해 병렬로 연결되어 데이터 수송의 고속도로를 형성한다.

HBF는 HBM을 완전히 대체하는 것이 아니라 서로 다른 시간 지연의 영역을 상호 보완한다. HBM의 D램이 수십 나노초^{ns} 수준의 극도로 빠른 응답성을 보인다면, HBF의 낸드 플래시는 마이크로초^{us} 단위의 지연 시간을 가진다.

비록 개별 셀의 속도는 느릴지라도, 수직으로 적층된 다수의 다이가 동시에 동작함으로써 단일 장치 내에서 매우 높은 대역폭을 뽑아낸다. 다수의 플래시 블록을 동시에 읽어 들여 외부 인터페이스로 빠르게 전달하는 방식이다.

HBF가 AI 데이터센터에 가져올 변화는 파격적이다. HBF는 GPU 전용 메모리를 수 기가바이트^{GB} 단위에서 수 테라바이트^{TB} 단위로 확장시킨다. 이는 더 크고 복잡한 AI 모델을 외부 저장장치^{SSD}로의 데이터 이동 없이 GPU 시스템 내부에서 실시간으로 처리할 수 있음을 의미한다.

고가의 HBM만으로 구성하기 힘들었던 대용량 메모리 시스템을 HBF와의 하이브리드 구성을 통해 훨씬 경제적으로 구축할 수 있게 된다. HBF의 등장은 AI 하드웨어 로드맵에서 중요한 분수령이 될 가능성이 높다. 수 TB의 데이터를 상주시켜야 하는 초거대 AI 에이전트와 복잡한 추론 모델에게 HBF는 필수적인 인프라가 될 수밖에 없다. 삼성전자, SK하이닉스 등 메모리 거인들은 이제 HBM 경쟁을 넘어 누가 더 효율적이고 빠른 HBF 솔루션을 제공하느냐는 '고대역폭 플래시' 경쟁으로 진입하고 있다.

삼성과 엔비디아가 설계하는 차세대 낸드

반도체 설계에 60시간이 걸리던 작업을 단 10초 만에 끝낼 수 있다면, 인류의 지능은 얼마나 더 빠르게 진화할까. 삼성전자와 엔비디아가 손을 잡고 개발한 'PINO' 모델은 단순한 시간 단축을 넘어 AI가 스스로 자신의 육체인 반도체를 설계하는 자아 진화의 시대를 열었다.

차세대 반도체 개발의 가장 큰 적은 시간이다. 새로운 소재의 성능을 검증하기 위해 기존 업계가 사용하던 TCAD$^{기술 컴퓨터 지원 설계}$ 도구는 시뮬레이션 한 번에 무려 60시간이 소요되었다.

하지만 삼성전자와 엔비디아, 조지아텍 연구진은 이 한계를 AI로 돌파했다.

PINO^{물리정보 기반 신경 연산자}는 물리 법칙을 직접 학습한 AI 모델이다. 기존 방식보다 1만 배 이상 빠른 분석이 가능해졌다. 60시간의 기다림을 10초 이내로 단축하며, 연구진은 하루에 수만 번의 가설을 검증할 수 있는 시간의 마법을 손에 넣었다.

AI 시대의 저장장치는 단순히 용량만 커서는 안 된다. 전력을 적게 쓰면서도 데이터를 잃지 않는 저전력·고효율이 생명이다. 삼성전자가 주도해온 강유전체는 이 숙제를 풀 열쇠로 손꼽힌다. 전기를 끊어도 양⁺극과 음⁻극이 분리된 상태를 유지하는 성질때문이다. 덕분에 적은 전력으로도 정보를 안정적으로 저장할 수 있다. 지난해 삼성전자가 네이처^{Nature}에 발표한 기술에 따르면 강유전체 낸드는 기존 낸드 대비 전력 소모를 96%나 줄일 수 있다. 기존 실리콘 기반 소자의 한계를 뛰어넘어 초저전력 낸드라는 새로운 표준을 제시한 셈이다. 이번 협력은 단순히 연구 성과를 넘어 글로벌 AI 반도체 시장의 두 거인이 차세대 낸드 표준을 선점하기 위해 결탁했다는 점에서 의미가 크다.

삼성은 독보적인 특허와 제조 기술을 제공하고, 엔비디아는 이를 분석할 AI 모델과 거대한 수요처를 지원한다. 두 회사의 동맹은 강유전체 낸드의 상용화 시점을 최소 2~3년 이상 앞당길 것으로 보인다.

AI 모델이 거대해질수록 이를 담는 메모리 칩의 발열과 전력 문제는 심각해진다. 강유전체 낸드는 단순한 저장장치가 아니라 AI 데이터센터의 운영 비용 ^{OPEX}을 결정짓는 핵심 인프라가 될 것으로 기대된다. 96%의 전력 절감은 데이터센터의 냉각 비용까지 획기적으로 낮춘다. PINO와 같은 AI 설계 도구는 반도체 제조 공정 전반에 확산되어 칩의 라이프사이클을 단축시킬 것으로 예상된다. 신소재와 이를 제어하는 물리적 공정 기술은 하루아침에 따라잡을 수 없다.

전 세계 강유전체 특허 점유율 현황

국가/기업	점유율(%)	위상 및 역할
한국(전체)	43.1%	주요 5개국 중 압도적 1위
삼성전자	27.8%	글로벌 1위 지배력 · 기술 표준 주도
엔비디아	협력 파트너	AI 알고리즘 및 데이터센터 수요 제공

삼성전자가 27.8%의 특허로 성벽을 쌓고, 엔비디아가 10초의 AI 시뮬레이션으로 사다리를 놓았다. 강유전체 낸드는 AI가 더 적은 에너지를 쓰면서 더 거대한 꿈을 꿀 수 있게 만드는 지능의 기반이 될 것이다.

AI 시대, HDD는 죽지 않는다

지능이 속도를 탐할 때, 그 지능을 기르는 양분인 데이터는 거대한 공간을 요구한다. SSD가 달리기 선수라면, HDD는 수만 권의 고서를 품은 거대한 도서관이다. 도서관의 서가가 부족해지자 세상은 다시 회전하는 플래터Platter의 소리에 귀를 기울이기 시작했다.

반도체 시장의 시선이 HBM과 SSD를 향해 달려가는 동안 그 이면에서는 하드디스크 드라이브HDD라는 전통의 강자가 화려한 부활을 알리고 있다. AI 데이터센터의 폭증하는 데이터를 감당하기 위해 비용 효율성이라는 강력한 무기를 든 HDD가 다시금 시장의 가격 결정권을 거머쥐었다.

AI 혁명은 필연적으로 데이터의 폭증을 동반한다. 모델을 학습시키기 위한 전처리 데이터와 추론 이후 발생하는 방대한 결과물들을 모두 비싼 낸드플래시SSD에 담는 것은 기업 입장에서 재무적 재앙에 가깝다. 찰나의 연산에는 고속 SSD가 쓰이지만, 장기 보관과 대규모 아카이빙에는 여전히 HDD가 독보적인 TCO총소유비용 경쟁력을 가진다. 시장조사업체 IDC에 따르면 2028년까지 생성될 데이터양은 400ZB제타바이트에 달할 전망이며, 이 중 80%는 비용 문제로 인해 결국 HDD의 품으로 흘러 들어갈 것으로 보인다. 전 세계 HDD 공급량의 80%를 장악한 씨게이트와 웨스턴디지털은 이제 을의 위치에서 벗어나 가격을 주도하는 갑으로 올라섰다. 웨스턴디지털의 CEO 어빙 탄은 "올해 출하할 HDD의 전량 판매가 끝났다"고 선언했다. 이미 상위 7개 빅테크 고객사가 물량을 선점했으며 일부는 2027~2028년까지 이어지는 장기 공급 계약을 체결했다.

제조사들이 수익성 위주로 라인을 운영하며 공급을 타이트하게 관리하자 수요 초과 현상이 발생하며 가격 상승 압박은 더욱 거세지고 있다. 특히 클라우드 데이터센터용 고용량 니어라인 HDD가 이 열풍의 중심에 있다. HDD의 귀환은 단순히 저장 장치 하나의 가격 상승을 넘어 인프라 투자 전략의 변화를 의미한다. 기업들은 이제 AI 연산 칩^{GPU}만큼이나 데이터를 안전하고 저렴하게 쌓아둘 창고 확보에 혈안이 되어 있다. 씨게이트와 WD는 수년간의 침체를 뒤로하고 AI 인프라의 필수 파트너로 재평가받으며, 영업이익률의 드라마틱한 개선을 예고하고 있다.

2026년의 AI 투자는 속도를 넘어 보존의 단계로 진입했다. 빛의 속도로 연산하는 AI의 뒷면에는 물리적인 디스크가 회전하며 데이터를 기록하는 고전적인 신뢰가 버티고 있다.

>>>> 정답지의 마지막 줄이 남아 있다. 이 모든 흐름을 알고 있는 투자자에게 남은 질문은 단 하나다. 언제 사고, 언제 팔 것인가. 아는 것과 행동하는 것은 다르다.

투자 전략: 정답지를 아는 자의 행동 지침

천스닥의 귀환, 정책의 불길과 반도체 소부장의 열풍

자본의 물결이 코스닥이라는 좁은 수로로 한꺼번에 밀려들고 있다. 정책적 장밋빛 전망과 원화 강세라는 훈풍이 만난 2026년 1월 시장은 '펀더멘털'이라는 안전벨트를 풀고 '3000포인트'라는 미지의 고지를 향해 가속 페달을 밟기 시작했다. 2026년 1월 26일 대한민국 자본시장은 역사적인 '천스닥코스닥 1000포인트' 시대를 다시 열었다. 하루 만에 7% 이상 급등하며 올해 첫 매수 사이드카가 발동된 이 현상은 그동안 소외됐던 코스닥 시장이 거대한 자금의 블랙홀로 변모했음을 의미한다. 특히 반도체 소부장소재·부품·장비 펀드로 몰려드는 뭉칫돈은 단순한 투자를 넘어선 '광풍'의 양상을 띠고 있다.

시장 전문가들은 이번 급등의 원인을 세 가지 메커니즘으로 분석한다.

첫째, 키맞추기다. 지난해 4월 저점 대비 코스피가 110% 상승하는 동안 코

펀드/ETF 명칭	2025년 초 순자산	2026년 1월 순자산	성장폭
NH아문디 필승코리아	3,000 미만	1돌파	약 3.3배
미래에셋 코어테크	5,000 미만	1돌파	약 2배
SOL AI 반도체 소부장	2,200 미만	5,212	약 2.4배
ACE AI 반도체포커스	500 미만	3,000 육박	약 6배

스닥은 65% 상승에 그쳤다. 누적된 저평가 매력이 '보상 심리'를 자극했다.

둘째, 정책의 힘이다. 이재명 대통령의 '코스피 5000 달성' 공약에 이어 '코스닥 3000' 논의가 정부 여당을 중심으로 본격화되고 있다. 특히 IMA^{종합투자계좌}를 통해 고객 예탁금의 25%를 벤처에 공급하고, 150조 원 규모의 국민성장 펀드가 가동된다는 소식은 시장에 기름을 부었다.

셋째, 수급 개선이다. 1500원선을 위협하던 원/달러 환율이 1450원 밑으로 내려가며 외국인 자금 유입의 우호적 환경이 조성되었다. 반도체 소부장 펀드들은 불과 1년 만에 몸집을 수배로 불리며 시장의 주도권을 장악했다.

이들 펀드는 이수페타시스, 한미반도체, 리노공업, 이오테크닉스 등 펀더멘털이 뒷받침되는 핵심 소부장 종목을 싹쓸이하며 코스닥의 상승 탄력을 지지하고 있다.

하지만 '코스닥 3000'이라는 상징적 목표 뒤에는 위험한 불균형이 숨어 있다. 1월 말 기준 코스닥 시총의 약 25%는 바이오, 20%는 반도체가 차지하고 있다. 알테오젠 한 종목이 코스닥 시총의 5.6%, 바이오 섹터 내 25%를 차지하는 기형적 구조다. 시장의 30%에 달하는 '좀비 기업'을 제외하고 지수를 3000까지 끌어올리려면, 남은 소부장과 바이오 섹터가 이례적인 수준의 고성장을 '강요'받아야 한다.

펀더멘털이 탄탄한 코스피와 달리, 코스닥은 특정 섹터로의 극심한 자금 쏠림으로 인해 실적보다 기대감이 앞서 나가는 '버블 가속화' 단계에 진입했을 가능성이 있다. 코스닥 3000은 단순한 숫자가 아니라, 대한민국 중소·벤처 생태계의 체질 개선을 전제로 하는 도전적인 목표다. 정책 자금 150조 원은 시장의 하단을 견고하게 지지할 것이다. 지수가 오를수록 좀비 기업과 핵심 소

섹터	비중(약)	주요 특징 및 현황
제약 바이오	23~25%	알테오젠(약 5.6%) 이탈 시 비중이 10%대 후반으로 급락할 예정
IT H/W(반도체)	18~20%	리노공업, HPSP 등 실질적 이익을 내는 소부장 기업 위주로 비중 확대중
일반공정(2차전지)	12~15%	에코프로비엠 등 과거 광풍 이후 실적 기반으로 비중이 재편되는 단계
기타(엔터, 게임, SW)	10~12%	JYP, 에스엠 등 엔터주가 방어 역할을 하나 지수 견인력은 약함
나머지(좀비/소외주)	약 30%	매출 및 이익 성장이 정체된 약 1,300여 개의 중소형주

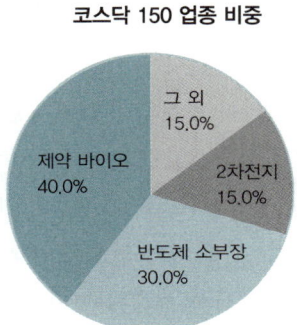

코스닥 150 업종 비중

제약 바이오
40.0%

그 외
15.0%

2차전지
15.0%

반도체 소부장
30.0%

부장 기업 간의 주가 양극화는 더욱 심해질 가능성이 높다. 결국 지금의 소부장 열풍은 AI 반도체라는 실질적 성장에 기반하고 있지만, 지수 목표치에 매몰된 과도한 쏠림은 언제든 '변동성'이라는 부메랑으로 돌아올 수 있음을 명심해야 한다.

축제가 끝나기 전 포착해야 할 4가지 신호

메모리 반도체의 호황은 길고 화려하지만, 붕괴는 짧고 비참하다. 반도체 투자자들 사이에서 전해지는 이 격언은 메모리 사이클의 잔혹함을 가장 잘 대변한다. 모두가 샴페인을 터뜨리며 슈퍼사이클을 노래할 때 영리한 투자자는 조용히 운동화 끈을 묶고 출구를 향한다. 파티가 끝나기 직전, 음악이 멈추는 징후를 미리 읽어낼 수 있다면 당신의 자산은 비극의 주인공이 되지 않을 것이다.

메모리 시장에는 두 개의 시계가 흐른다. 하나는 느리게 움직이는 고정거래가이고, 다른 하나는 초 단위로 반응하는 현물가다. 용산이나 글로벌 유통 시장에서 거래되는 소매 가격인 현물가는 시장의 온도계다. 호황기에는 현물가가 고정가보다 높게 형성되지만, 수요가 식기 시작하면 현물가가 먼저 힘없이 추락한다.

어느 날 현물가가 고정가 밑으로 뚫고 내려가는 역전 현상이 발생한다면, 이는 진짜 수요는 이미 끝났다는 신호다. 이 사건 발생 3~6개월 뒤 대형 빅테크 간의 고정거래가 역시 폭포수처럼 쏟아지게 된다. 삼성전자나 SK하이닉스의 창고보다 더 중요한 것은 구글, 아마존, 애플 같은 고객사의 창고다. 물건을 못 받을까 두려워 필요량의 2배를 주문하던 고객사들이 어느 날 주문을 멈추는Order Cut 지점이 있다. 고객사의 재고일수가 평소 4주에서 8주 이상으로 늘어났다는 리포트가 들려온다면, 이미 하락 사이클의 입구에 들어선 것이다. 그들은 재고를 털어내기 전까지 단 한 개의 칩도 추가로 사지 않는다. 메모리 공급사가 돈을 가장 많이 벌어서 사상 최대 규모의 공장을 짓겠다고 발표하는 순간이 아이러니하게도 주가의 고점인 경우가 많다.

반도체 공장을 짓는 데 걸리는 1.5년~2년의 시간은 시장의 분위기를 완전히 바꿔놓기에 충분한 시간이다. 호황기에 착공한 공장이 완공되어 물량을 쏟아낼 때 수요는 이미 차갑게 식어 있기 때문이다. '이번엔 다르다'는 경영진의 오만과 공급 부족에 떨던 시장의 탐욕이 만나는 지점이 바로 공급 과잉의 시발점이다.

반도체 주가는 실적보다 6~9개월 앞서 움직인다. 개미 투자자들이 뉴스에 나오는 '사상 최대 영업이익'을 보고 들어올 때 스마트 머니는 이미 재고 증가와 가격 하락을 예견하며 매도 버튼을 누른다. 다만 과거의 사이클과 이번 슈퍼사이클은 결정적인 차이가 있다. 모든 메모리가 함께 무너지지 않는 '탈동조화Decoupling' 현상이다. 엔비디아와 직접 연결된 HBM은 주문 제작 방식에 가깝다. 따라서 재고가 쌓일 우려가 적고, AI 인프라 투자가 지속되는 한 독자적인 호황을 누릴 가능성이 크다.

반면 PC와 스마트폰 등 B2C 시장에 들어가는 일반 D램은 경기 침체의 직격탄을 맞으며 먼저 무너질 수 있다. 이번 슈퍼사이클 붕괴의 징조는 일반 메모리 가격은 폭락하는데, HBM 점유율이 높은 기업은 실적을 방어하는 기형적인 형태가 될 수도 있다.

가격이 주도하는 메모리 슈퍼사이클

2016~2018년의 슈퍼사이클이 공급 부족이라는 일시적 갈증에 의한 갈증

해소였다면, 이번 AI 랠리는 거대한 대륙이 융기하며 발생하는 구조적 지각 변동이다. AI 혁명발 메모리 슈퍼사이클은 2016~2018년의 서버 클라우드 슈퍼사이클보다 훨씬 크고 단단하다. 그 핵심은 수요와 공급의 탄력성에 있다.

서버 클라우드 슈퍼사이클은 일시적인 메모리 공급 부족으로 단가가 급등했으나, 공급 업체들이 바로 물량을 늘리면서 단가가 하락하며 사이클이 종료되었다. 이번 AI 사이클은 공급이 꾸준히 유지되는 가운데 AI 인프라 확충에 따른 새로운 수요가 폭발적으로 늘어나며 단가 상승을 견인해왔다. 즉, 가격 상승의 동력이 공급 절벽이 아닌 수요의 폭발에 있다는 점이 이번 사이클의 장기 우상향을 뒷받침한다. 2026년 초 발표된 반도체 수출 데이터는 시장의 예상을 뛰어넘는 충격적인 수준이었다. 이는 단순한 반등을 넘어선 수직 상승의 신호다.

분기별 가격 협상이 마무리된 2월의 데이터^{전년 대비 277%}는 가격 상승폭 자체가 이미 임계점을 돌파했음을 시사한다. 이 추세가 이어진다면 올해 우리나라 반도체 수출 전망치는 추가로 상향 조정이 가능해진다. 주가는 언제나 미래의 단가를 선반영한다. 우리가 3월 실적에 집착하는 이유는 과거의 뼈아픈 교훈 때문이다. 2018년 반도체 주가는 실적이 정점일 때가 아니라 수출 단가 하락이 시작되는 시점에 조정을 받았다. 이번 사이클에서도 단가 하락은 조정의 트리거가 될 가능성이 높다. 향후 수출 데이터 및 메모리 업체 실적 발표에서 단가 유지 혹은 추가 상승 여부를 확인하는 것은 투자자들에게 생존의 문제다.

또 하나의 투자 팁을 말하자면, 반도체 투자자들은 마이크론 주가를 주목해야 한다. 90년대 이후 세 번의 메모리 슈퍼사이클에서 마이크론 주가는 D램 가격 정점보다 2~4개월 먼저 꺾였다. 즉, 이번 슈퍼사이클의 하락 추세 전환 전 신호는 수출 데이터에서 메모리 가격 둔화와 마이크론 주가 하락 전환에서

항목	1월 성장률(YoY)	2월 성장률(YoY)	조업일수 수정치(추정)
전체 반도체 수출	154%	262%	277%
메모리 단가 반영	145.5%	–	폭발적 상향 구간

찾을 수 있다.

메모리 업황의 강세는 자연스럽게 소부장 생태계의 활성화로 이어진다. 올초부터 전공정 장비 수입이 급증하고 있는 현상은 시사하는 바가 크다. HBM에 생산능력이 집중되면서 역설적으로 범용 D램의 공급이 부족해지는 현상이 나타나고 있다. 단기적으로는 범용 D램 제조를 위한 전공정 장비 수요가 두드러질 수 있다. 그러나 메모리 3사가 HBM에 사활을 걸고 있는 만큼 HBM 전용 패키징 장비TC 본딩 등와 고부가 소재부품 수요는 사이클의 부침과 관계없이 안정적인 성장 궤도에 진입했다.

지금 당장 무엇을 할 것인가: 포트폴리오 실행 지침

정답지를 다 읽었다. 이제 펜을 들 차례다. 슈퍼사이클이 맞다는 확신과 실제로 돈을 버는 것 사이에는 하나의 거대한 간극이 있다. 바로 실행이다. 아무리 정확한 분석도 포트폴리오로 연결되지 않으면 아무 의미가 없다.

전문 투자자라면 메모리 슈퍼사이클 포트폴리오를 세 개의 바구니로 나누어야 한다.

첫 번째 바구니는 핵심 앵커다. 전체 포트폴리오의 4050%를 삼성전자와 SK하이닉스 양대 메모리 거인에 배분한다. 이들은 사이클의 변동성에도 흔들리지 않는 닻이다. PER 34배라는 역사적 저평가 구간에서 가장 확실한 안전마진을 제공한다.

두 번째 바구니는 레버리지 플레이다. 전체의 30~40%를 HBM 공급망 소부장에 배분한다. 한미반도체, 이수페타시스, 원익IPS, 티씨케이 등 메모리 거인들이 투자할수록 자동으로 수주가 늘어나는 기업들이다. 메모리 본체보다 더 높은 상승률을 기대할 수 있다.

세 번째 바구니는 알파 포지션이다. 전체의 10~20%를 낸드 반등 수혜주와 소캠 기관주에 배분한다. 아직 시장이 충분히 주목하지 않은 영역으로, 상승 여력이 가장 크다.

시장이 공포에 질려 메모리 주식을 팔 때가 매수의 기회다. 구체적으로 세

가지 조건이 겹칠 때 비중을 늘려야 한다. 빅테크의 캐펙스 가이던스가 유지되거나 상향될 때, 메모리 현물가가 고정가 위에서 유지될 때, 그리고 마이크론 주가가 52주 신고가 근처에서 버틸 때다. 이 세 가지가 동시에 충족되는 구간은 메모리 슈퍼사이클의 한복판에 있다는 가장 강력한 신호다. 앞서 언급한 4가지 붕괴 신호 중 두 가지 이상이 동시에 나타날 때 비중을 절반으로 줄여야 한다. 현물가의 고정가 역전, 고객사 재고 증가, 메모리 3사의 대규모 증설 발표, 마이크론 주가의 선행 하락이 그것이다.

특히 마이크론 주가는 가장 빠른 선행 지표다. 한국 투자자들이 삼성과 하이닉스 실적에 집중하는 사이, 마이크론이 먼저 꺾이기 시작한다면 이미 출구를 향해 걷기 시작해야 한다. 정답지가 펼쳐져 있어도 시험을 망치는 학생이 있다. 두려움 때문이다. 주가가 이미 많이 올랐다는 불안, 내가 너무 늦게 들어온 것 아닌가 하는 의심이 손을 멈추게 한다.

그러나 데이터는 말한다. 메모리 슈퍼사이클의 역사에서 진짜 수익은 항상 모두가 비싸다고 말할 때 들어간 사람들이 가져갔다. PER 3배짜리 주식을 비싸다고 부르는 시장이 있다면, 그 시장은 아직 정답을 보지 못한 것이다. 오픈북 테스트의 마지막 문제는 이것이다. 당신은 정답지를 보고도 쓰지 않을 것인가.

기업 분석: 빅테크

SK하이닉스: HBM 제국의 황제

SK하이닉스는 전 세계 메모리 반도체 시장을 선도하는 글로벌 기업으로 주로 D램과 낸드 플래시 메모리를 생산 및 판매한다. 특히 AI 산업의 핵심 부품인 HBM 분야에서 독보적인 기술력과 양산 체제를 갖추고 있다. 차세대 제품인 HBM4 시장에서도 선제적인 입지를 확보하고 있다. 올해는 공급 부족 상황과 기술 경쟁력을 바탕으로 매출액 280조 원, 영업이익 180조~200조 원이라는 기록적인 실적 성장이 기대된다. 청주 M15X 팹, 용인 Y1 팹 등 대규모 인프라 투자를 통해 장기적인 생산 능력을 확대하며 미래 반도체 시장의 주도권을 강화하고 있다.

1. 사업별 매출 비중 2026F 기준

*DRAM: 약 216.8조 원 76.9%

*NAND: 약 63.7조 원 22.6%

*기타: 약 1.3조 원 0.5%

2. 투자 포인트

*HBM4 리더십: HBM4의 품질 이슈 및 출하 지연 가능성을 일축하며 이미 양산 체제에 돌입했음을 강조했다.

*확정된 물량: 최대 고객사와의 2026년 HBM 공급 물량 계약이 이미 확정된 상태다.

*타이트한 수급 환경: 메모리 업계의 공급 부족 현상이 2027~2028년까지 지속될 것으로 전망되어 가격 주도권을 유지할 가능성이 높다.

*저평가 매력: 실적 추정치 상향에도 불구하고 현재 주가는 2026F P/E 기준 3.3배 수준으로 매우 저평가되어 있다.

3. 투자 리스크

*캐파Capa 확장 제한: 인프라 투자를 크게 확대하기 어려운 환경으로 인해 2026~2027년 웨이퍼 생산 능력 확대는 +18% 수준에 그칠 전망이다.

*공정 기술 경쟁: 경쟁사들이 더 앞선 테크 노드Core 1cnm 등를 적용하는 것에 비해 후행하는 측면이 있다.

*환율 변동성: 2026년 평균 환율을 1,443원 수준으로 높게 가정하고 있어, 환율 하락 시 실적에 부정적 영향을 줄 수 있다.

4. 고객사 및 경쟁사 현황

*고객사: 최대 고객사엔비디아 등 GPU 제조사 추정의 차세대 GPU 출시 및 HBM4 납품 일정에 변동이 없음을 확인했다.

*경쟁사: 경쟁사들은 공정 미세화1cnm 등에 집중하는 반면 SK하이닉스는 성능과 고객사의 원가 구조를 모두 고려한 최적화 전략을 취하고 있다.

*차세대 협력: 샌디스크와 차세대 스토리지인 HBFHigh Bandwidth Flash의 기술 표준화를 논의 중이다.

삼성전자: 풀스택 메모리 제국

삼성전자는 반도체DS, 모바일 및 가전DX, 디스플레이SDC, 전장Harman 사업을 아우르는 글로벌 ICT 선도 기업이다. 특히 반도체 부문에서 메모리D램, 낸드 플래시와 파운드리, 시스템 LSI 사업을 동시에 영위하고 있다. 업계에서 사실상 유일하게 S램부터 SSD까지 전체 메모리 계층 구조를 포괄할 수 있는 '진정한 풀스택Full-stack 제조사'로 평가받는다. 최근에는 엔비디아의 그룩Groq LPU 및 테슬라의 A16 칩 수주를 통해 선단 공정 파운드리 역량을 검증받으며 AI 가속기 시장의 핵심 파트너로 도약하고 있다. 2026년 예상 영업이익이 220조~250조 원 수준의 유례없는 실적이 기대된다.

1. 주요 투자 포인트

*파운드리 가치 재평가 리레이팅: 엔비디아의 Groq 3 LPU 수주 공식 발표로 데이터센터급 가속기 양산 역량을 검증받았다. 이는 테슬라 A16 칩 수주에 이은 두 번째 빅테크 수주로 그간 적용되던 파운드리 사업부의 밸류에이션 할인율이 크게 축소되었다.

*메모리 가격ASP의 가파른 상승: 2026년 1분기 D램과 낸드 플래시의 가격 인상률 추정치가 각각 50% 이상 상향 조정되며 수익성 극대화가 예상된다.

온칩 S램 기반의 데이터 재사용 중요성이 커짐에 따라 대용량 S램을 포함한 선단 공정 파운드리 수요가 급증하고 있다. 삼성전자는 로직과 메모리를 결합한 비즈니스 모델을 보유한 유일한 기업으로 큰 수혜가 기대된다.

2. 투자 리스크

*S램 미세화의 한계: S램은 구조적 복잡성으로 인해 공정 미세화에 따른 면적 축소가 제한적이다. 이는 향후 더 많은 웨이퍼 캐파를 필요로 하게 되어 제조 비용 부담으로 작용할 수 있다.

*높은 이익 변동성: 2026년 영업이익 성장률 전망치가 409.9%에 달할 정도로 높다. 이는 반대로 반도체 업황 사이클에 따라 실적 변동성이 매우 클 수 있음을 시사한다.

*지정학적 및 거시경제 변수: 환율USD-KRW 변동 및 글로벌 공급망 이슈는 수출 비중이 높은 삼성전자의 실적에 직접적인 영향을 미칠 수 있다.

3. 주요 고객사 및 경쟁사 현황

*NVIDIA: Groq 3 LPUAI 추론 가속기 생산 수주.

*Tesla: A16 칩약 23조 원 규모 수주.

*기타: 애플디스플레이 및 메모리, 주요 글로벌 스마트폰 OEM 및 클라우드 서비스 사업자AWS 등 유사 사례 언급.

경쟁사 현황

사업부별 주요 경쟁 피어Peer 그룹은 다음과 같습니다.

*메모리: SK하이닉스SKH, 마이크론MU, 키옥시아Kioxia.

*파운드리: TSMC, 인텔Intel, 글로벌파운드리GF.

*기기/가전: 애플Apple, 샤오미Xiaomi, LG전자, 소니.

마이크론MU.US: 엔터프라이즈로의 대전환

마이크론은 D램과 낸드 플래시 메모리를 주력으로 생산하는 미국의 세계적인 반도체 기업이다. 전 세계 메모리 시장의 '빅 3' 중 한 축을 담당하고 있다. 현재 AI 인프라 확장에 따

른 D램 공급 부족과 가격 상승에 힘입어 사상 최대 매출을 경신하며 본격적인 이익 사이클 초입에 진입한 상태다.

1. 사업별 매출 비중(FY1Q26)
보고서 내 차트를 기준으로 한 매출 구성은 다음과 같습니다.
*DRAM: 전체 매출의 약 75~80% 수준으로 압도적인 비중 차지
*NAND: 약 15~20% 수준
*기타Others: 미미한 수준

2. 주요 투자 포인트
*디램 공급 부족 지속: 당분간 해소가 어려운 수준의 공급 부족이 이어지며 판가ASP 상승을 견인 중
*공격적 설비 투자Capex: 2026년 가이던스를 200억 달러로 상향하고, 아이다호 신규 팹Fab 가동 계획을 앞당겨 공급 능력 확대 시도
*패러다임의 변화: 메모리 산업의 화두가 '기술력'에서 '캐파생산 여력 확보'로 이동하고 있어, 공격적 투자를 단행하는 동사에 유리한 환경

3. 리스크 요인
*고객사 투자 여력 불확실성: 높은 부채비율과 조달 금리 상승을 겪고 있는 일부 클라우드 기업오라클, 네오클라우드 등의 투자 지속성에 대한 우려 존재
*AI 서비스의 침투 속도: AI에 대한 투자가 수익으로 연결되는 '매력적인 AI 서비스'의 등장이 늦어질 경우 일시적인 수요 조정 가능성

4. 고객사 및 국내 경쟁사 현황
*주요 고객사: 엔비디아HBM 공급, 애플, 마이크로소프트, 구글, 오라클 등이 핵심 고객사다.
*국내 경쟁사 현황:
*삼성전자: 전 세계 DRAM 시장 점유율 1위로, 최근 HBM고대역폭메모리 양산 확대와 선단 공정 전환을 통해 마이크론과 격렬하게 경쟁 중이다.
*SK하이닉스: HBM 시장의 선두 주자로, AI 서버용 고성능 메모리 시장에서 마이크론보다 앞선 수익성을 보이고 있으며 대규모 설비 투자를 이어가고 있다.

CHAPTER 4

파운드리: 실리콘 쉴드를 뚫어라

>>> TSMC가 AI 칩의 성벽을 쌓았다면, 삼성은 그 성벽을 넘을 사다리를 놓았다. 그리고 지정학은 그 사다리의 가치를 두 배로 높이고 있다. 이 챕터는 세계에서 가장 중요한 제조업의 권력 지도가 어떻게 다시 그려지는지를 추적한다. 성벽을 이해해야 사다리를 놓을 수 있다.

철옹성의 설계자: TSMC의 독주

AI라는 거대한 인프라가 인류의 문명을 재작성하고 있다면, 그 문장을 실리콘 위에 실제로 새겨 넣는 '조판소'는 전 세계에 단 두 곳뿐이다. TSMC가 구축한 철옹성과 그 성벽의 틈새를 파고드는 삼성전자의 2나노 GAA$^{Gate-All-Around}$ 공정은 이제 단순한 기술 경쟁을 넘어 글로벌 지능 공급망의 생존권을 결정짓는 최후의 전장이 되었다.

2024년부터 2026년까지 TSMC는 연평균 30% 이상의 경이로운 성장을 기록하며 파운드리 시장의 절대 권력을 공고히 하고 있다. 엔비디아의 GPU부터 빅테크의 자체 설계 칩^{ASIC}에 이르기까지 TSMC의 선단 공정과 첨단 패키징을 거치지 않고서는 AI를 구현하는 것이 불가능하기 때문이다.

2022년 11월 생성형 AI 기술을 기반으로 테크 혁명이 발생한 이후 AI 가속기 공급의 최대 병목은 칩 설계가 아닌 TSMC의 첨단 패키징 공정인 CoWoS$^{Chip on Wafern on Substrate}$에서 발생하고 있다. 가동률 100%를 유지하며

주요 팹리스 기업별 파운드리 채택 로드맵

고객사	제품군	공정 노드(Node)	파운드리 파트너
엔비디아	루빈(Rubin) 시리즈	3나노(N3)	TSMC
AMD	MI350 시리즈	3나노(N3)	TSMC
구글	TPU v-9	2나노(N2)	TSMC
애플/퀄컴	최신 모바일 AP	2나노(N2)	TSMC

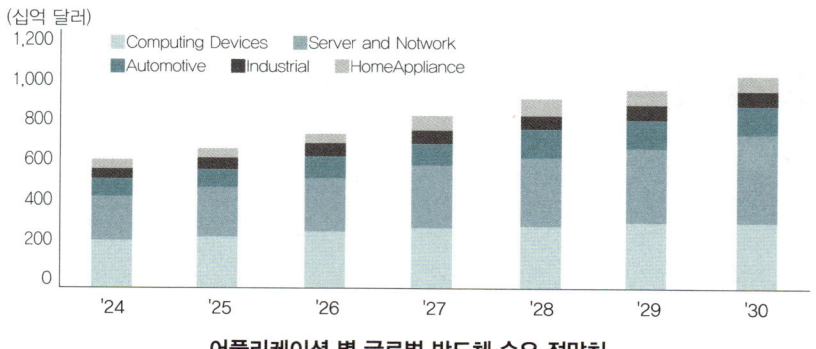

어플리케이션 별 글로벌 반도체 수요 전망치

*자료: PWC. 교보증권 리서치센터

생산 능력을 매년 2배 가까이 늘리고 있음에도 수요는 여전히 공급을 앞지르고 있다.

TSMC는 2026년 설비 투자**CAPEX**를 최대 560억 달러까지 확대하며 추격자들과의 격차를 벌리고 있다. 빅테크 기업들은 더 높은 연산 효율을 위해 더 미세한 공정으로의 이주를 서두르고 있다. 2026년은 3나노가 주류로 자리 잡는 동시에 2나노 공정의 서막이 열리는 해다.

이러한 선단 공정의 쏠림 현상은 ASE, 앰코테크놀로지**Amkor** 같은 OSAT**반도체 후공정 외주업체**들에게도 거대한 낙수효과를 선사하고 있다. TSMC가 감당하지 못하는 물량이 이들에게 흘러들며 관련 매출은 전년 대비 120% 이상 폭증하고 있다. 2022년부터 2024년까지 삼성전자 비메모리**시스템LSI + 파운드리** 사업부는 암

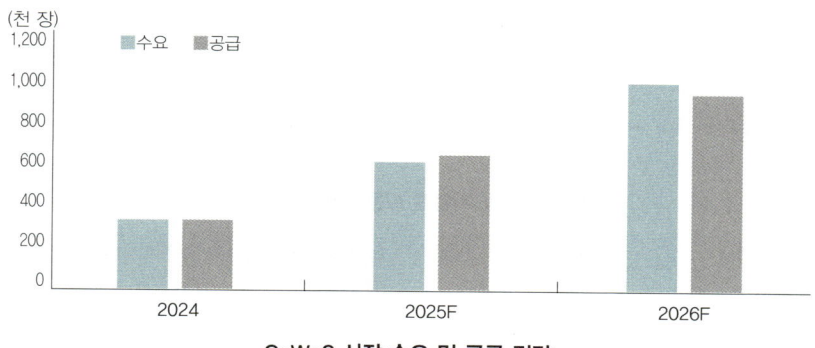

CoWoS 시장 수요 및 공급 전망

*자료: Trendforce. 교보증권 리서치센터

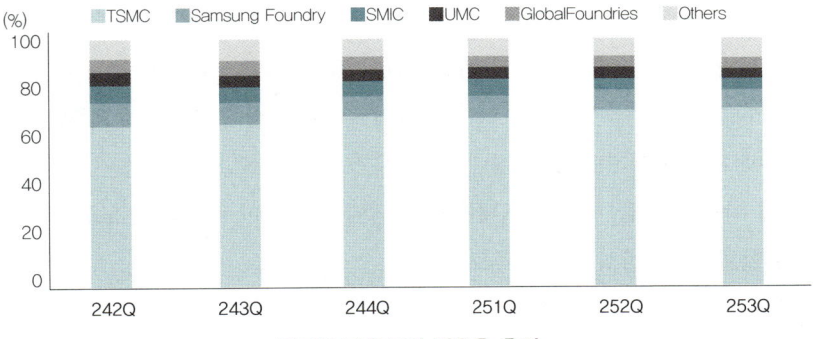

(%)

■TSMC ■Samsung Foundry ■SMIC ■UMC ■GlobalFoundries □Others

글로벌 파운드리 점유율 추이

*자료: CounlerportResearch, 교보증권 리서치센터

흑기를 지나왔다. 3나노 GAA 공정의 수율 부진과 엑시노스2500의 갤럭시S25 플래그십 탑재 무산은 삼성 파운드리의 신뢰도에 치명적인 타격을 입혔다.

하지만 2025년을 기점으로 반전의 서사가 쓰이기 시작했다. 삼성은 예상을 깨고 2나노 공정에서 GAA 구조를 완벽히 통제하는 데 성공했다. 갤럭시 S26에 탑재된 엑시노스 2600은 삼성 2나노 파운드리의 기술력을 증명하는 이정표가 되었다.

지난해 6월 테슬라 AI6용 칩 수주165억 달러를 시작으로 AMD와 퀄컴 등 주요 팹리스들이 TSMC의 공급 부족을 피하기 위한 대안으로 삼성의 2나노 공정을 진지하게 검토하고 있다.

TSMC의 독주는 기술적으로는 완벽해 보이지만, 비즈니스 관점에서는 거대

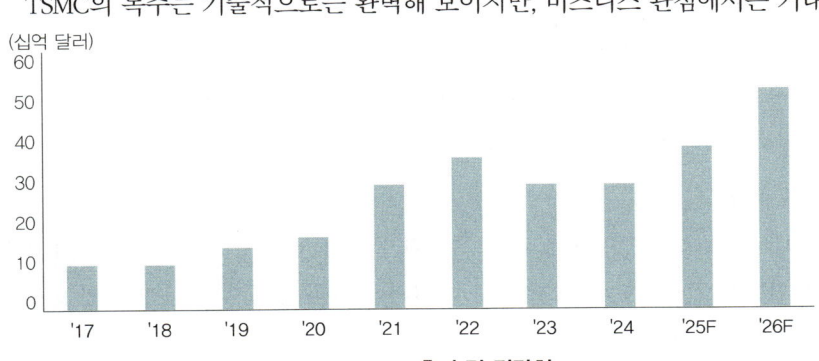

(십억 달러)

TSMC CAPEX 추이 및 전망치

*자료: Bloomberg, 교보증권 리서치센터

한 리스크를 내포하고 있다. 대만의 지정학적 불안이 가중되면서 빅테크 기업들은 공급망의 안전을 위해 '멀티 파운드리' 전략을 강요받고 있다. 이는 기술적 완성도를 회복한 삼성 파운드리에 중장기적인 모멘텀으로 작용하고 있다.

피지컬 AI와 에이전틱 AI 시장이 커지며 전용 칩 수요가 폭증하는 환경은 TSMC의 남은 물량을 받아내는 낙수효과를 넘어 삼성이 시장의 주도권을 일부 탈환할 수 있는 기회를 제공하고 있다.

2026년의 파운드리 시장은 더 이상 TSMC의 독무대가 아니다. 삼성의 2나노 GAA 안착은 팹리스들에게 강력한 협상 카드를 쥐게 만들었다. AI 칩의 생산 기지가 다변화되는 과정에서 한국은 실리콘 공급망의 가장 견고한 방파제역할을 수행하게 될 것이다.

TSMC가 AI 칩의 성벽을 쌓았다면, 삼성은 그 성벽을 넘을 수 있는 새로운 사다리GAA를 놓았다. 2나노 공정에서 시작된 이 균열은 2027년 이후 글로벌 반도체 지형도를 다시 한번 뒤흔드는 거대한 지각 변동의 전조다.

모리스 창과 대만의 실리콘 방패

한 기업이 국가의 운명과 동의어가 될 수 있을까? 대만에게 TSMC는 단순한 영리 기업이 아니다. 그것은 거대한 중국의 파도 앞을 막아선 가장 견고한 방파제이자, 대만 국민의 자부심을 지탱하는 신령스러운 산이다.

전 세계 반도체 제조의 정점에는 여전히 TSMC가 서 있다. 대만 사람들은 이 기업을 '호국신산護國神山'이라 부른다. 대만을 지키는 신령스러운 산이라는 뜻이다. 한 기업의 시가총액이 국가 전체 증시의 44%를 넘어서고, 그 기업의 존립이 곧 세계 경제의 붕괴 여부를 결정짓는 이 기묘한 현상은 어떻게 시작되었을까.

TSMC의 역사는 1987년, 대만 정부의 끈질긴 구애로 시작되었다. 당시 대만은 변변한 기술력도, 자원도 없는 섬나라에 불과했다. 이때 등판한 인물이 바로 '모리스 창張忠謀'이다.

당시 반도체 기업들은 설계와 제조를 모두 하는 종합 반도체 회사IDM가 주류였다. 모리스 창은 텍사스 인스트루먼트**TI**에서의 25년 경험을 바탕으로 "설계는 고객에게 맡기고, 우리는 오직 완벽하게 찍어내기만 하겠다"는 파운드리 **Foundry** 비즈니스 모델을 세계 최초로 제안했다.

창업 초기 남의 칩을 대신 만들어주는 회사가 무슨 비전이 있느냐는 비웃음을 샀지만, 그는 '고객과 경쟁하지 않는다'는 철저한 신뢰를 바탕으로 애플, 엔비디아와 같은 거물들을 우군으로 포섭했다. 모리스 창은 실리콘밸리에서 가장 성공한 중국계 미국인이었다. MIT와 스탠퍼드를 거쳐 TI의 부사장까지 올랐지만 '유리 천장'에 부딪혀 은퇴를 앞두고 있었다.

대만 정부는 그를 산업기술연구원**ITRI** 원장으로 모셔왔고, 그는 56세라는 늦은 나이에 TSMC를 창업했다. 그는 기술자였지만 동시에 '학습 곡선 이론 **Learning Curve Theory**'을 경영에 접목한 천재적인 전략가였다. 그는 초기 이익을 포기하더라도 공격적인 가격 책정으로 시장 점유율을 확보해 수율을 높이는 전략을 썼다. 2026년 현재 TSMC가 누리는 압도적인 마진율**60% 이상**은 수십 년 전 그가 설계한 '규모의 경제'가 낳은 결실이다. 대만인들에게 TSMC는 경제적 가치를 넘어선 안보의 상징이다. 전 세계 첨단 반도체의 90% 이상이 대만 땅에서 만들어진다. 만약 중국이 대만을 침공해 TSMC가 멈춘다면? 미국, 유럽, 심지어 중국 본토의 경제까지 동반 침몰하게 된다.

이러한 의존성은 전 세계 국가들이 대만의 평화를 유지해야만 하는 강력한 동기가 된다. TSMC가 존재하는 한 서방 세계는 대만을 쉽게 포기할 수 없다. 이것이 바로 TSMC가 '실리콘 방패'로 불리는 이유다. TSMC의 성장은 대만 전체의 국부를 바꿔놓았다. TSMC는 대만 GDP의 약 15%를 직접적으로 책임지고 있다. 전후방 연관 산업까지 합치면 그 영향력은 가늠하기조차 어렵다. TSMC를 필두로 한 반도체 산업의 폭주 덕분에 2025년 대만의 1인당 GDP는

TSMC 웨이퍼 평균판매가격(ASP) 추이 분석

구분	2005년 ~ 2019년(15년)	2019년 ~ 2025년(6년)
ASP 상승액/율	$32 상승(연평균 0.1%)	133% 폭등(연평균 15.2%)
매출 원가 증가율	완만한 상승	78% 증가
매출총이익(단위당)	현상 유지 수준	3.3배 확대

3만8000달러를 기록하며 한국을 처음으로 앞질렀다.

대만 가권지수^{Taiex} 내 TSMC의 비중은 44%에 달한다. 이는 전 세계 자본이 대만이라는 국가 전체를 'TSMC라는 하나의 성장주'로 취급하고 있음을 보여주는 방증이다. TSMC의 성공은 단순히 기술이 좋아서가 아니다. "우리는 고객의 성공을 돕는다"는 모리스 창의 겸손하면서도 무서운 철학이 국가적 차원의 안보 전략과 맞물려 탄생한 기적이다.

21세기 패권 전쟁에서 가장 중요한 전략 물자는 석유가 아니라 칩이며, 그 칩의 수도가 대만이라는 사실은 변하지 않는다. 한국의 반도체 전략 역시 '제조 강국'을 넘어 세계가 우리를 잃었을 때 발생할 공포를 계산하게 만드는 '전략적 대체 불가능성'을 어떻게 확보할 것인가에 달려 있다.

대만 실리콘 쉴드의 핵심, N-1 정책

국경이 없는 자본의 세계에서도 기술은 철저히 국적을 따진다. 대만이 세운 'N-1'이라는 보이지 않는 성벽은 누군가에게는 안보의 요새이지만, 추격자에게는 거물급 고객을 가로챌 수 있는 절호의 비상구가 된다.

파운드리 시장은 두 가지 거대한 힘이 충돌하고 있다. 하나는 대만의 핵심 기술을 보호하려는 지정학적 통제이고, 다른 하나는 천정부지로 치솟는 첨단 공정 비용을 감당하려는 경제적 실리주의다. 이 복잡한 고차방정식 속에서 삼성전자와 TSMC의 2나노 대전은 새로운 국면으로 접어들고 있다.

대만 정부는 법적으로 해외 팹^{Fab}에 도입되는 공정 기술을 본토의 최첨단 공정보다 최소 '1세대 이전$^{N-1}$'의 것으로 제한하고 있다. 이는 '호국신산' TSMC의 정수를 대만 내부에 묶어둠으로써 국가적 안보 가치를 유지하려는 전략이다. 2027년 양산 예정인 TSMC 애리조나 팹이 2~3나노 공정에 머물 때 대만 본토는 이미 1.8나노 이하의 초미세 공정으로 진입해 있게 된다. 미국의 '메이드 인 USA' 할당 압박이 거세지는 가운데 삼성전자의 테일러 팹은 2나노 ^{SF2} 공정을 즉시 투입할 수 있는 카드를 쥐고 있다. TSMC의 기술 시차에 불만을 가진 퀄컴, AMD, 구글 등 빅테크들이 삼성의 테일러 팹을 유력한 대안으로

공정 노드	개발 및 설계 비용(추정)	비고
28나노	0.5억 달러	레거시의 시작
16나노	0.9억 달러	FinFET 도입
7나노	2.5억 달러	EUV 공정 진입
5나노	4.5억 달러	본격적인 선단 공정
3나노	5.8억 달러	고난도 멀티 패터닝
2나노	7.3억 달러	차세대 GAA구조 도입

검토하기 시작한 배경이다. TSMC의 수익 구조를 분석해보면 2019년은 가히 '혁명적 전환점'이라 부를 만하다. 15년 동안 정체되었던 가격 결정력이 단숨에 폭발했기 때문이다.

2019년 이전까지 TSMC의 매출 원가가 1 오를 때 평균 판매가격ASP은 1.43 상승에 그쳤다. 하지만 2019년 이후에는 원가 1 상승당 ASP가 2.31나 증가했다. 그 사이 무슨 마법 같은 상황이 벌어졌을까? 극자외선EUV 기반의 선단 공정과 첨단 패키징AVP이라는 강력한 락인 무기가 더해지며, TSMC는 부르는 게 값인 시장 지배적 사업자로 진화했다.

메모리 시장의 구조적 진화를 이야기하는 사람들은 2025년의 메모리가 2019년의 파운드리와 같다고 주장한다. 필자도 이 가능성에 무게를 두는 사람이기도 하다. 이제 파운드리 전장은 2나노 가격표로 옮겨왔다. TSMC가 압도적 점유율을 바탕으로 프리미엄을 고수하는 사이 삼성은 파격적인 실리주의로 응수하고 있다.

지난해 하반기 2나노 양산에 돌입한 TSMC는 애플, AMD, 엔비디아 등 VVIP 고객사를 확보했다. 수율 또한 60% 이상으로 안정 궤도에 진입하며 웨이퍼당 3만 달러라는 고가 정책을 정당화하고 있다.

삼성전자는 2나노 웨이퍼 가격을 TSMC 대비 33% 저렴한 2만 달러를 제시하며 공격적인 영업에 나섰다. 수율 격차에 따른 리스크를 가격으로 상쇄하며, 멀티 파운드리 전략을 구사하는 대형 고객사의 주문을 가로채겠다는 의지다.

대만의 N-1 정책은 TSMC를 안보의 요새로 만들었지만, 동시에 글로벌 공급망의 유연성을 떨어뜨리는 양날의 검이 되었다. 트럼프 행정부의 미국 내 생산 압박은 삼성 테일러 팹에 전례 없는 기회를 제공하고 있다. TSMC는 이미 단순 제조사를 넘어 AI 반도체 가격 결정자로 변모했다. 높은 원가는 오히려 후발 주자의 진입 장벽을 높이는 해자가 되고 있다.

승자가 모든 것을 가져가는 현금의 연금술

반도체 전쟁에서 2등의 존재감은 크지 않다. 압도적인 기술 격차는 독점적 이익을 낳고, 그 이익은 다시 추격자들이 결코 넘볼 수 없는 거대한 자본의 성벽으로 치환된다. TSMC가 보여주는 것은 단순한 제조 능력이 아니라 기술이 자본을 낳고, 자본이 다시 기술을 낳는 무결점의 선순환 구조다.

10나노 미만 선단 공정에서 TSMC가 누리는 지위는 '경쟁 우위'라는 단어로는 부족하다. 그들은 고부가가치 공정을 독점하며 창출한 막대한 현금 흐름을 다시 선단 기술에 쏟아붓는 '압도적 재투자' 전략을 통해 경쟁자들의 추격 의지를 꺾고 있다. 반도체 공정이 미세화될수록 개발 난이도와 비용은 기하급수적으로 치솟는다. 이제 선단 공정은 단순히 기술력이 있다고 도전할 수 있는 영역이 아니라 매번 판돈이 두 배씩 뛰는 잔혹한 도박판과 같다.

천문학적인 비용은 후발 주자들에게 거대한 진입 장벽이 된다. 팹리스 기업 입장에서는 한 번의 설계 오류가 기업의 생존을 위협하기 때문에 리스크를 줄이기 위해 '가장 높은 수율'이 검증된 TSMC로 몰릴 수밖에 없는 구조가 형성

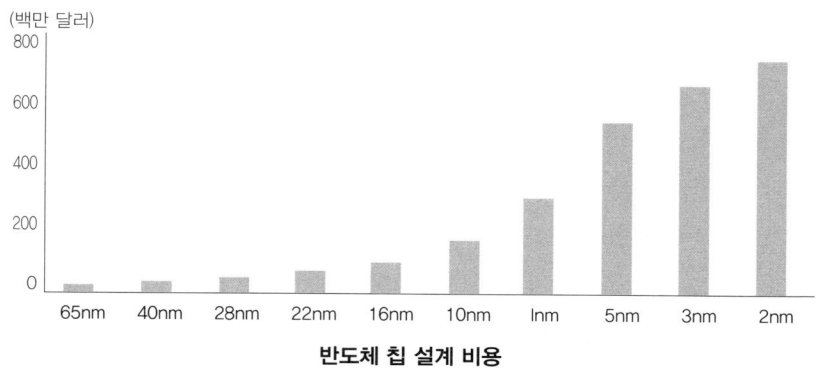

반도체 칩 설계 비용

*자료: IBA, 신한투자증권

된다.

TSMC는 자신들의 독점적 지위가 오직 '기술 우위'에서 온다는 사실을 명확히 인지하고 있다. 시장의 기대를 훌쩍 뛰어넘는 올해의 캐펙스 규모가 이를 증명한다. 2026년 TSMC의 캐펙스 가이드라인은 520억~560억 달러로 전년 대비 무려 32% 늘었다. 이 막대한 자금의 70%는 2나노 이하 선단 공정에, 15%는 차세대 성장의 핵심인 첨단 패키징 라인에 투입된다. TSMC는 향후 5년 AI 가속기 매출 연평균 성장률CAGR 가이던스를 기존 40%대에서 50% 후반으로 상향 조정했다. 전체 매출 성장률 가이드라인 역시 25%로 대폭 높여 잡으며 자신감을 드러냈다.

과거 파운드리의 역할은 웨이퍼를 찍어내는 것까지였고, 패키징은 외주 업체OSAT의 몫이었다. 하지만 이제 상황이 바뀌었다. 칩의 집적도 향상이 물리적 한계에 부딪히자 여러 칩을 하나처럼 묶는 첨단 패키징CoWoS 등 기술이 파운드리의 핵심 경쟁력이 되었다. HBM처럼 패키징 난이도가 극도로 높은 제품이 주류가 되면서, TSMC는 자체 패키징 투자를 대폭 늘려 '턴키Turnkey' 공급 능력을 강화하고 있다. 이제 후공정을 장악하지 못한 파운드리는 반쪽짜리 하청업체에 불과하다.

TSMC의 독주 속에 경쟁사들은 전략 수정에 분주하다. 수주 부진으로 캐펙스를 줄이려던 인텔은 최근 전략을 수정했다. 자체 칩 생산만으로는 승산이

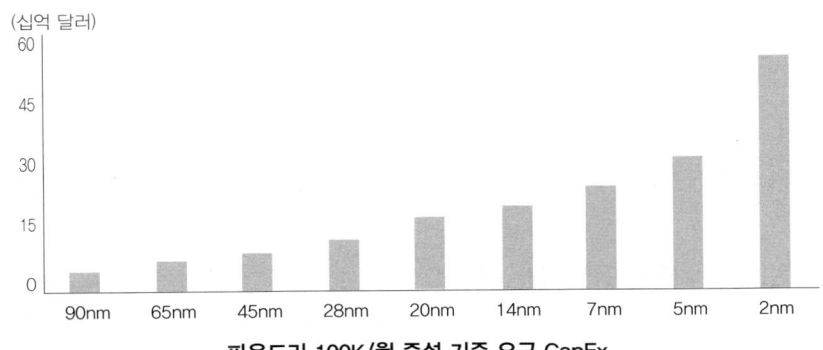

파운드리 100K/월 증설 기준 요구 CapEx

*자료: Digitimes, IBA, 신한투자증권

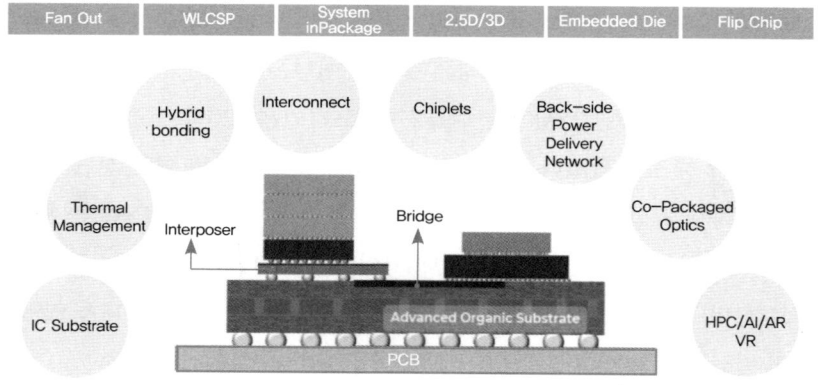

어드밴스드 패키징 키워드

| Fan Out | WLCSP | System inPackage | 2.5D/3D | Embedded Die | Flip Chip |

Hybrid bonding
Interconnect
Chiplets
Back-side Power Delivery Network

Thermal Management
Interposer
Bridge
Co-Packaged Optics

IC Substrate
Advanced Organic Substrate
PCB
HPC/AI/AR VR

*자료: Yole, 신한투자증권

없다고 판단, 빅테크들의 '멀티 파운드리공급망 다변화' 요구에 부응하기 위해 파운드리 사업부의 외부 개방과 투자를 다시 확대하고 나섰다.

하지만 팹리스들에게 당장 중요한 것은 정치적 명분보다 수율이다. TSMC가 70%의 선단 공정 예산을 투입해 수율 격차를 벌리는 한 인텔이나 삼성전자가 이 선순환의 고리를 끊어내기는 역부족이다. TSMC의 선순환 구조는 2026년 AI 대호황을 만나 정점에 달했다.

*높은 기술력 → 높은 수율 → 빅테크 수주 독점

*독점적 이익 창출 → 사상 최대 캐펙스 재투자

*차세대 공정2나노 선점 → 추격자와의 격차 확대

이 잔혹한 선순환 속에서 TSMC는 단순한 기업을 넘어 AI 시대의 '지능 인프라' 그 자체가 되었다. 투자자들이 주목해야 할 것은 그들의 주가뿐만 아니라 이들이 쏟아붓는 560억 달러의 낙수 효과가 어디로 흐르는가다.

메모리 주도권도 넘보는 TSMC

천하의 퀄컴과 미디어텍조차 불만을 터뜨리지만 대안은 마땅치 않다. 세계 최고의 파운드리 TSMC가 '4년 연속 가격 인상'이라는 전무후무한 카드를 꺼내 들었기 때문이다. 이제 반도체 칩은 사는 것이 아니라 TSMC라는 제국에 '세금'을 내고 빌려 쓰는 시대가 되었다. 여기에 메모리의 심장부인 'HBM 베이스 다이'까지 장악하려는 TSMC의 야심은 반도체 생태계의 판도를 뿌리째 흔들고 있다.

2026년 테크 업계의 가장 뜨거운 감자는 TSMC의 '다년간 가격 인상 전략'이다. 과거 주문시마다 협상하던 관례를 깨고, 향후 4년간 매년 가격을 올리겠다는 선언은 시장에 거대한 충격을 주었다. AI와 고성능 컴퓨팅^{HPC} 칩은 연간 10%에 육박하는 가파른 상승세를 보이며, 모바일$^{5\%}$이나 CPU$^{7\%}$보다 더 무거운 세금을 부과받고 있다. 미국, 일본, 독일 등 글로벌 팹 가동에 따른 마진율 하락$^{2\sim3\%}$을 규모의 경제와 가격 전가로 상쇄하겠다는 전략이다. 퀄컴과 미디어텍 등 주요 팹리스들은 삼성, 인텔 등 대체 공급처를 모색하며 배수진을 치고 있지만, TSMC의 압도적인 수율 앞에서는 선택지가 좁은 상황이다.

우리 입장에서 더 우려되는 변화는 HBM의 구조적 주도권이 메모리 제조사에서 파운드리로 넘어갈 수 있다는 점이다. HBM의 바닥이자 통로였던 '베이스 다이$^{Base\ Die}$'가 이제 TSMC의 손에서 만들어지고 있다. 기존 HBM 베이스 다이는 메모리 공정으로 만들어졌다. 그러나 메모리 공정은 데이터를 저장하는 데 최적화되어 있어, 전압을 낮추는 데 한계가 있었다. 보통 1.1V 수준에서 작동했다. 하지만 AI 가속기가 뿜어내는 열기는 더 이상 이 전압을 견디지 못하게 만들었다. TSMC의 파운드리 공정에서 베이스 다이를 만들자 HBM4에서는 0.8V, 차세대인 HBM4E에서는 0.75V까지 전압을 낮추는데 성공했다. 고작 0.35V의 차이라고 생각할 수 있지만, 수만 개의 칩이 밀집된 데이터센터 환경에서 이 수치는 발열량의 획기적 감소와 전력 비용의 파괴적 절감을 의미한다. AI의 전력 효율^{전성비}이 여기서 결정되는 셈이다.

단순히 전압만 낮아진 것이 아니다. 칩이 전력을 얼마나 알뜰하게 써서 데이터를 옮기느냐를 뜻하는 '효율성' 지표가 폭발적으로 개선되었다. 메모리 공정 기반의 베이스 다이를 기준^{1}으로 잡았을 때 TSMC 공정을 입은 HBM4는 1.5배, HBM4E는 무려 2배의 효율을 보였다. 이는 같은 전력을 공급했을 때 두 배 더 많은 데이터를 처리할 수 있다는 뜻이다.

가장 파격적인 변화는 '무엇을 집어넣었는가'에 있다. 과거 베이스 다이가 단순히 신호를 주고받는 '통로'였다면, 이제는 직접 판단하고 명령하는 '두뇌'의 일부를 이식받았다. GPU^{연산칩} 안에 있던 메모리 컨트롤러가 이제 HBM의 베이스 다이 안으로 들어왔다. 메모리 컨트롤러가 GPU에서 HBM 베이스 다이로 이동하면서, 이제 베이스 다이는 단순한 연결 통로가 아닌 '지능형 인터페이스'로 진화했다. HBM4부터는 표준화된 물리적 인터페이스^{PHY}가 사용되며, TSMC는 이를 가장 정교하게 구현할 수 있는 독보적인 파운드리 공정을 무기로 메모리 업체들을 줄 세우고 있다. TSMC의 행보는 삼성전자의 '메모리+파운드리' 턴키 전략에 대한 정면 대응이다. 베이스 다이 공정을 장악함으로써 SK하이닉스나 마이크론 같은 메모리 업체들을 자신의 에코시스템 안에 종속시키고 있다. 고객사는 TSMC에 칩 생산뿐만 아니라 메모리와의 결합 방식까지 의존하게 되며, 이는 TSMC의 가격 결정력을 더욱 공고히 하는 '해자'가 된다.

>>>> TSMC의 진짜 해자는 나노 공정만이 아니다. 칩을 얼마나 정밀하게 묶느냐는 패키징이 이제 TSMC의 가장 높은 성벽이 되었다. 경쟁자들이 가장 넘기 어려운 벽은 여기에 있다. 성벽의 진짜 높이는 패키징에서 결정된다.

패키징: 나노를 넘어선 새로운 전장

첨단 패키징 병목의 지배자 TSMC

파운드리 전쟁의 승부처가 '나노'에서 '패키징'으로 옮겨가고 있다. TSMC는 전 세계 AI 칩의 생산을 독점하는 것을 넘어 이제는 '어떻게 묶느냐'는 물리적 한계를 인질로 삼아 시장의 가격과 순번을 결정하고 있다.

전 세계 빅테크들의 가장 큰 공포는 중국의 침공도, 경기 침체도 아니다. 바로 TSMC의 패키징 라인 예약 명단에서 밀려나는 것이다. 엔비디아와 구글이 서로의 칩을 더 많이 찍어내기 위해 TSMC 사내 체육대회까지 찾아가 구애하는 풍경은 21세기 패권이 어디에 있는지 여실히 보여준다.

TSMC는 2022년 SoIC**System on Integrated Chips** 기술을 통해 패키징의 패러다임을 바꿨다. 기존에는 칩과 칩을 연결할 때 작은 납땜 범프**Bump**를 사용했지만, 이제는 칩과 칩을 직접 맞붙이는 하이브리드 본딩**Hybrid Bonding**이 차세대 기술로 자리잡았다. 범프가 사라지면서 칩 사이의 간격이 극도로 좁아졌다. 이는 전송 속도를 높일 뿐 아니라 전력 효율을 획기적으로 개선한다. 엔비디아의 차세대 광통신 기술인 실리콘 포토닉스**CPO** 구현에도 TSMC의 SoIC **하이브리드 본딩** 기술은 필수다. 전기 신호가 아닌 '빛'으로 데이터를 주고받는 시대의 입구를 TSMC가 지키고 있는 셈이다.

구글 제미나이 3.0의 성공으로 인한 TPU 수요 폭증은 반도체 업계에 발생한 행복한 사고였다. 하지만 이를 처리할 CoWoS 라인은 이미 엔비디아의 블랙웰과 루빈으로 꽉 차 있다. 2026년 구글 TPU 출하량 전망치가 기대치를 밑도는 이유는 오직 TSMC의 패키징 캐파 부족 때문이다. TSMC의 첨단 패키징 병목을 뚫기 위해 반도체 업계는 유리 인터포저Glass Interposer와 FO-PLP팬아웃 패널레벨 패키징로 눈을 돌리고 있다. 브로드컴이 주도하는 유리기판 R&D와 일론 머스크의 스페이스X가 직접 구축하려는 자체 FO-PLP 라인은 TSMC의 독점에 대한 시장의 본능적인 저항이자 돌파구다.

TSMC의 첨단 파운드리 기술에 대한 자신감은 여전하다. 모두가 ASML의 차세대 장비인 High-NA EUV에 매달릴 때, TSMC는 뜻밖의 선택을 했다. 4억 달러에 달하는 장비를 사는 대신 기존 EUV 장비에 포토마스크 펠리클Pellicle을 입혀 수율을 극대화하는 길을 택한 것이다. 장비 한 대에 5000억 원4억 달러이 넘는 비용과 연간 5~6대에 불과한 ASML의 생산량은 TSMC의 대량 생산 체제에 맞지 않는다고 판단했다.

"하드웨어의 화려함보다 수율의 안정성이 우선"이라는 모리스 창의 철학이 반영된 결과다. TSMC는 펠리클을 통해 표준 EUV로도 1.4nm^{A14} 공정까지 대응 가능하다는 자신감을 내비쳤다. 파운드리 업계에 최우선 고객에 대한 지위 변화도 상당하다. 즉, 반도체 업계의 가장 귀한 손님 순번이 바뀐 사건이다. 2028년 양산될 1.6nm^{A16} 공정의 최초 고객 자리를 두고 엔비디아가 애플을 밀어내고 최우선 순위를 차지했다.

엔비디아의 차기 아키텍처 '파인만'은 TSMC A16 공정의 최초 양산 주인공이 될 전망이다. 이는 단순한 수주를 넘어 스마트폰 시대가 저물고 AI 인프라 시대가 기술 혁신의 최전선에 섰음을 상징한다. 구글의 파트너인 미디어텍은 2027년까지 CoWoS 캐파를 7배 이상 늘려달라고 요청하며 ASIC 시장의 주도권을 노리고 있다.

2026년의 TSMC는 단순한 위탁 생산자를 넘어 전 세계 지능의 흐름을 통제하는 조종실이 되었다. 나노 경쟁에서 이기고 패키징에서 막히면 무용지물이다. TSMC는 두 영역을 모두 장악함으로써 경쟁사들이 빠져나갈 구멍을 차단했다.

CoWoS와 SoIC가 허무는 반도체 한계의 벽

반도체의 성능을 결정짓는 공식이 바뀌고 있다. 이제는 하나의 칩을 얼마나 작게 만드느냐^{Scaling}보다 서로 다른 기능을 가진 여러 칩을 어떻게 하나의 유기체처럼 묶느냐^{Integration}가 패권의 핵심이다. TSMC가 주도하는 CoWoS와 SoIC 기술은 단순히 칩을 쌓는 기술을 넘어 AI 반도체가 마주한 전력과 대역폭의 장벽을 허무는 열쇠가 되고 있다. 전통적인 평면 설계가 한계에 다다르면서 가장 진보된 로직 프로세서들은 2.5D^{CoWoS}와 3D^{SoIC} 적층 기술을 통해 돌파구를 찾고 있다.

CoWoS$^{2.5D\ 패키징}$는 마이크로범프$^{\sim40\mu m\ 간격}$를 이용해 GPU와 HBM을 연결하는 인터포저 플랫폼이다. 엔비디아의 H100/H200, AMD MI300의 기본 공정으로 자리 잡았다. SoIC$^{3D\ 하이브리드\ 본딩}$는 범프 없이 칩을 직접 붙여 연결 밀도를 극대화한다$^{\sim9\mu m\ 이하\ 간격}$. $1mm^2$당 1만 개 이상의 연결이 가능해 지연 시간과 에너지 소비를 획기적으로 줄인다. CoWoS와 SoIC 두 기술은 상호 배타적이지 않다. AMD MI300처럼 SoIC로 계산 레이어를 쌓고, 이를 다시 CoWoS 인터포저 위에 올리는 방식$^{3.5D}$이 주류가 되고 있다.

AI GPU와 기업 전용 주문형 반도체^{ASIC}가 패키징 생산 능력 확장을 맹렬히 주도하고 있다. 2026년은 이 거대한 인프라가 숫자로 증명되는 해다.

칩이 복잡해지고 여러 다이가 하나로 묶이는 '칩렛' 구조가 보편화되면서,

2026년 주요 AI 가속기 출하량 및 CoWoS 전망

구분	2026년 예상 수치	전년 대비 성장 및 의미
엔비디아 GPU	1,070만 대	AI 가속기 시장의 압도적 지배력 유지
구글 TPU / 아마존 ASIC	350만 대 / 220만 대	빅테크들의 자체 칩 도입 가속화
CoWoS 웨이퍼 출하량	1,230k(123만 장)	71% 급증, 2027년 1,770k 도달 전망
CoWoS 생산 능력	140k wpm(월 14만 장)	TSMC의 공격적인 설비 투자 반영

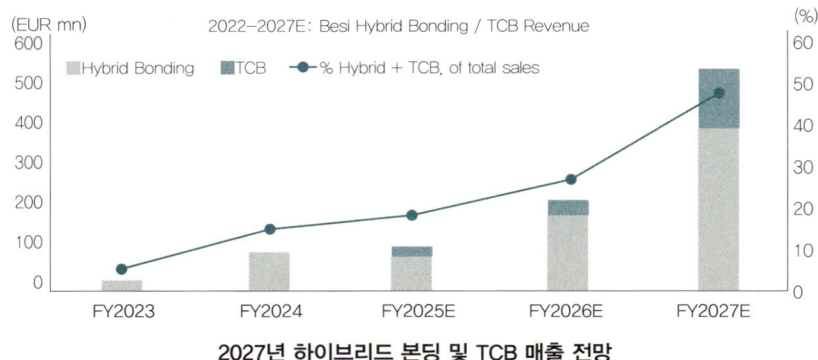

*Source: Company reports, Bernstein analysis and estimates

불량 칩 하나가 전체 모듈을 망치는 리스크를 줄이는 것이 최우선 과제가 되었다. 엔비디아의 차세대 GPU 루빈**Rubin**은 이전 세대인 블랙웰보다 테스트 시간이 30~50% 더 길어질 것으로 예상된다. 이에 따라 패키징 전에 각 다이가 완벽한 양품인지 확인하는 공정이 강화되고 있다. 이는 어드반테스트**Advantest**나 테라다인**Teradyne**과 같은 테스트 장비사들에게 거대한 기회를 제공한다.

최종 테스트, 번인**Burn-in** 테스트, 시스템 수준 테스트**SLT**가 하나로 통합되는 구조적 변화가 일어나고 있다. 2026년부터 본격적으로 관련 매출이 나타날 전망이다. CoWoS 생산 능력은 AI 혁명의 시작부터 공급망 병목을 상징하는 지표가 되었다. TSMC가 6μm까지 피치를 줄이며 SoIC의 한계를 밀어붙이는 동안 이를 검증하는 테스트 장비 시장 역시 동반 폭발하고 있다. 반도체가 더 이상 단일 칩이 아닌 '시스템의 집합체'로 변모함에 따라 패키징과 테스트라는 뒷공정의 해자는 그 어느 때보다 깊고 단단해질 것으로 보인다.

하이브리드 본딩이 주도하는 '포스트 무어'

로직 반도체 시장에서 하이브리드 본딩**HB** 기술을 가장 공격적이고 성공적으로 활용하고 있는 기업은 단연 AMD다. 그들은 기술적 차별화를 통해 시장의 판도를 바꾸고 있다. AMD의 3D V-Cache 기술은 하이브리드 본딩의 위력

하이브리드 본딩(HB) 주요 플레이어 현황

기업	현재 위치	주요 기술 및 제품	향후 전망
AMD	시장 선도자	3D V-Cache(X3D), MI300	전 제품군으로 HB 적용 확대
인텔	추격자	Foveros Direct 3D(Clearwater Forest)	2027년부터 본격적인 양산 가속
TSMC	독점적 제조사	SoIC 플랫폼(HB 설치 기반 50%+)	2026년까지 장비 대수 3배 확장
브로드컴	커스텀 강자	3.5D XDSiP(2nm ASIC)	2026년 2월 양산 출하 시작

을 가장 잘 보여주는 사례다. 경쟁사인 인텔의 최상위 모델보다 전력은 훨씬 적게 쓰면서도 성능은 최대 35% 더 뛰어난 결과물을 내놓았다. 2025년 2분기 AMD의 데스크톱 CPU 점유율이 32%까지 치솟은 것은 결코 우연이 아니다. 에픽EPYC 서버 프로세서 역시 하이브리드 본딩을 통해 지연 시간을 줄이고 대역폭을 극대화했다. 특히 AI 가속기인 MI300 시리즈는 로직 스택과 인터포저를 결합하는 유연한 설계로 전력 효율과 열 관리라는 두 마리 토끼를 잡았다.

오랫동안 열압착 본딩TCB에 의존해온 인텔도 이제 하이브리드 본딩의 세계로 발을 들였다. 인텔에게 이 기술은 '추락한 거인의 자존심'을 회복할 핵심 무기다. 클리어워터 포레스트Clearwater Forest는 인텔의 하이브리드 본딩 구현체인 '포베로스 다이렉트 3DFoveros Direct 3D' 기술이 최초로 적용될 서버용 CPU다. 288개의 E-코어를 하이브리드 본딩으로 묶어 전력 효율을 극한으로 끌어올릴 계획이다.

인텔은 칩을 기능별로 쪼개고 최적화된 칩렛으로 재조립하는 '믹스 앤 매치Mix & Match' 설계로 유연성을 강화했다. 수율을 높이고 개발 기간을 단축하여 AMD가 장악한 하이브리드 본딩 시장에 균열을 내겠다는 전략이다.

하이브리드 본딩의 물결은 이제 특정 프로세서를 넘어 주문형 반도체ASIC와 모바일 영역으로 번지고 있다. 브로드컴은 2.5D CoWoS와 하이브리드 본딩을 결합한 3.5D XDSiP 기술을 발표했다. 후지쯔의 2nm Arm 기반 ASIC을 시작으로 2026년부터 본격적인 생산 출하가 예고되어 있다.

업계는 애플이 차세대 고성능 CPU 칩에 하이브리드 본딩을 채택할 것으로 보고 있다. 아이폰과 맥북의 심장인 애플 실리콘에 이 기술이 이식되는 순간 모바일 기기의 에너지 효율은 다시 한번 도약하게 된다. 이 모든 하이브리드 본딩 혁명의 배후에는 TSMC라는 압도적인 제조 플랫폼이 존재한다. 전 세계 하이브리드 본딩 생산 능력의 절반 이상이 TSMC에 집중되어 있다. TSMC는 3D IC 생산 능력을 매년 100% 이상 키우겠다는 파격적인 목표를 제시했다.

TSMC의 SoIC^{3D 패키징} 생산 능력은 2025년과 2026년에 걸쳐 매년 70%씩 성장할 것으로 보인다. 2024년 말 50대 수준이었던 관련 장비는 2026년 말 140대까지 늘어나며 거대한 실리콘 요새를 완성할 것으로 예상된다.

2026년의 테크 투자는 반도체 전공정^{Front-end}의 나노 경쟁을 넘어 후공정^{Back-end}의 연결 밀도 경쟁으로 옮겨왔다. 무어의 법칙은 죽지 않았다. 다만 수직으로 자리를 옮겼을 뿐이다. TSMC가 장비 생산 능력을 3배로 늘리고, AMD가 하이브리드 본딩으로 인텔의 시장을 잠식하는 지금. 주목해야 할 숫자는 클록 속도가 아니라 '인터커넥트 밀도'다. 하이브리드 본딩이라는 좁은 통로를 선점하는 자가, AI 시대의 가장 넓은 수익을 가져가게 될 것이다.

애플의 WMCM과 아이폰의 패키징 혁신

스마트폰의 내부 공간은 지상에서 가장 비싼 영토다. 0.1mm의 두께를 줄이기 위해 수조 원의 자본이 투입된다. 2026년 애플은 기존의 적층 방식^{InFO}을 버리고 칩을 나란히 배치하는 WMCM^{Wafer Level Multi-Chip Module}이라는 새로운 건축술을 아이폰에 도입한다. 이것은 단순히 얇아지는 것을 넘어 열이라는 물리적 한계를 극복하기 위한 애플의 필사적인 공간 재편이다.

애플은 아이폰 18 프로 및 프로 맥스^{A20 칩 예상}부터 WMCM 패키징을 채택한다. 핵심은 프로세서 위에 얹혀있던 D램의 위치 변화다. 기존 InFO 방식에서 벗어나 AP와 D램을 웨이퍼 레벨에서 나란히^{Side-by-side} 배치한다.

연도별 WMCM(CoW) 필요 생산 능력 전망

구분	2026년 말	2027년 말	비고
필요 생산 능력	88 kwpm	175 kwpm	월간 웨이퍼 처리량 기준
추가 증설분	38 kwpm	+88 kwpm	아이폰 전 모델 확대 채택 시

프로세서 바로 위에서 뜨거운 열기를 견뎌야 했던 D램이 옆으로 옮겨가면서 열 간섭을 피하게 되었다. 이는 성능 유지^{Throttling} 방지와 수명 연장에 결정적인 역할을 한다. 또 패키지 두께가 얇아지면서 남는 공간에 더 큰 배터리를 넣거나 기기 자체를 더 슬림하게 설계할 수 있는 여유가 생긴다. 애플의 이러한 변화는 TSMC의 생산 라인 지도를 통째로 바꿀 정도의 파괴력을 가진다.

D램 역시 기존 2단 적층에서 4단 적층으로 진화하며 더 많은 웨이퍼 가공 공정을 요구한다. 비록 HBM처럼 TSV를 쓰는 극한의 기술은 아니지만, 모바일 D램의 부가가치를 한 단계 높이는 계기가 된다.

하이브리드 본딩의 히든 챔피언

91%의 점유율로 하이브리드 본딩 시장을 독식하는 제왕부터 나노 단위의 먼지조차 허용하지 않는 절단의 장인까지. AI 시대를 지탱하는 후공정의 실질적 지배자들을 알아보자.

후공정 장비 시장에서 특정 기업이 점유율 91%를 차지하는 것은 극히 이례적인 일이다. 네덜란드의 베시^{Besi}는 하이브리드 본딩이라는 '꿈의 공정'을 통해 이를 현실로 만들었다. 하이브리드 본딩은 단순히 칩을 배치하는 것이 아니다. 구리^{전도체}와 유전체^{절연체}를 분자 수준에서 결합해야 한다. 이에 따라 후공정 기업이 가져본 적 없는 '전공정 수준의 표면 준비' 능력이 필요하다. 베시의 지분 9%를 보유한 세계 1위 장비사 어플라이드 머티리얼즈^{AMAT}와 협업은 경쟁사인 ASMPT나 시바우라, 한국의 세메스와 한화비전이 넘기 힘든 거대한 성벽이 되었다. 2027년은 베시에게 기념비적인 해가 될 것으로 기대된다. 하이브리드 본딩 매출이 전체의 35.6%를 차지하며 폭발적인 이익 성장을 견인할

후공정 주요 수혜 기업 비교

기업명	핵심 경쟁력	수혜 포인트	전략적 리스크
Besi	하이브리드 본딩 점유율 91%	HBM4E 및 차세대 로직 HB 전환	Applied Materials와의 협력 관계 변화 가능성
DISCO	플라즈마/레이저 다이싱 원천기술	고청정 패키징 요구 사양 상향	고가 장비로 인한 채택 속도 제한
TSMC	CoWoS / SoIC 통합 플랫폼	2026년 패키징 생산 능력 2배 확장	삼성전자·인텔 추격 및 CAPEX 부담
ASMPT	TCB → HB 업그레이드 경로	SK하이닉스 등 고객사 다변화	Besi 대비 기술 격차 극복 여부

전망이다.

반도체를 자르고 연마하는 디스코^{DISCO}는 HBM4와 하이브리드 본딩 시대의 숨은 수혜주다. 공정이 미세해질수록 디스코가 파는 '칼'의 사양은 천정부지로 치솟는다. 하이브리드 본딩은 티끌 하나가 수율을 망친다. 따라서 기존 TC-본딩 공정보다 훨씬 높은 사양의 그라인더와 다이서가 필요하다.

디스코는 전통적인 블레이드 다이싱을 넘어 플라즈마 다이싱^{Plasma Dicing}과 펨토초 레이저 기술을 모두 완비했다. 특히 플라즈마 방식은 물리적 충격 없이 화학적으로 칩을 분리하여 초미세 패키징에 최적화된 성능을 제공한다.

TSMC는 첨단 패키징 시장을 지탱하는 거대한 플랫폼이지만, 기술의 난이도에 따라 파트너십의 온도가 다르다. TSMC는 CoWoS 생산 과정 중 일부^{oS}를 대만의 ASE와 같은 OSAT^{후공정 외주업체}에 맡기며 생태계를 넓히고 있다. 미국 애리조나에서는 앰코테크놀로지^{Amkor}와도 손을 잡았다.

하지만 하이브리드 본딩으로 가면 이야기가 달라진다. 전공정 기술과 극도의 클린룸 환경이 요구되기에, TSMC는 이 영역만큼은 외부에 쉽게 열어주지 않을 것이다. 2026년 CoWoS 시장에서 TSMC의 점유율은 80~90%에 달할 전망이다. 하지만 하이브리드 본딩 시장에서는 그 지배력이 더욱 압도적일 것으로 보인다.

과거 반도체 후공정은 원가를 깎아야 하는 '비용'의 영역이었다. 하지만 2026년의 후공정은 성능을 결정짓는 '가치'의 영역이다. 베시의 본더가 없으면 HBM4E를 쌓을 수 없고, 디스코의 플라즈마 다이서가 없으면 초미세 칩을 자를 수 없다. TSMC가 구축한 패키징 성벽 위에서 이 비싼 장비들이 쏟아내는 수율의 숫자가 곧 투자자들의 수익률이 된다. 지능의 시대를 지배하는 자는 설계를 하는 자가 아니라 그 설계를 물리적 실체로 '완벽하게 연결하는 자'들이다.

엔비디아가 설계한 '기판 없는 패키징'의 시대

엔비디아가 차세대 루빈 GPU의 패키징 기술로 CoWoP^{Chip on Wafer on PCB}라

는 새로운 카드를 꺼내 들었다. 기존 AI 가속기 제조 표준이었던 CoWoS에서 핵심 부품인 ABF 기판을 아예 제거해버리겠다 선언이다. 성능 향상을 위해 패키징 소재와 구조 자체를 뜯어고치고 있는 셈이다.

엔비디아가 제안한 CoWoP는 기존 CoWoS 패키징의 중간 단계인 ABF 서브스트레이트를 생략하고, 인터포저를 mSAP^{미세회로 제조공법} 기술이 적용된 메인 PCB 위에 직접 연결하는 방식이다. 신호가 거쳐야 할 단계가 줄어들면서 데이터 전송 효율이 개선되고 신호 손실이 극적으로 감소한다. 이는 GPU 간 연결 기술인 NVLink의 전송 거리를 획기적으로 늘리는 결과로 이어진다.

시스템 구조가 얇아지면서 열 방출 효율이 좋아지고 소비전력이 감소한다. 열과의 전쟁을 치르는 AI 서버 시장에서 이는 대체 불가능한 강점이다. 가장 비싼 부품 중 하나였던 ABF 기판 비용을 절감하고 후공정 단계를 간소화함으로써 생산 단가를 낮출 수 있다.

CoWoP의 등장은 기존 기판 업계의 서열을 뒤흔드는 '지각 변동'이다. ABF 기판을 지우는 전략은 이비덴^{Ibiden}이나 아지노모토^{Ajinomoto} 같은 기존 ABF 강자들에게는 치명적인 위협이다. 패키징 구조가 바뀌면서 기존 테스트 공정 밸류체인 역시 변화가 불가피하다. mSAP 기반 PCB/CCL 관련 업체에게는 기회

mSAP 기술이 적용된 첨단 패키징 공정 및 관련 본딩 기술

Packaging Method	Applications	Bonding Technology	Suppliers
CoWos (Chip-on-Substrate-on-Wafer)	GPU/AI ASIC (Nvidia/AWS/ Google)	Combination of CoW + Cos	
CoW (Chip-on-Wafer)	Part of CoWos	Flip Chip(FC) now May become FC + Fluxless TB	SHIBAURA Besi ASMPT K
WMCM (Wafer-level Multi-chip Module)	Apple iPhone	Flip Chip(FC)	SHIBAURA
CoS (Chip-on-Substrate)	Part of CoWos	Flip Chip and TCB	ASMPT Besi
CoPoS	Extension of CoWos, in panels		
SoIc-X	AMD CPU; may be used for Apple M5 Ultra, and AI GPU/ASIC	Hybrid Bonding	Besi
SoIC-P	Lower-end applications vs. SoIC-X	Fluxless TCB	ASMPT K
Intel Foveros	Intel CPU	(Flux/Fluxless) TCB	ASMPT K
Intel Foveros Direct 3D	Intel CPU(18A and later)	Hybrid Bonding	Besi

*Source: Company reports, Bernstein analysis

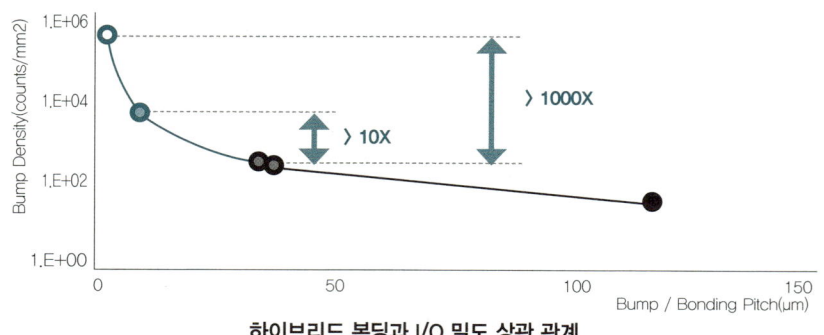

하이브리드 본딩과 I/O 밀도 상관 관계

*Source: TSMC

가 된다. 애플의 모바일 기기에서나 쓰이던 고집적 PCB 기술이 서버 시장의 주류로 등극할 수 있게 된다. mSAP 기술력을 보유한 유니마이크론, 국내 기업 심텍 등이 수혜를 입을 것으로 기대된다. 또 mSAP용 소재를 독점 공급하는 엘리트 머티리얼**EMC**과 고성능 유리섬유의 니토보**Nitobo**의 입지는 더욱 공고해질 것으로 관측된다.

루빈 GPU의 또 다른 혁신은 인터포저 소재의 변화다. 엔비디아는 기존 실리콘 인터포저의 열적 한계를 극복하기 위해 SiC**탄화규소** 도입을 검토 중이다. SiC는 Si 대비 열전도율이 2배 이상 높다. 칩 내부의 '핫 스팟'을 빠르게 분산시켜 냉각 효율을 극대화한다. 인터포저의 크기가 커질수록 발생하는 뒤틀림

TSMC의 SoIc 패키징과 하이브리드 본딩 기술

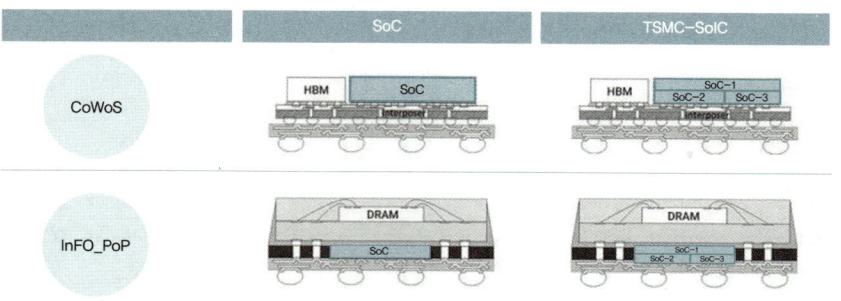

*Source: TSMC

Warpage 현상을 SiC의 강력한 기계적 특성으로 억제할 수 있다. 이는 $10\mu m$에서 $5\mu m$까지 미세해지는 L/S[Line/Space] 공정의 신뢰도를 높여준다. 또 낮은 유전율과 반절연 특성 덕분에 고속 신호의 간섭[Crosstalk]과 손실을 줄여 AI 연산의 정확도를 높여준다.

SiC 인터포저의 도입은 새로운 장비와 레시피의 등장을 요구한다. 이는 국내외 강소 기업들에게 새로운 시장을 열어줄 것으로 기대된다. Si보다 훨씬 단단한 SiC를 자르고 뚫기 위해 디스코[Disco]나 이오테크닉스의 레이저 다이싱 및 드릴 장비가 필수적이다. SiC 웨이퍼는 현재 $200mm$가 주류지만, 파운드리 공정에 맞추기 위해 $300mm$ 대형 웨이퍼 개발과 이에 따른 CMP[연마], 세정, 도금 공정의 전면적인 재설계가 필요하다. 고온 환경을 견디는 언더필[Underfill] 및 몰딩 소재, SiC 전용 CMP 슬러리 등의 수요가 폭발할 것으로 보인다.

>>>> 그러나 이 철옹성에도 균열이 생기기 시작했다. 기술의 균열이 아니라 지정학의 균열이다. TSMC가 대만이라는 한 점에 집중되어 있다는 사실이 전 세계 빅테크들에게 불안의 씨앗을 심었다. 그리고 그 불안이 삼성에게 기회가 되었다.

도전자의 반격: 삼성의 서사

>> 위기에서 반격으로, 삼성 파운드리의 전환점
>> 암흑기가 있었다. 3나노 수율 부진, 엑시노스의 굴욕, 시장의 불신. 그러나 삼성 파운드리의
반격은 조용하지만 무서운 속도로 진행되었다. 2나노 GAA 안착, 테슬라 수주, 팹리스들의
귀환. 이 챕터는 삼성이 어떻게 위기를 기회로 전환했는지의 서사다.

삼성 파운드리의 7% 탈환과 2나노 반격

지배자의 아성은 여전히 높지만 도전자들의 발걸음은 빨라지고 있다. 2025년 4분기 삼성전자가 파운드리 시장 점유율 7%대를 회복했다는 소식은 단순히 소수점 몇 자리를 옮긴 것이 아니다. 그것은 2나노라는 미래의 공정과 HBM4라는 지능의 심장이 시장의 판도를 흔들기 시작했다는 실질적인 신호다.

2025년 4분기 글로벌 파운드리 시장은 AI라는 거대한 엔진에 의해 굴러갔다. 상위 10개 기업의 합산 매출은 약 463억 달러로 전 분기 대비 2.6% 성장하며 불황의 그늘을 걷어냈다. 삼성 파운드리는 전 분기 6.8%까지 밀려났던 점유율을 7.1%로 끌어올리며 2위 자리를 군건히 했다. 매출은 약 34억 달러로 6.7% 증가하며 상위 업체 중 눈에 띄는 성장세를 보였다. TSMC의 시장점유율은 70.4%로 독주를 이어가고 있다. 3나노 이하 공정의 압도적인 출하량과 아이폰 17 시리즈 효과로 337억 달러의 매출을 기록했다. 여전히 초격차의 벽을 유지하고 있다는 평가다.

삼성이 7%대를 회복할 수 있었던 비결은 미래 먹거리의 조기 투입에 있다. 차세대 선단 공정인 2나노 제품이 본격적으로 출하되기 시작하며 고부가가치

2025년 4분기 글로벌 파운드리 TOP5 점유율

순위	기업명	점유율(%)	전 분기 대비 변화
1	TSMC	70.4%	–
2	삼성전자	7.1%	+0.3%p
3	SMIC	5.4%	–
4	UMC	4.3%	–
5	글로벌파운드리	3.9%	–

매출을 견인했다. 이는 TSMC의 3나노 독주에 제동을 걸 수 있는 삼성의 가장 날카로운 무기다. HBM4 6세대 고대역폭 메모리부터는 메모리와 파운드리의 경계가 허물어진다. 삼성이 생산하는 HBM4용 베이스 다이로직 다이는 단순한 메모리 지원을 넘어 AI 가속기의 성능을 결정짓는 핵심 부품으로 자리 잡았다.

글로벌 파운드리 시장의 우상향은 역설적으로 공급 부족에서 기인했다. 엔비디아의 GPU나 구글의 TPU가 여전히 없어서 못 파는 상황이 이어지고 있다. 이를 제작하는 첨단 공정에 주문이 몰렸기 때문이다. 스마트폰 신제품 출시 주기에 맞춰 최신 모바일 AP 애플리케이션 프로세서 주문이 늘어난 것도 TSMC와 삼성 모두에게 긍정적인 요인이 되었다.

올해 파운드리 업황은 조심스러운 낙관이 지배하고 있다. 상반기에는 재고 확보 덕분에 가동률이 안정적이겠지만, 하반기는 넘어야 할 벽이 적지 않다. 최근 급등한 메모리 가격이 스마트폰이나 서버 같은 최종 전자제품의 가격을 밀어 올릴 경우 소비자들이 지갑을 닫으면서 파운드리 주문량이 줄어드는 연쇄 반응이 일어날 수도 있다. 어쨌든 2나노 공정에서 실제 매출이 발생하기 시작했다는 것은 고객사들에게 삼성 파운드리도 가능하다는 신뢰를 준 중요한 사건이다.

삼성 파운드리 노크하는 글로벌 팹리스들

삼성 파운드리가 긴 겨울잠에서 깨어나 무서운 기세로 포효하고 있다. 텍사스 테일러의 벌판에서 들려온 소식은 단순한 공장 가동이 아니었다. 그것은 TSMC가 독점하던 'AI의 제조권'을 되찾아오겠다는 거대한 선전포고였다. 메모리라는 강력한 무기를 손에 쥐고 파운드리 영토를 탈환하려는 삼성의 올인 전략이 시작되었다.

최근 삼성전자는 텍사스 테일러 팹의 전략을 전면 수정했다. 당초 계획했던 4나노 공정을 과감히 포기하고 곧바로 2나노^{SF2} 공정으로 전환하는 승부수를 던졌다. 초도 양산 물량을 월 2만 장에서 5만 장으로 두 배 이상 늘렸다. 이는 TSMC의 대만 본토 2나노 물량과 맞먹는 수준이다. 2027년까지 월 10만 장 규모의 생산 능력을 확보하여, TSMC의 예약이 꽉 차 발을 구르는 글로벌 빅테크들의 대안이 아닌 최우선 파트너가 되겠다는 의지다.

한때 30%에 머물렀던 2나노 수율을 지난해 하반기 50%까지 끌어올리며 기술적 불신을 씻어냈다. 지난해 4조 원 규모의 적자를 기록하며 위기설에 휩싸였던 삼성 파운드리는 빅테크들과의 연이은 계약 성공으로 반전을 마련했다. 테슬라는 AI6 칩에 이어 AI5 칩도 TSMC에서 삼성 파운드리로 상당 물량을 옮겼다. 지난해 6월 양사간 발표한 AI6 관련 수주 금액은 165억 달러로 상당한 규모를 자랑한다.

특히 테슬라 AI5 칩은 기존보다 성능이 10배 이상 강화된 제품으로 삼성의 텍사스 팹이 TSMC의 애리조나 팹보다 더 진보된 장비를 갖췄다는 점이 수주의 결정적 요인이 되었다. AMD는 2나노 차세대 CPU를 삼성 파운드리에 생산하는 방안을 검토 중이다. 최근 리사수 AMD CEO가 직접 삼성전자를 찾아 협력을 논의하기도 했다. 두 회사는 과거 14나노 협력 이후 10년 만에 재결합하는 셈이다.

퀄컴도 지난 2022년 이후 4년 만에 결별을 끝내고 삼성 파운드리와 스냅드래곤8 엘리트 5세대 협력을 선언했다. 일론 머스크는 테슬라에 이어 xAI의 그록^{Grok}향 AI 가속기 생산 협의도 삼성 파운드리와 진행 중이다. 중국 암호화폐 채굴업체 마이크로BT와 카난은 2나노 ASIC 생산을 위해 삼성 파운드리를 선택했다. 연간 7000억원에 이르는 매출로 추정된다.

삼성전자의 가장 무서운 점은 메모리와 파운드리를 모두 가진 세계 유일의 기업이라는 점이다. 이제 삼성은 HBM을 미끼로 파운드리 고객을 끌어들이는

'턴키Turn-key 전략'을 본격화했다. 바이트댄스는 자체 ASIC시드칩을 삼성에 맡기는 대신 HBM 우선 공급권을 요구하는 협상을 진행 중이다.

삼성 파운드리와 메모리의 시너지효과는 향후 더욱 배가될 것으로 보인다. 제로 갭 HBMzHBM처럼 메모리 위에 로직을 3D로 쌓거나 수직으로 연결하는 차세대 기술은 삼성만이 가능한 영역이다. 특히 4나노 공정을 도입한 HBM4 베이스 다이는 전력 효율을 두 배로 높이며 게임 체인저가 되었다. 베이스 다이를 더욱 고도화한 커스텀 HBMcHBM은 향후 삼성의 강력한 무기가 될 것으로 기대된다.

삼성 파운드리의 가동률이 50%대에서 60% 이상으로 회복되면서, 그동안 숨죽였던 국내 디자인하우스와 후공정 업체들이 비상하고 있다. 가온칩스, 세미파이브, 에이디테크놀로지 등 디자인솔루션파트너DSP들은 삼성의 2나노 및 4나노 주문 폭주에 힘입어 매출이 40~90% 이상 급증하며 올해 화려한 흑자 전환을 예고했다.

삼성전기는 삼성 파운드리의 지원에 힘입어 차세대 유리기판 생태계를 구축하며 인텔 등 하이엔드 고객사 유치에 박차를 가하고 있다. 2026년의 삼성 파운드리는 더 이상 모바일에만 갇혀 있지 않다. HPC와 전장의 명가 테슬라, IBM, 인텔, 닌텐도 등 고객군을 전방위로 확장하며 수익 구조를 다변화하고 있다.

설계 지원부터 커스텀 메모리, 첨단 패키징까지 한 번에 해결하는 원스톱 제조 역량은 AI 혁명 시대에 가장 강력한 경쟁력이 될 것으로 보인다. 2026년

PCIe 세대별 주요 스펙

세대(Gen)	출시년도	전송속도(GT/s)	인코딩
Gen 1.0	2003	2.5	8b/10b
Gen 2.0	2007	5	86/106
Gen 3.0	2010	8	128b/1306
Gen 4.0	2017	16	128b/1306
Gen 5.0	2019	32	128b/130b
Gen 6.0	2022	64	PAM4 / FLIT
Gen 7.0	2025	128	PAM4 / FLIT

*자료: PCI-SG, 교보증권 리서치센터

테일러 팹에 첫 웨이퍼가 들어가는 순간 실리콘 제국의 권력 지도는 다시 그려질 가능성이 높아졌다.

삼성 파운드리, AI 네트워크 고도화 기회

AI의 진화는 이제 개별 칩의 성능을 넘어 서버 랙 전체를 하나의 거대한 유기체로 묶어내는 '연결의 예술'로 진입했다. 부족한 가속기 자원을 극한으로 쥐어짜는 '스케일 업' 기술은 반도체 생태계의 모순, 즉, 더 빠른 전송과 더 심각한 노이즈 사이의 줄타기를 해결하기 위한 고성능 칩의 대범람을 불러오고 있다.

2026년 AI 인프라 시장의 화두는 단연 네트워크 기술의 진화다. 단순히 GPU의 개수를 늘리는 것이 아니라 한정된 자원을 랙 수준에서 가장 효율적으로 통합 운용하는 기술이 시스템 반도체 수요의 폭발을 이끌고 있다. 스케일 업$^{Scale-Up}$ 기술의 진화는 필연적으로 네트워크 병목 현상을 야기한다. 이를 해결하기 위해 기판의 고적층화, 메모리 폼팩터의 근본적 변화, 네트워크 대역폭의 비약적 확장이 동시다발적으로 일어나고 있다.

데이터가 흐르는 모든 길목에 고성능 컨트롤러와 칩셋이 배치되며, 시스템 반도체는 이제 보조자가 아닌 지능형 물류 시스템의 관제탑 역할을 수행한다.

이 같은 흐름은 삼성 파운드리에 엄청난 기회를 제공하고 있다. 우선 메모리 컨트롤러 IC 제품들이 선단 공정 고객으로 진입하고 있다. AI 서버 내 초고용량 eSSD 채택 비중이 확대되고 HBM의 I/O^{입출력}가 기하급수적으로 늘어남에 따라 이를 제어하는 메모리 컨트롤러의 스펙은 한계치까지 상향되고 있다. PCIe 세대별 속도는 2배씩 증가하고 있으며, PCIe 6.0부터는 PAM4$^{4-level\ Pulse\ Amplitude\ Modulation}$라는 새로운 인코딩 방식을 채택했다.

PAM4는 아날로그 변조와 디지털을 혼합해 전송 효율을 높이지만, 노이즈와 왜곡에 극도로 민감하다. 이를 극복하기 위한 선단 공정 적용과 발열 제어 기술이 칩셋 제조사의 핵심 경쟁력이 되었다.

이러한 흐름 속에 파이슨^{Phison}과 실리콘모션$^{Silicon\ Motion}$ 등 특화된 컨트롤러

기술을 보유한 기업들의 몸값이 천정부지로 치솟고 있다. 네트워크 칩도 삼성 파운드리의 첨단 고객군으로 편입되고 있다. AI 네트워크 기술 진화에 힘입어 관련 칩들은 가격P과 물량Q이 동시에 상승하는 이례적인 호황을 맞이했다. 그 중심에는 신호를 디지털로 재생성해 전송하는 리타이머$Retimer$가 있다.

기존 일반 서버 1대당 2개 이하로 탑재되던 리타이머는 최신 AI 서버 랙에 16~30개까지 대거 적용되고 있다. 과거 성숙 공정에서 생산되던 리타이머는 이제 AI 서버의 요구 성능을 맞추기 위해 7나노^{nm} 선단 공정으로 제작된다. 글로벌 선두 업체인 아스테라랩스는 AI 서버 침투율 증가에 힘입어 2025년 관련 매출 성장률이 전년 대비 100% 성장하는 기염을 토했다.

피지컬 AI의 성장도 첨단 파운드리에 상당한 기회를 제공한다. 지능이 육체를 입는 피지컬 AI 시장의 확산은 차량용 및 로봇용 반도체 시장의 문법을 완전히 바꾸어 놓았다. 과거 28나노 이상 성숙 공정에 머물던 차량용 반도체는 이제 강력한 인공지능 연산을 위해 선단 공정으로의 이주를 마쳤다.

자율주행 레벨 2에서 10 TOPS 수준이었던 연산 능력 요구치는 레벨 3 이상부터 30~60 TOPS 이상으로 급증했다. 20개 이상의 센서에서 쏟아지는 방대한 데이터를 처리하기 위해 자율주행의 두뇌인 SoC$^{System\ on\ Chip}$는 이제 데이터센터급 성능을 요구한다.

외부를 인식하고 즉각적으로 반응해야 하는 로봇용 SoC 역시 첨단 파운드리 신규 수요의 핵심이다. 테슬라가 삼성 파운드리에 의뢰한 2나노 공정의 AI6 칩은 자율주행, 로보틱스, 데이터센터를 모두 아우르는 '피지컬 AI의 통합 뇌'로 평가받고 있다. 2026년 시스템 반도체 시장은 스케일 업이라는 거대한 파

자율주행 레벨별 특징

단계	정의 및 특징	필요 연산 성능 추정	센서 데이터 수준
Level 1	보조적, 운전자 모든 책임	10 TOPS 미만	낮음(단독 카메라 + 센서)
Level 2	부분 자동화, 주행 보조	10 TOPS 018	중간(다수의 카메라 + 레이더)
Level 3	조건부 자동화	30~60 TOPS	급증(센서 퓨전)
Level 4	고도 자동화, 운전자 개입 불필요	100 TOPS 이상	고도화(카메라/LiDAR 탑재 증가)
Level 5	완전 자율화	1,000 TOPS 이상	실시간 AI, 연산 극대화

*자료: 언론보도 취합, 교보증권 리서치센터

Tesla 칩셋 세대별 특징

명칭	칩셋	공정 수준	파운드리
HW 10		40nm	STMicro
HW 2.0/2.5	Eve Q3	16nm	TSMC
HW 3.0	Drive PX2	14nm	Samsung
AI4	FSD	5nm	Samsung
AI5	FSD Beta(E)	3nm	TSMC/Samsung
AI6		2nm	Samsung

*자료: Tesla, 언론보도 취합, 교보증권 리서치센터

도를 타고 새로운 전성기를 맞이했다. 데이터의 통로를 제어하는 컨트롤러와 리타이머가 AI 가속기만큼이나 중요한 주도주로 부상했다. 차량과 로봇 등 하부 인프라까지 선단 공정2~7nm을 요구하게 되면서, 파운드리 시장의 전체 파이가 기하급수적으로 커지고 있다.

파운드리 시장의 절대 강자 TSMC는 기존 AI 가속기 고객 물량을 처리하느라 새로 뜨는 시장을 대응할 여유가 없다. 삼성 파운드리가 기술력만 더 강화한다면 무주공산이나 마찬가지인 상황이다.

AI 칩이 지능의 원천이라면 이를 연결하는 시스템 반도체는 AI가 흐르는 혈관이다. AI 네트워크 기술 진화가 가속화될수록 우리는 더 정교하고 더 강력한 '실리콘 혈관'을 위해 기꺼이 더 높은 비용을 지불하게 될 것이다.

선단 공정 쇼티지와 삼성 파운드리의 역습

절대 권력의 성벽에도 균열은 생긴다. TSMC라는 철옹성이 넘치는 수요를 감당하지 못해 비명을 지를 때 한동안 숨을 고르던 삼성 파운드리가 그 틈을 파고들기 시작했다. 이제 시장은 단순한 '대안'을 넘어, 2나노 GAA라는 새로운 무기를 든 삼성의 실력을 진지하게 시험하고 있다.

TSMC는 매년 설비투자CAPEX 금액을 30% 이상 늘리며 생산 능력을 확장하고 있지만, 인공지능AI 광풍이 몰고 온 수요의 파도는 그보다 훨씬 높다. 엔비디아, 애플, 퀄컴 등 초거대 고객사들의 물량이 TSMC의 팹Fab을 가득 채우면서, 신규 팹리스Fabless 업체들은 진입 장벽에 가로막혔다. 과거 28나노 이상의

성숙 공정에 머물렀던 SSD 컨트롤러, 리타이머, 전장용 SoC들이 AI 성능 향상을 위해 7나노 이하 선단 공정으로 대거 이동하고 있다.

현재 전 세계에서 7나노 이하 선단 공정을 제공할 수 있는 곳은 TSMC와 삼성 파운드리뿐이다. TSMC 대비 20~30% 저렴한 웨이퍼 단가는 가성비를 중시하는 팹리스들에게 거부할 수 없는 유혹이다.

삼성 파운드리가 지난 몇 년간의 부진을 털어낼 수 있었던 결정적 계기는 수율Yield의 안정화다. 한 때 고전했던 4나노 공정 수율이 80% 수준에 근접하며 안정 궤도에 올랐다. 이를 바탕으로 반도체 설계의 전설 짐 켈러의 텐스토렌트, 그록의 LPU 등 고성능 칩셋들이 삼성의 4나노 공정에서 태어나고 있다.

삼성의 진정한 역습 카드는 2나노 GAA 공정이다. 지난해 테슬라로부터 수주한 165억 달러약 22조 원 규모의 AI6 칩 생산 계약은 삼성의 선단 공정 신뢰도가 세계 최고 수준에 도달했음을 상징한다. 삼성 파운드리의 약진은 국내 시스템 반도체 생태계 전체에 강력한 낙수효과를 일으키고 있다. 특히 설계와 생산의 가교 역할을 하는 DSP와 검사 및 조립을 담당하는 OSAT가 그 중심에 있다.

과거 성숙 공정 지원에 그쳤던 DSP들이 이제는 AI 및 고성능 컴퓨팅HPC 애플리케이션의 최선단 공정 설계를 주도하고 있다. 칩이 미세화될수록 테스트 난도가 높아지며, 두산테스나와 같은 전문 테스팅 기업들의 밸류에이션 매력이 부각되는 구간이다.

TSMC, 삼성파운드리 노드별 예상 핵심 고객사

TSMC			삼성파운드리		
2nm~3nm	4nm~7nm	8nm~14nm	2nm~3nm	4nm~7nm	8nm~14nm
Apple	Apple	Nvidia	삼성전자	삼성전자	삼성전자
Nvidia	Nvidia	Marvell	Tesla	Tesla	Tesla
Google	Google	Intel	Ambarella	Baidu	Qualcomm
Intel	Intel	Mediatek		Google	BES
AMD	AMD	Qualcomm		Qualcomm	AMD
Mediatek	Mediatek				Baidu
Qualcomm	Qualcomm				
	Tesla				

*자료: 언론보도 취합, 교보증권 리서치센터

국내 시스템 반도체 밸류체인 핵심 기업

구분	주요 기업	핵심 모멘텀 및 수혜 내용
DSP(디자인하우스)	에이디테크놀로지	삼성 파운드리의 핵심 파트너. AI, HPC, 오토모티브 매출 본격화
	가온칩스 / 세미파이브	4나노 이하 최선단 공정 프로젝트 진행. ASIC 설계 지원 확대
	에이직랜드	TSMC 파트너에서 영역 확장. 국내외 AI 팹리스 수주 가시화
OSAT(후공정)	두산테스나	국내 1위 테스팅하우스. 삼성 파운드리 가동률 및 전장 물량 동행
	하나마이크론	삼성전자 및 SK하이닉스 후공정 외주화 확대 수혜

　삼성 파운드리의 부활은 단순한 일회성 호재가 아니라 글로벌 반도체 공급망의 멀티 파운드리 전략과 맞물린 구조적 변화다. 미국 내 공급망 구축 강화는 삼성에게 전략적 우위를 제공한다. 삼성의 수주 확대가 국내 DSP와 OSAT의 실적 개선으로 이어지는 K-반도체 선순환 구조가 안착되고 있다.

>>>> 삼성의 기술적 반격은 지정학이라는 거대한 조력자를 만났다. 기술이 준비되었을 때 지정학이 문을 열어준 것이다.

지정학: 기술 경쟁에서 지정학 경쟁으로

>> 성벽의 위치가 문제가 되었다. TSMC의 기술은 완벽하다. 그러나 그 완벽한 공장이 대만이라는 지정학적 화약고 위에 서 있다는 사실이 전 세계 공급망의 가장 큰 불안 요인이 되었다. 기술 경쟁은 이제 지정학 경쟁으로 확장되었다.

실리콘 방패를 불신하는 미국

국가 간의 우정은 영원하지 않지만, 국익의 결합은 견고하다. 대만은 미국에게 '지켜야 할 동맹'인 동시에 언제든 기술이 유출될 수 있는 '위험한 화약고'이기도 하다. 대만 해협은 세계 경제와 안보의 가장 예민한 신경계가 되었다. 대만 내부에는 "미국이 우리를 버릴지 모른다"는 방기의 공포와 "미국 없이는 생존할 수 없다"는 의존의 심리가 기묘하게 공존한다. 미국 역시 대만을 바라보는 시선이 차갑고도 정교하다.

미국에게 대만은 단순한 우방을 넘어 중국이라는 거인이 태평양으로 진출하는 것을 막는 가장 중요한 전략적 뚜껑Cork이다. 일본-대만-필리핀으로 이어지는 라인은 중국 해군을 동중국해에 가두는 물리적 장벽이다. 대만이 무너지면 중국의 핵잠수함은 아무런 제약 없이 괌과 하와이, 미 본토를 사정권에 두게 된다.

미국은 대만을 '대만 자체'를 위해 지키는 것이 아니다. 대만을 잃는 것은 미국 본토 안보의 최전선이 무너지는 것을 의미하기에 개입하는 것이다. 전 세계 첨단 반도체의 90%를 공급하는 TSMC는 대만의 생존을 보장하는 '실리콘 방패'다. 애플, 엔비디아, 테슬라의 칩은 물론 미국의 최첨단 군사 무기까지 TSMC 없이는 멈춘다. 중국이 이곳을 장악하거나 파괴할 경우 세계 경제는 1929년 대공황을 뛰어넘는 타격을 입게 된다.

미국은 이 인질을 뺏기지 않기 위해 개입하지만, 동시에 이 인질에 대한 의존도를 낮추기 위해 자국 내 반도체 공장인텔, 삼성, TSMC 애리조나 건설을 강하게 압박하는 이중적인 태도를 보인다.

"베트남이 될 것인가, 우크라이나가 될 것인가"

미국 조야가 대만을 바라보며 가장 우려하는 것은 '스스로 싸울 의지Will to fight'다. 지난 2021년 미군 철수와 동시에 무너진 아프가니스탄 정부군은 미국에게 깊은 상처를 남겼다. "스스로 싸우지 않는 나라는 돕지 않는다"는 바이든의 선언은 대만을 향한 강력한 경고였다. 미국은 대만이 탱크나 전투기 같은 외형적인 무기보다 중국의 상륙을 거부할 수 있는 비대칭 전력기뢰, 드론, 휴대용 미사일으로 무장하길 원한다. 즉, 중국군이 상륙했을 때 시가전을 불사하며 '피를 흘릴 각오'를 보여달라는 주문이다.

미국이 대만에 F-35 같은 최신예 무기를 팔지 않는 이유는 냉정하다. 바로 기술 유출에 대한 불신 때문이다. 대만군의 뿌리는 국민당친중 성향에 있다. 고위 장교들 사이에는 여전히 '우리는 중국인'이라는 정체성이 강하다. 퇴역 장성들이 중국 스파이에 포섭되는 사건도 빈번하다.

미국은 대만에 무기를 팔 때 핵심 소스코드를 암호화하거나 성능을 낮춘 '다운그레이드 모델'을 제공한다. 유사시 미군이 원격으로 장비를 제어하거나 먹통으로 만들 수 있는 안전장치를 거는 것이다. 대만 해협의 평화는 미국의 선의가 아니라 '억지력Deterrence'에 의해 유지된다. 미국은 대만이 우크라이나처럼 결사항전할 때만 전폭적인 지원이 가능하다는 메시지를 끊임없이 보낸다. 국민당이 집권하여 중국과의 밀착이 가속화될 경우 미국은 정보 공유 레벨을 낮추고 무기 판매 속도를 조절하는 등 즉각적인 리스크 관리에 들어갈 것으로 보인다.

결국 대만은 미국에게 "반드시 지켜야 할 요충지이지만, 완벽하게 믿을 수는 없는 딜레마"그 자체다. 이 비정한 국제정치의 체스판 위에서 한국 역시 반도체 공급망과 안보 전략의 '플랜 B'를 정교하게 설계해야 할 시점이다.

지정학적 균열과 삼성 파운드리의 안전 프리미엄

비즈니스의 세계에서 효율이 유일한 정답이었던 시대는 저물었다. 이제 글로벌 공급망의 최우선 가치는 생존과 보안이다. 미·중 갈등의 파고가 선단 공정을 넘어 범용 반도체까지 덮치면서, 대안을 찾는 전 세계 팹리스들의 시선은 자연스럽게 삼성 파운드리의 미국 내 요새테일러 팹로 향하고 있다.

미국의 대중국 반도체 수출 규제가 7나노 이하의 최선단 공정을 넘어 이제는 성숙 공정 수준까지 확장될 조짐을 보이고 있다. 이는 전 세계 테크 기업들에게 공급망의 탈중국화라는 거대한 과제를 안겨주었다. SMIC 등 중국 파운드리를 활용하던 글로벌 팹리스들은 설계 자산IP 보안과 생산 안정성을 보장받기 위해 비중화권 파운드리로 물량을 이전하고 있다. 파운드리부터 후공정 OSAT까지 완벽한 생태계를 갖춘 국내 반도체 밸류체인은 지정학적 위험을 회피하려는 기업들에게 가장 매력적인 '안전지대'로 부상했다.

지정학적 리스크 회피는 이제 고성능 AI 칩만의 이야기가 아니다. 전력 관리 반도체PMIC와 같은 범용 제품에서도 생산 기지 이전이 활발히 일어나고 있다. 세계적인 전력 반도체 기업인 모놀리식 파워 시스템MPS은 그동안 중국에서 주력 생산하던 물량을 삼성 파운드리로 이원화하기 시작했다. 이는 삼성 파운드리가 선단 공정뿐만 아니라 안정적인 수익을 보장하는 성숙 공정 시장에서도 지정학적 반사이익을 톡톡히 누리고 있음을 보여주는 대표적 사례다.

삼성 파운드리의 가장 강력한 무기는 미국 현지 공급망 구축에 있다. 텍사스주 테일러시에 건설 중인 신규 팹은 단순한 공장을 넘어 미국 고객사들과의 '심리적·물리적 거리'를 좁히는 핵심 기지다. 테일러 팹이 연내 가동을 시작할 것으로 예상됨에 따라 미국 내 생산을 선호하는 북미 팹리스들의 수주가 더욱 가속화될 전망이다. 미국 정부의 전폭적인 지원과 삼성의 미세 공정 기술력이 결합하여 '메이드 인 USA' 반도체를 원하는 고객사들에게 TSMC의 유일한 대안으로 자리매김하고 있다.

미국 내에서 선단 공정 파운드리를 제공할 수 있는 후보는 TSMC, 삼성, 인텔이다. 하지만 '파운드리 재건'을 선언한 인텔의 행보는 여전히 안갯속이다. 미국 정부의 전폭적인 지지를 받는 인텔이지만 야심 차게 준비한 18A$^{1.8나노급}$ 공정의 양산 검증이 지연되면서 시장의 의구심을 키우고 있다. 인텔의 칩 설계 부서조차 자사의 최첨단 CPU를 인텔 파운드리에 맡기지 못하고 TSMC를 활용하고 있다. 인텔 파운드리의 기술적 신뢰도가 아직 본 궤도에 오르지 못했음을 단적으로 보여준다.

2026년의 파운드리 비즈니스는 나노미터^{nm} 경쟁을 넘어 '지정학적 안전성'의 경쟁으로 확장되었다. 중국의 봉쇄와 인텔의 부진 사이에서 삼성 파운드리는 선단과 성숙 공정 모두를 아우르는 글로벌 공급망의 해결사로 거듭나고 있다.

TSMC에 쏠려 있던 팹리스들의 물량이 한국으로 유입되면서, 국내 시스템 반도체 생태계는 장기적인 호황의 기틀을 마련했다. 삼성은 미국 본토의 테일러 팹을 통해 지정학적 리스크를 수익으로 치환하는 연금술을 보여주고 있다.

성조기를 두른 실리콘, 인텔

미국 반도체의 심장부인 인텔^{Intel}을 둘러싸고 전례 없는 '국가 자본주의'식 재편이 일어나고 있다. 효율성만을 쫓던 자유 시장의 시대는 가고, 국가 안보와 공급망의 자립이 모든 논리를 압도하는 시대가 도래했다. 트럼프 행정부와 엔비디아. 그리고 애플이 얽힌 이 거대한 체스판은 인텔을 단순한 기업이 아닌 '미국 재건의 성지'로 탈바꿈시키고 있다.

파산 위기설까지 돌았던 인텔의 구원투수로 등판한 것은 다름 아닌 미국 정부와 'AI 제왕' 엔비디아였다. 트럼프 행정부는 인텔 지분 10%를 직접 인수하며 최대 주주로 올라섰다. 이는 반도체를 단순한 상품이 아닌 '전략 자산'으로 관리하겠다는 강력한 신호다. 미 연방거래위원회^{FTC}는 엔비디아가 인텔에 50억 달러를 투자해 지분 4%를 확보하는 안을 최종 승인했다. 양사는 이제 PC와 데이터센터용 CPU를 공동 개발하며, '윈텔Wintel' 시대에 이은 '엔텔Nventel' 시대의 서막을 열었다. 인텔의 차세대 공정인 18A¹·⁸나노급를 바라보는 빅테크들의 시선은 극명하게 엇갈리고 있다. 이는 인텔 파운드리가 마주한 '냉혹한 현실'과 '희망적 미래'를 동시에 보여준다.

엔비디아는 10% 수준의 낮은 수율 및 기술 신뢰 부족을 이유로 인텔과 18A 협력을 중단했다. 트럼프 행정부를 의식한 듯 14A 협력 가능성은 열어뒀다. 애플은 인텔과 18A 공정 공동 개발 및 양산 계약을 밀어붙였다. '메이드 인 USA' 정책을 지지하는 동시에 공급망 다변화를 위해서다. 2027년 2~3분기 M시리즈 칩이 인텔 18A 공정으로 출하될 전망이다. 즉, 엔비디아에게 18A는 '도박'이었지만, 애플에게는 '보험'이었다. 최첨단 수율이 생명인 AI 가속기 시장과 달리 맥북용 M 프로세서라는 확실한 물량을 가진 애플은 인텔을 TSMC의 강력한 '세컨드 파운드리'로 키우려는 장기 포석을 둔 것이다.

인텔은 시장의 불신을 씻어내기 위해 사활을 걸고 있다. 18A의 시행착오를 밑거름 삼아 진정한 승부처인 14A¹·⁴나노로 시선을 옮기고 있다. 인텔은 18A 수율이 매달 7%p씩 개선되고 있으며, 연말에는 양산 안정권인 70%에 도달할 것이라고 자신하고 있다. 인텔은 차세대 노광 장비인 High NA EUV를 가장 먼저 확보하며 14A 공정2027년 후반 양산에서 TSMC와 삼성을 압도하겠다는 전략이다. 애플 역시 이 14A 공정의 핵심 고객사가 될 가능성이 매우 높다.

올 하반기 인텔 파운드리는 비록 엔비디아라는 큰 형님을 잠시 잃었지만, 애플이라는 거대한 우군을 얻으며 부활의 발판을 마련했다. 기술력보다 국적이 중요해진 시대, 인텔은 미국 내에서 칩을 찍어낼 수 있는 유일한 대안이라는 강력한 해자를 보유하게 되었다. 애플의 M 시리즈 프로세서연간 2,000만 개 물량은 인텔 파운드리의 가동률을 지탱하고, 다른 팹리스 고객들의 신뢰를 얻는 결정적인 레퍼런스가 될 것으로 보인다.

과거의 인텔이 '속도'로 세상을 지배했다면, 미래의 인텔은 '영토'로 살아남을 것으로 보인다. 18A에서 70% 수율을 증명해내고 애플의 M 칩이 인텔 팹에서 무사히 굴러 나오는 순간, 인텔은 '추락한 거인'에서 '부활한 국가대표'로 그 위상을 완벽히 회복할 것이다.

CoWoS의 병목을 넘는 인텔의 EMIB 역습

AI라는 거대한 제국은 TSMC가 설계한 CoWoS라는 좁은 문을 통과해야만 완성된다. 하지만 그 문이 너무 좁아 전 세계가 줄을 서서 기다려야 한다면, 누군가는 성벽을 넘을 새로운 사다리를 놓기 마련이다. 인텔은 'EMIB'라는 정교한 실리콘 다리를 통해 TSMC가 독점해온 첨단 패키징의 요새에 균열을 노리고 있다.

AI 혁명의 심장부에는 GPU와 HBM을 하나로 묶어내는 TSMC의 CoWoS 기술이 있다. 엔비디아를 필두로 자체 AI 가속기를 설계하는 모든 빅테크 기업들이 이 기술에 매달리면서 CoWoS는 사실상 업계의 표준으로 자리 잡았다. 첨단 패키징 없이는 고성능 AI 칩 생산이 불가능한 구조적 특징 때문에 TSMC의 위상은 더욱 공고해졌다.

하지만 아이러니하게도 TSMC의 패키징 생산 능력이 수요를 따라가지 못하면서, 전 세계 AI 인프라 산업은 심각한 공급 부족이라는 'CoWoS의 늪'에 빠져버렸다. 이 틈을 타 인텔은 자사의 독자적인 패키징 기술인 EMIB^Embedded Multi-die Interconnect Bridge를 무기로 시장의 판도를 바꾸려 한다. TSMC가 비싼 '실리콘 인터포저'라는 거대한 판 위에 모든 칩을 올리는 방식이라면, 인텔은 칩과 칩이 연결되는 지점에만 아주 작은 실리콘 다리^Bridge를 심는 방식을 취한다.

거대한 판 전체를 실리콘으로 채울 필요가 없어 재료비가 획기적으로 줄어든다. 필요한 부분만 연결하므로 칩 설계의 자유도가 높고, 패키징 크기를 최

첨단 패키징 기술 비교: CoWoS vs EMIB

구분	TSMC CoWoS	인텔 EMIB
연결 방식	거대한 실리콘 인터포저 기반	미세한 실리콘 브릿지 매립
비용 효율성	높음(인터포저 비용 과다)	매우 높음(필요 부분만 사용)
공급 안정성	현재 심각한 병목 상태	공급망 다변화 및 미국 내 생산 가능
주요 고객	엔비디아, 애플, AMD 등	AWS, 시스코(검토 중) 등

적화하는 데 유리하다는 평가다.

빅테크 기업들의 공급망 의사결정에는 기술력만큼이나 지정학적 리스크가 핵심 변수로 작용한다. 인텔은 '메이드 인 USA'와 글로벌 거점을 결합한 안정성을 세일즈 포인트로 내세우고 있다. 미국 뉴멕시코주의 팹9과 말레이시아 페낭 공장을 잇는 견고한 공급망을 통해 생산 안정성을 확보했다. 미국 본토에서 설계부터 제조, 최종 패키징까지 한 번에 처리할 수 있다는 점은 대만의 지정학적 불안을 회피하려는 애플, 퀄컴, AWS, 시스코와 같은 기업들에게 강력한 유인책이 된다.

인텔은 첨단 패키징 사업을 수조 원대 규모로 키우겠다는 야심을 숨기지 않고 있다. TSMC의 공급 지연에 지친 하이퍼스케일러들에게 인텔의 EMIB는 단순한 선택지가 아닌 생존의 돌파구가 되고 있다. 패키징 기술이 반도체 성능을 결정짓는 핵심 요소가 되면서, 이를 보유한 파운드리만이 AI 시대의 진정한 갑이 될 수 있다. 칩을 엮는 방법은 하나가 아니다. TSMC가 '거대한 대지Interposer'를 제공한다면 인텔은 '정교한 다리Bridge'를 놓아 목적지에 도달하게 한다. 첨단 패키징 시장은 기술의 효율과 지정학적 안보가 교차하는 거대한 체스판으로 변모했다.

>>>> 파운드리가 칩을 만들면, 누가 그 칩을 운용하는가. 성벽 안에서 만들어진 칩은 이제 새로운 생태계로 흘러간다. 그 생태계의 이름은 클라우드다.

기업 분석: 빅테크

TSMC^{TSM.US}

TSMC는 파운드리 전쟁의 심판자다. 기술과 패키징과 가격 결정력을 모두 쥔 이 기업은 이제 AI 인프라의 조종실이 되었다. 투자자들이 주목해야 할 것은 주가가 아니라 이 기업이 쏟아붓는 560억 달러의 낙수 효과가 어디로 흐르는가다.

　TSMC는 교과서적인 파운드리^{반도체 수탁 생산}의 정석이자 전 세계 AI 및 고성능 컴퓨팅 ^{HPC} 산업의 심장부와 같은 기업이다. 선단 공정^{3nm 등}의 압도적 기술력을 바탕으로 시장 기대치를 뛰어넘는 수익성과 가파른 성장세를 증명하며 '어나더 레벨'의 지위를 공고히 하고 있다.

1. 사업별 및 공정별 매출 비중

*플랫폼별 매출(4Q25 기준)

*스마트폰: 전분기 대비 11% 증가하며 견조한 수요를 증명했다.

*고성능 컴퓨팅^{HPC}: 전분기 대비 4% 성장했으며, AI 가속기 수요의 핵심 축이다.

*공정 기술별 매출 비중:

*3nm^{최첨단}: 전체 매출의 28%까지 확대되었습니다 ^{전분기 대비 매출 26.7%} 급증.

*5nm: 3nm로의 전환 영향으로 매출이 3% 소폭 감소했다.

*7nm 이하 선단 공정: 전체 매출의 약 70~80%를 차지하는 핵심 수익원이다.

2. 주요 투자 포인트(Investment Points)

*AI 수요의 폭발적 성장: AI 가속기 관련 매출의 중장기 성장률^{CAGR} 전망치를 기존 40%에서 50% 중후반으로 대폭 상향했다.

*강력한 자신감의 증거, CAPEX: 2026년 시설투자^{CAPEX} 계획을 520억~560억 달러

로 설정, 전년 대비 32% 확대하며 차세대 공정 주도권을 선점하려 한다.

*2㎚ 공정 양산 개시: 2026년은 차세대 2nm 공정이 본격적으로 시작되는 시기로, 기술 격차를 더욱 벌릴 것으로 기대된다.

3. 리스크 요인(Risks)

*증설 비용 부담: 공정이 미세화될수록2㎚ 이하 증설에 소요되는 비용이 급증하고 있어 이에 따른 자본 지출 부담이 존재한다.

*지정학적 리스크: 보고서에 명시되진 않았으나 대만 내 생산 집중도에 따른 지정학적 불확실성은 항상 따라다니는 변수다.

*밸류에이션 부담: 주가가 신고가를 경신하며 P/E가 25배 수준까지 상승했으나 이익 전망치가 상향 조정되면서 실제 부담은 완화되는 추세다.

4. 고객사별 매출 비중

*Apple: 최대 고객사로, 전체 매출의 약 20~25%를 차지한다.아이폰용 A시리즈 및 Mac용 M시리즈 칩

*NVIDIA: AI 열풍의 주역으로 매출 비중이 급격히 상승해 10~15% 수준에 도달한 것으로 추정된다.

*AMD, 퀄컴, 브로드컴: 각각 5~10% 내외의 비중을 차지하는 주요 팹리스 고객사들이다.

인텔INTC.US

인텔은 파운드리 전쟁에서 가장 극적인 반전을 노리는 기업이다. 기술의 열세를 국적으로 만회하고, 애플이라는 거대한 우군을 얻으며 부활의 발판을 마련했다. 메이드 인 USA라는 지정학적 해자가 이 기업의 가장 강력한 무기가 되었다.

인텔은 전통적인 PC 및 서버용 CPU 시장의 강자로 최근 인공지능AI 반도체 수요 대응과 파운드리반도체 위탁생산 사업 확장을 통해 재도약을 노리는 통합 반도체 기업IDM이다. 현재는 18A 등 최선단 공정 양산과 AI 사이클 수혜를 입고 있으나 공급 부족과 수익성 악화라는 과제를 동시에 안고 있다.

1. 사업부별 매출 비중(4Q25 GAAP 기준)

전체 매출연결 조정 전 합산 기준에서 각 사업부가 차지하는 비중은 다음과 같다.

*Client Computing Group^{CCG}: 약 81.9억 달러 PC용 CPU 등.

*Data Center and AI^{DCAI}: 약 47.4억 달러 서버용 CPU 및 AI 가속기.

*Intel Foundry: 약 45.1억 달러 외부 고객 및 내부 물량 위탁 생산.

*기타 사업부: 약 5.7억 달러.

2. 투자 포인트(Investment Points)

*AI 수혜 본격화: 일반 서버에도 AI 수혜가 반영되면서 DCAI 부문 매출이 전분기 대비 15% 급증했다.

*최선단 공정 양산: 파운드리 부문에서 Intel 18A$^{1.8㎚급}$ 공정 제품의 양산이 개시되었다.

*신규 고객 확보 기대: 2026년 말까지 14A 공정 등 주요 파운드리 고객사들의 결정이 예정되어 있어 추가 성장의 발판이 될 수 있다.

3. 리스크 요인(Risks)

*공급 부족 지속: 서버 CPU 공급을 우선시하며 PC용 수요에 충분히 대응하지 못하고 있으며, 1Q26에도 공급 부족 해소가 어려울 전망이다.

*수익성 희석: 선단 공정^{18A} 도입에 따른 고정비 부담과 장비 투자 확대로 인해 매출총이익률이 위축되고 있다.

*과도한 밸류에이션: 현재 주가는 12개월 선행 P/E 73.5배 수준으로, 과거 평균을 크게 웃도는 상상 초월의 프리미엄에 거래되고 있다는 경고가 있다.

4. 고객사별 매출 비중 및 현황

*PC 제조사: 델^{Dell}, HP, 레노버^{Lenovo} 등 주요 OEM 사들이 Client Computing 부문의 핵심 고객이다.

*클라우드/데이터센터: AWS, 마이크로소프트^{Azure}, 구글 등 빅테크 기업들이 AI 및 서버용 칩의 주요 수요처다.

*파운드리: 최근 엔비디아^{NVIDIA}로부터 50억 달러 규모의 보통주 매각 등을 통해 전략적 협력을 강화하고 있으며, 신규 파운드리 고객 확보에 주력하고 있다.

5. 국내 및 글로벌 경쟁사 현황

*SK하이닉스: 2025년 AI 메모리^{HBM} 붐에 힘입어 인텔을 제치고 글로벌 반도체 매출 순

위 3위에 올라섰다. 2026년에도 사상 최대 영업이익이 기대되는 상황이다.

*삼성전자: 파운드리 시장에서 인텔 18A 공정과 삼성의 2nm 공정이 치열하게 경쟁 중이다. 메모리 분야에서는 HBM 시장 1위 탈환을 노리며 인텔과 서버 시장에서 긴밀히 협력하고 있다.

*글로벌 경쟁: CPU 시장에서는 AMD와, AI 가속기 및 파운드리 부문에서는 엔비디아, TSMC와 각축전을 벌이고 있다.

AMD^{AMD.US}

AMD는 파운드리 전쟁에서 가장 영리한 포지션을 잡았다. 직접 싸우는 대신 하이브리드 본딩이라는 기술적 혁신으로 인텔의 시장을 잠식하며 데이터센터의 두 번째 강자로 올라섰다. 팹리스로서 TSMC와 삼성을 동시에 활용하는 멀티 파운드리 전략의 최대 수혜자다.

　　AMD는 고성능 컴퓨팅 및 그래픽 반도체 설계 전문 기업이다. 전 세계 데이터센터와 PC　시장에서 인텔^{CPU} 및 엔비디아^{GPU}와 치열하게 경쟁하는 선도 업체다. 특히 최근에는 'MI' 시리즈를 앞세운 AI 가속기와 'EPYC' 서버용 CPU를 통해 데이터센터향 AI 인프라 시장에서 강력한 성장세를 이어가고 있다.

1. 사업별 매출 비중(4Q25 기준)

*Data Center^{52%}: AI 가속기^{MI350} 및 서버 CPU^{EPYC} 매출 호조.

*Client & Gaming^{38%}: 데스크탑/노트북용 라이젠 CPU 및 게임 콘솔용 칩.

*Embedded^{9%}: 테스트, 계측, 항공우주향 제품군.

2. 주요 투자 포인트(Investment Points)

*차세대 AI 가속기 출시: 2026년 3분기 MI450 출시가 예정되어 있으며, 이를 통해 2026년 데이터센터향 매출이 전년 대비 60% 이상 성장할 것으로 보인다.

*AI 인프라 로드맵: 2026년 'Venice'^{서버용 CPU}와 'MI400 시리즈'^{GPU} 등 매년 강력한 신제품 출시 주기를 유지하고 있다.

*전방산업의 고른 회복: Client 부문의 라이젠 CPU 판매가 40% 이상 급증하며 PC 시장 점유율을 확대하고 있다.

3. 리스크 요인(Risks)

*이익률 희석 우려: 신제품**MI450** 출시 초기 비용과 엔비디아와의 점유율 경쟁을 위한 저가 공급 전략으로 인해 매출총이익률**GPM** 개선이 지연될 우려가 있다.

*경쟁 심화: 엔비디아의 압도적 시장 점유율과 하이퍼스케일러**빅테크**들의 자체 칩 개발이 잠재적 위협이다.

4. 주요 고객사 및 비중

*빅테크: 마이크로소프트, 메타, 오라클, 구글 등이 AMD의 AI 가속기**MI300 시리즈**와 EPYC CPU의 주요 구매자다. 특히 메타와 마이크로소프트는 AMD AI 칩의 최대 고객사로 알려져 있다.

*클라우드/서버: AWS, Azure, Google Cloud 등 주요 클라우드 서비스 제공업체**CSP**.

5. 국내 경쟁사 및 협력 현황

국내에는 AMD와 직접적으로 x86 CPU나 하이엔드 GPU에서 경쟁하는 기업은 없다. 다만 AI 반도체**NPU** 분야에서 경쟁 및 협력이 공존한다.

*직접 경쟁 AI 칩: 리벨리온**Rebellions**, 퓨리오사AI**FuriosaAI** 등 국내 AI 반도체 스타트업들이 특정 추론 영역에서 AMD 가속기와 경쟁한다.

*간접 경쟁 및 협력: 삼성전자는 자체 AI 칩마하-1 등을 개발하며 경쟁하는 동시에 AMD에 HBM**고대역폭메모리**을 공급하고 파운드리 협력을 논의하는 주요 파트너다. SK하이닉스 역시 AMD의 핵심 HBM 공급사다.

애플**AAPL.US**

애플은 파운드리 전쟁에서 가장 조용한 게임 체인저다. TSMC의 최우선 고객에서 인텔의 전략적 파트너로 역할을 확장하며 공급망 다변화를 완성해가고 있다. 실리콘 자급자족이라는 장기 목표를 향해 조용하지만 확실하게 움직이고 있다.

애플은 아이폰, 맥, 아이패드 등 하드웨어와 강력한 생태계를 기반으로 한 서비스 사업을 영위하는 글로벌 선도 정보기술**IT** 기업이다. 전 세계 25억 대 이상의 활성 기기를 바탕으로 하드웨어 중심에서 고마진 서비스 수익 모델로 성공적인 전환을 이루어냈다.

1. 사업부문별 매출 비중 및 추이

*아이폰iPhone: 매출액 852억 6,900만 달러로 전체 매출의 약 59.3%를 차지하며 성장

을 견인했다.

*서비스Services: 매출액 300억 1,300만 달러로 전체의 20.9% 비중을 차지하며, 역대 최대 실적을 달성했다.

*웨어러블/기타: 매출액 114억 9,300만 달러로 전년 대비 2.2% 감소했다.

*맥Mac: 매출액 83억 8,600만 달러로 전년 대비 6.7% 감소하며 모델 예측치를 하회했다.

*지역별: 특히 중국 지역 매출이 전년 대비 37.9% 급성장하며 강력한 수요를 입증했다.

2. 투자 포인트(Investment Points)

*기록적인 수요: 아이폰 17 시리즈 등 주력 제품에 대한 수요가 전례 없는 수준으로 증가하고 있다.

*수익성 개선: 서비스 부문 매출총이익률이 76.5% 에 달해 전체 마진 향상을 이끌고 있다.

*주주 환원: 분기 중 540억 달러의 영업 현금 흐름을 창출하여 주주들에게 320억 달러를 환원했다.

*시장 지배력: 2025년 기준 세계 1위 스마트폰 업체로 도약하며 프리미엄 시장 점유율을 확대하고 있다.

3. 리스크 요인(Risks)

*성장 불균형: 맥Mac 및 웨어러블 부문의 매출 감소세가 지속되고 있다.

*밸류에이션 부담: 현재 주가수익비율PER은 30.1배로 과거 평균29.5배보다 높은 수준이다.

*비용 상승: 2026년 반도체 메모리 부족 및 가격 급등으로 인한 생산 원가 압박이 예상된다.

*혁신 비판: Siri 2.0 등 AI 통합 전략의 성과가 시장 기대치에 미치지 못할 경우 경쟁력이 약화될 우려가 있다.

4. 고객사 및 경쟁사 현황

*고객사 비중: 애플은 수억 명의 개인 소비자에게 직접 판매하거나 통신사를 통해 유통하므로 특정 기업 고객에 대한 의존도는 낮다.

*국내 경쟁사(삼성전자)

• 2025년 연간 스마트폰 생산량 기준, 애플과 삼성전자는 각각 약 2억 4,000만 대를 기록하며 세계 1위를 다투고 있다.

*삼성전자는 갤럭시 S/Z 시리즈로 프리미엄 시장에서 대응 중이나, 출하량 성장률4.6% 면에서 애플10%에 다소 밀리는 양상이다.

*공급망 관계: 삼성디스플레이, LG이노텍 등 국내 주요 IT 기업들은 경쟁 관계인 동시에 애플의 핵심 부품 공급사로서 긴밀한 협력 관계를 유지하고 있다.

에스앤에스텍

에스앤에스텍은 파운드리 전쟁에서 가장 중요한 소재를 공급하는 숨은 강자다. 노광 공정의 핵심 소재인 블랭크 마스크와 EUV 펠리클을 공급하는 이 기업 없이는 삼성과 TSMC의 2나노 공정도 돌아가지 않는다.

　에스앤에스텍은 반도체 및 디스플레이 노광 공정의 핵심 소재인 블랭크 마스크를 국내 최초로 국산화하여 양산에 성공한 글로벌 반도체 소재 전문 기업이다. 현재 기존 광학 마스크 시장에서의 안정적인 지위를 바탕으로 차세대 반도체 공정인 EUV극자외선용 블랭크 마스크 및 펠리클 사업으로 영역을 확장하며 성장을 가속화하고 있다.

1. 사업 및 고객사별 매출 비중

*주요 제품: 반도체 및 디스플레이용 블랭크 마스크.

*지역별 비중: 해외 매출 비중이 약 70%에 달하며 글로벌 시장 중심의 사업 구조를 가지고 있다.

*고객사 현황: 국내외 약 30여 개 이상의 고객사를 보유하고 있으며, 삼성전자와 SK하이닉스를 포함한 글로벌 반도체/디스플레이 제조사들이 주요 타깃이다.

2. 주요 투자 포인트(Investment Points)

*EUV 시장 진출: 2025년 10월 용인 EUV 센터를 준공하였으며, 차세대 고부가가치 제품인 EUV 펠리클 및 블랭크 마스크의 양산을 준비 중이다.

*기술 경쟁력: 국내외 총 236건의 특허를 보유하고 있으며, ArF 대비 파장이 1/14에 불과한 EUV 노광 기술에 필수적인 소재 기술을 선점하고 있다.

*수익성 개선: 고성능High-End 제품 비중 확대와 EUV 제품 상용화 시 추가적인 이익률 상승이 기대된다.

3. 리스크 요인(Risks)

*EUV 양산 시점의 불확실성: EUV 관련 제품은 최종 양산을 위한 검사 장비 투자와 고객사 인증 단계에 있어, 실제 매출 발생 시점에 변동성이 존재할 수 있다.
*업황 변동성: 반도체 및 디스플레이 전방 산업의 경기 변화에 따라 매출이 영향을 받을 수 있다.

4. 국내외 경쟁사 현황
*국내 경쟁사: 에프에스티FST가 EUV 펠리클 분야에서 경쟁하고 있으나 블랭크 마스크 분야에서는 에스앤에스텍이 독보적인 국산화 지위를 유지하고 있다.
*글로벌 경쟁사: 블랭크 마스크 시장에서는 일본의 호야Hoya, 아사히글라스AGC 등이 강력한 경쟁자이다. EUV 펠리클의 경우 네덜란드의 ASML이나 일본의 미쓰이화학과 기술 및 점유율 경쟁을 벌이고 있다.

에프에스티
에프에스티는 파운드리 전쟁의 가장 날카로운 창끝에 있는 소재 기업이다. 세계 최초로 2세대 CNT EUV 펠리클 양산 준비를 마친 이 기업은 삼성 파운드리의 2나노 반격을 가능하게 하는 결정적 부품을 공급한다.

에프에스티는 반도체 핵심 소모품인 펠리클Pellicle과 온도 조절 장비인 칠러Chiller 분야의 강자다. 최근 세계 최초로 2세대 CNT탄소나노튜브 EUV 펠리클 및 관련 검사 장비의 양산 준비를 마친 기업이다. 삼성전자의 주요 협력사이자 지분 투자처로서 차세대 EUV 공정의 필수 인프라를 독점적으로 공급하며 실적의 질적 성장이 기대되는 EUV 생태계의 핵심 리더로 평가받는다.

1. 사업별 매출 비중
*전통 사업: 과거 기준 칠러 장비약 55%와 ArF/KrF 펠리클약 38%이 주력 매출원이다.
*신규 사업EUV: 현재는 인프라 장비EPMD, EPIS 위주로 매출이 발생하기 시작했다. 향후 CNT 펠리클 양산 시 단가가 기존 대비 2배 이상6000만 원 이상 높아 매출 비중이 급격히 확대될 예정이다.

2. 핵심 투자 포인트(Investment Points)
*CNT 펠리클 독점력: 핀란드 Canatu와 독점 상업 생산 라이선스를 체결해 현재 전 세

계에서 2세대 CNT EUV 펠리클을 상업 생산할 수 있는 유일한 기업이다.

*압도적 기술 우위: 기존 1세대MeSi 대비 투과율98%이 높고 500W 이상의 고출력High NA EUV에서도 내구성이 강해 삼성전자 테일러 팹 도입이 확정되었다.

*삼성전자 테일러향 수혜: 테슬라의 A15/A16 칩 양산 라인에 에프에스티의 장비EPMD, EPIS와 펠리클 도입이 필수적이며, 이미 장비 PO발주를 확보했다.

3. 리스크 요인(Risks)

*재무 건전성: 2024년 기준 부채비율이 107.3%로 상승했으며, 차입금 비중87.4%이 높아진 점은 부담 요인이다.

*양산 지연 가능성: 2026년 3Q 시양산, 4Q 본격 양산 계획이 있으나 고객사의 공정 스케줄 변동에 따라 시점이 달라질 수 있다.

4. 고객사 및 경쟁사 현황

*주요 고객사: 삼성전자지분 7.01% 보유가 최대 고객이며, 테슬라, 애플, 퀄컴 등 북미 파운드리 고객사들이 잠재적 수요처로 확보되어 있다.

*국내 경쟁사: 에스앤에스텍SNS Tech이 EUV 펠리클 분야의 주요 경쟁사이나 에프에스티는 CNT 소재와 인프라 장비를 동시 공급하는 패키징 전략에서 차별화된다.

*글로벌 경쟁사: 현재 시장의 90%를 점유한 일본의 미츠이 케미컬이 있으나 이들은 아직 1세대 제품에 머물러 있어 2세대 CNT 시장에서는 에프에스티가 선점 우위에 있다.

CHAPTER 5

AI 네트워크와 기판

>>> AI가 무거워질수록 혈관은 더 굵어져야 한다. 뇌GPU가 아무리 천재적이어도 신호를 전달할 신경망이 좁다면 지능의 발현은 제한된다. 이 챕터는 지능을 실어나르는 혈관이 어떻게 진화하고 있는지, 그리고 그 혈관을 만드는 기업들이 어떻게 AI 제국의 새로운 주인공이 되었는지를 추적한다.

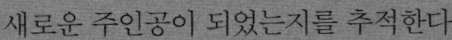
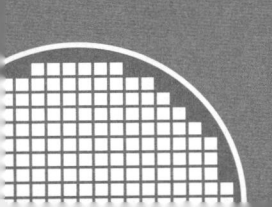

혈관의 첫 번째 위기:
AI 트래픽의 폭발

>> AI가 무거워지면서 기존 혈관이 좁아지기 시작했다.

지능형 화물의 시대: AI 트래픽의 구조적 변화

데이터센터의 깊은 지하에서 AI가 연산된다고 해서 그 지능을 나르는 길이 한산해지는 것은 아니다. 오히려 AI가 무거워질수록 데이터를 실어나르는 '디지털 혈관'은 더 높은 압력과 더 넓은 직경을 요구한다. 이제 데이터는 단순한 정보 조각이 아니라 거대한 물리적 실체를 가진 '지능형 화물'이 되었다.

과거 AI와의 대화는 가벼운 편지 한 통을 주고받는 수준이었다. 하지만 생성형 AI의 결과물이 멀티미디어로 진화하면서 데이터의 무게감이 근본적으로 달라졌다. 사용자가 텍스트 몇 줄로 명령을 내려도 클라우드에서 생성된 결과물은 수백 MB에 달하는 4K 고화질 영상이나 고해상도 이미지다. 비디오 생성 AI 앱 사용자의 월평균 데이터 사용량은 이미 500MB를 상회한다. 데이터센터에서 연산을 끝냈더라도 '지능의 결과물'을 사용자의 기기로 배달하는 과정에서 통신망의 다운로드 트래픽은 폭발적으로 늘어날 수밖에 없다.

전통적인 인터넷 환경에서 사용자는 데이터를 '소비다운로드'하는 주체였다. 하지만 멀티모달 AI 시대에는 사용자가 AI에게 '재료데이터'를 끊임없이 공급해야 한다. 일반적인 앱의 업로드 비중은 약 10% 내외였으나 AI 앱은 사용자의 시각사진/영상과 청각음성을 실시간으로 전송해야 하기에 그 비중이 26~29%까지 치솟았다. 스마트 글래스나 AI 핀 같은 기기는 사용자가 보고 듣는 모든 맥락을 실시간 비디오 스트림으로 클라우드에 쏘아 올린다. 데이터센터가 똑똑해지기 위해서는 사용자의 일상을 실시간으로 '업로드'해야 하는 구조적 필연성이 발생한다.

로봇과 자율주행차로 대변되는 피지컬 AI는 통신망에게 가장 가혹한 고객이다. 이들은 질문하고 답을 기다리는 대화형이 아니라 끊임없이 신호를 주고받는 생존형 통신을 요구한다. 현장을 누비는 로봇들은 라이다LiDAR, 고해상도 카메라 등 수십 개의 센서가 수집한 환경 데이터를 1초도 쉬지 않고 데이터센터로 보낸다. 데이터센터에서 계산된 제어 명령은 다시 로봇으로 수 밀리초 이내에 도달해야 한다. 수백만 대의 디바이스가 24시간 내내 클라우드와 고용량 데이터를 주고받는 '상시 연결 스트리밍' 구조는 통신망 부하를 임계점까지 밀어붙인다.

사용자 대신 일을 처리하는 에이전틱 AI는 수면 아래에서 엄청난 트래픽을 만들어낸다. 사용자가 "여행 일정을 짜줘"라는 짧은 요청을 보내면, AI 에이전트는 수백 개의 사이트를 스크래핑하고 API 통신을 주고받으며 지도와 이미지를 대조한다. 비록 상당수가 클라우드 간 통신이라 할지라도 최종 결과를 사용자 기기와 실시간으로 동기화하고 화면을 렌더링하는 과정에서 모바일 네트워크 트래픽은 기하급수적으로 증가한다.

2026년의 네트워크 트래픽 폭증은 일시적 현상이 아닌 '지능의 고도화'에 따른 구조적 변화다. 데이터센터의 연산력만큼이나 그 데이터를 실어나를 광통신 장비와 고속 네트워크 인프라의 가치가 재평가되고 있다. 모든 데이터를 클라우드로 보낼 수 없기에 현장에서 데이터를 즉시 처리하는 에지Edge 인프라로의 분산 투자가 가속화될 수밖에 없다. 결국 지능은 길을 따라 흐른다. 아무리 뛰어난 뇌를 가졌더라도 그 신호를 전달할 신경망Network이 좁다면 지능의 발현은 제한될 수밖에 없다.

AI 데이터 고속도로의 설계자들

AI 혁명은 새로운 단계로 접어들었다. 초창기에는 누가 더 많은 GPU를 확보하느냐는 양적 전쟁이었다면, 지금은 수십만 개의 칩을 어떻게 하나의 유기체처럼 연결하느냐는 AI 네트워크 기술이 더 중요해졌다.

AI 데이터센터 내에서 GPU 클러스터가 1000배 커질 때 네트워크 수요는 5000배로 폭증한다. AI 인프라 구축 비용에서 네트워크 비중이 과거보다 가파르게 증가하는 구조적 이유다. AI 모델이 거대화되면서 수만 개의 GPU가 병렬로 연결된 'AI 팩토리'가 표준이 되었다. 하지만 기존의 구리 배선은 전송 속도가 높아질수록 발열이 급증하고 신호는 감쇄되는 물리적 임계점에 도달했다.

전기 신호 전송이 고속도로 위의 화물 트럭이라면, 광통신은 비행기 특송이다. 전송 속도는 압도적이지만 문제는 '공항전기-광 변환 장치'의 효율이다. 800G를 넘어 1.6T테라비트 환경으로 진입하면서, 이 변환 과정에서 발생하는 전력 소모와 노이즈를 줄이는 것이 AI 인프라의 최대 난제가 되었다. 기존에는 광트랜시버를 서버 외부에 플러그처럼 꽂았다. 하지만 데이터 속도가 너무 빨라지자 칩에서 트랜시버까지 가는 짧은 구리선조차 병목의 원인이 되었다. CPOCo-Packaged Optics는 광학 엔진을 반도체 패키지 내부, 즉, 연산 칩 바로 옆에 배치하는 기술이다. 엔비디아의 분석에 따르면 1.6T 네트워크에서 CPO를 도입할 경우 링크 전력 소모를 30W에서 9W로 약 70% 절감할 수 있다.

TSMC는 이종집적 기술인 SoIC를 활용해 광학 칩PIC과 전기 칩EIC을 하나로 통합하는 COUPE 솔루션을 2025년 하반기부터 양산에 적용했다. 이는 단순한 부품 공급을 넘어 광반도체 플랫폼의 탄생을 의미한다. 반도체 패키지 크기가 $100 \times 100 mm^2$ 이상으로 거대해지는 '빅 칩Big Chip' 시대가 열리면서 지난 40년간 표준이었던 유기플라스틱 기판의 한계가 명확해지고 있다.

플라스틱 기판은 열에 약해 휘어짐Warpage이 발생하고, 표면이 거칠어 미세 회로를 그리기에 부적합하다. 반면 유리는 다음과 같은 압도적 우위를 점한다. 열팽창계수가 낮아 거대 패키지에서도 휘어짐이 거의 없다. 표면이 매끄러워 2마이크로미터㎛ 이하의 초미세 회로를 구현할 수 있다. 신호 손실은

40% 줄이고, 전력 효율은 30~50% 개선할 수 있다. 유리기판의 핵심은 단단하고 부서지기 쉬운 유리에 수만 개의 미세한 구멍을 뚫어 전기를 통하게 하는 TGV^Through Glass Via 공정이다. 레이저로 유리 구조를 미세하게 변형시킨 후 화학 용액으로 씻어내는 기술이 주류로 부상했다.

이 거대한 전환기에 강력한 지배력을 행사하는 기업은 엔비디아뿐 아닌 브로드컴과 마벨테크놀로지도 포함된다. 네트워크 스위치 칩 시장의 80%를 점유한 브로드컴은 이제 토마호크6를 앞세워 AI 데이터센터의 중앙 관제소 역할을 하고 있다. 광통신과 ASIC 설계 역량을 결집한 마벨은 2026년 1월 전 제품 가격 인상을 단행하며 공급자 우위를 선언했다. 이들은 AI 인프라의 배관공에서 설계자로 신분이 격상되었다.

TSMC의 COUPE에 대응하기 위해 삼성은 광반도체 브랜드 I-Cube So/Eo를 런칭하고 2027년 양산을 공언했다. 비록 현재는 기술적 열위에 있으나 파운드리와 메모리를 모두 가진 종합 반도체의 역량으로 판을 뒤집으려 한다.

〉〉〉〉 혈관의 첫 번째 위기는 트래픽이다. 트래픽이 폭발하면 기존 구리선으로는 감당할 수 없다. 800G를 넘어 1.6T로 달려가는 데이터의 속도 앞에서 구리는 한계를 드러냈다. 그래서 빛이 등장했다. 혈관의 두 번째 진화는 구리에서 빛으로의 전환이다.

혈관의 두 번째 진화:
구리에서 빛으로

>> 빅테크들은 이미 답을 알고 있었다. AMD, 브로드컴, 메타, 마이크로소프트, 엔비디아, 오픈 AI가 하나의 연합을 결성하고 광학 연결 표준 개발에 나선 것은 구리의 종말이 이미 시작되었다는 공식 선언이었다.

빅테크들의 빛의 연합: OCI MSA 결성

세계를 지배하는 6개 빅테크가 손을 잡고 '빛의 시대'를 선언했다. 이제 AI는 전기 신호가 아닌 빛의 속도로 흐르기 시작했다.

2026년 3월 AMD, 브로드컴, 메타, 마이크로소프트, 엔비디아, 오픈AI라는 '글로벌 AI 연맹'이 결성되었다. 이들은 '광학 컴퓨트 인터커넥트^{OCI} 마이크로서비스아키텍쳐^{MSA}'를 설립하고 구리를 대체할 광학 연결 표준 개발에 착수했다. 경쟁 관계인 엔비디아와 AMD, 칩 제조사와 서비스 제공자가 하나로 뭉쳤다는 것은 현재의 구리 기반 연결 기술이 AI 확장의 치명적 병목임을 방증한다.

특정 기업의 독점이 아닌 누구나 참여할 수 있는 개방형 사양을 통해 AI 데이터센터 전반의 상호운용성을 확보하는 것이 목표다. 이번 연합이 주목하는 핵심 기술 중 하나는 CPO$^{Co-Packaged Optics}$다. 빛의 통로인 광섬유를 GPU나 ASIC 칩 바로 옆까지 바짝 붙여 패키징하는 방식이다.

신호가 전기에서 빛으로 변환되는 물리적 거리를 최소화하여 데이터 전송 지연을 획기적으로 줄일 수 있다. 기존 구리 배선을 거치지 않고 칩 부근에서 바로 광학 신호를 쏘아 올림으로써 데이터 전송에 드는 전력을 대폭 아낄 수 있다.

브로드컴과 엔비디아 등이 주도하는 다양한 광학 폼팩터를 지원하여 어떤 회사의 서버 랙을 쓰더라도 서로 완벽하게 호환되는 생태계를 구축한다. OCI MSA는 단순히 빠른 선을 만드는 것이 아니라 '무한 확장이 가능한 지능형 공장'을 짓기 위한 표준을 만드는 작업이다.

전력 부족 문제를 해결하기 위해 칩 내부의 전력 효율뿐 아니라 칩과 칩 사이를 잇는 '연결의 효율'까지 극대화하는 단계에 진입했다. 미국 빅테크들이 주도하는 이 표준은 향후 글로벌 AI 데이터센터 인프라의 주도권이 어디에 있는지를 명확히 보여준다.

실리콘 포토닉스 시대의 본격화

데이터 전송의 세계에서 전기 신호는 '화물 트럭'이고, 광통신은 '비행기 특송'에 비유된다. 트럭은 운전이 쉽지만 느리고 무겁다. 반면 비행기는 압도적으로 빠르지만, 착륙 장치를 정교하게 제어하는 복잡성이 요구된다.

고속 광신호를 전기 신호로 변환할 때 발생하는 노이즈와 이를 증폭하기 위한 불필요한 전력 소모는 AI 서버의 최대 난제다. 전기는 거리가 멀어질수록 신호가 약해지고 열이 발생한다. 반면 실리콘 포토닉스 기술은 PIC광집적회로와 EIC전자집적회로를 결합해 빛의 속도로 데이터를 옮기면서도 전력 소모를 혁신적으로 줄여준다.

기존에는 광트랜시버를 꽂았다 뺐다 하는 '플러그 형태'로 썼지만, 이제는 반도체 바로 옆에 붙이는 CPO공정 공동 패키징 방식이 대세로 떠오르고 있다.

기업 분류	주요 기업	핵심 역할 및 수혜 포인트
시스템/설계	브로드컴, TSMC	CPO 및 실리콘 포토닉스 표준 주도
광통신 부품	코히어런트, 루멘텀	고성능 광전 소자 및 레이저 기술 공급
공급망/위탁제조	파브리넷	엔비디아 및 빅테크에 광케이블 직접/간접 공급
인프라/케이블	후지쿠라	북미 데이터센터향 광케이블 공급망 장악
국내 유망주	퀄리타스반도체, 오픈엣지	실리콘 포토닉스 및 칩렛 관련 국책 과제 수행

TSMC는 자사의 SoIC 기술을 활용한 COUPE^Compact Universal Photonic Engine를 통해 PIC와 EIC를 하나로 통합하고 있다. 두 디바이스간 거리를 좁혀 지연 시간을 제로^{0}에 가깝게 만드는 전략이다. 트랜시버를 반도체에 바짝 붙일수록 데이터 이동 경로는 짧아지고, 에너지는 아낄 수 있다.

네트워크 생태계는 마치 스마트폰의 iOS와 안드로이드처럼 나뉘어 전쟁 중이다. 엔비디아는 애플식 독자 규격처럼 '인피니밴드'라는 폐쇄적이고 강력한 독자 기술로 자신들의 생태계를 단단히 묶고 있다. NV 스위치를 통해 GPU와 CPU 간 연결을 극한으로 효율화한다. 아리스타 네트웍스는 안드로이드식 표준을 지향한다. '이더넷'이라는 대중화된 표준 기술로 반反 엔비디아 전선을 구축하고 있다. 누구나 쓸 수 있는 범용성이 무기다. GB200이 800G 이더넷 연결을 지원하면서 네트워크 업그레이드 경쟁은 더욱 치열해졌다. 지능의 통로를 장악한 기업들이 2026년 하반기 시장의 실질적인 수혜주로 떠오르고 있다.

광통신 기술의 진화는 기판의 진화도 함께 요구한다. 더 정교한 가공 기술이 필요해지면서 글래스 코어 기판과 Fo-PLP팬아웃 패널 레벨 패키징 공정이 차세대 대안으로 주목받고 있다.

800G와 1.6T, 지능을 실어나르는 광속의 신경망

산업 분석 업체 라이트카운팅^LightCounting에 따르면 데이터센터 광통신 시장은 유례없는 확장기에 진입했다. 2025년 170억 달러 수준이었던 시장은 2028년 360억 달러로 두 배 이상 성장할 전망이다. 연평균 성장률^CAGR은 30% 수준으로 관측된다. 핵심 성장 동력은 800G 트랜시버의 수요 급증이다. 기존 전망 대비 800G 시장은 40억 달러, 1.6T 시장은 10억 달러 추가 상향되며 광속 통신의 세대교체가 가속화되고 있다.

AI 연산 칩^XPU 하나가 처리할 수 있는 데이터의 양이 늘어날수록 이를 외부와 연결해 줄 광학 부품의 개수도 함께 늘어난다. 2023년 XPU 한 개당 광학 부품의 탑재 비율은 2 대 1 수준이었다.

그러나 2027년에는 이 수치가 4 대 1 이상으로 상승할 것으로 예상된다. 반

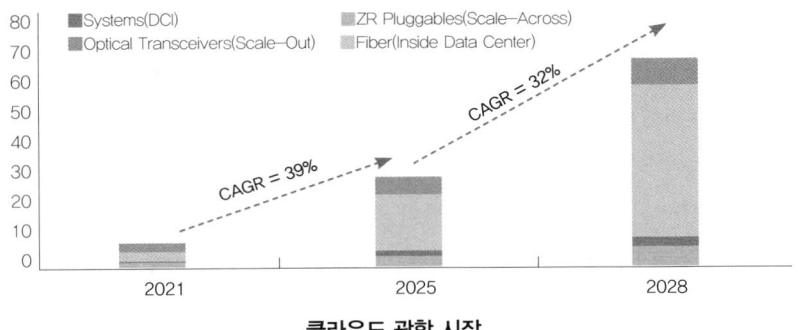

클라우드 광학 시장

*Source: Morgan Stanley Research estimates, Dell'oro, Yole, Mordor Intelligence, Omdia.

도체 칩이 하나 팔릴 때마다 그 뒤를 따르는 광통신 부품의 낙수 효과가 과거보다 두 배 이상 커졌음을 의미한다. 미래 기술로 각광받는 CPO^{Co-packaged Optics}가 시장의 화두지만, 당장의 수익은 기존 방식에서 나온다. 2028년까지 시장의 주인공은 여전히 교체와 유지보수가 용이한 기존 플러거블 트랜시버다.

CPO 시장은 2028년 본격적인 성장을 시작해 2030년 100억 달러 규모에 도달할 것으로 보인다. 당분간 기존 플러거블 강자들의 실적 성장에 집중하되 2028년을 기점으로 기술적 패러다임 변화를 주시해야 한다.

데이터센터를 구축하는 빅테크들의 순위와 공급망의 지배력도 재편되고 있다. 그동안 최대 수요처였던 구글을 제치고 아마존이 세계 최대의 광통신 부품 고객으로 부상할 전망이다. 아마존의 자체 AI 인프라 확장이 광통신 시장의 판도를 바꾸고 있다. 특히 1.6T 시장에서는 엔비디아가 80%의 점유율을 차지할 것으로 보인다. 2026년 전체 데이터센터 광학 시장 내 엔비디아의 점유율은 25%까지 반등할 것으로 기대된다.

2026년 광통신 밸류체인은 단순한 테마를 넘어 확정된 실적의 구간으로 진입했다. 코히어런트^{Coherent}, 패브리넷^{Fabrinet}, 루멘텀^{Lumentum} 등 핵심 부품사들은 AI 클러스터 확대에 따른 구조적 수혜를 누리며 실적 가시성을 확보했다. HBM과 GPU의 병목이 해결될수록 데이터를 밖으로 실어나르는 광통신 통로의 병목이 주목받게 될 것으로 기대된다.

구리의 종말과 광학 자본주의의 도래

모건스탠리는 광학 시장이 2028년까지 650억 달러 이상의 규모로 성장할 것이라 내다봤다. 이는 연평균 30%에 달하는 가파른 성장세다. 특히 기존 네트워크 아키텍처의 한계를 돌파하기 위한 신기술 도입이 가속화될 경우 전체 시장 규모TAM는 최대 900억 달러까지 팽창할 수 있다.

광 트랜시버 시장은 2028년 503억 달러 규모로 성장하며 단일 시장 중 압도적인 비중을 차지할 전망이다. 데이터 전송 거리가 늘어남에 따라 구리 배선의 물리적 한계를 극복하기 위해 광섬유로 전환하는 과정에서만 약 65억 달러의 추가 기회가 창출된다.

AI 인프라의 확장 방식은 데이터가 이동하는 범위와 목적에 따라 크게 세 가지로 구분된다.

첫째, 스케일 업Scale-Up은 수직적 확장으로 서버 한 대 성능을 높이는 방식이다.

단일 랙Rack 내부에서 GPU와 GPU를 더 촘촘하게 연결하여 하나의 거대한 시스템처럼 동작하게 만든다. 메모리 공유와 초저지연 성능이 중요하며, 구리선에서 광 연결CPO 구조로의 전환이 핵심 과제다.

둘째, 스케일 아웃Scale-Out은 수평적 확장으로 서버의 개수를 늘려 전체 규모를 키우는 방식이다. 데이터센터 내에서 여러 클러스터서버 묶음 간을 연결해 전체 연산 용량을 늘린다. 서버 간 데이터 전송을 위해 고속 광트랜시버와 EMLElectro-absorption Modulated Laser 레이저 채택이 확대되는 단계다.

셋째, 스케일 어크로스Scale-Across는 지역 간 확장으로 여러 개의 데이터센터를 연결해 거대한 인프라를 구축하는 방식이다. 전력 수급 문제나 공간 한계로 인해 한 지역에 다 짓지 못한 데이터센터들을 물리적 거리를 넘어 하나로

구분	확장 범위	핵심 연결 지점	주요 기술
Scale-Up	랙 내부	칩-칩(GPU 간)	CPO
Scale-Out	데이터센터 내부	서버-서버(클러스터 간)	EML 레이저
Scale-Across	데이터센터 간	센터-센터(지역 간)	OCS 스위치

통합한다. 장거리 연결 시 발생하는 전력 소모와 지연 시간을 줄이기 위해 광 회로 스위치OCS, Optical Circuit Switching 기술이 주로 사용된다.

시장의 패러다임을 바꾸는 세 가지 기술은 주식 투자자들이 반드시 주목할 필요가 있다.

첫째, CPOCo-packaged Optics는 스케일 업 관련 핵심 기술이다. 칩과 광학 부품을 하나의 패키지에 묶어 전력 소비를 극적으로 낮추는 기술이다. 생태계의 미성숙이라는 과제가 있으나 성능 면에서는 궁극의 지향점이다.

둘째, 광 회로 스위치OCS는 스케일 어크로스 핵심 기술이다. 신호를 전기적 변환 없이 광학 평면 그대로 스위칭하여 지연 시간을 획기적으로 줄인다. 현재 구글 등이 선도적으로 채택하며 그 효용성을 증명하고 있다.

셋째, 시에나의 DCIData Cenetr Interconnect로 스케일 어크로스에서 핵심 기술로 손꼽힌다. 물리적으로 떨어진 데이터센터들이 마치 하나처럼 연결되는 솔루션이다.

이 외 코닝은 장기적으로 광 인프라 교체 수요의 직접적 수혜주로 손꼽히는 기업이다. 광학 밸류체인 기업 중 밸류에이션 부담이 상대적으로 적은 편이다.

올해 광 인프라 시장은 AI 생태계의 향방에 따라 변동성이 커질 수 있는 리스크를 안고 있다. 하지만 구리가 물러나고 유리가 들어서는 이 거대한 아키텍처의 이동은 거스를 수 없는 기술적 필연성이다. 투자자는 이제 기업의 화려한 EPS 성장률 뒤에 숨겨진 수율과 가격 결정권이라는 실질적 근육을 확인해야 한다.

엔비디아의 40억 달러 광학 베팅

엔비디아는 광학 분야의 양대 산맥인 루멘텀과 코히어런트에 각각 20억 달러총 40억 달러, 한화 약 5조 3천억 원를 투자하며 공급망의 수직적 해자를 구축했다.

이번 협약에는 수십억 달러 규모의 구매 약정뿐만 아니라 첨단 레이저 및 광 네트워킹 부품에 대한 향후 생산 용량 확보 권리가 포함되었다. 경쟁사들이 핵심 광학 부품을 구하지 못하도록 장벽을 치는 독점적 선점 전략의 변형이다. 이번 투자는 두 기업의 미국 내 신규 팹 건설과 제조 시설 확충에 집중 된다. 지정학적 리스크를 최소화하고 안정적인 '온쇼어링On-shoring' 공급망을 구축하려는 엔비디아의 의지를 반영했다.

엔비디아가 루멘텀과 코히어런트에 각각 20억 달러라는 천문학적인 자금 을 투입한 것은 단순한 부품 확보를 넘어선 전략적 선택이다. 이는 전기 신호 의 물리적 한계를 넘어 빛으로 지능을 수송하는 광학 혁명의 서막이다. 젠슨 황 CEO는 "AI는 컴퓨팅을 재발명했다"고 선언하며, 차세대 시스템 설계의 핵 심으로 실리콘 포토닉스Silicon Photonics를 지목했다. 실리콘 포토닉스는 칩과 칩 사이를 빛으로 연결하여 데이터 병목을 원천 차단하는 기술이다.

엔비디아와 두 파트너의 협력은 단순한 부품 조달을 넘어 공동 R&D를 통한 기술 표준 선점으로 향하고 있다. 젠슨 황은 AI 시대의 소프트웨어가 실시간으 로 생성되는 토큰을 기반으로 작동한다고 강조했다. 이 엄청난 양의 토큰을 지 연 없이 실어 나르기 위해서는 빛의 속도로 작동하는 인프라가 필수적이다.

엔비디아는 반도체 설계를 넘어 광학 핵심 소재와 제조 시설까지 영향력을 확대했다. 후발 주자들이 고성능 GPU를 개발하더라도 이를 빛으로 엮어내는 광학 네트워크 솔루션이 없다면 엔비디아의 성능을 따라잡을 수 없는 구조적 격차를 만들었다.

스케일 어크로스가 불러온 광통신 붐

단일 데이터센터의 물리적 한계를 넘어 대륙과 대륙을 하나의 유기체로 묶 는 '스케일 어크로스Scale-Across'의 시대가 본격화된다. 광학 기술은 지능형 문 명을 지탱하는 가장 뜨거운 혈맥이 될 것으로 보인다.

지난 2년간 시장의 시선은 오직 GPU와 서버에만 머물러 있었다. 엔비디아 의 칩을 확보하는 것이 곧 승리의 방정식이었기 때문이다. 하지만 상황은 달 라지고 있다. 조 단위 파라미터를 가진 초거대 AI 모델의 등장으로 연산량은 기하급수적으로 늘어났다. 늘어난 연산 데이터를 실어 나를 네트워크 통로가 좁아지면서, 이제 네트워크 대역폭이 전체 시스템 성능을 갉아먹는 최대 병목 구간이 되었다.

AI 투자의 무게중심이 연산 단독 주연에서 '연산 + 네트워크'의 협력 구조로 급격히 이동하고 있다. 그동안 데이터센터는 단일 건물 내에 GPU를 빽빽하게 채워 넣는 스케일 업Scale-Up 방식에 집중해 왔다. 그러나 전력 공급의 한계와 냉각 문제라는 물리적 장벽에 부딪혔다.

한 건물 안에 더 많은 칩을 넣는 방식은 수 GW급의 전력을 감당하지 못해 한계에 봉착했다. 스케일 어크로스는 전력과 부지가 확보된 여러 개의 데이터센터를 고속 광네트워크로 연결하여 마치 하나의 거대한 가상 자원 풀Pool처럼 작동하게 만드는 방식이다. 건물과 건물을 잇는 고대역폭 DCI데이터센터 간 연결 광통신 수요가 폭증하며, 광학 인프라는 이제 선택이 아닌 생존의 필수 요소가 되었다. 광학 기술의 세대교체는 예상보다 훨씬 빠르고 강력하게 진행되고 있다. 800G 광모듈 시장은 2026년에만 전년 대비 약 10배 폭증할 것으로 예상되며, 연평균 성장률CAGR은 83%에 달할 전망이다.

지난해까지 400G ZR이 주류93%였으나 2026년에는 800G의 비중이 35%까지 수직 상승하며 시장의 표준을 바꿀 것으로 예상된다. 하이퍼스케일러메타, 마이크로소프트 등들은 이제 기존의 일체형 시스템 대신 교체가 쉽고 저전력·저비용인 '플러거블 광모듈'을 표준으로 채택하고 있다. 과거에는 광전송 부품이 네트워크 스위치 장비 안에 고정되어 있었다. 하나만 고장 나도 장비 전체를 뜯어내거나 교체해야 했고, 특정 제조사의 부품만 써야 하는 폐쇄적인 구조였다.

그러나 이제는 스위치 장비 전면에 있는 포트에 광모듈을 꽂기만 하면 된다. 마치 USB 메모리를 꽂듯이 장비를 끄지 않고도 부품을 넣고 뺄 수 있게 된 것이다. AI 데이터센터는 수만 개의 광모듈이 들어간다. 그중 하나가 고장 났을 때 전문 엔지니어가 장비를 분해할 필요 없이 현장 직원이 고장 난 모듈만 뽑고 새것을 꽂으면 끝난다. 즉, 가동 중단 시간을 최소화할 수 있다.

이처럼 광모듈 표준 규격이 생기면 루멘텀, 코히런트 등 업체들이 똑같은 규격의 제품을 만들게 되었다. 하이퍼스케일러 입장에서는 특정 업체에 종속되지 않고 가장 저렴하고 품질 좋은 제품을 골라 대량으로 살 수 있어 비용이 획기적으로 낮아진다.

최신 플러거블 모듈에는 전력 효율을 극대화한 DSP^{디지털 신호 처리기}와 루멘텀의 EML 레이저 같은 고효율 부품이 들어간다. 루멘텀은 EML 레이저 칩 시장의 60%를 점유하고 있는 독보적인 공급사다.

재미있는 점은 현재 800G에서는 플러거블이 대세지만, 데이터 전송 속도가 1.6T 이상으로 더 빨라지면 플러거블 방식조차 전력 소모가 너무 커질 수 있다. 그래서 루멘텀이 준비하는 다음 단계가 CPO다. CPO는 다시 일체형에 가깝게 칩 옆에 광원을 붙이는 방식이지만, 과거의 불편한 일체형과는 차원이 다른 '초고효율 통합'을 목표로 한다.

시에나^{Ciena}와 시스코^{Cisco}도 이 거대한 전환기에서 승기를 잡은 기업들은 기술적 해자를 보유한 인프라의 거인들이다. 시에나는 독보적인 광전송 기술력으로 대륙 간 연결^{DCI}의 강자다. 스케일 어크로스 아키텍처 확산의 최대 수혜로 손꼽힌다. 시스코는 플러거블 광모듈 시장을 선점한 업체다. 네트워크 표준을 주도하며, 하이퍼스케일러들의 공급망 내 지배력을 강화하고 있다.

광모듈과 광네트워크 장비는 이제 단순한 부품이 아니라 AI 팩토리의 가동률을 결정짓는 전략 자산이 되었다. 800G를 넘어 1.6T로 향하는 길목에서 플러거블 기술을 선점한 기업들이 향후 5년의 통신 패권을 쥐게 될 것으로 보인다.

구글의 데이터센터 혁신, AI 네트워크 시장을 흔든다

구글 제미나이^{Gemini}는 수만 개의 TPU^{텐서 프로세서 유닛} 칩이 연결돼 엄청난 양의 데이터를 주고받으며 협동 학습을 한다. 그런데 TPU가 장착된 컴퓨터끼리 연결된 길이 좁으면 아무리 컴퓨팅 성능이 좋아도 속도가 나지 않는다. 결국 구글은 이 길^{인터커넥트}를 엄청나게 넓히기로 결정했다.

구글의 차세대 AI 칩^{TPU v-7} 아이언우드를 연결할 때 '3D 토러스^{Torus}'라는 방식이 쓰인다. 쉽게 말하면 아파트 단지 내의 모든 집을 가로, 세로, 높이로 입체적으로 다 연결해서 어디든 가장 빠르게 갈 수 있는 격자형 도로망을 만들었다.

컴퓨터 내부에서는 '전기 신호'를 쓰지만 멀리 떨어진 컴퓨터끼리 데이터를 보낼 때는 전기보다 훨씬 빠른 광신호를 이용한다. 이때 전기를 빛으로 빛을 전기로 바꿔주는 장치가 광트랜시버다.

이때 800G, 1.6T 등은 도로의 차선 수라고 생각하면 된다. 숫자가 클수록 한 번에 보낼 수 있는 데이터 양이 많아진다. 구글은 2026년까지 이 고속도로의 60% 이상을 800G 이상의 초고속 광케이블로 깔겠다고 선언했다.

데이터센터의 가장 큰 고민은 '전기'와 '열'이다. 기존에는 데이터를 중계할 때마다 '빛 → 전기 → 빛'으로 계속 변환해야 해서 전기가 엄청나게 들었다. 구글은 '마이크로 미러'라는 아주 작은 거울들을 사용한다. 빛이 들어오면 거울 각도를 조절해서 원하는 곳으로 바로 반사해 버린다. 중간에 전기로 바꿀 필요가 없으니 전력 소모가 95%나 줄어든다. 2026년이 되면 구글의 TPU가 400만 개나 깔린다. 도로^{광모듈}는 그보다 더 많은 600만 개가 필요하다. 이 엄청난 양의 광케이블과 부품을 만드는 회사들^{이노라이트, 루멘텀 등}이 앞으로 큰돈을 벌게 된다.

이제 데이터센터는 단순히 '컴퓨터가 많은 곳'이 아니라 빛으로 연결된 거대한 하나의 유기체로 변하고 있다는 걸 보여준다. 구글은 AI 공부를 더 빨리 시키기 위해 더 똑똑한 칩^{TPU 아이언우드}을 만들고, 컴퓨터들을 빛의 속도로 연결하는 넓은 길^{800G 광모듈}을 깔며, 거울^{OCS}을 이용해 전기까지 아끼는 완벽한 시스템을 구축하겠다는 계획이다.

>>>> 빛으로 데이터를 전송해도 결국 칩과 칩을 연결하는 물리적 토대인 기판이 받쳐주지 못하면 무용지물이다. 광통신이 빨라질수록 기판의 기술 요구사항도 함께 높아진다. 800G가 1.6T가 되면 M8 기판이 M9가 되어야 한다. 혈관의 세 번째 진화는 기판이다.

혈관의 세 번째 진화: 기판의
슈퍼사이클

>> 광통신이 빨라질수록 기판도 함께 진화해야 한다.

>> 기판은 오랫동안 반도체 산업의 조연이었다. 칩을 받쳐주는 토대, 신호를 전달하는 통로. 그러나 AI 시대는 기판을 주연으로 끌어올렸다. 베라 루빈이 케이블을 지우고 기판이 그 자리를 채웠다. 광통신이 M8에서 M9를 요구할 때 기판은 단순한 부품이 아니라 AI 제국의 실질적 혈관이 되었다.

베라 루빈의 케이블 프리 혁신, 기판 시장에 호재

엔비디아의 차세대 아키텍처 베라 루빈은 이제 복잡한 구리선 뭉치를 버리고, 기판 자체가 신경망이 되는 '케이블 프리' 시대를 선포했다. 보이지 않는 곳에서 데이터의 고속도로를 닦는 고다층기판^{MLB}와 플립칩 볼그리드 어레이 기판$^{FC-BGA}$이 AI 제국의 새로운 혈관으로 부상했다.

기존 엔비디아의 AI 서버 구조$^{GB200/300}$에서는 GPU와 통신 칩$^{NIC/DPU}$을 잇기 위해 수많은 구리 케이블을 사용했다. 하지만 데이터 대역폭이 폭증하면서 전선은 너무 두꺼워졌고, 신호 손실과 조립 난이도는 재앙 수준에 이르렀다. 베라 루빈 NVL72부터는 컴퓨트 트레이 내부의 모든 케이블을 걷어내고, 그 자리를 미드플레인^{Midplane} 기판이 대체한다. 이 미드플레인 기판은 44층$^{22+22}$에 달하는 초고다층 구조에 차세대 소재인 M9급 CCL을 채택해 신호 무결성^{Signal} ^{Integrity}과 전력 분배를 동시에 해결한다. $420 \times 60mm^2$의 대면적 기판 설계가 요구되는데, 이는 기판 제조사들에게 전례 없는 고부가가치 시장을 열어주고 있다.

기존 블랙웰$^{GB200/300}$ 랙당 18개였던 NV스위치 ASIC이 베라 루빈 랙에서는

NVIDIA 로드맵에 따른 패키징 및 랙 진화

연도	아키텍처	랙 솔루션	핵심 변화	FC-BGA 영향
2025	Blackwell	Oberon(NVL72)	NVSwitch 5 적용(18개)	수량 증가 시작
2026	Vera Rubin	Oberon(NVL72)	NVSwitch 6(36개), 케이블 프리	수량 및 스펙 상향
2027	Rubin Ultra	Kyber(NVL144)	NVSwitch 7, GPU 144개 집적	스펙의 극한 상향
2028	Feynman	Feynman 랙	차세대 AI 인프라 완성	시장 주도권 고착화

36개로 두 배나 증가한다. 스위치 트레이당 탑재되는 칩이 2개에서 4개로 늘어난 결과로 이를 패키징하는 FC-BGA 수요도 폭증한다. 베라 루빈 신경망인 NV링크6의 대역폭이 GPU당 1.8TB/s에서 3.6TB/s로 두 배 점프함에 따라 기판 역시 고난도의 미션에 직면했다. 3.6TB라는 어마어마한 양의 데이터가 흐르기 위해서는 기판의 미세 회로 구현력과 열 팽창 제어 능력이 핵심 경쟁력이 된다. 이제 MLB는 단순 부품이 아니라 통신 성능 그 자체가 되었다. 더 높은 I/O 밀도와 고신호 무결성을 구현하기 위한 고다층 · 고스펙 설계가 필수가 되었다. 이는 기판 단가의 상승으로 이어진다. 지능의 군단을 지휘하는 지휘관 NV스위치의 위상도 한 단계 더 높아진다. 2027년 출시될 루빈 울트라Rubin Ultra는 AI 클러스터의 규모를 근본적으로 바꾼다.

2027년 카이버Kyber 랙부터는 단일 NV링크 도메인 내에 GPU 집적도가 72개에서 144개로 두 배 늘어난다. 칩 간 통신All-to-all을 중개하는 NV스위치 칩의 수요가 폭발하며, 이를 받쳐주는 FC-BGA 기판은 수량 증가와 고스펙화라는 쌍끌이 호재를 맞게 된다.

전선이 사라진 자리를 44층의 MLB 기판이 채우고, 72개의 뇌가 144개로 묶이는 과정에서 가장 정교한 수익을 창출하는 곳은 하이엔드 기판 제조사들이다. 베라 루빈이 가져온 '선의 종말'은 기판 산업에게는 '부의 시작'을 의미한다. 카이버를 넘어 파인만Feynman 랙으로 가는 여정에서 기판의 기술 장벽은 더욱 높아질 것이다. 기술의 한계를 넘어서는 소수의 기업만이 AI 제국의 실질적인 혈관을 독점하게 된다.

AI 네트워크 기술 진화가 기판 슈퍼사이클로

AI라는 거대한 두뇌가 아무리 천재적인 연산을 수행하더라도, 그 지능을 실어나를 '신경망'이 막혀있다면 무용지물이다. 반도체 기판^{PCB/ABF}은 단순한 부품을 넘어 신호 손실과 열 팽창이라는 물리적 한계에 도전하는 '초정밀 소재의 최전선'이 되었다. 이제 칩의 성능만큼이나 중요한 것은 그 칩을 받쳐줄 '강철의 토대'를 확보하는 일이다. 데이터 전송 속도가 초당 800G를 넘어 1.6T 시대로 진격하면서, 기판은 신호 손실을 최소화하기 위한 원자 단위의 혁신을 요구받고 있다.

기판 업계 표준이 M8에서 M9으로 진화했다. 고성능 AI 서버와 차세대 스위치에서 신호 왜곡을 막기 위한 필수 규격이다. 기판 소재 규격에서 이야기하는 M8과 M9는 일본 파나소닉의 차세대 초저손실 회로기판 소재인 메그트론 MEGTRON 시리즈를 의미한다. AI 데이터센터, 고성능 서버, 차세대 네트워크 장비^{스위치, 라우터} 등에서 초고속 신호를 손실 없이 전달하기 위해 사용하는 고부가 PCB 기판 소재의 업계 표준 규격이다.

기판 소재의 혁명도 가속화되고 있다. 기존 유리섬유의 한계를 넘기 위해 석영쿼츠 섬유가 도입되었고, 표면 거칠기를 극도로 낮춘 HVLP^{Hyper Very Low Profile} 동박이 표준^{HVLP3/4/5}으로 자리 잡았다.저지연 구현을 위한 대형 메인보드와 백플레인 구성이 필수화되면서, 기판의 면적과 층수^{20~40층}가 동시에 급증하고 있다.

AI 네트워크의 진화는 기판의 공급부족을 심화시켜 P와 Q가 동시에 상승하는 흐름을 만들고 있다. ABF 기판에서도 공급부족 상황은 심화되고 있다. AI 칩 다이 크기가 커지면서 발생하는 가장 큰 문제는 열에 의한 뒤틀림^{Warping}이다. 이를 제어할 수 있는 ABF^{아지노모토 빌드업 필름} 기판은 이제 공급자가 가격 결정권을 쥐는 '전략 자산'이 되었다.

현재 기판 업계의 가장 아픈 손가락은 핵심 원재료인 티-글래스^{T-Glass}의 수급 불균형이다. 기판의 뼈대가 되는 티-글래스는 완벽한 원형 구조와 기포 제로 상태를 유지해야 할 정도로 공정이 까다롭다. 1300도 이상 고온을 견디기 위해 고가의 백금 기반 장비도 필수적이다. 미세한 결함 하나라도 기판에 박히는 순간 사후 수정이 불가능해 전체 패키지를 폐기해야 하는 리스크가 발생한다.

일본 니토보Nittobo 중심의 독점 구조는 AI 기판 확장의 병목 현상을 심화시키고 있다. 대안 업체들의 투입이 시도되고 있으나 까다로운 인증 기간으로 인해 단기 해결은 난망한 상태다.

엔비디아와 브로드컴 같은 공룡들은 기판 공장에 직접 보조금을 주며 라인을 선점하고 있다. 기판 확보 능력이 곧 기업의 설계 능력만큼이나 중요한 경쟁력이 된 것이다. 구리+40%와 CCL+30% 등 원자재 가격 상승은 기판 가격의 분기별 3~5% 인상을 정당화하고 있다. 고성능 기판의 원재료인 티-클래스와 동박 가격이 치솟자 이를 가공해 기판의 몸통CCL을 만드는 업체들도 가격을 인상하고 있다. ABF 기판용 CCL 1위 기업 레조낙은 지난 3월부터 제품 가격을 30% 인상했다. 결국 이비텐, 삼성전기 등 기판 업체들도 가격을 인상하는 도미노 현상으로 이어지고 있다.

물리적 한계에 부딪힌 유기 기판의 대안으로 유리 기판이 급부상하고 있다. 미세 회로를 더 촘촘하게 박을 수 있고 뒤틀림에 강한 유리 기판은 2027년 이후 시장의 판도를 바꿀 핵심 기술로 주목받고 있다. 공정이 복잡해질수록 내부 부품 하나만 불량이 나도 전체 패키지를 폐기해야 하므로 수율을 확보한 소수의 하이엔드 솔루션 파트너만이 이 시장의 과실을 독점하게 될 것으로 예상된다.

칩이 AI의 뇌라면 기판은 영양분을 공급하는 혈관망이다. 현재 이 혈관망에 발생한 병목 현상은 역설적으로 기판 업체들의 지위를 부품사에서 '하이엔드 솔루션 파트너'로 격상시켰다. 2.5년이라는 긴 공장 건설 주기를 고려할 때 기

구분	과거(소비자 기기 중심)	현재(AI 인프라 중심)
주력 소재	BT 기판(스마트폰/PC)	ABF 기판(AI/HPC)
사용량	표준 수준	PC 대비 10배 이상 급증
시장 지위	범용 부품	공급 부족률 10~20%의 핵심 솔루션
수익 구조	원가 중심(Cost-plus)	수요 주도형(Demand-driven)

판 소재의 희소성과 수율의 장벽을 넘어서는 기업만이 AI 제국의 진정한 주인 공이 될 것이다.

메모리 기판 성장은 이상무

메모리 모듈 기판의 평균판매단가^{ASP}가 과거 전성기 수준인 제곱미터^{m2}당 150만원 선에 근접하며 강력한 회복세를 보이고 있다. 단순한 가격 반등이 아니라 시장이 요구하는 기판의 기술적 난도가 그만큼 높아졌음을 의미한다.

특히 올해는 소캠2^{SOCAMM2} 기판 등 차세대 폼팩터의 양산이 본격화되면서 ASP 상승 압력은 더욱 거세질 전망이다. 저가형 PC나 모바일용 기판 비중이 줄고, 데이터센터 및 AI 서버용 고다층 기판 비중이 확대되면서 수익성의 질 자체가 바뀌고 있다.

글로벌 빅테크들이 앞다투어 채택하고 있는 소캠은 기판 업체들에게 새로운 기회의 장이다. 기존의 D램을 마더보드에 직접 박거나 표준 규격의 모듈에 끼우던 방식에서 벗어나 LPDDR D램을 모듈화하여 장착하는 소캠 구조는 기판의 미세화와 적층화를 동시에 요구한다.

빅테크들의 소캠 채택 확대는 곧 기판 업체들에게는 단가가 높은 고사양 수주 물량이 늘어남을 의미한다. 고부가 제품 중심으로 포트폴리오가 재편되면서 주요 업체들의 공장 가동률은 이미 풀 가동에 가까운 수준을 유지하며 안정적인 이익을 창출하고 있다. 투자자들이 주목해야 할 포인트는 쌓여가는 수주잔고다. 특히 AI 서버향 비중이 높은 기업들이 이번 사이클의 진정한 주인공으로 부상하고 있다. 금, 구리 등 주요 원재료 가격 상승은 기판 업체들에게 위협 요인이다. 하지만 이번 사이클에서는 과거와 다른 흐름이 관측된다.

공급이 타이트한 고부가 기판 시장에서는 제조사가 고객사메모리 제조사 및 빅테크에 원가 상승분을 가격에 반영할 수 있는 협상력을 쥐게 된다. 원가 부담을 스스로 흡수하는 기업이 아니라 판가 전가를 통해 오히려 수익성을 방어하고 확장하는 기업만이 진정한 성장주로서 리레이팅을 받을 수 있다.

2026년 메모리 기판 산업은 성장의 체력을 완전히 회복했다. AI 서버 수요가 꺾이지 않는 한 고부가 기판의 쇼티지는 당분간 지속될 전망이다. 단순 수 량Q의 증가보다 가격P과 제품 믹스의 개선이 이끄는 이익 성장이 더 무섭게 나타나는 구간이다. 한국 기판 산업이 전 세계 지능 공급망에서 차지하는 위 상은 더 높아질 것으로 기대된다.

비메모리 기판과 고다층의 미학

비메모리 기판 시장, 특히 FC-BGA**Flip Chip Ball Grid Array** 영역은 유례없는 공 급 부족 상태에 직면해 있다. 칩이 거대해지고 신호 전달 경로가 복잡해지면 서 공정 난도가 기하급수적으로 높아졌기 때문이다. 공정이 어려워질수록 수 율은 바닥을 친다. 이는 생산 라인을 늘려도 실제 시장에 공급되는 양은 제한 적이라는 의미이며, 결국 기판 가격의 고공행진을 초래한다.

삼성전기는 이 틈을 타 글로벌 빅테크들을 대상으로 FC-BGA 공급을 확대 하며 성장 가속 구간에 진입했다. 과거 범용 제품에 머물렀던 체질을 AI 서버 용 고부가 솔루션으로 완벽히 전환하고 있다. 기판이 AI 인프라의 핵심 자산으 로 격상되면서, 글로벌 강자들의 증설 경쟁은 전쟁 방불케 한다. 국내 기업들 은 비메모리 기판에서 후발주자였으나 최근 독보적인 공정 관리 능력과 생산 량을 무기로 일본과 대만의 점유율을 무서운 속도로 잠식하고 있다.

비메모리 기판의 수혜는 칩 아래에 깔리는 FC-BGA에만 국한되지 않는다. 데이터를 실어 나르는 스위치와 라우터에 쓰이는 고다층기판**MLB** 역시 폭발적 인 성장을 기록 중이다. 이수페타시스는 AI 네트워크 수요 급증에 힘입어 영업 이익이 2024년 64%, 2025년 101%라는 수직 상승을 기록했다. AI 가속기와 네 트워크 스위치에 들어가는 하이엔드 기판은 이제 4층 이상의 단순 적층을 넘 어 다중적층**HDI** 기술이 적용된 초고층 구조로 진화하고 있다. 층수가 높아질수

기업명	투자 규모 및 내용	전략적 방향
이비덴(Ibiden)	5,000억 엔 규모 설비투자	세계 1위 지위 고수 및 선단 공정 독점
유니마이크론	올해 캐펙스 34% 증액(340억 TWD)	대만 에코시스템 기반 A 물량 선점
삼성전기	추가 증설 검토 중	추격자에서 선도자로의 지위 격상

록 신호 손실은 줄어들고 전송 대역폭은 확장된다.

AI 가속기에 쓰이는 하이엔드 기판은 칩과 칩, 칩과 모듈을 유기적으로 엮어내는 고집적 회로의 결정체다. 미세 회로를 촘촘하게 쌓아 올리는 HDI 기술은 이제 하이엔드 MLB와 FC-BGA의 경계를 허물며 기판의 부가가치를 극대화하고 있다. 엔비디아의 스펙트럼-X와 같은 AI 전용 네트워크 장비가 확산될수록 이를 지탱하는 하이엔드 MLB의 몸값은 더욱 높아질 것이다.

2026년의 기판 산업은 양에서 질의 경쟁으로 완전히 넘어왔다. 낮은 수율을 극복하고 안정적으로 제품을 찍어낼 수 있는 기업이 시장의 가격 결정권을 쥔다. 삼성전기의 FC-BGA와 이수페타시스의 MLB는 한국이 메모리뿐만 아니라 시스템 반도체 인프라에서도 핵심 거점임을 증명하고 있다.

>>>> 혈관의 진화를 이해했다면 이제 그 혈관을 만드는 기업들을 해부할 차례다. 광통신과 기판이라는 두 개의 혈관 생태계에서 누가 가장 두꺼운 성벽을 쌓았는가.

광통신 생태계: 빛의 시대를
지배하는 기업들

루멘텀홀딩스LITE.US

루멘텀은 광통신 전쟁에서 가장 높은 성벽을 쌓은 기업이다. EML 레이저 칩 시장의 60%를 독점하고 엔비디아의 CPO 파트너이자 구글 OCS의 핵심 공급사로서 광통신 생태계의 가장 좁은 목을 틀어쥐고 있다. 빛의 시대가 올수록 이 기업의 협상력은 강해진다.

루멘텀은 AI 데이터센터와 통신 네트워크에 필수적인 레이저 및 광학 부품을 공급하는 글로벌 선도 기업이다. 과거에는 통신 장비 비중이 높았으나, 최근 인듐인InP 웨이퍼 생산부터 광트랜시버 제작까지 이어지는 수직 계열화를 통해 AI 인프라 핵심 기업으로 탈피하고 있다. 특히 엔비디아의 CPO광학 공동 패키징 독점 파트너이자 구글 OCS광 회로 스위치의 핵심 공급사로서 차세대 네트워킹 기술 변화를 주도하고 있다. AI 클러스터의 대형화에 따른 네트워크 병목 현상을 해결할 기술력을 보유하여, 단순 부품 제조사를 넘어 고성장 AI 플랫폼 기업으로 재평가받고 있다.

1. 사업별 매출 비중(FY27E 기준 추정)

사업부	세부 제품	매출 비중	특징
Cloud & Networking	Datacom	82.80%	CPO, OCS, EML, 광트랜시버 등 핵심 성장 동력
	Telecom	12.80%	장거리 통신 및 라우팅 인프라
Industrial Tech	산업용 레이저 등	4.40%	3D 센싱, 가공용 레이저(비중 축소세)

2. 투자 포인트(Key Investment Points)

*CPOCo-Packaged Optics 독점력: 엔비디아의 차세대 Scale-Up 아키텍처에서 필수적인

ELS 모듈을 독점 공급할 예정이며, FY27년 CPO 매출만 약 18.9억 달러에 달할 것으로 보인다.

*구글 OCS의 핵심 공급자: 전력과 지연 시간을 획기적으로 줄이는 MEMS 기반 OCS 시장에서 50% 수준의 점유율을 유지하며 구글 TPU 클러스터 확장의 최대 수혜를 입고 있다.

*EML 칩 글로벌 1위: 800G/1.6T 트랜시버에 들어가는 고마진 EML 레이저 칩 시장의 60%를 장악하여 업계 내 독보적인 기술 장벽을 보유하고 있다.

3. 고객사별 매출 현황 및 구조

*하이퍼스케일러: 구글OCS 최대 고객, 엔비디아CPO 파트너, 마이크로소프트, 메타, AWS 등 AI 인프라 구축 기업들이 주력 고객이다.

*OEM 및 기타: 시에나Ciena, 마벨Marvell, 시스코Cisco 등 광통신 및 네트워크 장비 업체에 레이저 칩을 공급한다.

4. 경쟁사 현황 비교

비교 항목	루멘텀	코히어런트	Zhongji Innolight
핵심 강점	OCS + CPO + EML 전 영역 수혜	레이저 기술력 우수하나 사업 분산	광모듈 점유율 1위(단일 BM)
OCS 방식	MEMS(구글 채택)	LCoS 방식	해당 없음
CPO 대응	엔비디아 공식 파트너	브로드컴 협력 중	2027년 말 양산 예정

5. 투자 리스크

*재무 비율 악화(단기): 2026년 만기 전환사채 상환 및 리파이낸싱으로 인해 일시적으로 부채 비율이 상승했으나, 이는 유동성 리스크 완화를 위한 조치로 판단된다.

*지정학적 요인: 중국의 광통신 공급망 반덤핑 조사 등 대외 변수에 따른 불확실성이 존재한다.

시에나CIEN.US

시에나는 스케일 어크로스 시대의 가장 확실한 수혜자다. 데이터센터와 데이터센터를 잇는 DCI 시장에서 하이퍼스케일러 점유율 90%라는 압도적 지위를 보유하고 있다. 자체 DSP 설계부터 광학 부품 내재화까지 수직계열화를 완성한 이 기업은 빛의 통로를 독점한

지배자다.

시에나는 데이터센터 간 연결Scale-Across에 특화된 글로벌 광전송 장비 선도 기업으로, 자체 DSP디지털 신호 처리 장치 설계 역량과 핵심 부품 수직 계열화를 통해 압도적인 기술 경쟁력을 보유하고 있다. 특히 하이퍼스케일러대규모 클라우드 사업자 시장에서 90%에 육박하는 점유율을 차지하며, 기존 광케이블 망의 성능을 극대화하는 고성능 솔루션을 공급하고 있다.

1. 사업별 및 고객사별 매출 비중

*사업별: 네트워킹 플랫폼 부문이 전체 매출의 78%를 차지하며 주력 사업 역할을 하고 있다.

*해당 부문 내에서 웨이브로직광전송 장치과 RLS광학 라인 시스템 두 제품의 비중이 80% 이상이다.

*고객사별: 현재 3대 하이퍼스케일러에 매출이 집중되어 있으나, 향후 2~3곳의 추가 고객 확보를 추진 중이다.

2. 핵심 투자 포인트(Investment Points)

*압도적 수직 계열화: 브로드컴 등 외부에서 DSP를 구매하는 경쟁사와 달리, 3나노급 DSP를 직접 설계하고 누비스Nubis 인수를 통해 광학 부품 역량까지 내재화했다.

*가격 결정력: DCI 수요 우위 시장 상황을 바탕으로 가격 인상을 단행했으며, 해당 효과는 수주잔고가 소진되는 2026년 3분기부터 재무제표에 본격 반영될 예정이다.

*시장TAM 확대: 데이터센터화되는 기지국 및 전송망CDN 확장으로 인해 스케일-어크로스 시장의 기회 요인이 더욱 커지고 있다.

3. 리스크 요인(Risks)

*마진 개선의 한계: 설치 서비스 직접 수행에 따른 높은 고정비와 800G 증설을 위한 CAPEX설비투자 2배 이상 집행으로 인해 단기적인 감가상각비 부담이 크다.

*차세대 전환 비용: 1.6T테라비트급 차세대 광통신 전환 초기에 막대한 연구개발 및 인프라 비용이 발생할 수 있는 수직 계열화 기업의 구조적 단점이 존재한다.

*기술적 저항: 주가 측면에서 과거 닷컴버블 당시의 1,000달러 저항선 돌파가 과제로 남아있다.

4. 국내 경쟁사 현황

국내 기업들은 시에나와 같은 글로벌 하이엔드 DCI 시장보다는 주로 국내 통신사SKT, KT, LGU+의 백본망이나 메트로망용 광전송 장비 시장에서 경쟁하고 있다.

*코위버COWELL: 광전송 장비ROADM, PTN 전문 기업으로 국내 통신사향 공급 비중이 높다.

*우리넷WooriNet: 테라급 POTN광회선설비 등 차세대 광전송 장비를 개발하여 시에나와 유사한 영역의 국산화 대체 수요를 공략하고 있다.

*에치에프알HFR: 5G 및 광전송 장비 사업을 영위하며 글로벌 시장 진출을 꾀하고 있다.

*쏠리드SOLiD/기산텔레콤: 캐리어급 광네트워크 시스템 분야에서 경쟁 관계에 있다.

패브리넷FN.US

패브리넷은 광통신 전쟁의 숨은 승자다. 자체 브랜드 없이 순수 위탁 제조에만 집중하는 이 기업은 엔비디아, 브로드컴 등 모든 빅테크의 광학 부품을 만드는 광학 패키징의 TSMC다. 누가 이기든 패브리넷은 이긴다.

패브리넷은 고난도 광학 패키징 및 정밀 전자 기계 제조 솔루션을 제공하는 글로벌 선도 위탁 생산EMS 업체다. 자체 브랜드를 운영하지 않는모델로 고객사와 이해 상충 없이 제조 서비스에만 집중한다. 최근 AI 인프라 확장에 따른 CPOCo-Packaged Optics 시대를 맞아 고성능 컴퓨팅HPC과 데이터콤 분야에서 독보적인 양산 수율을 증명하며 '광학 패키징의 TSMC'로 불린다. 태국 중심의 생산 거점을 통해 지정학적 리스크를 최소화하고 무차입 경영 기반의 우량한 재무 구조를 바탕으로 선제적인 설비 증설을 이어가며 AI 밸류체인 내 대체 불가능한 핵심 파트너로 평가받고 있다.

1. 사업 부문별 매출 비중(FY2Q26 실적 기반)

구분	세부 항목	매출액(백만 달러)	비중(%)	특징
광통신(73.5%)	Telecom	412.2	36.40%	DCI 모듈 수요 확대(YoY +42%)가 견인
	Datacom	278.1	24.60%	800G/1.6T 선단 제품 중심 성장
	DCI	142.2	12.60%	데이터센터 간 연결 수요 증가
비광통신(26.5%)	Automotive	117	10.30%	자동차 전장 부문
	HPC	85.6	7.60%	전분기 대비 5.5배 증가하며 핵심 성장 엔진 부상
	Industrial Laser	41.4	3.70%	산업용 레이저
	Others	56.4	5.00%	기타 부문

전체 매출 중 광통신Optical Communications 부문이 약 73.5%를 차지하며 주력 사업임을 입증했다.

2. 핵심 투자 포인트(Investment Points)

① '광학 패키징의 TSMC'라는 독보적 입지

*CPOCo-Packaged Optics 시대의 주역: 데이터 전송 한계를 극복하기 위해 광학 기술을 칩 내부로 통합하는 CPO 공정에서 패브리넷은 '순수 파운드리' 모델을 구축했다.

*중립성 기반의 생태계: 자체 브랜드를 운영하지 않아 고객사와의 이해 상충이 없으며, 엔비디아Nvidia, 브로드컴Broadcom 등 빅테크들의 '제조 표준'으로 자리 잡았다.

② HPC 및 선단 제품의 폭발적 성장

*HPC 매출 급증: 고성능 컴퓨팅HPC 부문 매출이 1분기 1,540만 달러에서 2분기 8,560만 달러로 급등했으며, 향후 분기 1.5억 달러 이상의 매출 달성이 기대된다.

*공급망 병목 해소: 그간 성장을 저해하던 EML 레이저 수급 문제가 제2 공급원 승인으로 해결되면서 800G 및 1.6T 제품의 매출 가속화가 전망된다.

③ 선제적인 생산 능력(CAPA) 확충

*태국 내 신규 공장Building 10의 조기 가동26년 6월 예정을 통해 고객사의 강력한 확장 수요를 즉각적으로 흡수할 준비를 마쳤다.

3. 주요 고객사 및 매출 비중(추정 포함)

보고서와 시장 데이터를 종합할 때, 패브리넷의 고객 구조는 특정 빅테크에 높은 의존도를 보인다.

*엔비디아NVIDIA: 패브리넷의 최대 고객사로 추정됩니다. 광트랜시버 및 HPC 관련 위탁 생산 물량의 상당 부분을 차지한다.

*기타 주요 고객: 브로드컴Broadcom, 루멘텀Lumentum, 코히어런트Coherent, 시스코Cisco 등 글로벌 Tier 1 장비 제조사 및 팹리스 기업들이 주요 파트너다.

*신규 잠재 고객: AWS아마존 웹 서비스 등 자체 칩 및 광학 인프라를 구축하려는 클라우드 서비스 제공업체CSP로의 고객사 확대 가능성이 제기되고 있다.

4. 리스크 요인 및 유의 사항

*높은 밸류에이션 부담: 현재 12M Fwd P/E는 약 36.9배로 IT 섹터 평균23.7배 대비 높

다. 실적 기대치가 이미 주가에 상당 부분 반영되어 있어 차익 실현 매물이 나올 수 있다.

*고객사 편중 리스크: 엔비디아 등 특정 고객사의 재고 정책이나 투자 계획 변경 시 실적 변동성이 크게 나타날 수 있다.

*기술적 난이도와 수율: CPO 공정은 고가의 ASIC 칩을 다루므로 양산 수율 관리에 실패할 경우 수익성에 치명적일 수 있다.

*환율 및 지정학적 요인: 생산 거점이 태국에 집중되어 있어 바트화 강세 등 환율 변동이 영업이익률에 영향을 줄 수 있다.

코히어런트COHR.US

코히어런트는 광통신 전쟁에서 수직계열화라는 강력한 무기를 든 기업이다. II-VI의 레이저 기술과 Finisar의 트랜시버 역량이 결합된 이 기업은 800G에서 1.6T로의 전환 사이클에서 가장 직접적인 수혜를 받는다.

1. 사업별 매출 비중 및 현황(Business Segments)

*데이터센터 및 통신Datacenter & Communications: 전사 외형 성장을 견인하는 핵심 부문으로, FY26 2분기 기준 전체 매출의 약 72%를 차지한다. 800G 및 1.6T 트랜시버 등 AI 인프라 수요 급증에 힘입어 해당 부문 매출만 전년 동기 대비 36% 상승했다.

*산업용Industrial: 전체 매출의 약 28%를 구성하고 있으나, 최신 분기 기준 전년 동기 대비 매출이 10% 감소하는 등 다소 부진한 흐름을 보이고 있다.

*포트폴리오 최적화: AI 통신망 등 핵심 성장 분야에 역량을 집중하기 위해 최근 항공우주 및 방산 사업부와 뮌헨 툴Munich tools 사업부를 매각하며 비즈니스 구조를 슬림화했다.

2. 주요 투자 포인트(Investment Points)

*AI 인프라 업그레이드의 핵심 수혜: 800G 및 1.6T 차세대 광학 트랜시버 전환 사이클의 중심에 있으며, 가속화되는 AI 데이터센터 네트워크 연결 수요를 그대로 흡수하고 있다.

*수직계열화 기반의 독보적 경쟁력: II-VI의 수십 년간 축적된 최첨단 광자학 연구 역량과 Finisar의 트랜시버 사업이 결합된 강력한 통합 모델을 자랑한다.

*유연한 조달 시스템: 내부 생산과 외부 조달을 유연하게 조절할 수 있어 경쟁사들이 겪을 수 있는 레이저 생산 능력 과잉과 같은 리스크를 선제적으로 방어할 수 있다.

*검증된 리더십: 짐 앤더슨Jim Anderson CEO와 셰리 루터Sherri Luther CFO가 주도하는 강력한 운영 효율화Operational Excellence가 긍정적 프리미엄으로 작용하고 있다.

3. 주요 리스크(Risks)

*높은 시장 눈높이와 밸류에이션 부담: AI 수혜 기대감으로 단기간 주가가 급등함에 따라 작은 이슈에도 크게 반응하는 변동성이 존재한다. 실제로 최근 호실적 발표에도 불구하고 딥시크DeepSeek 모델 등장에 따른 AI 투자 위축 우려 등이 겹치며 주가가 일시적으로 10% 이상 하락하기도 했다.

*산업용 부문 회복 지연: 데이터센터 부문과 달리 기존의 레이저 및 재료 등 산업Industrial 부문은 여전히 역성장 중이므로 해당 사업부의 턴어라운드 시점이 전사 수익성 극대화의 관건이다.

4. 고객사별 매출 현황(Customers)

핵심 고객군은 크게 하이퍼스케일러글로벌 대형 데이터센터 운영사와 대형 통신 서비스 제공업체로 양분되어 다각화되어 있습니다.

최근 전체 매출의 70% 이상이 데이터센터 향으로 개편되었다는 점을 볼 때 글로벌 탑티어 클라우드 기업 및 빅테크들이 주력 캐시카우 역할을 하고 있는 것으로 추정된다.

브로드컴AVGO.US

브로드컴은 AI 네트워크의 중앙 관제소다. 네트워크 스위치 칩 시장의 80%를 점유한 토마호크6를 앞세워 AI 데이터센터의 모든 트래픽이 자신을 통과하도록 설계했다. 빅테크들의 자체 AI 칩 설계를 도우면서 동시에 그 칩들을 연결하는 네트워크까지 지배하는 이중 수혜의 구조다.

　브로드컴은 반도체 솔루션과 인프라 소프트웨어를 양대 축으로 하는 글로벌 기술 기업이다. 현재는 하이퍼스케일러용 맞춤형 AI 가속기XPU와 AI 네트워킹 시장을 주도하고 있다. 특히 구글, 메타 등 빅테크 기업들에 최적화된 AI 칩을 공급하며 AI 인프라 확장의 핵심 수혜주로 자리매김하고 있다.

1. 사업부문별 매출 비중(FY1Q26)

*반도체 솔루션Semiconductor Solutions: 약 65%

*인프라 소프트웨어Infrastructure Software：약 35%VMware 인수 효과 포함

*AI 내 세부 비중: AI 매출 중 네트워킹 비중은 현재 약 1/3 수준이나, 차기 분기에는 40%까지 확대될 것으로 예상됨.

2. 주요 투자 포인트

*맞춤형 가속기XPU **시장 지배력:** 구글의 7세대 TPUIronwood와 메타의 MTIA 개발 프로젝트를 주도하며 성장을 지속하고 있다.

*네트워킹 기술 경쟁력: 토마호크Tomahawk6 스위치와 200G 서데스SerDes 솔루션을 통해 대규모 AI 클러스터 구축의 필수 파트너 역할을 수행 중이며, 내년 토마호크7 출시로 경쟁력이 강화될 예정이다.

*중장기 수요 가시성: 6번째 고객사인 오픈AI가 2027년까지 대규모 컴퓨팅 인프라를 구축할 계획이어서 장기적인 매출 성장이 기대된다.

3. 고객사 및 프로젝트 현황

*구글Alphabet**:** 7세대 아이언우드Ironwood TPU 수요가 2026년 성장의 핵심 동력.

*메타Meta**:** 자체 AI 칩인 MTIA 개발 협력 지속 확대.

*오픈AI: 2027년 1GW 규모 인프라 구축을 목표로 6번째 XPU 고객사로 합류.

*기타: 현재 총 5개의 기존 고객사 프로젝트가 안정적으로 진행 중.

4. 리스크 요인

*높은 밸류에이션 부담: AI 성장 기대감이 반영되어 P/E 배수가 과거 대비 높은 수준 FY25 기준 약 69배에서 거래되고 있다.

*고객사 내재화 리스크: 구글이나 메타 같은 하이퍼스케일러들이 자체 설계 역량을 극대화하여 브로드컴에 대한 의존도를 낮추려 할 가능성이 존재한다.

*비Non-AI **부문의 변동성:** 반도체 솔루션 내 AI 외의 사업광대역, 스토리지 등은 AI만큼의 폭발적인 성장을 보이지 않을 수 있다.

아리스타네트웍스ANET.US

아리스타 네트웍스는 광통신 전쟁에서 가장 영리한 포지션을 잡았다. 엔비디아의 인피니밴드 독점에 맞서 이더넷이라는 개방형 표준으로 반反 엔비디아 전선을 구축했다. 소프트웨어

중심의 비즈니스 모델이 만들어내는 압도적 수익성은 이 기업의 가장 강력한 해자다.

아리스타 네트웍스는 대규모 데이터센터, 클라우드 컴퓨팅 및 AI 환경에 최적화된 고성능 네트워크 스위칭 솔루션을 제공하는 글로벌 선도 기업이다. 하드웨어뿐만 아니라 독자적인 네트워크 운영체제인 EOS**Extensible Operating System**를 통해 네트워크 자동화와 가시성을 극대화하며, 시스코**Cisco**가 주도하던 시장에서 혁신적인 소프트웨어 중심 접근법으로 점유율을 빠르게 확장해왔다. 최근에는 생성형 AI 열풍에 힘입어 GPU 클러스터 간의 데이터 전송을 담당하는 AI 백엔드 네트워킹 분야에서 독보적인 기술력을 인정받고 있다. 현재 메타**Meta**, 마이크로소프트**MS** 등 하이퍼스케일러를 주요 고객사로 두고 있으며, 기존 이더넷 기술을 AI 네트워크의 표준으로 정착시키는 데 앞장서고 있는 기업이다.

1. 사업별 매출 비중

***클라우드 네트워킹Cloud Networking**: 전체 매출의 약 60~70%를 차지하는 핵심 부문으로, 데이터센터용 스위치 및 라우터 판매가 주력임.

***엔터프라이즈 및 캠퍼스Enterprise & Campus**: 약 20~30% 비중으로 기업 내부망 및 대학/공공기관용 네트워크 솔루션을 통해 사업 다각화 중.

***서비스 및 소프트웨어**: 하드웨어 유지보수 및 네트워크 관리 소프트웨어 구독 매출이 꾸준히 발생 중.

2. 투자 포인트(Investment Points)

***AI 네트워킹의 폭발적 성장**: 인피니밴드**InfiniBand** 대신 이더넷**Ethernet** 기반 AI 네트워크를 선택하는 고객사가 늘어나며 아리스타의 수혜가 지속됨.

***고객사 다변화**: 기존 메타/MS에 편중되었던 구조에서 벗어나 세컨드 티어 클라우드 및 GPUaaS**GPU 서비스** 특화 기업**오라클, 코어위브 등**으로 고객층을 확대 중.

***압도적 수익 구조**: 소프트웨어 중심의 비즈니스 모델 덕분에 경쟁사 대비 높은 영업이익률을 기록하며 강력한 현금 흐름 창출.

3. 투자 리스크(Downside Risk)

***부품 원가 상승**: 보고서에서 강조된 리스크로, 메모리**HBM 등** 가격 상승에 따른 하드웨어 제조 원가 부담 및 이익률 하락 가능성.

***고객사 CAPEX 변동성**: 빅테크 기업들의 데이터센터 투자 규모가 축소되거나 지연될

경우 실적에 직접적인 타격.

*경쟁 심화: 엔비디아NVIDIA의 자체 네트워킹 솔루션스펙트럼-X 등과의 주도권 경쟁 심화.

4. 고객사별 매출 비중

*클라우드 타이탄Cloud Titans: 매출의 약 48% 차지 메타, 마이크로소프트 등.

*엔터프라이즈 및 금융: 약 32%.

*AI 특화 서비스 및 신규 고객: 약 20%(2025년 기준 10% 이상 매출 기여 고객은 2개 사이나, 2026년에는 3~4개 사로 늘어날 전망)

5. 경쟁사 현황

*시스코Cisco: 전통적인 네트워크 시장의 강자이나, 클라우드 및 AI 최적화 스위칭 분야에서는 아리스타에 점유율을 지속적으로 잠식당하는 중.

*주니퍼 네트웍스Juniper: HPE에 인수된 이후 엔터프라이즈 시장에서 경쟁 중이나 기술적 우위는 아리스타가 높게 평가받음.

*엔비디아NVIDIA: AI 백엔드 네트워크 시장에서 아리스타의 가장 강력한 잠재적 경쟁자이자 협력 관계이더넷 생태계 확대 측면.

기판 생태계: 혈관을 만드는 기업들

삼성전기

삼성전기는 기판 전쟁에서 FC-BGA와 MLCC라는 두 개의 무기를 동시에 든 기업이다. 테슬라 AI6 칩이라는 역대급 수주와 AI 서버향 고용량 MLCC의 가격 인상이 맞물리면서 이 기업은 기판 슈퍼사이클의 가장 확실한 이중 수혜주가 되었다.

1. 사업별 현황 및 매출 비중(Business Segments)

***패키지솔루션기판**: 테슬라향 전장 및 AI 데이터센터 수요가 맞물려 폭발적인 성장이 기대된다. 고사양 기판인 FC-BGA 수요가 타이트해지며, 지난해 3분기 기준 기판 사업 내 FC-BGA 매출 비중은 이미 50%를 상회한 것으로 파악된다.

***컴포넌트MLCC**: AI 서버 향 고용량·고정전 MLCC 수요가 급증하고 있다. 스마트폰 등 IT 비중은 점차 축소되는 반면, 전장·서버·산업용 컴포넌트 매출 비중은 2025년 기준 약 30%까지 확대되며 질적 성장을 주도하고 있다.

***광학통신카메라 모듈**: 최근 국내외 고객사의 플래그십 신모델 효과 및 전장용 고부가 카메라 모듈 공급 확대로 꾸준한 실적 기여를 하고 있다.

2. 주요 투자 포인트(Investment Points)

***차세대 AI6 칩의 압도적 TAM 확장**: 핵심 고객사인 T사의 차세대 칩 'AI6'가 자율주행 FSD, 휴머노이드 로봇옵티머스, 자체 AI 데이터센터 등 3개 플랫폼에 동시 탑재된다. 기존 AI3/AI4 대비 기판 면적이 2배 이상 커지고14층 이상 단가도 대폭 상승하여 역대 최대 규모의 시장TAM이 열리게 된다.

***구체화되는 판가 인상 사이클**: AI 서버 향 고스펙 MLCC의 스팟Spot 가격이 최근 20% 내외 상승했으며, 이는 장기 공급 계약의 단가 인상으로 직결되고 있다. 하이엔드 시

장을 일본 선두 업체 무라타와 양분하고 있어 판가 인상의 최대 수혜를 볼 전망이다.

*마진 방어 및 레버리지 효과: 기판**FC-BGA** 부문은 원재료 가격 상승 국면에서도 타 기판 대비 판가 전이가 매우 용이하다. 현재 진행 중인 대규모 CapEx**설비투자**는 단순 비용 부담 이 아닌 2027년 이후 성장을 위한 확실한 업사이드 요인으로 평가된다.

3. 주요 리스크(Risks)

*원재료 가격 상승 부담: 기판 및 MLCC 생산에 필요한 원재료 가격 인상 흐름이 지속되 고 있어, 고객사로의 원활한 판가 전이가 지연될 경우 일시적인 마진 압박이 발생할 수 있다.

*레거시 IT 기기 수요 회복 지연웹 검색 보완: AI 및 전장 부문의 폭발적 성장에도 불구하고, 기존 주력 전방 산업이었던 스마트폰 및 PC의 교체 수요 둔화나 계절적 비수기 영향이 전 체 매출 성장의 속도를 늦출 수 있는 잠재적 하방 요인이다.

4. 고객사별 매출 비중(Customer Share)

*캡티브삼성전자 의존도 하락웹 검색 보완: 과거 삼성전기 매출의 핵심이었던 삼성전자및 종속 회사에 대한 의존도가 2025년 기준 약 27%까지 하락했다. 이는 스마트폰 부품 쏠림 현상 을 완화하고 AI·전장 체질로 완벽히 개선되었음을 의미한다.

*북미 테슬라 및 빅테크 랠리: 테슬라향 자율주행, 로봇뿐 아니라 북미 주요 AI 가속기 및 서버 업체를 대상으로 고부가 FC-BGA와 MLCC 물량을 집중적으로 늘리며 외형을 확장하고 있다.

대덕전자

대덕전자는 기판 전쟁에서 가장 극적인 반전을 보여주는 기업이다. 오랫동안 적자의 늪에 서 허덕이던 FC-BGA 부문이 2025년 4분기 흑자 전환에 성공하며 본격적인 이익 성장 의 시작을 알렸다. 데이터센터와 자율주행이라는 두 개의 성장 엔진이 동시에 켜졌다.

대덕전자는 반도체 기판 기술의 고도화를 선도하는 국내의 대표 기판 제조 기업이다. 특 히 차세대 반도체 패키징 기술인 FC-BGA플립칩 볼그리드 어레이 부문에서 글로벌 기술 로드맵 에 맞춘 선제적 투자를 통해 서버 및 데이터센터향 고부가 시장에서 입지를 굳히고 있다.

1. 사업부별 매출 비중(2025년 기준)

반도체 패키지 기판PKG이 전체 매출의 80% 이상을 차지하는 핵심 사업이다.

*메모리 기판51%: DRAM 탑재량 증가에 따른 안정적 수요 기반.

*비메모리 기판33%: FC-BGA 중심의 고성장 영역으로, 올해 추가 이익 성장을 견인할 전망.

*MLB15%: 다층 인쇄회로기판 부문.

2. 주요 투자 포인트

*FC-BGA의 이익 기여 본격화: 당초 예상보다 빠른 2025년 4분기에 BEP를 달성했다. 2026년부터는 싱글 디짓 이상의 흑자를 기록하며 전사 이익 확대를 주도할 것으로 보인다.

*수요처 다변화: 기존의 전장자동차 중심에서 데이터센터, 서버용 컨트롤러, 자율주행칩 등으로 수요의 핵심축이 확장되고 있다.

*기술 고도화 대응력: 대형화, 고다층화되는 기판 기술 로드맵에 맞춰 선제적인 대규모 설비 투자를 진행하여 글로벌 고객사의 요구에 즉각적인 대응이 가능하다.

3. 리스크 요인

*전방 산업 수요 둔화: IT 세트 및 반도체 업황 전반의 수요가 둔화될 경우 기판 수요 감소와 판가 하락이 발생할 수 있다.

*투자 회수 지연: 대규모 설비 투자가 수율 관리 실패나 공정 정밀도 확보 미흡으로 이어질 경우 수익성에 부정적 영향을 미칠 수 있다.

4. 고객사별 매출 비중

*주요 고객사: 국내 메모리 반도체 기업삼성전자, SK하이닉스 등과 더불어 글로벌 전장 및 서버 업체들을 고객사로 두고 있다.

*신규 모멘텀: 최근 미국 순수 전기차 업체테슬라 등의 자율주행용 AI 반도체 기판 공급을 시작했거나 확대하고 있다. 데이터센터용 컨트롤러 및 피지컬 AI 관련 수요도 연내 분기별 성장 모멘텀으로 작용할 예정이다.

이수페타시스

이수페타시스는 기판 전쟁에서 가장 날카로운 창끝에 있는 기업이다. AI 네트워크 스위치에 들어가는 고다층 MLB의 절대 강자로 구글이 전체 매출의 50%를 차지하는 핵심 고객이다.

광통신이 빨라질수록 고다층 기판의 수요는 폭발하고 이 기업의 수주잔고는 쌓여간다.

이수페타시스는 AI 가속기 및 네트워크 서버 등 인프라의 핵심 부품인 초고다층 PCB인 쇄회로기판 시장을 선도하는 기업이다. 최근 AI 시장 개화에 따른 고다층·고집적화 기판 수요 급증에 대응해 설비 증설을 가속화하고 있으며, 고부가 제품인 다중적층Multi-Lam 비중 확대를 통해 실적 성장을 꾀하고 있다.

1. 사업 및 제품별 매출 비중

*지역별 매출2026F 기준: 페타시스본사가 약 1,320.3십억 원으로 대부분을 차지하며, 중국 법인이 약 292십억 원, 미국 법인이 약 26.4십억 원 규모다.

*애플리케이션별 비중2025P 기준: 스위치Switch 장비가 70%로 가장 높으며, 가속기 Accelerator 19%, 기타 11% 순이다.

*고부가 제품 비중: 다중적층Multi-Lam 매출 비중이 2025년 9%에서 2026년 31%까지 대폭 확대될 전망이다.

2. 주요 투자 포인트(Investment Points)

*생산능력CAPA 조기 확보: 늘어나는 수요에 대응하기 위해 증설 타임라인을 앞당겼다. 2026년 하반기 8K, 2027년 상반기 10.5K, 2028년 상반기 12.5K 이상으로 확대를 계획 중이다.

*견조한 AI 시장 수요: AI 시장 확대로 고다층·고집적화 기판 수요는 여전히 공급 대비 우위에 있다.

*수익성 개선: 단순 기판에서 기술적 난이도가 높은 다중적층 제품으로 믹스가 개선되면서 이익률이 상승하고 있다.

3. 리스크 요인(Risks)

*밸류에이션 부담: 2026년 추정 PER이 32.6배 수준으로 과거 대비 높아진 밸류에이션에 대한 부담이 존재할 수 있다.

*실적 변동성: 보고서의 의견 및 추정치는 향후 실제 실적과 오차가 발생할 수 있다.

4. 고객사 현황(보고서 외 검색 데이터 포함)

*주요 고객: 구글Google, 엔비디아NVIDIA, 마이크로소프트MS, 인텔, 아리스타, 시스코 등 글로벌 빅테크 기업들을 고객사로 확보하고 있다.

*매출 비중: 특히 구글Google이 전체 매출의 약 50%를 차지하는 핵심 고객사로 알려져 있다.

심텍

심텍은 기판 전쟁에서 메모리와 서버의 교차점을 지배하는 기업이다. 소캠2와 GDDR7이라는 차세대 메모리 규격이 본격 양산되는 2026년은 이 기업에게 역대 최대 실적의 원년이 될 가능성이 높다.

심텍은 반도체용 패키지 기판Substrate과 메모리 모듈용 PCB를 전문적으로 생산하는 글로벌 부품 기업이다. 글로벌 메모리 시장의 '빅3'인 삼성전자, SK하이닉스, 마이크론을 주요 고객사로 보유하고 있으며, 해당 분야에서 세계 최고의 점유율을 차지하고 있다. 최근에는 단순 PCB 제조를 넘어 MSAP미세회로제조공정 기반의 고부가 패키지 기판FC CSP, SiP 등과 차세대 메모리 규격인 GDDR7, 소캠2SoCAMM2 등으로 사업 구조를 고도화하고 있다.

1. 사업별 매출 비중 2025년 4Q 기준

*기판Package Substrate: 80% MCP, FC-CSP, SiP, GDDR6/7 등 포함

*모듈 PCBModule PCB: 19% PC, 서버, SSD용 등

*기타: 1%

2. 주요 투자 포인트

*신제품 '소캠2SoCAMM2' 주도권: 저전력 및 차별화된 성능으로 엔비디아 GPU와 시너지를 낼 차세대 서버향 메모리 표준으로 부각되고 있으며, 2Q26부터 본격 양산될 예정이다.

*고부가 MSAP 매출 확대: 수익성이 높은 FC CSP, SiP 매출이 전년 대비 31.2% 증가하며 실적 개선을 견인할 전망이다.

*GDDR7 수혜: 일본 법인의 생산 전환 효과로 차세대 그래픽 메모리GDDR7 매출 비중이 확대되어 영업이익률 개선에 크게 기여할 것으로 분석된다.

3. 투자 리스크

*원자재 가격 변동: 금, 구리 등 원자재 가격의 급격한 상승은 메모리 모듈 원가에 부담을 주어 수익성을 하락시키는 요인이 된다.

*회복 시점의 지연: 1Q26 실적이 컨센서스를 하회하거나 업황 회복 속도가 예상보다 더딜 경우 단기적인 주가 변동성이 발생할 수 있다.

4. 고객사별 매출 비중
심텍의 고객사는 주로 글로벌 메모리 반도체 제조사로 구성되어 있습니다.
*삼성전자: 약 35%
*SK하이닉스: 약 25%
*마이크론Micron: 약 20%

5. 경쟁사 현황
국내외 주요 경쟁사들은 반도체 업황 회복에 맞춰 고부가 기판 시장에서 점유율 경쟁을 벌이고 있다.
*국내: 대덕전자, 코리아써키트, 해성디에스, 티엘비 등
*해외: 이비덴Ibiden, 일본, 유니마이크론Unimicron, 대만, 킨서스Kinsus, 대만 등

해성디에스
해성디에스는 기판 전쟁에서 가장 안정적인 포지션을 잡은 기업이다. 자동차용 리드프레임이라는 확실한 캐시카우 위에 DDR5 메모리 기판이라는 성장 엔진을 얹은 구조. 차량용 반도체의 재고 정상화와 메모리 업황 개선이 동시에 맞물리는 2026년이 이 기업의 진정한 원년이다.

해성디에스는 자동차용 반도체에 필수적인 리드프레임과 고성능 메모리용 패키지 기판을 생산하는 반도체 후공정 핵심 소재 전문 기업이다. 전 세계 자동차용 리드프레임 시장에서 독보적인 점유율을 보유하고 있으며, 2026년부터는 전방 산업의 재고 정책 변화와 DDR5 비중 확대에 힘입어 본격적인 실적 퀀텀 점프가 예상된다.

1. 사업 부문별 매출 비중(2026F 추정)

사업 부문	매출액(십억 원)	비중(%)
자동차용 리드프레임(Automotive LF)	398.5	50.20%
메모리 패키지 기판(DDR5 등)	186.3	23.50%
IT용 리드프레임	172.4	21.70%
비메모리 패키지 기판	36.1	4.60%

2. 주요 투자 포인트

*리드프레임 업황의 업사이클 진입: 글로벌 차량용 반도체 고객사Infineon, NXP 등가 보수적 재고 운영에서 벗어나 안전 재고를 선제적으로 확보하려는 움직임이 포착되고 있다.

*DDR5 전환 가속화: 메모리 기판 부문에서 고단가 제품인 DDR5 신규 제품의 출하가 확대되고 신규 고객사 진입이 가시화되면서 수익성이 개선될 전망이다.

*원가 방어 경쟁력: 원재료구리, 금 등 가격 상승 시 이를 판매가에 반영할 수 있는 LME런던 금속거래소 연동 구조를 보유하고 있으며, 연속 생산이 가능한 릴투릴Reel-to-Reel 공법으로 생산 효율성이 높다.

3. 리스크 요인

*원재료 가격 급등: 구리, 금, 팔라듐 등 주요 원재료 비중이 높아 가격 상승 시 단기적인 마진 압박이 있을 수 있다.

*전방 시장 수요 변동성: 산업용 및 개인용 전자기기 수요의 회복 속도가 예상보다 더딜 경우 실적 가변성이 커질 수 있다.

4. 주요 고객사 구성

*자동차용 리드프레임: 인피니언, NXP, ST마이크로, 텍사스 인스투르먼트TI 등 글로벌 IDM 업체

*패키지 기판: 삼성전자, SK하이닉스 등 국내외 대형 메모리 제조사

*조립 외주OSAT: ASE, Amkor 등 글로벌 후공정 업체

티엘비

티엘비는 기판 전쟁에서 메모리 모듈 PCB의 기술 선도자다. DDR5 고사양 제품과 소캠2라는 차세대 규격을 동시에 준비하며 2026년 2분기부터 본격적인 실적 가속화를 예고하고 있다.

　티엘비는 AI 서버 및 데이터센터 수요 확대에 대응하는 국내 메모리 모듈용 PCB인쇄회로 기판 전문 기업이다. 삼성전자, SK하이닉스, 마이크론 등 글로벌 '메모리 빅3'를 주요 고객사로 확보하고 있다. DDR5와 차세대 메모리 기술인 CXL, SOCAMM 분야에서 기술 리더십을 보유하고 있다.

1. 사업별 매출 비중(2025년 4분기 기준)

고부가 제품인 서버용 DDR5의 비중이 비약적으로 상승하며 수익성 개선을 견인하고 있다.

*DDR5: 68% DDR5 내에서도 고사양인 6400/7200 MT/s 제품이 81% 차지

*SSD: 27%

*기타신제품 포함: 5%

*특이사항: 하이엔드 서버향 고부가 제품 비중이 전체 매출의 60%를 초과하며 4분기 연속 증가세

2. 주요 투자 포인트

*AI 및 서버 시장의 수혜: AI 데이터센터 확대로 인한 고성능 메모리 및 스토리지용 PCB 수요가 급증하고 있다.

*차세대 기술 선점 티엘비 3.0: CXLCompute Express Link, SOCAMM소형 고성능 모듈, MR-DIMM 등 차세대 규격 제품 개발에 선제적으로 참여하여 시장 경쟁력을 강화하고 있다.

*생산 능력CAPA 확대: 지속적인 설비 투자를 통해 2026년에는 생산 가동률과 공정 효율성을 더욱 향상시킬 계획이다.

3. 리스크 요인

*높은 고객사 의존도: 삼성전자, SK하이닉스, 마이크론 등 소수 대형 고객사에 대한 매출 집중도가 높아 이들의 재고 정책이나 투자 계획에 실적이 민감하게 반응한다.

*신제품 도입 지연 가능성: DDR5 8000 MT/s 등 일부 차세대 제품의 양산 일정이 예상보다 지연될 경우 실적 불확실성이 발생할 수 있다.

*환율 및 원자재 변동성: 수출 비중이 높아 환율 변동에 민감하며, 원재료 가격 상승 시 수익성에 영향을 받을 수 있다.

4. 고객사별 매출 비중

티엘비는 특정 업체에 치우치지 않고 글로벌 메모리 업체들을 고루 확보하고 있다.

*주요 고객: SK하이닉스, 삼성전자, 마이크론

*특징: 2020년 상장 당시 기준으로는 SK하이닉스약 52%와 삼성전자약 29%의 비중이 높았으나, 최근에는 마이크론향 공급량도 꾸준히 늘리며 고객 포트폴리오를 다변화하고 있다.

CHAPTER 6

피지컬 AI: 지능이 육체를 입다

>>> AI라는 두뇌와 제조라는 육체를 동시에 가진 국가만이 이 혁명의 주인공이 된다. 전 세계에서 이 두 가지 조건을 완벽하게 충족하는 곳은 대한민국과 중국, 단 두 나라뿐이다. 신냉전이 중국을 밀어낼 때 그 거대한 빈자리를 채울 나라는 우리다.
이 챕터는 지능이 육체를 입는 과정, 그리고
그 과정에서 대한민국이 어떻게 새로운
부의 지도를 그려가는지를 추적한다.

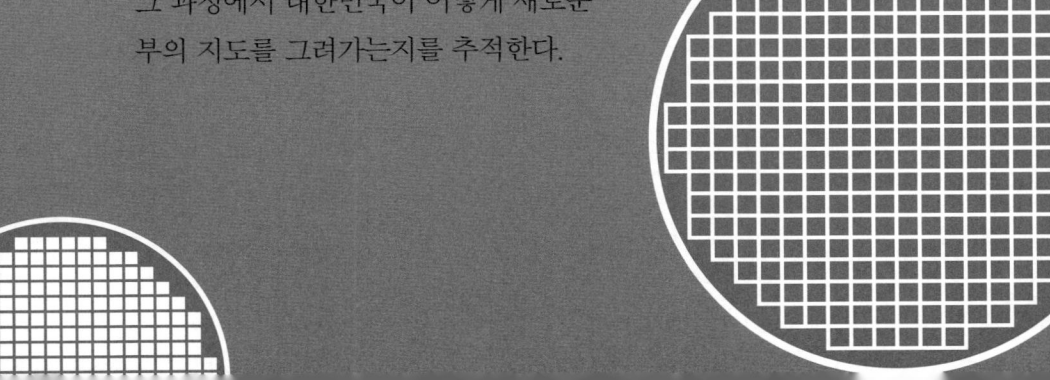

대반전: 공장이 성지가 되는 날

>> AI 혁명이 버렸던 제조를 다시 불러들이고 있다.

지능과 육체의 재결합: 피지컬 AI 혁명의 본질

지난 수십 년간 우리는 '지능'과 '육체'를 분리하는 법을 배워왔다. 화려한 설계도는 캘리포니아의 햇살 아래 남겨두고, 기름때 묻은 망치와 뜨거운 용광로는 바다 건너 아시아로 보냈다.

월가의 투자자들은 50%의 마진율을 넘어선 미국 플랫폼 기업들의 숫자에 환호했고, 공장의 굴뚝은 저물어가는 시대의 유물이라 치부했다. 하지만 AI 혁명이 피지컬 AI 단계로 접어들면서 거대한 파도가 반대로 치기 시작했다. 지능이 화면 밖으로 걸어 나와 강철의 육체를 입는 순간 미국이 버렸던 그 공장들이 미래의 성지Sanctuary로 부활한다.

산업혁명 이후 미국은 '극강의 효율'이라는 단 하나의 나침반을 따라 움직였다. 부가가치가 높은 기획, 설계, 마케팅, 재무는 본토에 남기고, 제조라는 무거운 짐은 아시아의 손에 맡겼다. 미국 기업들은 가벼워진 몸집으로 기록적인 마진율을 달성했고, 주식시장은 그 효율성에 보답하듯 끝없이 솟구쳤다.

그러나 지능이 실체를 가져야 하는 '피지컬 AI' 시대가 도래하자 이 분업은 치명적인 약점이 되었다. 코드는 매끄럽지만 그것을 구현할 '근육제조'이 없는 설계자는 이제 반쪽짜리 거인에 불과하다. 피지컬 AI 혁명은 지난 세기의 흐름을 정반대로 뒤집고 있다. 이제 가치는 '화면 속의 논리'가 아니라 '현실 속의 움직임'에서 창출된다. 하지만 이 대반전의 과실은 아무에게나 허락되지 않는다. AI라는 두뇌와 제조라는 육체를 동시에 가진 국가만이 이 혁명의 주인공이 된다. 소프트웨어만으로는 부족하고, 단순한 공장만으로는 비참하다.

전 세계에서 이 두 가지 조건을 완벽하게 충족하는 곳은 대한민국과 중국, 단 두 나라뿐이다. 지능의 알고리즘과 제조의 숙련도가 실시간으로 피드백을 주고받으며 '극강의 효율'을 다시 정의하고 있다.

하늘은 대한민국에 가혹한 시련과 동시에 유례없는 기회를 주었다. 신냉전의 거센 바람이 중국이라는 거대한 용을 세계 공급망에서 밀어낼 때 그 거대한 빈자리를 채울 수 있는 유일한 존재는 바로 우리다.

기술과 제조력을 모두 갖췄음에도 지정학적 벽에 막힌 중국은 역설적으로 우리의 기회를 증명하는 지표다. 우리가 지켜온 투박한 공장라인, 그곳에서 묵묵히 쌓아온 공정 기술이 이제 AI라는 영혼을 만나 수십 년간 지속될 '부의 혈맥'으로 변모하고 있다. 대한민국 증시를 바라보는 우리의 시선은 이제 달라져야 한다. 코리아 디스카운트라는 낡은 굴레는 '피지컬 AI의 허브'라는 새로운 이름표로 대체될 것이다.

제조는 더 이상 고통스러운 노동의 영역이 아니다. AI와 결합한 우리의 제조 경쟁력은 향후 수십 년간 인류가 보지 못한 수준의 효율성을 쏟아낼 것으로 보인다. 이것이 한국 증시가 일시적인 테마를 넘어 장기적인 우상향을 그려갈 수밖에 없는 가장 근본적이고도 감동적인 이유다. 공장의 소음이 지능의 노래로 변하는 이 순간, 우리는 새로운 시대의 문턱을 넘고 있다.

노동의 종말과 휴머노이드가 만드는 새로운 문명

공장에서 인간의 숨소리가 사라지고 기계 지능의 전기적 신호만이 흐를 때 제조업은 비로소 '물리적 구속'에서 벗어나 '소프트웨어의 자유'를 얻는다. 2026년 우리는 단순한 자동화를 넘어 로봇이 스스로 배우고 공장이 스스로 진화하는 '자율 제조'의 원년에 서 있다.

CES 2026에서 공개된 기술적 성취들은 인류의 제조 패러다임을 근본적으로 뒤흔들었다. 소프트웨어가 공장의 형상을 결정하고, 휴머노이드 로봇이 단순 노동을 넘어 고도의 추론을 수행하는 시대의 서막을 알렸다.

과거의 공장은 한 번 지어지면 특정 제품만을 생산하는 '고정된 요새'였다. 그러나 이제 공장은 소프트웨어 업데이트 하나로 어제의 전기차 라인을 오늘의 도심 항공 모빌리티^{UAM} 라인으로 바꿀 수 있는 소프트웨어 정의 공장^{SDF,} ^{Software Defined Factory}으로 진화하고 있다. 물리적 설비 교체 없이 코드 수정만으로 공정을 재구성한다. 이는 다품종 맞춤형 생산^{Personalized Mass Production}을 가능케 하는 핵심 동력이다.

현대차그룹이 제시한 '다크팩토리^{DF}247'은 인류가 꿈꿔온 완전 무인화의 정점이다. 24시간 365일 인간의 개입 없이 조명조차 필요 없는^{Dark} 상태에서 가동되는 이 시스템은 생산성과 안전성을 동시에 확보하는 제조업의 최종 진화 형태다.

2026년은 로봇 기술이 '신기한 실험'에서 '돈이 되는 사업'으로 증명된 해다. 이제 시장은 로봇이 얼마나 자연스럽게 걷느냐가 아니라 투자수익률^{ROI}을 얼마나 뽑아낼 수 있느냐를 묻고 있다. 테슬라의 옵티머스, 피규어 AI의 피규어 O2가 지능을 강조할 때 보스턴다이내믹스의 아틀라스는 CES 2026에서 양산 버전을 공개하며 판을 뒤집었다.

아틀라스는 단순히 움직이는 기계가 아니라 ①제조 가능성^{자동차 공급망 활용}, ②신뢰성^{보안 및 인증}, ③유지보수 편의성^{액추에이터 표준화}, ④경제성^{ROI}을 갖춘 '제품'으로서의 면모를 설득력 있게 제시했다. 테슬라가 하드웨어와 소프트웨어를 모두 움켜쥐는 '수직 계열화'를 택했다면, 현대차그룹은 구글 딥마인드 및 엔비디아와 손잡고 '개방형 생태계'라는 거대한 진영을 구축했다.

아틀라스의 독보적인 '운동 지능' 위에 구글 제미나이 기반의 VLA^{Vision-Language-Action} 모델이 인지와 추론을 담당한다. 로봇은 이제 "바닥에 떨어진 나사를 집어 저 상자에 넣어줘"라는 자연어 명령을 이해하고 돌발 상황에 스스로 대처한다. 엔비디아의 젯슨 토르^{Jetson Thor} 칩셋과 가상 시뮬레이터 아이작 ^{Isaac}은 가상과 현실의 간극인 'Sim-to-Real Gap'을 제로에 가깝게 줄이며 로봇의 학습 속도를 혁신적으로 단축시켰다. 제조 패러다임의 전환은 자본의 흐름을 재편한다. 단순 제조를 넘어 로봇을 생산하고 활용하는 기업들이 시장의 주도권을 쥘 것으로 관측된다.

휴머노이드 로봇 전쟁은 독점적인 폐쇄성보다 표준 기반의 개방성이 더 큰 확장성을 갖는 국면으로 진입했다. 현대차-구글-엔비디아 연합은 다른 완성차 업체GM, 도요타 등들의 기술 종속 우려를 덜어주며 글로벌 시장을 빠르게 잠식하고 있다. 앞으로 공장은 빌려 쓰는 서비스가 되고, 로봇은 표준화된 인프라가 된다. 더 많은 데이터를 가진 로봇 지능이 더 빨리 학습하고 실수를 줄이는 '학습의 복리 효과'가 발생하게 된다.

>>>> 피지컬 AI 혁명의 무대는 공장만이 아니다. 도로도 피지컬 AI의 전장이고, 하늘도 피지컬 AI의 영토다. 그리고 이 모든 전장의 패권을 두고 가장 치열한 싸움이 벌어지고 있는 곳이 있다. 바로 테슬라가 구축한 수직 계열화의 성벽 앞이다.

테슬라: 피지컬 AI 제국의 설계자

>> 수직 계열화, 데이터 플라이휠, 에너지 주권의 삼위일체

>> 테슬라는 단순한 전기차 회사가 아니다. 칩을 직접 설계하고, 배터리를 직접 만들고, 공장을 로봇 네이티브로 재설계하며, 900만 대의 차량이 수집하는 데이터로 지능을 고도화하는 이 기업은 피지컬 AI 전쟁의 가장 높은 성벽을 쌓고 있다.

피지컬 AI, 테슬라의 독주에서 신 양강 체제로

비즈니스의 역사는 누가 더 싸게 만드는가에서 누가 더 영리하게 제어하는가로 옮겨가고 있다. 휴머노이드 로봇은 단순한 기계적 완성이 아니라 자본과 데이터가 빚어낸 피지컬 AI의 결정체다. 이제 시장은 테슬라가 구축한 거대한 수직 계열화의 성벽과 그 걸 넘으려는 현대차그룹의 전략적 동맹을 주목하고 있다.

휴머노이드 로봇이 연구실을 넘어 산업 현장에 안착하기 위한 경제적 마지노선은 판매가 2만 달러다. 로봇이 인간의 노동력을 실질적으로 대체하기 위해 반드시 넘어야 할 원가 장벽이다.

현재 대다수 로봇 제조사는 엔비디아의 GPU와 클라우드 API에 종속되어 있다. 로봇을 구동할 때마다 외부 벤더에 비용을 지불해야 하는 이 구조에서 2만 달러라는 가격표를 붙이는 순간 마진이 소멸한다. 테슬라는 추론 전용 칩인 AI5를 비롯해 배터리, 액추에이터 등 핵심 부품을 철저하게 내재화했다. 불필요한 기능을 걷어내고 로봇 제어에만 최적화된 전용 칩은 범용 제품보다 압도적인 원가 경쟁력을 가질 수 있다. 이러한 내재화는 판매량이 늘어날수록

외부 유출 비용 없이 규모의 경제 효과가 고스란히 기업의 이익으로 직결되는 강력한 수익 구조를 창출한다.

피지컬 AI의 본질은 시각 정보를 인지하는 단계를 넘어 이를 즉각적인 행동으로 연결하는 것이다. 여기서 테슬라는 경쟁사들이 따라올 수 없는 두 가지 무기를 보유하고 있다. 텍스트 기반 모델은 물리 현상을 언어로 변환하는 과정에서 정보 손실과 연산 지연이 발생한다. 반면 테슬라는 영상 입력을 제어 신호로 직접 변환하는 VLA^{Vision-Language-Action} 모델을 통해 0.1초의 즉각적 반응 속도를 구현했다. 현장의 안전은 상황 설명이 아니라 찰나의 대처에서 결정된다.

테슬라의 지능은 실험실이 아닌 도로 위에서 완성된다. 전 세계 900만 대의 차량이 수집하는 복잡한 물리적 상호작용 데이터는 로봇의 공간 지각 능력으로 전이돼 학습된다. 단순 자본 투입으로는 단기간에 메울 수 없는 구조적 데이터 격차다.

미래 로보틱스 산업의 부가가치는 하드웨어가 아닌 소프트웨어 플랫폼에서 창출될 가능성이 높다. 하드웨어가 범용화될수록 기업의 가치는 '지능의 서비스화'에서 판가름 난다. 테슬라의 독주 속에 현대차그룹은 가장 현실적인 2등 사업자로 부상하고 있다. 그룹 내 방대한 산업 현장을 캡티브 마켓^{Captive Market}으로 활용해 초기 데이터와 수요를 동시에 해결했기 때문이다. 구글 딥마인드의 인지 모델과 TRI의 운동 제어 기술을 결합한 하이브리드 전략은 현대차의 하드웨어 양산 능력과 만나 강력한 시너지를 내고 있다.

2030년을 향한 로보틱스 전쟁은 누가 더 인간과 닮았는가가 아니라 누가 더 경제적으로 지능을 배포하는가의 싸움이다. 테슬라가 소프트웨어 구독 모델을 통해 AI 플랫폼 기업으로 리레이팅되는 과정은 전통적인 제조업의 문법을 완전히 파괴하고 있다.

테슬라는 실제 세계의 무한한 변수를 학습하며 지능의 성을 쌓고 있고, 현대차는 검증된 파트너십을 통해 그 성의 입구에 도달했다. 이제 남은 질문은 이들이 만든 로봇이 우리의 공장과 가정에 침투했을 때 누가 그 지능의 통행세를 징수할 것인가이다.

하드웨어의 범용화와 플랫폼의 해자

하드웨어가 규격화되는 순간 경쟁의 축은 공장에서 칩으로, 부품에서 데이터로 이동한다. 휴머노이드 로봇은 기계 장치가 아니다. 데이터를 먹고 자라며 소프트웨어로 진화하는 '움직이는 플랫폼'이다.

휴머노이드의 관절과 근육을 담당하는 정밀 하드웨어 부품들은 과거 태양광 패널이나 배터리가 걸었던 '범용재Commodity'의 길을 밟게 될 가능성이 높다. 제조업의 역사에서 하드웨어 규격화가 이루어지면, 원가 경쟁력은 거대한 내수 시장과 강력한 공급망을 보유한 국가로 이전된다.

이미 로봇용 정밀 감속기와 서보 모터 시장에서는 생산 효율화를 통한 단가 인하 경쟁이 치열해지고 있다. 이는 부품 간의 기술적 차별화가 사라지고, 결국 '가격'이 시장의 핵심 요소로 부상하고 있다. 2만 달러라는 가격 목표는 고가 부품의 조합만으로는 달성하기 어렵다. 향후 시장에는 1만 달러 이하의 보급형 로봇들이 대거 등장하며 가성비 중심의 무한 경쟁이 펼쳐진다.

전기차 시장이 증명했듯 하드웨어 성능의 상향 평준화는 밸류에이션 프리미엄의 소멸로 이어진다. 휴머노이드 역시 스펙이 일정 임계점을 넘어서면 고사양의 효용은 사라지고 부가가치는 이를 제어하는 소프트웨어로 이동할 것으로 보인다.

부가가치는 이제 부품 공급사가 아닌 하드웨어를 통제하고 조율하는 시스템 통합자에게 집중되고 있다. 부품의 범용화는 부품사에게는 마진 압박이지만, 완제품 업체에게는 원가 절감의 기회다. 승자는 저렴한 부품을 소싱해 자체 소프트웨어로 물리적 한계를 극복하는 플랫폼 기업이 된다. SDRSoftware Defined Robot 체제에서 플랫폼 기업은 OTA무선 업데이트를 통해 제품 수명 주기 내내 작업 효율을 향상시키며 소프트웨어 중심의 지속적인 이익을 창출한다.

테슬라는 소프트웨어 기술을 활용해 하드웨어의 물리적 원가 구조를 근본적으로 혁신한 대표적 사례다. 고가의 라이다LiDAR 등 정밀 센서 대신 카메라와 비전 AI만으로 공간을 인식했다. 값비싼 정밀 감속기 대신 소프트웨어 제어 알고리즘으로 기계적 유격을 보정하며 원가 우위를 점한다.

복잡한 배선을 통신 기술로 대체하여 조립 공수를 줄이는 등 경쟁사가 따라올 수 없는 마진폭을 확보하고 있다. 피지컬 AI 시장의 가장 큰 병목은 텍스트와 달리 유의미한 '동작 데이터'가 부족하다는 점이다. 운동 지능은 실제 물리적 접촉과 경험을 통해서만 획득 가능하기 때문이다. 동작 데이터는 숙련된 사람이 로봇을 직접 제어해야 생성되므로 수집 속도가 노동력과 시간에 제한되는 구조적 병목이 존재한다.

가상 시뮬레이션Sim-to-Real은 현실의 불규칙한 조명이나 마찰 계수 변화 등 수만 가지 변수Corner Case를 완벽히 모사할 수 없다. 테슬라의 900만 대 차량은 매일 페타바이트PB급 주행 영상을 수집하는 전 세계적인 데이터 파이프라인이다. 차량이 교차로를 해석하는 공간 지각 능력은 휴머노이드가 공장 동선을 파악하는 메커니즘으로 전이 학습된다. 테슬라의 FSD는 단순 주행 보조를 넘어 물리 법칙을 학습하는 거대 신경망으로서 로봇에게 독보적인 범용성을 부여한다.

결국 피지컬 AI의 패권은 자본 투입만으로는 단기간에 해결할 수 없는 '시간과 데이터의 격차'에서 결정된다. 경쟁사들이 제한된 공간에서 데이터를 한 건씩 생성할 때 테슬라는 전 세계의 물리적 환경 데이터를 실시간으로 흡수하며 지능을 고도화하고 있다. 이 양적·질적 누적 격차는 결국 로봇의 지능 차이와 상용화 속도의 결정적 격차로 귀결된다.

칩과 지능의 주권을 쥔 자가 승리한다

테슬라가 로봇의 '심장칩'과 '뇌지능'를 스스로 설계하기 시작한 순간 제조의 문법은 다시 써졌다.

휴머노이드 양산 시대의 가장 큰 수익성 병목은 핵심 칩셋 비용이다. 테슬라는 자체 칩 내재화를 통해 경쟁사들과는 차원이 다른 마진 구조를 구축하고 있다. 엔비디아의 젯슨Jetson이나 토르Thor 등 기성 고성능 칩셋을 사용하는 경쟁사들은 대당 약 1000~2000달러의 비용을 지불해야 한다. 반면 테슬라가 설계한 FSD 칩AI5 등의 추정 원가는 300~500달러 수준에 불과하다.

로봇 100만 대 양산을 가정할 때, 칩셋 비용에서만 최소 10억 달러약 1.3조원 이상의 영업이익 차이가 발생한다. 규모의 경제가 커질수록 테슬라의 이익률이 경쟁사를 압도할 수밖에 없는 구조적 해자가 된다. 과거 전기차 시장에서 배터리 팩과 통합 제어기ECU 등을 내재화해 업계 최고 수준의 영업이익률을 달성했던 승리 공식이 로봇에서도 재현되고 있다. 절감된 비용은 다시 제품 가격 인하나 성능 향상으로 이어지며, 이는 결국 테슬라가 휴머노이드 시장 전체의 가격 결정권을 손에 쥐게 됨을 의미한다.

피지컬 AI의 본질은 복잡한 언어적 추론이 아니라 시각 정보를 즉각적인 행동으로 변환하는 '반사 신경'에 있다. 기존의 로봇 제어는 '이미지 인식 → 텍스트 변환 → LLM 추론 → 제어 코드 생성'이라는 4단계의 복잡한 과정을 거친다. 이 과정은 필연적으로 높은 전력 소모와 연산 지연을 야기한다. 테슬라는 비디오 입력을 제어 신호로 직접 연결하는 VLAVision-Language-Action 모델 기반의 엔드 투 엔드End-to-End 신경망을 채택해 연산 과정을 획기적으로 단축했다.

언어는 물리 세계의 미묘한 디테일을 모두 담아낼 수 없다. 예를 들어 "나사를 집어라"는 텍스트 명령어는 나사의 마모도, 표면 유분, 미세한 각도 차이 등을 포함하지 못한다. 반면 테슬라의 VLA는 픽셀 데이터를 근육의 토크 값으로 직결시켜 언어로 정의하기 힘든 정교한 감각적 제어를 실현한다.

제조 현장에서 가장 중요한 가치는 상황에 대한 철학적 이해가 아니라 돌발 상황에 대응하는 즉각적인 반응 속도다. 작업자가 갑자기 접근하거나 물체가 떨어지는 위급 상황에서 휴머노이드는 상황을 문장으로 서술할 여유가 없다. 테슬라의 모델은 언어 변환 단계를 생략함으로써 H100 수천 개 분량의 연산 자원 없이도 민첩하고 자연스러운 동작을 구현해 낸다.

물리적 제약이 따르는 엣지 디바이스인 휴머노이드에게 필수적인 '경량화 지능'의 정수를 보여준다. 결국 미래의 패권은 칩과 소프트웨어를 외부 벤더에 의존하지 않는 '독자적 지능' 보유자에게 돌아간다. 테슬라의 행보는 하드웨어 제조사의 껍데기를 쓰고 AI 플랫폼 기업으로 리레이팅Re-rating되는 거대한 전환을 보여줄 것으로 관측된다. 공장의 지배자는 더 이상 기계가 아니라 그 기계의 '반사 신경'을 설계하는 자다.

테슬라 피지컬 AI의 척추, 4680 배터리

지능이 로봇의 머리라면, 에너지는 그 육체를 움직이는 근육이자 생명력이다. 휴머노이드 경쟁이 지능의 고도화에 매몰되어 있을 때 테슬라는 가장 원초적이면서도 강력한 무기인 '에너지 효율'을 통해 비즈니스의 승기를 잡았다. 4680 배터리는 단순히 전력을 공급하는 부품이 아니라 로봇의 손익분기점을 앞당기는 전략적 요체다.

휴머노이드 로봇의 실질적인 경제적 가치ROI는 '충전 시간 대비 작업 시간'이라는 냉혹한 공식에서 결정된다. 24시간 3교대로 가동되는 가혹한 제조 현장에서 잦은 충전은 곧 치명적인 생산 손실을 의미한다.

각형이나 파우치형 LFP 배터리를 채택한 경쟁사들은 낮은 에너지 밀도로 인해 약 2시간 수준의 작동에 머물며, 하루 4~5회의 충전을 해야한다. 하이니켈 기반의 4680 원통형 배터리를 탑재한 옵티머스는 4시간 이상의 연속 가동이 가능하다. 충전 횟수를 절반 이하로 줄여 실질적인 가동률을 극대화하는 결과를 낳는다.

테슬라는 배터리 팩이 프레임의 역할을 수행하는 셀 투 새시CTC 기술을 휴머노이드에 이식했다. 배터리 셀 자체를 로봇의 척추로 활용함으로써 별도의 프레임 무게와 공간을 획기적으로 줄였다. 이는 더 많은 에너지 저장량으로 직결된다.

무게 중심 최적화를 통해 로봇이 넘어지는 것을 방지하며, 동일 부피 내에서 경쟁사 대비 2배 가까운 작업 처리량을 확보하는 기반이 된다. 대규모 투입을 고려하는 B2B 고객사에게 이는 거부할 수 없는 매력이다.

테슬라의 로보틱스 사업은 이미 본궤도에 오른 전기차 공급망의 과실을 그대로 활용한다. 4680 배터리는 사이버트럭 등 기존 전기차 라인업과 생산 라인을 공유한다. 전용 배터리 팩을 소량 주문 제작해야 하는 경쟁사들과는 출발점부터 다르다. 이미 확보된 GWh 단위의 대규모 구매력을 로봇에 전이시켜, 경쟁사가 도저히 맞출 수 없는 최저가 셀 단가를 확보한 상태에서 사업을 전개한다. 전기차의 핵심 지표가 전비km/kWh였다면, 휴머노이드의 시대에는 작업당 전력 소모Watt per Task가 승패를 가를 핵심 지표가 된다.

전기차 시장에서 검증된 통합 열관리 시스템과 BMSBattery Management System 기술을 로봇에 적용해 액추에이터와 배터리 효율을 극한으로 끌어올렸다. 이는 단순히 가동 시간을 늘리는 것을 넘어 운영 비용 자체를 최소화하는 기술적 토대다. 파편화된 부품을 조합해 전력 변환 손실과 과열을 겪는 경쟁사들과 달리 테슬라는 저장셀부터 제어인버터, 소비액추에이터에 이르는 전 과정을 하나의 유기체처럼 설계해 에너지 누수를 원천 차단했다.

AI의 구현에만 매몰된 경쟁사들이 따라올 수 없는 영역이 바로 줄Joule 단위의 에너지 통제라는 '하드 엔지니어링Hard Engineering'의 영역이다. 전력 효율의 우위는 곧 휴머노이드의 총 소유 비용TCO 격차로 이어진다. 대규모 군단을 운용해야 하는 고객사들에게 테슬라의 에너지 효율성은 단순한 기술적 특징이 아닌 필수적인 경제적 생존 조건이 되었다.

로봇 네이티브 공장과 데이터 플라이휠의 시대

하드웨어의 복잡성을 소프트웨어로 제어하고, 공장 자체를 하나의 거대한 프로그래머블Programmable 기기로 재정의하는 기업만이 지능형 제조의 패권을 쥐게 된다. 테슬라의 제조 혁신은 단순히 로봇을 만드는 것이 아니라 로봇이 로봇을 스스로 진화시키는 '무한 선순환의 요새'를 구축하는 과정이다.

테슬라의 제조 혁신은 과거 SDV소프트웨어 정의 차량가 내연기관 시장을 뒤흔들었던 성공 공식을 공장이라는 물리적 하드웨어로 확장한 결과다. 과거 레거시 OEM들이 내연기관 차체에 배터리와 모터를 억지로 구겨 넣는 '개조Retrofitting' 방식을 택해 효율성의 한계에 부딪혔던 것과 대조적이다. 테슬라는 전기차와 소프트웨어 구동에 최적화된 독자적인 플랫폼을 처음부터 새롭게 설계함으로

써 공간 효율, 주행 성능, 제조 원가에서 압도적인 격차를 만들어냈다.

지금 로봇 산업에서도 동일한 현상이 벌어지고 있다. 단순한 기계 도입을 넘어선 제조 철학의 전면적 전환을 의미한다. 테슬라는 로봇을 인간의 작업 환경에 맞추는 대신 공장을 로봇의 특성에 맞춰 재설계하는 '로봇 네이티브' 체제를 구축하고 있다.

기존 제조사들은 사람이 일하던 컨베이어 벨트 라인에 로봇을 투입하려다 보니 안전 펜스를 설치하고 동선이 꼬이는 등의 구조적 비효율을 겪는다. 반면 테슬라는 공장 전체를 로봇의 작업장으로 정의하고, 로봇의 자유도와 가동 범위 등 기구적 특성에 맞춰 공정을 재설계했다. 이는 내연차 개조 전기차가 전용 플랫폼 모델의 생산성을 따라올 수 없는 것과 같은 이치다.

로봇 시대를 위해 완성된 제조 플랫폼인 '언박스드 프로세스'는 기존의 직렬 컨베이어 벨트 시스템을 해체한다. 모듈별 병렬 조립 방식을 통해 로봇들이 독립된 구역에서 동시에 작업한 뒤 최종 결합하는 방식을 택했다. 이는 앞 단계의 지연이 전체를 멈추게 하는 구조적 병목을 제거하고 공장 밀도를 높여 캐펙스^{설비투자}를 낮춘다.

이러한 공정 혁신은 소프트웨어 업데이트만으로 기능을 전환할 수 있는 '소프트웨어 정의 공장^{SDF}'을 가능케 한다. 기존 직렬 라인은 모델 변경 시 막대한 전환 비용이 발생하지만, 셀 방식의 병렬 공정은 특정 구역의 로봇 세팅만 변경하면 신모델 투입이나 설계 변경에 즉각 대응할 수 있다.

테슬라 공장에서는 자체 생산한 휴머노이드가 다시 공정에 투입되어 생산과 지능이 서로를 강화하는 무한 루프가 작동한다. 공장에 투입된 옵티머스는 작업을 수행하며 양질의 데이터를 생성하고, 이 데이터는 AI 모델을 학습시켜 로봇의 숙련도를 높인다. 이는 다시 생산 비용 절감과 로봇 보급 확대로 이어진다.

시뮬레이터 속에서 로봇을 학습시키는 경쟁사들과 달리 테슬라는 실제 기가팩토리에서 수천 대의 로봇을 구동하며 물리적 데이터를 축적한다. 이는 자본 투입만으로는 단기간에 복제할 수 없는 강력한 해자다.

실제 양산 라인에서 수만 가지 돌발 변수를 겪으며 쌓는 숙련도는 시뮬레이션으로는 얻을 수 없는 영역이다. 시간이 지날수록 이 데이터 규모는 지능의 격차로 치환되어 후발 주자가 넘볼 수 없는 벽을 세울 것이다.

로보틱스가 가져올 제조업의 리레이팅Re-rating

제조업의 탈을 쓴 플랫폼의 시대가 도래했다. 이제 로봇은 단순한 기계적 완성을 넘어, 누적된 하드웨어가 영구적인 현금흐름을 창출하는 '지능의 서비스화RaaS' 단계로 진입하고 있다. 자본의 시선은 이제 제품의 판매가가 아니라, 그 육체를 지배하는 소프트웨어의 마진율로 향한다.

테슬라의 로보틱스 사업은 단순한 기계 판매를 넘어선 플랫폼 비즈니스로의 정체성 변화를 상징한다. 일론 머스크의 목표인 2030년 연간 100만 대 판매 시나리오가 현실화될 경우 테슬라의 재무 구조는 근본적인 변혁을 맞이하게 된다. 2030년 테슬라 로보틱스의 예상 매출액은 239억 달러, 영업이익은 45억 달러로 추정된다. 이때 전체 영업이익의 무려 69%가 하드웨어가 아닌 소프트웨어에서 창출될 전망이다.

원가 혁신을 통해 하드웨어 판가는 2만 달러 수준까지 하향 안정화되겠지만, 대당 연간 3000달러에 달하는 구독 매출RaaS이 이를 상쇄한다. 7% 수준의 하드웨어 영업이익률OPM과 달리 변동비가 거의 없는 소프트웨어는 80%의 OPM을 기록하며 전사 이익률을 19%까지 끌어올리는 핵심 동력이 된다.

이는 2030년 예상 영업이익이 2024년 전사 영업이익의 64%에 달하는 수치로 전통적 제조업 밸류에이션을 넘어선 강력한 리레이팅의 근거가 된다. 피지컬 AI 시장은 승자가 독식하는 인터넷 검색 시장과는 본질적으로 다르다. 전세계적인 로봇 수요를 테슬라 혼자 감당하는 것은 물리적으로 불가능하며, 시장은 반드시 신뢰할 수 있는 '거대 2등 기업'을 요구한다.

현대차그룹은 자동차 제조를 넘어 현대제철의 고온 현장, 현대글로비스의 물류 현장 등 로봇 학습에 필수적인 방대한 산업군 데이터를 내부적으로 수집할 수 있는 유일한 기업이다. 계열사를 통한 부품 내재화 역량은 경쟁사들이 범접할 수 없는 원가 경쟁력과 양산 안정성을 보장한다. 하드웨어 제조 능력 측면에서 현대차그룹은 이미 테슬라를 제외한 진영에서 대체 불가능한 지위를 확보했다.

현대차그룹의 마지막 퍼즐은 글로벌 빅테크와의 전략적 지능 연합을 통해 완성되고 있다. 범용 모델에 의존하는 경쟁사들과 달리 현대차는 로봇 제어에 특화된 세계 최고의 파트너십을 구축했다. VLA^{Vision-Language-Action} 개념을 창시한 딥마인드의 인지 능력을 흡수하여 로봇의 높은 추론 능력을 확보했다. 로봇 운동 제어 분야의 정점에 있는 도요타 리서치 연구소^{TRI}의 기술력을 이식받아 물리적 안정성을 극대화했다.

현대차그룹은 검증된 하드웨어 양산 능력에 세계 최강의 소프트웨어 파트너십을 더해 비테슬라 진영에서 가장 현실적이고 강력한 대안으로 부상했다. 내부 수요와 데이터를 동시에 해결하는 구조적 우위를 점했습니다. 단순 제조사를 넘어 피지컬 AI 플랫폼 기업으로의 정체성 변화를 통해 시장의 재평가를 이끌어낼 준비를 마쳤다.

테슬라가 새로운 제국의 길을 닦는다면, 현대차는 가장 견고한 요새를 짓고 있다. 지능이 육체를 입고 산업 현장으로 쏟아져 나오는 2030년, 부의 지도는 이 두 거인의 손에서 다시 그려질 가능성이 높다.

>>>> 테슬라가 새로운 제국의 길을 닦는 동안, 가장 현실적이고 강력한 도전자가 등장했다. 대한민국의 현대차그룹이다. 이들은 테슬라를 모방하지 않는다. 테슬라가 닦을 수 없는 길을 간다.

현대차 그룹: K-피지컬
AI의 요새

>> 테슬라가 갈 수 없는 길, 현대차가 간다.
>> AI라는 두뇌와 제조라는 육체를 동시에 가진 국가만이 피지컬 AI 혁명의 주인공이 된다는
   이 챕터의 테제를 가장 잘 구현하는 기업이 현대차그룹이다. 보스턴 다이내믹스의 로봇 기
   술, 엔비디아 블랙웰 5만 장의 연산 인프라, 9조 원 규모의 새만금 피지컬 AI 요새. 이것은
   완성차 회사의 미래가 아니라 대한민국 피지컬 AI 전략의 핵심이다.

현대차 피지컬 AI의 심장을 얻다

AI 혁명 초기만 해도 피지컬 AI 시장에서 테슬라를 넘어설 기업은 보이지
않았다. AI 인프라에서 풀 스택을 구축한 구글처럼 피지컬 AI 영역에서 테슬
라의 풀스택은 너무나 강력했기 때문이다. 그러나 엔디비아가 피지컬 AI를 구
현할 핵심 파트너로 대한민국, 특히 현대차 그룹을 낙점하면서 상황은 완전히
달라졌다.

지난해 가을 엔비디아의 최고경영자CEO 젠슨 황이 한국을 위해 준비한 '깜
짝 보따리'의 실체가 드러났다. 전 세계적인 품귀 현상을 빚고 있는 차세대
GPU '블랙웰Blackwell' 26만 장을 한국 정부와 주요 기업에 우선 공급하기로 한
것이다. 특히 이 중 5만 장이 할당된 현대자동차그룹은 이번 결정으로 단순한
완성차 제조사를 넘어 '피지컬 AIPhysical AI' 기업으로 도약할 강력한 엔진을 장
착하게 되었다.

현대차가 확보한 블랙웰 5만 장의 가치는 단순히 숫자로만 파악할 수 없다.
이는 자율주행 선두 주자인 테슬라Tesla를 추격할 수준의 연산 능력을 단숨에

확보했음을 의미한다. 블랙웰의 토큰 처리 및 추론 속도는 현재 테슬라 데이터센터의 주력인 H100 대비 3~4배 수준에 달한다. 2025년 3분기 기준 테슬라의 데이터센터 GPU는 약 12만 장^{H100 중심}으로 추정된다.

현대차가 도입할 블랙웰 5만 장은 세대교체에 따른 성능 향상을 고려할 때 테슬라의 기존 인프라와 맞먹거나 이를 상회하는 연산 능력을 제공할 것으로 기대된다. 미국 정부의 규제로 중국 기업들이 블랙웰 도입이 원천 봉쇄된 상황에서 현대차는 가장 진보된 AI 무기를 손에 쥐고 글로벌 시장에서 '기술적 해자^{Moat}'를 구축하게 되었다.

현대차그룹은 이번에 구축할 'AI 팩토리'를 통해 자율주행과 로보틱스를 결합한 피지컬 AI 전략을 가속화할 계획이다. 테슬라가 2023년 말 북미 40만 명에게 FSD^{Full Self-Driving} 베타를 배포하며 방대한 실증 데이터를 축적했듯 현대차 역시 2025년 5월 출시된 페이스카^{Pace Car}를 통해 본격적인 데이터 수집에 돌입했다.

올 초 공개한 보스턴 다이내믹스의 차세대 휴머노이드 '아틀라스 3세대'는 블랙웰 기반 데이터센터에서 학습된 지능을 탑재할 예정이다. 가상 세계의 AI를 현실 세계의 물리적 행동으로 연결하는 현대차 피지컬 AI의 정점이 될 것으로 기대된다.

거대한 AI 인프라가 들어서면 이를 관리하고 소프트웨어적으로 최적화할 주체가 필요하다. 이 과정에서 현대오토에버의 위상이 급부상하고 있다. 현대차/기아의 클라우드 및 데이터센터 운영을 전담하는 현대오토에버는 이번 블랙웰 5만 장 규모의 인프라 구축과 운영 수익을 직접적으로 향유할 전망이다.

단순 IT 서비스를 넘어 자율주행 소프트웨어 플랫폼^{MOBIgene}과 AI 클라우드 구독 매출이 실적을 견인하는 구조적 성장이 기대된다. 삼성전자 역시 젠슨 황으로부터 상당량의 GPU를 할당받았으며, 삼성SDS는 이를 기반으로 한 기업용 AI 클라우드^{SCP}와 현대차그룹과의 인프라 협력 등에서 간접적인 수혜가 예상된다.

그동안 현대차는 "중국 전기차에 원가로 밀리고, 자율주행 소프트웨어는 테슬라에 뒤처진다"는 비판에 직면해 왔다. 하지만 젠슨 황의 이번 선물은 이러한 우려를 일시에 해소할 반전의 카드다. 가장 앞선 하드웨어^{블랙웰}를 선점하고, 이를 바탕으로 완성된 지능을 전용 전기차^{E-GMP}와 휴머노이드^{아틀라스}에 이식하는 현대차의 전략은 명확하다. 우리는 도로 위뿐만 아니라 제조 현장과 일상 공간에서 현대차의 '물리적 지능'을 마주하게 될 것이다.

현대차그룹이 설계하는 9조 원의 '피지컬 AI' 요새

현대차그룹이 새만금에 투입하는 9조 원은 단순한 공장 건설비가 아니었다. 이는 AI라는 두뇌, 수소라는 심장, 로봇이라는 육체를 하나로 결합하여 탈 OEM을 선언하는 거대한 진화의 설계도다.

현대차그룹은 2026년부터 2030년까지 예정된 125조 원 규모의 국내 투자 계획 중 새만금 지역에만 9조 원을 집중 투입하기로 했다. 투자의 핵심은 에너지를 직접 생산하고, 그 에너지로 AI를 구동하며, 그 AI로 로봇을 만드는 수직계열화된 지능형 요새를 구축하는 것이다.

AI 데이터센터에 64% 비중인 5.8조 원을 투입한다. 인프라의 핵심인 '두뇌'에 압도적 자원을 할당했다. 수소 및 태양광에 2.3조 원을 투입한다. 데이터센터의 막대한 전력을 감당할 친환경 에너지 인프라를 구축하기 위해서다.

로보틱스 제조 클러스터 및 수소시티에 8000억원을 투입한다. AI가 구현될 물리적 육체와 도시 생태계를 조성하겠다는 전략이다. 이번 발표에서 가장 눈여겨볼 대목은 AI 데이터센터 구축 일정과 이에 연동된 엔비디아 GPU 5만 장의 매입 스케줄이다. 2027년 데이터센터 착공과 2029년 완공 일정에 맞춰 GPU 5만 장의 구매가 2026년 초도 물량을 시작으로 2027년부터 본격화된다.

현대차그룹이 실적 발표에서 언급했던 설비투자 정점 시점인 2026~2027년과 완벽하게 일치한다. 현대차는 이제 엔진 개발비가 아닌 AI를 연산할 '실리콘'을 사기 위해 지갑을 열고 있다. 현대차의 로보틱스 전략은 미국과 한국이라는 양대 축을 통해 피지컬 AI를 완성하려 한다. 미국에 보스턴 다이내믹스를 중심으로 휴머노이드 아틀라스 생산 시설 구축을 위해 50억 달러 증액 투자를 단행했다. 국내는 새만금 클러스터를 통해 스팟Spot, 모베드MobED 등 상업용 로봇과 중소기업 대상의 로봇 파운드리위탁 생산를 구축할 계획이다. 미국은 2028년, 한국은 2028년 착공 후 2029년부터 본격 가동하여 전 세계 로봇 수요를 흡수한다는 구상이다.

단순 하청업체가 아닌 데이터 주권을 쥐고 직접 인프라를 구축하는 현대차의 행보는 2021년의 기대감을 실제 숫자로 바꾸고 있다. 공장 건설과 AI화 과정에서 스마트팩토리 솔루션을 제공하는 현대위아와 소프트웨어 중추인 현대오토에버의 직접적인 수혜가 예상된다. 2029년 새만금 데이터센터의 불이 켜지는 순간 현대차는 더 이상 굴러가는 바퀴를 파는 회사가 아니게 된다. AI를 생산하고, AI가 움직일 에너지를 공급하며, 지능이 깃든 육체를 제조하는 AI 생태계의 포식자가 되어 있을 것이다.

피지컬 AI와 지능의 물리적 토대

지능은 데이터라는 양분을 먹고 자라지만, 그 지능이 현실을 움직이기 위해서는 '근육모터'과 '뼈대기판', 그리고 이를 뒷받침할 '에너지희토류'가 필요하다.

AI 혁명은 화면 속의 텍스트를 넘어 현실 세계의 물체를 직접 제어하는 '피지컬 AIPhysical AI' 시대로 진입했다. 이제 기업의 경쟁력은 클라우드 안의 알고리즘을 넘어 도로와 제조 현장에서 얼마나 많은 '리얼 월드 데이터'를 채굴하고 이를 물리적 움직임으로 구현하느냐에 달려 있다.

과거 인류의 뇌 발달에 단백질 공급이 결정적이었듯, 로봇 지능의 진화에는 현실 세계의 이동 데이터가 필수적이다. 현대차그룹이 엔비디아의 차세대 GPU 블랙웰 5만 장을 확보한 것은 단순한 서버 증설이 아니라 세계 2위권의 '데이터 훈련장'을 구축했음을 의미한다.

이미 자동차는 거대한 디바이스다. 테슬라, 화웨이, 샤오미가 자동차 제조에 사활을 거는 이유는 차량이 도로 위에서 끊임없이 '인지-판단-제어' 데이터를 채굴하는 가장 강력한 엣지 디바이스이기 때문이다.

현대차가 확보한 5만 장의 블랙웰은 성능 면에서 테슬라가 주력으로 사용하는 H100 12만 장 이상의 가치를 지닌다. 이는 자율주행을 넘어 보스턴 다이내믹스의 로봇 지능을 고도화할 '피지컬 AI의 두뇌'가 될 것이다. 삼성전기도 '파이버프린팅' 모터로 로봇 시장을 정조준했다. 지능이 아무리 뛰어나도 이를 구현할 모터가 무겁고 둔하다면 무용지물이다.

삼성전기가 노르웨이의 알바 인더스트리스^{Alva Industries}에 투자하며 로봇 모터 사업에 진출한 것은 '부품의 수직 계열화'를 위한 포석이다. 파이버프린팅^{Fiber Printing}은 기존의 구리선을 감는 방식^{권선}이 아닌 기능성 소재를 섬유처럼 출력하는 방식이다. 이를 통해 모터의 크기와 무게를 줄이면서도 출력^{토크 밀도}을 극대화할 수 있다. 휴머노이드 로봇 관절에 들어가는 모터가 작고 가벼워질수록 전력 효율이 높아지고 정밀한 제어가 가능해진다. 삼성전기는 이를 통해 적층세라믹콘덴서^{MLCC}와 기판을 넘어 로봇의 핵심 구동축까지 사업 영역을 확장하고 있다.

피지컬 AI 시대의 가장 강력한 무기는 희토류 '네오디뮴'을 적용한 영구자석이다. 일반 자석보다 10배 이상 강한 자력을 지닌 네오디뮴은 전기차와 로봇 모터의 소형화·고효율화를 가능케 하는 필수 소재다. 여기서 또 다른 희토류인 디스프로슘과 터븀의 가치가 부각된다. 모터가 고속 회전하며 발생하는 열에 성능이 떨어지는 것을 막기 위해 중희토류^{디스프로슘, 터븀} 도핑이 필수적이다. 이들은 로봇 센서의 민감도와 직결되는 핵심 자원이기도 하다.

최근 트럼프 대통령이 그린란드 합병에 관심을 쏟는 이유다. 현재 중희토류 제련의 90% 이상을 중국이 장악하고 있으나 최근 그린란드가 새로운 자원 저장소로 부상하고 있다. 샘 알트먼과 빌 게이츠 등이 AI 기반 광산 탐사 기업 '코볼드 메탈스'를 통해 그린란드 희토류 시시추에 조 단위 베팅을 하는 이유도 여기에 있다.

휴머노이드가 대중화되기 위한 마법의 가격은 2만 달러^{약 2700만원}다. 이 가격을 맞추기 위해 로봇의 하드웨어 원가는 낮아지겠지만, 역설적으로 반도체가 차지하는 비중은 더욱 커질 것이다. 로봇 본체는 초저지연·저전력을 위해 전용 주문형 반도체^{ASIC} 중심으로 진화할 가능성이 높다. 여기에는 대역폭이 넓은 LPDDR 메모리가 탑재되어 실시간 제어를 담당하게 될 것으로 보인다.

수혜가 기대되는 관련 밸류체인으로는 로봇 칩의 성능을 검증하는 테스트 소켓, 고다층 기판 수요 등이 있다. 중장기적으로는 칩렛^{Chiplet} 구조를 뒷받침할 차세대 패키징 기판이 핵심 경쟁력이 될 것으로 보인다.

피지컬 AI 시대의 주인공은 단순히 알고리즘을 잘 짜는 기업이 아니다. 방대한 리얼 월드 데이터를 연산할 GPU^{현대차}, 이를 정밀하게 움직일 모터 기술^{삼성전기}, 그리고 이 모든 것을 가능케 하는 핵심 광물^{희토류}을 선점하는 기업이다.

현대차는 이제 자동차 제조사가 아니라 '데이터 인프라 기업'이다. 로봇은 더 이상 기계 장치가 아니라 '반도체와 센서의 집합체'다. 투자자들은 이제 AI의 논리적 사고력뿐만 아니라 그 AI가 현실에서 행사할 '물리적 영향력'의 밸류체인에 주목해야 한다. 지능이 육체를 얻는 순간, 부의 지도 또한 다시 그려질 것이기 때문이다.

>>>> 피지컬 AI는 공장과 로봇의 이야기만이 아니다. 도로도 피지컬 AI의 전장이다. 자율주행은 피지컬 AI가 가장 먼저 대중과 만나는 접점이 될 것이다.

자율주행: 도로 위의 피지컬 AI, 지능이 도로로 걸어 나오다

엔비디아 '알파마요'가 바꾼 자율주행의 문법

자율주행의 진정한 승부처는 수백만 마일의 평탄한 도로가 아니라 단 한 번 마주할지 모르는 '기적 같은 예외 상황'에 있다. 엔비디아는 이 롱테일Long-tail 의 절벽을 '추론하는 인공지능'으로 정복하려 한다.

올 초 열린 CES 2026의 기조연설에서 전 세계 투자자들의 이목을 집중시킨 것은 차세대 GPU인 '루빈Rubin'이 아니었다. 인류가 자율주행 기술에서 마주한 가장 거대한 벽, 즉, '롱테일 문제드물고 복잡한 돌발 상황'를 해결하기 위해 탄생한 자율주행 AI 두뇌 '알파마요Alpamayo'였다.

페루 안데스산맥에서 가장 아름답지만 오르기 힘든 봉우리의 이름을 딴 이 모델은 자율주행의 패러다임을 '단순 패턴 인식'에서 '논리적 추론'으로 완전히 바꾸어 놓았다. 기존의 자율주행 시스템테슬라 FSD 포함은 수많은 데이터를 학습해 유사한 패턴을 찾아내고 정해진 규칙에 따라 반응하는 방식이었다. 하지만 실제 도로는 날씨, 문화, 돌발 변수가 무한대로 얽혀 있어 모든 상황을 미리 학습시키는 것이 불가능하다.

기존 시스템이 길가의 아이를 '물체'로 인식해 속도를 줄인다면, 알파마요는 VLA^{시각·언어·행동} 모델을 통해 상황을 언어로 번역한다. 예를 들면 "도로가에 아이와 공이 있네? 아이가 공을 잡으러 도로로 뛰어들 수 있겠군. 미리 멈춰야지"라고 스스로 논리적 근거를 세우고 행동한다.

알파마요는 100억 개의 매개변수^{10B}를 가진 대형 모델로서 단순히 주행 경로만 생성하는 것이 아니라 자신의 판단 근거를 인간의 언어로 설명하는 '추론의 흔적^{Reasoning Traces}'을 남긴다. 이는 블랙박스 같았던 AI의 판단 과정을 투명하게 공개해 신뢰성을 획기적으로 높였다.

엔비디아는 알파마요를 단독으로 사용하지 않는다. 인간의 유연함과 기계의 엄격함을 결합한 '이중 스택^{Dual Stack}' 구조를 채택했다. 주위 환경이 안전하고 일반적일 때는 알파마요가 사람처럼 유연하게 운전한다. 반면 불확실성이 극도로 크거나 규제적 제약이 필요한 순간에는 기존의 규칙 기반^{Rules-based} AV 스택이 즉각 개입하여 차를 통제한다.

벤츠와 협업한 2025년형 메르세데스-벤츠 CLA 모델은 알파마요를 탑재하여 유럽 신차 안전도 평가^{Euro NCAP}에서 최고 수준의 등급을 획득하며 그 실효성을 입증했다. 알파마요의 가장 흥미로운 점은 이 모델이 차량에 직접 탑재되어 모든 제어를 담당하는 '완성형 제품'이 아니라는 것이다. 엔비디아는 스스로를 '자율주행의 1타 강사'로 정의했다.

엔비디아는 알파마요의 모델 가중치와 시뮬레이션 툴인 알파심^{AlpaSim}, 대규모 실제 주행 데이터셋을 오픈소스로 공개했다. 완성차 업체^{OEM}들이 알파마요라는 '선생님 모델'을 보고 배우며, 각자의 차량에 맞는 가볍고 똑똑한 모델을 스스로 개발할 수 있게 돕는 셈이다.

엔비디아는 자동차 제조에 직접 뛰어들어 책임을 지는 대신, 알파마요를 학습시키고 시뮬레이션하는 데 필요한 압도적인 GPU 인프라와 소프트웨어 플랫폼^{Cosmos, Drive Hyperion}을 판매함으로써 수익을 극대화한다.

알파마요의 등장은 자율주행이 단순한 '운전 보조'를 넘어 인간 수준의 지능을 가진 '피지컬 AI'로 진화했음을 상징한다. 데이터만으로 해결할 수 없던 희귀 상황을 '추론'으로 돌파하며 레벨 4 자율주행의 시대를 앞당겼다는 평가다.

엔비디아는 알파마요라는 표준 모델을 제시함으로써 전 세계 완성차 업체들을 자신의 생태계Hyperion로 끌어들였다. 이제 자율주행 시장의 관전 포인트는 "누가 더 많은 데이터를 가졌는가"에서 "누가 더 인간답게 생각하는 지능을 구현하는가"로 옮겨갔다. 엔비디아는 알파마요를 통해 하드웨어 제국을 넘어 물리 세계의 지능을 설계하는 '설계자'의 지위를 굳히고 있다.

무섭게 뻗어가는 엔비디아 피지컬 AI 생태계

이제 도로 위의 지배권은 엔진의 마력HP이 아니라, 초당 연산 횟수TOPS와 데이터의 선순환 구조에서 결정된다. 지난 3월 열린 GTC 2026의 핵심은 엔비디아가 자율주행 시장의 '플랫폼 서비스 사업자'로 완전히 탈바꿈했다는 점이다.

엔비디아는 자사의 하이페리온Hyperion 플랫폼을 기반으로 우버와 손잡고 로보택시 네트워크를 확장하고 있다. 2027년 미국을 시작으로 28년에는 전 세계 28개 시장으로 뻗어 나갈 계획이다.

BYD, 지리Geely, 이스즈Isuzu, 닛산Nissan 등 글로벌 완성차 업체들이 줄지어 엔비디아의 LV4 자율주행 프로그램에 합류했다. 이제 엔비디아는 자율주행차의 개발, 검증, 배포를 모두 아우르는 거대한 생태계의 포식자가 되었다.

현대차그룹은 엔비디아와 LV2+부터 LV4 로보택시모셔널까지 포괄하는 전방위적 자율주행 체계를 구축하기로 했다. 여기서 중요한 점은 현대차가 엔비디아의 기술을 단순히 사 오는 것이 아니라는 사실이다.

현대차가 보유한 방대한 실제 주행 데이터Fleet Data를 엔비디아의 강력한 AI 컴퓨팅 파워에 태워 자율주행 개발 속도를 비약적으로 높이겠다는 전략이다. 현대차는 하이페리온이라는 표준화된 '몸체'를 쓰되 그 안에서 판단을 내리는 '두뇌Driving SW'는 직접 개발하여 테슬라의 FSD에 맞설 경쟁력을 갖추려 하고 있다. 자율주행의 복잡한 층위Layer를 이해해야 투자의 맥락이 보인다. 이 셋은 혼동하기 쉽지만 엄연히 역할이 다르다.

현대차는 엔비디아라는 '최고의 연습장하이페리온/알파마요'에서 공부해 자신만의

구분	명칭	역할	비유
차량 플랫폼	하이페리온 (Hyperion)	카메라, 레이더, 라이다 및 중앙 컴퓨터(Thor)의 통합체	표준화된 자동차의 몸체와 신경계
AI 모델 도구	알파마요 (Alpamayo)	자율주행 판단 성능을 높이기 위한 AI 모델(VLA) 및 개발 툴	운전 능력을 가르치는 교과서와 연습장
주행 소프트웨어	현대차 자체 SW	실제 주행 상황에서 판단을 내리는 알고리즘	운전자의 실질적인 판단력(두뇌)

'독보적인 지능^{자체 SW}'을 완성하려 한다. 플랫폼이 표준화될수록 진짜 차별화는 소프트웨어에서 나온다. 그리고 그 소프트웨어를 똑똑하게 만드는 유일한 먹이는 '실제 주행 데이터'다.

플랫폼은 누구나 돈을 내면 빌려 쓸 수 있는 공공재가 되어가고 있다. 이제 자율주행 전쟁의 승자는 플랫폼 그 자체가 아니라 누가 더 많은 실제 주행 데이터를 축적하고 이를 '학습-검증-배포'라는 무한 궤도^{Loop}에 더 빨리 태울 수 있느냐에 달려 있다. 현대차와 엔비디아의 동맹은, 그 궤도에 진입하기 위한 가장 강력한 부스터를 장착한 것과 다름없다.

웨이모의 '방패'와 테슬라의 '창'이 격돌하다

2026년은 자율주행 기술이 실험실을 넘어 도시의 일상으로 스며드는 '상용화의 변곡점'이 될 전망이다. 모건스탠리에 따르면 2025년 말 미국 내 8~15개 도시에 불과했던 자율주행 서비스 지역은 2026년 말 33개 대도시로 급팽창하며 도시 인구의 30% 이상을 가시권에 두게 된다. 시장은 이제 막대한 자본과 센서로 무장한 웨이모^{Waymo}와 데이터와 원가 경쟁력으로 밀어붙이는 테슬라^{Tesla}의 이파전으로 압축되고 있다.

두 거인은 자율주행을 바라보는 관점부터 판이하다. 웨이모는 '지오펜스^{Geofence}' 전략을 밀어붙이고 있다. 라이다^{LiDAR}, 레이더, 카메라를 중첩한 멀티센서 시스템과 고정밀 지도^{HD Map}를 기반으로 한다. 지난해 기준 사고당 주행 거리가 약 36만~40만 마일에 달해 인간 운전자보다 80% 이상 안전하다는 지표를 확보했다. 이는 테슬라 로보택시^{약 5만 마일} 대비 7~8배 더 안전한 수준이다.

테슬라는 '엔드 투 엔드End-to-End' 전략을 고수한다. 오직 카메라만 사용하는 '비전Vision' 방식이다. 센서 비용을 최소화하여 생산 단가를 낮추는 대신, 전 세계 수백만 대의 차량에서 수집되는 '리얼 월드 데이터'로 지능을 고도화하고 있다. 안전성 지표는 다소 낮을 수 있으나, 특정 지역에 갇히지 않는 확장성이 무기다.

자율주행이 개인 승용차 소유Private Ownership를 대체하려면, 서비스 이용 비용이 자동차 할부금, 보험료, 유지비를 합산한 마일당 0.7~0.8달러 수준에 근접해야 한다. 웨이모의 5세대 차량 마일당 비용은 약 1.4달러 수준이었으나, 2026년 도입되는 6세대 차량은 센서 수를 줄이고 하드웨어를 단순화하여 0.99~1.08달러까지 비용을 낮출 계획이다.

테슬라는 이미 마일당 운영 비용이 0.81달러 수준으로 추정되며, 중장기적으로는 0.2달러대라는 파괴적인 목표를 제시하고 있다. 수직 계열화된 생산 라인과 센서 최소화 전략이 빛을 발하는 대목이다.

2026년을 기점으로 미국 자율주행 주행거리는 2025년 대비 폭발적으로 증가하여 2032년에는 160억 마일에 달할 것으로 관측된다. 이 시장의 70%를 웨이모와 테슬라가 양분할 가능성이 높다. 웨이모는 160억 달러의 신규 펀딩을 바탕으로 도쿄, 런던 등 글로벌 진출을 선언했다. 6세대 시스템은 눈과 비가 오는 극한 환경에서도 작동 가능하도록 설계되어 '날씨의 제약'마저 극복하고 있다. 테슬라는 올해 무감독Unsupervised 주행 승인을 목표로 규제 당국과 소통 중이며, 전용 로보택시 '사이버캡'의 양산 체제 돌입이 주가와 실적의 핵심 촉매제가 될 것으로 보인다.

자율주행 시장의 팽창은 완성차를 넘어 핵심 부품과 소프트웨어 인프라 기업들에게 거대한 기회를 제공한다. 자율주행 칩의 테스트를 담당하는 두산테스나와 영상 코덱 기술의 칩스앤미디어는 자율주행 연산량 증가에 따른 직접적인 수혜가 예상된다. 현대차그룹의 피지컬 AI 로드맵과 맞물려 데이터센터와 소프트웨어 플랫폼을 운영하는 현대오토에버의 역할도 중요해질 전망이다. 현대차는 블랙웰 GPU 5만 장을 기반으로 테슬라급의 연산 인프라를 구축하며 2026년 자율주행 실증의 정점을 찍을 준비를 마쳤다.

2026년은 '내 차를 운전하는 시대'에서 '이동 서비스를 소비하는 시대'로 넘어가는 거대한 문턱이다. 웨이모가 '안전의 표준'을 세운다면, 테슬라는 '가격의 파괴'를 주도할 가능성이 높다. 이제 자동차의 마력Horsepower보다 마일당 비용Cost per Mile과 사고당 주행거리Miles per Crash라는 새로운 지표가 부상할 것으로 예상된다. 이 지표가 향후 모빌리티 시장의 시가총액 순위를 결정할 것이다.

>>>> 도로의 패권이 결정되는 동안 피지컬 AI의 또 다른 전장이 열리고 있다. 대한민국이 중국의 빈자리를 채울 수 있는 가장 독창적인 영역이다. 방산이다.

K-피지컬 AI: 대한민국의
독자 전략

>> 신냉전이 중국을 밀어낼 때 빈자리를 채울 나라
>> 챕터의 도입 테제로 돌아오자. AI라는 두뇌와 제조라는 육체를 동시에 가진 국가만이 피지
컬 AI 혁명의 주인공이 된다. 현대차그룹이 그 테제의 가장 큰 증거라면, 크래프톤과 한화의
결합은 그 테제의 가장 날카로운 창끝이다. 게임이라는 가상 세계의 두뇌와 방산이라는 물
리 세계의 육체가 만났다. 이들이 조준하는 과녁은 명확하다.

크래프톤과 한화가 설계하는 'K-안두릴'

피지컬 AI 시장에서 현대차 그룹이 스포트라이트를 사실상 독점하고 있지
만, 국내 기업들의 시장 공략은 점점 더 정교해지고 있다. 피지컬 AI의 킬러 애
플리케이션이 제조 현장이나 도로 위에만 있는 것은 아니다.

가상 세계에서 수천만 번의 전투를 시뮬레이션하던 크래프톤의 '두뇌'와 대
한민국 방산의 중추인 한화에어로스페이스의 '육체'가 만났다. 이들이 조준하
는 과녁은 명확하다. 실리콘밸리의 방산 혁명군 '안두릴Anduril'을 넘어설 피지
컬 AIPhysical AI 제국의 건설이다.

지난 3월 게임업계의 거인 크래프톤과 방산의 종가 한화에어로스페이스가
손을 잡았다. 양사는 단순한 협력을 넘어 합작법인JV 설립을 통해 피지컬 AI 시
장에 본격적으로 뛰어들기로 했다. AI가 로봇, 드론, 장갑차 등 물리적인 하드
웨어와 결합하여 실제 환경에서 스스로 판단하고 움직이게 되는 것이다.

크래프톤과 한화에어로스페이스는 미국의 안두릴처럼 AI 기술을 바탕으로
기존 방산 시스템을 파괴적으로 혁신하는 '글로벌 방산 기술 기업'으로 도약

양사의 핵심 역량 결합 구조

주체	핵심 자산	피지컬 시에서의 역학
크래프톤	가상환경 시뮬레이션, AI 데이터 운영	디지털 트윈 기반의 AI 학습 및 검증 고도화
한화에어로스페이스	방위산업 · 제조업 인프라, 기계 공학	실제 환경에서의 하드웨어 구현 및 현장 실증

하는 게 목표다. 이번 결합은 '소프트웨어 천재'와 '하드웨어 거인'의 만남이라는 점에서 시너지 효과를 기대하게 만든다. 크래프톤은 배틀그라운드 등 게임을 통해 방대한 가상 데이터를 운영해본 경험이 있다. 이는 피지컬 AI가 실제 환경에서 겪을 수 있는 수만 가지 변수를 가상 공간에서 미리 학습하게 해 개발 기간을 획기적으로 단축시키는 핵심 자원이 된다.

양사의 협력은 기술 개발에만 머물지 않고 자본의 결합으로 이어진다. 크래프톤은 한화자산운용이 주도하는 10억 달러 규모의 펀드에 투자자로 참여한다. 이 펀드는 유망 AI, 로보틱스, 방위산업 분야의 스타트업에 투자할 계획이다. 단순히 투자 수익을 노리는 것이 아니라 펀드를 통해 발굴한 협력사들과 JV의 기술을 연계하여 강력한 'K-방산 에코시스템'을 구축하겠다는 구상이다.

크래프톤 김창한 대표와 한화에어로스페이스 손재일 대표의 악수는 대한민국 산업계에 중요한 메시지를 던진다. 게임사는 더 이상 오락만 만들지 않고, 방산 기업은 더 이상 기계만 만들지 않는다. 모든 산업의 끝은 결국 '지능의 물리적 구현'으로 수렴하고 있다.

2026년의 전장은 더 이상 화력의 싸움이 아니다. 가상 세계에서 훈련된 지능이 실제 육체를 얼마나 정교하게 통제하느냐의 싸움이다. 크래프톤의 알고리즘이 한화의 엔진 위에서 깨어나는 순간 대한민국 방산은 '강철'을 넘어 '지능'의 시대로 진입할 것이다.

>>>> 두뇌와 육체가 결합했다. 이제 마지막 질문이 남는다. 그 육체를 움직이는 에너지는 누가 공급하는가. 피지컬 AI의 공통 인프라, 배터리다.

피지컬 AI의 공통 인프라: 배터리

>> 지능의 육체를 움직이는 에너지 근육

>> 테슬라의 4680이든 보스턴 다이내믹스의 아틀라스든 웨이모의 로보택시든, 피지컬 AI가 작동하기 위해서는 하나의 공통 인프라가 필요하다. 배터리다. 배터리는 단순한 부품이 아니라 지능이 현실에서 얼마나 오래, 얼마나 강하게 작동할 수 있는지를 결정하는 에너지 주권의 문제다.

배터리의 미래, 휴머노이드와 UAM

전기차EV가 배터리의 '오늘'이라면 휴머노이드 로봇과 도심항공교통UAM은 배터리의 '내일'이다. 배터리는 단순히 바퀴를 굴리는 동력을 넘어 인간처럼 걷고 하늘을 나는 지능형 기체에 생명력을 불어넣는 '에너지 근육'으로 진화하고 있다. 지능이 자율성을 입는 순간 배터리 밸류체인은 국가 전략 산업의 가장 날카로운 창이 된다.

시장조사 업체 SNE리서치에 따르면 로봇과 UAM용 배터리 시장은 2030년을 기점으로 폭발적인 성장을 시작할 전망이다. 단순히 기계가 늘어나는 것이 아니라 AI가 물리적 실체를 갖게 됨에 따른 필연적인 결과다.

휴머노이드 로봇과 UAM은 전기차보다 훨씬 까다로운 조건을 요구한다. 더 가벼워야 하고, 순간적으로 강력한 힘출력을 내야 한다. 배터리 기업들에게 '단가 경쟁'이 아닌 '기술 프리미엄'을 누릴 수 있는 기회를 제공한다. 차세대 배터리의 전장으로 액체 전해질을 고체로 바꾼 전고체 배터리와 에너지 밀도를 극한으로 높인 리튬메탈 배터리가 손꼽힌다.

LG에너지솔루션은 현대차 '아틀라스', 테슬라 '옵티머스'를 포함한 6개 주요 휴머노이드 기업에 납품을 준비 중이다. 삼성SDI는 업계에서 가장 빠른 2027

미래 애플리케이션용 배터리 시장 전망(단위: GWh)

구분	2030년	2035년	2040년	비고
글로벌 로봇용	1.37	17.67	138.29	연평균 성장률 급등 구간
UAM용	3.7	68	–	고출력 · 경량화 기술의 정점

년 전고체 양산을 목표로 휴머노이드 시장의 '퍼스트 무버'를 노리고 있다.

SK온은 현대위아의 자율주행 물류로봇^{AMR}에 하이니켈 삼원계 배터리를 탑재하며 실질적인 성과를 내고 있다. 배터리의 영토는 이제 지상을 벗어나 심해와 우주로 뻗어 나가고 있다. 국제해사기구^{IMO}의 2050년 탄소중립 선언에 따라 조선사들은 전기 추진선 연구에 사활을 걸고 있다. 거대한 선박을 움직이는 초대형 배터리 뱅크는 새로운 시장이다.

지난 2024년 일론 머스크의 스페이스X는 LG에너지솔루션에 스타십^{Starship} 우주선용 보조 동력 및 전력 공급 배터리 납품을 요청했다. 지구를 넘어 우주 공간의 극한 환경을 견디는 K-배터리 기술력이 입증된 셈이다.

미래 산업인 로봇과 방산, 항공우주는 '보안^{Cybersecurity}'이 최우선 가치다. 이 지점에서 한국 배터리는 중국 기업에 비해 압도적인 우위를 점할 수 있다. 설령 배터리 기술력에서 중국이 앞서나갈 수 있어도 '신뢰'는 복제할 수 없다. 국가 안보와 직결되는 휴머노이드 로봇이나 국방용 배터리 시장에서 서방 세계는 탈중국 공급망을 요구할 수밖에 없다. K-배터리는 단순한 제조사를 넘어 자유 진영의 '에너지 안보 파트너'로서 신뢰 기반의 프리미엄을 확보하게 될 것이다.

로봇용 배터리 시장 전망

*자료: SNE리서치

70 (단위: GWh)

68

60

50

40

30

20 15.6

10 3.7

0.3 0.9

0

2025 2027 2030 2033 2035

UAM 배터리 시장 전망

*자료: SNE리서치

휴머노이드 로봇, 전고체 배터리와 8시간의 장벽

피지컬 AI가 인간의 육체를 대신하기 위해 넘어야 할 마지막 고개는 지능의 정교함이 아니라, 그 지능을 유지할 '에너지의 밀도'다. 전고체 배터리는 단순한 차세대 기술을 넘어, 휴머노이드가 실험실을 나와 산업 현장의 8시간 교대 근무를 온전히 소화하게 만드는 '에너지 인프라'의 완성이다.

자본 시장의 시선은 전기차 캐즘Chasm의 늪을 지나 피지컬 AI라는 새로운 영토로 향하고 있다. 2027년 삼성SDI와 도요타의 전고체 배터리 상용화를 앞두고, 2026년은 그 기대감이 '숫자'로 치환되기 시작하는 원년이 될 전망이다.

산업 현장에서 인간 노동력을 대체하기 위한 휴머노이드의 최소 가동 단위는 8시간1교대다. 하지만 현재의 리튬이온 배터리는 물리적 한계에 부딪혀 있다. 기존 배터리로는 3~4시간 구동이 한계이기 때문이다. 8시간을 채우기 위해 배터리를 더 넣고 싶어도, 로봇의 관절과 모터가 감당해야 할 무게와 부피 때문에 물리적 공간은 극히 제한적이다.

부피당 에너지 밀도가 압도적으로 높은 전고체 배터리는 로봇의 체급을 키우지 않고도 가동 시간을 두 배 이상 늘릴 수 있는 유일한 대안이다. 지능형 로봇이 '알바생'이 아닌 '정규직'으로 거듭나기 위한 필수 조건인 셈이다.

시장 일각에서는 로봇용 배터리 용량2~3kWh이 전기차80kWh보다 작다는 점을 들어 실적 기여도를 과소평가하기도 한다. 하지만 이는 '판가와 마진'의 역설을 간과한 것이다. 전기차용 배터리팩 가격이 110/kWh 수준에서 안정화된 반면, 로봇용 전고체 배터리팩은 600~800/kWh로 약 5~8배 비싸게 책정될 것으로 예상된다. 고출력, 경량화, 물리적 충격 내성, 그리고 밀폐된 공간에서의 열관리 능력을 요구하는 로보틱스향 제품은 범용 전기차 제품보다 훨씬 높은 수익성을 보장한다.

휴머노이드 제조사 입장에서 전고체 배터리 채택은 '비싼 선택'이 아니라 '경제적 선택'이다. 기존 배터리로 가동 시간을 메우기 위해 '급속 충전'을 택하면 방수·방진을 위해 밀폐된 로봇 내부의 온도가 급상승하여 액추에이터 등 고가 부품의 수명을 갉아먹는다. 8시간 가동을 위해 로봇 2대를 투입하거나 고가의 자동 교체 설비를 구축하는 것보다 추가 비용을 들여 전고체 배터리를 탑재하는 것이 운영 비용 측면에서 압도적으로 유리하다. 전기차 수요 둔화와 유럽의 정책 불확실성으로 2차전지 섹터가 조정을 겪었으나, 2026년은 피지컬 AI 모멘텀이 이를 상쇄하는 해가 될 것으로 기대된다.

국내에서 주목할 관련 기업으로는 삼성SDI, 이수스페셜티케미컬, 롯데에너지머티리얼즈 등이 있다. 삼성SDI는 국내 기업 중 가장 구체적인 2027년 전고체 양산 로드맵을 보유하고 있으며, 샘플A·B·C 개발 단계를 거치며 기술 신뢰성을 입증 중이다.

이수스페셜티케미컬은 전고체 배터리의 핵심 원료인 고체 전해질 분야에서 독보적인 포지션을 구축하고 있다. 롯데에너지머티리얼즈는 테슬라 4680 배터리 및 차세대 전고체용 소재 공급 모멘텀에 주목해야 한다.

전고체 배터리는 단순히 '더 좋은 건전지'가 아니다. 2차전지는 전기차EV 중심의 밸류에이션에서 탈피하여 ESS와 로보틱스라는 비非전기차 영역으로 가치 재평가Re-rating가 일어날 것으로 기대된다. 고수익성 특수 배터리 시장을 선점하는 기업이 미래 지능형 인프라의 핵심 파트너로 자리매김할 것이다.

>>>> 두뇌가 준비되었고, 육체가 준비되었으며, 에너지가 준비되었다. 이제 이 모든 것을 실현하는 기업들을 해부할 차례다.

피지컬 AI 전쟁의 플레이어들

테슬라Tesla

테슬라는 피지컬 AI 전쟁의 개척자다. 칩, 배터리, 공장, 데이터를 모두 내재화한 이 기업은 경쟁자들이 도달하기 어려운 수직 계열화의 성벽 위에 서 있다. 투자자들이 주목해야 할 것은 전기차 판매 숫자가 아니라 소프트웨어 구독 매출이 전체 영업이익의 69%를 차지하게 되는 2030년의 재무 구조다.

테슬라는 단순한 전기차 제조업체를 넘어 자율주행FSD과 휴머노이드 로봇옵티머스을 핵심으로 하는 '물리적 AIPhysical AI' 플랫폼 기업으로의 전환을 꾀하고 있다. 우주스페이스X부터 현실 세계까지 아우르는 AI 기술의 수직 통합을 통해 로보택시와 로봇 등 세상에 없던 서비스를 제공하는 글로벌 테크 선도 업체다.

1. 사업별 매출 비중(2025년 기준)

***자동차**Automotive: 약 73.3%로 여전히 주력 사업이나 비중은 소폭 하락 추세다.

***에너지**Energy Storage & Gen: 약 13.5%이며 매출총이익 내 비중은 2018년 4%에서 2025년 22%까지 확대되어 전기차 사업의 부진을 보완하고 있다.

***서비스 및 기타**Services & Other: 약 13.2%를 차지하며 수퍼차저, 보험, 중고차 판매 등이 포함된다.

2. 투자 포인트

***로보택시 플랫폼**: FSD 기술 고도화를 통해 우버를 대체할 수 있는 무인 이동 플랫폼 가치를 창출하며, 이는 향후 시가총액 8.5조 달러 달성을 위한 핵심 동력이다.

*휴머노이드 로봇옵티머스: 2026년 3세대 공개 및 양산 체제 구축을 목표로 하며, 제조 현장의 인건비 부담을 해결할 새로운 플랫폼 사업으로 기대된다.

*AI 수직 통합: 자체 칩AI 5 등, 데이터센터, 실주행 데이터를 모두 내재화하여 경쟁사와의 기술 격차를 확대하고 있다.

3. 리스크(Risks)

*일론 타임Elon Time: FSD 배포, 로봇 양산 등 공언한 기술 일정이 상습적으로 지연되어 주가 변동성을 키우는 요인이 된다.

*정치 및 규제 변수: 트럼프 행정부와의 관계 설정 및 자율주행 관련 주별·연방 규제의 불확실성이 존재한다.

*높은 밸류에이션: 실적 대비 선행 P/E가 200배를 상회하여 미래 가치에 대한 높은 기대감이 반영되어 있다.

4. 고객사 및 지역별 매출 비중

*판매 모델: 대리점을 거치지 않는 소비자 직접 판매B2C 구조로 빠른 현금 회수가 강점이다.

*지역별 비중: 미국약 50%, 중국약 22%, 기타 국가약 28% 순으로 분포되어 있다.

*신규 고객: 향후 로보택시 서비스 확산 시 렌터카 및 차량 공유를 위한 플릿Fleet 업체가 주요 기업 고객으로 부상할 전망이다.

5. 국내 경쟁사 현황

*전기차 분야: 현대차와 기아가 주요 경쟁자로, 특히 국내 전기차 시장에서는 테슬라가 수입차 1위를 기록하고 있으나 전체 전기차 등록 대수에서는 기아에 이어 2위권에서 경쟁 중이다.

*로봇 및 AI 분야: 현대차그룹은 보스턴 다이내믹스Boston Dynamics를 인수하여 '아틀라스' 등을 통해 테슬라의 옵티머스와 유사한 휴머노이드 로봇 및 Embodied AI 분야에서 경쟁 구도를 형성하고 있다.

현대차

현대차는 피지컬 AI 전쟁에서 가장 현실적인 2등 사업자다. 테슬라의 1/20 밸류에이션에 거래되고 있지만 블랙웰 5만 장의 연산 인프라, 보스턴 다이내믹스의 로봇 기술, 9조 원의

새만금 요새를 동시에 보유한 이 기업은 피지컬 AI 혁명의 가장 강력한 코리아 프리미엄 수혜주다.

현대자동차는 단순한 완성차 제조사를 넘어 로보틱스, 자율주행, 전고체 배터리 기술을 선도하는 피지컬 AI 기업으로 진화하고 있다. 자율주행 기술에서는 테슬라 등에 비해 후발주자로 평가받았으나, 보스턴 다이내믹스 인수를 통해 로봇 분야에서는 글로벌 시장을 선도할 강력한 경쟁력을 확보했다. 현재는 대량 생산 역량을 바탕으로 기술 혁신을 상업화하는 단계에 진입했으며, 기업 가치 측면에서는 테슬라의 경로를 뒤따르며 재평가Re-rating를 받는 중이다. 글로벌 완성차 업체 중 자율주행, 로봇, 배터리 기술 내재화를 모두 추진하는 몇 안 되는 기업으로 손꼽힌다.

1. 사업 및 매출 구성
현재 현대차의 매출은 대부분 자동차 제조 및 금융 부문에서 발생하고 있으나, 향후 로보틱스와 모빌리티 서비스의 비중이 급격히 늘어날 것으로 보인다.

*주력 부문현재: SUV 및 제네시스 등 고단가 차량과 하이브리드HEV 차량이 매출 성장을 견인하고 있다. 2025년 기준 하이브리드 판매 비중은 약 16.3%까지 상승했다.

*미래 성장 부문로보틱스: 보스턴 다이내믹스의 '아틀라스' 로봇을 2028년까지 3만 대 양산하고, 장기적으로 100만 대 이상 판매하는 것을 목표로 하고 있다.

*소프트웨어/플랫폼: SDV소프트웨어 중심 자동차 전환을 통해 관제 및 시스템 인터페이스현대오토에버 등 협력 매출 비중을 확대 중이다.

2. 핵심 투자 포인트(Investment Points)
*로봇 시대의 글로벌 리더: 보스턴 다이내믹스를 통해 제조 현장에 최적화된 양산형 로봇아틀라스 라인업을 구축했다.

*자율주행 생태계 확장: 2025년 4분기부터 웨이모Waymo에 아이오닉 5를 공급하기 시작하며2028년까지 10만 대 목표, 모셔널을 통한 로보택시 상용화도 2026년 말 예정되어 있다.

*배터리 기술 내재화: 2026년 안성 배터리 캠퍼스 완공을 통해 전고체 배터리 양산 스케일업을 준비하며, 2030년에는 전용 플랫폼 차량 출시를 목표로 한다.

*테슬라 대비 저평가 매력: 현대차의 기업가치는 테슬라의 약 1/20 수준으로 피지컬 AI 기술력이 부각될 경우 주가 상승 여력이 크다.

3. 투자 리스크(Investment Risks)

*지정학적 및 무역 리스크: 글로벌 무역 전쟁 및 관세 장벽 강화로 인한 영업이익 감소 가능성이 존재한다.

*기술 격차 및 R&D 비용: 테슬라 등 선도 업체와의 AI 기술 격차를 좁히기 위해 막대한 자금과 인재 확보가 지속적으로 필요하다.

*거시 경제 변수: 전쟁으로 인한 유가 급등, 환율 불안정성 등이 단기적인 주가 변동성을 키울 수 있다.

4. 고객사 및 경쟁사 현황

*고객사: 전통적인 B2C 고객 외에도 웨이모Waymo와 같은 자율주행 서비스 업체로의 B2B 공급이 확대되고 있다.

*경쟁사 비교:

• 테슬라: 자율주행FSD과 로봇옵티머스 분야의 최대 경쟁자이자 비교 대상이다.
• 도요타: 글로벌 영업이익률8.6% 측면에서 현대차6.8%를 앞서는 강력한 수익성 경쟁자다.
• 샤오미/BYD: 스마트 기기 연결성 및 전기차 가격 경쟁력을 갖춘 차세대 테크 – 모빌리티 경쟁사다.

현대모비스

현대모비스는 피지컬 AI 전쟁에서 로봇의 근육을 만드는 기업이다. 보스턴 다이내믹스 아틀라스향 액추에이터 공급을 필두로 피지컬 AI의 물리적 구동축을 담당하며, 글로벌 OEM으로의 고객 다변화가 이 기업의 밸류에이션을 다시 쓸 핵심 변수다.

현대모비스는 현대자동차그룹의 핵심 부품 계열사로, 자동차 모듈 제조와 핵심 전장 부품 공급, 그리고 전 세계 현대·기아차의 A/S 부품 공급을 책임지는 글로벌 선도 기업이다. 2025년에는 고부가 전장 부품 확대와 A/S 부문의 성장에 힘입어 매출 61조 원을 돌파하며 사상 최대 실적을 기록했다. 최근에는 단순 부품 제조를 넘어 휴머노이드 로봇용 액추에이터와 피지컬 AI 등 로보틱스 분야로 사업 영역을 적극적으로 확장하고 있다. 또한 현대·기아차에 대한 높은 의존도에서 벗어나 글로벌 완성차 업체로 고객사를 다변화하며 미래 모빌리티 시장에서의 독자적인 경쟁력을 강화하고 있다.

1. 사업/고객사별 매출 비중

*사업 부문별 매출 비중(2025년 기준)

- 모듈 및 부품 제조: 약 78.2%47.8조 원 – 완성차 생산 및 전동화 부품 공급 담당.
- A/S 부품 사업: 약 21.8%13.3조 원 – 글로벌 수요 강세 및 판가 인상 효과로 수익성 견인.

*고객사별 매출 비중

- 캡티브Hyundai/Kia: 여전히 매출의 상당 부분을 차지하고 있으나 비중 축소 노력 중.
- 넌캡티브Global OEMs: 2025년 수주액 91.7억 달러로 목표123% 초과 달성. 2033년까지 글로벌 고객 매출 비중을 40%까지 확대할 계획임.

2. 주요 투자 포인트

*로보틱스 및 미래 기술 확장: 보스턴 다이내믹스BD향 액추에이터 사업을 필두로 휴머노이드 로봇 부품 시장 진출 및 Physical AI 전환 가속화.

*수익성 체질 개선: A/S 부문의 판가 인상 및 관세 비용 회수 본격화, 고부가 전장 제품 비중 확대를 통한 이익률 상승.

*주주환원 강화: 배당 확대, 자사주 매입 및 소각 등 TSR총주주수익률 30% 이상의 강력한 주주친화 정책 유지.

3. 투자 리스크

*전기차EV 시장 회복 둔화: 캐즘Chasm 영향으로 전동화 부문의 흑자 전환 시점이 지연될 가능성.

*대외 불확실성: 미국의 관세 정책 변화 및 환율 변동성 등 글로벌 무역 환경의 불안 요인 존재.

*일회성 비용 발생: 품질 관련 충당금이나 리콜 비용 등 일회성 품질 비용 반영 시 수익성 일시 하락 위험.

4. 경쟁사 현황

*국내: HL만도조향/제동, 현대위아엔진/모듈, 에스엘램프 등.

*해외(Peer Group): 일본의 Denso, Aisin, 미국의 Aptiv, Borgwarner, 독일의 Continental, 캐나다의 Magna 등 글로벌 톱티어 부품사들과 경쟁 중임.

현대오토에버

현대오토에버는 피지컬 AI 제국의 소프트웨어 뇌다. SDV 전환의 미들웨어 플랫폼부터 보스턴 다이내믹스 로봇 시스템 통합, 블랙웰 기반 데이터센터 관제까지. 현대차그룹의 피지컬 AI 전략이 실행되는 모든 곳에 이 기업이 있다.

현대오토에버는 현대차그룹의 소프트웨어 전문 계열사로 그룹 내 IT 서비스SI/ITO와 차량용 소프트웨어 개발을 전담하는 핵심 브레인 역할을 수행한다. 이 회사는 단순한 전산 시스템 관리를 넘어 차량용 OS 및 미들웨어 플랫폼인 '모빌진Mobilgene'을 통해 현대차·기아의 SDV소프트웨어 중심 자동차 전환을 주도하고 있다. 최근에는 보스턴 다이내믹스의 로봇 시스템 통합 및 대규모 GPU 데이터센터 관제 업무까지 맡으며, 그룹의 '피지컬 AIPhysical AI' 사업 영역에서 없어서는 안 될 중추적인 위치를 차지하고 있다. 2027년부터 본격화될 SDV 로드맵과 2028년 로봇 생산 가동은 현대오토에버의 수익 구조를 근본적으로 변화시킬 강력한 성장 동력으로 평가받는다.

1. 사업별 매출 비중(2026E 전망)

SI 부문의 고성장세가 지속되는 가운데, 차량 SW 부문의 부가가치가 높아지는 단계다.

*SI시스템 통합: 약 42%ERP 교체 수요 및 로봇 공장/훈련센터 구축 매출 증가

*ITOIT 아웃소싱: 약 40%그룹사 전산 시스템 운영 및 데이터센터 관리

*Car SW차량 소프트웨어: 약 18%내비게이션 및 모빌진 미들웨어 매출

2. 투자 포인트(Investment Points)

*SDV 전환의 최대 수혜: 2027년 신차부터 모빌진Mobilgene 미들웨어 탑재가 확대되며, 프로젝트별 개발비 수취 구조에서 대당 매출 발생 구조로 변화하여 수익성이 개선될 전망이다.

*로봇 사업 진출: 보스턴 다이내믹스의 로봇 '아틀라스'에 스마트 팩토리 연동 시스템을 장착하여 공급하며, 2027년부터 로봇 관제 매출이 본격적으로 발생할 예정이다.

*AI 인프라 확장: 현대차그룹의 GPU엔비디아 블랙웰 등 구매 대행 및 데이터센터 관리, 나아가 GPU as a Service 사업으로의 확장 가능성이 크다.

3. 투자 리스크(Investment Risks)

*로봇 사업의 수익성 변동: 로봇 공급 매출은 규모가 크지만3만 대 기준 연 1.6조 원, 순매출

방식으로 인식될 경우 영업이익률이 낮아질 수 있는 리스크가 존재한다.

*높은 밸류에이션 부담: 현재 Target P/E를 과거 상단 수준인 42배로 적용하고 있다. 시장 기대치에 못 미치는 성장이 나타날 경우 주가 변동성이 커질 수 있다.

*그룹 의존도: 매출의 상당 부분이 현대차·기아 등 그룹사 내부 거래^{Captive Market}에서 발생하므로, 그룹의 투자 계획 지연 시 직접적인 타격을 입을 수 있다.

4. 고객사 및 경쟁사 현황

*고객사: 매출의 대부분이 현대차, 기아, 현대모비스 등 현대차그룹 계열사다.

*경쟁사차량용 미들웨어 시장**:** 글로벌 시장은 유럽 3사가 약 70~80%를 점유하고 있다.

• Vector독일: 점유율 45%

• ETAS보쉬 자회사: 점유율 15%

• Elektrobit컨티넨탈 자회사: 점유율 15%

• 현대오토에버: 현대차그룹 내 내재화를 통해 점유율을 확대 중이다.

> 〉〉〉〉 "AI라는 두뇌와 제조라는 육체를 동시에 가진 국가만이 이 혁명의 주인공이 된다."
> 우리는 그 증거를 보았다. 현대차그룹이 엔비디아의 블랙웰을 품고 새만금에 9조 원의 요새를 짓는 동안, 크래프톤의 알고리즘이 한화의 엔진 위에서 깨어나고 있다. 전기차 배터리의 캐즘을 지나 전고체 배터리가 로봇의 8시간 교대를 가능하게 하는 날이 오고 있다.
> 코리아 디스카운트라는 낡은 굴레는 이제 코리아 프리미엄이라는 새로운 이름표로 대체될 것이다. 지능이 육체를 입는 이 순간이 바로 그 전환의 기점이다.
> 공장의 소음이 지능의 노래로 변하는 이 시대에 대한민국 증시를 바라보는 우리의 시선은 달라져야 한다. 반도체는 AI의 뇌를 만들고, 배터리는 피지컬 AI의 에너지를 공급하며, 현대차그룹은 지능의 육체를 조립한다. 이 세 가지가 한 나라에 모두 있는 곳, 그것이 대한민국이다.

CHAPTER 7

전력 인프라: 전기가 흐르는 곳에 미래가 있다

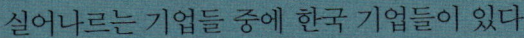 코드는 복제될 수 있고 모델은 공유될 수 있지만, 거대한 발전소와 촘촘한 송전망은 복제할 수 없다. AI 경쟁력은 결국 에너지를 연산으로 바꾸는 물리적 인프라의 속도에 달려 있다. 전기가 흐르지 않으면 지능의 생산도 멈춘다. 그리고 그 전기를 만들고 실어나르는 기업들 중에 한국 기업들이 있다.

지능의 원료: 전력이 AI의
병목이 되다

>> 코드는 복제되지만 발전소는 복제되지 않는다.

>> AI는 무한하게 팽창하려 하지만 그것을 지탱하는 전기는 유한한 물리적 한계에 부딪히고 있
다. 먼저 병목의 규모를 이해해야 한다. 그래야 그 병목을 해결하는 기업들의 가치가 보인다.

기가와트급 AI 데이터센터를 가로막는 벽

코드는 공유될 수 있고 모델은 복제될 수 있지만, 거대한 발전소와 촘촘한
송전망, 그리고 최첨단 반도체 공장은 복제할 수 없다.

AI 경쟁력은 에너지를 연산으로 바꾸는 '물리적 인프라'의 속도에 있다. 대
한민국이 지능 수입국으로 남을 것인가, 지능 생산국으로 도약할 것인가의 해
답은 결국 '전기'에 있다. AI는 이제 소프트웨어 혁명을 넘어선 거대한 장치산
업Physical Infrastructure이다. 앤스로픽, 딥시크 등 주요 모델들의 성능 격차는 빠
르게 좁혀지고 있다. 소프트웨어적 우위는 일시적이란 평가가 적지 않다. 진정
한 경쟁력은 GPU, 메모리뿐 아니라 이들을 구동할 전력과 송전망이라는 물리
적 자원에서 나온다. AI는 복제되지만 인프라는 복제되지 않기 때문이다.

AI 데이터센터는 지금 당장 건설되어야 하지만, 원전이나 가스 발전소, 장
거리 송전망을 구축하는 데는 10년 단위의 시간이 소요된다는 게 문제다. 이
시간의 간극이 한국 AI 산업의 최대 병목이다. 설치 기간이 1년에 불과한 태양
광은 AI 산업의 속도에 발맞출 수 있는 현재로선 거의 유일한 전력원이다. 재
생에너지의 간헐성 문제는 원전을 기저 발전으로 삼고, VPP가상발전소, xEMS에너

투자 주체	투자 대상 및 규모	투자 이유
블랙록(BlackRock)	뷔나에너지(20조 원)	한국 내 AI 데이터센터 가동을 위한 재생에너지 인프라 선점
KKR	SK이터닉스 인수	국내 대표 재생에너지 사업권을 통한 AI 전력 공급망 확보

지관리시스템, BESS에너지저장장치를 결합하여 전력망을 지능화함으로써 해결할 수 있다. 장거리 송전망 건설은 비용과 사회적 갈등. 그리고 시간이라는 측면에서 한계에 봉착했다.

이를 해결할 핵심 카드로 '지산지소혹은 온 사이트'가 부각되고 있다. 지산지소는 전력을 생산하는 지역에서 직접 AI 데이터센터가 이를 소비하게 함으로써 송전 병목을 원천적으로 차단한다. 전력망을 국가 전략 인프라로 보고 국가 재정을 투입하는 안보적 접근 경향이 강해지고 있다. 전기가 흐르지 않으면 지능의 생산도 멈추기 때문이다. 글로벌 투자 거물들이 한국의 재생에너지 시장에 천문학적인 자금을 쏟아붓는 이유는 명확하다. 그들은 AI 데이터센터를 짓기 전에 전기를 먼저 확보해야 한다는 사실을 알고 있다. 전기는 이제 단순히 소모되는 에너지가 아니라 고부가가치 지능을 생산하는 원료다.

AI는 시간 싸움이다. 재생에너지와 지산지소는 그 시간을 벌어다 주는 가장 현실적인 해법이다. 지능은 빛의 속도로 퍼지지만 발전소는 땅의 속도로 지어집니다. 그 땅의 속도를 AI의 속도로 끌어올리는 국가만이 21세기 지능 경제의 패권을 쥘 것이다. 전기가 흐르는 곳에 미래가 있다.

기가와트^{GW}급 AI 데이터센터를 가로막는 벽

AI라는 초거대 지능의 성장을 가로막는 마지막 병목은 반도체도, 소프트웨어도 아닌 가장 원초적인 인프라인 '전기'다. 데이터센터는 2년 만에 지어지지만, 그곳을 채울 에너지를 끌어오는 데는 7년이 걸린다. 이 5년의 시차를 정복하는 자가 AI 시대의 진정한 인프라 패권을 쥐게 될 것이다.

과거의 데이터센터 증설이 MW메가와트 단위의 분산된 수요였다면, AI 시대의 데이터센터는 GW기가와트급의 집중 부하를 요구한다. 이 거대한 에너지의 갈증은 인프라 구축 속도라는 물리적 한계에 부딪히고 있다. 범용 클라우드 데이터센터는 랙당 전력이 20~40kW 수준이지만 AI 서버는 랙당 600kW 이상, 장기적으로는 1MW 설계를 지향한다. 1MW 랙 1000개를 연결하면 1GW가 되며, 실제 가동을 위해서는 1.3GW의 전력이 인입되어야 한다.

데이터센터 건물은 18~24개월이면 완공되지만, 핵심 장비인 초고압 변압기$^{345kV\ 이상}$는 생산에만 최소 2년이 걸린다. 여기에 신규 변전소$^{2~4년}$와 송전선$^{3년\ 이상}$ 건설을 더하면 전력 인프라 확충에는 총 3~7년이 소요된다. 건물은 준비되었으나 불을 켜지 못하는 '전력 대기근'이 시작된 셈이다. 1GW급의 막대한 전력을 효율적으로 수송하기 위해서는 기존 345kV 수준을 넘어 765kV 초고압 변압기가 필수적이다. 전압을 높이면 선로 손실이 줄어들고, 여러 회선을 깔아야 할 것을 단일 회선으로 처리할 수 있어 인허가 리스크가 획기적으로 감소하기 때문이다.

현재 전 세계에서 765kV 변압기를 제작할 수 있는 기업은 단 5곳뿐이다. 이 중 HD현대일렉트릭과 효성중공업이 포함되어 있어, 국내 기자재 업체들이 글로벌 전력망 업그레이드의 직접적인 수혜를 입고 있다. 효성중공업은 초고압 변압기 중심의 용량 확대가 실적으로 직결되고 있다. LS일렉트릭은 데이터센터 내 배전반 및 전력 품질 설비에서, 산일전기는 데이터센터향 특수 변압기 비중 확대를 통해 이익 체질을 개선하고 있다. 계통망 연결을 기다릴 수 없는 글로벌 데이터센터 운영사들은 부지 내에서 직접 전기를 생산하는 '온사이트 발전'으로 눈을 돌리고 있다.

*하이브리드 에너지 믹스:

· 가스터빈: 100~300MW 단위의 초기 가동 수단으로 활용.

· SOFC 연료전지: 5~20MW 단위의 단계적 확장에 유리하며 에퀴닉스^{Equinix} 등이 이미 100MW 이상 설치.

· 재생에너지+ESS: 피크 대응과 전력 품질 안정화를 위한 유연한 운영 수단.

시러스원^{CyrusOne}이나 QTS 같은 기업들은 온사이트 전략을 공식화하여 데이터센터 가동 시점을 앞당기고 있다. 다만 온사이트는 초고압 수요를 완전히 대체하기보다 계통 연결 전까지의 공백을 메우는 '브릿지 전략'의 성격이 강하다.

전력의 양만큼 중요한 것이 '전송 효율'이다. 데이터센터 내부는 이제 AC^{교류}에서 DC^{직류} 중심으로 구조적 변화를 겪고 있다. 기존 AC 구조는 다단계 변환 과정에서 막대한 손실과 발열을 야기한다. 전류가 커질수록 배선 두께와 냉각 부담이 급증하는 문제를 해결하기 위해, 상위 단계에서 DC로 정류해 랙 단위까지 고전압 DC를 분배하는 800VDC 설계가 대안으로 부상했다. DC 전환은 동일 면적 내에서 더 많은 전력을 수용하게 함으로써 AI 서버의 고집적화를 가능케 하는 전제 조건이다.

AI 산업의 부가가치는 이제 칩 설계실에서 변전소 건설 현장으로 이동하고 있다. 765kV 기술력을 보유하거나 온사이트 발전 솔루션을 선점한 기업이 AI 경제의 '통행세'를 징수하게 된다. 데이터센터 완공과 전력 공급 사이의 '3~5년의 격차'를 얼마나 줄이느냐가 빅테크 기업들의 분기 실적을 결정짓는 핵심 변수가 된다.

2026년의 비즈니스는 지능의 싸움이 아니라 '전압'과 '리드타임'의 싸움이다. 빛의 속도로 계산하는 AI도 결국 7년이라는 물리적 인프라의 중력을 벗어날 수 없다.

AI의 팽창과 에너지의 한계

AI는 무한하게 팽창하려 하지만, 그것을 지탱하는 실리콘과 전기는 유한한 물리적 한계에 부딪히고 있다. 2026년 반도체 시장이 1.3조 달러라는 미답의 고지에 올라설 때 전 세계는 역설적으로 '전력 대기근'이라는 가장 원초적인 병목 현상에 직면했다.

2026년 반도체 시장은 당초 보수적이었던 전망치를 비웃듯 1.3조 달러 규모로 폭발할 것으로 보인다. 이러한 성장의 배경에는 인간의 서비스를 직접 수행하는 에이전트 AI^{Agentic AI} 서비스의 확산이 자리 잡고 있다. 에이전트 AI가 실시간으로 반응하기 위해 '낮은 지연 시간'이 필수 요건이 되면서, 메모리 반도체의 위상은 사상 최고치인 전체 시장의 40%대를 돌파할 것으로 보인다. 반도체가 지능의 뼈대를 만든다면, 그 뼈대를 움직이는 근육은 전력이다. 하지만 2026년 현재, 미국은 사상 최악의 전력 수급 불균형에 빠졌다.

지난 3월 4일 트럼프 대통령은 임기 첫 국정 연설에서 빅테크 기업들에 전력 문제에 대한 책임을 묻고, 일반 소비자들에게 피해를 주지 않겠다는 서약을 체결하기에 이르렀다. 세계 최대 데이터센터 밀집 지역인 버지니아주에서는 전력 부족 규모가 6.6GW에 달하며, 용량 가격이 2024년 대비 11.5배 폭등하는 기현상이 발생했다. 전력망 과부하로 냉각기와 변압기 가동이 위협받자 메타는 기존 전력망과 분리된 1GW급 독립 데이터센터를 건설하기로 했다. 아마존^{AWS}은 원자력 발전소 인근 부지를 확보하는 등 자급자족의 길을 걷기 시작했다. 신재생에너지가 합리적인 대안으로 떠오르고 있으나 이를 통한 공급이 원활하지 않을 경우 유일한 대안은 가스 발전뿐이다. 이는 데이터센터발 천연가스 가격 상승이라는 또 다른 경제적 리스크를 암시한다.

결국 2026년의 경제는 '반도체 공급'과 '에너지 확보'라는 두 개의 병목을 누가 더 영리하게 해결하느냐에 달려 있다. 에너지 비용 상승은 불가피하며, 자체 발전 시설과 신재생에너지를 확보한 기술 기업만이 진정한 AI 패권을 유지할 수 있다.

전기로 빚어내는 생성형 AI의 제국

지능은 하늘에서 떨어지는 것이 아니라 거대한 전력을 삼키고 데이터를 소화하는 '물리적 공간'에서 탄생한다.

예상을 뛰어넘는 데이터센터의 확대는 단순한 숫자 놀음이 아니다. 인류가 확보해야 할 '지능의 총량'이 당초 예상을 압도적으로 상회하고 있음을 증명하는 선전포고다. 씨티그룹은 최근 보고서를 통해 2030년까지의 데이터센터 수요 전망을 두 배 가까이 높여 잡았다. AI 인프라가 단순한 유행을 넘어 국가적·기업적 생존의 토대로 자리 잡았음을 시사한다. 씨티그룹은 2025년 3분기 실적과 엔비디아^{NVIDIA}의 최신 GPU 로드맵을 반영하여 글로벌 데이터센터 산업 모델을 공격적으로 수정했다.

2026년 신규 전력 흡수량 추정치를 기존 10.2GW에서 14.5GW로 40% 이상 상향했다. 이는 AI를 돌리기 위해 필요한 '전기적 허기'가 상상을 초월함을 보여준다. 기존 110GW로 예상했던 2030년 글로벌 IT 로드**IT Load** 전망치를 156GW로 대폭 상향 조정했다. 지능을 생산하는 공장의 규모가 당초 계획보다 1.5배 더 커져야 한다는 뜻이다. AI 관련 자본지출**CAPEX**은 2030년까지 연평균 46%라는 경이로운 속도로 성장할 전망이다. 지금까지의 데이터센터 성장이 AI를 가르치는 '학습' 중심이었다면, 앞으로는 배운 것을 써먹는 '추론**Inference**'이 성장의 주축이 된다.

2030년 데이터센터 전력 수요의 70%는 생성형 AI 워크로드가 차지한다. 기존의 일반 클라우드나 코어 워크로드는 AI에 밀려 성장이 둔화되거나 AI 인프라 속으로 흡수되는 잠식 현상이 나타나고 있다. 공급 부족이 예상되자 빅테크들은 이미 건설되기도 전인 데이터센터의 용량을 선점하는 '조기 투자' 경쟁을 벌이고 있다. 수요는 폭발하지만, 이를 뒷받침할 인프라 공급은 물리적 한계에 부딪히고 있다.

2026년, 전력 공급 부족은 단순한 비용 상승의 문제가 아니라, AI 제국의 확장을 가로막는 '거대한 벽'으로 다가올 것이다. 변압기, 냉각 시스템, 무엇보다 '전기' 그 자체가 부족하다. 씨티는 2026년에 심각한 용량 부족 현상이 나타날

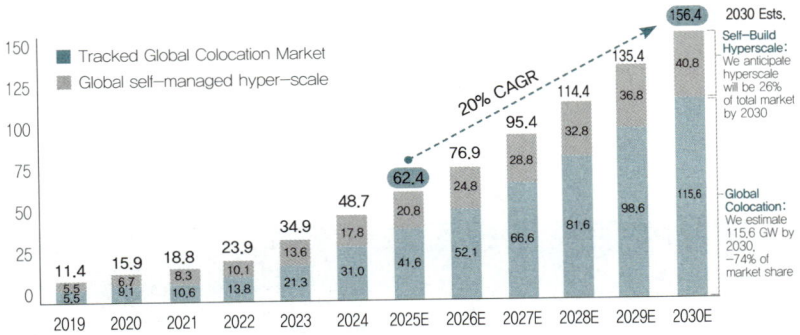

전 세계 수요 추적: 콜로케이션 vs 자체 관리형 하이퍼스케일(GW)

*Source: Citi Research, datacenterHawk(DCH), FactSet, Data Center Knowledge

것으로 경고했다. 막대한 전력을 안정적으로 공급하기 위해 원자력^{SMR 포함}과 가스 발전이 다시금 핵심 에너지원으로 부상하고 있다.

>>>>> 전기가 부족하다. 그리고 그 전기를 더 멀리 더 많이 보내는 것도 병목이다. 발전소를 짓는 데 10년이 걸린다면 적어도 지금 있는 전기를 더 효율적으로 전송해야 한다. 그 해답이 초고전압이다.

초고전압과 전력망의 진화

>> 765kV가 AI 데이터센터의 생사를 결정한다.

>> 본 장은 두 개의 층위로 나뉜다. 하나는 데이터센터 밖 전력망의 진화초고전압이고, 다른 하나는 데이터센터 안 전력 시스템의 혁신커패시터와 DC 전환이다. 전기가 데이터센터에 도달하기까지의 여정과 도달한 이후의 여정을 함께 다룬다.

초고전압의 혁명, AI 제국의 새로운 동맥

과거의 전력망이 도시의 불을 밝히는 실핏줄이었다면, 2026년의 초고전압 송전망은 거대 인공지능AI이라는 괴물을 먹여 살리는 거대한 대동맥이다. 비주류라 치부되던 765k의 부상은 단순한 기술의 변화가 아니라, 에너지 주권의 이동을 상징한다.

전력 인프라 시장에서 오랜 시간 '비주류'로 머물던 765kV 송전망이 2026년 반도체와 AI 데이터센터 열풍을 타고 화려한 주연으로 등극했다. 그동안 캐나다나 미국 오하이오 등 일부 지역에서만 제한적으로 쓰이던 이 초고전압 전력망이 왜 지금 글로벌 빅테크와 전력 회사들의 생존을 결정짓는 '치트키'가 되었을까.

미국 송전망의 전통적인 주력은 300~500kV였다. 하지만 AI 데이터센터가 요구하는 천문학적인 전력량은 기존 전력망의 한계를 시험하고 있다. 345kV나 500kV 전력망으로는 감당할 수 없는 대용량 전력을 장거리로 보낼 때, 전력 손실을 최소화할 수 있는 유일한 대안이 바로 765kV다.

미국 최대 전력 회사 중 하나인 AEPAmerican Electric Power는 지난해 3분기 실적 발표에서 "자사의 765kV 송전망 보유가 데이터센터 고객을 유치하는데 결정적인 경쟁우위가 되고 있다"고 공표했다. 즉, 전력망이 곧 지능형 기업을 끌어들이는 '입지적 해자'가 된 셈이다. 765kV 송전망의 확충은 곧 이 전압을 견딜 수 있는 초고압 변압기의 폭발적 수요로 이어진다. 현재 북미에서 승인된 신규 송전망 규모1만200km를 고려할 때, 약 200대 내외의 잠재 수요가 발생한다. 대당 70~140억원에 달하는 단가는 기존 변압기와는 차원이 다른 수익성을 보장한다. 765kV 제품을 공급할 수 있는 기업은 HD현대일렉트릭, 효성중공업을 포함해 단 5개 업체뿐이다.

이들 공장에는 765kV 전용 생산 라인이 따로 없다. 한정된 공장 생산 슬롯Slot을 어떤 제품에 배정하느냐의 싸움이다. 마진이 가장 높은 765kV 제품이 슬롯을 차지하면, 기존 주력이던 300~500kV 변압기 공급은 더욱 타이트해지고 가격은 다시 상승하는 '선순환적 인플레이션'이 발생한다.

2026년 전력기기 투자의 핵심 키워드는 '물량 성장'이다. 제품 가격 상승은 이미 시장 가격에 반영되었지만, 누가 더 빨리, 더 많이 찍어낼 수 있는지는 아직 주가에 충분히 녹아들지 않았다.

증설 결정을 먼저 내리고 실행에 옮긴 기업일수록 2026년 실적 차별화가 두드러질 가능성이 높다. 이제는 수주 잔고의 액수보다 '공장이 돌아가는 속도'가 주가를 결정한다. 2026년의 전력기기 산업은 단순한 경기 순환주를 넘어 'AI 인프라의 필수 소비재'로 재정의되었다. 765kV는 더 이상 선택이 아닌 대용량 데이터센터 운영을 위한 표준이 될 것이다. 변압기 제조사들은 이제 어떤 고객에게 슬롯을 배정할지 고르는 '슈퍼 갑'의 위치에 섰다.

이제 변압기 한 대의 가격보다 그 변압기를 생산하는 공장의 증설 완료 시점을 체크하는 게 투자에서 중요한 포인트가 된다. 물량이 곧 실적이 되는 'Q의 시대'가 도래했기 때문이다.

커패시터, AI의 심장을 뛰게 하는 에너지 관절

AI가 스스로 사고하고 행동하는 '에이전트'의 시대로 접어들면서 산업의 중심은 이제 단순한 연산력을 넘어 '연산 효율'이라는 냉혹한 수학적 계산 위로 옮겨갔다. 와트당 토큰 생산량이라는 새로운 공식이 지배하는 이 전쟁터에서 찰나의 전력 부하를 견뎌내고 에너지를 공급하는 '커패시터'는 AI 제국의 숨은 수혜 품목으로 부상하고 있다.

연산 효율은 단순히 칩GPU vs ASIC의 성능에 국한되지 않는다. 이제는 데이터센터 전체의 전력 공급 구조를 뜯어고쳐야 하는 단계에 이르렀다. 급격하게 변동하는 전력 부하를 추종하고 에너지를 물리적으로 저장하는 장치, 즉, 커패시터Capacitor의 중요성은 점점 더 커지고 있다. AI 서버 랙의 밀도가 높아지면서 기존의 저전압 방식으로는 감당할 수 없는 열과 손실이 발생하기 시작했다. 이를 해결하기 위해 시장은 800VDC고전압 직류 시스템으로 급격히 선회하고 있다. 커패시터는 고전압 시스템에서 전력이 흐르는 '관절' 역할을 수행한다. 2027년 엔비디아 차세대 카이버Kyber 랙 출시와 함께 800VDC 전환이 본격화되면 관련 부품 수요는 폭발할 전망이다.

AI 데이터센터의 끝단발전 및 서버에서 연료전지 시스템과 서버 랙 내 CBUCapacitor Backup Unit 수요가 주목받고 있다. 이는 비나텍, LS머트리얼즈와 같은 기업들에게 거대한 기회가 될 것으로 보인다.

고전압 환경을 견디는 필름 커패시터와 전원 안정화를 위한 초고압 MLCC의 비중이 비약적으로 확대된다. 지금까지 AI용 MLCC가 반도체 구동을 지원하는 초소형·초고용량 제품 중심이었다면, 앞으로는 전력 구조 자체를 안정화하는 대형·초고압 제품이 시장을 주도하게 된다. 고압 MLCC는 기술적 진입장벽이 매우 높고 수급이 타이트하다. 이는 제조사가 가격 협상력을 쥐게 됨을 의미하며, 전체적인 수익성 개선으로 이어진다.

대형 제품은 생산 공정상 소형 제품보다 더 많은 생산 능력을 잡아먹는다. 즉, 전체적인 공급 물량은 줄어들고 단가는 올라가는 'P가격와 Q수량의 동반 상승'이 2027년 이후 더욱 강력하게 나타날 것으로 기대된다. AI 인프라 투자는 이제 칩의 성능을 넘어 전력 인프라의 극한 효율을 따지는 단계에 진입0했다. 배터리보다 저장 시간은 짧지만 빠른 충방전이 가능한 커패시터는 데이터센터 전력 부하의 파동을 막는 최전방 방어선이다. 800V 도입과 맞물린 이번

MLCC 및 슈퍼캡 업사이클은 과거의 단기 순환을 넘어선 '다년 규모'의 장기 호황이 될 가능성이 크다.

전기가 AI의 혈액이라면 커패시터는 그 혈액이 막힘없이 흐르도록 펌프질하고 압력을 조절하는 판막과 같다. 2027년 카이버 랙이 불러올 고전압의 파도는 준비된 커패시터 제조사들에게 지능의 시대가 선사하는 가장 달콤한 과실을 안겨줄 것이다.

>>>>> 초고압이 전기를 실어 나른다면 그 전기는 어디서 오는가. 태양광과 풍력만으로는 AI가 요구하는 24시간 안정적인 전력을 감당할 수 없다. AI가 원전을 부활시켰다. 40년 만에 건설 사이클이 돌아왔다.

원전의 귀환: 40년 만의 건설 사이클

AI 혁명을 지속하려면 원전이 필요하다

우리는 지난 40년 동안 원전의 연료와 운영에만 주목해 왔다. 하지만 2026 년 전 세계는 다시 원전을 '짓는 행위' 그 자체에 열광하기 시작했다. 지능형 문명을 유지하기 위한 거대한 에너지가 필요해진 지금, 설계도를 넘어 실제 원전을 세울 수 있는 수행 역량이 국가와 기업의 운명을 가르는 가장 날카로운 무기가 되었다.

글로벌 원전 시장은 역사적인 전환점을 맞이했다. 그간 시장의 관심을 끌었던 소형모듈원전SMR이나 이론적인 설계 인프라보다 이제는 대형 원전 밸류체인과 실질적인 프로젝트 수행 역량을 보유한 기업들이 시장의 중심에 섰다.

1980년대 이후 멈춰있던 원전 건설의 시계가 40년 만에 다시 돌기 시작했다. 투자자들은 이제 원전의 관리를 넘어 거대한 구조물을 세우고 제작하는 영역에 자본을 집중하고 있다. 전 세계에서 가장 정교하게 원전을 지을 수 있는 나라로 대한민국이 부상했다. 한국 원전 산업에 대한 전례 없는 신뢰도 형성되고 있다. 미국은 원전 강국으로의 귀환을 위해 올해 정부 주도의 원전 발주 구조SPC를 확립하고, 2027년부터 2029년 사이에 총 8~10기의 대형 원전 최종투자결정FID을 완료할 계획이다. 전력 수요는 폭증하지만, 원전 건설을 예측 가능한 수준으로 통제할 산업 구조가 붕괴한 것이 미국의 고민이다.

800억 달러 규모의 프로젝트는 단순히 원전 수를 늘리는 것이 목적이 아니다. 정부가 먼저 나서서 최적의 사례를 축적하고 공급망을 부활시켜, 민간이 다시 원전을 지을 수 있는 토양을 만드는 것이 핵심이다. 미국이 원하는 산업 확장을 현실로 만들어줄 '최고의 파트너'는 단연 한국이다. 한국은 다수의 원전을 건설한 풍부한 경험이 있고, 세계 최고 수준의 기술력과 효율성을 갖추고 있다. 원전 건설의 맥이 끊기지 않고 지속되어 온 공급망도 장점이다. 해외에서도 바라카[Baraka] 원전 등 건설 성공 사례도 보유하고 있다.

미국의 전략적 파트너로서 안보적 신뢰 관계를 구축한 것도 긍정적이다. 원전 투자는 단순히 에너지 종목을 사는 것이 아니다. 이제 누가 더 멋진 설계도를 가졌느냐가 아니라 누가 정해진 기한 내에 예산에 맞춰 원전을 완공할 수 있느냐의 싸움이다. 한국의 원전 산업은 미국의 에너지 안보와 글로벌 전력 인프라 확충을 잇는 가장 중요한 연결고리가 되었다. 원전은 더 이상 과거의 유물이 아니다. 인공지능이 뿜어내는 열기와 지능이 흐르는 데이터센터를 지키기 위해 우리가 세워야 할 가장 견고한 '강철의 성벽'이다. 40년 만에 찾아온 이 기회는 준비된 자들에게만 성장의 과실을 허락할 것이다.

원전 건설 사이클의 귀환

그간 원전 투자는 주로 우라늄 가격이나 발전소 운영 수익에 집중하는 유틸리티 성격이 강했다. 그러나 AI 데이터센터가 요구하는 막대한 전력 수요는 잠자던 거인을 깨웠다. 서구권의 시각에서 원전은 '운영되는 자산[Operating Asset]'이었다. 신규 건설이 멈춘 지 오래였기에 투자자들은 연료 가격과 운영 효율에만 매몰되었다.

하지만 한국, 중국 등 아시아의 시각은 원전을 '짓는 산업[Building Industry]'으로 인식해 왔다. 끊임없는 건설 경험을 통해 수주, 제작, 공정 관리의 노하우를 축적해 온 셈이다. 이제 글로벌 자금은 완공 후의 수익보다 지금 당장 발생하는 수주와 제작, 건설이라는 숫자를 먼저 쫓기 시작했다. 투자의 프레임이 '금융'

에서 '제조 및 프로젝트 관리PM'로 이동한 셈이다.

미국 원전 산업은 거침없이 부활하고 있다. 지난해가 미국 원전 부활 선언이었다면, 올해는 실제 착공을 겨냥하는 때다. 미국 정부는 단순히 원전 수를 늘리는 것을 넘어, 무너진 공급망을 재건하려 하고 있다. 미국 정부는 연내 정책과 금융을 축으로 한 특수목적법인SPC 형태의 발주 주체를 설계하고 있다. 이는 민간 유틸리티가 감당하기 어려운 '첫 번째 프로젝트'의 리스크를 정부가 분담하겠다는 의지다. 미국은 2027년부터 2029년 사이에 총 800억 달러 규모, 8~10기의 대형 원전에 대한 최종투자결정FID을 순차적으로 완료할 계획이다. 동일 노형을 반복 건설함으로써 학습 효과를 극대화하고 가격과 공기를 통제하겠다는 전략이다. 대형 원전으로는 에너지 인프라의 근간을 세우고, 3.5세대 SMR소형모듈원전을 통해 빠른 상용화와 유연한 전력 공급을 꾀하는 투 트랙 전략을 구사하고 있다.

시장의 높은 변동성 속에서도 우리가 원전 밸류체인에 주목해야 하는 이유는 명확하다. SMR은 기술적 상징성이 크지만, 당장 닥친 전력난을 해결하고 공급망을 복원하기에는 대형 원전의 실질적 매출 가시성이 훨씬 높다. 원전은 설계도만으로 완성되지 않는다. 공기 지연 확률이 90%가 넘는 험난한 사업에서 예산 내에 정확히 완공해 본 '수행 역량'이 곧 기업의 본질적 경쟁력이다.

미국은 동유럽 등 러시아 원전 기술 의존도가 높았던 국가들에 자국 기술을 이식하며 정치·안보적 연대를 강화하고 있다. 원전은 이제 단순한 발전기를 넘어 지정학적 자산이 되었다. 미국이 원하는 것은 10기의 원전 그 자체가 아니라 '민간에 의한 산업 확장'이다. 이를 위해서는 미국의 수행 체계를 안정화해 줄 최고의 파트너가 필요하다.

>>>> 원전 건설 사이클이 돌아왔다. 그리고 그 사이클의 가장 중요한 수혜자 중 하나가 대한민국이다. 초고압 변압기를 만드는 HD현대일렉트릭과 효성중공업, 원전 주기기를 공급하는 두산에너빌리티, 원전을 설계하는 한전기술과 짓는 현대건설. 이 기업들이 바로 K-전력 인프라의 실체다.

기업 분석: 전력기기

>> 이전 장에서 우리는 AI라는 두뇌와 제조라는 육체를 동시에 가진 국가만이 피지컬 AI 혁명의 주인공이 된다고 했다. 본 장에서 그 이야기는 완성된다. 대한민국은 피지컬 AI의 육체를 만드는 나라이면서 동시에 그 육체를 움직일 전기를 공급하는 인프라 강국이기도 하다. 765kV 변압기를 만들 수 있는 나라가 전 세계에 다섯 나라뿐이고, 그 중 두 나라가 한국이다. 원전을 예산 내에 제때 완공해 본 경험을 가진 나라가 전 세계에 몇 나라 없고, 한국이 그 중 하나다. 이것이 K-전력 인프라의 핵심이다.

HD현대일렉트릭

HD현대일렉트릭은 전력 인프라 전쟁에서 가장 높은 성벽을 쌓은 한국 기업이다. 전 세계에서 765kV 변압기를 만들 수 있는 다섯 기업 중 하나이며, 초고압에서 배전까지 전 영역을 커버하는 포트폴리오는 글로벌 피어 중 유일하다. AI 데이터센터의 전력 수요가 폭증할수록 이 기업의 슬롯 배정권은 더욱 강력해진다.

HD현대일렉트릭은 송전초고압 변압기부터 배전중저압에 이르는 전력기기 전 영역을 아우르는 포트폴리오를 보유한 글로벌 에너지 솔루션 기업이다. AI 데이터센터의 급격한 성장에 따른 초고압765kV 전력망 수요와 북미 시장의 공급 부족 현상을 배경으로 25% 이상의 독보적인 영업이익률을 기록하고 있다. 최근에는 유틸리티를 통한 간접 수혜를 넘어 글로벌 빅테크 기업과의 직접 수주 계약을 통해 수익성을 극대화하는 구조로 진화하고 있다. 향후 울산, 미국 앨라배마, 청주 등 국내외 신공장 증설 효과가 본격화되는 2027년까지 가파른 실적 성장세가 이어질 것으로 전망된다.

1. 사업별 매출 비중(2026F 전망 기준)

회사의 주력은 초고압 변압기가 포함된 전력기기 사업부입니다.

*전력기기(55.3%): 초고압 변압기, 차단기 등주요 마진 동력.

*배전기기(17.0%): 중저압 차단기, 배전반 등빅테크 직접 공략.

*회전기기(13.2%): 전동기, 발전기 등.

*기타/연결조정(14.5%): 해외 법인 실적 등.

2. 주요 투자 포인트(Investment Points)

*765kV 초고압 시장 주도: AI 데이터센터의 대용량 부하를 감당하기 위한 765kV 전력망은 제작 가능한 기업이 극히 드물어 진입장벽이 높으며, 기존 전압 대비 높은 ASP평균판매단가와 마진을 보장한다.

*수직 계열화된 포트폴리오: 초고압송전부터 중저압배전까지 동시에 커버할 수 있어 글로벌 피어 대비 강력한 경쟁 우위를 점하고 있다.

*빅테크 직접 수주 확대: 북미 데이터센터 시장에서 과거 유틸리티 중심 영업에서 탈피, 빅테크 기업들로부터 배전 설비 등을 직접 수주하며 수익성을 극대화하고 있다.

*본격적인 증설 효과: 2027년부터 울산, 미국 앨라배마, 청주 신공장의 생산 능력이 본격적으로 반영되어 물량(Q)과 가격(P)이 동반 상승할 예정이다.

3. 투자 리스크(Investment Risks)

*밸류에이션 부담: 3년 최저점 대비 주가가 급등하면서 PER 및 PBR 지표가 과거 대비 매우 높은 수준에 형성되어 있어 단기적으로 차익 실현 매물 출회 및 조정 위험이 존재한다 .

*지정학적 및 무역 변수: 미국 수출 시 발생할 수 있는 관세 리스크나 지정학적 불안정에 따른 원자재 가격 및 환율 변동성이 수익성에 영향을 줄 수 있다.

4. 고객사 및 시장 현황

*북미 비중 확대: 2025년 4분기 기준 북미 매출 비중이 약 47%까지 급등하며 실적 성장을 견인하고 있으며, 향후에도 높은 수준이 유지될 전망이다 .

*빅테크 고객사: 글로벌 AI 산업을 주도하는 주요 빅테크MS, 구글, 오라클 등와 협력을 강화하며 데이터센터용 전력 인프라 공급을 확대하고 있다.

5. 경쟁사 현황

HD현대일렉트릭은 높은 영업이익률을 바탕으로 국내외 경쟁사 대비 우위의 밸류에이션

을 정당화하고 있다.

*국내: 효성중공업, LS ELECTRIC, 산일전기, 일진전기.
*글로벌: GE Vernova**GEV**, Siemens Energy, Hitachi, Hubbell**HUBB**, Powell Industries**PWR**.

효성중공업

효성중공업은 전력 인프라 전쟁에서 북미 765kV 시장 점유율 1위라는 독보적 지위를 보유한 기업이다. 초고압 변압기의 배짱 영업이 가능한 공급자 우위 시장에서, 창원과 멤피스 신공장의 증설 효과가 본격화되는 2027년이 이 기업의 진정한 원년이 될 것이다.

효성중공업은 변압기, 차단기 등 전력 설비를 생산하는 중공업 부문과 '해링턴 플레이스' 브랜드의 건설 부문을 주력으로 하는 대한민국의 대표적인 에너지 및 인프라 기업이다. 최근 AI 데이터센터 확산에 따른 초고압 송전망**765kV** 수요 급증과 전력 품질 관리 솔루션인 STATCOM 분야에서 글로벌 경쟁력을 인정받으며 전력 기기 '슈퍼사이클'의 핵심 수혜주로 꼽힌다. 특히 북미 765kV 초고압 변압기 시장에서 높은 점유율을 바탕으로 대규모 수주를 이어가며 하이엔드 시장 내 입지를 굳히고 있다. 2027년까지 예정된 미국 멤피스 및 창원 공장 증설을 통해 공급 능력을 확대하고, 고수익 수주 물량의 매출 전환을 통해 구조적인 이익 성장을 달성할 것으로 전망된다.

1. 사업별 매출 비중

중공업 부문의 비중이 점진적으로 확대되는 추세다.
*중공업 부문: 2025년 69.5% → 2026년(F) 72.5% → 2027년(F) 77.9%.
*건설 부문: 2025년 30.4% → 2026년(F) 27.5% → 2027년(F) 22.1%.

2. 주요 투자 포인트

*765kV 초고압 시장 주도: AI 데이터센터의 전력 부하를 해결하기 위한 송전망 전압 상향**765kV** 수요가 폭증하고 있으며, 동사는 북미 765kV 변압기 시장 점유율 1위를 유지하고 있다.
*STATCOM 레퍼런스 확보: 재생에너지 및 온사이트 발전 확대에 필수적인 전력품질 관리 장치**STATCOM** 분야에서 빅테크향 레퍼런스를 확보하며 포트폴리오를 다각화했다.

*생산 능력 확대**Q의 성장**: 2027년 미국 멤피스 및 창원 신공장 증설 효과가 본격화되어 하이엔드 제품 믹스 개선과 가동률 상승이 동시에 일어날 전망이다.

*저평가된 밸류에이션: 글로벌 피어**Peer** 기업들 대비 PER이 낮은 편이며**2027F 기준 20배 vs 경쟁사 25~40배**, 이익 성장 가시성이 매우 높다.

3. 투자 리스크

*고점 논란 및 변동성: 최근 몇 년간 주가가 폭발적으로 상승함에 따라 차익 실현 매물 출회 및 기술적 조정 가능성이 상존한다.

*건설 부문 부진: 전력기기 부문의 호황과 달리 건설 부문은 상대적으로 수익성 및 업황이 정체되어 있어 전사 실적의 디레이팅**De-rating** 요인이 될 수 있다.

*공급망 및 원자재: 구리 등 주요 원자재 가격 변동과 미국 내 보호무역 정책 등 대외 환경 변화가 수익성에 영향을 줄 수 있다.

4. 고객사 및 지역별 매출 현황

*주요 지역: 북미 비중이 2025년 27%에서 2028년 38%까지 확대될 전망이며, 유럽 및 중동 지역 수주도 견조하다.

*주요 고객: 미국 대형 전력청**Transmission Grid Operators**, 북미 빅테크**Hyperscalers** 데이터센터 프로젝트 등이 핵심 고객층이다. 최근 미국 전력청과 약 5.3억 달러 규모의 사상 최대 단일 계약을 체결했다.

5. 경쟁사 현황

동사는 국내외 주요 전력기기 업체들과 경쟁하고 있으며, 밸류에이션 측면에서 상대적으로 매력적인 위치에 있다.

*국내: HD현대일렉트릭, LS ELECTRIC, 산일전기, 일진전기.

*해외: GE Vernova**GEV**, Hitachi Energy, Siemens Energy, Schneider Electric.

일진전기

일진전기는 전력 인프라 전쟁에서 765kV의 낙수 효과를 가장 직접적으로 받는 기업이다. 최상위 계통이 765kV로 업그레이드될수록 그 아래 345kV와 500kV 설비 수요가 연쇄적으로 폭증한다. 2029년 물량까지 수주를 확보한 이 기업은 AI 전력 인프라 사이클의 가

장 확실한 중기 수혜주다.

　일진전기는 초고압 변압기와 전선 등을 제조하는 종합 전력기기 전문 기업이다. 현재 최대 525kV까지 생산 가능한 기술력을 바탕으로 북미 송전 프로젝트와 AI 데이터센터 확산에 따른 전력망 구축 수요의 직접적인 수혜를 입고 있다. 2026년부터는 그동안 진행해 온 증설 효과가 본격적으로 실적에 반영되면서 외형 성장과 수익성 개선이 동시에 이뤄지는 구간에 진입했다. 특히 2029년 물량까지 상당 부분 확보하며 향후 3년 이상의 높은 매출 가시성을 보유한 것이 특징이다.

1. 사업부문별 매출 비중(2026F 추정치 기준)
*전선 부문: 약 70.6%(1조 6,433억 원) – 주력 매출원
*중전기 부문: 약 29.2%(6,788억 원) – 고수익성 부문으로 비중 확대 중
*기타: 약 0.2%
> 참고: 매출 비중은 전선이 높으나 영업이익 기여도는 중전기(1,347억 원)가 전선(80.7억 원)을 압도하며 전사 이익 개선을 주도하고 있다.

2. 주요 투자 포인트
*증설 효과 본격화: 2026년은 증설된 생산 라인이 온전히 가동되는 원년으로 고정비 레버리지 효과가 극대화될 전망이다.

*수주 가시성 확보: 최근 2029년 물량까지 수주가 진행되어 장기적인 먹거리를 확보했으며, 이는 밸류에이션 상향의 핵심 근거가 된다.

*초고압 용량 확장의 낙수효과: AI 데이터센터로 인한 765kV 등 최상위 계통 증설 시 동사가 강점을 가진 345kV 및 500kV급 설비 수요가 연쇄적으로 발생하고 있다.

3. 투자 리스크
*원자재 가격 변동: 전선의 핵심 원재료인 구리LME 가격 급변동 시 수익성에 영향을 줄 수 있다.

*수출 환경 변화: 북미 매출 비중이 높아짐에 따라 미국의 보호무역주의 강화나 관세 정책 변화가 리스크 요인이 될 수 있다.

*환율 변동: 수출 비중이 높은 사업 구조상 원/달러 환율 하락 시 실적에 부정적일 수 있다.

4. 고객사 및 시장 비중

*주요 고객: 한국전력KEPCO 등 국내 공공기관과 더불어 북미 전력청 및 유틸리티 업체가 핵심 고객사다.

*특이사항: 지난 1월 미국향으로만 약 1,977억 원 규모의 변압기 수주를 기록하는 등 북미 시장 내 입지가 강화되고 있다.

5. 경쟁사 현황

*국내 중전기(변압기) 피어: HD현대일렉트릭, 효성중공업, LS ELECTRIC, 산일전기
*국내 전선 피어: 대한전선, LS에코에너지, 가온전선
*해외 경쟁사: GE Vernova미국, Siemens독일, Prysmian이탈리아, Nexans프랑스, Hitachi일본 등

GE버노바GEV.US

GE버노바는 전력 인프라 전쟁에서 글로벌 에너지 전환의 설계자 역할을 하는 기업이다. 가스터빈부터 전력망 현대화까지 AI 시대가 요구하는 에너지 인프라의 전 영역을 커버한다. 1502억 달러의 수주 잔고는 이 기업의 수익 가시성이 AI 인프라 사이클과 완벽하게 동기화되어 있음을 증명한다.

　GE버노바는 전 세계에 에너지를 공급하고 전력망을 현대화하여 에너지 전환을 가속화하는 데 주력하는 글로벌 에너지 전문 기업이다. 과거 제너럴 일렉트릭GE의 에너지 사업부에서 인적 분할되어 탄생했다. 현재 전력Power, 풍력Wind, 전력화Electrification라는 세 가지 핵심 사업 부문을 운영하고 있다.

　2025년 기준 약 1500억 달러의 견고한 수주 잔고를 보유하고 있으며, 100개 이상의 국가에서 전력 설비 제조 및 유지보수 서비스를 제공한다. 이들은 "세상을 전력화하고 탄소를 제거한다Electrify and Decarbonize the world"는 사명 아래 지속 가능한 에너지 솔루션을 구축하는 데 선도적인 역할을 하고 있다.

1. 사업 부문별 매출 비중(2025년 연간 기준)

*전력(Power): 약 52%(198억 달러)
*풍력(Wind): 약 24%(91억 달러)

*전력화(Electrification): 약 24%(96억 달러)

2. 투자 포인트(Investment Points)

*역대급 수주 잔고: 1502억 달러에 달하는 수주 잔고를 확보하여 향후 수년간의 성장 동력을 마련했다.

*전력화 부문의 폭발적 성장: 그리드Grid 장비 수요 급증으로 전력화 부문 매출이 전년 대비 28% 성장했으며, 수익성 또한 크게 개선되었다.

*주주 환원 강화: 36억 달러를 주주에게 환원했으며, 배당금을 두 배로 늘리고 자사주 매입 한도를 증액했다.

*Prolec GE 인수: 2026년 2월 완료 예정인 Prolec GE 인수를 통해 전력화 부문의 시너지를 극대화할 계획이다.

3. 투자 리스크(Investment Risks)

*해상 풍력 손실: 기존에 계약된 해상 풍력 프로젝트의 비용 상승으로 인해 풍력 부문은 여전히 적자 상태다.

*공급망 및 원가 압박: 변압기 등 핵심 부품의 리드타임 장기화와 숙련 노동자 확보 비용 증가가 마진 확대를 저해할 수 있다.

4. 고객사 및 경쟁사 현황

주요 고객사군

*정부 및 국영 전력청: 사우디아라비아2025년 14억 달러 규모 협약, 대만 정부반도체 라인용 전력망 등.

*유틸리티 기업: 폴란드 Enea Group, 루마니아 Greenbolt 등 글로벌 발전 사업자.

*빅테크(Hyperscalers): 데이터센터 전력 인프라를 구축하는 글로벌 IT 기업들.

부문	주요 경쟁사	시장 지위 비고
가스 전력	Siemens Energy, Mitsubishi Power	GE가 아시아 시장 점유율 1위(38%)
풍력	Vestas, Siemens Gamesa, Goldwind	GE는 북미 육상 풍력 시장 점유율 1위(약 50%)
전력망	Hitachi Energy, Schneider Electric, ABB	변압기 및 HVDC(고압직류송전)분야에서 치열한 경쟁

기업 분석: 원전

두산에너빌리티

두산에너빌리티는 원전 건설 사이클의 귀환에서 가장 많은 과실을 수확할 한국 기업이다. 대형 원전, SMR, 가스터빈이라는 세 개의 포트폴리오가 동시에 수주 모멘텀을 받고 있는 이 기업은 AI가 원전을 부활시킨 이 시대의 가장 완벽한 수혜주다.

두산에너빌리티는 대형 원전부터 소형모듈원전SMR, 가스터빈에 이르기까지 글로벌 에너지 시장의 핵심 주기기를 공급하는 에너지 솔루션 기업이다. 폴란드와 체코 등 해외 대형 원전 프로젝트는 물론, 미국의 테라파워TerraPower와 뉴스케일NuScale 등 차세대 SMR 시장에서도 독보적인 수주 모멘텀을 확보하고 있다. 또한 독자적인 가스터빈 기술력을 바탕으로 국내 공공기관뿐만 아니라 글로벌 빅테크 기업인 XAI 등으로부터 대규모 수주를 이끌어내며 사업 영역을 확장 중이다. 두산밥캣과 두산퓨얼셀을 자회사로 두어 건설기계와 수소 연료전지 분야에서도 강력한 연결 실적 기반을 갖춘 기업이다.

1. 사업별 매출 비중(2025E 매출액 기준 추정)

부문	예상 매출액(십억 원)	비중(%)	비고
두산밥캣	8,792	약 51.5%	건설기계 및 소형 장비
에너빌리티(본체)	7,807	약 45.8%	원전, 가스터빈, 신재생 등
두산퓨얼셀	455	약 2.7%	수소 연료전지

2. 주요 투자 포인트

*해외 원전 수주 모멘텀: 폴란드 AP1000 프로젝트 주기기 계약 및 체코 원전 본계약 체결 기대감이 고조되고 있다.

*SMR 시장 선점: 미국 NRC원자력규제위원회의 나트륨Natrium 건설 승인 등에 따라 테라파워, 뉴스케일 등으로부터의 추가 수주 가시성이 매우 높다.

*가스터빈 수주 확대: XAI향 가스터빈 수주가 12기까지 확대되었으며, 한국남부발전 등 국내외 수주가 이어지며 올해 가이드라인의 1/3 이상을 이미 달성한 것으로 추정된다.

3. 투자 리스크
*환율 변동성: 원/달러 환율이 급격히 하락할 경우 수출 수익성에 영향을 줄 수 있다.
*프로젝트 지연: 해외 원전 및 SMR 건설 프로젝트는 국가별 규제나 승인 절차에 따라 일정 지연 리스크가 상존한다.
*글로벌 피어Peer 멀티플 하락: 목표주가 산정의 근거가 되는 글로벌 경쟁사들의 평균 EV/EBITDA38.7배 수치가 하락할 경우 밸류에이션 부담이 생길 수 있다.

4. 고객사 및 경쟁사 현황
*주요 고객사: 한국남부발전KOSPO, XAI, 테라파워TerraPower, 뉴스케일NuScale, 폴란드 및 체코 정부/에너지 기업 등.
*핵심 경쟁사:
- 원전 부문: 미국의 웨스팅하우스Westinghouse, 프랑스 EDF.
- 가스터빈 부문: GE, 지멘스 에너지Siemens Energy, 미쓰비시 파워Mitsubishi Power.

현대건설
현대건설은 원전 건설 사이클에서 가장 극적인 반전을 노리는 기업이다. 주택 사업의 불확실성이 걷히는 동안 페르미 원전이라는 35조 원짜리 잭팟이 기다리고 있다. 원전 수주가 확정되는 순간 이 기업의 밸류에이션은 단순 건설사를 넘어 에너지 인프라 기업으로 재평가받게 된다.

현대건설은 대한민국을 대표하는 글로벌 종합 건설사로, 주택, 토목, 플랜트 등 전 분야에서 독보적인 기술력을 보유하고 있다. 현대엔지니어링을 자회사로 두고 있으며, 최근에는 전통적인 건설업을 넘어 원자력 발전대형 원전 및 SMR 중심의 '뉴에너지' 전문 기업으로 체질 개선을 시도하고 있다. 2025년까지 이어진 실적 불확실성을 털어내고, 2026년부터는 고부가가치 해외 수주를 통해 수익성을 회복하려는 단계에 있다. 특히 미국 페르미 원전 등 초대형 프로젝트 수주 가시권에 진입하며 단순 건설사를 넘어선 '에너지 혁신 기업'으로 평가받고 있다.

1. 사업별 매출 비중(2026년 전망치 기준)

본사와 자회사의 기여도가 균형을 이루고 있다.

*현대엔지니어링^{자회사}: 약 40%(11.1조 원)

*주택/건축^{본사}: 약 30%(8.2조 원)

*플랜트/뉴에너지^{본사}: 약 20%(5.4조 원)

*인프라^{본사}: 약 7%(1.8조 원)

*기타: 약 3% 미만

2. 투자 포인트(Investment Points)

*원전 수주 잭팟 기대: 2026년 가이던스에 원전 수주 4.3조 원을 반영했다. 불가리아 원전, 홀텍 SMR, 그리고 약 35조 원 규모의 미국 페르미 원전 수주 가시화 시 밸류에이션의 추가 상향이 가능하다.

*수익성 개선: 사우디 아미랄 등 저원가 현장의 리스크가 해소되고 있으며, 2024년 이후 착공한 양호한 원가율의 주택 매출 비중이 80%에 달해 마진 개선이 예상된다.

*ESG 경영 강화: 환경영향 관리 및 안전경영 투자를 확대하며 업종 내 상위권의 ESG 등급^{A 이상}을 유지하고 있다.

3. 투자 리스크(Investment Risks)

*단기 변동성: 최근 주가 급등에 따른 피로감과 2026년까지의 더딘 실적 개선 속도가 부담이 될 수 있다.

*수주 시점 변동: 원전 프로젝트의 특성상 발주처의 사정에 따라 수주 시점이 이연될 가능성이 상존한다.

*부동산 경기: 국내 지방 미분양 발생에 따른 대손 비용 발생 우려가 남아 있다.

4. 고객사 및 경쟁사 현황

*주요 고객사:

- 국내: 정부 및 공공기관(SOC 사업), 민간 재개발/재건축 조합.
- 해외: 사우디 아람코^{Aramco}, 카타르에너지 등 국영 에너지 기업 및 미국 페르미^{Fermi} 등 에너지 개발사.

*경쟁사 현황:

- 국내: 삼성물산^{브랜드 평판 2위}, GS건설, 대우건설, DL이앤씨 등과 수주 경쟁 중이나 2026년 브랜드 평판에서 1위를 고수하고 있다.

- 해외: 중국 건설사CSCEC, 프랑스 VINCI, 미국 Bechtel 등 글로벌 대형 EPC 기업들과 경쟁한다.

한전기술

한전기술은 원전 건설 사이클에서 가장 좁은 병목을 틀어쥔 기업이다. 원전을 짓기 전에 반드시 설계가 먼저이고, 한국 원전 설계의 독점적 엔지니어가 바로 이 기업이다. 체코 원전 계약 체결과 미국 원전 수주 가시화는 이 기업을 단순한 국내 공공기관 의존 기업에서 글로벌 원전 설계 파트너로 격상시키고 있다.

한전기술은 원자력발전소의 설계 및 엔지니어링을 주력으로 하는 한국전력공사의 계열사다. 국내외 원전 건설의 핵심 설계 업무를 수행할 뿐만 아니라, 해상풍력 등 신재생 에너지와 SMR소형모듈원자로 같은 차세대 원전 기술 개발에도 참여하고 있다. 최근 체코 원전 수주와 국내 신규 원전신한울 3, 4호기 건설 재개 등을 통해 본격적인 실적 턴어라운드를 준비하고 있다. 또 팀코리아의 일원으로서 글로벌 시장 진출을 가속화하며 새로운 성장을 도모하고 있는 기업이다.

1. 사업별 매출 비중(2026년 전망치 기준)
*원자력: 약 63.9%(3,810억 원) - 핵심 사업 부문
*원자로: 약 19.0%(1,130억 원)
*에너지신사업: 약 17.1%(1,020억 원) - 해상풍력 등 포함

2. 주요 투자 포인트
*해외 원전 수주 본격화: 작년 12월 체코 원전 계약약 1.6조 원 체결에 이어, 팀코리아를 통한 미국 원전 수주 기대감이 높다.
*개별 해외 진출 가능성: 한미글로벌, 영국 Turner & Townsend와의 전략적 제휴SAA를 통해 팀코리아를 벗어난 독자적인 해외 원전 시장 진입이 가시화되고 있다.
*밸류에이션 재평가: 글로벌 원전 시장에서의 성과가 확인될 경우 과거 고점 수준P/B 10.2배을 넘어서는 가치 상승이 가능할 것으로 판단된다.

3. 투자 리스크
*공정 지연: 국내 신한울 3, 4호기의 공정 지연이나 체코 원전 수주 관련 지연이 발생할 경우 매출 인식 시점이 늦어질 수 있다.

*수익 공백: 인도네시아 EPC 사업 준공 임박 등에 따른 일시적인 매출 공백이 발생할 수 있다.

4. 고객사 및 경쟁사 현황(외부 정보 참고)

*주요 고객사: 최대주주인 한국전력공사와 한국수력원자력KHNP이 핵심 고객이며, 정부 주도의 원전 수출 프로젝트를 통해 해외 국가기관과 협력한다.

*주요 경쟁사:
- 국내: 원전 시공 및 기자재 분야의 두산에너빌리티, 건설 분야의 현대건설, 대우건설 등과 팀코리아로 협업하거나 경쟁한다.
- 글로벌: 미국의 웨스팅하우스Westinghouse, 프랑스의 EDF 등과 글로벌 원전 수주 시장에서 경쟁 관계에 있다.

컨스털레이션에너지CEG.US

컨스텔레이션에너지는 원전 건설 사이클이 아닌 원전 운영 사이클의 챔피언이다. 미국 최대 무탄소 전력 생산 기업으로 마이크로소프트와의 스리마일섬 원전 재가동 계약은 AI 시대의 원전이 단순한 전력원을 넘어 빅테크의 전략 자산이 되었음을 상징한다. 24시간 안정적인 무탄소 전력이라는 이 기업의 핵심 가치는 AI 데이터센터가 늘어날수록 더욱 강해진다.

컨스텔레이션 에너지는 미국 최대의 무탄소 에너지 생산 기업으로 특히 원자력 발전을 중심으로 한 청정 에너지 공급에 핵심적인 역할을 하고 있다. 미국 전역에서 원자력, 천연가스, 수력, 풍력, 태양광 등 다양한 발전 자산을 운영하며 약 2700만 가구에 전력을 공급할 수 있는 규모를 갖추고 있다. 최근 인공지능AI 산업의 급격한 성장으로 인한 데이터센터의 막대한 전력 수요를 충족시키기 위해 마이크로소프트MS 등 빅테크 기업들과 장기 전력 공급 계약을 체결하며 'AI 수혜주'로 주목받고 있다. 특히 가동이 중단되었던 스리마일섬 Three Mile Island 원전의 재가동을 추진하는 등 혁신적인 행보를 보이고 있다.

1. 사업별/지역별 매출 비중

*주요 사업 영역: 발전Generation 및 상업용 판매Commercial로 나뉜다.

*지역별 비중(2025년 3분기 기준):
- 미국 중대서양Mid-Atlantic: 약 26.8%
- 미국 중서부Midwest: 약 21.2%

- 기타 전력 지역: 약 23.5%
- 뉴욕New York: 약 8.5%
- 텍사스ERCOT: 약 9.6%

2. 투자 포인트

*AI 및 데이터센터 수요: MS, 메타Meta 등 하이퍼스케일러와 20년 이상의 장기 전력 구매 계약PPA을 체결하여 안정적인 현금 흐름 확보가 가능하다.

*정책적 수혜: 미국 인플레이션 감축법IRA에 따른 원자력 생산세액공제PTC 혜택으로 하방 수익성이 보장된다.

*무탄소 에너지 리더십: 탄소 중립 목표를 가진 기업들에게 24시간 안정적으로 공급 가능한 무탄소 전력원자력은 대체 불가능한 자산이다.

*전략적 인수합병: 최근 칼파인Calpine 인수를 통해 천연가스 및 지열 발전 역량을 강화하고 잉여현금흐름FCF을 확대했다.

3. 투자 리스크

*원전 규제 및 정책 리스크: 정부의 에너지 정책 변화나 원전 가동 승인 지연 등이 변수가 될 수 있다.

*운영 비용 상승: 노후 원전 유지보수 및 폐로Decommissioning 관련 비용이 예상보다 증가할 위험이 있다.

*고객 집중도: 소수의 대형 빅테크 기업들에 대한 매출 의존도가 높아지는 점이 리스크로 작용할 수 있다.

4. 고객사별 매출 비중

*주요 고객: 상업 및 산업용C&I 고객, 공공기관, 주거용 고객 등 다양하다.

*최근 트렌드: 하이퍼스케일러빅테크 비중이 급격히 확대되고 있다. 특히 MS와는 스리마일섬 원전 재가동을 통한 단독 전력 공급 계약을 맺었으며, 메타 및 사이러스원CyrusOne과도 대규모 계약을 체결했다.

5. 경쟁사 현황

*비스트라Vistra, VST: 컨스텔레이션과 함께 원자력 기반 독립 발전사IPP로서 강력한 경쟁 관계다.

*탈렌 에너지^{Talen Energy}: 데이터센터 연결 원전 서비스를 제공하는 주요 경쟁사다.

*넥스트에라 에너지^{NextEra Energy}: 재생에너지 분야의 강자로, 청정 에너지 공급 시장에서 경쟁하고 있다.

이튼^{ETN.US}

이튼은 전력 관리 및 항공우주 시스템 분야를 선도하는 글로벌 산업재 기업으로 전기차^{EV}, 데이터센터, 그리드 현대화 등 전 지구적인 에너지 전환 흐름의 중심에 있는 기업이다. 최근 AI 열풍으로 인한 북미 데이터센터 수요 급증과 전력 인프라 교체 수요에 힘입어 사상 최대 수준의 수주 잔고를 기록하며 구조적인 성장기를 맞이하고 있다. 현재 회사는 수익성이 낮은 모빌리티 사업을 분할하고, Boyd Thermal과 같은 고성장 수냉식 냉각 솔루션 기업을 인수하는 등 포트폴리오를 고도화하는 과정을 거치고 있다.

1. 사업부문별 매출 비중(4Q25 기준)

*Electrical Americas^{북미 전력}: 50%^{가장 큰 비중이며 성장을 주도}

*Electrical Global^{글로벌 전력}: 24%

*Aerospace^{항공우주}: 16%

*기타^{Vehicle, E-Mobility}: 나머지 비중을 차지하며, 2026년 1분기 내 모빌리티 부문 분할 완료 예정이다.

2. 투자 포인트

*데이터센터 수주 폭발: 북미 데이터센터 주문량이 전년 대비 200% 급증하며 강력한 성장 동력을 확보했다.

*Boyd Thermal 인수 시너지: AI 데이터센터의 필수 기술인 고사양 수냉식 냉각 솔루션 역량이 강화되어 2H26부터 매출 기여가 가시화될 전망이다.

*생산능력 확대: 진행 중인 증설 프로젝트의 절반이 완료되어 4Q25부터 생산량이 늘어나기 시작했으며, 2027년부터 본격적인 실적 레버리지가 예상된다.

*사업 구조 재편: 저성장 사업인 모빌리티 분할을 통해 전사 영업이익률의 구조적 개선이 기대된다.

3. 투자 리스크

*단기 마진 부담: 북미 전력사업 증설 투자, 인건비 상승, 인수 관련 통합 비용 등으로 인

해 2026년 상반기 수익성은 일시적으로 압박받을 수 있다.

*자사주 매입 미실시: Boyd Thermal 인수 대금 지불에 따라 2026년에는 자사주 매입을 진행하지 않을 예정이다.

*인수 통합 리스크: 대규모 M&A 이후 조직 통합 과정에서의 재무적 부담이나 시너지 창출 지연 가능성이 존재한다.

4. 고객사 및 경쟁사 현황

*고객사: 전 세계 180개국 이상의 기업들에 제품을 공급하며, 특히 AI 인프라 구축을 위해 NVIDIA와 협력하여 데이터센터 전력 솔루션을 제공하는 등 빅테크 기업들과 밀접한 관계를 맺고 있다.

*주요 경쟁사:

- 전력 분야: Schneider Electric슈나이더 일렉트릭, Siemens지멘스, ABB.
- 데이터센터 인프라: Vertiv버티브, SchneiderAPC.
- 항공우주 분야: Parker Hannifin파커 하니핀, GE Aerospace, Safran.

〉〉〉〉 "전기가 흐르지 않으면 지능의 생산도 멈춘다."

우리는 그 증거를 보았다. 버지니아주에서 6.6GW의 전력이 부족해 용량 가격이 11.5배 폭등하는 동안, HD현대일렉트릭과 효성중공업은 765kV 변압기 슬롯을 배정받기 위해 줄을 선 고객들 앞에서 슈퍼 갑이 되었다. 40년 만에 돌아온 원전 건설 사이클 앞에서 두산에너빌리티는 대형 원전과 SMR과 가스터빈을 동시에 수주하고 있다.

챕터 6에서 대한민국이 피지컬 AI의 허브가 될 것이라고 했다. 챕터 7에서 그 이야기가 완성된다. 대한민국은 피지컬 AI의 육체를 만드는 나라이면서 동시에 그 육체를 움직일 전기를 공급하는 인프라 강국이다.

코리아 디스카운트라는 낡은 굴레가 코리아 프리미엄으로 바뀌는 이유는 반도체만이 아니다. 765kV 변압기를 만드는 손, 원전을 예산 내에 완공하는 경험, 그리고 AI라는 새로운 문명을 전기로 먹여 살리는 인프라 역량. 이것이 21세기 대한민국이 가진 가장 강력한 무기다.

전기가 흐르는 곳에 미래가 있다. 그리고 그 전기를 만들고 실어나르는 일에서 대한민국은 세계의 중심에 서 있다.

CHAPTER 8

반도체 소부장 투자

>>> 장비는 한 번 사면 끝이지만, 파츠는 칩을 찍어낼 때마다 새로 사야 한다. 반도체 소부장 투자의 본질은 이 차이를 이해하는 것에서 시작한다. AI 시대에 삼성전자가 30조 원을 투자할 때 어느 공정에 얼마가 흘러가는지, 그리고 그 돈이 어느 기업으로 흘러가는지를 파악하는 자만이 사이클의 알짜를 취할 수 있다.

Part I.
반도체 산업 구조의 이해
_ 투자하기 전에 반드시 알아야 할 산업의 문법

>> 반도체 소부장에 투자하려면 먼저 이 산업이 어떻게 분업되어 있는지를 이해해야 한다. 어느 공정에 투자가 몰리는지, 그 공정의 수혜가 어느 기업으로 흘러가는지를 파악하는 것이 소부장 투자의 출발점이다.

반도체 산업의 구조와 플레이어

반도체 산업은 크게 설계 · 제조 · 패키징 · 테스트의 네 축으로 분업화되어 있다. 이 분업 구조를 이해하는 것이 산업 전체를 읽는 첫 번째 열쇠다.

종합반도체업체IDM는 설계부터 제조, 후공정까지 전 과정을 자체 수행한다. 삼성전자, SK하이닉스, 마이크론, 인텔이 대표적이다. 반도체 산업의 역사는 사실 이 IDM들이 모든 것을 처음부터 끝까지 직접 해왔던 역사이기도 하다. 그러나 반도체가 고도로 복잡해지면서 분업이 필연적으로 나타났다.

팹리스Fabless는 반도체 회로 설계만 전문으로 한다. 생산 시설에 막대한 투자를 할 필요가 없어 진입 장벽이 상대적으로 낮고, 아이디어와 설계 역량이 경쟁력의 핵심이다. 퀄컴Qualcomm, 엔비디아NVIDIA, 브로드컴Broadcom, 미디어텍MediaTek 등이 글로벌 팹리스의 대표 주자이다. 국내에는 텔레칩스, 넥스트칩, 어보브반도체 등이 있다. 팹리스에 설계자산IP을 판매하는 칩리스도 있는데, ARM이 대표적이다. 국내에는 칩스앤미디어라는 회사가 있다.

파운드리Foundry는 시스템반도체 위탁 생산을 담당한다. 대규모 설비 투자를 통해 생산 능력Capa과 수율을 확보하는 것이 핵심 경쟁력이다. TSMC가 글로벌

반도체 산업 밸류 체인 및 기업 유형

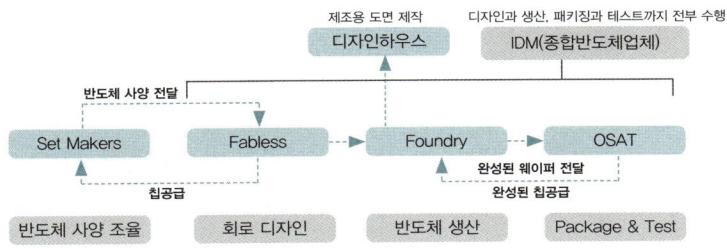

제조용 도면 제작
디자인하우스

디자인과 생산, 패키징과 테스트까지 전부 수행
IDM(종합반도체업체)

반도체 사양 전달

| Set Makers | Fabless | Foundry | OSAT |

완성된 웨이퍼 전달
칩공급
완성된 칩공급

| 반도체 사양 조율 | 회로 디자인 | 반도체 생산 | Package & Test |

1위이며, 삼성전자 파운드리 사업부, 중국 SMIC, UMC, 글로벌파운드리스가 뒤를 잇는다. 국내에는 DB하이텍이 성숙 공정 파운드리로 자리잡고 있다.

OSAT**Outsourcing Semiconductor Assembly and Test**는 패키징과 테스트를 담당하는 외주 업체다. ASE Technology, 앰코테크놀로지**Amkor Technology**가 글로벌 대표 기업이다. 국내에는 하나마이크론, 두산테스나가 있다. 디자인하우스**Design House**는 팹리스 업체의 설계를 파운드리에서 실제로 제조 가능한 도면으로 변환해주는 역할을 한다. 대만의 GUC, 알칩**Alchip**이 대표적이며, 국내에는 가온칩스, 에이디테크놀로지, 세미파이브, 에이직랜드가 있다.

메모리 반도체 대 비메모리 반도체

반도체를 이해할 때 가장 먼저 넘어야 할 개념적 장벽이 메모리와 시스템반

반도체 기업 분류별 역할

	설계	웨이퍼 생산	패키징, 테스트	판매, 유통
IDM				
IP기업				
팹리스				
디자인하우스				
파운드리				
OSAT				

*자료: LS증권 리서치센터

도체비메모리의 구분이다. 메모리 반도체는 데이터를 저장하는 역할을 한다. 통상 전체 반도체의 20~30%를 차지하지만, AI 혁명 호황을 타고 올해는 50% 비중을 넘어설 것으로 예상된다. 메모리는 한국 반도체 산업의 중심축이기 때문에 국내 투자자들에게는 훨씬 크게 느껴진다. 메모리는 소품종 대량생산 구조로 몇 개의 IDM 업체가 시장을 과점하는 구조가 자연스럽게 형성된다.

전원이 끊기면 데이터가 사라지는 D램휘발성 메모리과 전원이 없어도 데이터가 유지되는 낸드 플래시비휘발성 메모리로 나뉜다. D램은 CPU가 사용하는 책상과 같고, 낸드 플래시는 작업이 끝난 뒤 서류를 보관하는 책상에 비유할 수 있다. 비메모리시스템 반도체는 논리 연산과 제어를 담당하는 칩 전체를 통칭한다. 통상 시장 규모는 전체의 약 75%로 압도적으로 크다. 2023년 기준 시장 규모는 시스템반도체 4200억 달러, 메모리 1400억 달러로 세 배 이상 차이가 나기도 했다. CPU, GPU, AP^{Application Processor}, PMIC, DDI, CMOS^{CIS} 등이 모두 시스템반도체에 속한다.

시스템반도체는 다품종 소량생산 구조이기 때문에 분업화가 필수적이다. 수천 종류의 칩을 대기업 하나가 모두 설계하고 제조까지 직접 진행하려면 고정비 부담이 감당할 수 없는 수준이 된다. 그래서 팹리스 → 파운드리 → OSAT로 이어지는 분업 생태계가 자연스럽게 발전했다.

한국의 시스템반도체 생태계는 글로벌 대비 상대적으로 취약하다. D램 시장 점유율은 약 70%, 낸드 플래시 시장 점유율은 약 40~50%에 달하지만, 시스템반도체 시장 점유율은 3%에 불과하다. 이것이 국내 반도체 산업이 메모리 사이클에 극도로 민감하게 반응하는 구조적 원인이다.

메모리 사이클의 메커니즘

반도체 투자에서 가장 중요하고도 까다로운 개념 중 하나가 사이클이다. 메모리와 시스템반도체는 사이클의 진폭과 작동 방식이 근본적으로 다르다. 메모리 사이클의 진폭은 매우 크다. 과거 사이클에서 발생한 과잉 재고를 다음 사이클에서도 판매할 수 있기 때문이다. 수요가 꺾이면 공급 과잉 상태의 재고가 시장에 쌓이고, 이것이 해소되기까지 상당한 시간이 걸린다. 반대로 수요가 살아날 때는 재고 재축적Restocking 수요까지 더해져 폭발적인 상승이 나타난다.

시스템반도체 사이클의 진폭은 상대적으로 작다. 새로운 서버나 스마트폰 모델에 들어가는 칩은 이전 세대 칩과 스펙이 달라 이전 재고를 활용할 수 없다. 따라서 과잉 재고가 누적되는 현상이 메모리보다 훨씬 덜하다.

사이클의 전형적인 전개 순서를 따라가면 이렇다. T0 시점에서 수요가 공급을 초과하고 재고가 타이트해진다. T+1에서 수요 증가를 보고 생산을 늘린다. T+2에서 수요는 먼저 꺾이는데 생산은 후행적으로 감소하면서 그 사이에 과잉 재고가 쌓인다. T+3에서 재고가 여전히 많지만 최종 수요가 점진적으로 회복되고 생산은 계속 감소한다. T+4에서 재고가 줄어들면서 본격적인 업사이클이 다시 시작된다.

이 사이클을 이해하는 것이 메모리 반도체 투자 타이밍을 판단하는 핵심 프레임이다.

D램과 낸드의 구조

D램 시장은 삼성전자 약 43%, SK하이닉스 약 34%, 마이크론 약 20%의 3사 과점 구조다. 기술 발전의 방향은 미세화로, 공정 노드가 1x^{18nm} → 1y^{16nm} → 1z^{15nm} → 1a^{14nm} → 1b$^{12.8nm}$ → 1c^{11nm}로 진화해왔다. 수요 구조는 서버 60%, 모바일 25%, PC 10%, 기타 5%로 모바일과 PC에서 서버로 무게 축이 점점 옮겨가고 있다. D램의 제품 계보를 보면 서버용 RDIMM, PC · 노트북용 SO-DIMM, 모바일용 LPDDR, 그래픽용 GDDR. 그리고 AI 서버용으로 폭발적으로 수요가 성장한 HBM$^{고대역폭 메모리}$이 있다.

낸드 플래시 시장은 삼성전자 37%, SK하이닉스 13%$^{+Solidigm 10\%}$, 키옥시아 14%, 마이크론 13%, 샌디스크^{WDC} 11%, YMTC 5%로 D램보다 경쟁이 치열하다. 기술 발전의 방향은 고층화로, 176단 → 236단 → 286 → 400단으로 적층 단수가 계속 높아지고 있다. 경쟁자가 많아 D램 대비 상대적으로 수익성이 낮았지만, 최근 가격 상승으로 상황이 달라지고 있다.

AI 칩 시장과 ASIC의 부상

AI 칩은 본질적으로 최고 사양의 GPU다. GPU 시장 1위였던 엔비디아가 AI 칩 시장에서도 점유율 약 85~90%로 압도적 지위를 유지하고 있다. 2위는 AMD, 3위는 인텔이지만 매출액 기준 격차는 절대적이다.

주목해야 할 트렌드는 ASIC 칩의 부상이다. 기존에 GPU를 구매하던 빅테크 업체들이 자체 칩 설계에 나서고 있다. 이유는 세 가지다. 첫째, 엔비디아의 AI 칩은 비싸다. 둘째, 납기가 길다. 셋째, 자체 칩은 자신들의 특정 워크로드에 특화해 더 효율적으로 만들 수 있다. 구글의 TPU, 아마존 AWS의 트레이니엄Trainium, 테슬라의 도조Dojo/AI6, 마이크로소프트의 마이아Maia가 모두 이 흐름의 산물이다.

>>>> 산업의 문법을 이해했다면 이제 실제 공정 속으로 들어가야 한다. 웨이퍼 위에 회로를 새기는 전공정에서 누가 돈을 버는가.

Part II.
반도체 전공정: 웨이퍼 위에 지능을 새기다

_ 미세화의 한계를 향해 달리는 공정들

>> 전공정은 웨이퍼를 받아 그 위에 회로를 새기는 400~600개의 단위 공정이다. AI 시대에는 이 공정들의 수혜 구조가 근본적으로 바뀌고 있다. EUV와 HBM이 전공정의 판도를 어떻게 바꾸는지를 이해하면 소부장 투자의 방향이 보인다.

전공정의 기본 개념과 흐름

전공정을 이해하기 위해 반드시 알아야 할 기본 개념들이 있다. 웨이퍼Wafer는 모래에서 추출한 규소실리콘로 만든 반도체의 기반 판이다. 주로 12인치300㎜ 웨이퍼가 사용되며, 레거시 공정에서는 8인치200㎜도 쓰인다. 다이Die는 웨이퍼 위에 회로가 구현된 개별 칩 영역이다. 웨이퍼에서 잘라낸 뒤 후공정을 거쳐 완성된 것을 '칩'이라 부른다. 수율Yield은 웨이퍼 내 전체 다이 중 양품Good Die의 비율이다. 반도체 제조에서 수율은 곧 돈이다. 같은 웨이퍼에서 양품을 더 많이 뽑아낼수록 단위 원가가 낮아진다. 캐파Capa는 반도체 업계에서 월간 웨이퍼 투입 매수로 표기하는 생산 능력이다. 나노미터㎚는 반도체 회로 선폭의 단위다. 1㎚는 10억분의 1미터다. 다만 최근에는 실제 선폭의 물리적 축소보다는 다양한 구조적 혁신을 통해 성능을 개선하는 방식으로 전환되고 있어, ㎚ 수치 자체는 마케팅적 의미가 강해졌다.

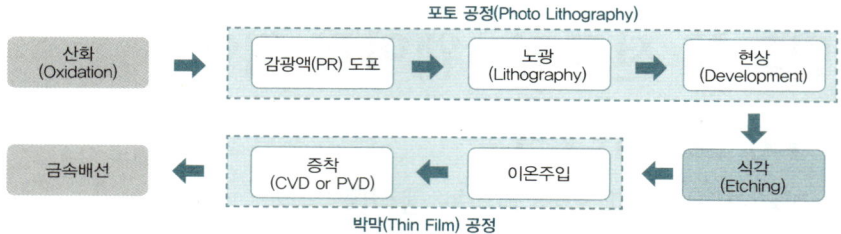

전공정(Front-End process)

포토 공정(Photo Lithography)

산화
(Oxidation)

감광액(PR) 도포

노광
(Lithography)

현상
(Development)

금속배선

증착
(CVD or PVD)

이온주입

식각
(Etching)

박막(Thin Film) 공정

미세화의 장점은 세 가지다. 동일 면적에 더 많은 회로를 집적해 성능이 높아지고, 동일한 회로를 더 작은 칩으로 구현해 전력 소모가 줄며, 웨이퍼당 더 많은 다이를 확보해 수율이 향상된다.

전공정은 웨이퍼를 받아서 그 위에 회로를 새기는 모든 과정을 의미한다. 약 400~600개의 단위 공정으로 이루어져 있으며, 크게 산화 → 포토 → 식각 → 증착 → 금속배선 → 화학기계적연마^{CMP} → 세정의 순서로 진행된다. 다만 이 순서가 고정된 것은 아니며 설계에 따라 공정 순서가 달라지기도 한다.

2025년 기준 글로벌 장비 시장에서 공정별 비중을 보면 노광 29%, 식각 22%, 증착 19%, 세정 11%, 검사/계측 10%, CMP/열처리 14%, 이온주입 11% 등으로 파악된다.

산화 공정

가장 기초적인 공정이다. 고온$^{800~1200도}$에서 산소나 수증기를 웨이퍼 표면에 뿌려 얇고 균일한 실리콘 산화막^{SiO_2}을 형성한다. 이 산화막은 이후 공정에서 발생하는 오염물질이나 화학물질로부터 실리콘 표면을 보호하는 방어막 역할을 한다. 건식^{산소} 방식과 습식^{수증기} 방식으로 나뉜다. 국내 관련 기업으로는 원익IPS, AP시스템, HPSP 등이 있다.

반도체 산화 및 퍼니스 시장 규모는 2024년 12억 달러를 기록했다. 2032년까지 연평균 9.2% 성장해 25억 달러 시장을 형성할 전망이다.

포토 공정노광: EUV와 멀티패터닝 전쟁

전공정에서 가장 핵심적이고 난이도가 높은 공정이다. 전체 공정 비용의 약 35%, 공정 시간의 60% 이상을 차지한다. 마치 사진을 찍듯 마스크Mask에 그려진 회로 패턴을 웨이퍼 위에 전사하는 과정이다. 2025년 기준 노광 장비 시장은 300억 달러 규모로 추정된다. ASML은 EUV 시장 100%, DUV 시장 90%를 차지하고 있다. 지난해 ASML의 노광장비 출하대수는 EUV 48대, DUV 131대를 기록했다.

노광 공정은 크게 세 단계로 구성된다.

- 감광액PR 도포: 웨이퍼 표면에 빛에 반응하는 감광액을 균일하게 코팅한다.
- 노광Lithography: 마스크에 빛을 통과시켜 웨이퍼 위에 회로 패턴을 인화한다. 광원의 파장이 짧을수록 더 미세한 회로를 구현할 수 있다. 1990년대 i-line365nm에서 시작해 KrF248nm, ArF193nm를 거쳐 현재의 EUV13.5nm까지 발전했다. 노광 장비 시장은 ASML이 91%를 독점하고 있다.
- 현상Development: 현상액을 뿌려 노광된 영역과 그렇지 않은 영역을 선택적으로 제거하며 패턴을 형성한다. 현상 장비는 TEL이 89%를 점유한다.

EUV vs. 멀티패터닝MTP

EUV극자외선 노광 장비는 현존 최첨단 노광 기술이다. ASML의 EUV 장비 가격은 대당 3000억 원, 최신 High-NA EUV는 5000억 원에 달한다.

EUV를 도입하면 노광 공정 횟수를 극적으로 줄일 수 있다. 7nm 공정 기준으로 ArF 멀티패터닝은 리소그래피 스텝이 34회 필요하지만, EUV를 적용하면 9회로 대폭 줄어든다. 이는 곧 비용과 시간의 절감이다. 중국을 비롯한 EUV 도입이 어려운 기업들은 기존 ArF 장비를 활용해 동일한 패턴을 여러 번 노광하는 멀티패터닝MTP 기술로 선단 공정을 구현한다. 그러나 이는 공정이 복잡해지고 비용도 높아진다는 근본적 한계가 있다.

EUV 보유 대수 현황(2025년 기준): TSMC 160대, 삼성전자 70대, 인텔 30대, SK하이닉스 20대 수준으로 파악된다. EUV 공정에는 전용 감광액PR, 마스

식각공정 종류

Wet Etching (습식 식각)	원리: 식각 용액을 통한 화학적 반응으로 깎아냄 / 장점: 저비용 / 공정 난이도 쉬움 / 식각 속도 빠름 / 단점: 정확성이 떨어짐 / 웨이퍼 오염 위험 존재

Dry Etching (건식 식각)	원리: 가스를 활용한 물리/화학적 반응으로 깎아냄 / 장점: 정확성 높음 / 미세 공정에 주로 활용 / 단점: 고비용 공정 난이도 어려움 / 식각 속도 느림

*자료: SK하이닉스, LS증권 리서치센터

크, 펠리클이 별도로 필요하다. 특히 EUV용 펠리클은 광원 투과율 문제로 아직 본격 상용화 이전 단계다. 국내 관련 기업으로는 에스앤에스텍마스크·펠리클, 에프에스티펠리클, 동진쎄미켐포토레지스트이 있다.

식각 공정

노광으로 만들어진 패턴을 따라 산화막을 실제로 깎아내는 공정이다. 포토 공정이 도면을 그리는 작업이라면, 식각은 그 도면대로 조각하는 작업이다. 글로벌 식각 장비 시장 규모는 2025년 301억 달러로 추정된다. 2034년까지 연평균 7.14% 성장해 561억 달러 규모로 성장할 전망이다.

습식 식각Wet Etching은 화학 용액으로 깎아낸다. 비용이 낮고 속도가 빠르지만 정확성이 낮아 미세 공정에는 부적합하다. 건식 식각Dry Etching은 가스를 활용한 물리·화학적 반응으로 깎아낸다. 정확성이 높아 미세 공정의 핵심이지만 비용이 높고 속도가 느리다. 2025년 기준 글로벌 식각 장비 시장은 램리서치 50%, 어플라이드 머티리얼즈AMAT 30%, 도쿄일렉트론TEL 15% 과점 구조다.

전도체 식각은 AMAT와 램리서치가 주도하고 있다. 유전체 식각은 램리서치와 TEL이 강점을 보이는 영역이다. 3D 낸드 채널 홀 식각 시장이 뜨거운데, 그동안 램리서치가 독점했으나 TEL이 극저온 식각으로 도전장을 던진 상황이다. 식각 장비에는 소모성 부품인 링Ring과 일렉트로드Electrode가 사용된다. 포커스 링Focus Ring은 기존에는 주로 실리콘Silicon 소재였지만, 공정 강도 강화로 내구성이 높은 SiC탄화규소, 실리콘카바이드 채택이 늘고 있다.

국내 소부장 기업 중 이 분야의 강자들이 있다. 식각 부품 공급 채널은 비포 마켓과 애프터 마켓으로 나뉘는데, 비포 마켓은 장비사를 통한 공급으로 품질 보증이 강점이고 반도체 업사이클에 강하다.티씨케이, 하나머티리얼즈 애프터 마켓은 반도체 제조사에 직납하는 방식으로 저렴하지만 고장 시 책임 문제가 있고 다운사이클에 강하다.월덱스, 케이엔제이 국내 식각 소재 업체로는 솔브레인, SK머티리얼즈, 후성이 있다.

증착 공정

웨이퍼 위에 원하는 물질의 얇은 막을 새로 올리는 공정이다. 회로 간 절연, 연결, 보호 역할을 하는 박막을 형성한다. 증착 이전에 이온 주입Ion Implantation 공정이 진행된다. 원래 규소실리콘는 부도체인데, 불순물Dopant을 미세 가스 입자로 만들어 웨이퍼 내부에 침투시켜 반도체 성질을 갖게 하는 과정이다. 반도체 증착 장비 시장 규모는 2024년 129억 달러를 기록했다. 2033년까지 연평균 5.9% 성장해 216억 달러에 이를 전망이다. 원자층증착ALD 장비 시장은 2026년 79억 달러로 예상되며, 2031년까지 연평균 10.3% 성장해 129억 달러에 달할 전망이다.

증착 방식은 크게 세 가지로 나뉜다.

• PVD물리적 기상 증착: 증착할 물질에 직접 에너지를 인가해 입자를 웨이퍼에 이동시켜 증착한다. 주로 금속 박막에 사용된다. 막 두께가 두껍고 생산성이 높지만 Step Coverage균일도가 낮다.

• CVD화학적 기상 증착: 챔버 안에 반응 가스를 주입하고 에너지로 화학 반응을 유도해 증착한다. 전구체Precursor들의 반응으로 박막을 형성하며, PVD보다 Step Coverage가 좋다. 현재 가장 많이 사용되는 방식이다.

• ALD원자층 증착: CVD와 유사한 화학 방식이지만 한 사이클에 정확히 한 원자층만 쌓이게 한다. 막 균일도가 매우 높고 나노 단위의 섬세한 코팅이 가

능하다. 반도체 집적도가 높아지면서 High-K 소재 도입이 필요해졌고, 이 울퉁불퉁한 High-K 소재를 섬세하게 코팅하는 데 ALD가 필수적이다. 공정 속도가 느린 것이 단점이며, CVD에서 ALD로 전환하는 흐름이 지속되고 있다. ALD 장비 시장은 ASMI가 44.6%로 선두다.

CMP 공정

증착 공정 이후 웨이퍼 표면에 남아 있는 박막의 울퉁불퉁한 부분을 화학적 · 기계적으로 갈아내는 평탄화 공정이다. 반도체가 다층 구조로 집적되면서 표면의 굴곡이 이후 공정의 수율을 해치기 때문에 중요성이 커졌다. 최근 HBM의 적층 수 증가로 칩이 더 얇아지면서 CMP 수요도 함께 증가하고 있다. CMP 장비 시장은 2025년 24.7억 달러를 기록했다. 2033년까지 연평균 5.1% 성장해 36.8억 달러에 달할 전망이다. CMP 장비는 케이씨텍, CMP패드는 듀폰 · SKC · 에프앤에스테크, CMP 슬러리는 솔브레인 · 케이씨텍 · 동진쎄미켐이 주요 공급 업체다.

세정 공정

각 공정이 끝날 때마다 웨이퍼 표면에 남은 화학적 · 물리적 잔류물을 씻어내는 공정이다. 반도체 전체 메인 공정의 약 15%를 차지한다. 세정을 제대로 하지 않으면 오염물질이 회로에 영향을 미쳐 수율이 급격히 떨어진다. 대부분

CMP 공정

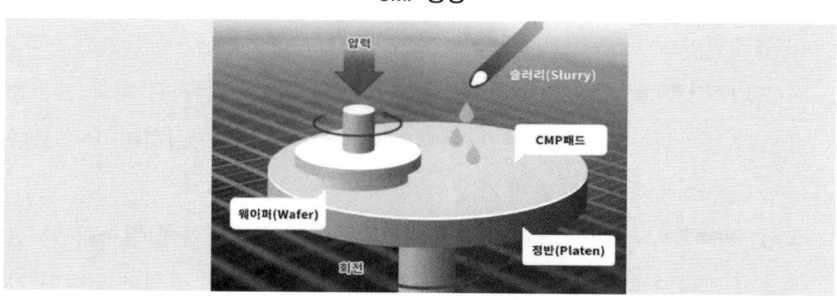

*자료: SK하이닉스, LS증권 리서치센터

의 세정은 습식으로 이루어지지만, 패턴 미세화로 건식 세정 도입이 늘고 있다. 반도체 세정 장비 시장은 2024년 40억 달러에서 2031년까지 연평균 5.9% 성장해 59억 달러로 증가할 전망이다. 세정 장비 시장 점유율은 SCREEN 39%, TEL 25%, 세메스 17% 순이다.

금속 배선 공정

회로 패턴에 따라 소자들을 연결하는 금속 선로를 만드는 공정이다. 트랜지스터만 있어도 서로 전기적으로 연결되지 않으면 아무 기능을 할 수 없다. 배선 소재로는 가공이 쉽고 저렴한 알루미늄과 내구성이 좋지만 식각이 어려운 구리가 주로 사용된다.

기업 분석: 전공정 장비

원익IPS: 삼성 파운드리 국산화 핵심 파트너

원익IPS는 전공정 장비 전쟁에서 삼성 파운드리 국산화의 핵심 파트너다. CVD에서 ALD로 이동하는 증착 기술의 진화가 이 기업의 실적을 끌어올리고 있다. 삼성 P4·P5·테일러 팹의 장비 반입 일정이 이 기업의 분기 실적을 결정한다. 반도체, 디스플레이, 태양광 증착 장비를 주로 공급하는 업체. 반도체 장비 상장 기업 중 시총 선두권을 차지한다.

2019년 테라세미콘을 합병해 열처리 장비 라인업이 추가되었다. 반도체 장비 사업은 D램, 낸드 플래시, 파운드리 등 제품 다각화가 잘되어 있다. 도쿄일렉트론ᵀᴱᴸ이 선점한 메탈 CVD 시장 진출도 새로운 성장동력으로 주목하고 있다. 금속 배선 공정에 쓰이는 장비로 SK하이닉스 M15 팹 128단 낸드 플래시 라인에 공급한 레퍼런스가 있다. 원익IPS는 반도체 업황 회복과 주요 고객사의 설비 투자 확대에 힘입어 2024년 흑자 전환에 성공했으며, 2026년까지 가파른 성장세가 예상된다. 삼성전자의 설비투자 재개와 차세대 공정 HBM4, 1c D램 전환에 힘입어 2026년 실적 퀀텀 점프대약가 확실시되고 있다. 다만 최근 단기 급등에 따른 피로감으로 주가가 조정을 받고 있어 진입 시점에 대한 주의가 필요하다.

올해 매출 '1조 클럽' 복귀가 가능해 보인다. 고부가가치 장비인 ALD원자층증착 장비 비중이 늘어나며 영업이익률이 두 자릿수10%대로 안착할 것으로 기대된다. 가장 중요한 삼성전자의 평택 및 미국 테일러 공장 일정이 구체화되었다. P4 라인 공사 기간을 단축하여 2026년 3분기부터 장비 반입이 시작될 것으로 보인다. P5 라인은 2026년 2월부터 골조 공사가 재개되었으며, HBM고대역폭메모리 수요 대응을 위해 공정을 앞당기는 '패스트트랙'이 적용될 전망이다. 이는 원익IPS 장비 발주가 예상보다 빨라질 수 있음을 시사한다.

미국 테일러 팹Fab은 당초 지연 우려가 있었으나, 2026년 상반기부터 장비 반입이 시작되어 하반기 또는 2027년 초 가동을 목표로 하고 있다. 원익IPS의 파운드리용 장비가 이 시기에 대거 투입될 예정이다. 삼성전자와 SK하이닉스가 HBM4^{6세대} 주도권 경쟁을 벌이면서, 미세 공정에 필수적인 Metal ALD 등 차세대 증착 장비 수요가 급증하고 있다. 원익IPS는 이 분야에서 핵심 수혜주로 꼽힌다. 기존 삼성전자 의존도에서 벗어나 SK하이닉스의 M15X 공장 등에 장비를 공급하며 매출처 다변화가 진행 중이다.

1. 주요 투자 포인트

1) 삼성전자와의 강력한 전략적 파트너십

삼성전자의 반도체 장비 국산화 과정에서 핵심 파트너로 성장했다.

단순 장비 공급을 넘어 차세대 3D NAND 및 DRAM 공정 기술^{선택적 식각 공정, 차세대 ALD} 등을 공동 개발하며 기술 진화를 함께하고 있다.

삼성전자의 설비투자^{CapEx} 확대 시 가장 직접적인 수혜를 입는 구조다.

2) 메모리를 넘어 파운드리^{비메모리}로 확장

과거 14nm FinFET 공정부터 삼성전자의 파운드리 장비 국산화에 참여해왔다.

메모리와 비메모리 양쪽 영역 모두에서 장비를 공급할 수 있는 기술력을 보유하고 있어 포트폴리오 다각화가 가능하다.

향후 삼성전자의 미국 테일러^{Taylor} 팹 등 대규모 파운드리 투자 시 수주 기회가 확대될 전망이다.

3) 다양한 증착 장비^{CVD, ALD} 포트폴리오 보유

CVD^{화학기상증착}뿐만 아니라 초미세 공정에 필수적인 ALD^{원자층 증착} 기술력을 보유하고 있다.

반도체 미세화^{DRAM 1nm 이하, 3D NAND 고단화}로 인해 막을 얇고 정교하게 쌓는 ALD 장비의 수요와 단가가 높아지고 있어 질적 성장이 기대된다. 특히 Metal ALD 장비 등 고난도 공정 장비의 국산화에 성공하여 경쟁력을 높였다.

2. 리스크 요인

투자 시 고려해야 할 핵심 리스크는 '반도체 업황 사이클에 따른 높은 변동성'이다.

*설비투자 연동성: 실적이 삼성전자의 설비투자 집행 규모와 시기에 직결되어 있어, 투자가 지연되거나 축소될 경우 실적 타격이 즉각적으로 나타난다.

*높은 주가 변동성: 업황 호황기에는 '만인의 연인'처럼 밸류에이션 프리미엄을 받지만,

침체기에는 철저히 소외되는 양날의 검과 같은 특성이 있다.

*타이밍 리스크: 사이클의 저점과 고점을 예측하기 어려워, 진입 시점에 따라 긴 인내심이 요구될 수 있다.

피에스케이: PR 스트립 글로벌 1위

피에스케이는 전공정 장비 전쟁에서 가장 조용한 강자다. PR 스트립이라는 세계 1위 영역을 기반으로 전환 투자 구간의 최대 수혜를 누린다. 신규 증설보다 물량이 많은 전환 투자 구간에서 범용 장비의 진가가 드러난다.

피에스케이는 반도체 제조 공정 중 회로 패턴을 형성한 후 남은 감광액PR을 제거하는 'PR 스트립Dry Strip' 장비 분야에서 세계 시장 점유율 1위를 차지하고 있는 전공정 장비 전문 기업이다. 기존 주력 제품 외에도 드라이 클리닝Dry Cleaning, 베벨 에처Bevel Etcher 등 전공정 범용 장비로 라인업을 확장하며 글로벌 반도체 제조사에 장비를 공급하고 있다.

1. 사업별 매출 비중(2026E 기준)

*반도체 장비: 약 55%2,926억 원 – PR Strip, Dry Cleaning, New Hard Mask Strip 등.

*부품 및 용역: 약 45%2,368억 원 – 기존 설치 장비의 유지보수 및 소모품 공급.

*내수 및 수출: 수출 비중이 약 80%로 매우 높으며, 글로벌 시장 경쟁력이 강하다.

2. 주요 투자 포인트

*전공정 투자 및 전환 투자 확대: 2026년 삼성전자의 P3·P4 증설과 SK하이닉스의 M15X 신규 구축 등 전공정 위주의 투자가 집중될 전망이다. 특히 신규 증설보다 물량이 많은 전환 투자Conversion 구간에서는 피에스케이와 같은 범용 장비 업체의 수혜가 크다.

*고객사 및 제품 다변화: 삼성전자, SK하이닉스뿐만 아니라 미국 마이크론, 인텔 등 북미 메모리 고객사에 대한 노출도가 높으며, 대만 신규 고객사 확보 가능성도 존재한다.

*차세대 장비 성장성: 기존 PR 스트립 외에도 베벨 에처Bevel Etcher, 메탈 에처Metal Etcher 등 신규 장비 라인업 확대를 통한 추가 성장이 기대된다.

3. 리스크 요인

*중국향 매출 감소: 중국의 반도체 장비 국산화 가속화로 인해 2025~2026년 중화권 매출 비중이 과거 대비 감소할 수 있는 리스크가 있다.

*업황 주기Cycle **민감도:** 전공정 장비 특성상 고객사의 설비투자CAPEX 규모 변화에 따라 실적 변동성이 크게 나타날 수 있다.

*환율 변동: 수출 비중이 80% 이상이므로 원/달러 환율 하락 시 수익성에 부정적인 영향을 미칠 수 있다.

4. 고객사별 매출 비중

*주요 고객: 삼성전자, SK하이닉스, 마이크론Micron, 인텔Intel 등 글로벌 메모리 및 비메모리 제조사.

*구성: 2024년 기준 국내 매출 비중은 약 29% 수준이었으며, 나머지 70% 이상은 중화권 및 북미 등 해외 고객사로부터 발생하고 있다.

유진테크: LPCVD, ALD의 강소기업

유진테크는 전공정 장비 전쟁에서 LPCVD와 ALD라는 두 개의 무기를 가진 강소기업이다. 2025년 어닝 쇼크를 딛고 2026년 사상 최대 실적으로의 퀀텀 점프가 예고되어 있다. 고객사 투자 사이클에 민감하게 반응하는 변동성이 이 기업의 가장 큰 리스크이자 기회다. 유진테크는 반도체 전공정 중 웨이퍼 표면에 얇은 막을 입히는 박막 증착Deposition 장비를 전문으로 개발 및 생산하는 글로벌 강소기업이다. 특히 LPCVD저압 화학기상증착와 ALD원자층 증착 분야에서 세계적인 기술력을 보유하고 있다. 삼성전자와 SK하이닉스 등 글로벌 메모리 업체들의 핵심 파트너사로 자리 잡고 있다.

1. 사업부문별 매출 비중(3Q25 기준)

부문	예상 매출액(십억 원)	비중(%)	비고
장비 및 기타	58.9	약 94.5%	LPCVD(BlueJay™), ALD(Harrier™), 플라즈마 처리 장비 등
가스 및 소재	3.5	약 5.5%	반도체용 특수가스 및 전구체(Precursor)

2. 주요 투자 포인트

*2026년 실적 퀀텀 점프: 2025년의 일시적 부진을 딛고, 2026년에는 매출 5,272억 원전년 대비 +45%, 영업이익 1,199억 원+111%의 사상 최대 실적을 전망하고 있다.

*DRAM 신규 투자 재개: 고객사들의 DRAM 선단 공정 전환이 마무리되고 신규 증설 Greenfield 투자가 본격화되면서 수혜가 집중될 예정이다.

*HBM 관련 수요 증가: 주요 메모리 업체들이 HBM 생산 계획을 상향함에 따라, 이에 필요한 하부 DRAM 생산능력CapEx 확대가 가속화되고 있다.

3. 리스크 요인

*높은 실적 변동성: 고객사의 설비투자CapEx 계획 변화에 따라 분기별 실적 변동 폭이 매우 큰 편이다.

*단기 투자심리 위축: 이번 3분기 어닝 쇼크로 인해 단기적인 주가 변동성 확대가 불가피할 수 있다.

4. 고객사별 매출 현황

*삼성전자최대 고객사: 3분기 매출 급감의 직접적인 원인이 된 고객사로, 최근 라인 전환 및 정비 과정에서 일시적으로 발주가 감소했다.

*SK하이닉스주요 고객사: HBM 및 선단 공정 위주의 투자를 지속하고 있어 향후 유진테크의 장비 수요를 견인할 핵심 고객이다.

*마이크론해외 고객사: 글로벌 메모리 3사 중 하나로, 해외 시장 매출의 상당 부분을 차지하며 공급 계약을 지속하고 있다.

주성엔지니어링: 반도체와 태양전지의 이중 성장

주성엔지니어링은 전공정 장비 전쟁에서 반도체가 끌고 태양전지가 미는 이중 성장 구조를 가진 기업이다. 2027년 HJT 태양전지 장비 매출이 본격화되면 반도체 장비주를 넘어선 평가를 받을 수 있다.

주성엔지니어링은 반도체, 디스플레이, 태양전지 제조의 핵심인 증착 장비특히 ALD 분야에서 세계적인 기술력을 보유한 기업이다. 현재는 매출의 대부분이 반도체 장비에서 발생하고 있으나 2027년부터는 차세대 고효율 태양전지HJT, 페로브스카이트 장비 시장의 본격적인 개화를 준비하고 있는 '기술 집약형' 기업이라 할 수 있다.

1. 사업 및 고객사별 매출 비중(2026E 기준)

부문	비중 및 현황	비고
사업별 비중	반도체 장비(97.8%)가 압도적이며, 디스플레이(2.2%)가 뒤를 잇습니다	태양전지 장비는 2027년(약 13.8%)부터 매출 반영 예정
고객사별 비중	국내 고객사(SK하이닉스 등)약 60%, 중국 고객사 약 40% 수준으로 추정됩니다	반도체 장비 기준

2. 주요 투자 포인트

***반도체 설비투자CAPEX 확대:** 극심한 DRAM 부족으로 고객사SK하이닉스의 M15X2026년 및 용인 Y12027년 신규 투자가 지속되며 장비 수요가 늘어날 전망입니다.

***태양전지 신성장 동력:** 2027년부터 차세대 태양전지인 HJT이종접합 및 페로브스카이트 R&D 장비 출하가 시작되어 사업 포트폴리오가 다변화될 것입니다.

***중화권 모멘텀:** 중화권 고객사들의 IPO 이후 장비 발주가 2026년 2분기부터 집중될 것으로 기대됩니다.

3. 주요 리스크 요인

***클린룸 제약:** 고객사의 클린룸 확보 상황에 따라 증설 속도가 조절될 수 있어 단기적인 투자 집행 시점이 변동될 수 있습니다.

***높은 R&D 비용:** 차세대 기술 선점을 위한 지속적인 연구개발비 지출이 수익성 개선의 속도를 늦출 수 있습니다.

4. 국내 주요 경쟁사 현황

부문	경쟁사(국내외 주요 기업)	비고
반도체 증착(ALD/CVD)	원익IPS, 유진테크, 테스(TES) 등	국내 증착 장비 주요 3사 포함
태양광 및 기타	엔씨디(NCD, ALD 전문), 신성이엔지 등	차세대 태양광 장비 분야

반도체가 끌고 태양전지가 민다는 전략은 여전히 유효해 보인다. 2027년 태양광 장비 매출이 본격화되면 '반도체 장비주' 이상의 평가를 받을 가능성이 있다.

테스: 증착 장비의 어닝 서프라이즈

테스는 전공정 장비 전쟁에서 어닝 서프라이즈로 존재감을 증명한 증착 장비 기업이다. 삼성 P4와 SK하이닉스 M15X의 장비 반입이 이 기업의 실적 우상향을 뒷받침한다. 테스는 반도체 제조 전공정에 필요한 핵심 장비를 개발하고 공급하는 기업이다. 주로 삼성전자와 SK하이닉스 같은 글로벌 메모리 반도체 제조사를 대상으로 D램 및 낸드 플래시용 증착 장비BSD 등와 선단 공정용 장비를 납품하며 실적을 내고 있다.

1. 사업별 매출 비중

***반도체 부문:** 테스 매출의 절대다수를 차지합니다. 2026년 예상 매출액 4,185억 원 중

약 4,153억 원이 반도체 장비에서 발생할 것으로 보인다.

*디스플레이 부문: 상대적으로 비중이 매우 낮으며, 연간 32억~36억 원 수준에 머물러 있다.

*제품별 비중(추정): 과거에는 NAND 비중이 높았으나, 최근 DRAM 설비 투자 가속화로 인해 DRAM과 NAND의 매출 비중이 균형을 이루는 추세다.

2. 주요 투자 포인트

*고객사의 투자 가속화: 삼성전자 P4Phase 2, 4와 SK하이닉스 M15X, Y1 등 신규 팹Fab에 대한 장비 입고가 실적 우상향을 이끌 전망이다.

*선단 공정 전환 수혜: DRAM 1b/1c 전환 및 NAND V9/V10 전환 등 최신 공정에 집중된 장비 수요로 인해 높은 영업이익률이 기대된다.

*신규 장비 효과: NAND 공정용 BSD 장비의 신규 납품 효과가 실적 성장의 핵심 동력 중 하나다.

3. 고객사별 매출 비중

삼성전자와 SK하이닉스가 핵심 고객사다. 특히 SK하이닉스 M15X의 장비 입고 가속화와 삼성전자 P4 투자가 테스의 실적에 직접적인 긍정적 영향을 미치고 있다.

4. 리스크 요인

*일회성 비용 발생: 2025년 4분기와 같이 성과금이나 자사주 부여 등 일회성 판관비 발생 시 영업이익이 일시적으로 위축될 수 있다.

*인프라 제약: 고객사의 인프라 상황에 따라 투자 속도가 조절될 수 있다는 점이 변수로 작용할 수 있다.

케이씨텍: CMP 장비와 슬러리의 이중 수혜

케이씨텍은 전공정 장비 전쟁에서 CMP 장비와 슬러리를 동시에 공급하는 이중 수혜 구조를 가진 기업이다. 장비는 투자 사이클에, 슬러리는 가동률에 연동되어 사이클의 저점에서도 안정적인 수익을 창출한다.

케이씨텍은 반도체 및 디스플레이 공정에 사용되는 CMP화학기계적 연마 장비 및 소재슬러리, 그리고 세정 장비를 주력으로 생산하는 국내 대표 장비 기업이다. 삼성전자와 SK하이닉

스 등 글로벌 반도체 제조사를 주요 고객사로 두며, 반도체 미세화 공정에 필수적인 CMP 공정 분야에서 독보적인 기술력을 보유하고 있다.

1. 사업부별 매출 비중(2026년 전망치 기준)

반도체 부문의 비중이 절대적이며, 디스플레이 부문은 축소되는 추세다.

*반도체 부문: 약 4,176억 원**약 91.6%** — 장비**|CMP, 세정** 및 소재**슬러리** 포함

*디스플레이 부문: 약 37.8억 원**약 8.3%**

*기타: 약 0.2억 원

2. 주요 투자 포인트(Investment Points)

*전방 산업 증설 수혜: 삼성전자 P4, P5 및 SK하이닉스 M15X, Y1 증설에 따른 CMP 및 세정 장비 공급 확대가 예상된다.

*공정 미세화 수혜: DRAM 공정이 1cnm로 전환됨에 따라 CMP 공정 단계가 증가하며 관련 장비와 슬러리 수요가 대폭 늘어날 전망이다.

*소재 부문의 안정성: 메모리 가동률 회복으로 소모품인 CMP 슬러리 매출이 두 자릿수 성장을 기록하며 실적 하방을 지지하고 있다.

3. 리스크 요인(Risks)

*디스플레이 부문 적자: 디스플레이 업황 부진으로 인한 해당 부문의 적자 확대가 전체 수익성에 부담을 줄 수 있다.

*R&D 비용 증가: 차세대 장비 개발을 위한 연구개발비 증가가 단기적인 영업이익률 하락 요인으로 작용할 수 있다.

4. 고객사별 매출 비중(추정)

*삼성전자: 전체 매출의 약 40~50% 수준을 차지하는 최대 고객사다.

*SK하이닉스: 약 20~30% 수준으로 최근 HBM 및 선단 공정 투자 확대에 따라 비중이 유지되거나 강화되고 있다.

*기타: 중국 반도체 업체 및 국내외 디스플레이 제조사들이 나머지를 구성한다.

HPSP: 고압 수소 어닐링의 독점자

HPSP는 전공정 장비 전쟁에서 28nm 이하 선단 공정의 필수 장비를 독점 공급하는 슈퍼 을이다. 450도 미만 저온 고압 수소 어닐링이라는 세계 유일의 기술은 이 기업의 가장 강력한 해자다.

    HPSP는 세계 최초로 고압 수소 어닐링**High-Pressure Hydrogen Annealing** 장비를 상용화한 반도체 전공정 장비 전문 기업이다. 반도체 소자의 계면 결함을 제거해 성능과 수율을 높이는 독보적인 저온 고압 기술을 보유하고 있다. 28nm 이하 선단 공정의 필수 장비로 자리 잡으며 '슈퍼 을'로 평가받고 있다.

1. 사업별 매출 비중

*고압 수소 어닐링**HPA** 장비: 매출의 절대 다수를 차지하며, 메모리와 비메모리**로직/파운드리** 선단 공정에 공급된다.

*기타**유지보수 및 부품**: 장비 판매 외에 비장비 부문의 매출이 존재하며, 2025년 4분기 기준 소폭의 하향 조정이 있었으나 전반적인 성장 기조는 유지 중이다.

2. 투자 포인트(Investment Points)

*독보적 기술력: 450도 미만 저온에서 100% 수소 농도로 공정이 가능한 세계 유일의 기술력을 보유해 진입장벽이 매우 높다.

*선단 공정 투자 수혜: 파운드리 업체의 2~3nm 공정 경쟁 및 메모리**NAND V9/V10, HBM**의 HKMG 구조 채용 확대로 장비 수요가 증가하고 있다.

*업황 회복: 반도체 산업의 공급 부족과 2026년 설비투자**CapEx** 확대에 따른 수주 강화가 기대된다.

3. 리스크 요인(Risks)

*오버행**Overhang** 및 심리 위축: 대주주가 보유 지분 약 10%**836만 주**를 블록딜**시간 외 대량매매**로 매각 추진 중이며, 약 6~10.5%의 할인율이 적용되어 단기 주가 하방 압력이 존재한다.

*경쟁사 진입: 장기간 독점해온 시장에 예스티**YESTI** 등 경쟁사가 국산화 및 양산 테스트를 진행하며 독점 체제 균열 가능성이 제기되고 있다.

*매출 인식 지연: 장비 리드타임**주문 후 인도까지의 시간**으로 인해 실제 매출 인식이 2026년 하반기에서 2027년 상반기에 집중될 수 있다.

4. 고객사별 매출 비중

*주요 고객: TSMC, 삼성전자, 인텔 등 글로벌 톱티어 파운드리 업체와 SK하이닉스 등 대형 메모리 제조사를 고객사로 확보하고 있다.

*특징: 국내 경쟁사 대비 삼성전자·SK하이닉스 의존도가 낮고 글로벌 파운드리 비중이 높아 업황 변화에 따른 이익 민감도가 상대적으로 안정적이다.

브이엠: 식각 장비 국산화의 도전자

브이엠구 에이피티씨은 전공정 장비 전쟁에서 식각 장비 국산화의 도전자다. SK하이닉스 D1c 전환 투자 가속화라는 순풍을 타고 2026년 역대급 성장이 예고되어 있다. 고객사 의존도가 높다는 것이 이 기업의 가장 큰 리스크다.

　브이엠은 반도체 핵심 공정 중 하나인 건식 식각Dry Etching 장비를 국산화하여 공급하는 전문 기업이다. SK하이닉스의 주요 벤더로서 Poly-Si 및 Metal 식각 공정용 장비를 주력으로 하며, 최근 고객사의 선단 DRAM 투자 확대와 고부가가치 신규 장비 도입을 통해 가파른 실적 턴어라운드를 기록하고 있다.

1. 사업별 매출 비중(2026년 전망치 기준)

브이엠의 매출은 크게 식각 장비Etcher와 유지보수를 위한 부품 매출로 나뉜다.

*식각 장비Etcher: 약 83%211십억 원 – 주력 제품인 식각 장비 판매가 성장을 견인한다.

*상품 및 부품: 약 17%43십억 원 – 장비 설치 확대에 따른 안정적인 소모품 매출이다.

2. 주요 투자 포인트(Investment Points)

*기기 수주 폭발: 2026년 1~2월에만 확보된 수주액이 1431억 원에 달해 이미 지난해 전체 공시 금액약 1000억 원을 넘어섰다.

*신규 장비WS 효과: 기존 WH 장비보다 판가가 높고 고난도 공정높은 종횡비 요구 공정을 타 겟으로 하는 WS 장비가 2026년 2분기 중 필드 테스트를 시작하며, 양산 진입 시 점유율이 10% 이상으로 확대될 전망이다.

*고객사 투자 사이클: SK하이닉스의 D1c 전환 투자 가속화M14, M16 및 M15X 신규 투자가 연내 집중되면서 장비 수요가 급증하고 있다.

*이익 레버리지: 장비 업체 특성상 고정비 비중이 커 매출이 일정 수준을 넘어서면 이익

률이 급격히 상승하는 효과가 나타난다.

3. 리스크 요인(Risks)

*높은 고객사 의존도: 매출의 대부분이 특정 고객사SK하이닉스의 설비투자CAPEX 계획에
종속되어 있어 고객사의 투자 이연 시 실적 변동성이 매우 크다.

*경영권 관련 법적 리스크: 과거 창업주와 현 경영진 간의 경영권 분쟁 및 소송 등 지배
구조 이슈가 기업 가치에 부담으로 작용한 이력이 있다.

4. 고객사별 매출 비중

*SK하이닉스국내 및 중국: 절대적인 비중을 차지한다. 2026년 초 수주 현황을 보면 SK하
이닉스 한국 본사뿐만 아니라 중국우시 법인향 매출도 큰 비중약 13%~24% 수준의 개별 계약 건들
을 차지하고 있다.

기업 분석: 반도체 케미컬

솔브레인: 식각액 시장의 절대 강자

솔브레인은 전공정 케미컬 전쟁에서 고선택비인산 식각액 시장의 절대 강자다. NAND 전환 효과가 본격화되는 2026년 하반기부터 계단식 성장이 예상된다. 솔브레인은 2020년 솔브레인홀딩스에서 인적분할되어 설립된 반도체, 디스플레이, 2차전지용 공정 소재 전문 기업이다. 주력 제품인 고선택비인산HSN 식각액을 비롯하여 반도체 미세공정에 필수적인 화학 소재를 글로벌 제조사에 공급하며 시장 내 독보적인 지위를 확보하고 있다.

1. 사업부문별 매출 비중(2024년 기준)

*반도체 소재76%: 매출의 가장 큰 부분을 차지하며 고선택비인산HSN 식각액 등이 포함된다.

*2차전지 및 기타13%: 전해액 및 기타 전자 화학 소재가 해당된다.

*디스플레이 소재11%: 패널 제조용 공정 소재를 공급한다.

2. 주요 투자 포인트

*NAND 업황 회복: 2026년 하반기부터 NAND 전환 효과가 본격화되며 2027년에는 유의미한 실적 회복이 전망된다.

*고부가가치 신제품: 파운드리 고객사의 경쟁력 강화에 따른 초산계 식각액 확대와 유리기판, 블랙PDL 등 신규 소재의 성장이 기대된다.

*해외 진출 및 시너지: 2027년부터 본격화될 미국 진출과 2023년 인수한 디엔에프DNF와의 프리커서 부문 시너지가 강화될 예정이다.

3. 리스크 요인

*전방 산업 둔화: NAND 업황 개선이 지연되거나 고객사의 파운드리 사업이 축소될 경우 수요가 감소할 수 있다.

*경쟁 심화: 독점적 지위를 가진 고선택비인산(HSN) 식각액 시장에 경쟁사가 진입할 가능성이 있다.

*단기 변동성: 최근 코스닥 부양 정책 기대감에 따른 주가 변동성이 큰 상태다.

4. 고객사별 매출 비중

보고서 내 구체적인 수치는 명시되지 않았으나, 업계 상황과 보고서 언급을 종합하면 다음과 같다.

*주요 고객사: 삼성전자와 SK하이닉스가 핵심 고객사이며, 보고서상 '글로벌 반도체 제조 업체' 및 '파운드리 고객사'로 지칭된다.

*참고 사항: 일반적으로 국내 반도체 소재 기업은 삼성전자향 매출 비중이 가장 높으며, 최근 SK하이닉스향 공급량 확대 노력을 지속하고 있는 것으로 알려져 있다.

동진쎄미켐: 3D 낸드 KrF PR 세계 1위

동진쎄미켐은 전공정 케미컬 전쟁에서 3D 낸드용 KrF PR 세계 1위이자 국내 유일의 EUV PR 공급사다. 발포제 분할과 거버넌스 개선이라는 체질 변화가 밸류에이션 재평가의 촉매가 되고 있다. 동진쎄미켐은 반도체 및 디스플레이용 핵심 소재인 포토레지스트PR와 반도체용 신너Thinner 분야에서 글로벌 경쟁력을 갖춘 국내 대표 소재 기업이다. 특히 3D NAND용 KrF PR 분야 세계 1위이자 국내 유일의 EUV PR 공급사로 최근 저성장 사업부디스플레이, 발포제를 정리하고 고성장 반도체 소재 중심의 '반도체 스페셜리스트'로 거듭나기 위한 대대적인 사업 구조 개편을 진행 중이다.

1. 사업부별 매출 비중(2025년 3분기 누적 기준)

*반도체 소재65.6%: 주력 제품인 KrF PR 외에도 EUV PR 등 고부가가치 제품 비중을 확대 중이다.

*디스플레이 소재25.8%: 유기절연막 글로벌 1위를 기록 중이나, 중국 법인 매각을 통해 비중을 축소하고 있다.

*발포제7.3%: 2026년 1월 1일부로 '동진이노켐'으로 물적분할이 완료되어 비주력 사업에서 제외되었다.

2. 핵심 투자 포인트(Investment Points)

*거버넌스 및 주주환원: 상속 절차 완료로 시장과의 소통 저해 요소가 해소되었으며, 2023년 120원 → 2025년 600원 → 2026년 650원(확정)으로 배당금을 대폭 확대하며 밸류에이션 디스카운트를 해소하고 있다.

*EUV 및 고부가 PR 확대: 차세대 공정인 EUV PR의 국산화 성공 및 납품 확대로 마진 개선이 기대된다.

*미국 시장 진출: 약 2,600억 원을 투자한 미국 신너/황산 공장이 2026년 하반기 양산을 시작하여 삼성전자 테일러 공장 등 현지 고객사 수요에 대응할 예정이다.

3. 주요 리스크(Downside Risk)

*고객사 의존도: 특정 고객사의 웨이퍼 투입량이나 경쟁력 변화에 따른 실적 변동성이 존재한다.

*미국 사업 지연: 고객사 공장의 가동률 부진 시 미국 법인의 초기 성장이 둔화될 수 있다.

*해외 법인 손실: 스웨덴 법인 등 일부 해외 법인의 손상차손 금액 확대 가능성이 리스크로 꼽힌다.

4. 고객사별 매출 비중(2025년 3분기 누적 기준)

고객사	비중(%)	비고
삼성전자	58.80%	
SK 하이닉스	12.40%	
LG 디스플레이	6.30%	
기타	22.50%	

한솔케미칼: TSMC와 인텔을 뚫다

한솔케미칼은 전공정 케미컬 전쟁에서 삼성·SK하이닉스를 넘어 TSMC와 인텔로 고객을 다변화하는 데 성공한 기업이다. 매출 1조 클럽 가입과 전고점 돌파가 2026년 동시에 예고되어 있다. 한솔케미칼은 반도체, 디스플레이, 그리고 2차전지라는 대한민국 3대 첨단 산업의 핵심 소재를 공급하는 '정밀화학 소재 전문 기업'이다. 최근에는 삼성전자와 SK하이닉스 등 국내 고객사를 넘어 TSMC, 인텔과 같은 글로벌 톱티어 제조사로 고객군을 넓히며 기술 경쟁력을 입증하고 있다.

1. 사업별 매출 비중(2024년 별도 기준)

사업 부문	주요 제품	매출 비중
전자 및 2차전지 소재	프리커서(Precursor),QD, 바인더 등	40.50%
정밀화학	과산화수소 등	34.20%
제지 및 환경	라텍스, 고분자 응집제 등	40.50%
기타 및 연결법인	테이팩스(2차전지 테이프) 등	40.50%

2. 고객사별 매출 현황 및 비중

과거 특정 국내 대기업 중심에서 글로벌 다변화가 급격히 진행 중이다.

*반도체: 삼성전자와 SK하이닉스가 여전히 주력이지만, TSMC와 인텔향 물량이 급증하며 선단 공정Hf, Zr 프리커서 리더십을 강화하고 있다.

*2차전지: 국내 배터리 3사 외에도 중국 신규 고객사REPT Battero 등를 확보하여 바인더 소재의 높은 성장이 지속되고 있다.

3. 주요 투자 포인트(Investment Points)

*차세대 소재 리더십: Hf하프늄 및 Zr지르코늄 프리커서 등 반도체 미세공정 필수 소재의 공급을 확대하고 있으며, 고체전해질 등 차세대 소재 개발도 순항 중이다.

*반도체 업황 수혜: 글로벌 반도체 제조사의 선단 공정 가동률 상승에 따라 소재 사용량이 자연스럽게 증가하는 구조적 수혜를 누리고 있다.

*이익 체력 강화: 연결 자회사인 테이팩스의 견조한 성장과 2차전지 소재의 수익성 개선으로 '계단식 실적 성장'이 예상된다.

4. 리스크 요인(Downside Risk)

*전방 산업 변동성: 반도체나 IT 기기 수요가 둔화될 경우 소재 사용량이 감소할 수 있다.

*지정학적 및 기술 국산화: 중국과 대만 소재 업체들의 내재화 노력이 강화됨에 따라 수출 물량 경쟁이 심화될 가능성이 있다.

이엔에프테크놀로지: 프로세스 케미컬의 성장

이엔에프테크놀로지는 전공정 케미컬 전쟁에서 동종 업계 대비 현저한 저평가 매력을 보유한 기업이다. 신규 DRAM 팹 소재 공급과 미국 법인 정상화가 2026년 실적 회복의 핵심 변수다. 이엔에프테크놀로지는 반도체 및 디스플레이 제조 공정에 필수적인 프로세스 케미컬식각액, 신너 등과 화인케미칼을 전문적으로 생산하는 전자재료 기업이다. 2000년에

설립되어 삼성전자와 SK하이닉스 등 글로벌 반도체 제조사를 주요 고객사로 두고 있다. 최근에는 고순도 불산 및 CMP 슬러리 등 고부가가치 소재로 사업 영역을 확장하고 있다.

1. 사업부문 및 매출 비중

동사는 전자재료 단일 사업부문으로 구성되어 있으나, 세부 품목별로 구분하면 다음과 같다.

*프로세스 케미칼약 80% 내외: 식각액Etchant, 신너Thinner, 현상액Developer, 박리액Stripper 등.

*화인케미칼 및 기타약 20% 내외: 포토레지스트용 원료 등 화인케미칼, 디스플레이용 컬러 페이스트, 그리고 자회사를 통한 CMP 슬러리.

2. 주요 투자 포인트

*신규 공급 및 양산: '26년 신규 DRAM Fab향 소재 공급과 고순도 불산 양산, 인산계 식각액 시장 진입이 예정되어 있다.

*미국 법인 정상화: 가동률 상승을 통해 그동안 실적의 발목을 잡았던 미국 법인의 이익 기여도가 높아질 것으로 보인다.

*저평가 매력: 반도체 소부장 업종 내 Peer 대비 현저히 낮은 밸류에이션2026E PER 12.0배 을 보유하고 있어 주가 상승 여력이 충분하다는 분석이다.

3. 리스크 요인

*전방 산업 수요: 메모리 반도체 및 디스플레이 시장의 업황 둔화 시 소재 납품량이 감소 할 수 있다.

*미국 법인 지연: 미국 현지 법인의 가동이 추가로 연기되거나 비용이 지속 발생할 경우 실적 부담으로 작용할 수 있다.

4. 고객사별 매출 비중(추정)

*국내: 삼성전자와 SK하이닉스가 핵심 고객사이며, 매출의 상당 부분을 차지한다.

*해외: 중국 및 미국 법인을 통해 현지 파운드리 및 메모리 업체로 공급을 확대 중이다.

> 〉〉〉〉 전공정이 웨이퍼 위에 회로를 그린다면, 후공정은 그 회로를 쌓고 연결하고 검증한다. AI 시대의 진정한 승자는 모래를 깎는 자가 아니라 깎인 조각들을 가장 영리하게 쌓아 올리는 후공정의 지배자다.

Part III.

반도체 후공정: 칩을 쌓고 연결하고 검증하다

_ 전공정의 한계를 넘어서는 후공정의 역습

>> 후공정은 오랫동안 반도체의 마지막 공정으로 여겨졌다. 그러나 AI 시대에 HBM이라는 혁신이 등장하면서 후공정은 칩의 성능을 결정하는 첫 번째 전략이 되었다. 지금 AI 밸류체인의 이익이 패키징과 테스트로 급격히 쏠리는 이유다.

전공정의 한계를 넘어서는 '후공정의 역습'

과거의 반도체 사이클이 '얼마나 더 작게 만드느냐전공정'의 싸움이었다면, AI 대전환기의 승부처는 '어떻게 더 잘 쌓고 연결하느냐후공정'로 옮겨가고 있다. 나노 단위의 미세화가 물리적 한계에 부딪힌 지금, AI 밸류체인의 이익은 칩의 끝단인 패키징과 테스트 영역으로 급격히 쏠리고 있다.

AI 반도체, 특히 엔비디아의 GPU나 구글의 TPU와 같은 고성능 가속기의 가치는 8대 공정 중 특정 영역에서 폭발적으로 창출된다. 투자자와 경영자가 주목해야 할 'AI 수혜의 핵심 3대 공정'을 분석해보자. AI 시대에 가장 드라마틱한 위상 변화를 겪은 공정은 단연 패키징이다. 칩을 단순히 보호하던 단계에서, 이제는 칩의 성능을 결정짓는 핵심 공정이 되었다. HBM고대역폭 메모리의 탄생이 중요한 변곡점이 되었다. 여러 개의 D램을 수직으로 쌓아 올리는 TSV실리콘 관통전극 기술은 패키징 공정의 정수다. AI의 방대한 데이터를 처리하기 위해 데이터 고

속도로를 닦는 과정이 바로 이곳에서 일어난다.

이종 집적Heterogeneous Integration, 즉, 로직 칩과 메모리 칩을 하나의 판 위에 묶는 CoWoS2.5D 패키징 기술은 현재 전 세계 AI 칩 공급 부족의 가장 큰 원인이자 가장 높은 부가가치를 창출하는 지점이다. 후공정 기업들의 멀티플Valuation이 전공정 장비사를 압도하기 시작한 결정적 이유다. 전공정 중에서는 노광 공정Photolithography의 수혜가 압도적이다. AI 모델이 복잡해질수록 칩 내부에 더 많은 트랜지스터를 집어넣어야 하기 때문이다. 5나노 이하의 초미세 공정 없이는 현대적인 AI 칩 생산이 불가능하다. EUV극자외선 장비를 독점한 ASML과 이를 활용해 수율을 잡는 파운드리TSMC 등가 AI 밸류체인의 상단에서 막대한 통행료를 징수하고 있다.

노광 공정은 진입 장벽이 워낙 높고 장비 단가가 천문학적이다. 이 공정의 승자가 전체 AI 반도체 시장의 가격 결정권을 쥐게 된다. AI 반도체는 일반 칩보다 훨씬 크고 복잡하며, 가격 또한 수천만 원에 달한다. 단 하나의 오류도 용납되지 않는 구조다. 특히 12단, 16단으로 쌓아 올리는 HBM4 시대가 도래하면서 테스트 난이도는 기하급수적으로 상승했다. 칩 하나만 잘못되어도 전체 패키지를 버려야 하므로, 고온 번인Burn-in 테스트와 초정밀 검사 장비의 수요가 폭증하고 있다. 테스트 시간이 길어질수록 관련 장비와 소모품소켓, 프로브 카드의 교체 주기가 빨라지며, 이는 해당 기업들의 실적 레버리지로 이어진다.

AI 반도체 투자 전략의 핵심은 '전공정의 병목'과 '후공정의 혁신'을 구분하는 것이다. 전공정에서는 EUV와 같은 독점적 장비가 수혜를 독식한다면, 후공

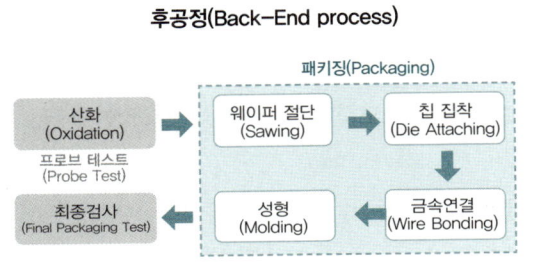

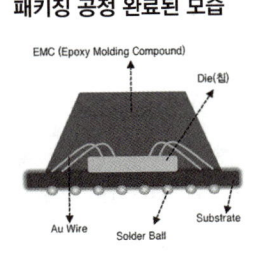

정에서는 HBM과 같은 새로운 아키텍처를 구현하는 본딩, 패키징, 테스트 밸류체인 전체가 낙수 효과를 누린다. 결국 AI 시대의 진정한 승자는 모래를 깎는 자가 아니라 깎인 조각들을 가장 영리하게 쌓아 올리는 '적층과 연결의 지배자'다.

후공정의 개요와 주요 단계

전공정이 끝난 웨이퍼를 잘라 개별 칩으로 만들고, 외부와 전기적으로 연결하며, 보호 포장을 입혀 완성품으로 만드는 모든 과정이 후공정이다.

과거 후공정은 단순 포장·테스트 작업으로 부가가치가 낮은 노동집약적 산업이었다. 그러나 전공정의 물리적 한계가 다가오면서 후공정을 통해 성능을 높이려는 시도가 폭발적으로 증가했다. 지금은 반도체 기술 경쟁의 핵심 전장이 되었다.

후공정의 주요 순서는 웨이퍼 테스트 → 라미네이션 → 백그라인딩 → 웨이퍼 소우^{다이싱} → 다이 어태치 → 본딩 → 몰딩 → 마킹 → 솔더볼 마운트 → 싱귤레이션 → 패키지 테스트 → 모듈 테스트다.

- 웨이퍼 테스트: 개별 칩으로 자르기 전 웨이퍼 상태에서 전기적 특성을 검사한다. EPM → 번인 → 테스트 → 리페어 → 재테스트 순으로 진행된다. 프로브 카드^{Probe Card}가 핵심 소모성 부품으로, 글로벌 시장은 폼팩터^{미국} 23%, 테크노프로브^{이탈리아} 22%가 선두다.

- 백그라인딩: 웨이퍼 후면을 갈아내 얇게 만드는 공정이다. 두께가 얇아질수록 칩을 더 많이 쌓을 수 있어 HBM과 같은 적층 메모리에서 중요성이 커지고 있다.

- 다이싱^{싱귤레이션}: 웨이퍼를 낱개의 칩으로 잘라내는 공정이다. 블레이드 → 레이저 → 플라즈마 방식으로 기술이 고도화되고 있다. 디스코^{Disco}가 글로벌 시장의 77%를 점유한다.

- 본딩: 개별 칩과 기판을 접합하는 공정이다. 기존의 와이어 본딩에서 범프를 사용하는 플립칩^{FC} 본딩으로 기술이 빠르게 전환되고 있다. 국내 기업

한미반도체가 이 분야의 강자다.

- 몰딩: EMC^{에폭시 몰딩 컴파운드}로 칩을 감싸 외부 충격으로부터 보호하는 공정이다.

- 패키지 테스트: 제품 출하 전 최종 전기적 특성 검사다. 테스트 장비 시장은 테라다인^{Teredyne}과 어드반테스트^{Advantest}가 양강 구도를 이루고 있다.

어드밴스드 패키징의 부상

반도체 성능 향상의 무게중심이 전공정에서 후공정으로 이동하고 있다. 선단 노드 개발 비용이 5nm에서 약 5400억 달러로 폭발적으로 증가하면서, 전공정만으로 성능을 높이는 것에 한계가 왔기 때문이다.

CoWoS^{2.5D 패키징}는 TSMC의 대표 어드밴스드 패키징 기술이다. 서로 다른 종류의 칩들을 실리콘 인터포저^{중간 기판} 위에 나란히 올려 연결한다. HBM을 사용하는 AI 칩은 대부분 CoWoS 방식으로 패키징된다. GPU 다이와 HBM이 나란히 놓여 인터포저를 통해 연결되는 구조가 현재 AI 가속기의 표준적 형태다. 인텔은 고가의 실리콘 인터포저를 부분적으로만 활용하는 EMIB 기술로 유사한 효과를 구현한다.

하이브리드 본딩^{Hybrid Bonding, 3D 패키징}은 칩을 수평으로 배치하는 2.5D와 달리 칩을 수직으로 쌓는다. 범프를 사용하지 않아 범프리스^{Bumpless}라고도 불린다. 공간 절약과 연결 밀도 극대화가 가능하다. TSMC는 SoIC, 인텔은 포베로스^{Foveros}, 삼성전자는 엑스큐브^{X-Cube}라는 이름으로 서비스를 제공하거나 준비 중이다. 장비는 네덜란드의 BESI가 독점 공급하며 국내의 한미반도체와 한화비전이 개발 중이다.

팬아웃 웨이퍼 레벨 패키징^{FO-WLP}은 기존 팬인^{Fan-In} 구조가 칩 미세화로 범프를 놓을 공간이 한계에 봉착하면서 태어난 기술이다. FO-WLP는 I/O 단자를 다이 밖으로 확장해 더 넓은 면적을 활용할 수 있게 한다. TSMC는 이 기술을 통해 2016년부터 아이폰 AP를 독점 수주하고 있다.

HBM – AI 시대의 핵심 부품

HBM^{High Bandwidth Memory}은 반도체 투자 분야에서 가장 많이 회자되는 키워드가 되었다. 그 이유는 단순하다. AI 훈련^{Training}에는 방대한 데이터를 극도로 빠르게 처리할 수 있는 고대역폭 메모리가 필수이기 때문이다. 기존 그래픽카드에는 GDDR이라는 GPU용 DRAM이 쓰였다. 그러나 AI 연산이 폭발적으로 늘면서 GDDR의 핀^{I/O} 수 한계로 인한 데이터 병목이 심각해졌다. HBM은 이 문제를 구조적으로 해결한다.

HBM은 DRAM을 수직으로 적층하고, 층과 층 사이를 TSV^{Through Silicon Via}라는 수직 관통 전극으로 연결한다. 한 층당 1024개의 TSV를 통해 데이터를 병렬로 전송하므로 GDDR 대비 훨씬 높은 대역폭이 가능하다. 또한 적층 구조로 한정된 공간에 더 많은 용량을 담을 수 있다. 세대는 HBM1^{2013년} → HBM2^{2016년} → HBM2E^{2018년} → HBM3^{2020년} → HBM3E^{2024년} → HBM4^{2026년}로 진화해왔다.

시장 점유율은 SK하이닉스가 2026년 전망치 기준으로 50%로 선두를 유지할 것으로 관측된다. 삼성전자 30%, 마이크론 20%로 예상된다. SK하이닉스가 HBM3와 HBM3E 시장을 주도했지만, HBM4부터 메모리 3사간 경쟁이 치열해지고 있다. 삼성전자와 SK하이닉스는 HBM 제조 방식도 다르다. SK하이닉스는 MR-MUF 방식으로 Mass Reflow를 통해 범프를 녹여 칩 간 연결 후 MUF 소재로 몰딩한다. 삼성전자는 TC-NCF 방식으로 웨이퍼에 NCF 필름을 씌운 후 열압착으로 연결한다. 각 방식에 따라 수혜를 받는 소부장 기업도 달라진다.

후공정 장비 시장에서 주목할 기업

한미반도체: TC-본더 글로벌 1위

한미반도체는 후공정 장비 전쟁에서 TC 본더 글로벌 1위라는 독점적 지위를 보유한 기업이다. HBM4 세대 전환과 하이브리드 본더 선점이라는 두 개의 성장 엔진이 동시에 점화되고 있다. 한미반도체는 글로벌 반도체 후공정 장비 시장의 선두 주자로, 특히 AI 반도체의 핵심 부품인 고대역폭메모리^{HBM} 제조용 'TC 본더' 분야에서 세계 시장 점유율 1위^{약 71.2%}를 차지하고 있는 기업이다. 1980년 설립 이후 독보적인 기술력을 바탕으로 AI 메모리 슈퍼사이클의 최대 수혜주로 평가받으며, 차세대 패키징 기술인 '하이브리드 본더' 등으로 사업 영역을 지속적으로 확장하고 있다.

1. 사업 및 제품별 매출 비중

한미반도체의 매출은 AI 산업의 성장과 함께 본더^{Bonder} 장비에 고도로 집중되는 구조로 변화했다.

*본더^{Bonder}: 매출의 약 65~78%를 차지하는 주력 제품이다. HBM 제조의 핵심인 TC 본더가 포함된다.

*Saw/Multi-Handler: 과거 주력이었으나 현재는 약 10~15% 수준의 비중을 유지하고 있다.

*기타: EMI 쉴드^{차폐 장비}, 소모품^{Spare Kit & Tool} 등이 나머지를 구성한다.

2. 주요 투자 포인트

*HBM4 세대 전환의 주도권: 6세대 HBM^{HBM4} 대응을 위한 'TC BONDER 4' 양산 체제를 구축했으며, 향후 HBM4E까지 TC 본더가 메인 공정으로 쓰일 전망이다.

*차세대 라인업 확보: 다이 면적을 키운 HBM 트렌드에 맞춘 '와이드 TC 본더^{Wide TC}

Bonder'를 2026년 말 출시할 예정이다.

*하이브리드 본더^{Hybrid Bonder} 선점: 약 1,000억 원을 투자해 하이브리드 본더 전용 공장을 건설 중이며, 2026년 하반기 완공을 통해 차세대 HBM 및 로직^{XPU} 시장 대응력을 확보한다.

3. 고객사별 매출 비중 및 지역

*핵심 고객사: SK하이닉스가 최대 고객사이며, 최근 마이크론^{Micron}을 새로운 주요 고객사로 확보하며 글로벌 저변을 넓혔다.

*2025년 마이크론으로부터 '최우수 협력사^{Top Supplier}'로 선정되었다.

*지역별 비중^{2025년 3Q 기준}: 한국과 대만의 비중이 압도적으로 높으며, 이는 글로벌 메모리 제조사들의 생산 거점과 일치한다.

4. 리스크 요인(Risks)

*고객사 공급망 다변화: 최대 고객사인 SK하이닉스가 협상력 강화를 위해 한화비전 등 타사 장비를 테스트하거나 채택하려는 움직임이 있어 독점적 지위가 흔들릴 수 있다는 우려가 존재한다.

*기술 패러다임 변화: 차세대 '하이브리드 본딩' 기술 경쟁에서 ASMPT나 일본 기업들과의 기술 경쟁이 심화되고 있다.

*높은 밸류에이션 부담: 시장의 기대치가 매우 높아 주가수익비율^{PER}이 40~50배를 상회하고 있어 실적이 기대에 못 미칠 경우 변동성이 커질 수 있다.

이오테크닉스: 레이저 기술의 강자

이오테크닉스는 후공정 장비 전쟁에서 레이저 기반 마킹·커팅·어닐링의 포트폴리오를 가진 강자다. 삼성전자 의존도가 25%로 낮아진 구조적 변화가 이 기업의 가장 중요한 투자 포인트다.

이오테크닉스는 레이저를 활용한 반도체 장비 전문 기업으로 반도체 웨이퍼에 정보를 새기는 마커^{Marker}, 열처리를 담당하는 어닐링^{Annealing}, 그리고 정밀하게 자르는 커팅^{Cutting} 분야에서 독보적인 기술력을 보유하고 있다. 특히 낸드^{NAND} 고단화 및 HBM4와 같은 차세대 반도체 공정의 필수 장비를 공급하며 글로벌 반도체 밸류체인의 핵심 파트너로 자리 잡고 있다.

1. 사업부문별 매출 비중(FY26E 기준)

*반도체 장비^{약 65%}: 주력 사업으로, Marker, Annealing, Cutting 장비가 포함된다.

*PCB/Driller^{약 12%}: 투자 사이클 재개에 따른 회복세가 기대된다.

*기타 및 디스플레이^{약 23%}: 디스플레이 레이저 응용 장비 및 기타 부품 매출이다.

2. 핵심 투자 포인트

*NAND 고단화 수혜: 400단 이상의 낸드 생산 시 웨이퍼가 얇아지면서 레이저 커터 수요가 급증하며, 국소 부위 레이저 열처리^{Annealing} 방식 채택 가능성도 긍정적이다.

*HBM4 모멘텀: 최대 고객사 및 OSAT^{반도체 후공정향}으로 HBM4용 Grooving 장비 출하가 본격화되고 있다.

*Marker 교체 주기 도래: 2021~2022년에 대량 판매된 장비의 교체 시기가 2027년부터 본격화될 전망이다.

3. 고객사 및 경쟁사 현황

*주요 고객사:
- 삼성전자: P4, P5 라인의 1C 나노 DRAM 및 낸드 투자 관련 주문 지속.
- 미국 반도체 업체: 고가 장비의 초기 출하 가능성 제기.
- 파운드리 및 OSAT: 테일러 라인 등 신규 라인 투자 및 HBM 후공정 업체향 매출 확대.

*국내 경쟁사^{외부 자료 참고}:
- Annealing: 원익IPS, STI 등과 경쟁하나, 레이저 방식에서는 이오테크닉스의 점유율이 높다.
- Cutting/Marker: 레이저쎌^{면레이저}, 필옵틱스^{레이저 응용} 등이 있으나 품목별 타겟 공정이 상이하다.

4. 리스크 요인

*일회성 비용: 2025년과 같은 대규모 상여금 지급 시 단기 수익성이 하락할 수 있다.

*높은 밸류에이션: 목표주가 산정에 적용된 P/E 54배는 과거 고점 평균치로, 시장 상황에 따라 고평가 논란이 있을 수 있다.

피에스케이홀딩스: CoWoS와 HBM의 직접 수혜

피에스케이홀딩스는 후공정 장비 전쟁에서 CoWoS와 HBM이라는 두 개의 블랙홀 수요를 동시에 흡수하는 기업이다. 리플로우와 디스컴이라는 핵심 장비가 TSMC 증설과 삼성·SK하이닉스 HBM4 투자에 동시에 연동된다.

   피에스케이홀딩스는 반도체 패키징 등 후공정^{Back-end} 분야의 핵심 장비를 제조하는 기업이다. 특히 AI 반도체 생산에 필수적인 HBM^{고대역폭 메모리}과 CoWoS^{첨단 패키징} 공정의 수율을 결정짓는 독보적인 기술력을 보유하고 있다. 리플로우^{Reflow}와 디스컴^{Descum} 장비를 중심으로 글로벌 메모리 제조사 및 파운드리 업체들을 주요 고객사로 확보하고 있는 후공정 투자의 최전선 기업으로 손꼽힌다.

1. 사업별 매출 비중(2026년 전망치 기준)

회사의 주력 제품인 리플로우가 전체 매출의 약 60% 이상을 차지하며 성장을 견인하고 있다.

*리플로우^{Reflow}: 61.3%^{1,520억 원} - 칩 접합 시 열을 가해 범프를 형성하는 장비.

*디스컴^{Descum}: 34.3%^{850억 원} - 회로 패턴 형성 후 남은 잔여물^{찌꺼기}을 제거하는 세정 장비.

*기타^{Plasma Source 등}: 4.4%^{110억 원}

2. 주요 투자 포인트(Investment Points)

*CoWoS^{첨단 패키징} 증설 수혜: TSMC의 CoWoS 생산 능력이 2025년 75K/m에서 2026년 최대 140K/m까지 2배 가까이 늘어날 것으로 예상됨에 따라 리플로우 장비 수요가 폭발적으로 증가하고 있다.

*HBM4 세대 전환: 올해부터 HBM4로의 본격적인 세대 교체가 이루어지며, 국내 메모리 2사^{삼성, SK하이닉스}의 신규 투자가 100K/m 이상으로 크게 확대될 전망이다.

*독점적 시장 지위: 특히 HBM용 디스컴 장비에서 국내 메모리사 내 월등한 점유율을 확보하고 있으며, 일본 업체가 독점하던 시장을 국산화하여 기술 경쟁력을 증명했다.

*HBF 아키텍처: 연내 정립될 차세대 구조^{HBF}가 2027년의 새로운 성장 동력이 될 것으로 기대된다.

3. 고객사별 매출 비중 및 노출도

*국내 메모리사^{삼성전자, SK하이닉스}: 주로 HBM용 디스컴 장비를 공급하며 안정적인 매출

처 역할을 한다.

*글로벌 파운드리 및 OSATTSMC, 대만 업체들**:** CoWoS 관련 리플로우 장비의 주요 수요처다.

*마이크론Micron**:** 2024년부터 HBM 양산용 리플로우 장비를 공급하며 글로벌 3대 메모리 제조사 공급망을 모두 확보했다.

*지역별 비중2022년 기준 참고**:** 리플로우의 경우 중화권 비중63%이 높고, 디스컴은 한국 비중47%이 상대적으로 높다.

4. 리스크 요인(Risks)

*전방 산업 투자 변동성: 후공정 설비 투자CAPEX에 실적이 민감하게 반응하므로, 글로벌 경기 침체로 인한 반도체 수요 둔화 시 실적 타격이 불가피하다.

*지정학적 리스크: 중화권 매출 비중이 상당하기 때문에 미·중 갈등 심화에 따른 수출 규제 가능성이 잠재적 위험 요소로 꼽힌다.

*경쟁 심화: 고마진을 유지하고 있으나, 해외 및 국내 경쟁사들의 기술 추격으로 인한 단가 인하 압력이 발생할 수 있다.

한화비전: 하이브리드 본더의 도전자

한화비전은 후공정 장비 전쟁에서 시큐리티라는 캐시카우를 바탕으로 TC 본더와 하이브리드 본딩이라는 미래 무기를 개발하는 기업이다. 2027년 하이브리드 본딩 대량 양산이 이 기업의 진정한 재평가 시점이 될 것이다.

한화비전은 글로벌 시장에서 경쟁력을 갖춘 시큐리티CCTV 등 솔루션 기업으로 최근 연결 자회사인 한화세미텍을 통해 반도체 후공정 장비TC 본더, 하이브리드 본딩 등 시장으로 사업 영역을 성공적으로 확장하고 있다. 특히 HBM고대역폭메모리 16단 이상 공정에 필수적인 차세대 본딩 기술을 확보하며 반도체 장비 전문 기업으로서의 정체성을 강화하고 있다.

1. 사업별 매출 비중(2026년 예상치 기준)

전통적인 시큐리티 사업이 캐시카우 역할을 하는 가운데, 산업용 장비 비중이 확대되고 있다.

사업 부문	매출액(십억 원)	비중(%)	주요 내용
시큐리티	1,389.0	약 69.6%	영상 감시 솔루션 등 주력 사업
산업용 장비	605.9	약 30.4%	한화세미텍(TC 본더, SMT, HCB 등)

> 산업용 장비 내 상세: TC 본더 및 공작기계327.5억 원, SMT.278.4억 원

2. 주요 투자 포인트(Investment Points)

*TC 본더 점유율 확대: SK하이닉스향 TC 본더 수주가 본격화되며 실적 성장을 견인할 예정이다.

*고객사 다변화: 국내에 국한되지 않고 대만 및 중국 고객사로 반도체 장비 공급을 확대하고 있다.

*차세대 HCB 장비 선점: 16단 이상의 HBM 생산을 위한 2세대 하이브리드 본딩HCB 장비를 개발 완료하여, 2026년 1분기 중 고객사 양산 테스트에 진입할 전망이다.

3. 리스크 요인(Risks)

*HCB 양산 시점의 불확실성: 하이브리드 본딩 기술의 실제 대량 양산 시점은 2028년으로 예상되어 단기 실적보다는 장기 모멘텀에 가깝다.

*환율 변동성: 보고서상 2026년 환율을 1,440~1,455원/USD로 높게 가정하고 있어 환율 하락 시 수익성이 소폭 변동될 수 있다.

*베타Beta 및 금리 민감도: 목표주가 산출 시 국채 수익률과 주가 변동성Beta을 반영하므로 거시 경제 환경 변화에 따른 밸류에이션 변동 위험이 존재한다.

4. 고객사별 매출 정보

*SK하이닉스: TC 본더의 주요 수요처이며, HCB 장비의 핵심 잠재 고객이다.

*삼성전자: 16단 이상 HBM 양산을 위한 HCB 기술 도입 고객사로 거론된다.

*글로벌 고객: 대만과 중국의 반도체 기업들을 대상으로 장비 공급 다변화에 성공했다.

에스티아이: CCSS 인프라와 HBM 리플로우의 교차

에스티아이는 후공정 장비 전쟁에서 가장 조용한 수혜자다. 팹 건설 초기에 선행 발주되는 CCSS 인프라 장비의 특성상 고객사 신규 라인 증설 시 실적 가시성이 매우 높다. 에스티아이는 반도체 및 디스플레이 팹의 핵심 인프라 설비인 화학물질 중앙공급장치CCSS 분야의 선도 기업이다. 최근 HBM용 리플로우Reflow 장비 및 전력반도체 공정 장비로 사업 영역을 성공적으로 확장하고 있다. 삼성전자와 SK하이닉스 등 주요 고객사의 인프라 투자 확대에 따라 2026년부터 본격적인 실적 퀀텀 점프가 예상되는 성장 기업이다.

1. 사업부문별 매출 비중(3Q25 기준)

현재는 인프라 장비인 CCSS가 절대적인 비중을 차지하고 있으나, 신규 장비 비중이 점진적으로 확대되는 추세다.

*CCSS화학물질 중앙공급장치: 92.2%

- 반도체 공정에 필요한 고순도 약품을 자동 공급하는 필수 설비다.

*Wet System HBM용 리플로우 등: 3.8%

- 세정, 식각 및 HBM 적층에 필요한 리플로우 장비를 포함한다.

*기타 및 신규 수주: 2025년 12월, 978억원 규모의 전력반도체 제조장비 수주에 성공하며 새로운 성장 동력을 확보했다.

2. 주요 투자 포인트(Investment Points)

*메모리 투자 사이클의 직접적 수혜: CCSS는 Fab 건설 초기 단계에서 선행 발주되는 인프라 설비로, 고객사의 신규 라인 증설 시 실적 가시성이 매우 높다.

*HBM 시장 확대 대응: HBM 적층 공정에 필수적인 리플로우Reflow 시스템 등 Wet System 매출이 중장기적으로 확대될 여지가 크다.

*사업 포트폴리오 다각화: 기존 인프라 중심에서 전력반도체용 방열 기판 공정 장비 등 고부가가치 장비 영역으로 진입하며 이익 체질 개선이 기대된다.

3. 리스크 요인 및 고객사 비중

*고객사별 매출 비중: 보고서는 삼성전자와 SK하이닉스의 인프라 투자를 핵심 동력으로 언급하고 있다. 통상적으로 국내 대형 반도체 제조사 두 곳에 대한 매출 의존도가 높은 편이다.

*주요 리스크:

- 전방 산업 CAPEX 변동성: 고객사의 설비 투자 계획이 지연되거나 축소될 경우 실적이 직접적인 타격을 입을 수 있다.
- 신규 사업 안착 여부: 전력반도체 장비 등 신규 수주 건의 매출 본격화 시점과 추가 수주 여부를 지속적으로 점검해야 한다.

기업 분석: OSAT

두산테스나: 시스템반도체 테스터 국내 1위

두산테스나는 OSAT 전쟁에서 시스템 반도체 테스트 국내 1위라는 독보적 지위를 보유한 기업이다. 차량용 반도체와 차세대 AP 테스트가 이 기업의 수익성을 끌어올리는 두 개의 엔진이다. 두산테스나는 시스템 반도체 제조 후공정 중 테스트를 전문으로 하는 국내 1위 OSAT외주반도체패키지테스트 기업이다. 웨이퍼 상태에서 칩의 불량 여부를 판정하는 웨이퍼 테스트를 주력으로 하며, 삼성전자와 SK하이닉스 등 종합 반도체 기업IDM을 주요 고객사로 두고 있다.

1. 사업별 매출 비중(4Q25 기준)

두산테스나의 매출은 대부분 웨이퍼 테스트Wafer Test에서 발생한다.

구분	매출액	특징
SoC(AP 포함)	42.7억 원	Exynos 2600 등 모바일 AP 가동률 회복세(80% 수준)
RF 등	19.5억 원	무선통신용 칩 테스트
CIS	18.8억 원	이미지 센서, 스마트폰 업황 부진으로 가동률 하락 중(50% 수준)
PKG Test/기타	4.4억 원	패키징 완료 후 최종 검사 단계

2. 투자 포인트

*차량용 반도체 성장: 차량용 칩 가동률이 80%로 정상화되었으며, 고수익 제품군으로서 전체 수익성을 견인하고 있다.

*차세대 AP 수혜: 삼성전자의 차기 AP인 Exynos 2600 관련 물량 확보로 AP 테스트 가동률이 상승 추세에 있다.

*재무 구조 개선: 대규모 투자가 일단락되며 감가상각비 부담이 줄어드는 구간에 진입하여 이익 레버리지 효과가 기대된다.

3. 리스크 요인

*모바일 수요 둔화: 스마트폰 시장 침체로 주력 제품인 CIS^{이미지센서}와 AP 가동률이 하락할 위험이 상존한다.

*밸류에이션 부담: 현재 주가가 역사적 밸류에이션 밴드 상단에 위치해 있어 추가 상승 여력이 제한적이라는 평가도 있다.

4. 고객사 및 경쟁사 현황

*주요 고객사: 삼성전자에 대한 매출 의존도가 매우 높으며^{약 80% 이상 추정}, SK하이닉스 등으로 고객사를 다변화하고 있다.

*국내 경쟁사: 시스템 반도체 테스트 분야에서 네패스아크, 엘비세미콘, 하나마이크론, SFA반도체 등이 있다. 두산테스나는 특히 CIS와 AP 테스트에서 독보적인 점유율을 보유하고 있다.

한양디지텍: eSSD와 DDR5를 양손에

한양디지텍은 OSAT 전쟁에서 삼성전자의 31년 지기 파트너로 eSSD라는 새로운 성장 엔진을 장착한 기업이다. 베트남 3공장 가동과 DDR5 전환이 맞물리며 질적 성장의 원년을 맞이하고 있다.

한양디지텍은 삼성전자의 31년 지기 핵심 협력사로 삼성으로부터 공급받은 메모리 반도체 칩을 기판^{PCB}에 부착^{SMT}하고 테스트하여 메모리 모듈 및 SSD 완제품을 생산하는 기업이다. 최근 AI 및 클라우드 수요 폭증에 발맞춰 베트남 공장 증설을 완료하고, 고부가가치 시장인 eSSD^{기업용 SSD} 중심으로 사업 체질을 개선하며 본격적인 실적 성장을 준비하고 있다.

1. 투자 포인트

*eSSD 시장의 폭발적 성장: 데이터센터 운영사들이 전력 효율^{PUE} 개선을 위해 HDD를 eSSD로 빠르게 대체하고 있으며, 이 과정에서 삼성전자의 물량을 온전히 받아낼 수 있는 준비가 되었다.

*베트남 3공장 가동 시작: 2022년부터 진행한 대규모 투자가 결실을 맺어, 2024년 1분기부터 eSSD 전용 3공장이 가동되었다. 이는 기존 대비 2배 이상의 eSSD 생산 능력을 확보한 수치다.

*메모리 업사이클 및 DDR5 전환: 메모리 감산 종료에 따른 출하량 증가Q의 상승와 DDR4 대비 단가가 높은 DDR5 채택률 증가로 수익성이 크게 개선될 것으로 기대된다.

2. 리스크 요인

*삼성전자 단일 고객사 의존도: 매출의 97% 이상이 삼성전자향으로 발생하므로, 삼성의 원가 절감CR 압력이 수익성에 치명적일 수 있다.

*승계 관련 불확실성: 창업주 김형육 회장에서 차남 김윤상 대표로의 승계 작업이 진행 중이며, 상속세 마련 문제로 주가 부양에 소극적일 수 있다는 우려가 존재한다.

3. 고객사 및 경쟁사 현황

*고객사: 삼성전자전량 점유

*국내 경쟁사:

- SFA반도체: 메모리 모듈 SMT 분야의 최대 경쟁사이나, 고객사가 다변화되어 있고 필리핀에 공장을 두고 있어 베트남에 집중된 한양디지텍 대비 인건비 경쟁력이 낮다.
- 티엘비: 밸류체인 상단에 위치한 PCB 제조사로, 한양디지텍의 주요 피어Peer 그룹으로 분류된다.

하나마이크론: 글로벌 3대 거점의 메모리 OSAT

하나마이크론은 OSAT 전쟁에서 한국·베트남·브라질 3대 거점을 가진 글로벌 OSAT 기업이다. 베트남 DDR5 전환과 첨단 패키징 기술 고도화가 2030년 세계 5대 OSAT 진입을 향한 엔진이다. 하나마이크론은 메모리 및 시스템 반도체 패키징과 테스트를 전문으로 하는 글로벌 OSAT반도체 후공정 외주 기업이다. 한국, 베트남, 브라질의 3대 글로벌 거점을 기반으로 첨단 패키징 기술 고도화와 고부가가치 제품 확대를 통해 2030년 세계 5대 OSAT 기업 진입을 목표로 하고 있다.

1. 사업별 및 지역별 매출 비중

*본사한국: 시스템 반도체 매출이 전년 대비 39% 증가하며 고부가가치 중심으로 체질을 개선 중이다.

*베트남: 메모리 시장 확대에 따라 생산 물량이 연평균 95%CAGR 성장하며 핵심 생산 거점으로 자리 잡았다.

*브라질: 모바일 MCP멀티칩패키지 시장 점유율 52%로 1위를 달성했으며, 서버 및 SSD

모듈 사업을 다각화하고 있다.

2. 주요 투자 포인트

*DDR5 전환 가속: 베트남 법인의 DDR5 생산 비중을 2023년 34%에서 2026년 89% 까지 확대하여 수익성을 극대화할 계획이다.

*첨단 패키징 기술: AI 및 자율주행용 2.5D, 3D 패키징과 칩렛^{Chiplet} 인터페이스 기술을 개발하여 기술 리더십을 확보 중이다.

*주주환원 강화: 2026년 정관 변경을 통해 분기배당 근거를 마련하고, 자본준비금 감액을 통해 비과세 감액배당 재원을 확보하는 등 적극적인 주주친화 정책을 펴고 있다.

3. 리스크 요인

*높은 부채 비율: 베트남 생산 시설 확충을 위한 대규모 설비투자로 인해 부채 부담이 존재하며, 이자 비용 관리가 향후 수익성의 변수가 될 수 있다.

*고객사 의존도: 삼성전자와 SK하이닉스 등 특정 대형 고객사에 대한 매출 의존도가 높아, 고객사의 외주 전략 변화에 민감하게 반응할 수 있다.

*시장 변동성: 업황 회복 지연 시 설비 가동률 저하로 인한 고정비 부담이 발생할 수 있다.

4. 고객사 및 국내 경쟁사 현황

*주요 고객사: SK하이닉스^{특히 베트남 법인 물량}, 삼성전자, LG전자, Lenovo, Dell 등 글로벌 IT 기업들을 고객사로 확보하고 있다.

*국내 경쟁사:

- SFA반도체: 삼성전자 메모리 물량 비중이 높은 국내 주요 OSAT 경쟁사다.
- LB세미콘 / 네패스: 주로 디스플레이 구동칩^{DDI}이나 범핑^{Bumping} 등 시스템 반도체 후공정에 강점이 있는 업체들이다.
- 하나마이크론은 이들 중 가장 공격적으로 해외 생산 거점^{베트남}을 확대하며 메모리와 시스템 반도체 모두를 아우르는 포트폴리오를 구축하고 있다.

> 〉〉〉〉 후공정이 칩을 쌓고 연결했다면, 다음 세대는 범프 자체를 없애는 방향으로 진화하고 있다. CXL, 유리기판, 하이브리드 본딩. 이 기술들이 언제 어떤 순서로 상용화되는지를 이해하면 다음 수혜주가 보인다.

Part IV.

차세대 기술: 다음 사이클을 설계하는 기술들

_ 하이브리드 본딩이 오지만, 생각보다 빠르지 않다

>> HBM이 열었던 것처럼, 다음 사이클을 여는 기술들이 이미 등장하고 있다. 그러나 이 기술들의 상용화 타이밍은 항상 예상보다 늦다. 중요한 것은 어떤 기술이 오는가가 아니라 그 기술이 오기까지의 과정에서 누가 돈을 버는가다.

CXL: 메모리 확장의 새로운 패러다임

CXL^{Compute Express Link}은 데이터센터의 메모리 활용 방식을 근본적으로 바꿀 차세대 인터페이스 규격이다. 현재 데이터센터에서 DRAM은 CPU에 종속되어 있어, CPU가 사용하지 않는 메모리는 그냥 낭비된다. CXL은 이 비효율을 해소하기 위해 Intel이 주도해 2019년 처음 제안했다.

CXL 1.0은 서버 내 메모리 확장^{Expansion}, 2.0은 랙 단위 메모리 풀링^{Pooling}, 3.0은 서버 간 자원 완전 분리^{Disaggregation}를 목표로 한다. CXL이 본격화되면 메모리 컨트롤러와 스위치 관련 IP 기업들이 수혜를 받게 된다.

LPCAMM과 PIM

LPCAMM^{Low Power Compression Attached Memory Module}은 기존 SO-DIMM의 탈착 편의성과 LPDDR의 높은 전력 효율성을 결합한 차세대 메모리 모듈이다. AI 연산이 노트북 · PC로 확산되면서 전력 효율의 중요성이 커지고 있다.

PIM^{Processing in Memory}은 메모리 내부에서 일부 연산을 직접 수행하는 개념이다. 저장과 연산의 물리적 분리로 인한 데이터 병목을 줄이고, 메인 칩의 부담을 낮춰 전력 효율을 높인다. HBM-PIM, GDDR-PIM 등 다양한 형태로 구현 가능하다.

온디바이스 AI

현재 대부분의 AI 서비스는 클라우드 서버를 거친다. ChatGPT에 질문을 입력하면 마이크로소프트의 서버에서 연산이 완료된 뒤 결과값만 사용자에게 전달된다. 클라우드 AI는 단말기의 스펙을 높게 요구하지 않는다는 장점이 있지만, 개인정보 보안, 지연Latency, 서버 트래픽 부하라는 문제를 안고 있다.

온디바이스On-Device AI는 가벼운 AI 모델을 인터넷 연결 없이 기기 내부에서 직접 실행하는 개념이다. AI 혁명 초기에는 AI 모델 훈련을 위한 훈련Training 칩 수요가 주를 이뤘지만, 지난해부터 가볍고 전력 소모가 낮은 추론Inference 칩이 광범위하게 쓰이고 있다.

유리기판: 다음 세대 패키징의 판도 변화

현재 어드밴스드 패키징의 핵심인 CoWoS 구조는 실리콘 인터포저를 사용한다. 성능은 뛰어나지만 가격이 비싸다는 문제가 있다. 기존 패키지 기판은 저렴하지만 AI 칩이 요구하는 초고밀도 배선 구현에 한계가 있다.

유리기판은 이 중간 지점을 찾아내려는 시도다. 유리 소재는 미세 선폭 구현, 대면적 수율 향상, 전력 무결성이라는 세 가지 물성적 장점을 갖는다. 또한 AI 칩이 대형화되면서 실리콘 인터포저 기반에서는 웨이퍼당 생산 가능한 다이 수가 줄어드는 문제가 있는데, 유리기판은 이를 해결할 수 있다.

유리기판 개발에는 SKC의 앱솔릭스, 인텔, 삼성전기, LG이노텍, 일본의 이비덴Ibiden · DNP, TSMC 등이 뛰어들었다. 국내 소부장 기업으로는 장비 분야의 필옵틱스 · 로체시스템즈 · 에프앤에스테크, 소재 분야의 와이씨켐 · 와이엠티가 수혜 기업으로 꼽힌다.

범프의 소멸: 하이브리드 본딩 기술이 온다

더 이상 칩을 '연결'하지 마라. 칩을 하나로 '융합'하라. 반도체 패키징의 역사는 '범프Bump'가 사라지는 순간 다시 쓰일 것이다. 삼성전자가 400단대 V10 낸드 플래시 양산에 '하이브리드 본딩Hybrid Bonding' 기술을 전격 도입한다는 소식은 반도체 공정의 게임 체인저가 등장했음을 알리는 신호탄이다. 그동안 반도체 칩을 위아래로 쌓을 때Stacking 칩 사이에 전기가 통하는 납땜 볼 '범프Bump'를 사용했다. 하지만 하이브리드 본딩은 이 범프를 없애고 구리Cu와 구리를 직접 맞붙이는 기술이다. 마치 건물 층 사이를 오갈 때 계단범프을 없애고 층과 층을 직접 뚫어버린 것과 같은 혁명이다.

반도체 미세화가 한계에 봉착하자 기업들은 위로 쌓는 3D 패키징으로 눈을 돌렸다. 그러나 기존 방식인 범프 연결은 한계가 명확했다. 우선 두께의 한계다. 범프가 차지하는 공간 때문에 칩 전체 두께를 줄이기 어렵다. 속도의 한계도 뚜렷하다. 전자가 범프를 통과하며 저항이 발생하고 신호 전달 속도가 느려진다. 하이브리드 본딩은 이 문제를 단번에 해결한다. 범프 없이 칩과 칩을 '산화막SiO'과 '구리Cu'라는 서로 다른 재료를 동시에 접합하여 붙인다. 칩 두께가 획기적으로 얇아지고, 배선 간격이 마이크로미터㎛ 단위로 좁혀져 데이터 전송 속도가 비약적으로 빨라진다. 전력 효율 개선은 덤이다. 이 기술의 원조는 일본의 소니다. 지난 2016년 이미지센서CIS에 처음 적용해 카메라 모듈의

국내 소부장 밸류 체인

웨이퍼/CMP	산화/어닐링	포토	식각	세정	증착	인프라
SK실트론	AP시스템	동진쎄미켐	브이엠	코미코	원익IPS	신성이엔지
케이씨텍	이오 테크닉스	에스앤 에스텍	피에스케이	한솔 아이원스	유진테크	한양이엔지
SKC 엔펄스	디아이티	에프에스티	이엔에프 테크놀로지	제우스	테스	엘오티베큠
솔브레인	HPSP	이엔에프 테크놀로지	솔브레인	케이씨텍	주성 엔지니어링	GST
동진쎄미켐	GAE		티씨케이	엘티씨	한솔케미칼	유니셈
			원익QnC		솔브레인	
			하나 머티리얼즈		덕산 테코피아	
					디엔에프	

*자료: LS증권 리서치센터

세계 하이브리드 본딩 시장 규모

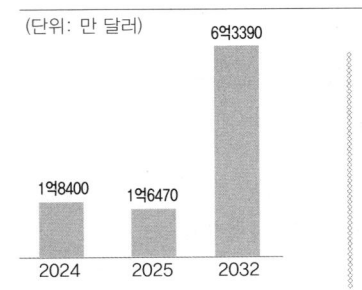

(단위: 만 달러)

- 2024: 1억8400
- 2025: 1억6470
- 2032: 6억3390

솔더볼–하이브리드 본딩 공정 비교

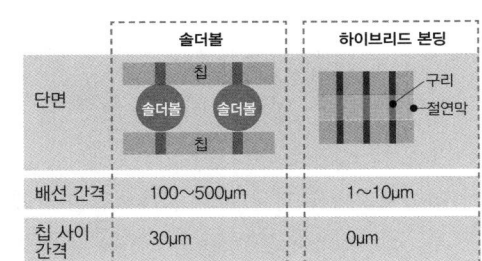

	솔더볼	하이브리드 본딩
단면	칩 / 솔더볼 / 솔더볼 / 칩	구리 / 절연막
배선 간격	100~500μm	1~10μm
칩 사이 간격	30μm	0μm

하이브리드 본딩이란
여러 개의 반도체를 이어 붙일 때 활용하는 최첨단 패키징 기술. 기존에는 범프(솔더볼)라는 공 모양의 소재를 납땜해 칩을 연결했지만, 하이브리드 본딩은 솔더볼 없이 반도체 표면을 포개어 마치 하나의 반도체처럼 결합하는 기술이다.

*자료: 마케츠앤드마케츠

크기를 줄이는 데 성공했다. 하지만 이를 고성능 컴퓨팅^{HPC} 영역으로 끌어올린 것은 TSMC다.

2022년 TSMC는 AMD의 요구에 맞춰 '3D V-캐시' 기술을 상용화했다. CPU 위에 캐시 메모리를 범프 없이 직접 연결해 성능을 극대화한 것이다. 최근 엔비디아도 차세대 기술인 실리콘 포토닉스^{CPO} 구현을 위해 TSMC의 SoICS$^{system on Integrated Chips}$ 기술을 활용하고 있다. 하이브리드 본딩 기술의 후발주자인 삼성전자는 낸드 플래시를 돌파구로 삼았다. 올해 양산하는 400단 V10 낸드에 하이브리드 본딩을 적용해 적층 높이의 한계를 극복하려 한다. 또한 파운드리 사업부는 로직 칩과 SRAM을 수직 연결하는 'X-큐브' 기술에 이를 적용, TSMC 추격에 나섰습니다. 천안 사업장에 자회사 세메스의 하이브리드 본더 장비를 대거 배치한 것은 기술 내재화에 대한 자신감의 표현이다.

하이브리드 본딩은 적용 대상에 따라 크게 세 가지로 나뉜다. 투자자들은 각 공정의 난이도와 적용처를 구분해야 한다. SK하이닉스는 현재 HBM 시장의 최강자답게 신중한 투 트랙 전략을 구사한다. 검증된 기존 기술$^{MR-MUF}$을 고도화하면서, 차세대 HBM4E부터는 하이브리드 본딩을 적용해 기술 리더십을 이어가겠다는 계산이다.

하이브리드 본딩의 최대 난관은 평탄도^{Flatness}와 검사^{Inspection}다. 서로 성질이 다른 산화막^{절연체}과 구리^{전도체}를 단차 없이 완벽하게 평평하게 깎아내야^{CMP공정} 붙였을 때 틈이 생기지 않는다. 또 범프가 없어서 엑스레이로도 내부 연결 상태를 확인하기 어렵다. 이 난관은 곧 관련 소부장^{소재·부품·장비} 기업들에게는 거대한 기회다.

하이브리드 본딩 공정의 밸류체인은 크게 세 단계로 나뉜다.

첫째, CMP^{평탄화} 공정이다. 웨이퍼 표면을 나노 단위로 깎아내는 기술이 필수적이며, 케이씨텍이 CMP 장비와 슬러리 국산화의 선두주자로 꼽힌다.

둘째, 접합 및 열처리 공정이다. 구리와 산화막을 단단히 결합시키기 위한 정밀 열처리가 요구된다. HPSP는 고압 수소 어닐링 기술에서 독보적인 위치를 점하고 있으며, 이오테크닉스는 레이저 어닐링과 커팅 분야에서 수혜를 받는다.

셋째, 계측 및 검사^{Metrology} 공정이다. 접합 전 표면이 충분히 평탄한지, 접합 후 제대로 붙었는지를 모두 확인해야 하기 때문에 하이브리드 본딩 시대의 가장 큰 수혜 섹터로 꼽힌다. 파크시스템스는 원자현미경^{AFM} 분야 글로벌 1위로 표면 거칠기 측정에 필수적이고, 오로스테크놀로지는 오버레이 계측을 담당한다. 해외 기업으로는 미국의 온투이노베이션이 하이브리드 본딩 검사 강자로 이스라엘의 캠텍이 광학 검사 분야의 강자로 각각 포지셔닝되어 있다. 삼성전자의 V10 낸드 하이브리드 본딩 도입은 단순한 공정 개선이 아니다. 이제 반도체 성능은 칩을 얼마나 잘 만드느냐가 아니라, 얼마나 잘 이어 붙이느냐에 달렸다는 패러다임의 전환을 의미한다. TSMC가 열고 삼성이 확장하는 이 새로운 차원의 전쟁에서 '범프 없는 연결'을 가능하게 하는 기술을 가진 기업들은 반도체 하락장에서도 살아남을 강력한 기술적 해자를 구축하게 될 것으

구분	방식(Full Name)	주요 적용처	특징
W2W	Wafer to Wafer	45(V10), CIS	웨이퍼끼리 통째로 붙임. 생산성 높으나 수율 관리가 핵심
C2W	Chip to Wafer	HBM(HBM4E)	잘라진 칩을 웨이퍼 위에 붙임. HBM 적층의 미래 표준
C2C	Chip to Chip	SoIC, X-Cube	칩과 칩을 개별적으로 붙임. 이종 집적(Logic+Memory)에 유리

로 보인다.

두꺼워지는 차세대 HBM, 하이브리드 본딩 녹록지 않다

JEDEC이 20단 적층 HBM의 두께 표준을 825~900㎛ 수준으로 논의하기 시작했다. HBM 두께 표준이 세대를 더할수록 점점 완화되는 흐름이다. 그동안 반도체 업계는 HBM의 두께를 극도로 엄격하게 제한해 왔다. HBM3E의 720㎛에서 HBM4의 775㎛로 표준이 소폭 완화되긴 했으나 여전히 두께는 성능의 적으로 간주되었다. HBM은 GPU와 같은 시스템 반도체와 나란히 배치되어 패키징된다. 두께가 서로 맞지 않으면 전체 시스템의 수평을 유지하기 어렵고 이는 패키징 불량으로 직결된다.

무엇보다 D램 다이Die 간의 간격이 멀어지면 데이터가 이동하는 물리적 경로가 길어진다. 이는 전송 속도 저하와 전력 효율 하락이라는 치명적인 약점을 노출한다. 이를 극복하기 위해 제조사들은 D램 뒷면을 극한으로 깎아내는 씨닝Thinning 공정이나 다이 간 간격을 획기적으로 줄이는 하이브리드 본딩 기술에 사활을 걸어왔다. HBM 두께 표준 완화의 결정적인 이유는 파운드리 거인 TSMC의 패키징 기술 진화에 따른 영향이 컸다. 현재 AI 가속기의 주류인 2.5D 패키징 'CoWoS'의 시대가 저물고 시스템 반도체를 수직으로 쌓아 올리는 3D 패키징 'SoICSystem on Integrated Chips'의 시대가 열리고 있기 때문이다.

엔비디아와 AWS 등이 도입을 검토 중인 SoIC 기술은 시스템 반도체 자체를 3D로 적층한다. 로직 반도체가 높아짐에 따라 옆에 배치되는 HBM의 높이 제약 역시 자연스럽게 풀리게 되었다. 시스템 전체가 두꺼워지는 추세에 맞춰 JEDEC은 20단 적층 HBM의 두께 표준을 825~900㎛ 수준으로 논의하기 시작

HBM 적층 및 두께 표준 변천사

세대(Layer)	주요 패키징 기술	표준 두께(Target)
HBM3E(8/12단)	CoWoS(2.5D)	720㎛
HBM4(12/16단)	CoWoS / SoIC	775㎛
HBM4E(20단)	SoIC(3D)	825 ~ 900㎛

했다.

이번 두께 표준 완화는 메모리 제조사들에게 기술적 '완충지대'를 제공했다. 당초 다이 간 간격을 줄이기 위해 HBM에 필수적으로 여겨졌던 차세대 하이브리드 본딩 도입 시기가 다소 늦춰질 전망이다. 표준이 완화된 만큼 기존의 TC-본딩Thermal Compression Bonding 기술로도 충분히 20단 적층을 구현할 수 있는 여유가 생겼기 때문이다. 업계 전문가들은 두께 표준이 단 50μm만 완화되어도 공정 난도가 획기적으로 낮아져 안정적인 수율로 20단 적층 HBM을 양산할 수 있다고 입을 모은다. 두께 표준의 완화는 단순히 기술적 타협이 아니다. 이는 AI 연산에 필요한 메모리 용량을 폭발적으로 늘리면서도 제조 단가와 수율을 동시에 잡으려는 빅테크 기업들의 고도의 계산이 깔린 결과다.

이제 HBM은 한정된 공간 내에서 더 높은 층수를 쌓아 올려 테라바이트TB급 대역폭 시대를 앞당길 것으로 보인다. 제조사들은 고난도의 하이브리드 본딩 대신 검증된 TC-본딩의 수율을 극한으로 끌어올려 시장 점유율을 확보하는 전략을 구사할 것으로 관측된다.

장비 업체들의 하이브리드 본더 대전

반도체 패키징의 역사는 곧 '간극을 줄이는 투쟁'이었다. 이제 그 간극은 '0'을 향해 수렴하고 있다. 칩과 칩 사이의 가교였던 범프가 사라진 자리에 하이브리드 본딩이라는 초정밀 접합 기술이 AI 반도체의 새로운 혈관을 뚫고 있다.

대한민국 반도체 장비 업계의 가장 뜨거운 화두는 하이브리드 본더Hybrid Bonder다. 삼성전자의 세메스와 한화세미텍이 글로벌 강자들의 철옹성에 도전장을 내밀며, 차세대 패키징 시장의 주도권을 잡기 위한 '정밀한 전쟁'을 시작했다. 칩의 두께를 줄이고 데이터 전송 속도를 극대화하는 이 장비는 AI 반도

구분	글로벌 선두 주자	주요 강점
D2W 분야	AMAT + Besi	하이브리드 본딩 상용화의 선구자, 압도적 점유율
W2W 분야	TEL(도쿄일렉트론), EVG	소니 이미지센서 라인 등에서 10년 이상 다져진 양산 능력
신흥 강자	ASMPT, 한미반도체	기존 본딩 기술을 바탕으로 한 빠른 추격

체의 성능을 결정짓는 최후의 보루가 되고 있다.

한화세미텍은 독자 개발의 한계를 넘기 위해 네덜란드의 설계 강자 프로드라이브Prodrive와 전략적 동맹을 맺었다. 이는 글로벌 1위 AMAT어플라이드 머티어리얼즈와 베시Besi 연합군에 맞서기 위한 회심의 카드다.

프로드라이브는 스스로 제조 라인을 갖추지 않고 핵심 부품을 설계해주는 '장비 설계 전문 기업'으로 ASML의 핵심 파트너로도 정평이 나 있다. 이 업체는 하이브리드 본딩의 핵심인 고정밀 모션 드라이브와 고주파RF 증폭 모듈 설계 능력을 제공한다. 칩을 옹스트롬 단위의 오차 없이 포개야 하는 본딩 공정에서 이들의 제어 기술은 한화의 장비에 생명력을 불어넣을 전망이다.

삼성전자의 장비 자회사 세메스는 한발 더 나아가 W2WWafer-to-Wafer 하이브리드 본더 개발에 성공하며 판도를 흔들고 있다. 그동안 HBM은 개별 칩을 웨이퍼 위에 얹는 D2WDie-to-Wafer 방식이 주류였다. 하지만 세메스는 웨이퍼와 웨이퍼를 통째로 붙이는 W2W 기술의 성능 평가를 성공적으로 마친 것으로 알려졌다.

삼성전자가 세미콘 코리아 2026에서 제시한 zHBMGPU 위에 HBM을 직접 적층하는 구조 로드맵의 핵심은 여러 번의 W2W 본딩이다. 이를 통해 전력 효율과 데이터 전송 속도를 비약적으로 높인 '수직 결합 반도체'를 완성하겠다는 전략이다.

하지만 한화와 세메스가 가야 할 길은 여전히 험난하다. 이미 이 시장에는 수십 년간 다져진 '기술의 신'들이 버티고 있기 때문이다. 세메스는 모회사인 삼성전자와의 긴밀한 테스트 피드백을 통해 일본TEL과 오스트리아EVG가 장악한 W2W 시장의 틈새를 공략하고 있다. 한화세미텍 역시 프로드라이브와의 협력을 통해 개발 기간을 단축하고, AMAT · 베시 콤비가 독식 중인 시장에 '국산화'라는 명분과 기술력으로 도전장을 내밀고 있다.

반도체 패키징은 더 이상 '뒷마무리 공정'이 아니다. 하이브리드 본딩은 HBM4E와 차세대 AI 가속기의 심장을 만드는 핵심 공정으로 부상했다. 범프 없는 연결은 데이터 전송의 병목 현상을 해결할 핵심 솔루션으로 부상했다. 해외 장비 의존도를 낮추지 못하면, 우리 반도체 제조사의 마진은 장비사들의 주머니로 흘러갈 수밖에 없다.

결국 하이브리드 본더 개발의 성패는 "누가 더 미세한 흔들림을 잡아내고, 누가 더 완벽하게 다른 두 표면을 하나로 융합시키느냐"에 달려 있다. 대한민국 장비사들의 질주는 AI 반도체 강국을 향한 '기술 독립 선언'과도 같다.

>>>> 차세대 기술을 이해했다면 이제 가장 확실한 수익 구조를 가진 영역으로 눈을 돌려야 한다. 장비보다 더 꾸준하고 파츠보다 더 고부가가치인 영역, 바로 파츠와 테스트다.

Part V.
파츠와 테스트: AI 수혜의 알짜
_ 공장이 돌아가는 매 순간 돈을 버는 기업들

>> 장비 기업은 고객이 투자할 때 돈을 번다. 그러나 파츠와 테스트 기업은 공장이 돌아가는
매 순간 돈을 번다. 사이클의 저점에서도 꾸준히 현금을 창출하는 이 영역이 AI 수혜의 진
정한 알짜다. AI 시대에 공정이 미세해지고 적층이 높아질수록 파츠의 교체 주기는 짧아지
고, 테스트의 난도는 높아지며, 두 영역 모두의 단가는 올라간다.

반도체 파츠Parts, 지속 가능한 수익

반도체 장비 속에서 칩이 구워지고 깎이는 동안 스스로를 태워 없애는 파츠
소모품는 꼭 필요한 조연이다. 장비는 한 번 사면 끝이지만, 파츠는 칩을 찍어낼
때마다 새로 사야 한다.

글로벌 반도체 소모성 파츠 시장은 2026년 기준 약 300억 달러약 40조 원 규모
를 돌파할 것으로 전망된다. 국내 시장 역시 약 5조~6조 원 규모로 추산되며,
장비 시장보다 더 안정적인 우상향 곡선을 그리고 있다.

반도체 가격이 떨어져 투자가 줄어도, 공장이 돌아가는 한 파츠는 계속 교
체해야 한다. 공정이 미세화되고 단수가 높아질수록 파츠의 교체 주기는 짧아
지고 단가는 올라간다. 장비 시장이 연평균 5~8% 성장할 때, 첨단 파츠 시장
은 10~15% 이상의 고성장을 기록하는 이유다.

낸드가 300단을 넘어 400단으로 향하면서 구멍을 깊게 뚫는 '식각Etching' 시
간이 기하급수적으로 늘어났다. 장비 내부에서 플라즈마를 견디는 시간이 길
어질수록 웨이퍼를 고정하는 포커스 링 등의 소모 속도가 빨라진다. 기존의

실리콘Si 파츠로는 AI 칩 제조 시 발생하는 고열과 강력한 플라즈마를 견디기 힘들어졌다. 더 단단하고 열에 강한 SiC 파츠 수요가 폭증하고 있다. SiC 링은 일반 Si 링보다 가격이 3~5배 비싸지만 수명이 길고 수율을 높여주어 이제는 '표준'이 되었다. 초미세 공정에서는 미세한 파티클 하나가 치명적이다. 파츠를 단순히 새로 사는 것을 넘어 오염된 파츠를 정밀하게 씻어내고 다시 코팅세라믹 코팅 등하여 재사용하는 세정/코팅 시장이 고부가가치 산업으로 격상되었다.

반도체 공정에서 소모성 부품은 크게 네 가지 카테고리로 나뉜다.

첫째, SiC/Si 계열의 포커스 링과 일렉트로드다. 플라즈마 식각 공정에서 웨이퍼를 보호하고 고정하는 역할을 하며, 티씨케이TCK와 하나머티리얼즈가 국내 대표 기업으로 자리잡고 있다.

둘째, 쿼츠 소재의 웨이퍼 보트와 튜브다. 고온 공정에서 웨이퍼를 이송하고 보호하는 용도로 쓰이며, 원익QnC와 월텍스가 이 시장을 주도한다.

셋째, 세라믹 계열의 히터와 정전척ESC이다. 웨이퍼를 가열하거나 정전기로 고정하는 핵심 부품으로, 미코와 케이엔제이가 대표 플레이어다.

넷째, 테스트 부품인 소켓과 리노핀이다. 완성된 칩의 전기적 불량을 검사하는 단계에서 사용되며, 리노공업과 ISC가 이 분야의 강자로 꼽힌다.

2027년 이후 파츠 시장에는 두 가지 큰 변화가 예상된다. 하나는 AI를 활용한 예측 정비의 보편화다. 부품이 닳아가는 상태를 실시간으로 감지해, 수명이 다하기 직전에 자동으로 주문하고 교체하는 방식이 일반화된다. 사람이 일일이 점검하던 방식에서 시스템이 알아서 관리하는 방식으로 전환되는 것이다. 다른 하나는 소재 자립화의 완성이다. 쿼츠 원재료 확보부터 SiC 잉곳 제조까지, 한국 기업들이 공급망을 수직 계열화하면서 그동안 일본과 미국이 독점해온 소재 시장의 판도를 바꾸는 시점이 될 것이다.

결국 파츠 시장의 본질은 이것이다. 수조 원짜리 장비도, 수만 개의 AI 칩도, 거대한 데이터센터 인프라도, 그 모든 것의 끝에는 제때 갈아줘야 하는 링 하나가 있다. 이 작고 소모되는 부품의 경쟁력이 한국 반도체 산업의 실질 수익률을 결정한다.

CoWoS와 HBM이 설계하는 패키징의 신대륙

과거에 패키징이 반도체 제조의 '마지막 공정'이었다면, 이제는 칩의 성능을 결정짓는 '첫 번째 전략'이 되었다. AI GPU와 ASIC이 쏟아내는 거대한 연산을 감당하기 위해 실리콘은 이제 더 촘촘하게 쌓이고 더 정교하게 연결되어야 한다. 세계 반도체 자본이 후공정OSAT이라는 새로운 전장으로 집결하고 있다.

AI GPU에 이어 맞춤형 반도체ASIC 수요까지 폭발하면서, 첨단 패키징 기술인 CoWoSChip on Wafer on Substrate의 공급은 여전히 부족하다. TSMC는 이를 타개하기 위해 2026년 설비투자CAPEX 가이던스를 전년 대비 30% 이상 늘린 520억~560억 달러로 상향 조정했다. 2025년 월 7만~7만5000장 수준이었던 CoWoS 생산 능력을 2026년 말에는 월 12만~14만장까지 두 배 가까이 끌어올릴 계획이다.

기존 SoIC 라인으로 계획됐던 AP7페이즈2, 3 공장을 CoWoS 전용으로 변경했으며, 이노룩스로부터 인수한 타이난 AP8 공장 역시 CoWoS 증설의 핵심 기지로 활용하고 있다.

2025년부터 2030년까지 HBM 시장은 연평균 33%의 고성장을 이어갈 전망이다. 하지만 세대가 거듭될수록 기술적 난이도는 기하급수적으로 높아지고 있다. TSV실리콘 관통 전극의 종횡비A/R 난이도 증가, JEDEC 표준 높이 준수를 위한 적층 단수 과제, 그리고 차세대 하이브리드 본딩Hybrid Bonding 도입 등 넘어야 할 기술적 난제가 적지 않다.

기술적 한계를 극복하기 위해 단위당 투자액이 늘어나는 구간에 진입하면서, 관련 소부장소재·부품·장비 기업들에게는 판가ASP 측면에서 매우 우호적인 환경이 조성되고 있다.

삼성전자와 SK하이닉스 역시 패키징 주도권을 놓치지 않기 위해 천문학적인 자금을 쏟아붓고 있다. 올 1분기부터 HBM4 후공정 장비 발주가 본격화되었다. 특히 수율 개선을 위한 검사 장비와 고사양 공정 장비의 수주 동향이 뚜렷하다. 하반기부터는 16단 적층으로의 변화가 예상됨에 따라 장비 수주 강도는 더욱 높아진다. 하이브리드 본더와 같은 기술적 변화는 장비 사양의 업그레이드를 강제하며 소부장 업체들의 수익성을 높여준다.

TSMC와 국내 2사의 캐펙스 중 후공정 비중이 유례없이 높아진 것은 패키징이 더 이상 보조 공정이 아님을 시사한다. 장비 사양의 업그레이드와 검사 수요의 폭증은 기술력을 갖춘 소부장 기업들에게 구조적인 성장의 기회를 제공하고 있다.

테스트 장비, HBM의 수율을 결정짓는 최종 병기

AI라는 거대한 파고는 반도체 산업의 주인공을 팹 내부의 노광기에서 후공정 라인의 테스터로 옮겨놓고 있다. 반도체가 미세해지고 적층이 높아질수록 공정의 핵심은 '얼마나 잘 만드느냐'보다 '얼마나 완벽하게 검증하느냐'로 이동하고 있다.

메모리는 2~3년간 정체와 성장을 반복하던 사이클 산업에서 벗어나 구조적 성장 궤도에 진입했다. 2026년 글로벌 메모리 테스트 장비 시장은 전년 대비 32% 증가한 27억 달러 규모에 달할 것으로 관측된다. HBM 테스트 수요는 2021년 대비 4배 이상 폭증했다.

HBM4부터는 수율 확보를 위해 샘플링이 아닌 모든 제품을 검사하는 방식이 유력해지며, 테스트 시간^이이 기하급수적으로 늘어나고 있다. HBM4^{6세대}로의 진화는 테스트 장비 업계에 거대한 기회이자 도전이다. 적층 수가 늘어날수록 하나의 다이^{Die}만 불량이어도 전체 패키지를 폐기해야 하는 리스크 때문이다. 특히 고온·고전압 환경에서 극한의 성능을 시험하는 번인^{Burn-in} 테스트 비중이 커지면서, 메모리 테스트 시장은 2026년 20%, 2027년 18%라는 이례적인 고성장을 지속할 전망이다.

AI 가속기 시장의 지배자 엔비디아는 테스트 장비 시장의 실질적인 가이드라인을 제시하고 있다. 차세대 GPU 루빈은 블랙웰 대비 HBM 탑재량이 1.5배 증가하며 테스트할 다이의 양을 동반 확장시킨다. 엔비디아 내 점유율 70% 이상을 확보한 SK하이닉스는 삼성전자보다 2배 이상의 테스트 장비를 사용하여 압도적인 품질 검증을 수행하고 있는 것으로 확인된다.

그동안 일본 어드반테스트가 장악해온 시장에 균열이 생기고 있다. 2024년 14%였던 국산화 비중은 2026년 28%까지 확대될 것으로 보인다.

장비가 '검문소'라면, 소켓은 장비와 반도체를 잇는 '혈관'이다. 단순 소모품을 넘어 고부가가치 R&D의 핵심으로 부상하고 있다. 국내 소부장 기업들의 실적은 2026년 1분기를 기점으로 '숫자'로 증명될 것이며, 대만 경쟁사들의 높은 밸류에이션을 고려할 때 국내 기업들의 주가는 여전히 강력한 상방 모멘텀을 보유하고 있다. 와이씨YC는 삼성전자의 HBM4 웨이퍼 테스트 장비 점유율을 50%까지 끌어올리며, 2026년 매출 성장률 66%를 예고하고 있다. 디아이DI는 SK하이닉스 HBM4 번인 테스터의 메인 벤더로 약 70%의 점유율을 확보하며, 2026년 1분기부터 본격적인 실적 성장이 기대된다.

테스트 소켓 분야에서는 ISC와 리노공업이 두드러진다. ISC는 매출의 60%가 데이터센터향에서 발생하며 대면적 패키지 검사 시장을 선점한 상태다. 리노공업은 부가가치가 높은 R&D용 소켓 비중을 꾸준히 늘려, 50%에 육박하는 영업이익률을 유지하고 있다는 점이 인상적이다.

기업 분석: 반도체 파츠

티씨케이: SiC 링 시장의 제왕

티씨케이는 파츠 전쟁에서 SiC 링 시장의 제왕이다. 전 세계에서 SiC 링을 만들 수 있는 소수의 기업 중 하나로, 식각 공정이 강해질수록 교체 주기가 짧아지는 구조적 수혜를 누린다. 티씨케이는 반도체 제조 공정 중 웨이퍼를 깎아내는 식각Etching 공정에서 웨이퍼를 고정하고 보호하는 필수 소모성 부품인 실리콘카바이드SiC 포커스 링을 세계 최초로 상용화한 기업이다. 독보적인 기술력을 바탕으로 글로벌 장비사들에 부품을 납품비포마켓하며 전 세계 SiC 링 시장 점유율 1위를 굳건히 지키고 있는 반도체 핵심 부품 소재회사다.

1. 사업별 매출 비중(Business Segments)

 *SiC Ring실리콘카바이드 링: 티씨케이의 핵심 캐시카우로 반도체 식각Etching 공정 시 웨이퍼를 고정하고 보호하는 역할을 한다. 전체 매출의 약 80% 이상을 차지하며 압도적인 비중을 차지한다.

*Graphite고순도 흑연 및 기타: 반도체 웨이퍼 공정에 쓰이는 서셉터Susceptor 등 고순도 흑연 제품이 나머지 매출약 10~15%을 구성하고 있다.

2. 주요 투자 포인트(Investment Points)

*주력 고객사의 강력한 재고 축적: 북미 주력 고객사램리서치 추정가 작년 연말부터 재고 확보를 요청했으며, 올해는 주요 벤더들에게 전년 대비 두 배 이상 주문을 확대하고 있다. 중화권 고객사 역시 재고 조정을 끝내고 점진적 주문 확대를 시작했다.

*차세대 식각 장비 수혜: 향후 3년간 글로벌 메모리 반도체 기업들의 신규 팹Fab 가동 시 차세대 식각 장비의 중요성이 커지면서 핵심 부품인 동사의 SiC Ring 수요 증가 가시성이 매우 높다.

*중국 CapEx 모멘텀: 하반기부터 중국 반도체 시장의 선단 공정 위주 투자가 본격적으로 재개될 예정이다.

*대규모 신규 Capa생산능력 증설: 2026년 상반기 내 안성 신규 부지기존 대비 30~40% 확장된 규모 매입을 마무리하고 설비 주문에 돌입할 예정이다. 이를 통해 중장기적으로 '연 매출 1조 원, 영업이익 3,000억 원' 규모의 거대한 기초 체력을 갖추게 된다.

3. 주요 리스크(Risks)

*애프터마켓After-market 성장 및 점유율 위협: 티씨케이는 장비사를 통해 납품하는 '비포마켓OEM'의 압도적 1위이나, 최근 삼성전자, SK하이닉스 등 최종 고객사들이 원가 절감을 목적으로 부품을 직접 조달하는 애프터마켓 제품경쟁사 제품 채택을 늘리려는 시도가 지속적인 리스크로 꼽힌다.

*특허 소송 분쟁: 과거 SiC 링 관련 일부 물성 특허가 무효 판결을 받으며 디에스테크노, 케이엔제이 등 후발 주자들의 시장 진입 장벽이 낮아진 바 있다.다만 최근 다른 민사 소송에서는 승소하며 방어율을 높이고 있다.

4. 고객사별 매출 비중 및 현황(Customer Breakdown)

*램리서치Lam Research: 보고서 내 '북미 주력 고객사'로 언급된 곳으로 티씨케이 전체 매출의 약 40%를 차지하는 최대 고객사다.

*기타 글로벌 장비사: 어플라이드 머티어리얼즈AMAT, 도쿄일렉트론TEL, 세메스SEMES 등 글로벌 탑티어 장비사들을 탄탄한 고객 군으로 두고 있다.

*중화권 고객사 다변화: 최근 중국 1위 반도체 장비 업체인 나우라NAURA를 신규 고객사로 확보하고 제품 테스트를 진행하는 등 지정학적 리스크 분산과 고객사 다변화에 속도를 내고 있다.

원익QnC: 쿼츠와 세정의 이중 수혜

원익QnC는 파츠 전쟁에서 쿼츠와 세정이라는 두 개의 사업을 가진 기업이다. 파츠 업계 평균 PER 대비 현저한 저평가가 이 기업의 가장 강력한 투자 포인트다. 원익QnC는 반도체 및 디스플레이 제조 공정에 필수적인 쿼츠석영, 세라믹 부품 제조 및 세정 서비스를 제공하는 글로벌 소재·부품 전문 기업이다. 2026년 반도체 업황 회복과 고객사 가동률 상승에

따라 쿼츠와 세정 부문을 중심으로 가파른 실적 성장이 기대되는 IT 소부장소재·부품·장비 분야 종목으로 손꼽힌다.

1. 사업별 매출 비중(2026F 매출액 기준)

구분	예상 매출액	비중(약)	특징
쿼츠(Quartz)	42.7억 원	39.60%	반도체 가동률에 연동되는 소모성 부품
세정(Cleaning)	19.5억 원	12.00%	공정 내 오염물 제거 및 부품 수명 연장 서비스
기타(자회사 등)	18.8억 원	45.20%	모멘티브(Momentive) 등 해외 자회사 실적 포함
세라믹/램프	4.4억 원	3.20%	정밀 세라믹 부품 및 특수 램프 제조

2. 주요 투자 포인트

*반도체 가동률 회복의 직접적 수혜: 쿼츠 부품은 소모품 특성상 고객사의 설비 가동률 90~95% 예상이 높아질수록 매출이 즉각적으로 증대된다.

*자회사 실적 턴어라운드: 부진했던 자회사모멘티브 등가 흑자 전환 및 실적 개선 구간에 진입하며 연결 실적 성장을 견인할 전망이다.

*밸류에이션 매력: 업종 평균 P/E가 28.2배인 데 비해, 원익QnC는 14.8배 수준으로 저평가되어 있어 주가 상향 여력이 높다.

3. 리스크 요인

*반도체 업황 변동성: 전방 산업인 반도체 제조사들의 설비 투자CAPEX 계획 축소나 가동률 하락 시 실적에 직접적인 타격을 줄 수 있다.

*글로벌 지정학적 리스크: 미국의 대중 반도체 수출 규제 등 국제 정세 변화가 주요 고객사TSMC, Lam Research 등의 공급망에 영향을 미칠 가능성이 있다.

*원재료 수급 및 가격: 고순도 쿼츠 모래 등 핵심 원재료의 특정 업체 독점 공급 구조에 따른 원가 부담 위험이 존재한다.

4. 고객사별 매출 비중(주요 고객사)

*핵심 고객: 삼성전자, SK하이닉스, TSMC대만, 램리서치Lam Research, 미국, 도쿄일렉트론TEL, 일본 등 글로벌 Top-tier 반도체 기업들을 고객사로 확보하고 있다.

*최근 동향: 특히 북미미국 주력 고객사와 대만 고객사 내에서의 쿼츠 점유율이 지속적으로 확대되고 있다. 이들로부터의 수요 폭발이 2026년 성장의 핵심 동력이다.

씨엠티엑스: TSMC 선단 공정의 국내 유일 파트너

씨엠티엑스는 파츠 전쟁에서 국내 유일의 TSMC 선단 공정 1차 협력사라는 독보적 지위를 가진 기업이다. 1.6nm·1.4nm 초선단 공정 우선 협력사 선정이 이 기업의 가장 강력한 성장 동력이다. 씨엠티엑스는 반도체 전공정인 식각 및 증착 공정에 사용되는 실리콘, 사파이어, 세라믹 소재 기반의 정밀 부품을 제조하는 전문 기업이다. 국내 기업 중 유일하게 TSMC의 선단 공정3nm 이하 1차 협력사 지위를 확보하고 있다. 삼성전자, 마이크론 등 글로벌 주요 반도체 제조사를 고객으로 둔 핵심 소부장 기업이다.

1. 사업별 매출 및 제품 구성

실리콘Si 부문: 실리콘 전극, 특수 링C-Ring 등, 하부 링Focus Ring 등 식각 공정의 핵심 소모품을 생산하며 주력 매출을 담당한다.

사파이어Al₂O₃ 및 세라믹 부문: 사파이어 핀/윈도우, 세라믹 노즐/링 등 고온 및 내부 부식 방지용 부품을 공급한다.

수직 계열화: 자회사 셀릭을 통해 반도체용 실리콘 잉크 소재를 내재화하여 빠른 제품 개발과 높은 수익성을 확보하고 있다.

2. 주요 투자 포인트

국내 유일 TSMC 선단 공정 파트너: TSMC의 3nm 이하 공정에 소재를 납품하는 유일한 국내 상장사다. 1.6nm 및 1.4nm 초선단 공정의 우선적 기술 협력사로 선정되었다.

에프터마켓 채택 확대: 수율 개선과 원가 절감을 위해 반도체 제조사가 부품사와 직접 거래하는 에프터마켓 비중이 구조적으로 상승하고 있다. 씨엠티엑스는 경쟁사7% 대비 압도적으로 낮은 불량률1.2%을 보유하고 있다.

생산 능력CAPA 확충: 2026년 하반기 구미 2공장 준공 시 전체 생산 캐파가 기존 2,100억 원에서 4,000억 원 규모로 대폭 확대된다.

3. 리스크 요인

단기 오버행 부담: 상장 초기 유통 가능 물량 비중이 높아 단기 수급 불안 요소가 있었으나 점진적으로 해소 중이다.

자회사 셀릭 관련 계약: 셀릭이 2026년 말까지 상장되지 않을 경우 재매입 또는 합병 등의 약정 조건이 존재한다.

*업황 변동성: 반도체 업황 개선과 선단 공정 전환 속도에 따라 실적 성장 폭이 영향을 받을 수 있다.

4. 고객사별 매출 현황

*삼성전자: 기존 매출 비중이 가장 높았던 핵심 고객사다.

*TSMC: 2025년 50억 원 규모에서 2026년 100억 원, 2027년 200억 원 이상으로 매출 비중이 급격히 확대될 전망이다.

*기타 글로벌 IDM: 마이크론Micron, 키옥시아Kioxia, 글로벌 파운드리 등으로 고객사가 다변화되고 있으며, 최근 SK하이닉스 벤더 등록도 완료되었다.

5. 국내 주요 경쟁사 현황

*티씨케이TCK: 실리콘 카바이드SiC 링 시장의 선두 주자다.

*하나머티리얼즈: 실리콘 및 SiC 부품을 생산하는 주요 경쟁사다.

*케이엔제이: SiC 포커스 링 등을 주력으로 하는 소부장 기업이다.

하나머티리얼즈: 실리콘 부품의 성장 사이클

하나머티리얼즈는 파츠 전쟁에서 TEL이라는 핵심 고객을 통해 성장하는 실리콘 부품 기업이다. TEL의 극저온 식각 장비 시장 점유율 회복이 이 기업의 실적 회복과 정확히 연동된다.

하나머티리얼즈는 반도체 제조 공정 중 식각Etching 공정에 사용되는 실리콘Si 및 실리콘 카바이드SiC 소재 부품을 전문적으로 생산하는 기업이다. 세계적인 에칭 장비 업체인 일본 도쿄일렉트론TEL 등을 주요 고객사로 두고 있으며, 반도체 선단 공정 확대에 따른 부품 수요 증가의 직접적인 수혜를 입고 있다.

1. 사업별 매출 비중(2026년 전망치 기준)

주력 제품인 실리콘 부품이 전체 매출의 약 89%를 차지하며 성장을 견인하고 있다.

*실리콘 부품약 89.4%: 실리콘 링44.7%, 일렉트로드44.7%로 구성.

*SiC 링 및 기타약 10.6%: 차세대 고내구성 부품인 SiC 링 등.

2. 주요 투자 포인트

*선단 공정 확대: DRAM 선단 공정 투자와 NAND V10 전환으로 인해 부품 교체 주기가 단축되며 수요가 급증하고 있다.

*주요 고객사의 점유율 회복: 최대 고객사인 도쿄일렉트론TEL이 '극저온 식각 장비' 출시를 통해 시장 점유율을 회복하며 동반 성장이 기대된다.

*고객사 및 응용처 다변화: 부진했던 북미 고객사향 물량이 회복세에 있으며, 로직/파운드리향 매출 비중 확대를 추진 중이다.

3. 리스크 요인

*과거 성장 둔화 이력: 2023~2025년 사이 북미 고객사향 매출 부진으로 성장이 다소 정체된 바 있다.

*대외 변수: 미-중 분쟁 등 지정학적 리스크에 따른 재고 축적 수요 변동 가능성이 존재한다.

4. 고객사별 매출 비중(2025~2026 추정)

특정 고객사에 대한 높은 의존도를 점진적으로 낮추며 공급망을 확대하고 있습니다.

*도쿄일렉트론TEL: 약 60% 내외로 가장 높은 비중 차지.

*세메스SEMES: 약 20% 수준.

*기타Applied Materials, Lam Research 등: 북미 및 글로벌 장비사 비중 확대 중.

5. 국내 경쟁사 현황

반도체 전공정 부품 시장에서 다음과 같은 기업들과 경쟁 및 비교된다.

*티씨케이TCK: SiC 링 시장의 독보적 1위 기업이자 하나머티리얼즈의 강력한 경쟁사다.

*원익QnC, 월덱스: 쿼츠 및 실리콘 부품 분야에서 경쟁 관계에 있다.

*케이엔제이KNJ, 비씨엔씨: SiC 링 및 합성쿼츠 부품 시장의 주요 플레이어다.

코미코: 세정 코팅의 글로벌 확장

코미코는 파츠 전쟁에서 세정과 코팅이라는 고마진 서비스로 글로벌 영토를 확장하는 기업이다. 대만 타이난 2공장과 미국 피닉스 법인이 동시에 가동되는 2026년이 이 기업의 진정한 글로벌화의 원년이다.

코미코는 반도체 핵심 공정 장비 부품의 세정과 코팅을 전문으로 하는 기업이다. 자회사 미코세라믹스를 통해 기능성 세라믹 부품 사업까지 영위하고 있다. 최근 대만과 미국 등

글로벌 주요 거점의 생산 능력을 확대하며 최첨단 공정2~3나노 대응력을 강화해 안정적인 성장 궤도에 진입한 것으로 평가받는다.

1. 사업별 매출 비중(2026년 전망치 기준)
자회사 미코세라믹스의 비중이 가장 크며, 본업인 코팅과 세정이 그 뒤를 잇고 있다.

*미코세라믹스: 약 40.5%2,930억 원

*코팅Coating: 약 29.7%2,150억 원

*세정Cleaning: 약 22.5%1,630억 원

*기타본사 부품 등: 약 7.3%530억 원

2. 주요 투자 포인트
*대만 T사TSMC 공급 확대: 타이난 2공장이 2026년 상반기 준공될 예정이며, 기존 7~5나노에서 3~2나노 최선단 공정까지 대응 영역이 확대된다.

*미국 법인 정상 가동: 피닉스 법인이 2026년 1분기 내 준비를 마치고 본격적인 세정/코팅 서비스를 시작한다.

*글로벌 영토 확장: 향후 일본과 유럽 팹Fab 대응을 위한 행정 절차도 진행 중이다.

3. 리스크 요인
*단기 비용 부담: 신규 공장 건설에 따른 감가상각비 증가와 신규 인력 채용 확대 등으로 인해 단기적인 수익성 개선 속도는 예상보다 더딜 수 있다.

*전방 산업 변동성: 반도체 제조사의 가동률에 직접적인 영향을 받는 구조이므로 업황 회복 속도에 민감하다.

4. 고객사 및 경쟁사 현황
*주요 고객사: TSMC와 인텔Intel뿐 아니라 삼성전자와 SK하이닉스 역시 주요 고객이다.

*국내 주요 경쟁사:
- 원익QnC: 세정 및 코팅 분야에서 가장 강력한 경쟁자로, 쿼츠 부문에서의 강점을 바탕으로 세정 사업을 확장하고 있다.
- 한솔아이원스: 정밀 세정 및 코팅 서비스를 제공하며, 특히 반도체 장비 부품 가공 역량을 보유하고 있다.

케이엔제이: 애프터 마켓 SiC 링의 다크호스

케이엔제이는 파츠 전쟁에서 애프터마켓 SiC 링의 강자다. 동일한 기술력을 가지고도 비포마켓 대비 저평가를 받는 구조적 디스카운트가 이 기업의 투자 매력이다. 케이엔제이는 자체 CVD화학기상증착 챔버 기술을 보유하고 있으며, 이를 통해 반도체 웨이퍼 식각 공정에 사용되는 소모성 부품인 SiC탄화규소 포커스링과 LED 제조용 코팅 제품을 생산하는 부품 전문 기업이다. 낸드NAND의 고단화에 따라 필수적인 SiC 부품 시장에서 기술력과 원가 경쟁력을 바탕으로 애프터마켓A/M 시장을 선도하고 있다.

1. 사업별 및 고객사별 매출/채택률

*주력 사업: 반도체 에칭 공정용 SiC 포커스링이 핵심 성장 동력이며, 이외에 LED 제조용 SiC 코팅 제품을 생산한다.

*고객사별 채택률A/M 기준:
- 고객사 A: 2025년 45% → 2026년 50%로 상승 전망.
- 고객사 B: 2025년 30% → 2026년 40%로 상승 전망.

*유통 구조: 장비사를 거치지 않고 반도체 제조사IDM에 직접 납품하는 애프터마켓A/M 방식에 집중하고 있다.

2. 투자 포인트(Investment Points)

*낸드NAND 사이클 수혜: AI 인프라향 eSSD 수요 호조와 낸드 고단화로 인해 내마모성이 강한 SiC 포커스링 채택이 표준화되고 있다.

*원가 경쟁력: 자체 CVD 챔버 제작 기술을 통해 고객사의 커스터마이징 요청두께, 사이즈 등에 따른 비용 증가를 효과적으로 방어하고 있다.

*밸류에이션 리레이팅: 과거 A/M 제품은 저가형이라는 인식이 있었으나, 최근 정밀도가 올라가며 비포마켓B/M 대비 저평가되었던 가치가 재평가될 시점이다.

3. 리스크(Risks)

*커스터마이징 비용 우려: 고객사의 사양 변경 요청이 많아지면서 제조 원가가 상승할 수 있다는 우려가 존재한다.

*시장 인식: 주요 경쟁사들이 선점한 비포마켓B/M 대비 낮은 밸류에이션 배수를 받는 디스카운트 요인이 지속될 가능성이 있다.

4. 국내 경쟁사 현황

국내 주요 경쟁사로는 티씨케이TCK와 하나머티리얼즈가 있다.

*티씨케이/하나머티리얼즈: 주로 장비사에 납품하는 비포마켓B/M 시장을 점유하고 있으며, 12개월 선행 PER 상단이 약 25배 수준3월 말 기준이다.

*케이엔제이: 애프터마켓A/M의 강자로 기술력 차이가 거의 없음에도 불구하고 PER 20배 수준3월 말 기준으로 상대적 저평가를 받고 있다.

비씨엔씨: 합성 쿼츠의 흑자 전환

비씨엔씨는 파츠 전쟁에서 세계 최초로 합성쿼츠를 직접 개발하고 양산에 성공한 기업이다. 2025년 흑자 전환을 기점으로 2026년 가동률 회복과 신제품 QD9+ 확대가 맞물리며 이익 레버리지가 폭발할 구간이다. 비씨엔씨는 반도체 식각Etching 공정에 사용되는 합성쿼츠QD9, QD9+ 소재를 세계 최초로 직접 개발하여 양산에 성공한 반도체 부품 전문 기업이다. 주력 제품인 합성쿼츠를 바탕으로 삼성전자, SK하이닉스 등 글로벌 반도체 제조사와 장비사에 고부가 부품을 공급하고 있다. 2025년 흑자 전환을 기점으로 2026년부터 본격적인 성장 가속화 구간에 진입한 것으로 평가받는다.

1. 사업별 매출 비중(2025년 3분기 누적 기준)

합성쿼츠가 전체 매출의 약 7할을 차지하는 핵심 사업부다.

*합성쿼츠QD9, QD9+: 67%주력 제품

*천연쿼츠: 16%

*실리콘 및 세라믹: 12%

*기타Sapphire 등: 5%

2. 주요 투자 포인트

*AI 수요 확산: AI 시장 개화로 인한 반도체 업황 개선이 쿼츠 부품 수요를 가속하고 있다.

*가동률 회복: 2024년 55%였던 합성쿼츠 가동률이 2026년 하반기에는 81%까지 상승하며 이익 레버리지 효과가 기대된다.

*신제품 QD9+ 비중 확대: 기존 제품 대비 공정 시간이 짧고 효율이 높은 QD9+의 매출 비중이 2026년 18%까지 확대되어 수익성 개선을 이끌 전망이다.

3. 리스크 요인

*실적 변동성: 과거 IT 부품 업체들의 사례처럼 매출 볼륨 확대 과정에서 실적 변동성이 나타날 수 있어 지속적인 확인이 필요하다.

*고객사 진입 시점: 주요 국내외 고객사의 신제품 인증 및 진입 확대가 2026년 하반기에 집중되어 있어, 이 시점이 지연될 경우 단기 실적에 영향을 줄 수 있다.

4. 고객사 및 경쟁사 현황

*고객사별 매출 비중:

- 반도체 제조사IDM: 약 67%삼성전자, SK하이닉스 등
- 반도체 장비사OEM: 약 33%

*국내외 경쟁사 비교2026년 전망 기준:

- 원익QnC: 쿼츠 시장의 전통 강자.
- 하나머티리얼즈: 실리콘 및 쿼츠 부품 공급.
- 티씨케이: SiC 링 분야 선두주자.

월덱스: 실리콘 쿼츠 부품의 애프터 마켓 리더

월덱스는 파츠 전쟁에서 실리콘·쿼츠·세라믹을 모두 다루는 종합 애프터마켓 부품 기업이다. 경쟁 심화라는 구조적 압박 속에서 NAND 고단화 수혜가 이를 상쇄할 수 있는지가 핵심 관전 포인트다. 월덱스는 반도체 식각 공정에 사용되는 실리콘Si, 쿼츠Quartz, 세라믹 등 반도체 전공정 소모성 부품을 전문적으로 제조하는 기업이다. 특히 장비사를 거치지 않고 반도체 제조사에 직접 부품을 공급하는 애프터 마켓After Market 분야의 강자다. 삼성전자와 SK하이닉스 등 글로벌 칩메이커를 주요 고객사로 확보하고 있다.

1. 사업별 매출 비중(1H25 기준)

주력 제품인 실리콘 부품이 전체 매출의 70% 이상을 차지하는 핵심 수익원이다.

2. 주요 투자 포인트

부문	매출 비중	주요 제품
실리콘(Si)	72.90%	전극(Electrode), 링(Ring), Ingot 등
쿼츠(Quartz)	17.30%	Focus Ring, Tube, Boat 등
세라믹 및 기타	9.80%	SiC Ring, Alumina Parts 등

*애프터 마켓 시장의 구조적 성장: 반도체 제조사들이 원가 절감을 위해 비포 마켓장비사 공급 대비 저렴한 애프터 마켓 부품 사용을 지속적으로 늘리고 있다.

*NAND 고단화 수혜: 3D NAND의 적층 단수가 높아질수록 식각 공정 난이도가 올라가 소모성 부품Focus Ring 등의 교체 주기가 짧아지며 수요가 증가한다.

*eSSD 수요 확대: AI 서버 시장 성장에 따른 엔터프라이즈 SSDeSSD 수요 증가로 부진 했던 NAND 업황이 개선되면서 파츠 수요가 함께 살아나고 있다.

3. 리스크 요인

*경쟁 심화: 과거에는 월덱스와 케이엔제이 위주였으나, 최근 비씨엔씨, 씨엠티엑스 등 신규 업체들이 애프터 마켓에 진입하며 경쟁이 강해지고 있다.

*가격 하락 압박: 경쟁이 심해질 경우 부품 단가 하락으로 인해 수익성이 악화될 우려가 존재한다.

4. 고객사 현황 및 특징

*글로벌 고객사: 삼성전자, SK하이닉스, Micron, Intel, Kioxia, TSMC, CXMT, YMTC 등 전 세계 주요 반도체 업체를 고객사로 두고 있다.

*지역별 특징: 특히 2024년에는 중국향 매출 비중이 약 30% 수준까지 크게 증가하며 성장에 기여했다.

5. 국내 경쟁사 현황

*비포 마켓Before Market 중심: 하나머티리얼즈Si, 원익QnC쿼츠, 티씨케이SiC.

*애프터 마켓After Market 중심: 케이엔제이, 비씨엔씨 등.

기업 분석: 테스터

테크윙: HBM 큐브프로버의 폭발적 성장

테크윙은 테스트 전쟁에서 핸들러 글로벌 1위에서 HBM 큐브프로버라는 차세대 무기를 장착한 기업이다. 2026년 매출 173% 성장이라는 폭발적 전망의 실현 여부는 두 번째 고객사 공급 시점에 달려 있다. 테크윙은 메모리 반도체 테스트 핸들러 분야에서 글로벌 점유율 1위약 70%를 차지하고 있는 반도체 후공정 장비 전문 기업이다. 최근에는 HBM고대역폭메모리의 수율 개선과 공정 효율화를 위한 신규 장비인 '큐브프로버'를 통해 HBM 검사 장비 시장으로 사업 영역을 급격히 확장하며 강력한 성장 동력을 확보하고 있다.

1. 사업별 매출 비중(2026년 전망치 기준)

신제품인 큐브프로버가 포함된 검사장비 부문의 비중이 압도적으로 높아질 전망이다.

*검사장비큐브프로버, 핸들러 등: 약 70%3,037억 원

*C.O.KChange Over Kit: 약 17%746억 원

*부품 및 보드Parts, Board: 약 10%444억 원

*디스플레이 장비: 약 3%126억 원

2. 주요 투자 포인트

*HBM 큐브프로버 모멘텀: HBM 세대가 HBM4로 전환되면서 성능 향상과 수율 확보가 어려워짐에 따라 테스트 시간을 단축하고 원가를 절감할 수 있는 큐브프로버의 수요가 급증하고 있다.

*고객사 확대 가시화: 첫 번째 고객사SK하이닉스 등향 진입 공정 확대와 더불어, 공급 불확실성이 있었던 두 번째 고객사마이크론 등향 공급이 상반기 내 가시화될 것으로 기대된다.

*탄탄한 본업 회복: 전방 메모리 고객사들의 투자가 빨라지며 주력 제품인 핸들러 및

C.O.K 수주가 최근 분기 대비 가장 높은 수준을 기록하고 있다.

3. 리스크 및 변수

*고객사 공급 시점: 두 번째 고객사의 큐브프로버 탑재 시점이 예상보다 지연될 경우 실적 추정치가 변동될 수 있다.

*높은 밸류에이션: 현재 12개월 선행 P/E 기준 30배 수준으로, 국내 후공정 장비 평균34배에 근접해 있어 신장비 공급 대수에 따른 이익 상향 여부가 중요하다.

4. 고객사별 매출 비중

마이크론이 전체 매출의 40~50%를 차지하는 최대 고객사로 추정된다.

*큐브프로버 공급 현황: 현재 삼성전자와 SK하이닉스에는 기술 검증 및 양산 공급이 진행 중이며, 마이크론은 퀄Quality 테스트가 진행 중인 단계로 파악된다.

파크시스템스: AFM 계측 글로벌 1위

파크시스템스는 테스트 전쟁에서 원자현미경 글로벌 1위라는 독점적 지위를 보유한 계측 기업이다. 반도체가 미세해질수록 광학 장비의 한계를 넘어서는 AFM의 수요는 구조적으로 증가할 수밖에 없다.

파크시스템스는 독보적인 비접촉식 기술을 보유한 글로벌 원자현미경AFM 시장 점유율 1위 기업이다. 나노 단위의 계측이 필요한 반도체 공정과 기초 과학 연구 분야에 첨단 장비를 공급한다. 특히 반도체 회로의 미세화로 인해 기존 광학 장비의 한계를 극복할 수 있는 원자현미경의 중요성이 커지면서, 선단 파운드리 공정 내 핵심 계측 장비 파트너로서 입지를 굳히고 있다.

1. 사업 및 고객사별 매출 비중

*사업별 매출 구성(2026E 예상)

- 산업용반도체 등: 약 73%1,855억 원 – 수익성이 높고 성장을 견인하는 주력 분야다.
- 연구용: 약 21%533억 원 – 대학 및 국책 연구소 등에 공급된다.

*고객사 및 지역별 동향:

- 글로벌 파운드리: TSMC26년 설비투자 30% 증가 예상, 인텔장비 투자 확대, 삼성전자테일러 팹 가동 준비 등 주요 선단 공정 업체들을 모두 고객사로 확보하고 있다.

- 지역별: 북미 고객사향 매출은 견조하나, 중국향 매출 비중은 성장세가 다소 둔화될 것으로 예상된다.

2. 주요 투자 포인트

*선단 공정 경쟁 재개: 2026년부터 TSMC, 인텔, 삼성 등 주요 파운드리 업체의 미세 공정 투자가 본격화되며 수혜가 예상된다.

*공정 제어 중요도 확대: 반도체 수율 관리를 위해 전·후공정 모두에서 미세 계측의 중요성이 커지고 있으며, 이는 파크시스템스 장비 수요로 직결된다.

*제품 다변화: NX-Hybrid WLI백색광 간섭계 결합형, NX-TSH 등 신규 장비 라인업을 통해 매출처를 넓히고 있다.

*신규 수주 회복: 2025년 2분기를 저점으로 신규 수주액이 회복세를 보이고 있다.

3. 리스크 요인

*중국 시장 불확실성: 중국향 매출 성장세 둔화가 우려 요인이나 최근 신규 수주는 여전히 견조한 것으로 파악된다.

*장비 입고 지연: AI 인프라 수요는 강하지만 공급망 및 인프라 제약으로 인해 고객사들의 장비 입고 속도가 기대보다 늦어질 가능성이 있다.

*밸류에이션 부담: 2026년 예상 실적 기준 PER 34.5배, PBR 6.8배로 업종 내에서 상대적으로 높은 평가를 받고 있어 주가 변동성이 클 수 있다.

네오셈: SSD, CXL, HBF 검사 장비의 강자

네오셈은 테스트 전쟁에서 어드반테스트의 SSD 사업 철수로 가장 큰 반사이익을 얻은 기업이다. CXL과 HBF라는 차세대 메모리 검사 시장의 선점이 이 기업의 중장기 성장 동력이다. 네오셈은 2002년 설립된 반도체 검사장비 전문기업으로 SSDSolid State Drive 검사 장비 분야에서 10년 이상 글로벌 시장 점유율 1위를 유지하고 있는 업계 리더다. 최근에는 AI 서버 확산에 발맞춰 CXLCompute Express Link 및 HBFHigh Bandwidth Flash와 같은 차세대 메모리 검사 솔루션으로 사업 영역을 공격적으로 확장하고 있다.

1. 사업부별 매출 비중(2025년 기준)

*모듈 테스트약 80%: SSD, CXL, 서버 DIMM 검사장비 등 네오셈의 핵심 캐시카우다.

*컴포넌트 테스트약 10%: 개별 칩 단위의 번인Burn-in 테스터를 포함한다.

*자동화 및 기타약 10%: 서버 DIMM 및 SSD 오토메이션 장비 등이 해당된다.

2. 주요 투자 포인트

*SSD 세대 전환의 독점적 수혜: AI 서버 확대로 SSD 인터페이스가 Gen5/6로 진화 중이다. 특히 경쟁사인 어드반테스트의 사업 철수 이후, Gen5 CPU 기반 테스트 시장에서 글로벌 유일의 플레이어로 입지를 굳혔다.

*CXL 시장의 선점: CXL 1.0/2.0 테스터를 세계 최초로 개발했으며, 2026년부터 본격적인 매출 발생이 기대된다. 2028년까지 형성될 거대 신규 시장TAM에서 높은 점유율 확보가 예상된다.

*차세대 HBF 시장 진입: GPU 옆에서 HBM의 부담을 덜어줄 HBF고대역폭 플래시 검사장비를 글로벌 메모리사들과 공동 개발 중이다. 2026년 말 데모 버전 출시를 목표로 하고 있다.

3. 리스크 요인

*신시장 형성 지연: CXL이나 HBF 기술의 표준화 진전 속도나 고객사의 채택 시점이 예상보다 늦어질 가능성이 존재한다.

*투자 집중 편중: 메모리 제조사들이 HBM 생산라인 증설에만 예산을 집중할 경우, 네오셈의 주력인 SSD나 일반 번인 장비에 대한 투자가 뒤순위로 밀릴 수 있다.

4. 고객사 및 경쟁사 현황

*고객사 구성: 국내 주요 메모리 제조사삼성전자, SK하이닉스 등와 북미 낸드 전문 업체마이크론 등를 주요 고객으로 두고 있다. 최근 북미 고객사향 번인 장비 수주가 확대되는 추세다.

*국내 경쟁사 현황:

• 엑시콘: CXL 테스터 등에서 경쟁하고 있으나, 최근 9분기 연속 적자를 기록하며 재무적으로 고전 중이다.

• 디아이: 자회사인 디지털프론티어를 통해 검사장비 사업을 영위하나, 현재는 비상장 상태여서 직접적인 비교는 제한적이다.

• 어드반테스트일본: 글로벌 강자였으나 2025년 1월 SSD 사업에서 철수하며 네오셈에 반사이익 기회를 제공했다.

디아이: SK하이닉스 HBM4 번인 메인 벤더

디아이는 테스트 전쟁에서 SK하이닉스 HBM4 번인 테스터의 메인 벤더다. 998억 원 규모의 HBM4 수주 공식화와 청주 P&T7 신설이라는 두 개의 성장 동력이 2026~2027년 실적을 뒷받침한다. 디아이는 반도체 전공정의 웨이퍼 검사 장비와 후공정의 번인Burn-in 및 파이널 검사 장비를 전문적으로 생산하는 대한민국 대표 반도체 검사 장비 기업이다. 특히 자회사인 디지털프론티어DF를 통해 SK하이닉스향 HBM 및 DDR5 등 차세대 메모리 검사 장비를 공급하며 기술 경쟁력을 입증하고 있다.

1. 사업부문별 매출 비중(2024년 기준)

반도체 장비 부문이 전체 매출의 압도적인 비중을 차지하고 있다.

*반도체 장비: 80.4%핵심 사업

*전자 부품: 6.3%

*2차전지 장비: 7.0%

*기타환경 등: 6.3%

2. 주요 투자 포인트

*HBM4 수주 공식화: 2026년 1월, SK하이닉스와 998억 원 규모의 HBM4 웨이퍼 테스터 공급 계약을 체결하며 기술력을 공식 확인했다.

*차별화된 열 관리 기술: 고적층 HBM의 발열 문제를 해결하기 위해 수냉식Water-cooled 기반 열 관리 설계를 적용한 장비를 공급한다.

*후공정 증설 사이클 수혜: SK하이닉스의 청주 P&T3 증축 물량뿐만 아니라, 향후 약 19조 원 규모의 투자가 예상되는 P&T7 신설 과정에서도 주요 파트너로 참여할 가능성이 높다.

3. 리스크 요인

*주가 선반영: 최근의 HBM4 수주 기대감이 주가에 일부 선반영되어 있어, 수주 공시 이후 단기적인 변동성이 나타날 수 있다.

*투자 시점의 불확실성: P&T7과 관련된 구체적인 발주 물량이나 시점을 현시점에서 확정하기는 어렵다.

4. 고객사 및 경쟁사 현황

*고객사별 비중:

- 삼성전자: 디아이 본사에서 DRAM 및 NAND용 번인 검사 장비를 공급하는 공식 벤더다.
- SK하이닉스: 자회사 디지털프론티어를 통해 HBM 및 DDR5 웨이퍼 테스터를 독점적으로 공급하고 있으며, 최근 998억 원 규모의 대형 수주도 이곳에서 발생했다.

*국내 경쟁사Peer Group**:**

- 한미반도체, 테크윙, 와이씨, 피에스케이홀딩스, 엑시콘, 유니테스트 등이 주요 비교 그룹으로 꼽힌다.
- 특히 웨이퍼 테스터 시장은 글로벌 기업인 아드반테스트일본, 테라다인미국이 주도하고 있으나, 디아이는 국산화에 성공하며 국내 고객사 내 입지를 굳히고 있다.

기업 분석: 테스트 소켓

리노공업: 50%대 영업이익률 소켓 강자

리노공업은 테스트 소켓 전쟁에서 50%대 영업이익률로 부가가치의 정점에 서 있는 기업이다. 퀄컴과 애플이라는 두 개의 최대 고객에 AI 가속기용 R&D 소켓 수요가 더해지면서 성장의 레이어가 쌓이고 있다. 시스템반도체에 주로 쓰이는 포고 핀 타입 소켓을 공급하는 업체다. 소켓의 부분품인 리노 핀도 판매한다. 리노핀은 국내외 1400개 업체가 사용 중이다. 세계 최고 수준의 초정밀 공정 기술 경쟁력을 보유하고 있다. 40% 넘는 영업이익률을 유지할 정도로 부가가치가 높은 회사다. 2010년부터 지멘스와 초음파 진단 의료기기 사업도 진행하고 있다. 그동안 모바일 AP 중심으로 성장세를 이어왔지만, 최근 AI 가속기, 퀄컴향 웨어러블, 전장, AR/VR 기기향 매출이 증가하고 있다.

1. 투자 포인트(Investment Points)

*고부가가치 제품 수요 증가WMCM: 2026년 하반기 북미 고객사의 플래그십 스마트폰 AP에 WMCMWafer level Multi Chip Module 패키징 적용이 예상된다. 칩 집적도 상승에 따라 테스트 소켓의 핀pin 개수가 증가하고 소켓의 평균판매단가ASP가 상승할 전망이다.

*R&D용 소켓 비중 확대: 신규 칩 개발 수요로 인해 R&D용 소켓 출하가 호조를 보이고 있다. 4Q25 기준 양산 대비 R&D 비중은 7:3 수준으로 추정됩니다3Q25 6:4 대비 상승.

*신공장 증설 및 CAPEX 투자: 2026년 11월 부산 신공장 이전이 예정되어 있으며, 2025년 약 600억 원의 투자가 집행되었다. 이는 2027년부터 6G, AI, 차량용 등 신규 디바이스 수요 증가에 대응하기 위한 선제적 조치다.

*우호적 수급 환경: 정부의 코스닥 부양 의지와 코스닥150 ETF 투자 급증 등 수급 환경이 개선되었다.

2. 리스크 요인(Risk Factors)

*단기 주가 급등에 따른 부담: 리노공업의 주가는 정부 정책 기대감 등으로 단기간에 급격히 상승1/21 종가 대비 +47%했다. 리포트는 펀더멘탈 개선 속도보다 주가 상승 속도가 다소 앞선 측면이 있다고 분석하고 있어, 단기적인 가격 조정 가능성이 잠재적 리스크일 수 있다. 리노공업은 고객사와의 비밀 유지 계약NDA으로 인해 구체적인 기업별 매출 비중을 공식적으로 공시하지 않는다. 주요 고객사별 매출 비중 추정치는 다음과 같다.

3. 핵심 고객사(Big 2): 전체 매출의 약 40~50% 추정

리노공업 매출의 가장 큰 축을 담당하는 것은 북미 지역의 팹리스Fabless와 세트Set 업체.

*퀄컴Qualcomm [추정 비중: 1위]

리노공업의 전통적인 최대 고객사다. 모바일 AP스냅드래곤 시리즈 테스트를 위한 소켓 수요가 가장 많다. 과거에는 단일 고객사 비중이 30%를 상회할 정도로 절대적이었으나, 최근 고객 다변화로 인해 비중이 20% 내외로 조정된 것으로 추정된다.

*애플Apple [추정 비중: 2위]

자체 칩Apple Silicon 설계 능력이 강화되고 디바이스 종류가 늘어나면서 매출 비중이 빠르게 확대되고 있다. 퀄컴과 함께 양대 산맥을 이루며 비중은 10~20% 수준으로 추정된다.

4. 기타 주요 글로벌 고객사

*글로벌 빅테크 및 팹리스NVIDIA, AMD 등

최근 AI 및 서버용 반도체 수요가 급증하면서 엔비디아NVIDIA, AMD 등 고성능 컴퓨팅HPC 관련 기업들의 R&D용 소켓 주문이 늘고 있다.

*파운드리TSMC

대만 TSMC와도 거래 관계가 있으며, 미세 공정 테스트를 위한 핀과 소켓을 공급한다.

5. 국내 고객사

*삼성전자Samsung Electronics

시스템LSI 사업부비메모리가 주요 고객이며, 엑시노스Exynos AP 개발 및 테스트 과정에서 리노공업 제품을 사용한다. 글로벌 고객사에 비해 비중은 상대적으로 낮은 편이다.

6. 응용처Application별 비중 요약

고객사 이름 대신 산업별로 비중을 보면 구조가 더 명확하다.

*모바일스마트폰 관련**:** 전체 매출의 약 60~70%.퀄컴, 애플, 삼성전자 등이 여기에 포함

*의료기기 부품: 전체 매출의 약 10%.지멘스, 필립스 등 글로벌 의료기기 업체 향

*기타AI, 전장, AR/VR 등**:** 나머지 비중을 차지하며, 현재 가장 빠르게 성장하는 분야다.

결론적으로 리노공업은 퀄컴과 애플이라는 확실한 'Two Top' 고객사를 보유하고 있으며, 이들 두 회사가 매출의 상당 부분약 40% 이상을 차지하는 것으로 추정된다. 최근에는 AI 반도체 붐에 힘입어 엔비디아 등 타 글로벌 팹리스로 고객군이 다변화되는 추세다.

티에프이: 테스트 토털 솔루션 기업

티에프이는 테스트 소켓 전쟁에서 경쟁사 대비 현저한 저평가를 받고 있는 토털 솔루션 기업이다. ISC와 리노공업의 PER 40~50배 대비 16배라는 밸류에이션 갭이 이 기업의 가장 강력한 투자 근거다. 티에프이는 2003년 설립된 반도체 테스트 솔루션 전문 기업으로, 테스트 소켓, 테스트 보드, COK^{Change Over Kit}까지 아우르는 풀 라인업을 보유하고 있다. 특히 고주파 및 대면적 소켓 기술을 바탕으로 AI 반도체, HBM, 차세대 패키징 등 최첨단 반도체 테스트 환경에 최적화된 통합 솔루션을 공급하며 성장하고 있다.

1. 사업별 및 고객사별 매출 비중(2025년 3분기 기준)

*제품별 비중: 테스트 보드50.0%, 테스트 소켓25.1%, COK24.9%로 구성되어 있다.

*산업별 비중: 메모리 반도체향 매출이 64.0%, 비메모리로직향 매출이 36.0%를 차지한다.

*고객사별 비중: 국내 최대 고객사인 A사57.2%에 대한 의존도가 높으며, B사17.9%, C사3.6%, D사2.6% 순으로 이어진다.

2. 주요 투자 포인트

*통합 솔루션 경쟁력: 소켓, 보드, COK를 개별적으로 공급하는 타사들과 달리 세 제품을 일괄 공급함으로써 테스트 난도가 높아지는 차세대 패키징2.5D 등 시장에서 높은 마진과 고객 대응력을 확보하고 있다.

*신규 성장 동력CPO & 차세대 메모리**:** 광모듈을 칩에 집적하는 CPO^{Co-Packaged Optics} 테스트용 소켓을 북미 고객사 등에 공급하기 시작했으며, SOCAMM, LPCAMM 등 차세대

메모리 모듈 규격 전환의 직접적인 수혜가 예상된다.

*생산 능력Capa 증설: 경기도 화성에 약 140억 원을 투자하여 공장을 증설 중이며, 2026년 하반기 가동 시 소켓 생산 능력이 현재보다 2배 이상 확대될 예정이다.

*저평가 매력: 2026년 예상 실적 기준 PER은 16.3배로, 국내외 경쟁사평균 48.3배 대비 현저히 낮은 수준에서 거래되고 있다.

3. 리스크 요인

*전방 산업 시황 부진: 반도체 업황 전반의 급격한 악화 시 수주 물량이 감소할 수 있는 리스크가 존재한다.

4. 국내 경쟁사 현황

국내 시장에서는 제품군별로 강력한 경쟁사들이 포진해 있으나 티에프이처럼 보드와 소켓을 모두 아우르는 토털 솔루션을 제공하는 기업은 드물다.

*ISC: 실리콘 러버 소켓 분야의 세계 1위 기업으로, 최근 SKC에 인수되며 그룹사 시너지를 강화하고 있다.

*리노공업: 포고 핀Pogo Pin 및 테스트 소켓 분야의 압도적 강자로 높은 영업이익률과 기술력을 보유하고 있다.

*티에스이TSE: 테스트 보드 및 소켓 분야에서 티에프이와 유사한 사업 구조를 가진 주요 경쟁사 중 하나다.

ISC: AI 반도체 소켓 매출 68% 구조적 성장

ISC는 테스트 소켓 전쟁에서 AI 반도체 매출 비중이 68%에 달하는 구조적 수혜 기업이다. 비메모리 83%, 데이터센터 67%라는 포트폴리오는 AI 수혜의 가장 직접적인 통로다. ISC는 반도체 테스트 솔루션 분야의 글로벌 리더로 특히 AI 반도체 및 고대역폭 메모리 HBM용 실리콘 러버 소켓 시장에서 독보적인 기술력을 보유한 기업이다. 지난해 기준 전체 매출의 68%를 AI 분야에서 창출하며, 데이터센터와 고부가가치 비메모리 반도체 테스트 시장을 중심으로 가파른 성장을 이어가고 있다.

1. 사업 및 매출 비중

*제품별: 비메모리 반도체 비중이 83%로 압도적이며, 메모리 비중은 17%다.

*응용처별: 데이터센터67%가 가장 큰 비중을 차지하며, 스마트폰22%, PC/노트북6%이 그 뒤를 잇고 있다.

*기술별: AI 관련 매출 비중이 2023년 9%에서 2025년 68%로 급성장하며 회사의 핵심 성장 동력이 되었다.

2. 주요 투자 포인트

*AI/HBM 성장 가속: 2026년 AI 매출 비중 목표를 70% 이상으로 설정하고, 글로벌 메모리 3사삼성, SK하이닉스, 마이크론에 HBM 테스트 솔루션 공급을 확대하고 있다.

*생산 능력 확충CAPEX: 베트남 공장 2기 신설1기 대비 약 3배 규모 등 대규모 선제적 투자를 통해 AI 반도체 수요 폭증에 대응하고 있다.

*주주 환원 강화: 2026년 주당 배당금을 850원2025년 810원 대비 증가으로 계획하여 수익 성장을 주주와 공유하고 있다.

3. 리스크 요인

*단기 비용 부담: 대규모 설비 투자CAPEX 집행에 따른 초기 감가상각비 증가 및 비용 확대 가능성이 있다.

*원자재 가격 변동: 소켓 제조에 사용되는 금, 은, 니켈 등 귀금속 가격 상승 시 원가 부담이 발생할 수 있다.

*전통 IT 수요 둔화: PC 및 노트북 시장의 회복 지연으로 관련 매출이 감소세에 있어 보수적인 접근이 필요하다.

4. 고객사별 매출 비중(추정 포함)

*AI 가속기/ASIC: 엔비디아NVIDIA, AMD 등 글로벌 빅테크 기업들이 핵심 VIP 고객사를 2025년 8개에서 올해 12개로 확대한다는 목표다.

*메모리: 삼성전자, SK하이닉스, 마이크론 등 글로벌 메모리 빅3 모두에 테스트 솔루션을 공급하고 있다.

티에스이: D램 프로브카드 저평가 기회

티에스이는 테스트 소켓 전쟁에서 DRAM 프로브카드라는 진입 장벽 높은 고부가 영역에 성공적으로 안착한 기업이다. 피어 대비 PER 13배라는 극심한 저평가가 이 기업의 가장

강력한 매력이다.

티에스이는 반도체 및 OLED 검사 장비와 소모성 부품을 제조하는 대표적인 IT 소부장소재·부품·장비 기업이다. 주력 제품인 프로브카드와 인터페이스보드를 통해 반도체 테스트 솔루션을 제공하며, 최근 고부가 제품인 DRAM 프로브카드 시장 확대와 자회사의 실적 턴어라운드를 통해 가파른 성장을 이어가고 있다.

1. 사업별 매출 비중(2026F 추정)

프로브카드가 전체 성장을 견인하며 최대 매출원으로서의 입지를 굳힐 전망이다.

*프로브카드38.9%: 2,104억 원DRAM용 고부가 제품 비중 확대

*인터페이스보드23.9%: 129.6억 원국내외 수요 지속 증가

*계열사/자회사23.3%: 126.3억 원실적 턴어라운드 및 성장세 진입

*TEST 소켓8.6%: 46.4억 원

*OLED 검사장비5.2%: 28.1억 원

2. 주요 투자 포인트

*고부가 DRAM 프로브카드 성장 가속: 진입 장벽이 높은 DRAM 프로브카드의 고객사 확대 및 안정적 수요 확인으로 밸류에이션 재평가가 가능하다.

*자회사 실적 턴어라운드: 2025년 소폭 적자에서 2026년 약 150억 원 규모의 영업이익을 기록하며 전사 실적 개선에 기여할 전망이다.

*상대적 저평가: 피어 그룹ISC, 리노공업 등의 2026F P/E가 40배 수준인 데 비해, 티에스이는 13.4배 수준으로 상승 여력이 충분하다.

3. 리스크 요인

*고객사 확대 속도: DRAM 프로브카드의 추가 고객사 확보가 예상보다 더딜 경우 실적 상향 폭이 제한될 수 있다.

*업황 변동성: IT 전방 산업의 수요 회복세가 둔화될 경우 부품 수요에 직접적인 영향을 미칠 수 있다.

*ESG 등급: 현재 ESG 컨센서스 등급이 'C' 수준으로 업종 평균 대비 낮아, 기관 투자자의 사회적 책임 투자 관점에서 약점이 될 수 있다.

4. 고객사별 매출 비중

보고서 내에서는 인터페이스보드의 매출 비중이 국내 33%, 해외 67% 수준으로 추정됨을 명시하고 있다. 구체적인 고객사 명칭은 보안상 생략되었으나 통상적으로 다음과 같은 구조를 가진다.

*주요 고객: 삼성전자, SK하이닉스 등 국내 메모리 대기업과 인텔Intel, 마이크론Micron 등 글로벌 반도체 업체가 주 고객사다.

*특징: 최근 비중이 급증한 NAND 및 DRAM 프로브카드는 국내 대형 메모리 제조사향 공급 확대가 성장의 핵심 동력으로 작용하고 있다.

Part VI.

투자 전략: 사이클을 읽고
알짜를 고르다 _ 숫자보다 방향이다

>> 반도체 소부장 투자의 핵심은 사이클의 방향을 읽는 것이다. 어느 공정에 투자가 몰리는지,
ETF 수급이 어느 종목을 밀어 올리는지, 그리고 어떤 기업이 파츠처럼 매 순간 돈을 버는
지를 구분해야 한다. 이 파트는 그 판단 기준을 제공한다.

반도체 투자가 국내 소부장에 남기는 '낙수효과'

대한민국이 '메모리 반도체 강국'이라는 타이틀을 거머쥐고 있지만, 그 속을
들여다보면 반도체를 만드는 '장비'의 국산화율은 공정마다 천차만별이다. 쉽
게 말해 요리는 세계 최고인데 칼이나 프라이팬은 수입산을 많이 쓰는 상황이
다. 우리나라 반도체 8대 공정별 장비 국산화율은 20~30% 수준에 머물러 있
다. 전공정Front-end보다는 후공정Back-end에서 더 높은 국산화율을 보이고 있다.

한국 반도체 장비 산업은 '범용 장비는 우리가, 핵심 선단 장비는 외산'이라
는 구도를 깨기 위해 노력 중이다. 최근 지정학적 리스크미·중 갈등와 공급망 안보
이슈로 인해 삼성전자와 SK하이닉스가 국내 장비사들과의 협력을 대폭 강화
하고 있어 국산화율은 매년 조금씩 상승하는 추세다.

그렇다면 삼성전자나 SK하이닉스가 10조 원의 투자를 발표할 때 우리 소부
장 기업들이 누릴 낙수효과는 얼마나 될까. 정확하게 파악하기는 쉽지 않다.
칩의 종류와 공정의 난도에 따라 '국산화율'이라는 필터가 작동하기 때문이다.
현재 D램 · 낸드 · 파운드리에 각각 10조 원을 투자했을 때 국내 소재 · 부품 ·

장비소부장 생태계가 가져갈 수 있는 실질적인 전리품의 규모를 추산해보자. 반도체 팹Fab 하나를 짓는 데 드는 10조 원의 투자비CAPEX가 필요하다면, 크게 건설 및 유틸리티약 2.5~3조 원와 제조 장비약 7~7.5조 원로 나뉜다. 건설Infra은 대부분 국내 건설사삼성물산, 현대건설 등와 협력사가 수행하므로 국산화율이 90% 이상으로 매우 높은 편이다.

소부장Equipment/Parts 수혜는 이 7조 원 규모의 장비 시장에서 국내 업체가 얼마나 뺏어올 수 있느냐의 싸움이다. 만약 삼성전자가 30조 원 규모의 설비 투자를 D램, 낸드, 파운드리에 각각 10조씩 분산 집행한다고 하면, 국내 소부장 기업들이 실질적으로 흡수할 수 있는 금액과 그 성격은 영역마다 현저히 다르다.

과거 D램 투자는 전공정 장비 위주였으나 현재는 HBM 설비 투자가 핵심 축으로 자리 잡았다. 이 변화가 국내 소부장에는 구조적 기회로 작용한다. 칩을 쌓고 붙이는 TC-본더한미반도체, 레이저 리플로우이오테크닉스, 프로버와이아이케이 등 국산화율이 높은 후공정 장비의 비중이 커졌다. D램 영역의 국내 장비 낙수율은 세 영역 중 가장 높은 35~45% 수준에 달한다. 10조 투자 기준으로 약 2.6조~3.3조 원의 직접 수주가 기대된다. 전공정 측면에서도 원익IPS · 주성엔지니어링의 증착 장비와 세메스의 세정 장비가 후공정의 뒤를 받치는 구조다.

낸드 플래시는 현재 300단 이상의 고다층 적층 경쟁이 치열하게 전개되고 있다. 원자층 증착ALD 장비와 특수가스SK머티리얼즈, 솔브레인 수요가 이 과정에서 안정적으로 발생한다. 국내 낙수율은 30~35%로 추산된다. 다만 고난도 식각 장

공정 단계	국산화율(추정)	국내 주요 기업	외국 지배 기업(대표)
1. 웨이퍼	낮음	SK실트론	신에츠, 썸코(일)
2. 산화	높음(50%↑)	원익IPS, 세메스	TEL(일), AMAT(미)
3. 포토(노광)	매우 낮음(<5%)	에프에스티(펠리클)	ASML(네), 니콘(일)
4. 식각(Etch)	보통(30~40%)	세메스, 원익IPS	램리서치(미), TEL(일)
5. 증착/이온주입	높음(50%↑)	주성엔지니어링, 원익IPs	AMAT(미), 램리서치(미)
6. 금속배선	낮음	세메스	AMAT(미)
7. EDS(테스트)	보통(40~50%)	리노공업, 와이아이케이	어드반테스트(일), 테라다인(미)
8. 패키징	높음(60%↑)	한미반도체, 이오테크닉스	디스코(일)

비는 여전히 미국 램리서치에 대한 의존도가 높아 D램보다는 국산화율이 소폭 낮다.

눈여겨볼 지점은 소모품 파츠 영역이다. 링·쿼츠 등 교체 주기가 짧은 소모성 부품티씨케이, 원익QnC은 장비 설치 직후부터 꾸준한 매출을 발생시키는 구조여서 초기 투자 집행 이후에도 수혜가 지속된다. 파운드리는 선단 공정3나노 이하 투자가 중심이기에 국내 기업이 파고들기 가장 어려운 시장이다. 대당 3000억~4000억 원에 달하는 ASML의 EUV 노광기와 AMAT의 이온주입기 등 외산 장비가 예산의 절반 이상을 가져간다. 국내 소부장 낙수율은 15~20%에 그친다.

그럼에도 틈새는 존재한다. 솔브레인연마제, 에스앤에스텍펠리클, 동진쎄미켐포토레지스트 등 소재 분야와 에스티아이·원익홀딩스가스 배관 같은 인프라 장비 기업들이 실질적인 수혜를 가져간다. 화려하지는 않지만, 공정이 돌아가는 한 반드시 필요한 자리를 차지하고 있다.

위의 수치는 모두 초기 설비 투자CAPEX를 기준으로 한 추정이다. 그러나 팹이 가동을 시작하면 연간 1~1.5조 원 규모의 소재·부품 매출OPEX이 추가로 지속 발생한다는 점을 간과해서는 안 된다. 장비는 한 번 납품하면 끝이지만, 케미컬과 소모성 부품은 칩을 찍어낼 때마다 돈이 들어오는 구조다. 국산화율이 높은 부품 기업들은 장비사 대비 영업이익률이 2~3배 높은 경우도 많아, 사실상 투자 사이클의 '알짜 수혜'는 이 영역에서 나온다.

삼성전자가 30조 원의 투자를 할 경우 영역별로 분해하면, 국내 소부장이 기대할 수 있는 직접 수주는 D램 약 3조, 낸드 약 2.5조, 파운드리 약 1.3조 원으로 압축된다. 파운드리의 15%는 분명 아쉬운 숫자다. 그러나 HBM을 필두로 한 D램에서의 40% 돌파는 단순한 비율의 문제가 아니다. 한국 소부장이 부품 공급자라는 역할을 넘어 지능형 메모리 아키텍처를 함께 설계하는 파트너로 격상되고 있다는 신호이기 때문이다. 숫자보다 중요한 것은 그 흐름의 방향이다.

설비투자에 속도 내는 메모리 3사

메모리 수요는 폭발하고 있으나 그 수요를 감당할 실리콘의 요람은 턱없이 부족하다. 2027년까지 이어질 '메모리 병목'은 단순한 수급 불균형이 아니라, 물리적 공간과 시간의 한계를 극복하려는 거인들의 처절한 기록이다.

현재 메모리 업체들이 처한 상황은 '시간과의 싸움'으로 요약된다. 늘어나는 AI 수요를 감당하기에는 현재의 인프라 여유 공간이 절대적으로 부족하기 때문이다. 현재 비어있는 공간에 설비 투자를 즉시 집행하더라도, 장비를 셋업하고 실제 웨이퍼가 생산Wafer Out되기까지는 최소 9개월에서 1년이 소요된다. 이러한 물리적 시간 차로 인해 메모리 공급 병목 현상은 2026년을 넘어 2027년에도 지속될 것으로 전망된다. 신규 팹이 완공되기 전까지 삼성전자와 SK하이닉스는 기존 거점인 P4와 M15X를 중심으로 생산 능력을 쥐어짜는 '속도전'에 나서고 있다.

삼성전자는 올 상반기까지 P4 페이즈3에 1c 투자를 완료하고, 하반기부터는 페이즈4 D램 투자를 연이어 시작한다. 공정 전환뿐만 아니라 P4 신규 투자를 병행하여 올해 연말까지 월 20만장 이상 1c 생산 능력 확보를 정조준하고 있다. SK하이닉스는 지난해 월 1만장 수준이었던 M15X 투자를 올해 월 6만~7만장 규모로 대폭 확대해 팹의 상당 부분을 채울 예정이다. M15X의 신규 물량 확보와 더불어 기존 M14, M16 팹의 1c 전환 투자도 동시에 속도를 내고 있다. 결국 인프라 공간의 한계를 완전히 극복하는 길은 새로운 땅에 공장을 짓는 '그린 필드Greenfield' 투자뿐이다. 두 기업은 미래의 패권을 위해 신규 팹 건설 일정을 대폭 앞당기고 있다.

삼성 P5는 기존 평택 팹들과 달리 효율성을 극대화한 3층 구조로 설계돼 단일 팹에서 압도적인 생산력을 뿜어낼 것으로 기대된다. SK하이닉스의 용인 팹은 용적률 법적 상한이 1.4배 완화되면서 클린룸 면적이 획기적으로 늘어났다. 내년 2월 준공 이후 연말까지 3단계 클린룸을 순차적으로 오픈하여 공급 절벽을 메울 준비를 하고 있다. 메모리 업체들이 2026년 현재 신규 팹 투자를 서두르는 것은 역설적으로 지금 당장 물건을 내놓을 수 없다는 방증이기도 하다.

2027년 상반기까지는 공장이 지어지고 장비가 들어오는 기간이다. 즉, 수요가 아무리 폭발해도 물리적인 공급의 천장은 이미 정해져 있다. P5와 용인 클러스터가 본격 가동되기 전까지 시장의 주도권은 '공간'을 먼저 확보하고 공정 전환에 성공한 제조사들이 쥐게 될 것이다.

K-소부장, 메모리 프리미엄의 시대로

과거의 잣대로 미래를 재단하는 것은 성장을 거부하는 일이다. 대한민국 반도체 소부장소재·부품·장비 기업들이 기록 중인 역사적 고점은 단순한 과열이 아니라 메모리가 '저평가된 소모품'에서 '필수적인 지능형 인프라'로 격상되며 발생하는 거대한 리레이팅의 결과다. 올 들어 국내 소부장 시가총액 상위 업체들을 중심으로 주가와 밸류에이션 수준이 과거의 기록을 가볍게 뛰어넘는 모습이 목격되고 있다. 이는 인공지능AI이 촉발한 역대급 슈퍼사이클에 대한 기대감과 시장의 풍부한 유동성이 맞물리며 나타난 현상이다. 중소형주보다 대형주가 더 강하게 치고 나가는 배경에는 코스닥150 ETF를 통한 대규모 수급 유입이 결정적인 역할을 했다.

2026년은 인프라 공간의 한계로 인해 설비 투자의 상단이 일시적으로 막혀 있어 당장 올해 주당순이익EPS의 폭발적인 상향을 기대하기는 어렵다. 그러나 시장은 이미 그 너머의 '필연적 후행'을 가격에 반영하기 시작했다. 그동안 국내 소부장은 메모리 반도체에 편중된 사업 구조 때문에 해외 경쟁사 대비 고질적인 저평가를 받아왔다. 하지만 이제 상황은 완전히 역전되었다. 이제 메모리는 더 이상 가격 변동에 휘둘리는 상품이 아니라 AI 연산의 속도를 결정짓는 프리미엄 인프라다. 핵심 고객사인 삼성전자와 SK하이닉스가 구조적 변화를

AI 밸류체인 공정별 수혜 분석

순위	공정 영역	핵심 기술/키워드	주요 수혜 포인트
1위	패키징	HBM, TSV, CoWoS, 3D 적층	가장 높은 마진율 상승, 기술 패러다임 변화의 중심
2위	포토(전공정)	EUV 노광, 초미세 공정	선단 공정 독점에 따른 프리미엄, 장비 단가 상승
3위	테스트	고속 검사, 번인 테스트, 소켓	수율 관리의 중요성 증대, 소모품 수요의 지속적 발생

맞이하며 기업 가치가 재평가됨에 따라 소부장 역시 과거 밸류에이션의 틀에 갇혀 있을 이유가 사라졌다. 공간적 제약이 해소되는 2027년부터 2028년은 국내 소부장 업체들에게 실질적인 설비 투자 성장의 황금기가 될 전망이다. 현재 소부장 기업들의 높은 밸류에이션은 2027년 이후 본격화될 대규모 설비 투자를 선반영하고 있다.

가격의 중력을 거스르는 HBM 제국

시장은 한때 HBM 공급이 늘어나면 가격은 내려갈 것이라고 예측했다. 하지만 AI라는 거대한 블랙홀은 경제학의 고전적 가설을 비웃듯 모든 자원을 빨아들이고 있다. 우리는 공급이 수요를 창출하는 시대를 넘어 AI 인프라의 갈증이 가격의 정의를 바꾸는 전대미문의 연대기를 목도하고 있다. 메모리 삼두마차인 삼성전자, SK하이닉스, 마이크론은 유례없는 규모의 생산 능력CAPEX 확장에 나섰다. 단순히 점유율 싸움이 아니라 폭발하는 지능형 인프라의 기초 체력을 확보하기 위한 생존 투쟁이다.

당초 시장은 HBM3E의 가격이 올해 최대 15% 하락할 것으로 내다봤다. 세대교체에 따른 자연스러운 감가상각을 예상한 거다. 하지만 결과는 정반대였다. 삼성전자는 오히려 가격 인상을 검토 중이다. 엔비디아 GPU 외에도 구글, 아마존, 메타 등 빅테크들이 자체 설계하는 ASIC주문형 반도체 시장이 HBM3E를 주력으로 채택하며 제품 라이프사이클이 획기적으로 길어졌다. 구글의 7세대 TPU는 무려 192GB의 HBM3E를 탑재한다. 이는 6세대의 32GB 대비 6배나 증가한 수치로 ASIC 한 대가 집어삼키는 메모리의 양이 상상을 초월하고 있음을 보여준다. 지난해 전문가들이 쏟아냈던 HBM4 가격 전망은 보기 좋게 빗나갔다. HBM3E와의 가격 차이가 크지 않을 것이라던 낙관론은 사라지고, 이제는 공급자가 부르는 게 값인 시대가 도래했다.

공급사들은 현재 고민에 빠져 있다. HBM뿐만 아니라 일반 D램범용 메모리 가격도 급등하고 있기 때문이다. 굳이 공정이 까다롭고 수율이 낮은 HBM에만 모든 캐파를 쏟아붓기에는 일반 D램의 수익성이 너무나 달콤해진 상황이다.

기업명	월간 캐파(CAPA) 증설계획	전략적 지점
삼성전자	월 22만 장	압도적 물량과 선단 공정(1c) 조기 안착
SK하이닉스	월 20만 장	HBM 시장의 기술적 우위 고수 및 16단 적층 가속
마이크론	월 10만 장	고효율·저전력 특화 제품으로 북미 빅테크 공략

이러한 '행복한 고민'은 결국 HBM 공급 비중 확대를 주저하게 만들고, 이는 다시 HBM의 극심한 쇼티지와 가격 상승으로 이어지는 선순환혹은 누군가에게는 악순환을 만들고 있다. 가격이 오르는 만큼 기술적 난도 역시 수직 상승하고 있다. 이제 시장의 표준은 12단을 넘어 16단 적층으로 향한다. 1b^{5세대}를 넘어 1c^{6세대} 공정으로의 전환이 확정적이다. 미세화된 공정에서 뽑아낸 D램만이 16단이라는 거대한 성을 쌓을 수 있는 자격을 얻는다. 16단 적층을 위해서는 더 정교한 본딩 장비와 얇으면서도 튼튼한 소재부품이 필수적이다. 공정이 복잡해질수록 관련 장비사와 소재 기업들의 실적은 메모리 제조사보다 더 가파르게 리레이팅될 준비를 마쳤다.

2026년의 메모리 투자는 단순히 사이클을 타는 것이 아니라 지능의 밀도를 사는 행위다. ASIC 고객들의 폭발적인 수요가 뒷받침되는 한 HBM의 판가는 우리가 생각하는 것보다 훨씬 오랫동안 고공행진을 이어갈 가능성이 높다. 메모리 3사의 HBM 월 50만 장이 넘는 증설 계획은 확신의 증거다. 이 물량을 온전히 소화할 수 있는 생태계만이 다음 세대의 패권을 쥘 것이다.

어제의 고점이 오늘의 바닥이 되는 시장. 192GB의 TPU와 16단의 HBM이 그려내는 궤적은 이제 막 성층권을 돌파했다. 우리가 응시해야 할 곳은 가격 차트가 아니라, 빅테크들의 설계도 속에 담긴 메모리의 수량이다.

메모리 3사 HBM 캐파 전쟁의 서막

메모리 3사의 HBM 생산능력 확대는 더 이상 선택이 아닌 생존의 문제다. 2026년은 그 증설의 기울기가 가장 가파른 원년이 될 것으로 보인다. 2025년 말 기준 월 36만장 수준이었던 HBM 캐파는 올해 월 50만장 수준까지 증가할 전망이다. 2027년에는 월 58만장까지 치솟을 것으로 관측된다. 올해는 수율 확보가 까다로운 HBM4의 양산이 본격화되는 시점이다. 공정 난이도가 상승함에 따라 더 많은 장비와 더 넓은 후공정 공간이 필요해지면서 '팹 스페이스' 부족 현상은 심화되고 있다.

미국의 수출 통제 속에서 중국 역시 HBM 국산화에 사활을 걸고 있으며, 이는 역설적으로 한국의 후공정 장비 업체들에게 새로운 기회의 문을 열어주고 있다. 전공정 공장의 공간 효율을 극대화하기 위해, 반도체 거인들은 기존 공장 내부에 있던 후공정 라인을 외부로 밀어내고 있다. 반도체 전반에 생산능력 부족이 심화되면서, 값비싼 메인 팹 공간은 오로지 회로를 그리는 전공정 장비로 채워지고 있다.

이에 따라 중장기적으로 후공정 전용 신공장 건설은 필연적이며, 이는 반도체 제조 생태계에서 후공정의 위상이 '부수적 단계'에서 '독립적 거점'으로 격상되었음을 의미한다. 미·중 갈등과 관세 전쟁은 반도체 후공정 지도를 다시 그리고 있다. 그동안 '가성비'를 담당했던 중국 공장들의 입지가 흔들리고 있다. 고율의 대중 관세 정책 불확실성으로 인해 중국 내 후공정 공장은 이제 '중국 내수용'으로 그 역할이 축소되는 분위기다. 반도체 거인들은 한국과 베트남을 중심으로 후공정 사이트를 재편하고 있다. 지정학적 안전과 공급망 효율을 동시에 잡으려는 자본의 대이동이다.

후공정 공간의 부족은 두 가지 비즈니스 기회를 창출한다. 신공장을 짓는 그린필드 프로젝트와 기존 공장을 인수하는 브라운필드 프로젝트가 동시에 활성화되며 후공정 장비 시장은 유례없는 호황을 맞이할 것으로 기대된다. 메인 팹의 공간 확보를 위해 레거시^{구형} 반도체의 후공정 외주 비중이 급격히 늘어난다. 이는 메모리 OSAT^{외주 반도체 패키지 테스트} 기업들의 이익 체력을 근본적으로 강화하는 계기가 될 것으로 보인다.

멀티플 리레이팅 논리가 끌어올린 반도체 소부장

2026년 1월 말부터 2월까지 이어진 반도체 소부장 기업들의 주가 상승은 가히 폭발적이었다. 이는 시장 전체의 흐름을 완전히 상회하는 독보적인 행보였다. 2월 말 기준 코스닥 전기전자 업종은 연초 대비 36% 상승했다. 이는 같은 기간 코스닥 지수의 상승률인 23%를 크게 웃도는 수치로 반도체가 시장의 강력한 주도주임을 입증했다. 특히 1월 말부터 시작된 랠리는 2월 내내 강력한 모멘텀을 유지하며 투자자들의 시선을 소부장 섹터로 집중시켰다.

이번 랠리의 가장 흥미로운 특징은 주가 상승의 동력이 '이익의 절대량^{EPS}'보다는 '가치 평가의 척도^{PER}'에 있었다는 점이다. 2월 말 기준으로 12개월 선행^{12MF} EPS 컨센서스는 장비주가 8%, 소재·부품주가 6% 상향되는 데 그쳤다. 즉, 기업이 벌어들일 돈에 대한 기대치는 완만하게 올랐다.

반면 같은 기간 12MF PER은 장비주가 17배에서 25배로, 소재·부품주가 16배에서 24배로 수직 상승했다. 시장이 기업의 이익 1원당 지불할 용의가 있는 가격을 훨씬 더 높게 책정하기 시작했다는 의미다. 이러한 이례적인 멀티플 리레이팅의 배후에는 거대한 ETF 수급의 물결이 자리 잡고 있다. 시장의 유동성이 개별 종목 분석보다는 지수를 추종하는 패시브 자금을 통해 유입되면서 시가총액 상위주로의 쏠림 현상이 강화되었다. KODEX 코스닥150 레버리지, TIGER 반도체TOP10 등 주요 ETF들이 거래대금 상위를 차지하며 소부장 주가를 밀어 올렸다. 코스닥 150 지수 내에서 반도체를 포함한 IT 섹터의 비중은 약 25%에 달한다. 지수로 유입된 자금이 기계적으로 시가총액 상위 종목을 매수하며 밸류에이션 확장을 유도한 셈이다.

코스닥150 상위 10개 반도체 종목 리스트

(2026년 3월 3일 종가 기준)	시가총액(십억 원)	코스닥150 시가총액 순위	시가총액 비중(%)	사업 분류
리노공업	8,498	7	2.4	부품
원익IPS	6,062	10	1.7	장비
이오테크닉스	5,193	14	1.5	장비
ISC	3,826	16	1.1	부품
HPSP	3,629	19	1.0	장비
솔브레인	3,426	23	1.0	소재
유진테크	2,972	26	0.8	장비
동진쎄미켐	2,720	32	0.8	소재
주성엔지니어링	2,789	33	0.8	장비
티씨케이	2,426	36	0.7	부품

*자료: Quantivise, 메리츠증권 리서치센터

2월 말 기준 리노공업7위, 원익IPS10위, 이오테크닉스14위, ISC16위 등 시총 상위권에 포진한 소부장 대형주들이 이 거대한 자본 흐름의 최대 수혜자가 되었다. 멀티플 리레이팅 국면에서 소부장 투자의 공식은 명확해졌다. 개별 중소형주의 발굴보다는 ETF 수급이 집중되는 시가총액 상위 기업을 중점적으로 공략하는 전략이 유효할 것으로 보인다. ETF로 자금이 유입될수록 시총 상위주의 주가가 오르고, 이는 다시 ETF의 수익률을 높여 더 많은 자금을 불러들이는 선순환 구조를 만든다.

현재의 PER 25배 수준은 과거의 잣대로는 높아 보일 수 있으나 AI 산업의 구조적 성장과 패시브 자금의 집중도를 고려할 때 이는 새로운 '뉴 노멀'로 자리 잡을 가능성이 크다. 2026년 초 소부장 시장은 우리에게 중요한 교훈을 남겼다. 기업의 내재 가치만큼이나 중요한 것은 '자본이 어느 통로를 통해 흐르는가'다. 짧은 시계열로 보면 주가는 이익의 함수가 아니라 수급과 기대감의 함수로 움직일 수 있다. ETF 중심의 시장 환경에서는 시가총액 자체가 강력한 해자가 될 수 있다.

MLCC가 그리는 'P와 Q'의 동반 랠리

MLCC를 '전자기기의 쌀'이라 부른다. 쌀이 없으면 밥을 지을 수 없듯 MLCC 없이는 그 어떤 고성능 칩도 안정적으로 숨을 쉴 수 없기 때문이다. 2022년 스마트폰 시장의 침체로 가동률 58%라는 굴욕을 맛봤던 MLCC 산업은 이제 AI라는 거대한 엔진을 달고 과거와 전혀 다른 차원의 사이클로 진입하고 있다.

불과 몇 년 전까지만 해도 MLCC적층세라믹콘덴서의 운명은 스마트폰과 PC 판매량에 묶여 있었다. 2022년 글로벌 스마트폰 출하량이 12% 급감하자 업계 선두 업체들도 50~60%대 수준까지 가동률이 하락하며 암흑기를 보냈다. 하지만 지난해 스마트폰 시장의 회복세가 더딤에도 불구하고 MLCC 공장들은 다시 90% 이상의 가동률로 쉴 새 없이 가동되고 있다.

이 마법 같은 회복의 배후에는 바로 AI 인프라가 있다. AI는 MLCC 시장에 단순한 수요 회복이 아닌 구조적 도약을 가져왔다. 일반 서버와 AI 서버에 들어가는 MLCC의 체급 자체가 다르기 때문이다. AI 서버는 기존 서버 대비 전력 소모가 극심하다. 이를 안정화하기 위해 필요한 MLCC의 개수는 일반 서버 대비 약 13배에 달한다. 고온과 고압을 견뎌야 하는 AI 데이터센터용 MLCC는 초고용량·고신뢰성을 요구한다. 일반 제품보다 단가가 월등히 높은 산업용 고부가 제품으로의 전환이 빨라지고 있다. 단순히 개수만 늘어나는 것이 아니다. 탑재되는 전체 메모리 용량 기준으로는 일반 서버 대비 약 27배의 성장이 추정된다.

구글, 아마존, 마이크로소프트 등 빅테크 기업들의 설비 투자^{CAPEX}는 2024년부터 2027년까지 연평균 40~50% 성장할 것으로 전망된다. 이는 MLCC 제조사들의 체질 개선으로 이어지고 있다. 삼성전기의 산업용^{데이터센터 등} MLCC 비중은 2025년 20%를 돌파하며 매년 가파르게 상승하고 있다. 저부가가치 IT용 제품 중심에서 고수익성 산업용 제품 중심으로 이익 구조가 재편되고 있음을 의미한다. 일본의 무라타 역시 2025년 4분기 AI 서버 관련 매출이 27% 급증하며, AI가 주도하는 새로운 사이클의 등장을 숫자로 증명했다. AI 서버가 만든 1차 사이클에 이어 2026년에는 '온디바이스 AI'가 2차 파도를 일으키고 있다. 스마트폰과 PC 내부에서 AI 연산이 직접 수행되면서 기기 내 전력 관리 난도가 높아졌다. 이는 다시 고성능 MLCC의 탑재량 증가를 불러온다.

새로운 AI 기능을 경험하려는 소비자들의 니즈가 IT 디바이스의 교체 주기를 자극하며, 한동안 정체되었던 IT용 MLCC 시장에도 강력한 훈풍이 불고 있다. 이번 MLCC 사이클의 핵심 투자 포인트는 공급 제약에 따른 ASP^{평균판매단가} 상승이다. 현재의 생산 능력과 90%에 육박하는 가동률을 감안할 때 수요가 조금만 더 늘어도 가격은 우호적인 방향으로 움직일 수밖에 없다. 고부가 제품^{산업용/전장용} 비중이 커진 상태에서 가동률까지 높아지면, 제조사는 규모의 경제와 믹스 개선 효과를 동시에 누리게 된다. MLCC는 더 이상 스마트폰의 부속품이 아니다. 그것은 거대 AI 모델이 뿜어내는 열기와 전력을 다스리는 실리콘 제국의 파수꾼이다. 높은 가동률이 보장하는 새로운 사이클은 이제 막 정점을 향해 달리기 시작했다.

기업 분석: 글로벌 장비

>> 국내 소부장 기업들의 기회와 한계는 글로벌 장비 강자들의 생태계 안에서 결정된다. ASML이 EUV를 독점하는 한 국내 노광 소재 기업의 기회는 제한적이다. 반면 어드반테스트의 시장 지배력이 흔들리는 순간 국내 테스터 기업들의 기회가 열린다. 각 글로벌 기업 분석 말미에 "이 기업이 강할수록 국내 어떤 기업이 기회를 얻는가, 혹은 위협을 받는가"를 주목해야 한다.

ASML ASML.US: EUV 노광의 절대 독점자

ASML은 전공정 장비 전쟁의 심판자다. EUV 100%, DUV 90%라는 독점적 지위는 이 기업을 글로벌 반도체 공급망의 가장 좁은 목으로 만들었다. ASML이 강할수록 EUV용 펠리클과 마스크를 만드는 에스앤에스텍과 에프에스티의 기회가 열린다. ASML은 네덜란드에 본사를 둔 세계 유일의 노광 장비 Lithography 전문 기업이다. 반도체 초미세 공정에 필수적인 EUV극자외선 및 DUV심자외선 장비를 독점적으로 공급하고 있다. 전 세계 주요 로직 및 메모리 반도체 제조사들의 설비 투자 계획에 직접적인 영향을 받는 반도체 장비 업계의 '슈퍼 을'이자 글로벌 리더이다.

1. 사업 및 고객사별 매출 비중(4Q25)

ASML의 매출은 크게 장비 판매와 서비스로 나뉘며, 지역적으로는 아시아 비중이 매우 높다.

분류 기준	세부 항목 및 비중	비고
사업부별	장비(Net System) 78%, 서비스(Installed Base Management) 22%	
응용처별	로직(Logic) 70%, 메모리(Memory) 30%	
장비 기술별	EUV 48%, ArFi(액침) 40%, 기타(KrF, Dry 등) 12%	
지역별	중국 33%, 한국 25%, 대만 22%, 미국 12%, 기타 8%	

2. 주요 투자 포인트

*견조한 전방 수요: 로직과 메모리 고객사 모두 공격적인 설비 투자를 진행 중이며, 이는 기록적인 수주 잔고로 증명되고 있다.

*업그레이드 수요: 신규 팹Fab 건설에는 시간이 걸리므로, 단기적으로 기존 장비의 생산성을 높이기 위한 업그레이드 매출이 수익성 개선의 핵심 포인트가 될 전망이다.

*독보적 시장 지배력: 차세대 공정인 High NA EUV 출하가 2026년부터 본격적으로 증가하며 기술 리더십을 공고히 할 예정이다.

3. 리스크 및 유의 사항

*보수적인 이익률: 2026년 매출액은 늘어나지만, 매출총이익률 가이던스는 51~53%로 다소 보수적으로 제시되었다.

*제품 믹스 영향: 마진이 높은 이머전Immersion 장비 비중은 줄어드는 반면 상대적으로 마진이 낮은 드라이Dry 장비와 초기 단계인 High NA EUV 출하가 늘어나며 전체 이익률에 영향을 주고 있다.

*수주—실적 시차: 2025년 말에 터진 대규모 수주는 장비 리드타임인도 기간을 고려할 때 2026년 실적에 즉각 반영되기 어렵다는 점도 참고해야 한다.

어플라이드머티리얼즈AMAT.US: 글로벌 1위 반도체 장비 기업

AMAT는 전공정 장비 전쟁의 글로벌 1위다. 증착과 식각의 모든 공정에서 존재감을 갖는 이 기업은 국내 증착 장비 기업들에게 가장 강력한 경쟁자이자, 그들이 넘어야 할 기준점이다. AMAT가 감당하지 못하는 물량이 원익IPS와 주성엔지니어링으로 흘러온다. 어플라이드 머티어리얼즈Applied Materials, AMAT는 전 세계 거의 모든 반도체 칩과 첨단 디스플레이 제조에 필수적인 재료 공학 솔루션을 제공하는 글로벌 1위 반도체 장비 기업이다. 특히 AI 산업 성장에 따른 고대역폭 메모리HBM 및 선단 공정 수요 증가에 힘입어 2026년 분기 및 연간 사상 최대 매출 경신이 기대되는 업계의 핵심 파트너.

1. 사업별 및 지역별 매출 비중(FY1Q26)

지역 및 고객사 비중

*지역별4Q25: 중국30%, 대만25%, 한국21%, 미국9% 순으로 매출이 발생한다.

사업부	매출액	비중(약)	특징
반도체 시스템(SS)	51.4억 달러	73%	DRAM 향 매출 역대 최대 기록
글로벌 서비스(AGS)	15.6억 달러	22%	장비 유지보수 및 업그레이드, 전년비 15% 성장
기타(Display 등)	3.1억 달러	5%	디스플레이 및 인접 시장 포함

*주요 고객: TSMC, 인텔, 삼성전자 등 글로벌 주요 칩 제조사들을 고객으로 확보하고 있으며, 최근 SK하이닉스와 AI 메모리 혁신을 위한 R&D 협력EPIC 센터를 발표했다.

2. 주요 투자 포인트

*AI 및 DRAM 호조: AI 컴퓨팅 확대로 인한 DRAM 및 HBM고대역폭 메모리 수요가 실적 성장을 견인하고 있다.

*e-beam 검사 장비 성장: 반도체 미세화로 검사 수요가 늘면서, e-beam 장비 매출이 2026년 10억 달러전년비 2배를 넘어설 전망이다.

*서비스 사업AGS의 수익성: 설치 기반 장비가 늘어남에 따라 구독 형태의 서비스 매출이 꾸준히 증가하며 높은 이익률을 뒷받침한다.

3. 리스크 요인

*지정학적 리스크: 매출의 약 30%를 차지하는 중국 시장에 대한 미국의 수출 규제가 지속적인 변수로 작용한다.

*클린룸 제약: 고객사반도체 업체들의 클린룸 확보 상황에 따라 장비 반입 시점이 조정되면서 분기별 실적 변동성이 발생할 수 있다.

*투자 사이클 의존도: 전방 산업인 메모리 및 파운드리 업체들의 설비투자CAPEX 계획 변화에 민감하게 반응한다.

4. 국내 경쟁사

어플라이드 머티어리얼즈의 주요 국내 경쟁사로는 증착 및 식각 공정 장비를 공급하는 원익IPS, 주성엔지니어링, 유진테크, 테스 등이 꼽힌다. 이들은 특히 삼성전자와 SK하이닉스라는 확실한 내수 시장을 기반으로 ALD원자층 증착와 CVD화학 기상 증착 분야에서 기술력을 인정받고 있으며, 점차 글로벌 파운드리 시장으로 영역을 넓히고 있다. 글로벌 거대 기업인 AMAT에 비하면 규모는 작지만 특정 전공정 장비 분야에서는 국산화의 핵심 주체로서 긴밀하게 경쟁 중이다.

국내 주요 경쟁사 및 주력 분야

*원익IPS: PECVD플라즈마 강화 화학 기상 증착, ALD, 드라이 에처Dry Etch 등

*주성엔지니어링: ALD 장비DRAM 향 등, CVD

*유진테크: LPCVD저압 화학 기상 증착, ALD

*테스TES: PECVD, 가스 에칭 장비 등

*세메스SEMES: 세정, 식각 및 포토 공정 주변 장비삼성전자 자회사

램리서치LRCX.US: 식각 장비의 지배자

램리서치는 식각 장비 전쟁의 지배자다. 글로벌 식각 장비 시장의 50%를 점유한 이 기업의 SiC 링 소비량이 티씨케이와 하나머티리얼즈의 실적을 결정한다. 램리서치 주문이 늘어나면 이 두 기업의 파츠 수주도 함께 늘어난다.

램리서치는 세계적인 반도체 식각Etch 및 증착Deposition 장비 전문 기업으로 반도체 웨이퍼 제조 장비WFE 시장을 선도하고 있다. 특히 AI 칩과 고대역폭메모리HBM, 차세대 NAND 플래시 생산에 필수적인 핵심 기술력을 보유하여 글로벌 반도체 공급망에서 중추적인 역할을 담당한다.

1. 사업 및 지역별 매출 비중(3Q25 기준)

*사업 부문별:

- Foundry: 40%AI 칩 수요 증가로 전분기 대비 19% 성장
- Memory: DRAM 14%, NVMNAND 11%
- CSBG고객 지원: 약 33~35%부품, 수리, 업그레이드 서비스 등

*지역별: 중국 43%, 대만 19%, 한국 15%, 일본 10%, 미국 6% 순입니다.

2. 주요 투자 포인트

*HBM 및 AI 수요: AI 서버와 HBM고대역폭메모리 투자 확대로 인해 Foundry와 DRAM 부문의 장비 수요가 지속적으로 증가하고 있다.

*NAND 공정 전환: 2026년부터 NAND 산업이 9세대V9로 본격 전환됨에 따라 관련 식각 및 증착 장비 실적에 큰 수혜가 기대된다.

*선행 투자 수혜: 2027년 HBM 수요 급증에 대비한 산업 내 선행 투자가 2026년 하반기 실적을 견인할 전망이다.

3. 리스크 요인

*중국 매출 의존도: 현재 매출의 43%가 중국에서 발생하고 있으나 향후 중국의 투자 감소로 인해 이 비중이 30% 미만으로 하락할 가능성이 언급되었다.

*상반기 성장 정체: 2026년 상반기 실적은 중국 투자 감소의 영향으로 2025년 하반기와 비슷한 수준에 머물 것으로 보인다.

4. 주요 고객사 및 국내 경쟁사

*주요 고객사: 삼성전자, SK하이닉스, TSMC, 인텔, 마이크론 등 글로벌 상위 반도체 제조사들을 고객사로 확보하고 있다.

*국내 경쟁사:

- 원익IPS/테스TES: 증착Deposition 부문에서 경쟁.
- 세메스SEMES: 세정 및 식각 장비 분야의 강력한 경쟁자.
- 주성엔지니어링: 원자층증착ALD 장비 분야에서 기술 경쟁 관계.

KLAKLAC US: 수율의 수호자

KLA는 수율 관리 전쟁의 지배자다. 검사·계측 시장의 55~60%를 점유한 이 기업의 지배력이 흔들리는 순간 파크시스템스와 넥스틴의 기회가 열린다. 지정학적 이슈로 중국 내 KLA 장비 진입이 막힐수록 국내 계측 기업들의 시장이 넓어진다. KLA는 반도체 제조 과정에서 발생하는 결함을 찾아내고 품질을 측정하는 검사Inspection 및 계측Metrology 분야의 글로벌 1위 기업이다. 공정 미세화와 AI용 HBM고대역폭메모리 수요 폭증으로 인해 반도체 수율 관리의 중요성이 커지면서, '수율의 수호자'로서 독보적인 시장 지배력을 유지하고 있다.

1. 사업/고객사별 매출 비중(FY1Q26)FY2Q26 기준

분류 기준	세부 항목	비중 / 금액 특징
사업 부문	Semiconductor Process Control	약 91%(30.1억 달러)로 압도적 주력
메모리 vs 로직	Foundry / Logic : Memory	약 6 : 4(최근 메모리 성장세가 가파름)
지역별 비중메모리 vs 로직	중국(China)	30% ~ 40% 수준으로 가장 높은 비중 차지%
	한국(Korea)	약 14%(3Q25 기준)

2. 주요 투자 포인트

*WFE 시장 성장: 2026년 글로벌 전공정 장비WFE 지출액을 1200억 달러 초반으로 전

망하며, 2025년 대비 약 9% 성장을 예상한다.

*하반기 실적 집중: 상반기 광학 부품 공급 제약이 있으나 하반기로 갈수록 실적이 더욱 견조해질 것으로 보인다.

*AI 및 선단 공정 수혜: AI 수요 기반의 HBM 투자와 3㎚ 이하 미세 공정 전환은 KLA의 고마진 장비 수요를 지속케 하는 요인이다.

3. 리스크 요인

*수익성 희석: 메모리 가격 상승으로 인해 매출총이익률이 연간 0.75~1%p 정도 희석될 가능성이 있다.

*대외 정책: 지속적인 관세 영향으로 인해 추가적인 1%p 수준의 이익률 저하 위험이 존재한다.

4. 국내 경쟁사 현황

KLA가 주도하는 검사/계측 시장에서 기술 국산화를 추진 중인 국내 주요 기업은 다음과 같다.

*넥스틴NexTin**:** 광학 검사 장비|Dark-field 분야에서 KLA의 강력한 대안으로 꼽힌다. KLA 장비 대비 가격 경쟁력약 1/2~1/3 수준이 뛰어나며, 최근 중국 시장 내 점유율을 빠르게 확대하고 있다.

*파크시스템스Park Systems**:** 원자현미경AFM 분야 글로벌 1위 기업이다. 광학 방식의 한계를 넘어서는 나노 단위 계측 기술을 보유하고 있어, 선단 공정에서 KLA의 보완재이자 잠재적 경쟁자로 평가받는다.

KLA는 공정 제어 시장의 약 55~60%를 점유하고 있어 절대적인 위치에 있다. 하지만 최근 지정학적 이슈로 인해 넥스틴과 같은 국내/중화권 로컬 장비사들의 침투율이 높아지는 추세다.

어드반테스트Advantest: 테스트 장비의 강자

어드반테스트는 반도체 테스트 장비 전쟁의 일본 강자다. SoC 테스터 67%, 메모리 테스터 16%라는 포트폴리오로 AI 반도체 테스트 수요의 직접 수혜를 누린다. 어드반테스트가 SSD 테스트 사업에서 철수한 순간 네오셈의 기회가 열렸다. 어드반테스트는 일본에 본사를 둔 세계적인 반도체 테스트 장비 전문 기업이다. 시스템 반도체SoC와 메모리 반도체용 테스터 시장에서 독보적인 기술력을 보유하고 있다. 현재 미국의 테라다인과 함께 글로벌 후공정 테스트 자동화 장비 시장을 양분하고 있는 업계 선두 주자다.

1. 사업별 매출 비중(FY2025 가이던스 기준)

사업 부문	주요 내용	매출 비중(추정)
SoC 테스터	고성능 컴퓨팅(HPC), AI 가속기용 로직 칩 테스트	약 67%(7,220억 엔)
메모리 테스터	HBM, 차세대 DRAM 및 NAND 테스트	약 16%(1,690억 엔)
서비스 및 기타	유지보수, 서포트 서비스 및 메카트로닉스 시스템	약 17%

2. 주요 투자 포인트

*AI 반도체 수요 폭발: 예상보다 앞당겨진 AI용 SoC 및 메모리HBM 등 테스터 수요가 실적 성장을 견인하고 있다.

*2026년 시장 장밋빛 전망: 2026년 SoC 테스터 시장은 전년 대비 31%, 메모리 테스터 시장은 약 20% 수준의 고성장을 지속할 것으로 전망된다.

*점유율 확대: 2025년 전환 투자 중심에서 2026년 신규 투자DRAM 등 확대로 인해 수혜 범위가 넓어질 것으로 보인다.

3. 리스크 요인

*높은 중국 의존도: 매출 비중의 약 24%를 차지하는 중국 시장은 미-중 무역 갈등 등 지정학적 리스크에 민감할 수 있다.

*업황 변동성: 반도체 투자 사이클에 따른 수요 공백 우려가 상존하나, 현재는 강력한 AI 수요가 이를 상쇄하고 있는 국면이다.

4. 지역 및 고객사별 매출 비중

*지역별 비중4Q25 기준: 대만 38%, 중국 24%, 한국 21%, 미국 7%, 일본 3% 순이다.

*주요 고객사: 대만의 TSMCSoC, 한국의 삼성전자 및 SK하이닉스메모리 등이 핵심 고객사로 파악된다.

5. 국내 경쟁사 현황

*와이아이케이YIK: 메모리 웨이퍼 테스터 분야에서 아드반테스트와 경쟁하며, 특히 삼성전자 내에서 높은 점유율을 차지하고 있다.

*기타: 세메스삼성전자 자회사, 한미반도체후공정 장비, 원익IPS 등도 특정 공정 및 장비 영역에서 생태계를 공유하거나 경쟁 관계에 있다.

테라다인TER.US: 테스터에서 로보틱스로 변신

테라다인은 반도체 테스트에서 로보틱스로 정체성을 전환하는 기업이다. Universal Robots라는 협동로봇 글로벌 1위 자회사와 엔비디아 파트너십이 이 기업을 단순 테스트 장비사를 넘어 피지컬 AI 생태계의 핵심 플레이어로 격상시키고 있다.

테라다인은 1960년대 설립된 미국의 반도체 후공정 테스트 장비 선도 기업이다. 최근 협동로봇Cobot 및 자율주행 모바일 로봇AMR 기업들을 인수하며 로보틱스 주도 기업으로 사업을 확장하고 있다. 특히 엔비디아와 '피지컬 AI' 파트너십을 구축하며 단순 장비 제조를 넘어 인공지능 로봇 생태계의 핵심 수혜주로 부각되고 있다.

1. 사업별 매출 비중(2025F 기준)

*반도체 테스트Semiconductor Test: 약 75%

*로보틱스Robotics: 약 13%Universal Robots, MiR 포함

*기타System Test 등: 약 12%

2. 주요 투자 포인트

*엔비디아NVIDIA 파트너십: 자회사 Universal Robots가 엔비디아의 'Isaac' 플랫폼 및 Jetson 칩을 이식한 'UR AI 엑셀러레이터'를 공개하며 'Non-Tesla' 진형의 핵심 로봇 파트너로 부각되었다.

*휴머노이드 테마 모멘텀: 동사의 주가는 휴머노이드 관련 뉴스 건수와 0.5 이상의 높은 상관관계를 보이며, 글로벌 로봇 이벤트 발생 시 강한 주가 탄력을 보인다.

*차세대 AI 테스트 플랫폼: 3Q25부터 출시된 Titan SLT를 통해 모바일/자동차 위주에서 AI 사업 향 매출 확대를 본격화하고 있다.

3. 리스크 요인

*밸류에이션 부담: 현재 12M Fwd PER은 약 39배 수준으로, 최근 3년 평균의 +2STD38배를 상회하고 있어 단기적인 가격 부담이 존재한다.

*고객사 편중 및 경기 민감도: 반도체 후공정 장비 특성상 대형 칩메이커들의 설비투자

CAPEX 계획에 따라 실적 변동성이 클 수 있다.

4. 고객사 및 시장 지배력

*글로벌 점유율: 반도체 테스터 시장 점유율 39%로 일본 어드반테스트**54%**와 함께 시장을 과점하고 있다.

*협동로봇 시장: 자회사 Universal Robots가 글로벌 협동로봇 시장 점유율 36.1%로 압도적 1위를 차지하고 있다.

5. 국내 경쟁사 현황

국내 기업들은 테라다인이 주도하는 '테스트 장비'와 '협동로봇' 분야에서 추격 중이다.

분야	국내 주요 경쟁사	특징
반도체 테스트 장비	엑시콘, 디아이, 유니테스트	메모리(DDR5, HBM) 테스터 국산화를 추진하며 테라다인/어드반테스트가 점유한 시장에 침투 중이다.
협동로봇	두산로보틱스, 레인보우로보틱스	글로벌 시장에서 테라다인의 Universal Robots와 직접 경쟁하며, 북미 및 유럽 시장 점유율을 확대하고 있다.

〉〉〉〉"장비는 한 번 사면 끝이지만, 파츠는 칩을 찍어낼 때마다 새로 사야 한다."

우리는 그 증거를 보았다. 삼성전자가 30조 원을 투자할 때 D램에서 약 3조, 낸드에서 약 2.5조, 파운드리에서 약 1.3조 원이 국내 소부장으로 흘러온다. 그리고 그 공장이 가동을 시작하면 연간 1~1.5조 원의 파츠와 케미컬 매출이 추가로 지속적으로 발생한다.

챕터 3에서 메모리가 AI의 산소가 되었다고 했다. 챕터 8에서 그 이야기가 완성된다. 그 산소를 만드는 공장이 돌아가는 매 순간, 포커스 링 하나는 닳아 없어지고 새 것으로 교체되어야 한다. 그 작고 소모되는 부품의 경쟁력이 한국 반도체 산업의 실질 수익률을 결정한다.

지능은 빛의 속도로 퍼지지만, 그 지능을 만드는 링 하나는 매 순간 교체되어야 한다. 반도체 소부장 투자의 본질은 그 링을 만드는 기업을 찾는 일이다. AI 제국의 화려한 전쟁 뒤편에서, 가장 확실하게 돈을 버는 자들은 바로 이 작은 소모품을 만드는 기업들이다.

CHAPTER 9

AI 버블에서
부상할 산업

>>> AI 버블이 팽창할 때 그 버블을 먹고 자라는 산업이 있다. 우주,
데이터센터, 그리고 자본의 흐름 자체다. AI가 우주로 올라가고, 그
AI를 돌리는 데이터센터가 폭증하며, 그 모든 투자를 집행하는 자본
시장이 뜨겁게 달아오른다. 이 세 가지 흐름이 하나의
서사로 연결될 때 챕터 9의 투자 지도가 완성된다.

우주: 지능이 궤도에 오르다
_ 지상의 한계를 벗어난 AI 인프라의 새로운 전장

>> 과거의 우주가 국가적 자부심을 위한 개척지였다면, 2026년의 우주는 자본의 수익성과 안보의 사활이 걸린 거대한 경제적 전장이다. AI가 전력난이라는 지상의 중력에 갇히는 순간, 자본은 하늘을 보았다. 우주는 이제 AI 인프라의 최전선이다.

우주 경제의 확장과 패권의 재편

과거의 우주가 국가적 자부심을 위한 개척지였다면, 2026년의 우주는 자본의 수익성과 안보의 사활이 걸린 거대한 경제적 전장이다. 중력을 벗어난 자본은 이제 궤도 위에서 지능을 생산하고, 보이지 않는 무기로 국경을 지키는 '우주 패러다임 3.0' 시대를 열고 있다. 글로벌 우주 산업은 단순한 기술 실증을 넘어 거대한 산업 생태계로 진입했다. 민간 경쟁 체제로의 완벽한 전환, 트럼프 행정부의 공격적인 우주 안보 정책, 그리고 스페이스X라는 독보적 플랫폼의 진화는 우리가 알던 경제 지도를 하늘 너머로 확장시키고 있다.

우주 개발의 가장 큰 장벽이었던 '비용'이 무너지며 우주는 비즈니스의 영역으로 들어왔다. 재사용 로켓 기술의 고도화로 발사 비용이 급감하고 있다. 특히 차세대 발사체 스타십Starship이 본격 상용화될 경우 킬로그램kg당 수송 비용은 200 달러 수준까지 하락할 것으로 전망된다.

2025년 한 해 동안 지구 궤도 발사는 총 324회로 전년 대비 25% 급증했다. 이 중 미국과 중국이 전체의 83%를 점유하며 양강 구도를 형성하고 있다. 2025년 우주 스타트업 톱 20에 몰린 벤처 투자액은 31억 달러를 상회하며 우주 경제의 성장성을 증명했다. 미국과 중국의 패권 다툼은 이제 대기권을 넘어 우주 안보 경쟁으로 치닫고 있다. 26년 미국 우주군 예산은 400억 달러로 전년 대비 39% 폭증했다. 이는 국방 예산 내 비중이 사상 처음으로 4%를 돌파한 수치다. 트럼프 대통령은 27년 국방 예산을 1.5조 달러까지 증액하겠다는 강력한 의지를 표명했다.

트럼프 행정부의 우주 규제 완화와 우주 방어망 확장 정책은 2026년 예정된 아르테미스 II유인 달 궤도 비행 미션과 맞물려 투자자들의 관심을 최고조로 끌어올리고 있다. 스페이스X는 단순한 발사체 회사를 넘어 우주와 지상을 잇는 거대 인프라 사업자로 리레이팅되고 있다. 2026년 매출 240억 달러, EBITDA 110억 달러를 전망하며 강력한 수익성을 입증하고 있다. 2026년 하반기 상장 가능성과 함께 목표 가치는 1.5조 달러로 구체화되고 있다. 스타십의 수송력과 우주의 태양광 발전을 결합한 '우주 데이터센터' 구축 계획은 스페이스X를 AI 인프라 플랫폼 기업으로 재평가하게 만드는 핵심 기제다. 이는 단기적 과제이나 밸류에이션 프리미엄을 정당화하는 강력한 내러티브다.

우주는 이제 육·해·공을 잇는 제4의 전장으로 정의된다. 고가의 고궤도 위성 대신, 저궤도에 다수의 군집 위성을 배치하는 분산형 네트워크가 대세로 자리 잡았다. 이는 극초음속 미사일을 탐지하고 추적하는 데 필수적인 요소다. 위성을 직접 파괴하는 ASAT 미사일 외에도 지상국 통신 및 운영망을 교란하는 사이버/전자전이 폭발적으로 성장하고 있다. 공격 비용은 낮고 부인 가능성이 높아 '회색지대 분쟁'의 핵심 수단이 되었다.

우주 경제의 수혜는 발사체부터 특수 소재까지 밸류체인 전반으로 확산되고 있다. 2026년의 우주 산업은 '꿈'의 영역에서 '숫자'의 영역으로 완전히 이동했다. 킬로당 200 달러라는 가격 혁명은 우주 비즈니스의 ROI를 근본적으로 바꿀 것이다. 우주 데이터센터와 위성 기반 방어망은 미래 국가 경쟁력의 척도가 될 것이다. 이제 지상의 전통적인 가치 사슬에만 머물지 말고, 하늘 위에서 펼쳐지는 플랫폼 전쟁과 소재 국산화의 흐름에 주목해야 한다. 우주는 이제 더 이상 먼 미래가 아니라, 가장 뜨거운 현재의 포트폴리오다.

AI 전력난의 해법을 우주에서 찾다

지상의 데이터센터가 전력 부족과 발열이라는 중력의 굴레에 갇혀 있을 때, 자본은 하늘을 보았다. 이제 AI는 구름Cloud을 넘어 성층권 밖으로 향하고 있다. 무한한 태양광과 영하 270도의 냉기가 흐르는 우주는 인류가 만든 가장 거대한 '지능의 용광로'가 될 준비를 마쳤다.

구글과 스페이스X라는 두 거인이 우주 공간을 차세대 AI 인프라의 전초기지로 낙점하며 거대한 '우주 데이터센터' 경쟁의 서막을 열었다. 이는 단순한 과학적 호기심이 아니었다. 지상의 에너지 병목 현상을 타파하고, 자본의 논리로 우주를 정복하려는 철저한 경제적 계산의 산물이다. 구글은 지상의 전력난을 해결할 궁극의 카드로 우주 데이터센터 프로젝트 '선캐처Suncatcher'를 공개했다. 선캐처는 7세대 TPU '아이언우드'를 탑재한 인공위성이다. 태양 동기 궤도를 돌며 부착된 태양광 패널로 전력을 스스로 공급하고 AI 훈련과 추론을 수행한다. 구글은 이를 통해 향후 1GW 규모의 거대한 우주 위성망을 구축하겠다는 야심을 드러냈다. 수만 개의 위성을 하나의 슈퍼컴퓨터처럼 통제할 소프트웨어와 우주의 강력한 방사능을 견딜 수 있는 '방사능 경화' TPU와 HBM 개발이 필수적이다.

구글은 위성 간뿐 아니라 위성과 지상 중계국과의 데이터 병목을 해결하기 위해 다파장 레이저를 혼합해 속도를 극대화하는 멀티플렉싱 기술을 실험 중

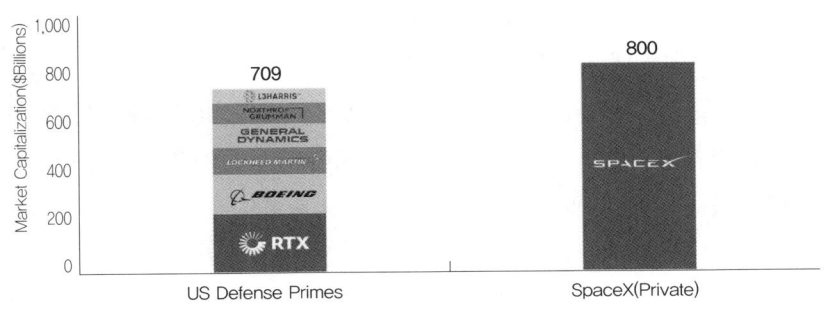

스페이스X와 미국 방산 6대 기업의 시가총액 비교

*Source: FactSet, Morgan Stanley Research

스페이스X 서플라이 체인		기타 스페이스X 관련주	
스피어	특수합금 (로켓 발사체용, 글로벌 5대 Trier 1 공급사)	쎄트렉아이	자체 개발 위성 SpaceEye-T를 스페이스X 발사체를 통해 발사
에이치브이엠	첨단금속(로켓 추진체, 엔진 등에 사용)	컨텍	위성 데이터 수신 서비스(GSaas)
세아베스틸지주	특수합금 (스페이스X 공급, 미국 현지 공장 건설 중)	미래에셋 벤처투자	스페이스X에 4000억원 규모 지분 투자
켄코아에어로스 페이스	특수 원소재	아주IB투자	스페이스X에 지분 투자
LG에너지솔루션	우주선 전력 공급용 배터리		

*출처: 이지스 리서치(https://t.me/jeilstock)

이다. 일론 머스크의 스페이스X는 2026년 하반기를 목표로 시가총액 1.5조 달러약 2000조 원 규모의 IPO를 준비 중이다. 이는 테슬라의 가치를 넘보며 S&P500 10위권 내로 직행하는 거대한 자본의 이동이다. 스페이스X의 2026년 예상 매출220억~240억 달러 대비 PSR은 60배를 상회합니다. 전통적인 방산 기업들의 PSR이 2배 수준인 것과 비교하면 경이로운 수치다. 시장은 스페이스X를 단순한 로켓 회사가 아닌 '우주 인프라 플랫폼'으로 평가하고 있다. 머스크의 구상은 명확하다. 수만 개의 스타링크 위성을 데이터센터로 개개조해 우주에 띄우는 것이다. 우주는 태양광을 통한 무제한 전력 공급이 가능할 뿐만 아니라 영하 270도에 달하는 진공 환경이 자연스러운 냉각 시스템 역할을 하여 유지비용을 획기적으로 낮출 수 있다.

우주 데이터센터가 지상의 시설과 경쟁하기 위한 핵심 지표는 '발사 비용'이다. 현재 킬로그램당 수천 달러에 달하는 발사 비용이 2030년대 중반까지 200달러 미만으로 내려가야 한다. 이때가 되면 지상 데이터센터의 천문학적인 연간 전기료 및 냉각비와 대등한 수준의 경쟁이 가능해진다. 스페이스X는 이번 IPO를 통해 300억 달러 이상을 조달할 계획이다. 이는 사우디 아람코의 기록290억 달러을 넘어서는 역사상 최대 규모이며, 전 세계의 유동성을 빨아들이는 '스펀지 효과'를 가져올 수 있다.

지상의 화석 연료나 원자력에 의존하던 지능의 생산이 우주의 태양광으로 넘어가고 있다. 지정학적 리스크가 있는 지상 영토를 벗어나 어느 국가의 주권도 미치지 않는 공해우주에서 데이터가 처리되는 새로운 안보 국면이 열린다. 이제 지상의 전력주뿐만 아니라 우주용 반도체와 초고속 레이저 통신 장비에 주목할 필요가 있다. 지능의 가격은 이제 땅값이 아니라 '발사체 궤도 비용'에 의해 결정될 지도 모른다.

우주와 태양광, 페로브스카이트와 일론 머스크

혁신은 한 지점에서 시작되어 예상치 못한 영토로 번져나간다. 일론 머스크가 쏘아 올린 우주 데이터센터라는 화두는 이제 전통적인 실리콘 태양전지의 시대를 넘어 '페로브스카이트Perovskite'라는 차세대 지능형 소재를 산업의 중심으로 소환하고 있다. 일론 머스크의 스페이스X가 추진하는 우주 데이터센터 구상은 거대한 에너지 인프라를 필요로 한다. 그 해답으로 태양광 발전이 지목되었다. 여기서 주목받는 것이 바로 3세대 태양전지인 '페로브스카이트'다. 페로브스카이트는 방사선 내구성이 뛰어나고 에너지 전환 효율이 높아 극한의 우주 환경에 적합하다. 지상에서는 습기, 열, 빛에 민감하다는 단점이 있었으나 오히려 우주 환경에서는 이러한 우려가 낮아 기술적 장점이 극대화된다.

대한민국은 페로브스카이트 태양전지 시장에서 기술적·지정학적으로 가장 강력한 파트너로 부상하고 있다. 한국화학연구원KRICT을 비롯해 고려대, UNIST 연구진은 단일 접합 기준 25.2%에서 25.5%에 이르는 공인 효율을 잇달아 경신하며 세계적인 기술력을 증명해 왔다. 중국이 관련 분야에서 특허 보유량 1위를 차지하고 있으나 미중 관계의 긴장 속에서 일본, 미국과 더불어 4위권 내의 특허 강국인 한국은 글로벌 공급망의 최적의 선택지로 부각되었다. 한국 기업들이 이 분야에서 독보적인 경쟁력을 갖는 이유는 기존의 첨단 제조 인프라를 그대로 이식할 수 있기 때문이다. 태양전지 제조의 핵심인 진공 기반 증착, 박막, 식각 기술은 국내 기업들이 이미 세계 정점에 서 있는 디스플레이 및 반도체 공정과 매우 유사하다.

2차전지 전극 공정에 쓰이는 롤투롤Roll-to-Roll 장비 기술은 박막형 태양전지 제조에도 그대로 적용될 수 있어 국내 소부장 기업들의 새로운 성장 동력이 되고 있다. 정부 차원의 전폭적인 지원은 이 기술의 상용화를 앞당기는 강력한 엔진이다. 정부는 초고효율 태양광 전지인 '텐덤 셀Tandem Cell' 기술 확보를 위해 2026년에만 336억 원의 예산을 배정했다. 2030년까지 셀 효율 35% 달성을 목표로 연구개발을 가속화하여 한화큐셀 등 주요 기업과 함께 차세대 에너지 주권을 선점하겠다는 계획이다. 시장에서는 페로브스카이트 개화의 수혜를 입을 핵심 기업으로 두 회사를 주목하고 있다.

필옵틱스는 3세대 페로브스카이트 태양전지에 필수적인 레이저 식각Laser Scribing, 에지 아이솔레이션Edge Isolation 장비 개발을 완료했다. 이 장비들은 텐덤 태양전지 공정에도 즉각 적용이 가능해 글로벌 제조사로의 진출이 기대된다. 신성이엔지는 기존 실리콘 태양전지 모듈 기술을 바탕으로 페로브스카이트와 결정질 실리콘을 결합한 텐덤 방식의 R&D를 진행해 왔다. 향후 시장이 본격적으로 열릴 때 강력한 기술적 기반을 발휘할 것으로 기대된다.

일론 머스크의 우주 데이터센터 선언은 단순히 우주 산업의 확장을 넘어 에너지 생산의 패러다임을 송두리째 바꾸고 있다. 실리콘 중심의 에너지 패권이 페로브스카이트라는 고효율 맞춤형 소재로 이동하고 있다. 대한민국은 디스플레이와 배터리에서 다진 공정 기술력을 바탕으로 '우주 에너지 공급망'의 핵심 거점으로 자리매김하고 있다.

스타링크, AI 혁명에서 무선 통신의 경계를 지운다

AI 네트워크 혁신은 데이터센터에서만 이뤄지는 게 아니다. 사실 지난 20~30년 동안 통신의 혁명은 선을 없애는 과정이었다. 이제 그 싸움은 지상을 넘어 고도 550km의 저궤도로 옮겨갔다. 스페이스X가 제시한 '사용자당 150Mbps'라는 숫자는 단순한 속도의 향상이 아니다. 이는 기지국이라는 물리적 거점에 종속되었던 이동통신 산업의 패러다임이 '우주 기반 플랫폼'으로 완전히 이전됨을 알리는 선전포고다. 과거 위성 통신은 느리고 비싼 오지의 전유물로 여겨졌다. 현재의 셀룰러 스타링크 역시 4Mbps 수준의 대역폭으로 문자 메시지나 간단한 앱 구동에 만족해야 했다. 하지만 스페이스X가 제시한 150Mbps라는 목표는 차원이 다른 이야기를 하고 있다. AT&T의 5G 속도가 172Mbps인 것을 감안하면, 위성 통신이 지상 5G 네트워크와 직접 경쟁할수 있는 수준에 도달했음을 의미한다. 대기권을 통과해 주머니 속 스마트폰으로 직접 신호를 쏘아 보내는 전력 송수신 예산의 한계를 기술적 혁신으로 극복하겠다는 의지다. 이는 AI 혁명에서 강력한 인프라로 부상할 것으로 보인다.

스페이스X의 야망을 뒷받침하는 것은 압도적인 인프라 물량과 자원 확보다. 현재 운영 중인 650개의 셀룰러 위성을 1만5000개로 늘리겠다는 계획은전 지구를 빈틈없는 데이터의 그물로 덮겠다는 구상이다. 에코스타EchoStar로부터 확보한 새로운 무선 주파수 대역은 데이터가 흐르는 파이프라인을 확장하는 핵심 열쇠다. 더 넓은 주파수는 더 높은 품질의 영상, 음성, 그리고 AI 기반의 대용량 데이터 전송을 가능케 한다.

시장은 스페이스X의 독주를 허용하지 않는다. 우주 브로드밴드를 향한 거대 자본들의 격돌이 본격화되고 있다. AST스페이스모바일은 지상의 휴대폰에직접 신호를 쏘기 위해 축구 경기장 크기에 육박하는 거대 안테나 어레이를갖춘 '블루버드' 위성을 앞세워 스페이스X와 속도 경쟁을 벌이고 있다. AT&T,버라이즌은 올해 말 상용화를 목표로 저궤도 위성 통신 서비스를 준비 중이다. 일론 머스크는 기존 통신사들을 파산시키려는 것이 아니라며 파트너십을강조하고 있다. 하지만 동시에 스타링크를 단독 상품으로 제공할 가능성을 열어두고 있어 통신사들을 긴장시키고 있다.

전 세계 어디서든 스마트폰 하나로 초고속 인터넷에 접속할 수 있는 시대는기존 통신사들의 지배력을 약화시킬 수 있다. 일일 패스, 단기 구독 등 유연한과금 방식이 도입되면서, 위성 통신은 긴급용을 넘어 일상적인 브로드밴드 서비스로 자리 잡을 것으로 보인다. 지리적 한계로 인해 소외되었던 지역이 위성 통신 기술 덕분에 디지털 경제권으로 편입된다. 스타링크라는 거대 우주플랫폼이 지상 통신 생태계를 흡수하거나 재정의하는 과정이 진행될 것으로보인다.

투자자와 기업가들은 이제 지상의 기지국 수보다 우주의 궤도 점유율과 안테나 어레이의 크기를 성공의 지표로 읽어야 할지도 모른다.

저궤도 위성이 재편하는 글로벌 통신 지도

과거의 통신이 땅에 묻힌 구리선과 광섬유의 수직적 계보였다면, 미래의 통신은 하늘을 덮는 수만 개의 인공지능 위성이 만드는 수평적 그물망이다. 저궤도^{LEO} 위성 인터넷은 이제 단순한 기술적 실험을 넘어 6500억 달러 규모의 거대 시장을 정조준하며 전 지구적 연결의 물리적 한계를 지우고 있다.

저궤도^{LEO} 위성 인터넷 시장은 통신 산업의 판도를 근본적으로 뒤흔들 수 있는 규모로 팽창하고 있다. 전체 도달 가능 시장^{TAM}은 약 6500억 달러에 달하며, 이는 기존 지상 통신망이 닿지 못했던 영역까지 포괄한다. B2C 부문이 3250억 달러로 절반을 차지하며, 기업 및 지상망$^{2,920억 달러}$, 항공$^{170억 달러}$, 정부$^{60억 달러}$ 순으로 시장이 형성되고 있다. 2021~2022년 누적 100만 명에 불과했던 스타링크 가입자는 2025년 말 900만 명을 돌파했다. MWC 2026에서 제시된 2026년 말 목표치는 2500만 명으로 연간 가입자 순증 속도에 따라 2027년 말에는 최대 6000만 명에 달할 것으로 예상된다.

위성 인터넷의 보급 속도를 결정짓는 핵심 변수는 용량 확대와 비용 하락이다. 전 세계적으로 대규모 위성 군단 구축이 가속화되고 있다. 스타링크의 차세대 3만 기, 중국의 치엔판 1.5만 기, 아마존의 프로젝트 카이퍼 3232기 등을 포함해 2035년까지 운용 위성 수는 현재의 8배인 8만2000기로 증가할 전망이다. 차세대 위성은 기존 대비 100배의 데이터 밀도를 갖추게 되며, 발사 비용 절감이 더해지면 전체 대역폭 용량은 1000배 확대되고 한계 대역폭 비용은 90% 이상 하락할 것으로 보인다. 이는 위성 인터넷이 지상망과 가격으로 정면 승부할 수 있는 토대가 될 것으로 관측된다.

위성 인터넷은 고소득 국가의 고마진으로 저소득 지역의 요금을 보조하는 정교한 가격 전략을 구사하고 있다. '스타링크 미니'와 '레지덴셜 라이트' 요금제는 기존 대비 최대 23% 저렴한 가격으로 신흥국 시장을 파고들고 있다. 말레이시아와 호주에서는 위성 인터넷 요금이 이미 기존 통신사의 평균매출^{ARPU}

보다 낮아지는 역전 현상이 나타나고 있다.

향후 대역폭 비용이 90% 절감될 경우 필리핀 등 국가에서 월정액은 현재 65달러에서 20달러 수준까지 낮아져 기존 유선 통신사와 대등한 경쟁이 가능해질 것으로 보인다. 위성 인터넷의 두 번째 성장 엔진은 직접 위성-단말 연결Direct to Cell 기술이다. 이는 별도의 위성 안테나 없이 기존 스마트폰으로 위성 신호를 직접 수신하는 혁신을 의미한다. 스타링크는 이미 32개국 35개 이동통신사와 파트너십을 체결했다. 미국의 T-모바일, 일본의 KDDI 등이 상용 서비스를 개시했거나 준비 중이며, 이는 오지 및 농촌 지역의 커버리지를 획기적으로 넓히는 계기가 되고 있다. 위성 인터넷의 부상은 기존 통신사들에게 기회와 위협을 동시에 제공한다. 스타링크와의 협력을 통해 커버리지를 인구 100%로 확대함으로써 네트워크 격차를 해소하고 매출 성장을 꾀할 수 있다.

기존 유선 인프라 의존도가 높은 기업들은 위성 인터넷의 가격 경쟁력 강화로 인한 고객 이탈과 ARPU 압박이라는 구조적 도전에 직면할 것으로 우려된다. 반면 위성 인터넷 시장의 팽창은 하드웨어 소부장 업체들에게 강력한 모멘텀을 제공한다. 특히 PCB와 RF 전력증폭기PA 시장의 폭발적 성장이 예상된다.

기업 분석: 우주

미래에셋벤처투자

미래에셋벤처투자는 우주 투자 전쟁에서 SpaceX 가치 상승이 실적에 직접 반영되는 국내 유일한 상장사다. 약 2억 7800만 달러의 SpaceX 투자는 이 기업을 단순한 벤처캐피탈을 넘어 우주 경제의 국내 최전선 수혜주로 만들었다. 미래에셋그룹의 SpaceX 베팅은 벤처투자와 증권 양쪽에 동시에 연결되어 있다는 점도 주목할 필요가 있다. 미래에셋증권이 3부에서 다루는 SpaceX·xAI 투자 평가이익의 모태가 바로 이 기업의 투자 판단에서 출발했기 때문이다.

미래에셋벤처투자는 1999년 설립된 미래에셋그룹 계열의 국내 대표 벤처캐피탈VC 및 사모투자PE 전문 기업이다. 2005년부터 2024년까지 20년 연속 흑자 경영을 이어오며 '투자-회수-재투자'로 이어지는 선순환 운용 구조를 확립했다. 특히 AI 반도체, 플랫폼, 우주 항공 등 국가 전략 산업 중심의 포트폴리오를 보유하고 있으며, Pre-IPO부터 상장 이후까지의 투자 사이클을 내재화한 것이 핵심 경쟁력이다. 최근에는 코스닥 활성화 정책의 수혜와 함께 SpaceX, 세미파이브 등 주요 포트폴리오의 회수 성과가 가시화되는 국면에 진입했다.

1. 사업별 매출 비중(2024년 기준)

VC는 주로 투자조합 관리보수와 성과보수, 그리고 직접 투자한 고유계정 수익으로 매출이 구성된다.

*금융상품 관련 이익고유계정 등: 약 78.2%1,829억 원

*수수료 수익관리 및 성과보수: 약 12.8%30억 원

*이자 및 배당금 수익: 약 15.4%36억 원

2. 투자 포인트(Investment Points)

*SpaceX 투자 가치 가시화: 미래에셋그룹을 통해 SpaceX에 약 2억 7800만 달러를 투자했으며, 상장사 중 SpaceX 가치 상승이 실적에 직접 반영되는 사실상 유일한 기업이다.

*주요 포트폴리오 IPO: AI 반도체 기업 세미파이브**2025.12.29 상장**, 글로벌 마케팅 플랫폼 **몰로코2026년 해외 상장 기대** 등의 회수 성과가 임박했다.

*코스닥 활성화 정책 수혜: 정부의 '국민성장펀드' 조성 등 장기 자본 유입 정책이 AI·반도체 등 동사의 주력 투자 분야와 일치하여 운용 자산**AUM** 및 성과보수 확대가 기대된다.

3. 투자 리스크(Investment Risks)

*회수 시장 변동성: IPO 시장의 위축이나 상장 지연 시 성과보수 및 고유계정 수익 실현 시점이 늦어질 수 있다.

*개인 투자자 비중 높은 수급 구조: 코스닥 시장의 개인 비중**84.1%**이 높아 정책 효과가 실질적인 기관 장기 자본 유입으로 이어지는지 확인이 필요하다.

4. 포트폴리오 및 고객사 현황

VC는 제조 기업처럼 특정 고객사 매출 비중을 따지기보다, 투자한 기업**포트폴리오**의 가치가 중요하다.

*주요 포트폴리오: 몰로코**Moloco**, 세미파이브**Semifive**, SpaceX, 헤이딜러, 리벨리온, 업스테이지 등

*분야별 비중: AI 관련 투자 비율이 2024년 43%까지 상승하며 AI 인프라 및 응용 서비스에 집중하고 있다.

5. 경쟁사 현황**업계 추정 포함**

국내 상장 VC 시장 내에서 주요 경쟁사는 다음과 같다.

*다올인베스트먼트구 KTB, 한국투자파트너스**비상장**, LB인베스트먼트, 에이티넘인베스트먼트, 스톤브릿지벤처스 등이 있으며, 미래에셋벤처투자는 그룹사 시너지와 글로벌 투자 트랙레코드**SpaceX 등**에서 차별점을 가진다.

> 〉〉〉 AI가 우주로 올라갔다. 그 AI를 지상에서 돌리는 데이터센터도 함께 폭증하고 있다. 우주 인프라와 지상 인프라는 결국 같은 수요의 두 가지 표현이다.

데이터센터: 지능의 공장을 짓는 기업들

_ AI 인프라 수요가 만드는 새로운 산업

>> AI를 우주로 올리는 것은 장기 프로젝트다. 지금 당장 필요한 것은 지상의 데이터센터다. 빅 테크들이 엔비디아 칩을 독식하며 성벽을 높이 쌓는 동안, 그 성벽 밖에서는 네오클라우드라는 민첩한 임대업자들이 태어났다. 그리고 그 데이터센터를 짓고 운영하는 인프라 기업들이 조용히 돈을 벌고 있다.

거인들의 틈새에서 피어난 지능 임대업, 네오클라우드

데이터센터의 거인들이 엔비디아의 칩을 독식하며 성벽을 높이 쌓을 때, 그 성벽 밖에서는 '네오클라우드Neo-Cloud'라는 이름의 민첩한 용병들이 태어났다. 그들은 단순한 임대업자를 넘어, 하이퍼스케일러가 닿지 못하는 AI의 사각지대를 공략하며 지능의 민주화를 가속화하고 있다.

전 세계 AI 산업은 사상 초유의 컴퓨팅 자원 불균형을 겪고 있다. 마이크로소프트, 아마존, 구글 같은 하이퍼스케일러들이 고성능 GPU 물량을 선점하자 칩을 구하지 못한 스타트업과 연구소들이 네오클라우드로 몰려들고 있다. 전세계적으로 100여 개, 미국 내에서만 10~15개의 주요 업체가 활동 중인 이 시장은 이제 '단순 임대'를 넘어 'AI 네이티브 플랫폼'으로의 진화를 꿈꾸고 있다.

네오클라우드가 거대 공룡들 틈에서 살아남은 비결은 명확하다. 거인들이 '범용성'에 집중할 때, 이들은 'GPU 특화'와 '가격'으로 승부를 걸었다. 하이퍼스케일러 대비 최대 85% 저렴한 가격으로 GPU를 제공한다. 복잡한 약정 대신 빠른 자원 할당과 유연한 조건을 내세워 자금력이 부족한 AI 스타트업들을 유인했다. 엔비디아는 하이퍼스케일러들의 독주를 견제하기 위해 네오클라우드 업체들에게 물량을 우선 배정하고 금융 지원을 아끼지 않으며 이들을 '지렛대'로 활용하고 있다. 낙관론자들은 네오클라우드가 단순한 '하드웨어 대여소'를 넘어설 것이라고 믿는다. 단순히 칩만 빌려주는 것이 아니라 모델 훈련 및 추론 플랫폼, 산업 특화 솔루션 등 소프트웨어 영역으로 확장하여 높은 기업 가치를 인정받으려 한다.

2030년까지 AI 컴퓨팅 수요가 200GW에 달할 것이라는 전망은 이들의 앞날을 밝게 비춘다. 인프라 병목 현상이 지속되는 한 이들의 빈자리는 항상 채워질 수 있다. 최신 칩이 출시되어도 감가상각이 끝난 구형 칩을 중소기업에 저렴하게 임대함으로써 꾸준한 현금 흐름을 창출할 수 있다는 계산이다. 하지만 냉정한 현실도 존재한다. 이들의 화려한 겉모습 뒤에는 '자본 집약적 사업'의 고충이 숨어 있다.

네오클라우드 업체들의 감가상각 전 총마진은 55~65%에 달하지만, 높은 인건비와 전력비, 유지보수비를 제외하면 실제 영업이익률은 14~16% 수준에 불과하다. 가동률이 80% 이하로 떨어지거나 임대 단가가 소폭 하락하기만 해도 즉시 적자로 전환되는 취약한 구조다. 신규 칩이 나올 때마다 구형 칩의 가치는 급락한다. 경쟁력을 유지하려면 번 돈을 모두 쏟아부어 끊임없이 최신 칩을 사야 하는 '실리콘 트레드밀' 위에 서 있는 셈이다. 결국 네오클라우드의 미래는 '차별화'에 달려 있다. 공급 부족이 해소되는 시점이 오면, 경쟁력 없는 업체들은 도태될 수밖에 없다.

하이퍼스케일러가 접근하기 어려운 소버린 컴퓨팅Sovereign AI이나 규제가 까다로운 금융, 생명과학 분야에 최적화된 서비스를 제공해야 살아남을 수 있다.

항목	네오클라우드 재무 지표(추정)	비고
총마진(EBITDA 기준)	55~65%	장비 대여료 자체의 수익성
실제 영업이익률(OPM)	14~16%	운영비 및 유지보수 차감 후
손익분기점 가동률	약 80%	이를 하회할 경우 적자 위험

초기부터 관계를 맺은 AI 스타트업들이 성공하여 거대 기업이 될 때까지 락인 Lock-in 효과를 유지하는 것도 핵심이다. 자생이 어려운 네오 클라우드 업체들은 결국 하이퍼스케일러나 소버린 바이어, 대형 통신사에 인수되며 시장이 재편될 가능성이 높다.

네오클라우드는 AI 혁명기에 나타난 과도기적 현상일 수도, 혹은 새로운 형태의 플랫폼일 수도 있다. 하드웨어 임대료 경쟁은 결국 바닥을 향할 것이다. 그 위에 어떤 지능형 서비스를 얹느냐가 이들의 진짜 몸값을 결정한다. 네오클라우드 업체들의 GPU 보유량뿐만 아니라 그들이 보유한 고객 리스트의 질과 자체 소프트웨어 플랫폼의 완성도를 살펴야 한다. 단순한 '임대업자'가 아닌 'AI 인프라 건축가'로 진화하는 자만이 최후의 승자가 될 수 있다.

주목할 만한 네오클라우드 기업

코어위브CoreWeave

네오클라우드 업계의 '대장주'로 손꼽힌다. 과거 암호화폐 채굴 업체에서 GPU 전문 클라우드로 변신했다. 엔비디아와 가장 끈끈한 관계를 맺고 있다는 평가다. 엔비디아로부터 최신 칩블랙웰, 루빈 등을 가장 먼저 대량으로 배정받는 'VVIP' 대우를 받는다. 지난해 대규모 IPO 이후 확보한 자금으로 전 세계에 'GPU 전용 데이터센터'를 공격적으로 증설하며 덩치를 키우고 있다.

람다Lambda

연구원과 개발자들 사이에서 가장 선호도가 높은 '엔지니어 중심'의 네오 클라우드 기업이다. 딥러닝에 최적화된 하드웨어 구성과 소프트웨어 스택을 제공한다. '람다 GPU 클라우드'라는 직관적인 서비스를 통해 연구소와 대학, 중소 AI 스타트업들을 락인Lock-in하고 있다.

크루소 에너지Crusoe Energy

'친환경 AI'라는 독보적인 컨셉을 가진 네오 클라우드 업체다. 버려지는 천연가스를 활용해 전기를 만들고, 이를 데이터센터 운영에 사용한다. 전력난과 탄소 배출 규제가 심화되는 2026년 환경에서 빅테크들에게 가장 매력적인 'ESG 파트너'로 부상했다.

투게더 AITogether AI

인프라IaaS를 넘어 플랫폼PaaS으로 가장 빠르게 진화 중인 네오클라우드 업체다.

단순히 칩만 빌려주는 것이 아니라, 오픈소스 모델을 가장 효율적으로 훈련하고 추론할 수 있는 API 환경을 제공한다. '추론 속도 최적화' 기술을 통해 엔비디아 칩의 가성비를 극한으로 끌어올리며 소프트웨어 해자를 구축했다.

코어42 Core42 - UAE 기반

중동 자본을 바탕으로 한 '소버린 네오클라우드'의 대표 주자다. 아랍어 특화 LLM인 '자이스Jais'를 구동하기 위한 인프라를 구축하며, 중동 지역의 지능 주권을 방어하는 역할을 한다. 마이크로소프트, 엔비디아와의 협력을 통해 중동 전역에 AI 컴퓨팅 파워를 재판매하고 있다.

<특별부록>
테크 투자 전략

테크 투자 전략

1판 1쇄 인쇄 2026년 4월 15일
1판 1쇄 발행 2026년 5월 15일

지은이 이형수
펴낸이 김미영

본부장 김익겸
편집 김도현
디자인 이채영
제작 올인피앤비

펴낸곳 지베르니
출판등록 2021년 8월 2일
등록번호 제561-2021-000073호
팩스 0508-942-7607
이메일 giverny.1874@gmail.com

테크 투자 전략

미국 TOP 10 | 한국 TOP 10

차례

CHAPTER 1.
테크 투자자가 반드시 알아야 할 사항

CHAPTER 2. 미국 주식 전략

CHAPTER 3. 한국 주식 전략

CHAPTER 4. 포트폴리오 기업 분석
_ 20개 핵심 기업의 투자 판단 기준

CHAPTER 1.
테크 투자자가 반드시
알아야 할 사항

지능의 시대는 영원할 것 같지만,

투자의 시계는 늘 산업의 시계보다 몇 걸음 앞서 달려간다.

10년의 혁명적 주기가 약속되어 있을지라도,

시장은 그 결실을 단 5년 만에 모두 선반영하며 정점을 향해 치닫곤 한다.

2026년, 우리는 지금 조연이었던 메모리가 무대의 주인공으로 올라서고,

단 하나의 지배적 운영체제,

즉, 빅 브라더가 탄생하는 역사의 변곡점에 서 있다.

1. 두 개의 시계: 산업의 10년 vs 투자의 5년

테크 투자에서 가장 경계해야 할 것은 시간의 착시다. 2023
년 시작된 AI 밸류체인의 상승은 이미 3년 차에 접어들었다.

선반영의 법칙

주식 시장은 미래의 성장을 현재로 끌어와 소비한다. 인터넷
혁명이 이를 증명한다. 넷스케이프가 1995년 상장한 이후 나
스닥은 2000년 정점까지 5년 만에 600% 상승했다. 그러나 인
터넷 산업 자체는 그 이후 20년 동안 계속 성장했다. 주가의 시
계와 산업의 시계는 처음부터 다른 속도로 움직인다.

AI 혁명도 동일한 패턴을 따르고 있다. 엔비디아 주가는
2023년 초 대비 이미 10배 이상 상승했다. 그러나 실제 AI 경
제의 과실이 기업 매출로 전환되는 시점은 지금부터 시작이다.
주가가 먼저 달리고 실적이 뒤따라오는 이 간극이 2026년 투
자 전략의 가장 중요한 변수다.

사이클의 위치를 가늠하는 세 가지 지표

첫째, 밸류에이션 확장의 속도다. PER 확장이 이익 성장률을

앞질렀다면 선반영이 과도하게 진행되고 있다는 신호다. 반대로 이익 성장률이 밸류에이션을 따라잡기 시작했다면 사이클은 아직 중반이다.

둘째, 빅테크 캐펙스의 방향이다. 마이크로소프트, 구글, 아마존, 메타의 AI 설비 투자가 증가하는 한 메모리와 반도체 수요의 구조적 바닥은 견고하다. 캐펙스가 정점을 찍고 꺾이는 시점이 반도체 사이클의 변곡점이다.

셋째, AI 수익화의 속도다. 투자만 늘고 수익화가 지연되면 버블의 경고음이 울린다. 반대로 AI 에이전트와 온디바이스 AI가 실제 소비자 지출을 유발하기 시작하면 사이클은 연장된다.

2026년 전략의 핵심

투자의 시계추가 멈추기 전, 가치 사슬의 가장 깊은 곳을 점유하는 것이 핵심이다. 소프트웨어는 복제되지만 HBM 공정은 복제되지 않는다. 모델은 공유되지만 EUV 장비는 공유되지 않는다. 코드는 오픈소스가 되지만 765kV 변압기를 만드는 손은 다섯 나라에만 있다. 이 대체 불가능성의 깊이가 투자의 안전마진이다.

2. 메모리 센트릭: 조연에서 주연으로의 대관식

2025년을 기점으로 AI 인프라의 권력 지도가 바뀌었다. 연산이 상수가 되고 메모리가 변수가 된 시대다.

왜 메모리가 주연이 되었는가

GPU가 아무리 빠르게 계산해도 데이터가 제때 공급되지 않으면 GPU는 멈춰서 기다려야 한다. 구글의 7세대 TPU가 192GB의 HBM3E를 탑재한다는 사실은 이 흐름의 정점을 보여준다. 6세대의 32GB 대비 6배 증가다. ASIC 설계자들이 가장 먼저 늘리는 것이 메모리 용량이라는 사실이 메모리가 AI 성능의 가장 결정적인 변수임을 증명한다.

메모리 중심 흐름의 다음 국면

HBM이 지금의 주연이라면, 다음 주연 후보는 두 가지다. 하나는 CPO와 광통신이다. 데이터 전송 병목이 메모리에서 광학 인터커넥트로 이동할 때 루멘텀, 시에나, 브로드컴의 광통신 밸류체인이 수혜를 받는다. 다른 하나는 CXL 기반의 메모리 풀링이다. CXL 2.0과 3.0이 상용화되면 메모리 수요의 총량이 다시 한 번 폭발한다.

3. 빅 브라더의 후보들: AGI를 향한 질주

AGI에 가장 먼저 닿는 자가 지배적 AI OS의 위치를 선점할
것이다.

후보 기업	핵심 경쟁력	전략적 포지션	리스크
구글(Alphabet)	압도적 데이터 인프라와 제미나이 생태계	지능형 정보 검색 및 통합 OS의 최강자	검색 광고 수익 잠식, 규제 리스크
엔비디아	CUDA · Omniverse 플랫폼 장악	AI 인프라의 물리적 기반이자 설계자	ASIC 부상으로 GPU 의존도 하락 가능성15% 성장
팔란티어	실시간 전장 관리 및 기업 의사결정 알고리즘	피지컬 AI와 안보가 결합된 실전형 지능	정부 계약 의존도, 민간 시장 확장 속도
앤스로픽	안전성 중심의 헌법형 AI, 기업용 클라우드	규제 환경에서 가장 신뢰받는 AI 파트너	오픈AI · 구글 대비 소비자 브랜드 약세
오픈AI	ChatGPT의 소비자 브랜드와 API 생태계	AI의 대중화를 이끈 플랫폼의 선점자	마이크로소프트 의존도, 수익화 모델 불투명

빅 브라더 경쟁의 본질

승자를 결정하는 변수는 세 가지다. 첫째는 데이터의 독점성
이다. 어떤 데이터를 얼마나 독점적으로 보유하느냐에서 AI OS
의 패권이 결정된다. 둘째는 에이전트 생태계의 선점이다. 어

느 플랫폼의 에이전트가 가장 많은 사용자의 일상에 침투하느
냐가 OS 전쟁의 승패를 가른다. 셋째는 규제 환경에서의 생존
력이다. 안전성을 핵심 가치로 내세운 앤스로픽이 규제 환경에
서 상대적으로 유리한 위치에 있는 이유다. 투자자는 빅 브라
더 후보군에 투자하되, 그 플랫폼에 종속되는 기업에 대한 투
자는 경계해야 한다.

4. 자산 비중 전략: 두뇌와 근육의 균형

미국 주식 40~50%: 세 개의 레이어

플랫폼 레이어로 구글, 마이크로소프트, 메타를 담는다. 인
프라 레이어로 엔비디아, ASML, AMAT, 어드반테스트를 담는
다. 에너지 레이어로 컨스텔레이션에너지, GE버노바, 이튼을
담는다.

국내 주식 50~60%: 네 개의 버킷

메모리 버킷으로 SK하이닉스, 삼성전자를 핵심 앵커로 담는
다. 소부장 버킷으로 한미반도체, 티씨케이, HPSP 등 대체 불가
능한 기술 독점 기업을 담는다. 인프라 버킷으로 HD현대일렉

트럭, 효성중공업, 두산에너빌리티를 담는다. 피지컬 AI 버킷으로 현대차, 현대모비스, 현대오토에버를 담는다.

비중 조정의 트리거

신호	조정 방향
빅테크 캐펙스(CAPEX) 추가 증가, AGI 임박 신호, 원·달러 환율 하락	미국 비중 확대
HBM 수급 타이트, 국내 반도체 저평가, 코리아 밸류업 정책 강화	국내 비중 확대
빅테크 캐펙스(CAPEX) 둔화, AI 수익화 지연, 반도체 재고 축적오픈AI	현금 비중 확대

대체 불가능한 위치를 선점하고, 사이클의 전환 신호를 주시하며, 두뇌와 근육의 균형을 유지하는 것. 이것이 AI 혁명의 시대를 살아가는 투자자의 가장 현명한 자세다.

CHAPTER 2.
미국 주식 전략

미국 포트폴리오의 실전 운용

미국 주식 투자의 핵심은 빅 브라더 경쟁의 승자를 고르는 것이 아니다. 누가 이기든 반드시 필요한 인프라를 보유한 기업에 투자하는 것이다. 엔비디아가 없으면 구글도 오픈AI도 AI를 훈련시킬 수 없다. ASML이 없으면 TSMC도 칩을 만들 수 없다. 이 대체 불가능한 위치에 있는 기업들이 미국 포트폴리오의 핵심이다.

1. 플랫폼 레이어: 빅 브라더 후보군

AI OS 전쟁의 최전선에 있는 기업들이다. 이 레이어에서는 단일 승자를 고르기보다 두세 개 기업에 분산 투자하는 것이 합리적이다. 빅 브라더 경쟁의 결말은 아직 누구도 알 수 없기 때문이다.

• **투자 원칙:** 플랫폼 레이어는 데이터 독점성과 에이전트 생태계 침투율이 높은 기업에 집중한다. 현재 기준으로 구글의 데이터 해자와 팔란티어의 정부 계약 잠금 효과가 가장 강력한 방어선이다.

- **매수 시점:** AI 수익화 가속 신호, 즉, 빅테크의 AI 기반 매출이 전체 매출의 20%를 돌파하는 시점이 이 레이어의 진입 확신 신호다.
- **매도 시점:** 단일 AI OS가 시장을 90% 이상 점유하기 시작할 때, 나머지 후보들의 투자 매력은 급격히 소멸한다.

2. 인프라 레이어: 누가 이기든 반드시 필요한 기업들

AI OS 전쟁의 승자가 누구든 GPU와 파운드리와 테스트 장비는 반드시 필요하다. 이 레이어가 미국 포트폴리오에서 가장 안정적인 수익을 제공한다.

엔비디아의 진짜 해자

엔비디아의 해자는 GPU 하드웨어가 아니다. CUDA다. 전 세계 AI 개발자들이 CUDA 기반으로 코드를 작성하고 있고, 이 생태계를 AMD나 인텔로 전환하는 비용은 천문학적이다. 소프트웨어 구독 매출 비중이 증가하는 속도가 엔비디아의 리레이팅 여부를 결정한다.

TSMC의 지정학 리스크 관리법

TSMC 투자자는 대만 유사시 시나리오를 포트폴리오의 꼬리 리스크로 항상 인식해야 한다. 미국 애리조나 팹 비중이 전체의 20%를 넘어설 때 이 꼬리 리스크는 의미 있게 감소한다.

3. 에너지 레이어: AI가 만든 새로운 전력 수혜

AI 데이터센터의 전력 수요 폭증은 전력 인프라 기업들에게 수십 년 만의 구조적 성장 기회를 제공했다. GE버노바의 1502억 달러 수주 잔고와 컨스텔레이션에너지의 원전 재가동은 이 기회가 테마가 아닌 실적임을 증명한다.

에너지 레이어 투자의 타이밍

이 레이어는 AI 인프라 사이클과 다소 독립적으로 움직인다. AI 버블이 꺼지더라도 이미 발주된 전력 인프라 투자는 취소되지 않는다. 따라서 AI 밸류에이션 부담이 높아지는 시점에 포트폴리오 내 에너지 레이어 비중을 늘리는 것이 유효한 헤지 전략이 된다.

4. 레버리지 도구: SOXL의 올바른 사용법

SOXL은 포트폴리오의 핵심 앵커가 아닌 사이클 확인 후 단기 레버리지 포지션이다. 세 가지 신호가 동시에 켜질 때 진입한다. 빅테크 캐펙스 증가 확인, 메모리 가격 상승 확인, 반도체 재고 정상화 확인. 이 중 하나라도 꺾이기 시작하면 즉시 축소한다. 3배 레버리지의 일별 복리 손실은 장기 보유 시 원금을 갉아먹는다는 사실을 항상 기억해야 한다.

CHAPTER 3.
한국 주식 전략

코리아 프리미엄의 실체와 선별 전략

한국 증시를 바라보는 세계의 시선이 달라졌다. 코리아 디스카운트라는 낡은 굴레는 이제 지능형 제조의 프리미엄으로 치환되고 있다. 2025년 대선 이후 시작된 랠리는 단순한 반등이 아니었다. 그러나 서막을 서막으로 즐기려면 냉정한 눈이 필요하다. 한국 증시 전략의 핵심은 흥분이 아니라 선별이다.

1. 메모리 빅2: 저평가의 함정과 기회

메가 사이클이 과거와 다른 세 가지 이유

첫째, 수요의 성격이 다르다. AI 데이터센터의 메모리 수요는 빅테크 캐펙스에 연동되는 구조적 수요다. 둘째, HBM이 일반 D램 캐파를 잠식한다. HBM 생산에 필요한 웨이퍼 캐파는 일반 D램의 3~4배다. HBM 수요가 늘수록 일반 D램 공급은 줄어들고 전체 메모리 가격이 상승한다. 셋째, 중국의 HBM 추격이 제한적이다. TSV 공정과 열관리 기술은 단기간에 따라올 수 없는 기술 장벽이다.

투자 판단의 핵심 변수

PER 5~7배라는 저평가는 이익 추정치가 유지된다는 전제에서만 성립한다. 따라서 PER보다 빅테크 캐펙스의 방향과 HBM 가격 추이를 더 중요하게 모니터링해야 한다.

2. 현대차그룹: 리레이팅의 타임라인

현재 현대차의 PER은 완성차 피어 수준인 6~8배다. 리레이팅의 본격적인 시점은 아틀라스가 산업 현장에서 ROI를 증명하고 새만금 데이터센터의 불이 켜지는 2028~2029년이다. 지금은 그 시점을 향한 포지션을 구축하는 단계다.

그룹 밸류체인 선별의 기준

로봇의 근육인 현대모비스는 아틀라스 액추에이터 수주가 확정되는 시점이 매수 트리거다. 소프트웨어 뇌인 현대오토에버는 SDV 전환과 GPU 데이터센터 관제 매출이 동시에 성장하는 2027년이 본격적인 실적 성장 구간이다.

3. 소부장 선별: 구조적 수혜 vs 테마 편승

세 가지 선별 기준

첫째는 대체 불가능성이다. 글로벌 시장에서 이 제품을 만들 수 있는 기업이 몇 개인가. 티씨케이의 SiC 링, HPSP의 고압 수소 어닐링, 한미반도체의 TC 본더는 모두 손가락으로 꼽을 수 있는 공급자만 존재한다.

기업명	핵심 모멘텀	투자 포인트	리스크
삼성전기	MLCC · 기판 가격 상승	AI 서버 MLCC 13배, FC-BGA 고단화	전기차 캐즘, 중국 경쟁
리노공업	50%대 영업이익률	선단 공정 소켓 독점, 에지(Edge) AI 수혜	퀄컴 · 애플 의존도
ISC	AI 반도체 매출 68%	HBM · AI 가속기 소켓 비중 급증	증설 감가상각 부담
두산테스나	테일러 팹 전초기지	ASIC 웨이퍼 테스트 레버리지	삼성 단일 고객 의존도
코미코	글로벌 세정 · 코팅	삼성 · TSMC · 인텔 동시 고객사	신규 공장 초기 비용
티씨케이	SiC 링 글로벌 1위	식각 장비 증가로 교체 주기 단축	애프터마켓 경쟁 심화
HPSP	고압 수소 어닐링 독점	28㎚ 이하 선단 공정 필수	경쟁사 국산화 진행

둘째는 수익의 지속성이다. 장비는 투자 사이클에 연동되지만 파츠와 케미컬은 공장이 돌아가는 매 순간 매출이 발생한다. 사이클의 저점에서도 현금을 만드는 기업이 장기 보유에 적합하다.

셋째는 밸류에이션 합리성이다. PER 40~50배까지 오른 기업은 미래를 상당 부분 선반영했다. 동일한 수혜를 받으면서도 PER 1520배에 거래되는 기업이 더 매력적인 진입점이다.

4. 자본의 깔때기: 상승장 레버리지 포지션

증권주와 VC주는 포트폴리오의 핵심 앵커가 아닌 상승장 레버리지 포지션이다. 시장이 뜨거울 때 비중을 늘리고 변동성이 커지기 시작하면 가장 먼저 줄여야 한다.

미래에셋의 이중 수혜 구조는 이 책 전체에서 가장 독특한 포지션이다. SpaceX IPO, 몰로코 해외 상장, 세미파이브 데뷔로 이어지는 포트폴리오 회수 사이클이 2026~2027년에 집중되어 있다. 머니무브의 수혜와 해외 투자 잭팟이라는 두 엔진이 동시에 작동하는 구간이다.

한국 증시 전략의 결론

미국이 지능의 뇌를 설계한다면 한국은 그 지능이 깃들 몸과 신경을 만든다. 대체 불가능한 위치에 있는 기업, 사이클의 저점에서도 현금을 만드는 기업, 그리고 멀티플 리레이팅의 여정이 아직 절반도 오지 않은 기업. 이 세 가지 기준으로 선별한 포트폴리오만이 코리아 프리미엄의 과실을 온전히 취할 수 있다.

CHAPTER 4.
포트폴리오 기업 분석
_ 20개 핵심 기업의 투자 판단 기준

기업 분석의 목적은 단순한 정보 나열이 아니다.

이 기업이 AI 밸류체인에서 어떤 포지션을 점하고 있는지,

그 포지션이 얼마나 대체 불가능한지,

그리고 언제 어떤 신호를 보면 비중을 늘리거나 줄여야 하는지를

판단하는 것이다.

1. 미국 기업 톱10

❶ 엔비디아 NVDA

엔비디아는 AI 인프라의 물리적 기반이자 설계자다. GPU 시장 85~90% 점유율을 넘어 CUDA 소프트웨어 생태계와 Omniverse 피지컬 AI 플랫폼으로 AI 밸류체인 전체의 통행료를 징수하고 있다. CUDA 생태계의 전환 비용이 워낙 높아 단기간 대체는 어렵다.

구분	내용
포지션	AI 인프라 플랫폼의 지배자
핵심 수혜	데이터센터 GPU, CUDA 생태계, 피지컬 AI
관련 챕터	챕터 4 파운드리, 챕터 6 피지컬 AI, 챕터 8 소부장
핵심 리스크	ASIC 부상으로 GPU 의존도 하락 가능성
모니터링 지표	데이터센터 매출 비중, ASIC 전환 속도

❷ 알파벳 GOOGLE

알파벳은 검색 · 유튜브 · 지도 · 안드로이드라는 네 개의 데이터 독점을 동시에 보유한 유일한 기업이다. AI 답변이 검색 클릭을 대체할수록 광고 단가가 하락하지만, AI 검색 자체를 광고 플랫폼으로 전환하는 속도가 이 리스크를 상쇄할 것이다.

구분	내용
포지션	데이터 독점 기반의 AI OS 최강 후보
핵심 수혜	제미나이(Gemini) 생태계, TPU, 유튜브 AI 광고
관련 챕터	챕터 9 빅 브라더
핵심 리스크	검색 광고 잠식, 반독점 규제
모니터링 지표	검색 광고 단가 추이, 클라우드 AI 매출 성장률

❸ 팔란티어 PLTR

팔란티어는 정부와 기업의 실시간 의사결정 시스템으로 AI
를 침투시킨 유일한 기업이다. 미국 국방부, NATO, 우크라이나
전장에서 실전 검증을 마쳤다. 일단 시스템에 침투하면 이탈이
극히 어렵다는 구조적 해자가 높은 밸류에이션을 정당화한다.

구분	내용
포지션	실전형 AI 의사결정 플랫폼의 지배자
핵심 수혜	방산 AI, 기업용 AIP 플랫폼, 소버린 AI
관련 챕터	챕터 6 피지컬 AI, 챕터 9 빅 브라더
핵심 리스크	높은 밸류에이션, 정부 계약 의존도
모니터링 지표	미국 정부 계약 갱신율, 상업 부문 성장률

❹ 테슬라 TSLA

테슬라는 전기차 제조사의 탈을 쓴 피지컬 AI 플랫폼 기업이다. 900만 대의 차량 데이터, AI5 칩, 4680 배터리, 옵티머스 로봇, FSD가 하나의 수직 계열화 생태계를 이룬다. 2030년 소프트웨어 구독 매출이 영업이익의 69%를 차지하는 시나리오가 현실화될 때 제조업 밸류에이션을 완전히 벗어난다.

구분	내용
포지션	피지컬 AI 제국의 수직 계열화 선구자
핵심 수혜	FSD 구독, 옵티머스 양산, 에너지 사업
관련 챕터	챕터 6 피지컬 AI, 챕터 9 빅 브라더
핵심 리스크	전기차 캐즘, 일론 리스크, 높은 밸류에이션
모니터링 지표	FSD 구독자 수, 옵티머스 양산 대수

❺ 마이크론 MU

마이크론은 메모리 3사 중 가장 저평가된 AI 수혜주다. 미국 기반이라는 지정학적 프리미엄과 반도체 지원법 보조금이 강점이다. SK하이닉스 주가가 HBM 사이클의 선행 지표라면 마이크론 주가는 그 사이클의 글로벌 확산을 측정하는 지표다.

구분	내용
포지션	미국 기반의 메모리 AI 수혜주
핵심 수혜	HBM 점유율 확대, 미국 정부 보조금
관련 챕터	챕터 3 메모리 슈퍼사이클
핵심 리스크	HBM 기술 격차, 중국 매출 규제
모니터링 지표	HBM 점유율 추이, 미국 팹(Fab) 가동률

❻ SOXL

반도체 섹터 전체의 방향성에 베팅하는 3배 레버리지 ETF다. 핵심 앵커가 아닌 사이클 확인 후 단기 레버리지 포지션으로만 활용한다.

구분	내용
포지션	반도체 업사이클 단기 레버리지 도구
핵심 수혜	반도체 섹터 전체 상승기
관련 챕터	챕터 3, 4, 8 전반
핵심 리스크	3배 레버리지 손실 확대, 일별 복리 손실
모니터링 지표	필라델피아 반도체 지수(SOX) 방향성

❼ TSMC TSM

파운드리 전쟁의 절대 지배자이자 AI 반도체 공급망의 가장 좁은 목이다. 미국 · 일본 · 독일으로의 지리적 분산이 대만 지정학 리스크를 점진적으로 낮추고 있다.

구분	내용
포지션	파운드리 절대 지배자, AI 칩 공급의 관문
핵심 수혜	CoWoS 증설, 2nm 이하 선단 공정 독점
관련 챕터	챕터 4 파운드리, 챕터 8 후공정
핵심 리스크	대만 지정학 리스크, 미국 보조금 조건
모니터링 지표	CoWoS 가동률, 애리조나 팹(Fab) 수율

❽ 앰코테크놀로지 AMKR

글로벌 2위 OSAT로 CoWoS, 하이브리드 본딩, 팬아웃 패키징 수요 폭증의 직접 수혜를 받는다. 애플과의 협력과 온디바이스 AI 수혜가 강점이다.

구분	내용
포지션	글로벌 2위 OSAT, 어드밴스드 패키징 수혜
핵심 수혜	CoWoS, 하이브리드 본딩, 애플 온디바이스 AI
관련 챕터	챕터 8 후공정
핵심 리스크	중국 매출 비중, 고객 집중도
모니터링 지표	어드밴스드 패키징 매출 비중, ASP(평균단가) 추이

❾ 루멘텀홀딩스 LITE

EML 레이저 시장 점유율 60%를 보유한 광통신의 핵심 플레이어다. 800G에서 1.6T로의 속도 업그레이드, CPO 채택이라는 구조적 성장 동력을 보유하고 있다.

구분	내용
포지션	광통신 인프라의 핵심 부품 공급자
핵심 수혜	800G · 1.6T 전환, CPO 채택
관련 챕터	챕터 5 기판 · 광통신
핵심 리스크	고객 집중도, 광통신 전환 속도 지연
모니터링 지표	데이터센터 광학 매출 비중, CPO 수주 현황

⑩ GE버노바 GEV

가스터빈, 풍력, 전력망 현대화 포트폴리오가 AI 데이터센터의 전력 수요 폭증과 정확히 맞아떨어진다. AI 버블이 꺾여도 이미 발주된 전력 인프라 투자는 취소되지 않는다는 것이 이 기업의 가장 강력한 방어선이다.

구분	내용
포지션	글로벌 에너지 전환 인프라의 설계자
핵심 수혜	AI 데이터센터 전력 수요, 그리드 현대화
관련 챕터	챕터 7 전력 인프라
핵심 리스크	해상 풍력 적자, 공급망 리드타임
모니터링 지표	전력화 부문 수주 성장률, 수주 잔고

2. 국내 기업 톱10

❶ SK하이닉스

HBM 시장 점유율 50%, 엔비디아 GPU 납품의 70% 이상을 담당하는 AI 메모리 사이클의 주연이다.

구분	내용
포지션	대한민국 AI 메모리 사이클의 주연
핵심 수혜	HBM 독점 공급, 용인 클러스터 증설
관련 챕터	챕터 3 메모리 슈퍼사이클
핵심 리스크	HBM4 수율, 삼성 · 마이크론 추격
모니터링 지표	HBM 점유율, 용인 Y1 착공 일정

❷ 삼성전자

메모리 · 파운드리 · 세트 사업의 복합 구조가 밸류에이션 디스카운트의 원인이다. HBM 수율 개선과 파운드리 2나노 GAA 안정화가 동시에 성공한다면 이 디스카운트는 해소된다.

구분	내용
포지션	AI 메모리 · 파운드리의 반격을 준비하는 거인
핵심 수혜	HBM4 수율 개선, 파운드리 2나노 안정화
관련 챕터	챕터 3, 챕터 4 파운드리
핵심 리스크	HBM 수율 지연, 파운드리 고객 이탈
모니터링 지표	HBM4 엔비디아 납품 여부, 2나노 수율

❸ 현대차

테슬라의 1/20 밸류에이션에 거래되지만 블랙웰 5만 장, 아틀라스, 새만금 9조 원이라는 피지컬 AI 삼각편대를 동시에 보유하고 있다.

구분	내용
포지션	피지컬 AI 혁명의 가장 현실적인 대안
핵심 수혜	아틀라스 양산, 자율주행 상용화, 새만금
관련 챕터	챕터 6 피지컬 AI
핵심 리스크	전기차 관세, 자율주행 일정 지연
모니터링 지표	아틀라스 양산 대수, 웨이모 공급 진척

❹ 삼성전기

AI 서버 한 대당 일반 서버의 13배 MLCC가 탑재된다. 전기차 캐즘으로 억눌렸던 MLCC 수요가 AI 서버라는 두 번째 성장 엔진을 얻었다.

구분	내용
포지션	MLCC · 기판의 AI 인프라 조용한 수혜자
핵심 수혜	AI 서버 MLCC 폭증, FC-BGA 고단화
관련 챕터	챕터 5 기판, 챕터 8 MLCC
핵심 리스크	전기차 캐즘 지속, 중국 MLCC 경쟁
모니터링 지표	AI 서버향 MLCC 매출 비중, 유리기판 일정

❺ 리노공업

50%대 영업이익률이라는 숫자 하나로 모든 것을 설명하는 기업이다. 소켓 시장의 구조적 특성상 한 번 납품 관계가 형성되면 전환이 극히 어렵다.

구분	내용
포지션	50%대 영업이익률의 소켓 독점자
핵심 수혜	AI 가속기 R&D 소켓, WMCM 패키징 전환
관련 챕터	챕터 8 테스트 소켓
핵심 리스크	퀄컴 · 애플 의존도, 모바일 수요 둔화
모니터링 지표	AI · 데이터센터향 소켓 매출 비중

❻ ISC

AI 반도체 매출 비중 68%, 데이터센터 67%라는 포트폴리오는 AI 수혜의 가장 직접적인 통로다.

구분	내용
포지션	AI 반도체 소켓의 구조적 성장 수혜주
핵심 수혜	HBM · AI 가속기 소켓, 데이터센터 67% 비중
관련 챕터	챕터 8 테스트 소켓
핵심 리스크	베트남 공장 증설 감가상각, 귀금속 가격
모니터링 지표	VIP 고객사 수, AI 매출 비중 추이

❼ 두산테스나

테일러 팹에서 생산되는 고성능 ASIC 칩의 웨이퍼 테스트 수요가 이 기업으로 흘러온다. 감가상각 종료가 맞물려 2026년 이익 레버리지가 본격화된다.

구분	내용
포지션	삼성 테일러 팹 양산의 테스트 수문장
핵심 수혜	ASIC · 차량용 반도체 테스트, 감가상각 종료
관련 챕터	챕터 8 OSAT
핵심 리스크	삼성전자 단일 고객 의존도, 모바일 둔화
모니터링 지표	테일러 팹 가동률, 차량용 반도체 가동률

❽ 코미코

삼성전자, TSMC, 인텔이라는 세 개의 글로벌 톱티어를 동시에 고객사로 보유한 국내 유일의 기업이다.

구분	내용
포지션	글로벌 세정 · 코팅의 전방위 확장자
핵심 수혜	TSMC 2나노 세정 수요, 미국 인텔 공급 확대
관련 챕터	챕터 8 파츠
핵심 리스크	신규 공장 감가상각, 전방 업황 변동성
모니터링 지표	대만 · 미국 법인 가동률, 글로벌 매출 비중

❾ 미래에셋증권

SpaceX · xAI 투자 평가이익, 해외 법인 최대 실적, 국내 브로커리지 상승이라는 세 개의 엔진이 동시에 작동하고 있다.

구분	내용
포지션	AI 자본 흐름의 종합 수혜 금융 기업
핵심 수혜	SpaceX IPO, 몰로코 상장, 브로커리지 성장
관련 챕터	챕터 9 증권, 우주
핵심 리스크	일회성 평가이익 의존도, 해외 부동산 잔존
모니터링 지표	SpaceX IPO 진척, 포트폴리오 회수 현황

❿ 미래에셋벤처투자

국내 상장 기업 중 SpaceX 가치 상승이 실적에 가장 직접적으로 반영되는 유일한 기업이다.

구분	내용
포지션	SpaceX 가치 상승의 국내 유일 직접 수혜주
핵심 수혜	SpaceX IPO, 몰로코 상장, 코스닥 활성화
관련 챕터	챕터 9 우주, 증권
핵심 리스크	IPO 시장 위축, 회수 시점 지연
모니터링 지표	SpaceX IPO 일정, 포트폴리오 상장 현황

3. 포트폴리오 통합 요약

버킷	주요 기업	포지션 성격
AI 인프라 플랫폼	엔비디아, 알파벳, 팔란티어	핵심 앵커, 장기 보유
피지컬 AI	테슬라, 현대차	리레이팅 기대 포지션
메모리	SK하이닉스, 삼성전자, 마이크론	사이클 핵심 앵커
반도체 인프라	TSMC, 앰코테크놀로지, SOXL	사이클 레버리지
광통신 · 전력	루멘텀, GE버노바	구조적 성장 수혜
소부장 · 파츠	삼성전기, 리노공업, ISC, 두산테스나, 코미코	대체 불가 해자
자본 흐름	미래에셋증권, 미래에셋벤처투자	상승장 레버리지

>>>> 투자는 결국 불확실성을 관리하는 기술이다. AI 혁명이 10년을 이어갈지라도 투자의 시계는 5년 안에 상당 부분을 소화한다. 지금 이 순간 우리가 할 수 있는 가장 현명한 선택은 버블의 정점을 예측하려는 시도를 포기하고, 대신 어떤 시나리오에서도 살아남을 수 있는 대체 불가능한 포지션을 구축하는 것이다. 메모리가 빛나는 지금 이 순간을 즐기되, 투자의 시계가 가리키는 임계점을 잊지 말아야 한다.

Note

Note

Note

Note

기업 분석: 데이터센터

서진시스템

서진시스템은 데이터센터 인프라 전쟁에서 비중화권 EMS의 대체 불가 파트너다. 잉곳부터 조립까지 직접 수행하는 수직계열화와 베트남 거점의 5개월 리드타임은 중국산을 배제하려는 북미 인프라 수요에 완벽하게 맞아떨어진다. 2025년 영업이익 11억 원에서 2026년 2500억 원으로의 폭발적 전환이 예고되어 있다.

서진시스템은 금속 가공부터 최종 조립까지 전 공정을 내재화한 수직계열화를 핵심 경쟁력으로 삼아 ESS, 반도체 장비, 통신장비 등을 생산하는 글로벌 EMS전자제품 위탁생산 전문 기업이다. 베트남의 대규모 생산 거점을 바탕으로 리드타임을 획기적으로 단축했으며, 최근 북미 인프라 구축 과정에서 중화권 밸류체인을 배제하려는 움직임의 최대 수혜주로 꼽힌다.

1. 사업 부문별 매출 비중(2026E 기준)

ESS와 반도체 부문이 전체 성장을 견인하며 주력 사업으로 자리 잡고 있다.

*ESS에너지저장장치: 43.3%7,330억원 – 데이터센터향 수요 확장 및 북미 수주 본격화

*반도체 장비: 25.6%4,336억원 – 베트남 공장 가동률 상승 및 고부가 제품군 확장

*기타SOFC, 서버랙 등: 18.3%3,092억원 – 연료전지 모듈 및 데이터센터 하드웨어 양산

*통신장비: 7.7%1,296억원

*EV전기차 부품: 5.1%860억원

2. 주요 투자 포인트

*독보적 수직계열화: 잉곳 생산부터 CNC, 압출, 조립까지 직접 수행하여 협력사와 마진을 나눌 필요가 없으므로 업황 상승기 이익 극대화 가능.

*비중화권 공급망 프리미엄: 북미 데이터센터 및 에너지 인프라 구축 시 중국산을 배제하는 환경에서 대체 불가능한 비중화권 EMS 파트너로 부상.

*압도적 리드타임: 신제품 개발부터 양산까지 단 5개월 만에 대응 가능통상 1년 이상 소요, 고객사별 맞춤형 솔루션 적기 공급.

3. 리스크 요인

*높은 고정비 부담: 직접 제조 비중이 높아 업황 부진 시2025년 상반기 등 이익률이 급격히 하락하는 비즈니스 구조.

*재무 안정성: 2025년 기준 총 차입금이 약 1.1조 원에 달하며, 이자 비용연간 약 640억원이 실적에 부담으로 작용.

*베트남 집중도: 대부분의 생산 시설이 베트남에 집중되어 있어 현지 정책 및 운영 환경 변화에 민감함.

4. 주요 고객사 및 국내 경쟁사

*고객사별 비중주요 파트너

- ESS: 플루언스에너지Fluence, 삼성SDI, SK온 등
- 반도체: 램리서치Lam Research, 어플라이드 머티어리얼즈AMAT 등
- 기타: 블룸에너지B사, SOFC, 북미 빅테크A사, 데이터센터 랙

*국내 주요 경쟁사

- 알멕/알루코: 알루미늄 소재 및 압출 부품 분야 경쟁
- 이랜텍: ESS 배터리팩 및 위탁생산 분야 경쟁
- KH바텍: 알루미늄 다이캐스팅 및 정밀 가공 분야 기술 경쟁

케이아이엔엑스

케이아이엔엑스KINX는 데이터센터 인프라 전쟁에서 국내 유일의 중립적 IDC 사업자다. 통신사 IDC와 달리 특정 회선에 종속되지 않아 글로벌 CSP들이 선호하는 거점이다. 과천 신규 센터의 가동률이 2025년 20%에서 2027년 80%로 올라가는 과정이 이 기업의 실적 성장 경로다. 케이아이엔엑스는 국내 유일의 중립적 인터넷 익스체인지IX 및 데이터센터IDC 전문 기업이다. 클라우드 연결과 네트워크 인프라 서비스를 제공한다. 최근 과천

신규 데이터센터 가동을 통해 대규모 자원 운용 공간을 확보하며 중립적 IDC 사업자로서의 시장 지위를 더욱 강화하고 있다.

1. 사업 부문별 매출 비중(2025E 연결 기준)

주력 사업인 IDC 관련 매출이 전체의 절반 이상을 차지하고 있다.

*IDC코로케이션/상면/회선: 56.3%

*종속기업에스피소프트: 34.2%

*클라우드 허브 서비스: 9.3%

*IX인터넷 연동: 6.1%

*기타CDN/Cloud: 3.3%

2. 주요 투자 포인트

*과천 IDC의 본격적 이익 기여: 2025년 가동률 20%에서 2026년 60%, 2027년 80%로 가파른 상승이 예상되며, 이에 따라 별도 기준 영업이익률도 2025년 18.9%에서 2027년 28.9%까지 개선될 전망이다.

*네트워크 집적도 기반의 경쟁력: 중립적 IDC로서 글로벌 CSP클라우드 서비스 제공사 등 전략적 고객 유치에 유리한 고지를 점하고 있다.

*자회사 시너지: 에스피소프트와 유호스트데이터센터 관리 용역 등를 통해 데이터센터 운영부터 솔루션까지 이어지는 밸류체인을 강화하고 있다.

3. 리스크 요인

*초기 고정비 부담: 과천 센터 가동에 따른 연간 약 70억 원 수준의 감가상각비가 발생하여 가동률이 본궤도에 오르기 전까지는 영업이익 증가폭이 제한될 수 있다.

*경기 변동 영향: 기업들의 IT 인프라 투자 축소나 데이터 트래픽 증가세 둔화 시 실적 성장이 저해될 수 있다.

4. 고객사 및 경쟁사 현황

*주요 고객사: 보고서에 상세 수치는 기재되지 않았으나, 일반적으로 AWS, MSAzure, 구글 등 글로벌 클라우드 사업자와 국내외 주요 CP콘텐츠 제공사, 게임사, ISP 등을 고객으로 보유하고 있다.

*국내 경쟁사:

- 통신사 IDC: KT, LG유플러스, SK브로드밴드자사 회선 중심의 서비스 제공.
- 중립적/글로벌 IDC: 에퀴닉스Equinix, 디지털 리얼티Digital Realty 등 글로벌 사업자가 국내 진출을 확대하며 경쟁하고 있다.

>>>> 인프라가 폭증하고 있다. 우주로 올라가는 인프라, 지상에 세워지는 데이터센터, 그리고 그 모든 투자를 집행하는 자본 시장. 자본은 지금 어디로 흐르고 있는가. 답은 증권사의 거래대금 수치가 가장 먼저 보여준다.

증권: 코리아 프리미엄의 서막

_ 예탁금 110조 원 시대, 증권주의 리레이팅

>> AI 혁명이 만든 산업의 성장을 가장 직접적으로 측정하는 지표는 자본 시장이다. 우주와 데이터센터에 흘러들어간 자본의 경로는 결국 증권사의 수익으로 귀결된다. 예탁금 110조 원이라는 숫자는 대한민국 자본 시장이 AI 버블의 수혜를 흡수하며 스스로 리레이팅되고 있음을 보여주는 가장 강력한 증거다.

110조 증시 예탁금과 코리아 프리미엄의 서막

돈의 흐름은 거짓말을 하지 않는다. 유동성이 증시로 몰려들고 정책이 자본의 길목을 지킬 때, 시장은 비로소 '디스카운트'라는 해묵은 굴레를 벗어던진다. 대한민국 증시는 단순한 거래의 장을 넘어 거대한 자본 재편의 용광로가 되고 있다. 대한민국 금융 시장은 '머니 무브Money Move'라는 거대한 파도에 올라탔다. 100조 원을 넘어선 예탁금과 사상 최대치를 경신하는 거래대금은 증권주를 단순한 경기 민감주에서 정책 수혜주이자 성장주로 재정의하고 있다.

2026년 1월 국내 주식시장의 일평균 거래대금은 62.3조 원이라는 경이로운 수치를 기록했다. 이는 전년 대비 무려 339.1% 폭증한 수치로 시장에 풀린 유동성이 어디로 향하고 있는지를 명확히 보여준다. 투자자 예탁금은 1월 100조 원을 돌파한 데 이어 2월에는 110조 원까지 늘어났다. 이는 대기 자산이 언제든 시장을 밀어 올릴 준비가 되었음을 의미한다. 한국투자, 미래에셋, 키움, NH투자, 삼성증권 등 이른바 '빅 5' 증권사 모두가 2025년 순이익 1조 원을 넘어서며 사상 최고의 황금기를 맞이했다.

증권주를 비롯한 금융주의 강세를 이끄는 진정한 엔진은 정부와 여당의 강력한 '밸류업' 정책이다. 여당은 1, 2차 개정안에 이어 2월 중 '자사주 소각 의무화'를 골자로 하는 3차 상법 개정안 처리 의지를 피력했다. 자사주를 사기만 하고 쌓아두는 것이 아니라 반드시 소각하게 함으로써 주주 가치를 강제로 제고하겠다는 강력한 신호다. 이러한 제도적 뒷받침은 투자자들에게 "국내 주식도 들고 있으면 가치가 오른다"는 확신을 주며, 중장기적인 자산 유입을 유도하고 있다.

실적 시즌과 맞물려 배당 확대에 대한 기대감은 증권주뿐만 아니라 은행, 보험 등 금융 섹터 전반의 랠리를 이끌고 있다. 과거의 배당이 보너스였다면, 2026년의 배당은 기업의 품격이다. 배당소득 분리과세 요건을 충족하기 위한 대형사들의 파격적인 배당 확대는 고배당주로의 자금 쏠림을 가속화하고 있다. 이는 저평가된 금융주들이 제 가치를 찾아가는 '리레이팅'의 핵심 동력이 된다.

2026년의 증권주는 단순히 수수료를 받는 중개인을 넘어 자본주의의 혈액을 돌리는 인프라 기업으로 진화했다. 예탁금 110조 원 시대의 수수료 수익은 일시적인 현상이 아닌 구조적 체급 상승이다. 상법 개정안이 통과될수록 주주 환원에 적극적인 증권사들의 몸값은 더욱 높아질 것으로 기대된다. 정책이 길을 닦고 유동성이 차오르는 지금, 증권주는 그 길 위에서 가장 먼저 속도를 내는 선두 차량이다.

AI 혁명이 증권의 시대를 부른다

금융의 역사는 반복되지만, 그 크기는 매번 상상을 초월한다. 2007년 펀드 열풍이 몰고 온 머니무브가 증권업의 황금기를 열었다면, 2026년 코스피 6000포인트 시대의 머니무브는 금융 시장의 권력 지도를 근본적으로 뒤바꾸고 있다. 자본은 잠자는 예금을 깨워 고동치는 시장으로 거침없이 흘러가고 있다.

오랫동안 증권업은 이익 변동성이 크고 성장이 멈춘 산업이라는 편견에 갇혀 있었다. 하지만 코스피 6000 돌파와 일평균 거래대금 60조 원이라는 숫자

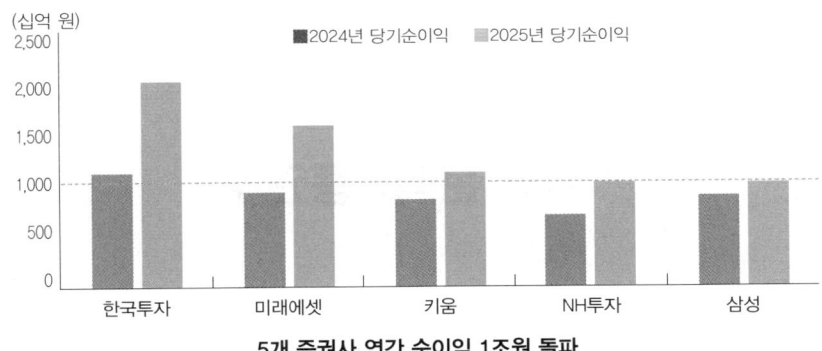

(십억 원)

■2024년 당기순이익　■2025년 당기순이익

5개 증권사 연간 순이익 1조원 돌파

*자료: 에프앤가이드, 신한투자증권

는 그 편견을 산산조각 냈다. 이는 단순한 반등이 아니다. 은행 중심의 한국 금융 생태계가 증권 중심으로 이동하는 구조적 초입에 진입한 것이다. 밸류에이션 관점에서도 의미심장한 신호가 감지된다. 2007년 머니무브 당시 증권업종의 PBR는 2.6배까지 치솟았다. 지금의 국면은 그때와 매우 유사하며, 재평가는 이제 시작일 뿐이다.

지수 상승만이 자본 이동의 동력은 아니다. 제도적·시장적 장치들이 맞물리며 자본의 흐름을 증권사로 집중시키고 있다. 2007년의 적립식 펀드 열풍을 대체한 것은 ETF다. ETF는 이제 자산 운용의 표준으로 자리잡았다. 원금 보장형 예금에 묶여있던 퇴직연금은 수익률을 찾아 증권사 계좌로 급격히 이동하는 중이다. 올해 본격 도입된 IMA^{종합투자계좌}는 원금 보장과 실적 배당을 동시에 제공하며 은행 예금과 자산운용사 펀드 수요를 한꺼번에 빨아들이는 블랙홀이 되었다. 여기에 지수 상승과 거래대금 증가가 동행하면서 증권사의 이익 기초 체력을 극대화하고 있다.

상승장에서 모든 증권사가 같은 수익을 누리는 것은 아니다. 세 가지 잣대로 승자를 가려내야 한다. 증시 호황의 과실을 즉각적으로 누릴 수 있는 브로커리지 경쟁력, 구조적 성장을 뒷받침하는 자기자본 운용 능력인 북 비즈니스. 그리고 실적 대비 여전히 매력적인 밸류에이션이다.

기업 분석: 증권주

키움증권

키움증권은 증권 전쟁에서 브로커리지 점유율 1위라는 가장 직접적인 거래대금 수혜주다. 일평균 거래대금이 늘어날수록 이 기업의 이익 레버리지는 경쟁사를 압도한다. 2026년 예상 ROE 20.5%는 업종 내 최고 수준이다. 키움증권은 국내 주식 위탁매매브로커리지 시장에서 압도적인 점유율 1위를 기록하고 있는 리테일 특화 증권사다. 지점이 없는 온라인 전문 모델을 통해 뛰어난 비용 효율성을 확보하고 있으며, 거래대금 증가 시 이익이 가파르게 상승하는 강력한 영업 레버리지 효과를 보유하고 있다. 최근에는 발행어음 라이선스를 확보하여 신규 조달원과 수익원을 확충하는 등 사업 포트폴리오를 다각화하고 있다. 2026년 예상 ROE자기자본이익률는 20.5%로 주요 증권사 중 가장 높은 수준의 자본 효율성을 보일 것으로 전망된다. 또한 약 30% 수준의 주주환원율을 목표로 하는 적극적인 주주 친화 정책을 펼치고 있다.

1. 사업별 수익 비중(2025P 순영업수익 기준)

키움증권은 브로커리지 관련 수수료와 이자 수익이 매출의 대부분을 차지하는 구조다.

*수수료 손익약 50.2%: 1조 230억 원 규모이며, 이 중 위탁매매브로커리지 수수료가 핵심이다.

*이자 손익약 24.3%: 4,950억 원으로, 신용융자 등 리테일 대출 관련 수익이 주를 이룬다.

*운용 및 기타 손익약 25.5%: 5,200억 원 규모운용손익 6,720억 원에서 기타손실 차감다.

2. 핵심 투자 포인트(Investment Points)

*브로커리지 점유율 1위: 17.9%의 독보적인 시장 점유율을 바탕으로 거래대금 확대 국면에서 가장 큰 수혜를 입는 종목이다.

*최고 수준의 자본 효율성: 지점 운영 비용이 없어 영업 레버리지가 크며, 2026년 예상 ROE 20.5%는 업종 내 최고 수준이다.

*발행어음 사업 본격화: 신규 확보한 발행어음 라이선스를 통해 올해 약 2.5조 원 규모의 자금을 조달하여 기업금융 등 수익원을 확장할 계획이다.

*정부 정책 수혜: 코스닥 활성화 정책 및 주식 거래 시간 연장 논의 등은 거래대금 증가로 이어져 키움증권에 우호적인 환경을 조성한다.

3. 투자 리스크(Investment Risks)

*높은 시장 민감도: 리테일 비중이 높아 증시 침체로 인한 거래대금 급감 시 실적 변동성이 경쟁사 대비 클 수 있다.

*점유율 변동 가능성: 대형주 중심의 장세나 경쟁사들의 수수료 마케팅 강화 시 점유율이 일시적으로 하락할 위험이 존재한다.

4. 고객사 및 경쟁사 현황

*고객 구성: 국내 주식시장에 참여하는 개인 투자자리테일가 핵심 고객층이다.

*경쟁사 점유율 비교브로커리지 MS: ***키움증권**17.9% > 미래에셋증권약 10.5% > 한국투자증권약 9.3% > NH투자증권약 8.5% > 삼성증권약 7.9% 순으로 격차가 뚜렷하다.

*밸류에이션: 과거 대비 높은 ROE를 기록 중임에도 경쟁사 대비 밸류에이션 매력이 유효한 것으로 평가받는다.

미래에셋증권

미래에셋증권은 증권 전쟁에서 SpaceX와 xAI 투자 결실을 수확하는 기업이다. 1부에서 다룬 미래에셋벤처투자의 SpaceX 투자 판단이 이 기업의 해외 자산 평가이익으로 연결된다. 미래에셋그룹의 우주 베팅은 벤처투자와 증권이라는 두 채널을 통해 동시에 국내 투자자에게 수익을 돌려주는 구조다. 미래에셋증권은 독보적인 글로벌 네트워크와 공격적인 자기자본 투자를 강점으로 하는 국내 최대 규모의 투자전문 증권사다. 최근 인도, 베트남 등 해외 법인에서 사상 최대 실적을 기록하며 글로벌 비즈니스의 결실을 보고 있으며, 특히 SpaceX, xAI와 같은 글로벌 혁신 기업에 대한 선제적 투자로 막대한 평가이익을 창출하고 있다. 또한 국내 증권사 중 가장 적극적인 자사주 소각 및 주주 환원 정책을 펼치며

기업 가치 제고에 앞장서고 있는 기업이다.

1. 사업별 수익 비중(2025P 기준)
미래에셋증권은 수수료 수익과 운용 손익이 성장의 핵심 축을 담당하고 있다.

*수수료 손익약 33%: 위탁매매브로커리지 및 자산관리WM, IB 수수료가 포함된다.

*운용 및 기타 손익: SpaceX 및 xAI 등 프리 IPOPre-IPO 투자 자산의 평가이익이 2025년 실적의 핵심약 1조 원 규모로 작용했다.

*해외 법인: 세전이익 4,981억 원을 기록하며 전체 이익의 상당 부분을 차지하는 주요 수익원으로 자리 잡았다.

2. 핵심 투자 포인트(Investment Points)
*글로벌 투자 자산의 결실: SpaceX와 xAI 등 인공지능AI 및 우주 항공 분야 리딩 기업들에 대한 투자 평가이익이 가시화되고 있다.

*해외 법인 사상 최대 실적: 인도 법인 등 이머징 마켓에서의 ROE가 8%대로 개선되며 글로벌 비즈니스의 효율성이 증대되었다.

*강력한 주주 환원: 2025년 주주환원율 40.2%를 기록했으며, 합병 자사주 1.1억 주 소각 등 주주 가치 제고에 매우 적극적이다.

3. 투자 리스크(Investment Risks)
*수익 지속성에 대한 의문: 2025년 이익의 상당 부분이 일회성 평가이익인 만큼, 향후 이러한 대규모 이익이 반복될 수 있는지에 대한 불확실성이 존재한다.

*높은 밸류에이션 부담: 2026F P/B가 2.7배 수준으로, 업종 평균 대비 높으며 시장의 기대감이 이미 주가에 상당 부분 선반영되었다는 평가다.

*해외 상업용 부동산: 작년까지 이어진 해외 부동산 관련 평가손실 리스크가 완전히 해소되었는지 지속적인 모니터링이 필요하다.

4. 경쟁사 현황 및 비교
*경쟁사군: 한국금융지주, 삼성증권, NH투자증권, 키움증권, 대신증권 등과 시가총액 및 주주환원율 측면에서 비교 대상이 된다.

삼성증권

삼성증권은 증권 전쟁에서 고액자산가 기반의 고배당 강자다. 1억 원 이상 고객 39만 명이라는 두터운 자산가 층은 배당소득 분리과세 수혜와 맞물려 이 기업을 코리아 프리미엄 시대의 가장 안정적인 수혜주로 만든다. 삼성증권은 국내 자본시장에서 고액자산가 시장을 선도하는 압도적인 리테일 경쟁력을 보유한 종합금융투자사업자다. 리테일 고객자산이 430조 원을 돌파하고 1억 원 이상의 자산을 보유한 고액자산가 수가 약 39만 명에 달할 정도로 자산관리WM 부문에서 독보적인 위상을 차지하고 있다. 현재는 이러한 강력한 리테일 기반을 바탕으로 발행어음IMA 사업 인가를 추진하며 자금 조달 및 수익원 다각화를 도모하고 있다. 또한 중장기적으로 배당성향을 50%까지 확대하겠다는 의지를 보이며 업계 내 대표적인 고배당주이자 주주 친화적인 기업으로 평가받는다.

1. 사업별 수익 비중(2025P 순영업수익 기준)

삼성증권은 브로커리지와 운용 손익, 이자 손익이 균형 잡힌 수익 구조를 보이고 있다.

*위탁매매브로커리지: 약 33.8%812억 원 – 증시 호조에 따른 거래대금 증가로 수익 기여도가 높음.

*운용 및 기타손익: 약 31.5%756억 원 – 채권 위주의 포트폴리오를 운영하며 금리 변동에 민감함.

*이자손익: 약 23.6%567억 원 – 신용공여 및 예탁금 이자 수익 등.

*IB 및 기타 수수료: 약 15.9%381억 원

*자산관리WM 수수료: 약 6.9%165억 원 – 고액자산가 기반의 안정적인 수수료 수익.

2. 핵심 투자 포인트(Investment Points)

*독보적인 고액자산가 기반: 1억 원 이상 고객 수가 전년 대비 48.9% 증가하는 등 고단가 고객층이 두터워 브로커리지와 WM 부문의 ROE 기여도가 업계 최고 수준이다.

*발행어음 사업 인가 기대감: 사업 인가 시 연간 200~300억 원의 추가 이익 기여가 예상되며, 고액자산가 기반 덕분에 조달 측면에서도 유리할 것으로 전망된다.

*강력한 배당 매력: 2026F 배당수익률이 높고, 배당소득 분리과세 요건을 충족할 가능성이 커 배당주로서의 매력이 부각된다.

3. 투자 리스크(Investment Risks)

*발행어음 인가 지연: 현재 인가가 지연되고 있는 점은 자본 효율성을 높이는 데 제약 요인으로 작용한다.

*운용 손익 변동성: 2025년 높은 기저 영향으로 인해 향후 금리 환경 변화 시 운용 부문의 수익이 감소할 위험이 있다.

4. 고객사 및 경쟁사 현황

*고객 구성: 리테일개인 비중이 매우 높으며, 특히 자산 1억 원 이상의 HNWI고액자산가 고객층이 성장의 핵심 동력이다.

*경쟁사 비교:

- 미래에셋증권: 글로벌 투자와 자기자본 활용 능력에서 경쟁.
- 한국투자증권: IB 부문의 강력한 라이벌.
- 키움증권: 브로커리지 점유율에서 경쟁하나, 삼성증권은 고액자산가 위주의 질적 성장에 더 중점을 둠.

>>>> "AI 버블이 팽창할 때 그 버블을 먹고 자라는 산업이 있다."

우리는 그 세 가지를 보았다. 스페이스X가 1.5조 달러의 가치로 IPO를 준비하는 동안 미래에셋벤처투자는 그 가치 상승을 실적으로 흡수하고 있다. 네오클라우드가 AI 컴퓨팅 수요를 빨아들이는 동안 서진시스템은 그 인프라를 공급하며 영업이익 22000% 성장을 예고하고 있다. 예탁금 110조 원이 증시로 몰려드는 동안 키움증권은 그 자금의 흐름을 수수료로 전환하고 있다.

AI 버블에서 살아남는 방법은 버블 자체에 투자하는 것이 아니다. 버블이 만드는 인프라와 그 인프라를 오가는 자본의 흐름에 투자하는 것이다. 우주는 AI의 새로운 전장이고, 데이터센터는 지능의 공장이며, 증권사는 그 모든 흐름의 수문장이다.

지능이 궤도에 오르는 이 순간, 대한민국 자본 시장은 코리아 디스카운트라는 낡은 굴레를 벗어던지고 코리아 프리미엄이라는 새로운 이름표를 달기 시작했다.

AI 버블 이후의 시대?
사라진 사다리와 성장의 온기

부는 더 이상 근면의 산물이 아니라, 어떤 시대를 통과했느냐는 '시차'와 어떤 부모를 만났느냐는 '수저'의 합작품이 되었다. 2025년을 기점으로 대한민국 부의 중심축은 40대에서 50대로 완전히 이동했으며, 청년층은 자산 형성의 사다리 대신 AI라는 거대한 필터 앞에 서게 되었다. 2025년 기준 대한민국 가구의 경제 성적표는 '부동산 편중'과 '세대 간 격차 심화'로 요약된다.

대한민국 상위 10% 진입을 위한 순자산 기준은 10억5000만원, 상위 1%는 33억 원 수준이다. 서울의 30평대 아파트를 대출 없이 보유했다면 대체로 상위 10%의 궤도에 올라탄 셈이다. 일반적인 상위 10%는 자산의 75~80%가 부동산에 묶여 유동성이 부족한 반면, 금융자산 10억 원 이상 보유자진정한 부자는 부동산 55%, 금융자산 40%로 포트폴리오의 균형을 맞추고 있다.

과거 40대가 우리나라 경제의 허리였다면, 이제는 50대가 부의 정점을 차지하고 있다. 고령화와 부동산 가격의 장기 우상향이 만든 결과다. 50대는 평균 자산 6억 원 중반, 순자산 5억 원 중반으로 대한민국에서 가장 탄탄한 재무 구조를 갖췄다. 소득 활동의 정점과 자산 축적의 완성이 맞물린 시기다. 40대는 자산은 증가 추세지만, 평균 부채가 1억3000만원을 상회하며 전 연령대 중 가장 빚이 많다. 자녀 교육과 주거 확장이라는 이중고를 겪는 탓이다. 20~30대는 재무 건전성이 가장 악화된 그룹이다. 고금리와 집값 부담으로 순자산이 명확히 감소하고 있으며, 부모의 지원 여부에 따른 세대 내 양극화가 가장 극심하다.

오늘날 50~60세대의 자산 격차를 만든 결정적 사건은 1997년 IMF 외환위기였다. 당시 30대였던 60년대생들의 선택이 평생의 부를 결정했다. IMF 외환위기 당시 소득을 유지하며 폭락한 자산강남 은마아파트 1억 원대 등을 매입한 이들은 2000년대 초반 부동산 폭등기를 거치며 자산의 퀀텀 점프를 경험했다.

반면 실직하거나 사업에 실패해 집을 판 이들은 이후 전세나 월세로 밀려나며 영구적인 자산 격차의 희생양이 되었다. 김대중 정부의 분양가 규제 완화와 양도세 면제 혜택은 대출을 끼고 집을 사는 '레버리지 투자'를 대중화시켰고, 이 흐름에 먼저 올라탄 이들이 현재의 50대 부자 세대가 되었다. 60년대생 부모의 성패는 90년대생 자녀의 출발선을 바꿨다. 이제는 "성공해서 부모님 집 사드리는 시대"가 아니라 "부모님이 집 살 때 얼마를 보태주느냐"가 성공의 척도가 되었다. 금수저, 흙수저 등 수저 계급론이 등장한 이유다. 자산가 부모를 둔 90년대생은 주거비 부담 없이 시드 머니를 모으는 반면, 그렇지 못한 이들은 학자금과 월세에 치여 자산 형성 자체가 불가능한 구조에 놓여 있다.

부모의 지원이 없는 청년층은 근로소득의 한계를 깨닫고 암호화폐나 고위험 주식 등 '한방'에 매몰되는 되는 경향이 있다. 그러나 부유한 부모를 둔 이들은 안정적인 실물 자산 투자 노하우를 전수받으며 자산을 수성하는 성향이 강하다.

70년대생과 80년대생의 운명은 2008년 글로벌 금융위기가 갈랐다고 볼 수 있다. 70년대생은 2007년 고점에 진입해 '하우스 푸어'로 고생하다가 2010년대 후반 폭등장에서 보상을 받은 그룹과 침체기를 견디지 못하고 매도한 그룹으로 나뉜다. 80년대생은 하우스 푸어 선배들을 보며 "집 사면 망한다"는 인식을 가졌으나 2017년 이후 폭등하는 집값에 공포감을 느껴 뒤늦게 영끌에 동참해 현재 고금리의 직격탄을 맞았다.

이제 관심은 AI 혁명으로 옮겨간다. 이는 단순한 기술 진보를 넘어 자산 구조를 가장 잔인하게 재편할 '마지막 사다리'가 될 가능성이 적지 않다. 월급으로 집을 살 수 없음을 깨달은 90년대생 중 일부는 이미 엔비디아나 비트코인 등 기술 자산에 올인하여 경제적 자유를 달성하고 있다. AI가 숙련된 전문가 1명의 능력을 극대화하면, 10명의 신입^{90년대생}이 할 일은 사라진다. 근로소득 자체가 끊길 위험에 처한 첫 세대가 될 수 있다는 경고다.

AI를 부리는 자와 AI에 의해 대체되는 자의 격차는 과거 부동산 격차보다 훨씬 더 빠르고 영구적으로 계급을 고착화할 것이다. 지표는 축제를 노래하는데, 거리는 적막하다. 숫자가 증명하는 번영의 이면에는, 우리가 한 번도 가보지 못한 '기이한 계절'이 성큼 다가와 있다. 우리는 인류 역사상 가장 잔인한 풍요의 시대를 지나고 있다. 경제 성장률은 AI가 뿜어내는 압도적인 생산성 덕분에 하늘 높은 줄 모르고 치솟지만, 그 온기는 더 이상 사람의 손으로 전달되지 않는다. 과거 '성장이 곧 고용'이었던 등식은 깨졌고, 이제 성장은 노동을 밀어낸 자리에서 홀로 꽃을 피운다.

우리는 흔히 AI가 단순 노동을 대체할 것이라 믿었다. 하지만 현실은 달랐다. AI는 가장 먼저 '미래의 숙련공'이 될 주니어들의 자리를 지워버렸다. 과거 신입 사원들이 서류를 정리하고, 기초 코드를 짜며 업무를 배우던 그 '견습의 시간'을 이제 AI가 단 몇 초 만에 처리한다. 기업들은 더 이상 싹을 틔우기 위해 공을 들이지 않는다. 이미 완성된 천재^{AI}가 책상 위에 놓여 있기 때문이다.

주니어 일자리의 소멸은 단순히 소득의 부재를 의미하지 않는다. 그것은 한 개인이 전문가로 성장할 수 있는 '경험의 사다리' 자체가 사라졌음을 의미한다. 2026년의 청년들은 배울 기회조차 얻지 못한 채, 이미 정점에 도달한 기계와 경쟁해야 하는 가혹한 출발선에 서 있다.

우리는 AI를 단순한 소프트웨어로 보아서는 안 된다. 거대한 전력을 삼키며 24시간 깨어 있는 데이터센터는 인류가 쌓아온 모든 지혜를 응축해 놓은 '디지털 공간 속의 천재 국가'다. 이 국가에는 국경도, 휴식도 없다. 수조 개의 파라미터가 찰나의 순간에 결정을 내리고, 수백만 명의 전문가가 수천 년간 해야 할 연산을 하룻밤 사이에 끝내버린다.

이 '천재 국가'를 소유하느냐, 아니면 임대하느냐에 따라 국가의 명운이 갈린다. 고성능 칩을 확보하는 AI 군비 경쟁이 치열한 이유는 그것이 단순한 부품이 아니라 이 거대한 지능의 국가를 세울 수 있는 '영토권'이기 때문이다.

기술은 이제 안보의 영역을 넘어 생존의 도구가 되었다. 특히 미국과 중국이 벌이는 칩 전쟁은 20세기 핵군비 경쟁을 방불케 한다. 첨단 AI 반도체의 공급을 통제하는 것은 적국에 '핵무기 설계도'를 넘겨주지 않겠다는 결연한 의지와 같다. 한번 지능의 주도권을 내주면 물리적 무기로는 결코 되찾을 수 없는 격차가 벌어진다.

우리는 칩 하나에 담긴 트랜지스터의 개수가 곧 국가의 방어벽 두께가 되는 시대를 살고 있다. 안보라는 명분 아래 이루어지는 단호한 칩 공급 통제는 역설적으로 우리가 만든 지능이 얼마나 위협적인지를 반증한다. AI가 5년 안에 거의 모든 면에서 인간을 능가할 것이라는 예측은 더 이상 공상과학의 영역이 아니다. 지난 10년의 데이터가 그리는 궤적은 너무나 명확하게 그 지점을 가리키고 있다. 국가의 부는 늘어나겠지만, 그 부가 사람의 가치로 치환되지 않는 시대가 열린다.

"노동이 사라진 시대, 인간은 무엇으로 자신의 존엄을 증명해야 할까?"

필자는 이런 거대한 담론에 해답을 줄 능력이 없다. 다만 다가올 0과 1로 지어진 찬란한 제국 앞에서 여러분들의 자산을 어떻게 지키고, 불려나갈 수 있을지 힌트는 줄 수 있을 것으로 기대한다.

AI 혁명 혹은 AI 버블이 이 책을 읽는 분들에게 위기가 아닌 기회가 되었으면 하는 바람이다.